REPORT OF MUTUAL ▶▶▶
FUNDS IN CHINA 2022

清华大学五道口金融学院
TSINGHUA UNIVERSITY PBC SCHOOL OF FINANCE

2022年中国公募基金研究报告

曹泉伟　陈卓　等/著

中国财经出版传媒集团
经济科学出版社
Economic Science Press

编委会

主　　任：曹泉伟

副 主 任：陈　卓

编著人员：（按姓氏笔画为序）

门　垚　王平凡　石　界　李　想

姜白杨　詹欣琪　滕立雅

前　言

2021 年，我国资本市场改革持续深化，北京证券交易所（以下简称"北交所"）正式开市，进一步丰富了中小企业的融资渠道；中央经济工作会议指出全面实行股票发行注册制；监管部门通过多种途径，不断规范、健全资本市场。回顾 2021 年股票市场，上证综指上涨 4.8%，深圳成指上涨 2.7%，创业板指数上涨 12.0%，沪深 300 指数下跌 5.2%。股票市场呈现出明显的分化特征，板块轮动加快，这给基金经理的投资能力带来严峻的考验。

我国公募基金行业在经历了三十余年的规范化发展后，已经成为金融机构服务实体经济的重要主体。本书以中国公募基金为研究对象，从发展现状、业绩表现、业绩持续性、选股与择时能力等角度进行了细致的分析。第一章，我们回顾公募基金市场的发展历程，并从不同维度剖析我国公募基金的发展现状。2021 年，证监会针对公募基金管理公司设立、变更重大事项和公募基金管理人资格审批进行了一系列优化，简化公募基金管理公司的设立流程。同时，在经历了一段时期的酝酿后，首批公募 REITs 正式面世，引导更多资金参与实体基础设施建设。截至 2021 年底，继续运营的公募基金数量超过 1.45 万只（包括不同收费类别的基金），资产管理规模超过 24.8 万亿元，较 2020 年增长 23%，创历史新高。公募基金经理凭借其专业的投资能力，为投资者提供了专业化理财服务和分散风险的渠道，越来越多的投资者选择以基金的途径参与权益市场的博弈，新"基民"数量持续攀升。

第二章，以主动管理的股票型公募基金为研究对象，与覆盖市场上所有股票的万得全 A 指数的业绩表现进行综合比较。从收益的角度来看，2021 年股票型公募基金的净值平均上涨 9.1%，同期万得全 A 指数上涨 9.2%。将样本区间拉长，近三年（2019～2021 年）股票型公募基金的平均年化收益率为 37.0%，近五年（2017~2021 年）平均年化收益率为 17.4%，在两个时间段内公募基金的业绩都跑赢了万得全 A 指数。在考虑风险因素后，近三年（2019～2021 年）和近五年（2017~2021 年）股票型公募基金的夏普比率和索丁诺比率也要优于万得全 A 指数，说明无论是从整体风险还是从下行风险的角度出发，当股票型公募基金承担同样的风险时，皆能够取得高于万得全 A 指数的风险调整回报。

第三章，假设一只基金由一家基金管理公司的一支团队管理，并以基金数据为主线，分析这支团队的选股和择时能力，本章的"基金经理"指的是"一支管理团队"。量化分析结果显示，在近五年（2017~2021 年）具有完整历史业绩的 618 只股票型基金中，有 342 只基金（占比 55%）表现出正确的选股能力，但是仅有 5 只基金（占比 1%）表现出正确的择时能力，这一结果说明几乎没有公募基金有择时能力。经自助法检验后发现，有 291 只基金（占比 47%）的选股能力源于基金经理自身的投资能力，而非运气。

第四章，分别使用基金收益率的 Spearman 相关性检验、绩效二分法检验、描述统计检验和夏普比率的描述统计检验，研究公募基金过往业绩与未来业绩的关系。检验结果显示，过去半年（排序期）收益率较高的基金在未来半年（检验期）有较大概率继续获得较好的收益，过去半年收益偏低的基金在未来半年有很大概率仍然收益不佳。研究结果还显示，如果把排序期延长为一年（或三年），检验期延长为一年，公募基金的业绩在下一年不具有持续性。因此，仅仅依据过往一年（或三年）的收益选择基金，很难选出在未来一年收益高的基金。同时，夏普比率属于靠后位置的基金有很大概率在下一年的夏普比率依旧较低，投资者应尽量避免投向这些基金。这些信息能够作为投资者选择基金时的参考依据。

第五章，以 2021 年 12 月 31 日为界，将基金经理划分为在职基金经理和离职基金经理，并以基金经理管理所有产品的合并收益序列为主线，对其选股能力和择时能力进行研究。结果显示，在选股能力方面，分别有 51% 和 48% 的在职和离职的基金经理具有显著的选股能力；在择时能力方面，分别有 8% 和 12% 的在职和离职的基金经理具有显著的择时能力，相较选股能力，择时能力更难获得。值得关注的是，基金经理的选股和择时能力呈现出负相关关系，即基金经理的选股能力越强，其择时能力越弱；而择时能力越强的基金经理，其选股能力越弱。

本书通过定性的归纳总结和大量的数据分析，力求以客观、独立、深入、科学的方法，对我国公募基金行业的一些基础性、规律性的问题作出深入分析，使读者对公募基金行业整体的发展脉络有一个全面而清晰的认识，加深对公募基金发展现状的理解。同时，也为关注公募基金行业发展的各界人士提供一份可以深入了解公募基金的参阅材料。

目　录 CONTENTS

第一章

中国公募基金行业发展概览

我国公募基金行业诞生于 1991 年，到目前为止已有三十余年的历史。伴随着我国金融体制的持续改革，公募基金行业不断成长，逐渐走向正规化、法制化和市场化。

本章内容主要分为四个部分。第一部分，介绍公募基金的基本概念与特征，对比公募基金与私募基金的主要区别；第二部分，介绍我国公募基金行业发展的三个阶段：萌芽阶段、规范化发展阶段和市场化发展阶段；第三部分，主要从监管政策和市场动向等角度入手，对 2021 年我国公募基金行业发展的新动态进行分析；第四部分，使用直观的图表形式，从公募基金的数量、资产管理规模、基金分类以及基金费率等多个维度介绍公募基金行业的发展现状。

一、公募基金简介

我国的证券投资基金按照资金募集方式分为公募证券投资基金（以下简称"公募基金"）和私募证券投资基金（以下简称"私募基金"）。公募基金是指通过发售基金份额，将众多不特定投资者的资金汇集起来，形成独立财产，委托基金管理人进行投资管理、基金托管人进行财产托管，由基金投资人共享投资收益、共担投资风险的集合投资方式。基金管理机构和托管机构分别作为基金管理人和基金托管人，按照基金的资产规模收取管理费和托管费。因此，公募基金具有集合理财、专业管理、组合投资、分散风险、严格管理、信息透明、独立托管等特点。

公募基金是通过向不特定投资者公开发行受益凭证进行资金筹集的基金，最低投资额门槛较低，投资者为普通大众和机构投资者；而私募基金是通过向少数特定投资者以非公开方式进行资金筹集的资金，对投资者的风险承受能力有一定的要求，最低投资额门槛较高。通过与私募基金的对比，我们可以更好地理解公募基金的特点及其优势。

首先，公募基金与私募基金的募集对象（即投资者来源）不同。公募基金的募集对象是广大的社会公众，包括个人投资者和机构投资者，公募基金份额持有人不少于 200 人。私募基金的募集对象必须是合格投资者，即符合条件的个人投资者和机构投资者。2018 年 4 月 27 日，中国人民银行、中国银行保险监督管理委员会（以下简称"银保监会"）、中国证券监督管理委员会（以下简称"证监会"）以及国家外汇管理局联合发布《关于规范金融机构资产管理业务的指导意见》（以下简称《资管新规》），指出合格投资者需要符合一定条件。"一定条件"是指具有 2 年以上投资经历，且满足以下条件之一：家庭金融净资产不低于 300 万元，家庭金融资产不低于 500 万元，或者近 3 年本人年均收入不低于 40 万元；最近 1 年末净资产不低于 1 000 万元的法人单位；金融管理部门视为合格投资者的其他情形。由于公募基金的募集对象是广大社会公众，公募基金采取公开发售的方式募集资金；而私募基金则采取非公开发售的方式，针对合格投资者定向发售募集资金。

其次，二者对信息披露的要求和受监管的程度不同。公募基金实行信息公开披露制度，信息透明度高，便于接受公众投资者的监督；而私募基金的信息披露要求低，只对合格投资者负责，保密性较强。《资管新规》规定公募基金应向投资者公开披露产品净值或者投资收益情况，并定期披露其他重要信息，其中，开放式公募基金按照开放频率披露，一般为每天一次；封闭式公募基金至少每周披露一次。而私募基金的信息披露方式、频率和内容则按合同约定，并至少每季度向投资者披露产品净值和其他重要信息即可。由于涉及众多投资者，社会影响面广，所以监管部门对于公募基金的募集，份额的申购、赎回和交易等诸多方面都有严格的规范和监管。而私募基金是向特定投资者募集资金，实行合格投资者制度，社会影响面窄，运作方式灵活，因此监管约束少，投资运作等方面主要依照基金合同，以行业自律管理为主。

另外，从收费标准来看，公募基金只按照固定比例收取管理费，没有业绩提成，不同类别的公募基金收取的管理费率不同。2021 年底，我国主动管理的公募基金的平均管理费率如下：普通股票型为 0.87%，债券型为 0.40%，混合型为 1.18%，货币市场型为 0.25%。私募基金的收费方式为固定管理费加收益提成，通常采用国际通用的"2—20"收费模式，即 2% 的固定管理费和 20% 的业绩报酬，其中 2% 的固定管理费与私募基金业绩无关，20% 的业绩报酬需要满足私募基金产生盈利和达到合同条款要求这两个条件后才能提取，后者又被称为"浮动管理费"。

在投资限制方面，公募基金和私募基金也有较大差异，公募基金的投资方向和比例都受到严格限制，私募基金则受限较少，可以采取相对灵活的投资策略。2014 年 8 月，证监会发布的《公开募集证券投资基金运作管理办法》开始实施，规定了公募基金的投资方向和比例，如一家公募基金管理人的单只公募基金产品投资一家上市公司发行的股票的市值不得超过该只公募基金产品资产净值的 10%，同一家公募基金管理人管理的全部公募基金产品投资一家上市公司发行的股票的市值不得超过该家公司市值的 10%，等等。《资管新规》对公募基金产品的投资比例限制做了修改，将同一家公募基金管理人管理的全部公募基金产品投资一家上市公司发行的股票的市值不得超过该公司市值的 10% 这一比例改为 30%，同时规定同一家公募基金管理人的全部开放式公募基金产品投资单一上市公司发行的股票不得超过该上市公司可流通股票的 15%，同一家公募基金管理人的全部公募基金产品投资单一上市公司发行的股票不得超过该上市公司可流通股票的 30%。私募基金则没有严格限制，能够在符合基金合同的约定下选择合适的策略，自主调整各类投资标的的仓位，综合运用买入、卖空、杠杆等方式强化投资回报。

最后，公募基金和私募基金管理人追求的目标不同。公募基金管理人比较关注基金业绩在同类基金中的排名，追求相对于某一基准的业绩；而私募基金管理人关注基金的绝对收益，不论市场是上涨还是下跌，都追求正的基金收益。表 1-1 总结了以上对比分析的公募基金与私募基金的区别，供读者参考。

表 1-1　　　　　　　　　　　　公募基金和私募基金的区别

项目	公募基金	私募基金
募集对象	广大社会公众，即社会不特定的投资者，包括机构和个人	少数特定的合格投资者，包括机构和个人
募集方式	公开发售	非公开发售
信息披露	信息披露要求非常严格，有一套完整的公开信息披露制度	信息披露要求较低，保密性强
监管程度	基金的募集，份额的申购、赎回和交易，投资的方向与比例，收益的分配次数、比例及方式，信息的披露内容及时间等各方面都有严格的规范和监管	监管约束少，信息披露要求低，投资运作等方面主要依照基金合同，以自律管理为主
收费标准	按固定比例收取管理费，无业绩提成	2%固定管理费+20%业绩提成
投资限制	严格限定基金的投资方向和比例	灵活控制投资方向、比例和策略等
追求目标	基金业绩在同类基金中的排名，追求相对于某一基准的业绩	基金的绝对收益

二、行业发展历程

第一阶段：公募基金行业萌芽阶段（1991~1997 年）。1991 年我国证券市场开始建立，同年 7 月经中国人民银行珠海分行批准设立了"珠信基金"，该基金由地方性金融机构珠海国际信托投资公司独家发起和管理，是我国最早的基金。随后各地发行基金的速度加快，仅 1992 年一年就有多达 57 只基金被批准成立。1992 年 6 月由中国人民银行深圳经济特区分行颁布《深圳市投资信托基金管理暂行规定》，该规定成为当时唯一一部证券投资基金监管方面的地方性法规，其适用范围仅限于在深圳注册或在深圳证券交易所上市的基金。这造成了证券投资基金法律监管体系缺失的局面，使得公募基金的设立和管理体系相对混乱，具体表现为当时央行、央行的省级分行以及各地政府都可以批准设立基金和基金管理公司，由此设立的基金在运作过程中往往维护各地政府、部门及个别企业的利益，不规范行为也普遍存在。为整顿基金市场秩序，1993 年 5 月，中国人民银行总行发出《关于立即制止不规范发行证券投资基金和信托受益债券做法的紧急通知》，收拢基金审批的权力，明确规定基金的发行和上市、基金管理公司的设立以及中国金融机构在境外设立基金和基金管理公司，一律须由中国人民银行总行批准，任何部门不得越权审批。同时，中国人民银行全面清理整顿 1993 年 4 月以前未经总行批准成立的基金。截至 1997 年，我国经整顿重组后的基金共计 22 只。

第二阶段：公募基金行业规范化发展阶段（1997~2012 年）。1997 年 11 月 14 日，国务院正式发布了《证券投资基金管理暂行办法》，对基金设立、募集和交易，基金托管人、基金管理人和基金持有人的权利义务等做了详细规定。同时，中国证监会替代中国人民银行成为基金管理的主管机关，从此，我国公募基金进入了规范化发展的新阶段。从 1998 年 3 月起，我国第一批规范的封闭式基金"基金金泰""基金开元"等陆续发行。公募基金作为机构投资者，可以使个体投资者通过购买基金间接投资于股市，实现储蓄资金向直接投资的转化，更好地满足企业发展的资金需求。因此，为实现 1998 年中央提出的国有企业三年脱困的目标，解决企业融资难的问题，我国开始大力发展公募基金。1998~2000 年，新发行的基金拥有新股配售的特权；1999 年 10 月，国务院批准保险资金以购买公募基金的方式进入证券市场；2001 年 12 月，财政部、劳动和劳动保障部发布了《全国社会保障基金投资管理暂行办法》，允许社保基金投资上市流通的公募基金。这一系列政策法规的出台，推动了公募基金的发展，不仅基金数量迅速增加、基金规模快速跃升，公募基金在规范化监管方面也有了很大的进步。

由于当时我国金融制度尚不完善，金融市场开放程度较低且规模较小，封闭式基金由于其自身资金规模固定等特点正好适用于这种市场情况，因此我国最初发行的公募基金皆为封闭式基金。然而，此时的监管重点仍在基金的发起设立方面，对基金的交易监管力度不足，而基金的封闭性使得基金管理公司的投资和运作没有任何硬性约束，为基金管理公司向本公司和关联方进行利益输送提供了便利，出现了基金管理公司利用基金的封闭性进行投机的"基金黑幕"事件。同时，随着市场的发展，封闭式基金已不能满足投资者的要求。2000 年 10 月，证监会发布《开放式证券投资基金试点办法》，开启了我国开放式公募基金试点的新历程。2001 年 9 月，首只开放式公募基金"华安创新"设立，随后开放式基金发展进程加快，封闭式基金发行逐渐减少，2002 年 9 月之后基金公司不再发行封闭式基金。此后，规范基金运作的法律法规相继出台。2003 年 10 月，十届全国人大常委会第五次会议通过了《中华人民共和国证券投资基金法》，以法律的形式确认了公募基金行业在证券市场中的地位和作用，明确了市场主体的准入和约束机制，强化了基金管理人和托管人的法律责任和义务。

随着我国加入世界贸易组织（WTO），国外机构投资者进入了我国公募基金市场。2002 年 11 月，证监会和中国人民银行联合发布《合格境外投资者境内证券投资管理暂行办法》，开展合格境外机构投资者（qualified foreign institutional investors，QFII）试点，2003 年 QFII 正式进入实施阶段。与此同时，开放式基金发行速度明显加快，基金品种和数量迅速增加，除了传统价值型基金、成长型基金和平衡型基金外，新的基金品种债券型基金和指数型基金逐渐被开发出来，公募基金的创新层出不穷。然而，2004 年私募基金出现，其在投资决策和分配制度等方面存在优势。由于受到诸多约束性规定的限制，公募基金呈现出明显的劣势。在激烈的市场竞争中，公募基金行业人才流失严重。在 1997~2012 年这一阶段，公募基金受到政策扶持而快速发展，受到法律监管而更加规范，同时也面临着愈加激烈的市场竞争。

第三阶段：公募基金行业市场化发展阶段（2012 年至今）。随着我国金融市场的发展和全面资产管理时代的到来，2012 年基金行业迎来中国金融创新元年，"放松管制、加强监管"成为我国金融监管改革的总体思路，也是证券市场改革的方针，一系列法律法规相继出台实施，公募基金行业步入市场化发展阶段。表 1-2 总结了 2012 年至今，我国监管部门在公募基金行业市场化发展阶段所发布的重要政策。

表 1-2　　　　　　　　公募基金行业市场化发展阶段重要政策一览

正式施行日期	监管政策名称
2012 年 11 月 1 日	《基金管理公司特定客户资产管理业务试点办法》
2012 年 11 月 1 日	《证券投资基金管理公司子公司管理暂行规定》
2013 年 1 月 25 日	《黄金交易型开放式证券投资基金暂行规定》
2013 年 4 月 2 日	《证券投资基金托管业务管理办法》
2013 年 6 月 1 日	《中华人民共和国证券投资基金法》
2013 年 6 月 1 日	《资产管理机构开展公募证券投资基金管理业务暂行规定》
2013 年 6 月 1 日	《证券投资基金销售管理办法》

正式施行日期	监管政策名称
2013 年 9 月 3 日	《公开募集证券投资基金参与国债期货交易指引》
2014 年 8 月 8 日	《公开募集证券投资基金运作管理办法》
2015 年 3 月 27 日	《公开募集证券投资基金参与沪港通交易指引》
2016 年 2 月 1 日	《货币市场基金监督管理办法》
2016 年 9 月 11 日	《公开募集证券投资基金运作指引第 2 号——基金中基金指引》
2017 年 6 月 14 日	《通过港股通机制参与香港股票市场交易的公募基金注册审核指引》
2017 年 6 月 28 日	《基金募集机构投资者适当性管理实施指引（试行）》
2017 年 9 月 13 日	《证券投资基金管理公司合规管理规范》
2017 年 10 月 1 日	《公开募集开放式证券投资基金流动性风险管理规定》
2018 年 4 月 27 日	《关于规范金融机构资产管理业务的指导意见》
2018 年 6 月 13 日	《关于进一步规范货币市场基金互联网销售、赎回相关服务的指导意见》
2018 年 8 月 3 日	《公开募集证券投资基金信息披露管理办法》
2019 年 1 月 15 日	《公开募集证券投资基金投资信用衍生品指引》
2019 年 1 月 18 日	《证券投资基金投资信用衍生品估值指引（试行）》
2019 年 6 月 14 日	《公开募集证券投资基金参与转融通证券出借业务指引（试行）》
2019 年 6 月 21 日	《证券投资基金参与转融通证券出借业务会计核算和估值业务指引（试行）》
2019 年 8 月 16 日	《证券投资基金侧袋机制操作规范（征求意见稿）》
2019 年 9 月 1 日	《公开募集证券投资基金信息披露管理办法》
2019 年 9 月 1 日	《关于实施〈公开募集证券投资基金信息披露管理办法〉有关问题的规定》
2019 年 9 月 1 日	《公开募集证券投资基金信息披露管理办法》提示性公告模板的通知
2019 年 9 月 12 日	《证券交易所风险基金监管指引》
2019 年 12 月 27 日	《证券投资者保护基金实施流动性支持管理规定》
2020 年 3 月 12 日	《基金经营机构及其工作人员廉洁从业实施细则》
2020 年 3 月 20 日	《公开募集证券投资基金信息披露管理办法（2020 年修订）》
2020 年 4 月 17 日	《公开募集证券投资基金投资全国中小企业股份转让系统挂牌股票指引》
2020 年 5 月 1 日	《基金经理兼任私募资产管理计划投资经理工作指引（试行）》
2020 年 7 月 10 日	《证券投资基金托管业务管理办法》
2020 年 8 月 1 日	《公开募集证券投资基金侧袋机制指引（试行）》
2020 年 8 月 6 日	《公开募集基础设施证券投资基金指引（试行）》

续表

正式施行日期	监管政策名称
2020 年 10 月 1 日	《公开募集证券投资基金销售机构监督管理办法》
2020 年 10 月 1 日	《关于实施〈公开募集证券投资基金销售机构监督管理办法〉的规定》
2020 年 10 月 1 日	《公开募集证券投资基金宣传推介材料管理暂行规定》
2021 年 2 月 1 日	《公开募集证券投资基金运作指引第 3 号——指数基金指引》
2021 年 2 月 8 日	《公开募集基础设施证券投资基金尽职调查工作指引（试行）》
2021 年 2 月 8 日	《公开募集基础设施证券投资基金运营操作指引（试行）》
2021 年 7 月 29 日	《中国证监会关于深化"证照分离"改革 进一步激发市场主体发展活力实施方案》
2021 年 8 月 11 日	《公开募集证券投资基金管理人及从业人员职业操守和道德规范指南》
2021 年 8 月 31 日	《公开募集证券投资基金投资顾问业务数据交换技术接口规范（试行）》
2021 年 12 月 30 日	《中国证券投资基金业协会投资基金纠纷调解规则》
2021 年 12 月 30 日	《中国证券投资基金业协会投诉处理办法》

资料来源：证监会、中国证券投资基金业协会、中国人民银行。

2012 年 11 月，证监会发布的《证券投资基金管理公司管理办法》开始实施，该办法降低了基金管理公司的准入门槛和业务监管，延长了主要股东持股锁定期，进一步规范股东和实际控制人的行为，建立了公司风险控制指标监控体系和监管综合评价体系，强化监管措施，维护基金持有人利益。2012 年 12 月，《中华人民共和国证券投资基金法》（以下简称《证券投资基金法》）经过了重大修订（修订后被称为"新基金法"），并于 2013 年 6 月正式实施，在市场准入、投资范围、业务运作等方面为公募基金大幅"松绑"，增强公募基金管理公司的管理能力，打造其竞争优势。2013 年，政府又相继发布了一系列与其相配套的法律法规，这将公募基金行业推入巨大的市场变革之中，为公募基金行业的发展构建了更健全的制度，也带来了私募基金等机构竞争者，使得基金市场发展更加规范的同时，竞争也更加激烈。这一时期证监会也发布了多项规定，使得基金管理公司的投资范围开放到股市、债市、商品等二级市场之外的股权、收益权等实体经济领域。

2015 年以来，随着内地与香港基金互认，公募基金逐步参与沪港通交易，推出基金中基金（FOF），规范分级基金、保本基金和委外定制型基金等基金品种，整个公募基金行业在全面市场化之路上更加健康发展。

2016 年，基金中基金兴起。2016 年 12 月，首批公募 FOF 产品的申请获得受理，包括广发基金、招商基金、天弘基金和富国基金等基金管理公司旗下的产品。基金管理公司热情参与公募 FOF，监管层也在多方面给予大力支持。

2017 年，金融行业的监管力度加大。不论是中央政治局会议、全国金融工作会议，还是党的十九大报告和中央经济会议，都对新形势下金融风险的防控、金融行业的定位等方面提出了更为具体的要求，维护国家金融安全被列为重中之重，公募基金作为金融行业中不可或缺的一环而备受关注。监管部门相继出台多项政策法规，规范并推动多种类型基金产品的发展，并聚焦防范系统性金融风险。同时，我国正式落地了公募 FOF 产品和养老目标公募基金产品，在拓展公募基金的投资范围和业务领域、为普通投资者提供专业化的选基服务的同时，也为促进公募基金行业推进养老金市场化改革贡献积极的力量。

2018 年是养老目标公募基金创立元年，证监会于 2018 年 3 月发布的《养老目标证券投资基金指引（试行）》，将我国养老基金产品带入了规范化的运作阶段，为公募基金行业服务个人养老投资提供了规范。2018 年 4 月，随着《资管新规》发布，规模已达百万亿元的资管产品从此被统一监管，大资管时代来临，公募基金以外的资管行业也可以推出公募产品。面对"资管新规"的各项规定，公募基金可以凭借其专业程度高、管理体制先进、风控措施较为完善等优势在公募产品市场中站稳脚跟，但同时也面临着理财子公司等强劲的竞争对手。公募基金相较于其他资管行业的一项重要的制度优势是公开信息披露，该制度已经沿用 14 年，2018 年 8 月证监会发布了《公开募集证券投资基金信息披露管理办法》的征求意见稿，致力于解决信息披露内容复杂和形式烦琐、投资者不易获取信息、管理人不够重视信息披露等问题，以提高公开信息披露的透明度，提高公募基金市场化竞争力。2018 年以交易型开放式指数基金（exchange traded funds，ETF）为代表的指数基金大爆发，受市场行情和监管改善的影响，ETF 的规模和份额迅猛增长。

2019 年，监管层出台了《公开募集证券投资基金投资信用衍生品指引》《公开募集证券投资基金参与转融通证券出借业务指引（试行）》等政策法规，并重新修订发布了《公开募集证券投资基金信息披露管理办法》，进一步加强公募基金行业各项业务规范，为公募基金行业健康发展保驾护航。

2020 年 4 月，证监会出台了《公开募集证券投资基金投资全国中小企业股份转让系统挂牌股票指引》，允许公募基金投资新三板精选层股票。8 月，经过向社会征询意见，国家发展改革委、中国证监会联合推进公募 REITs 试点规则落地，出台了《公开募集基础设施证券投资基金指引（试行）》，首批公募 REITs 试点项目正在积极申报。证监会对基金销售办法进行了修订，并发布《公开募集证券投资基金销售机构监督管理办法》，于 2020 年 10 月 1 日起正式施行，同时废止《证券投资基金销售管理办法》。本次对销售办法的修订涉及几项重大变革，适应市场环境变化和基金行业的发展，将着力提升基金销售机构专业服务能力和合规风控水平，积极培育基金行业形成良性发展生态。

2021 年，监管部门接连出台规范性文件。为规范公开募集指数证券投资基金

（以下简称"指数基金"）设立、运作等相关活动，保护投资者合法权益，证监会制定并发布《公开募集证券投资基金运作指引第 3 号——指数基金指引》，自 2021 年 2 月 1 日起施行。国务院印发《关于深化"证照分离"改革 进一步激发市场主体发展活力的通知》，决定自 2021 年 7 月 1 日起，在全国范围内实施涉企经营许可事项全覆盖清单管理，分类推进审批制度改革。为落实改革要求，证监会制定了《中国证监会关于深化"证照分离"改革 进一步激发市场主体发展活力实施方案》，要求包括公募基金在内的主体进行落实。中国证券投资基金业协会（以下简称"基金业协会"）于 2021 年 12 月 30 日公布修改后的《中国证券投资基金业协会投资基金纠纷调解规则》，为切实维护投资者合法权益，不断推动基金行业纠纷多元化解机制提质增效。同日，基金业协会公布修改后的《中国证券投资基金业协会投诉处理办法》，以便切实维护投资者合法权益，规范投资基金业投诉处理工作。

三、2021 年行业发展新动态

2021 年新冠肺炎疫情仍在继续，有了 2020 年的抗疫经验，疫情防控逐渐常态化，疫情整体控制状况良好，我国社会经济处于平稳恢复状态中，经济逐渐回暖。2021 年股市延续了 2020 年的发展势头，公募基金再次迎来新的爆发点。截至 2021 年底，市场上继续运营的公募基金数量约为 1.45 万只，公募基金规模约为 24.8 万亿元，数量和规模都有了大幅增长。2021 年公募基金行业监管政策持续出台，行业规范进一步加强，热点话题不断，下面对公募基金行业最新政策和最新动态进行重点解读。

（一）改革公募基金审批服务

国务院印发《关于深化"证照分离"改革 进一步激发市场主体发展活力的通知》，决定自 2021 年 7 月 1 日起，在全国范围内实施涉企经营许可事项全覆盖清单管理，分类推进审批制度改革。为落实改革要求，证监会制定了《中国证监会关于深化"证照分离"改革 进一步激发市场主体发展活力实施方案》，要求包括公募基金在内的主体进行落实。针对公募基金管理公司设立、变更重大事项和公募基金管理人资格审批，改革方式为优化审批服务，具体改革措施包括以下几个方面。

（1）将公募基金管理公司设立、公募基金管理人资格审批流程由申请人筹备、通过现场检查再批准，改为先批准、申请人筹备并通过现场检查再开展业务。

（2）不再要求申请人在公募基金管理人资格审批批复阶段提供风险控制指标

监管报表、证监局出具的现场检查报告、行业监管（自律管理）部门出具的意见等材料。

（3）对公募基金管理公司设立审批涉及的法人股东业务资格证明、公募基金管理人资格审批涉及的业务资格证明和法人资格证明实施告知承诺制。

（4）不再要求申请人在批复阶段提供具有 3 年以上境外投资管理相关经验人员的教育经历、工作经验、从业资格、专业职称等基本情况介绍等材料，以及对基金服务机构尽职调查报告和委托协议以及风险防范措施等材料。

（5）将证券业务许可证、基金业务许可证统一为经营证券期货业务许可证。

（6）在网上公开服务指南、受理进度、反馈意见内容、审批结果等。

（7）推动实现申请、审批全程网上办理。

（8）按照每月一次的频率，在证监会官网相关栏目下，公布公募基金管理机构名录。

（二）证监会出台指数基金指引

指数基金，是指以跟踪标的指数或者基准业绩表现为主要投资目标的基金产品。据万得（Wind）数据库统计显示，截至 2021 年末，全市场共有 2 721 只指数基金，合计规模 13 629 亿元，在公募非货币基金产品总规模中占比 9% 左右。指数基金主要分为股票型被动指数基金和增强指数基金、债券型被动指数基金和增强指数基金四类，其中最主要的是股票型被动指数基金，2021 年底其数量为 1 989 只，占指数基金总量的比例为 73%，规模为 8 091 亿元，占指数基金总量的比例为 60%。

近年来，公募指数基金发展较快，在发挥资产配置工具属性、推动更多中长期资金入市、服务财富管理、服务实体经济等方面发挥了积极作用。同时，个别指数基金也暴露出忽视标的指数质量等问题，需相应完善风控机制。为规范指数基金投资运作，保护投资者合法权益，促进指数基金高质量发展，证监会发布《公开募集证券投资基金运作指引第 3 号——指数基金指引》（以下简称"指数基金指引"），自 2021 年 2 月 1 日起实施，适用于股票指数基金、债券指数基金等。

指数基金指引共十三条，主要包括以下内容：一是在产品注册环节，强化管理人专业胜任能力和指数质量要求；二是在产品持续运作环节，聚焦投资者保护与风险防控，强化产品规范运作；三是加强与证券交易所自律管理的协同，提高监管有效性。具体来看，在产品注册环节强化管理人专业胜任能力和指数质量要求表现在：一方面，明确管理人在人员配备、制度、技术系统等方面的底线要求；另一方面，严控指数质量，以指数"市场代表性强、流动性好、透明度高、具备可持续性"为目标，对指数成份券选取、指数编制等提出原则性要求。证监会授权沪深交易所制定配套实施细则，以明确具体量化指标，增强规则适用弹性。在产品持续运作环节，聚焦投资者保护与风险防控，强化产品规范运作，表现在：一是坚持指数基金被动投资定位，规范非成份券等投资；二是按照持有人利益优先原则，健全指数成份券出现重大负面事件的应急调整机制；三是为了降低投资者的成本，明确新产品的指数使用费由管理人承担，不得从基金财产中列支；四是强调 ETF 及联接基金运作的底线要求。加强与证券交易所自律管理的协同表现在：充分发挥沪深交易所一线监管优势，强化交易所在指数基金上市交易、标的指数具体规范等方面的自律管理职责。

沪深交易所同步配套出台指数基金开发指引，明确规定新开发指数基金标的指数质量的具体指标。在两大交易所发布的指数基金开发指引里均要求，基金管理人申请开发股票指数基金，其标的指数为非宽基股票指数的，成份证券数量不低于30 只，单一成份证券权重不超过 15% 等。所谓宽基股票指数，是指选样范围不限于特定行业或投资主题，反映某个市场或某种规模股票表现的指数。宽基股票指数不受限制，但单一标的指数成份证券权重原则上不超过 30%。这两条限制性条件旨在降低指数波动风险。若指数集中于某个细分行业或细分主题，指数走势波动可能会加大，个别权重股对指数的影响也会加大，因此对于权重股的限制可以避免少数股票对指数产生太大影响。

（三）首批公募 REITs 面世

公募不动产投资信托基金（real estate investment trusts，REITs）于 1962 年起源于美国，最初仅投资于房地产，发展至今日渐成熟，逐渐拓宽到工业地产、酒店商场、基础设施等领域，现已成为专门投资不动产的金融产品。证监会在《证券投资基金法》框架下，开展基础设施领域的公募 REITs 试点，经过向社会征求意见，制定并发布了《公开募集基础设施证券投资基金指引（试行）》（以下简称《指引》），于 2020 年 8 月 6 日起施行。

《指引》共计五十一条，从产品定义、基础设施项目责任主体，到基金份额发售方式、基金投资运作以及监管方面都做出了详细的规定。主要涉及以下几个方面：一是明确产品定义与运作模式，规定公开募集基础设施证券投资基金（以下简称"基础设施基金"）为上市交易的公募基金，采用封闭式运作，80%以上基金资产投资于基础设施资产支持证券，基金管理人主动运营管理基础设施项目以获取稳定现金流，主要获取基础设施项目的租金和收费等稳定现金流，并将合并后基金年度可供分配金额 90%以上的部分按要求分配给投资者；二是强化管理人和托管人的专业胜任能力要求，对专业人员资质、类型和配备数量进行了规定；三是严控基础设施项目质量，通过发挥外部管理机构、会计师事务所、评估机构等专业机构的作用，通过尽职调查筛选优质基础设施资产，严把项目准入关；四是明确基金定价和份额发售方式，借鉴国外经验采用网下询价的方式确定价格，公众投资者按照询价确定的价格参与基金份额认购；五是规范基金投资运作，压实管理人受托责任，保护投资者合法权益，同时加强基础设施项目管理，实行风险管控；六是坚持"以信息披露为中心"，确保投资者具有充分知情权，在份额发售环节、基金运作环节以及年度报告环节中保证相关信息披露，做到运作过程公开透明；七是明确证监会监督管理和证券交易所、中国证券投资基金业协会、证券业协会等相关自律组织管理职责，强化约束违规行为。

本次公募 REITs 试点规则落地后，市场机构开始进行公募 REITs 产品的申报。为了规范公开募集基础设施证券投资基金的尽职调查、运营操作等相关工作，根据《指引》等相关规定，基金业协会制定了《公开募集基础设施证券投资基金尽职调查工作指引（试行）》和《公开募集基础设施证券投资基金运营操作指引（试行）》，于 2021 年 2 月 8 日发布并实施。2021 年 4 月 23 日，两单公募 REITs 项目申请被深圳证券交易所（以下简称"深交所"）和证监会受理，标志着基础设施公募 REITs 审核工作全面启动。截至 2021 年 5 月 27 日，首批 9 只公募 REITs 产品全部完成了网下投资者询价，确认了最终认购价格，并于 5 月 31 日正式开始对公众投资者发售。整体来看，此次首批公募 REITs 发行，颇受机构欢迎，认购非常积极，9 只公募 REITs 合计募集金额约 314 亿元，其中募集资金最多的两只产品为广州交投广河高速公路和普洛斯仓储物流，募集规模分别达 91.14 亿元和 58.35 亿元（见表 1-3）。

表 1-3 　　　　　　　　　首批 9 只公募 REITs 产品信息一览

序号	代码	证券简称	资产类型	发行规模（亿元）	管理人
1	180801	中航首钢生物质 REIT	生态环保	13.38	中航基金
2	508027	东吴苏州工业园区产业园 REIT	园区基础设施	34.92	东吴基金
3	508000	华安张江光大园 REIT	园区基础设施	14.95	华安基金
4	180101	博时招商蛇口产业园 REIT	园区基础设施	20.79	博时基金
5	508006	富国首创水务 REIT	生态环保	18.50	富国基金
6	508001	浙商证券沪杭甬高速 REIT	交通基础设施	43.60	浙江浙商证券资产
7	508056	中金普洛斯仓储物流 REIT	仓储物流	58.35	中金基金
8	180201	平安广州交投广河高速公路 REIT	交通基础设施	91.14	平安基金
9	180301	红土创新盐田港仓储物流 REIT	仓储物流	18.40	红土创新基金

资料来源：万得数据库。

首批 9 个公募 REITs 项目多位于京津冀地区、长江经济带、粤港澳大湾区、长江三角洲等国家重点战略发展区域，优先支持基础设施补短板行业及高科技、特色产业园区等。项目涵盖四大主流资产类型，涉及高速公路、仓储物流、产业园区、水务等主流基础设施领域。项目股东方多为大型央企、国企或者大型龙头民企。已上报项目在底层资产质量、业态分布和区域分布等方面都极具代表性，资产质量优秀、现金流稳定，相比于文件中规定的标准有着更高的要求。此次 REITs 基金的询价、发售、上市交易，将会打造良好的示范效应，有效推动我国不动产市场的发展。

除面向机构公开募集以外，本次公募 REITs 产品发行也对个人投资者公开募集，合格投资者的认购门槛是 100~1 000 元。相较于以往资本市场基础设施类资产投资价值只能部分体现在债券、ABS 等产品上，参与门槛非常高（100 万元及以上），本次公募 REITs 产品将优质的基础设施建设项目以公募基金的形式面向公众，极大地拓宽了投资者的范围，可以让普通投资者分享国家经济及不动产市场发展带来的红利。

对于社会来说，公募 REITs 作为一种资产证券化的手段，能够盘活基础设施存量资产，同时拓宽社会资本投资渠道，引导资金参与实体基础设施建设；对于企业来说，利用公募 REITs 这一工具，不仅可以拓宽融资渠道，还可以通过适当的结构安排有效降低杠杆，从而改善财务状况，同时借助资产证券化的形式，改善运营模式，实现从重资产向运营方的战略转换。从立法层面看，本次试点也能够为后续我国 REITs 立法积累实践经验。值得注意的是，本次公募 REITs 试点领域为基础设施，但明确不包括房地产项目。试点领域包括仓储物流、收费公路、数据中心以及国家新型产业集群、高科技产业园、特色产业园等，同时明确基础资产类型不包括酒店、商场、写字楼、公寓、住宅等房地产项目。这表明监管层希望通过本次试点支持重点区域、聚焦新老基建、坚持房住不炒的监管导向，真正利用公募 REITs 这一金融工具盘活社会基础设施存量，发挥中国资产管理行业推动社会发展的效能。

对于普通投资者而言，公募 REITs 与普通的公募基金有什么区别呢？公募 REITs 是公募基金的一种，符合公募基金的基本特征，但是在投资标的、发行定价等方面和其他的公募基金产品有所区别。例如，从投资标的来看，公募 REITs 主要投资于不动产。《指引》规定，公募 REITs 本次试点投资的基础设施包括产业园区、仓储物流、信息网络、收费公路等。公募 REITs 能使中小投资者以较低门槛参与到基础设施项目建设中，有机会获得基础设施项目的租金、收费等稳定的基础收益与资产的增值收益。另外，公募 REITs 是一种大类金融产品，区别于股票和债券，能为投资者提供中等风险资产和中等收益。同时，由于标的的特殊性，公募 REITs 与其他金融资产相比具有较大的独特性，是投资者在投资股票、债券等产品外，进行多元化资产配置的一项不错的投资选择。公募 REITs 封闭期都非常长，部分公募 REITs 的封闭期长达 99 年，不过公募 REITs 发行结束后会在上海证券交易所（以下简称"上交所"）或深交所上市交易，封闭式基金场内交易可能会有折溢价风险，投资者需要特别关注。

四、发展现状

本书的研究范围为 1998~2021 年发行的所有公募证券投资基金，为了防止研究结果受到生存偏见（即在筛选数据时只考虑目前还在运营的基金而忽略停止运营的基金）的影响，所使用的数据包括目前正在运营和已经停止运营的全部公募基金的数据，均来自万得数据库。接下来将通过数据分析，从公募基金的数量、资产管理规模、基金分类以及基金费率等多个维度，对公募基金行业的总体发展情况及现状进行研究和展示。

（一）基金数量

图 1-1 和表 1-4 展示的是 1998~2021 年我国每年新成立、停止运营以及继续运营的公募基金数量。截至 2021 年底，我国累计成立的公募基金总量为 17 030 只，其中继续运营的基金为 14 572 只，停止运营的基金为 2 458 只。①

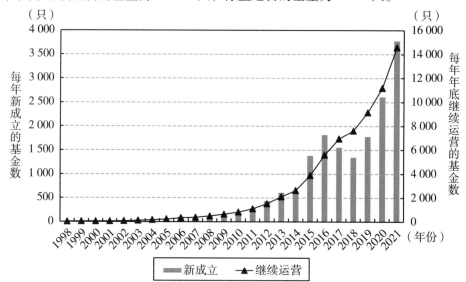

图 1-1　新成立及继续运营的公募基金数量：1998~2021 年

---

① 假设基金名称相同、后缀不同，如基金的后缀为 A、B 和 C，意味着 A 类、B 类和 C 类基金采用不同的收费方式。在本章基金数量的相关统计中，我们将每种收费类型的基金视作 1 只基金。例如，"前海开源新经济混合 A"和"前海开源新经济混合 C"，在本章我们视其为 2 只基金。在后续分析基金业绩的章节中，由于这些带有后缀的基金采用相同的投资策略，我们仅选择其中一只基金进行分析研究。

表 1-4　　新成立、停止运营以及继续运营的公募基金数量：1991~2021 年

年份	新成立	停止运营	继续运营	年份	新成立	停止运营	继续运营
1991	1	0	1	2008	117	6	478
1992	18	0	19	2009	154	2	630
1993	2	0	21	2010	179	1	808
1994	1	0	22	2011	278	3	1 083
1998	5	0	27	2012	431	9	1 505
1999	16	0	43	2013	612	16	2 101
2000	2	0	45	2014	599	69	2 631
2001	8	0	53	2015	1 385	132	3 884
2002	18	0	71	2016	1 817	110	5 591
2003	39	0	110	2017	1 552	208	6 935
2004	51	0	161	2018	1 347	675	7 607
2005	63	1	223	2019	1 779	249	9 137
2006	100	1	322	2020	2 611	578	11 170
2007	67	22	367	2021	3 778	376	14 572

　　在我国公募基金行业的萌芽阶段（1991~1997 年），公募基金行业发展尚不规范。1993 年，经央行发文整顿重组后，公募基金仅存 21 只。从 1998 年开始，公募基金规范发展艰难起步，公募基金行业在 1998 年仅发行 5 只新基金。2000 年新发行的公募基金数量仅为 2 只，2001 年新发行的基金数量仅为 8 只。2004 年，《证券投资基金法》开始正式施行，这为公募基金行业提供了法律保障，促使行业开始进入快速发展的轨道，这一年新成立的公募基金数量为 51 只。此后每年新成立的基金数量不断增加，尤其是 2008~2013 年，基金发行数量逐年攀上新高，2013 年新发行的基金数量已经超过了 600 只。2014 年新基金发行量与 2013 年基本持平稍有回落。到 2015 年，由于股市行情大好，新基金发行量猛增至 1 385 只。此后几年新发行的公募基金数量一直维持在较高水平。

　　2016 年，公募基金新成立的数量再创新高，达到 1 817 只，其中机构定制型基金占比很大，这得益于委外定制型基金的大幅发展。2017 年，监管机构重拳出击，整治金融行业乱象，加强了对公募基金行业监管，对委外定制型基金、保本型基金和分级基金等基金品种都有所规范，因此新成立的基金数量相较 2016 年有所回落，为 1 552 只。2018 年公募基金行业持续整治，新发行的基金数量较上一年仍有回落，为 1 347 只。2019 年新发行的基金数量有所回升，为 1 779 只，2020 年新发行的基金数量持续上涨，为 2 611 只。2021 年新成立的公募基金数量大幅上升，高达 3 778 只。截至 2021 年底，继续运营的公募基金总数为 14 572 只，较 2020 年底继续运营的基金增加了 3 402 只。总体来看，随着我国资本市场的迅速发展，公募基金行业市场化程度不断加深，基金品种日益丰富，公募基金的数量不断增长，整个

行业呈现出良好的发展趋势。

（二）基金资产管理规模

接下来我们将对公募基金资产管理规模的变化情况进行分析。图 1-2 展示了 1998~2021 年公募基金行业历年的资产管理规模及其增长率。表 1-5 则具体分析了每年年底公募基金资产管理规模的数值及其对应的变化比例。总体来看，公募基金在资产管理规模上的发展非常迅猛，1998~2002 年完成资产管理规模由百亿元到千亿元的跨越，2003~2007 年则实现由千亿元到万亿元的跨越，在这 10 年的时间里，公募基金资产管理规模扩容 300 多倍。2007 年以前，公募基金资产规模基数小，在 8 500 亿元左右，变化比例的波动幅度大，除 2001 年外每年的变化率都在 40%以上；2007 年以后，公募基金的资产管理规模攀升到万亿元级别，变化比例的波动幅度趋缓。2017 年，经过整整 10 年的发展后，公募基金行业的资产管理规模突破 10 万亿元，实现了新的跨越。2018 年，公募基金行业经历了监管规范化过程和大规模清盘。2019 年，公募基金行业的资产管理规模为 14.8 万亿元，接近 15 万亿元大关。2020 年公募基金管理规模高速增长，截至 2020 年底已达 20 万亿元大关，较 2019 年增长 37%。2021 年公募基金管理规模继续保持高速增长势头，年底规模接近 25 万亿元。

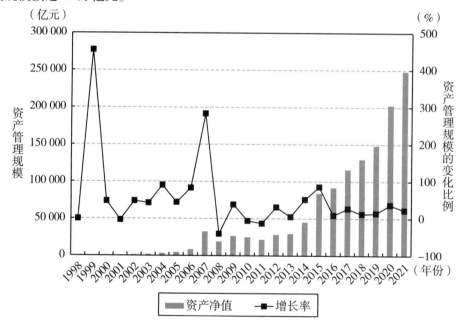

图 1-2 公募基金资产管理规模：1998~2021 年

注：图中资产规模为每年最后一个交易日的资产净值。

表 1-5 　　　　每年年底公募基金资产管理规模及变化比例：1998～2021 年

年份	资产管理规模（亿元）	变化比例（%）	年份	资产管理规模（亿元）	变化比例（%）
1998	104	—	2010	25 194	−5.85
1999	574	454.05	2011	21 918	−13.00
2000	846	47.26	2012	28 667	30.79
2001	818	−3.26	2013	30 026	4.74
2002	1 207	47.52	2014	45 400	51.20
2003	1 716	42.17	2015	84 080	85.20
2004	3 258	89.91	2016	91 741	9.11
2005	4 691	43.98	2017	116 155	26.61
2006	8 565	82.57	2018	130 047	11.96
2007	32 756	282.46	2019	148 393	14.11
2008	19 389	−40.81	2020	202 659	36.57
2009	26 761	38.02	2021	248 250	22.50

图 1-3 展示了 2003～2021 年货币市场型基金和非货币市场型基金资产管理规模变化情况，其中非货币市场型基金为除货币市场型基金外的六类基金的加总。万得数据库对公募基金进行了两级分类，一级分类按照投资标的将公募基金

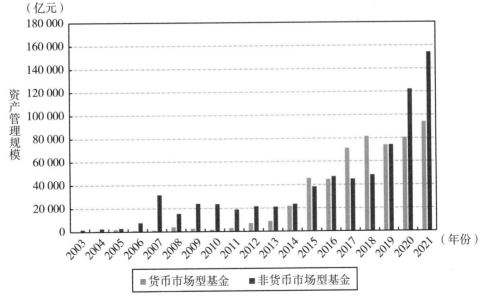

图 1-3 　货币市场型基金和非货币市场型基金资产管理规模：2003～2021 年

注：图中资产规模为每年最后一个交易日的资产净值。

划分为七种，分别是股票型基金、债券型基金、混合型基金、货币市场型基金、国际（QDII）基金、另类投资基金和 FOF 基金。其中，货币市场型基金作为一种现金管理工具，投资标的只限于货币市场工具，主要包括短期（一年以内）的货币工具，如国债、商业票据、银行定期存单、金融债、政府短期债券、企业债券等短期有价证券。货币市场型基金具备许多银行活期存款的特征，但收益率却明显高于活期存款。

随着互联网金融的发展和投资者理财意识的觉醒，货币市场型基金自 2013 年开始爆发，自 2014 年开始成为公募基金管理规模最大的一类基金，占据公募基金行业的大半江山，货币市场型基金的发展对公募基金行业整体规模的增长起了重大的推动作用。截至 2018 年底，货币市场型基金的规模达到一个高峰，接近 8.2 万亿元，占比达到 63%，规模遥遥领先于各类基金。到 2019 年底，货币市场型基金规模略有回缩，约为 7.4 万亿元，占比为 50%，同上年相比下降了 13 个百分点。2020 年货币市场型基金规模小幅上涨，为 8 万亿元左右。截至 2021 年底，货币市场型基金规模超过 9.4 万亿元。如图 1-3 所示，非货币市场型基金的管理规模在 2016~2018 年三年内比较稳定，维持在 4.5 万亿元左右，在 2019 年有了较大的提升，规模超过 7.4 万亿元，反超货币市场型基金。2020 年，非货币市场型基金规模继续保持高速增长，截至 2020 年底，非货币市场型基金规模已大大超过货币市场型基金，规模超过 12 万亿元，占比超过 60%。截至 2021 年底，非货币市场型基金规模已超过 15.4 万亿元，占比较上年提高 2 个百分点。

图 1-4 展示了 2003~2021 年股票型、混合型、债券型三类公募基金资产管理规模变化情况。从中可见，2018 年之后，债券型基金规模超过混合型基金位居

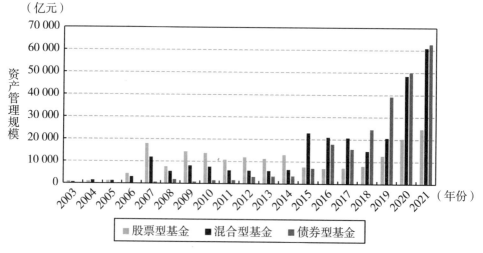

图 1-4　三类公募基金的资产管理规模：2003~2021 年
注：图中资产规模为每年最后一个交易日的资产净值。

榜首；混合型基金的资产管理规模则一直处于较高的水平，这得益于它不受资产仓位水平的约束，投资策略更为灵活，受众范围更广，特别是 2020 年和 2021 年增速很快，这两年混合型基金规模与债券型基金规模相差不大；相比之下，股票型基金则对投资比例严格限制，截至 2021 年底，其规模不及债券型基金和混合型基金。

图 1-5 展示了 2003~2021 年按照万得数据库对公募基金一级分类标准划分的不同类型公募基金的资产管理规模。从中可以看出，货币市场型基金从 2015 年开始占比超过 50%，直至 2019 年被其他六类非货币市场型基金总和反超；QDII 基金和另类投资基金分别出现于 2007 年和 2013 年，发展较为缓慢，占比较低；FOF 基金于 2019 年才出现，目前其资产管理规模在所有基金中占比较小，但其增长速度很快，其规模已超过另类投资基金，并接近于 QDII 基金。

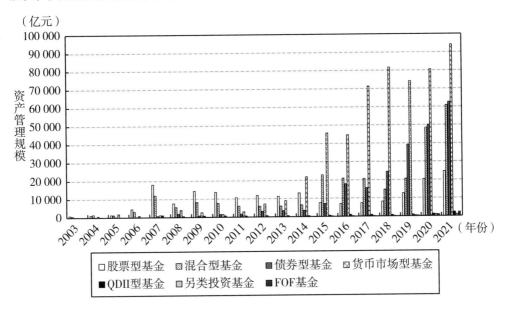

图 1-5　不同类型公募基金的资产管理规模：2003~2021 年
注：图中资产规模为每年最后一个交易日的资产净值。

（三）基金分类

我国公募基金行业产生之初，市场上发行的公募基金主要为契约型封闭式基金。2000 年，证监会发布《开放式证券投资基金试点办法》，2001 年发行首只契约型开放式基金，此后开放式基金逐渐占据了公募基金行业的主导地位。截至 2021 年底，我国持续运营的基金中共有 442 只为契约型封闭式基金、16 588 只为契约型开放式基金，分别约占公募基金市场的 2.6%、97.4%。

在公募基金行业的发展过程中，市场上开始推出侧重于各类投资标的和不同投资风格的基金产品，公募基金的品种日益丰富。根据万得数据库对公募基金的两级分类体系，表 1-6 列示出了截至 2021 年底公募基金一级分类和二级分类下各类基金的发行总量和百分比。其中，股票型基金为股票投资的比例占基金资产 80% 以上的基金；债券型基金为债券投资比例占基金资产 80% 以上的基金；货币市场型基金是指投资于货币市场工具的基金；混合型基金为投资于股票、债券和货币市场工具，但是投资股票和债券的比例不满足股票型基金和债券型基金要求的基金。从一级分类的角度看，混合型基金数量最多，达到 6 907 只，占比 40.6%；其次是债券型基金，有 5 217 只，占比 30.6%；股票型基金为 3 152 只，占比约 18.5%；再次是货币市场型基金，为 902 只，占比约 5.3%。国际（QDII）基金、FOF 基金、另类投资基金、REITs 基金和其他基金分别为 436 只、313 只、90 只、11 只和 2 只，合计 852 只，占比约 5%。前四种类型的基金市场占比超过 95%，占领绝大部分行业市场。2018 年在市场低迷的行情下，占据大半公募基金资金规模的债券型基金和货币型基金大规模增长，带动了公募基金总体规模的上升。过去几年表现平平的债券指数型基金在 2018 年迅速升温，多只债券指数型基金首发规模达到数十亿元。2019 年债券型基金进一步发展，占比较 2018 年提高了 3 个百分点。2020 年和 2021 年混合型基金、债券型基金和股票型基金数量增幅较大，三者合计为所有类型公募基金数量的 90%。

表 1-6　　　　公募基金一级和二级分类发行总数量及百分比：截至 2021 年底

基金分类	一级分类基金数（只）	一级分类百分比（%）	二级分类基金数（只）	二级分类占一级分类的百分比（%）
股票型基金	3 152	18.5		
被动指数型基金			1 989	63.1
普通股票型基金			838	26.6
增强指数型基金			325	10.3
债券型基金	5 217	30.6		
中长期纯债型基金			3 024	58.0
短期纯债型基金			523	10.0
混合债券型一级基金			288	5.5
混合债券型二级基金			975	18.7
被动指数型债券基金			401	7.7
增强指数型债券基金			6	0.1

续表

基金分类	一级分类 基金数 （只）	一级分类 百分比 （％）	二级分类 基金数 （只）	二级分类占一级 分类的百分比 （％）
混合型基金	6 907	40.6		
灵活配置型基金			2 710	39.2
偏股混合型基金			2 763	40.0
偏债混合型基金			1 394	20.2
平衡混合型基金			40	0.6
货币市场型基金	902	5.3		
货币市场型基金			902	100.0
国际（QDII）基金	436	2.6		
国际（QDII）股票型基金			212	48.6
国际（QDII）混合型基金			83	19.0
国际（QDII）债券型基金			97	22.2
国际（QDII）另类投资基金			44	10.1
FOF 基金	313	1.8		
股票型 FOF 基金			9	2.9
混合型 FOF 基金			300	95.8
债券型 FOF 基金			4	1.3
另类投资基金	90	0.5		
股票多空型基金			45	50.0
商品型基金			45	50.0
REITS	11	0.1		
REITs			11	100.0
其他	2	0.0		
其他			2	100.0
总计	17 030	100.0	—	—

从二级分类的角度来看，股票型基金分为普通股票型基金、被动指数型基金和增强指数型基金。其中，普通股票型基金指主要投资于股票，由基金经理主动管理的基金；被动指数型基金指对股票指数进行完全复制，投资于标的指数成份

股的基金；而增强指数型基金是指以追踪某一股票指数为目标，实施优化策略或增强策略的基金。从表 1-6 可见，股票型基金中数量最多的是被动指数型，达到 1 989 只，占比约 63.1%；主动管理的股票型基金达 838 只，占比约 26.6%；而数量最少的是增强指数型基金，仅为 325 只，占比约 10.3%。普通股票型基金是我国基金市场中最早产生的基金。指数型基金在 2004 年末才开始出现，由于其具有交易费用低廉、不过度依赖基金经理、能够有效分散和防范风险等特点，基金数量增长迅速。

混合型基金分为偏股混合型基金、平衡混合型基金、偏债混合型基金和灵活配置型基金。其中，偏股混合型基金的主要投资标的是股票；偏债混合型基金的主要投资标的是债券；灵活配置型基金在股票和债券大类资产之间可以以任意比例灵活配置；而平衡混合型基金在股票和债券之间的投资比例相对均衡，有一定的限制。在混合型基金中，偏股混合型基金数量最多，为 2 763 只，占比约为 40.0%；灵活配置型基金次之，数量为 2 710 只，占比约 39.2%。在债券型基金中，中长期纯债型基金数量最多，有 3 024 只，占比约为 58.0%；其次为混合债券型二级基金和短期纯债型基金，占比分别约为 18.7% 和 10.0%。在国际（QDII）基金中，国际（QDII）股票型基金占比最大，约为 48.6%，表明此类基金对境外资本市场的投资主要是通过股票市场进行的。2021 年新增 11 只公募 REITs 基金，填补了我国公募 REITs 产品的空白。

表 1-7 展示了对 2021 年公募基金一级和二级分类下各类基金资产管理规模的统计分析结果。从一级分类的角度来看，货币市场型基金的资产管理规模最大，超过 9.4 万亿元，占比约 37.9%；其次是债券型基金，规模约为 6.3 万亿元，占比约 25.2%，比上年增长了约 1.2 亿元；混合型基金的资产规模接近 6.1 万亿元，比 2020 年增加了约 1.6 亿元，与债券型基金的差距进一步缩小，占比接近 24.5%；而股票型基金的资产管理规模约为 2.5 万亿元。各类基金的资产管理规模的排序与其发行数量的排序并不一致，例如，货币市场型基金的发行数量为 902 只，但其资产管理规模却超过 9.4 万亿元；混合型基金的发行数量为 6 907 只，而其资产管理规模为 6.1 万亿元。在股票型基金中，普通股票型基金的资产管理规模最大，约为 1.5 万亿元，占比约 60%，反超被动指数型基金；被动指数型基金次之，为 8 091 亿元，占比约为 33%。在债券型基金中，中长期纯债型基金不仅发行数量最大，而且规模也最大，其资产管理规模超过 4.4 万亿元，占比约为 71%，远远大于规模次之的混合债券型二级基金。在混合型基金中，规模最大的是灵活配置型基金，约为 3.5 万亿元，占比约 57%；其次是平衡混合型基金，规模约为 1.7 万亿元，占比约 27%。国际（QDII）基金中国际（QDII）股票型基金规模最大，为 1 503 亿元，占比约 66%。

表 1-7　　　　公募基金一级和二级分类资产管理规模及百分比：截至 2021 年底

基金分类	一级分类基金资产管理规模（亿元）	一级分类百分比（%）	二级分类基金资产管理规模（亿元）	二级分类占一级分类的百分比（%）
股票型基金	24 645	9.9		
被动指数型基金			8 091	32.8
普通股票型基金			14 887	60.4
增强指数型基金			1 667	6.8
债券型基金	62 601	25.2		
中长期纯债型基金			44 392	70.9
短期纯债型基金			3 987	6.4
混合债券型一级基金			1 714	2.7
混合债券型二级基金			8 638	13.8
被动指数型债券基金			3 869	6.2
增强指数型债券基金			2	0.0
混合型基金	60 919	24.5		
灵活配置型基金			34 896	57.3
偏股混合型基金			591	1.0
偏债混合型基金			8 932	14.7
平衡混合型基金			16 501	27.1
货币市场型基金	94 168	37.9		
货币市场型基金			94 168	100.0
国际（QDII）基金	2 282	0.9		
国际（QDII）股票型基金			1 503	65.9
国际（QDII）混合型基金			633	27.7
国际（QDII）债券型基金			104	4.5
国际（QDII）另类投资基金			43	1.9
FOF 基金	2 234	0.9		
股票型 FOF 基金			12	0.6
混合型 FOF 基金			2 217	99.2
债券型 FOF 基金			4	0.2
另类投资基金	1 004	0.4		
股票多空型基金			504	50.2
商品型基金			500	49.8

续表

基金分类	一级分类基金资产管理规模（亿元）	一级分类百分比（％）	二级分类基金资产管理规模（亿元）	二级分类占一级分类的百分比（％）
REITS	364	0.1		
REITs			364	100.0
其他	32	0.0		
其他			32	100.0
总计	248 250	100.0	——	——

表 1-8 展示了股票型基金、债券型基金和混合型基金等不同类型基金投资股票、债券等不同性质资产时所受到的比例限制。其中，股票型基金持有股票的比例不得低于 80%，债券型基金持有债券的比例不得低于 80%。持有股票的比例低于 80% 且持有债券的比例低于 80% 的基金则为混合型基金，混合型基金细分为灵活配置型基金、偏股混合型基金、偏债混合型基金和平衡混合型基金，每一类基金的投资比例要求各不相同。其中，灵活配置型基金可以持有任意比例的任何一类资产，因此灵活配置型基金的投资比例可以根据市场情况灵活调节，任何一类资产都有可能占主导。由于灵活配置型基金的这一特性，本书在接下来的章节中在对股票型基金的研究和讨论中将不包括灵活配置型基金，以提高结论的针对性。表 1-8 中对于各类基金持股持债比例的规定仅为一般情况，供读者参考，实际中各类资产比例可能视具体情况调整，并不一定严格遵守这一规定。

表 1-8　　　　　各类基金投资不同性质资产的比例限制　　　　　单位：%

基金分类	持有股票的限制		持有债券的限制		持有现金的限制	
	下限	上限	下限	上限	下限	上限
股票型基金						
普通股票型基金	80	100	0	20		
债券型基金						
中长期纯债型基金	0	20	80	100		
混合债券型二级基金	0	20	80	100		
混合债券型一级基金	0	20	80	100		
短期纯债型基金	0	20	80	100		
混合型基金						
灵活配置型基金	0	100	0	100	0	100
偏股混合型基金	50	70	20	40		
偏债混合型基金	20	40	50	70		
平衡混合型基金	40	60	40	60		

（四）基金费率

公募基金的管理过程中产生的主要费用有两项，分别为基金管理费和基金托管费，这两项费用是依照基金净值按比例提取的。另外还有一项基金销售服务费用需要承担，销售服务费是从基金资产中扣除的第三方销售机构的佣金、基金的营销广告费等方面的费用，一般只有不存在申赎费用的货币市场型基金在收取，故在此不作深入讨论。一般来说，基金管理费与基金的类型和规模密切相关：公募基金承担的风险越高，其管理费率越高。表1-9展示了截至2021年底股票型、债券型、混合型和货币市场型基金管理费率的整体情况，其中，混合型基金的管理费率最高，平均费率为1.18%；而费率最低的是货币市场型基金，平均费率仅为0.25%。股票型基金和债券型基金的管理费率介于前述的二者之间，均值分别为0.87%和0.40%，较2020年都稍有下降，已连续两年呈现降低趋势。

表1-9　　　　　　公募基金的管理费率：截至2021年底　　　　　单位：%

项目	股票型基金	债券型基金	混合型基金	货币市场型基金
平均值	0.87	0.40	1.18	0.25
最大值	2.00	2.75	3.00	0.90
75%分位数	1.20	0.60	1.50	0.32
50%分位数	0.90	0.30	1.50	0.27
25%分位数	0.50	0.30	0.80	0.17
最小值	0.15	0.13	0.30	0.14

表1-10具体分析了截至2021年底股票型基金的二级分类基金的管理费率。从中可以看出，普通股票型基金管理费率的平均值最高，为1.46%，该类基金的管理费率分布在0.80%~2.00%之间；被动指数型基金收取的费率分布在0.15%~1.20%之间，其平均管理费率是三者中最低的，为0.60%；增强指数型基金收取的费率居中，收取的比率在0.50%~1.50%之间，平均收取0.96%。

表1-10　　　　　股票型公募基金的管理费率：截至2021年底　　　　单位：%

项目	被动指数型基金	增强指数型基金	普通股票型基金
平均值	0.60	0.96	1.46
最大值	1.20	1.50	2.00
75%分位数	1.00	1.00	1.50

续表

项目	被动指数型基金	增强指数型基金	普通股票型基金
50%分位数	0.50	1.00	1.50
25%分位数	0.50	0.80	1.50
最小值	0.15	0.50	0.80

　　基金的托管费率和基金的管理费率一样，也与基金的类型和规模有一定关系。表 1-11 主要统计了截至 2021 年底，股票型、债券型、混合型和货币市场型基金这四种不同类型公募基金的托管费率，其中，混合型基金托管费率最高，平均费率达到 0.21%，分布在 0.03%~0.35% 之间；货币市场型基金的费率最低，平均费率仅为 0.07%，分布在 0.04%~0.10% 之间；股票型基金和债券型基金介于前述二者之间，其托管费率的均值分别为 0.16% 和 0.12%，其中，股票型基金的平均托管费较 2020 年略有下降，债券型基金的平均托管费与 2020 年持平。

表 1-11　　　　　　　　公募基金的托管费率：截至 2021 年底　　　　　单位：%

项目	股票型基金	债券型基金	混合型基金	货币市场型基金
平均值	0.16	0.12	0.21	0.07
最大值	0.30	0.25	0.35	0.10
75%分位数	0.22	0.15	0.25	0.08
50%分位数	0.15	0.10	0.25	0.07
25%分位数	0.10	0.10	0.15	0.05
最小值	0.05	0.03	0.03	0.04

五、小结

　　中国公募基金行业自产生以来，经历了艰难曲折的成长历程。1991 年，我国公募基金行业伴随着资本市场的发展开始萌芽。1997 年，我国开始从国家层面规范公募基金行业。2013 年，新基金法开始施行，配套措施相继颁布，极大地推进了我国公募基金行业的市场化发展。目前，我国公募基金行业已经跨入了全面市场化的发展阶段。

　　本章对比分析了公募基金与私募基金的区别，从募集对象、募集方式、监管程度、投资限制等方面向读者展示了公募基金的行业特点。同时，我们研究分析了2021 年我国公募基金行业的新动态。2021 年，随着新冠肺炎疫情防控常态化，我国经济运行平稳，公募基金数量和规模持续增长。监管部门接连出台规范性文件，进一步规范基金市场。为规范指数基金的设立、运作等相关活动，保护投资者合法权益，证监会于 2021 年 2 月发布指数基金指引。为响应国家深化"证照分离"改革和分类推进审批制度改革要求，证监会制定了《中国证监会关于深化"证照分离"改革 进一步激发市场主体发展活力实施方案》，要求包括公募基金在内的主体进行落实。基金业协会于 2021 年 12 月 30 日公布修改后的《中国证券投资基金业协会投资基金纠纷调解规则》和《中国证券投资基金业协会投诉处理办法》，以便切实维护投资者合法权益，规范投资基金业纠纷调解和投诉处理工作。2021 年首批 9 只公募 REITs 产品问世，截至 2021 年底共计发行 11 只公募 REITs 产品，填补了我国公募 REITs 领域的空白，有效推动了我国不动产市场的发展。

另外，本章从基金数量、资产管理规模、基金分类和费率四个方面对我国公募基金行业发展的总体情况进行了分析。截至 2021 年底，公募基金累计发行数量为 17 030 只，市场上运行的公募基金数量为 14 572 只，管理的资产规模接近 25 万亿元。在公募基金的分类中，混合型基金数量最多，为 6 907 只，占比 41%；货币市场型基金资产管理规模最大，超过 9.4 万亿元，占比 38%。从整体上看，我国公募基金行业的发展规模和成熟度还有待进一步提升，但是公募基金行业伴随我国资本市场一路走来，无论从基金数量，还是从管理规模等多个维度，都已然成为我国资产管理行业重要的专业化投资管理机构。

本书接下来的几章将深入探讨我国公募基金行业的一些基础性、规律性问题，如公募基金能否战胜大盘指数、基金经理是否具有选股能力和择时能力，以及公募基金的业绩是否具有持续性等。我们认为，将这些如行业基石般的问题探讨清楚，将有利于投资者对我国公募基金的全貌进行系统化的了解，推动我国公募基金行业健康持续发展。

第二章

股票型基金能否跑赢大盘指数

相较于债券型、货币市场型等公募基金，投资者投资主动管理的股票型基金（以下简称"股票型基金"）将承担更高的风险，故而他们希望得到与之匹配的较高回报，因此基金业绩就成为投资者决定是否投资于股票型基金的关键因素。由于各类基金的投资标的不同，它们的风险不同，收益亦不同，为客观评价主动管理的基金业绩，本章不会将股票型基金与其他类型基金（如债券型、货币市场型基金）的业绩放在一起进行比较，而是通过对比股票型基金与被动管理的股票指数型基金（以下简称"指数型基金"）的业绩来初步评估股票型基金是否值得投资。

在选取比较基准时，鉴于指数型基金品种繁多，我们选取最具代表性的万得全A综合指数（以下简称"万得全A指数"）作为股票市场大盘指数。本章将分别从绝对收益和风险调整后收益两个角度对比股票型基金与万得全A指数的业绩。我们的研究发现，从绝对收益指标来看，我国股票型基金在2003～2021年的多数年份里平均收益率都高于万得全A指数的收益率，这期间股票型基金的累计收益率也远高于万得全A指数的累计收益率；从风险调整后的收益指标来看，近三年和近五年股票型公募基金的夏普比率（Sharpe ratio）和索丁诺比率（Sortino ratio）均要优于万得全A指数的相关比率。此外，我们通过分析股票型基金收益率、夏普比率和索丁诺比率间的相关性，发现选择夏普比率作为评估股票型基金业绩的代表指标最为恰当。

通过分析上述研究结果，不难发现我国主动管理型公募基金的业绩优于被动管理的指数型公募基金。与我国截然相反，美国市场中绝大多数股票型公募基金跑不赢大盘指数。Jensen（1968）的研究发现，平均来看公募基金的收益并不能战胜市场的收益。博迪等撰写的《投资学》一书中亦佐证了上述观点，书中研究成果显示，1971～2009年，美国资本市场上的威尔希尔5000指数（Wilshire 5000 index）的年化收益率比同期主动管理的股票型基金的年化收益率高出1个百分点，并且在23个年份里，指数收益都要好于股票型基金的收益。

造成中美市场差异的原因有以下两个方面。其一，两个国家所处的市场有效程

度不同。我国为新兴市场，市场处于"弱有效"到"半有效"之间，有效程度不高，股价对市场信息的消化能力不足、反应速度不够快。因此，我国基金经理有可能通过调研以及对公开信息的解读与分析来获取超额回报。美国股票市场的有效程度比较高，股票价格基本上反映了所有可以获得的信息，很难发现长期被低估或被高估的股票，所以整体而言，美国基金经理只能赚取市场平均回报。其二，美国和中国的投资者结构差异较大。在美国股票市场的投资者中，长期稳定的机构投资者占比大，截至 2021 年第二季度，美国家庭投资者（散户投资者）和机构投资者持有美国股票投资的市值约为 75 万亿美元，其中，机构投资者持有股票市值近 45 万亿美元，占美国股票市场投资者持有股票总市值的 60%；家庭投资者持有 30 万亿美元，占总额的 40%。[1] 然而，截至 2021 年第三季度，在流通市值口径下，一般法人持股市值占比为 44%，个人投资者持股市值占比为 34%，境内专业机构投资者合计持股市值占比仅为 17%，外资持股市值占比为 5%。[2] 也就是说，在我国 A 股市场中，平均每 100 个投资者中，才有 17 个专业机构投资者。显然，在诸如美国这样一个成熟的资本市场中，基金经理要战胜大盘指数十分困难；而在中国 A 股市场中，主动管理的基金跑赢大盘指数却是有可能的。

本章内容主要分为三个部分。第一部分，从年度收益率和累计收益率两个角度分别对比股票型基金与万得全 A 指数二者之间的差异；第二部分，将风险因素加入业绩比较的考量中，选用不同的风险调整后收益指标，对股票型基金与万得全 A 指数的收益进行分析；第三部分，对股票型基金的收益率、夏普比率和索丁诺比率这三个指标进行相关性分析，选择评估基金业绩的恰当指标。

一、绝对收益分析

在分析、评估主动管理的股票型公募基金时，我们将万得数据库中公募基金二级分类的普通股票型和偏股混合型基金定义为"股票型基金"。在整理数据的过程中，我们发现有许多基金名称相同，名称后面缀有不同的字母，如 A、B、C 等。通过分析发现，这些基金的净值几乎相同，只是费率结构存在差异。关于基金的字

---

① 2021 年第二季度美国联邦储备银行资金流动账户，L. 223（Federal Reserve Flow of Funds Accounts, table L. 223）。家庭投资者包括非谋利机构组织（nonprofit organizations）；机构投资者包括互惠基金、外国投资者、交易所买卖基金（ETF）、州和地方政府基金、私人退休基金、人寿保险公司、财产保险公司、联邦政府退休基金、经纪、州和地方政府、美国注册存储机构、封闭式基金、联邦政府、货币局、其他和非金融公司等 17 个类别。

② 万得数据库。一般法人是指具有产业资本属性的法人单位，包括一般法人团体和非金融类上市公司。境内专业机构包括公募基金、私募基金、证券机构、保险机构、社保基金、信托机构、其他境内机构（期货公司资管、财务公司、银行等）共七大类。

母后缀大体可分为两种情况。第一类为货币型公募基金 A 类和 B 类。二者区别在于：（1）申购起始门槛不同。A 类的起购门槛较低，有些平台申购门槛低至 1 元，大部分投资者购买的就是此类货币基金；B 类的起购门槛通常在百万元级别，专为机构或高净值客户打造，但也有些基金公司为了吸引投资者购买而降低 B 类的购入门槛，如"南方天天利货币 B"的最低买入金额仅为 100 元。（2）销售服务费不同。投资门槛高的 B 类货币型基金的销售服务费较低，一般为年化 0.01%。由于 B 类货币型基金的销售服务费低于 A 类，因此 B 类货币型基金年化收益率会略微高于 A 类货币基金。

第二类为其他开放式基金 A 类、B 类和 C 类。尽管后缀不同，但它们实际上是同一只基金，运作模式完全一样，在计算基金规模时合并计算，其主要区别就在于收费方式。后缀 A 代表前端收费，买入基金时就要收"申购费"；B 类代表后端收费，买基金时不收"申购费"，这笔费用可以延迟至赎回时再收，并且与赎回费一样持有时间越长费用越低；[1] C 类一般不收申购费，但根据持有基金的时间来收"销售服务费"。其他货币基金后缀份额如 D、E、F 等一般为新增份额，面向特定渠道发售，在此不再赘述。因此，对于这些带有后缀的基金，我们仅选择相似产品中的一只基金进行分析研究。

（一）年度收益率的比较

图 2-1 给出了 2003~2021 年股票型基金与大盘指数年度收益率的比较结果。[2] 在本节分析中，在计算公募基金每一年的收益指标时，我们首先对在某一年中有 12 个月完整净值的基金计算其该年的累计收益率，然后把这些收益率进行等权平均，结果作为该年公募基金的整体收益率。类似地，我们在计算公募基金每一年的波动率等风险指标时，首先利用每只基金在该年的 12 个月度收益率来计算其标准差，然后再进行年化处理，从而获得该基金在当年的年化波动率。最后，我们把该年所有基金的年化波动率进行等权平均，获得公募基金在该年的整体年化波动率。

如图 2-1 所示，首先，我们可以看出，在此期间的多数年份里，除了在 2007 年、2009 年、2011 年、2014 年、2016 年以及 2021 年未跑赢万得全 A 指数以外，其余 13 年中股票型基金的平均业绩都超越了大盘指数。例如，2005 年，在指数下跌 12% 的情形下，股票型基金取得了年度收益率为 3% 的成绩；2020 年，指数收益

---

① B 类收费模式已逐渐边缘化，近年来新发产品几乎不再设计此种模式。

② 我们也使用基金的加权平均业绩进行分析。在计算加权平均年度收益率时，我们采用每只基金的年初资产管理规模作为权重进行加权平均，以年度收益率作为评判业绩的标准。分析的结论与使用等权平均业绩得出的结论相差不大。考虑到后续章节要对比公募基金和私募基金的整体业绩，而许多私募基金不披露基金规模，因此我们汇报的结果以基金的等权平均业绩为主。

率为 26%，而股票型基金的年度收益率高达 60%，超出指数 34 个百分点。其次，股票型基金的抗跌能力要强于大盘指数。在 8 个万得全 A 指数下跌的年份（2003~2005 年、2008 年、2010 年、2011 年、2016 年、2018 年）中，其中有 4 年股票型基金取得了正收益，有 5 年股票型基金的收益率均高于指数收益率 10% 以上。最后，股票型基金年度平均收益率的平均波动幅度小于大盘指数。据图 2-1 可知，指数在部分上涨年份中的涨幅比基金的涨幅更高，在多数下跌年份中的跌幅比基金的跌幅更大，显然指数型基金波动更加剧烈，而波动意味着风险，因此投资波动幅度相对较小的股票型基金风险会更低。

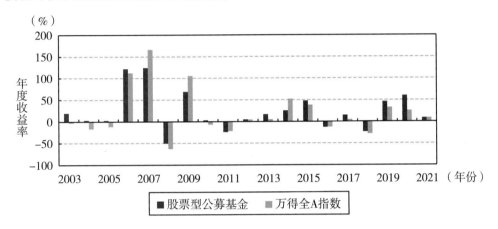

图 2-1　股票型基金与万得全 A 指数年度收益率的比较：2003~2021 年

根据上述对年度收益率的直观分析，我们发现股票型基金的平均收益要好于大盘指数，大盘指数的收益要比股票型基金的收益波动得更加剧烈，而波动（或风险）也是我们投资时需要考虑的重要问题之一。我们用基金和指数的月度收益率计算了它们的年化波动率，以进一步分析股票型基金和大盘指数的收益率波动情况。其中，年化波动率代表基金收益或指数收益的波动程度，年化波动率越大，说明基金收益或者指数收益的波动幅度越大，相应的风险也越高。

图 2-2 提供了 2003~2021 年股票型基金与大盘指数年化波动率的比较结果。我们发现，在风险指标上，股票型基金略好于大盘指数。在 2003~2021 年的 19 年中，指数波动率高于股票型基金的年份有 11 年，占整体样本年份的 58%，其具体年份为 2003~2005 年、2007~2010 年、2012~2013 年、2016 年及 2019 年。不过，在股票型基金波动率相对较高的 8 年中，股票型基金的波动率也仅仅是略高于指数的波动率。例如，在 2006 年、2011 年、2014 年、2015 年、2018 年，股票型基金的波动率仅高于指数 1% 左右。因此，2003~2021 年股票型基金的整体风险要小于指数型基金。值得注意的是，在近五年期间（2017~2021 年），有 4 年股票型基金的波动率均高于大盘指数，仅 2019 年股票型基金的波动率小于指数的波动率。

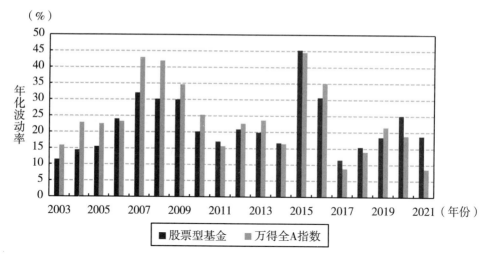

图 2-2　股票型基金和万得全 A 指数收益率的年化波动率比较：2003~2021 年

（二）基金超越大盘指数的比例

每年有多大比例的股票型基金的收益率高于指数的收益率呢？我们从每只基金的收益率出发，在图 2-3 中详细统计了在 2003~2021 年股票型基金收益率超过万得全 A 指数收益率的比例。整体来看，我国主动管理的股票型基金在 2003~2021 年的绝大多数年份里都能够获得优于大盘指数的回报。

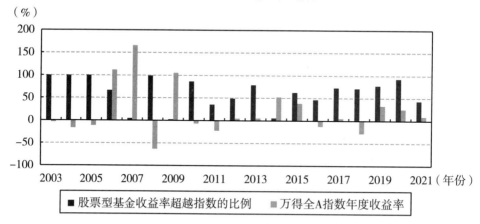

图 2-3　股票型基金收益率超越万得全 A 指数的比例：2003~2021 年

首先，在 2003~2021 年共 19 个年份中的 12 个年份里，股票型基金收益率超越万得全 A 指数收益率的比例都在 60% 以上，年份分别是 2003~2006 年、2008 年、2010 年、2013 年、2015 年和 2017~2020 年。并且在指数下跌的 8 年当中，有 6 年股票型基金战胜市场的比例也都在 70% 以上。在 2006 年的大牛市和 2018 年的熊市中，仍分别有67%和72%的股票型基金跑赢大盘指数，这说明不管市场行情如何震荡，仍有多数基金经理有能力获得好于大盘指数的收益。

其次，我们发现在牛市年份里股票型基金业绩难以超越大盘指数。股票型基金超越指数比例较低的年份均是在市场出现难得一遇的大牛市，这时作为一个行业从整体上战胜市场是很难的，只有少数业界精英才能站在市场的潮头。在2006年、2007年、2009年和2014年这四个股指收益相对较高的年份中，战胜市场的股票型基金的比例分别为67%、5%、3%和6%。在指数快速上涨时，大多数基金经理很难踩准每一个进出市场的节点并提前找到在未来大幅上涨的股票，加上公募基金对股票仓位的限制，短时间内基金无法大幅调整仓位，因此大部分股票型基金的业绩在牛市中很难超越大盘指数。

（三）累计收益率的比较

除了基金年度收益率之外，很多投资者关注长期投资于股票型基金或指数基金的累计收益情况。基金的累计收益是否也能超越指数的累计收益？如果能够超越，其差距是多大？我们对过去三年和过去五年股票型基金和万得全A指数的年化收益率做出比较。在选取样本时，我们要求基金在2019～2021年或2017～2021年间具有完整的三年或五年基金复权净值数据，其中近三年基金的样本量为863只，近五年基金的样本量为618只。

图2-4给出过去三年（2019～2021年）和过去五年（2017～2021年）大盘指数与股票型基金的年化收益率。从中可以看出，近三年股票型基金的年化收益率为37%，高于万得全A指数的年化收益率（22%）；近五年股票型基金的年化收益率为17%，同样高于指数的年化收益率（7%）。总体来看，股票型基金的中长期收益率都要好于大盘指数的表现。另外，我们在附录一中汇报了近五年每一只股票型基金的年化收益率、夏普比率和索丁诺比率。其中，夏普比率和索丁诺比率分析的是基金风险调整后的收益，我们将在后面进行详细讨论。

图2-5展示了2003～2021年股票型基金与万得全A指数的累计收益率比较，我们将2002年最后一天的股票型基金和万得全A指数的初始值设为100元，以方便读者观察二者之间的差别。① 从中可以看出，在过去的19年中，万得全A指数的累计收益率为616%（年化收益率为10%），而股票型基金的累计收益率高达1829%（年化收益率为17%），是万得全A指数累计收益率的3倍。因此，在不考虑风险因素的情况下，2003～2021年投资于主动管理的股票型基金可以获取比投资于指数型基金更高的回报。

---

① 在此我们只讨论等权平均累计收益的结果。

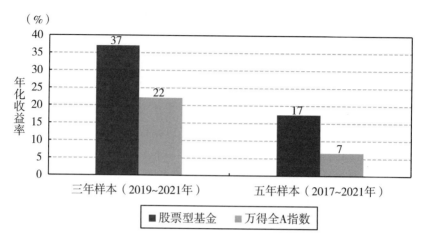

图 2-4　近三年（**2019~2021 年**）和近五年（**2017~2021 年**）股票型基金和万得全 A 指数的年化收益率比较

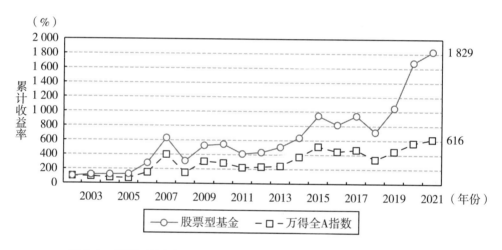

图 2-5　股票型基金与万得全 A 指数的累计收益率比较：**2003~2021 年**

二、风险调整后收益分析

　　投资者容易犯的一个错误是只关注基金的绝对收益，而忽视其风险。我们在购买基金时经常发现，在大盘行情较好时，某只基金净值增长较快，但在大盘下跌时，这只基金的跌幅同样也较高，而且其下跌幅度可能比业绩基准的跌幅还要大。这种情况下，在基金净值高位盲目追涨买入的投资者将会承受较高的风险，其投资收益也不理想。收益和风险如同一枚硬币的两面，它们在投资活动中相伴而生。因此，我们在评估基金收益时，还应考虑为了获取收益所承担的风险大小。了解股票型基金是否真的战胜了大盘指数，进行收益率的对比只是第一步，若要深入分析这一问题，还需要在考虑风险的情况下对比二者的收益高低。由于不同的基金承担的风险不同，在考虑了风险调整后的收益指标后，我们可以回答以下问题：在承担相同风险的情况下，两类基金的收益有什么差别？我们选取夏普比率和索丁诺比率两个指标来对比基金和指数的风险调整后收益。我们以近三年（2019～2021 年）和近五年（2017～2021 年）作为样本期间，在选取基金样本时，同样要求基金具有完整三年和五年的基金复权净值，其中近三年基金的样本为 863 只，近五年基金的样本为 618 只。

（一）夏普比率

夏普比率用某一时期内基金的平均超额收益率除以这个时期超额收益率的标准差来衡量基金风险调整后的回报，该比率意味着每承担一个单位的风险所获得的超额收益的多少，因此夏普比率越高，表明基金在风险相同的情况下获得的超额收益越高。其公式如下：

$$Sharpe_M = \frac{MAEX}{\sigma_{ex}} \tag{2.1}$$

$$Sharpe_A = Sharpe_M \times \sqrt{12} \tag{2.2}$$

其中，$Sharpe_M$ 为月度夏普比率，$Sharpe_A$ 为年化夏普比率，$MAEX$ 为超额收益率的月平均值（monthly average excess return），σ_{ex} 为月度超额收益率的标准差（standard deviation）。基金的月度超额收益率为基金的月度收益率减去市场月度无风险收益率，市场无风险收益率采用整存整取的一年期基准定期存款利率。

图 2-6 展示了过去三年（2019～2021 年）和过去五年（2017～2021 年）万得全 A 指数与股票型基金夏普比率的比较结果。[①] 如图 2-6 所示，近三年股票型基金的年化夏普比率为 1.50，高于大盘指数的年化夏普比率（1.18）；近五年股票型基金的年化夏普比率为 0.82，同样高于近五年大盘指数的年化夏普比率（0.38），这说明从中长期来看，基金经理所贡献的收益高于无风险的银行存款收益，并且高于大盘指数的收益。因此，从夏普比率的比较来看，无论是过去三年还是过去五年股票型基金风险调整后收益都超越了万得全 A 指数，这说明在承担相同风险的情况下，股票型基金能取得更高的收益。

我们继续对股票型基金和大盘指数的夏普比率进行更加深入和详细的对比。图 2-7 为股票型基金近五年（2017～2021 年）年化夏普比率的分布直方图。从中可以看出，股票型基金夏普比率较为集中的区间为 ［0.95, 1.14）、［0.76, 0.95）、

---

① 股票型基金夏普比率是所有股票型公募基金夏普比率的平均值。

[0.57，0.76），占比均在 20% 以上，分别为 24%、23%、20%，合计达 67%。具体而言，在 618 只基金中，近五年年化夏普比率的最大值为 1.58，最小值为 -0.11，而中位数为 0.84。万得全 A 指数近五年年化夏普比率为 0.38，从图 2-7 中不难发现，只有 7% 的股票型基金的夏普比率没有超过万得全 A 指数，也就是说有 93% 的股票型基金夏普比率超越了万得全 A 指数。

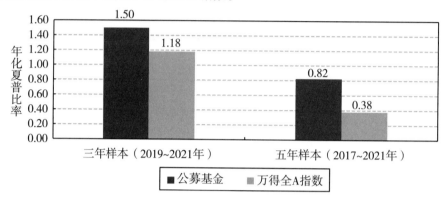

图 2-6　近三年（2019~2021 年）和近五年（2017~2021 年）股票型基金与
万得全 A 指数的年化夏普比率

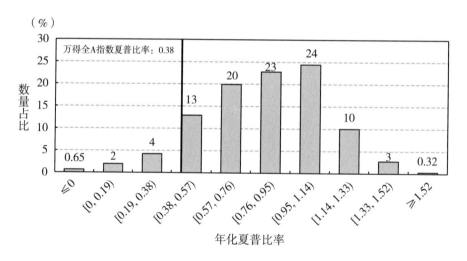

图 2-7　股票型基金近五年年化夏普比率分布直方图：2017~2021 年

图 2-8 是股票型基金近五年（2017~2021 年）夏普比率由高到低的排列图。我们选取万得全 A 指数的夏普比率作为比较基准，值为 0.38，图中以横线表示。根据夏普比率的定义，万得全 A 指数在承担单位百分比的风险时产生的年化超额收益为 0.38%。从图 2-8 可以看出，夏普比率高于万得全 A 指数的基金有 576 只，占比 93%，表明超越九成的股票型基金在近五年的风险调整后收益超越了万得全 A

指数。仅有不足 1% 的基金（4 只）的夏普比率小于 0，也就是说这些基金的超额
收益为负，它们的年化收益率要低于无风险的银行存款利率。

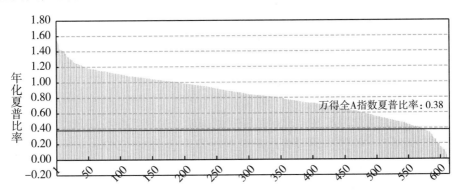

图 2-8　股票型基金近五年年化夏普比率排列：2017~2021 年

　　图 2-9（a）展示了 618 只股票型基金近五年（2017~2021 年）年化夏普比率
的散点分布情况，横轴为基金超额收益的年化标准差（风险），纵轴为基金的年化
超额收益率（超额收益），夏普比率为从原点到每一只基金所对应的由年化超额收
益率和年化标准差（风险）所确定的点的斜率。我们发现，近五年所有股票型基
金的年化夏普比率均分布在斜率为 -0.11 和 1.58 这两条射线所夹的扇形区间内，
大多数基金的年化夏普比率分布在中间偏右部分，基金的超额收益多位于 5%~
25% 之间，风险水平主要分布在 15%~25% 之间。如果将基金的超额收益与风险因
素综合考虑，年化超额收益率最高的基金其夏普比率不一定是最高的。因此，单独
考虑基金的超额收益或风险都不足以判断基金的优劣，只有综合考量这两个因素，
才能对基金业绩有更深入全面的了解。

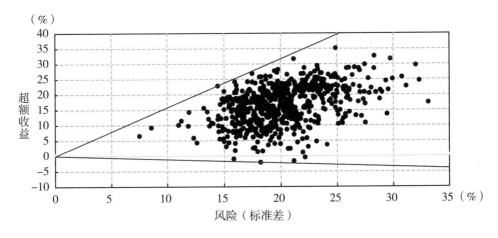

图 2-9（a）　股票型基金近五年年化夏普比率散点图：2017~2021 年

图 2-9（b）展示了近五年（2017~2021 年）股票型基金年化夏普比率排名在前 10 名的基金名称及其年化夏普比率。由于夏普比率是结合基金的超额收益与风险因素的考量指标，因此，夏普比率高的基金并不一定是年化超额收益率高的基金，同理，夏普比率低的基金也不一定是风险水平低的基金。观察前 10 名基金的超额收益和风险，不难发现，不同基金产生较高夏普比率的原因各有不同。有些是因为基金经理能将风险控制在相对较低的水平，如"富国美丽中国 A"基金，其超额收益率为 23%，风险水平为 14%，该基金主要投资于美丽中国主题相关股票，精选个股在追求超额回报的同时，也将其中长期风险控制在相对较小的范围内；有些则是凭借优越的超额收益在这前 10 名中占有一席之地，如"中欧明睿新常态 A"，其超额收益率为 32%，风险水平为 21%，该基金在适度控制风险的同时，通过积极主动地选股获得了长期稳定的回报。其他诸如"工银瑞信物流产业""大成高新技术产业""华安安信消费服务 A"等基金，其超额收益率均接近 30%，风险水平都在 20% 以下。因此，单独评估基金的超额收益或风险都不足以判断基金的优劣，只有综合考量这两种因素，才能对基金业绩有更深入全面的了解。

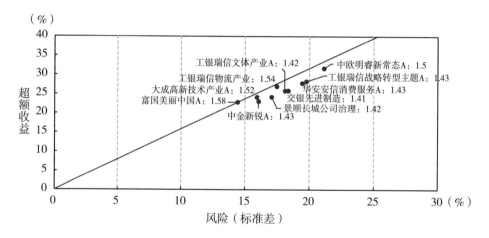

图 2-9（b） 股票型基金近五年年化夏普比率散点图（前 10 名）：2017~2021 年

图 2-9（c）展示了近五年（2017~2021 年）股票型基金年化夏普比率排名在后 10 名的基金名称及其年化夏普比率。如图 2-9（c）所示，"民生加银精选"的夏普比率为 -0.06，其超额收益率为 -0.97%，风险水平为 15.83%；"方正富邦创新动力 A"的夏普比率为 -0.11，其超额收益率为 -2.07%，风险水平为 18.21%。可以看出，基金的超额收益率越差，其夏普比率也越低。总体而言，如果基金的夏普比率为 0 或者为负值，说明基金经理所贡献的收益连银行无风险存款利息都赶不上，投资者应该避免投资夏普比率小于 0 的基金。

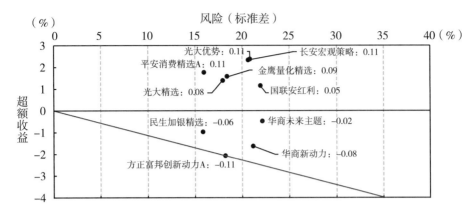

图 2-9（c）　股票型基金近五年年化夏普比率散点图（后 10 名）：2017～2021 年

为了进一步观察表现优秀及较差的股票型基金与指数在超额收益和风险综合作用下表现的差异，我们将近五年按照夏普比率排名在前 5% 和排名在后 5% 的基金单独挑出并分别在表 2-1 和表 2-2 中列示。表 2-1 列示了 2017～2021 年按照年化夏普比率排名在前 5% 的基金。据表 2-1 可知，前 5% 股票型基金的平均年化超额收益率标准差为 17.96%。如果用万得全 A 指数作为比较基准的话，我们知道其近五年的夏普比率为 0.38，假设指数的风险为这些优秀基金的平均年化超额收益的标准差，即 17.96%，那么计算可得指数的年化超额收益率为 6.82%（17.96%×0.38）。通过对比前 5% 的基金与指数的业绩，我们发现，前 5% 股票型基金的平均夏普比率（1.37）和平均年化超额收益率（24.60%）远高于指数的夏普比率（0.38）和年化超额收益率（6.82%）。

表 2-1　　　　近五年年化夏普比率排名在前 5% 的股票型基金：2017～2021 年

编号	基金名称	年化超额收益率（%）	年化超额收益率标准差（%）	年化夏普比率
1	富国美丽中国 A	22.84	14.43	1.58
2	工银瑞信物流产业	26.91	17.48	1.54
3	大成高新技术产业 A	24.14	15.94	1.52
4	中欧明睿新常态 A	31.64	21.15	1.50
5	中金新锐 A	23.03	16.06	1.43
6	工银瑞信战略转型主题 A	28.22	19.76	1.43
7	华安安信消费服务 A	27.75	19.45	1.43
8	工银瑞信文体产业 A	25.80	18.12	1.42

编号	基金名称	年化超额收益率（%）	年化超额收益率标准差（%）	年化夏普比率
9	景顺长城公司治理	24.17	17.07	1.42
10	交银先进制造	25.81	18.26	1.41
11	信达澳银新能源产业	35.13	24.88	1.41
12	诺安低碳经济 A	21.07	14.99	1.41
13	工银瑞信新金融 A	26.04	18.67	1.39
14	富国价值优势	27.22	19.67	1.38
15	国富深化价值	24.07	17.48	1.38
16	景顺长城环保优势	25.94	19.09	1.36
17	圆信永丰优加生活	21.68	16.11	1.35
18	工银瑞信美丽城镇主题 A	23.71	17.76	1.34
19	中欧时代先锋 A	24.89	18.68	1.33
20	兴全商业模式优选	21.25	16.05	1.32
21	建信健康民生	24.07	18.30	1.32
22	交银新成长	21.00	15.97	1.31
23	大成新锐产业	28.76	22.06	1.30
24	中信证券成长动力 A	20.63	15.92	1.30
25	海富通内需热点	26.58	20.55	1.29
26	交银阿尔法 A	20.72	16.03	1.29
27	景顺长城优选	21.16	16.61	1.27
28	交银趋势优先 A	29.39	23.23	1.27
29	农银汇理策略价值	21.71	17.23	1.26
30	南方潜力新蓝筹	18.70	14.88	1.26
31	嘉实物流产业 A	18.56	14.80	1.25
	指标平均值	24.60	17.96	1.37

此外，我们可以通过表 2-1 的数据验证之前的观点，即这些基金产生较高夏普比率的原因各不相同。由于较强的风险控制能力产生高夏普比率的基金有"富国美丽中国 A""南方潜力新蓝筹""嘉实物流产业 A"，它们的风险水平都不足15%，超额收益率并不高，都没能超过 23%。而由于超强的管理能力产生高夏普比

率的有"信达澳银新能源产业""中欧明睿新常态 A"等基金,它们都取得了超过 29% 的超额收益,同时它们的风险也都超过了 20%。

在分析了年化夏普比率表现最好(前 5%)的基金数据后,我们再来分析夏普比率排名在后 5% 的基金表现。表 2-2 列出了 2017~2021 年按照年化夏普比率排名在后 5% 的基金。从中可以看出,后 5% 股票型基金的平均年化超额收益率标准差为 19.30%,我们将其假设为万得全 A 指数的风险水平,故而可以计算出万得全 A 指数的年化超额收益率为 7.33%(19.30%×0.38)。从表 2-2 可以看出,在后 5% 的股票型基金中,"博时卓越品牌"基金的超额收益率最高(7.05%),但仍然低于万得全 A 指数的年化超额收益(7.33%)。与此同时,我们还发现,业绩表现较差的这 31 只基金中,仅有 4 只基金的年化夏普比率和年化超额收益为负数,绝大多数基金的年化夏普比率和年化超额收益为正,它们的表现不如指数表现的原因正如前文中提到的:超额收益率太低导致夏普比率偏小,表 2-2 中的数据也支持这一观点。例如,夏普比率最小的"方正富邦创新动力 A"基金,它的风险(18.21%)在表 2-2 中并不是最高的,但是其较低的年化超额收益率(-2.07%)使其成为了"吊车尾"的角色。

表 2-2　　　　近五年年化夏普比率排名在后 5% 的股票型基金:2017~2021 年

编号	基金名称	年化超额收益率(%)	年化超额收益率标准差(%)	年化夏普比率
1	方正富邦创新动力 A	-2.07	18.21	-0.11
2	华商新动力	-1.63	21.15	-0.08
3	民生加银精选	-0.97	15.83	-0.06
4	华商未来主题	-0.48	22.13	-0.02
5	国联安红利	1.16	21.94	0.05
6	光大精选	1.39	17.95	0.08
7	金鹰量化精选	1.58	18.40	0.09
8	平安消费精选 A	1.77	15.96	0.11
9	长安宏观策略	2.33	20.64	0.11
10	光大优势	2.38	20.83	0.11
11	万家精选	3.05	22.42	0.14
12	华润元大量化优选 A	2.51	17.64	0.14
13	华富量子生命力	2.55	17.55	0.15
14	长城双动力	3.70	24.10	0.15

续表

编号	基金名称	年化超额收益率（%）	年化超额收益率标准差（%）	年化夏普比率
15	中信证券稳健回报 A	2.78	17.71	0.16
16	长信量化先锋 A	3.55	18.89	0.19
17	大摩多因子策略	3.96	19.97	0.20
18	工银瑞信创新动力	3.03	15.18	0.20
19	金元顺安价值增长	4.77	23.15	0.21
20	富国改革动力	4.05	19.47	0.21
21	南方量化成长	4.48	21.48	0.21
22	华夏领先	5.54	21.90	0.25
23	博时第三产业成长	4.56	17.94	0.25
24	光大核心	4.13	15.98	0.26
25	金鹰核心资源	5.89	22.30	0.26
26	创金合信金融地产 A	5.09	19.08	0.27
27	博时国企改革主题 A	4.36	15.41	0.28
28	南方策略优化	6.04	19.84	0.30
29	广发资管平衡精选一年持有 A	4.77	14.99	0.32
30	鹏华文化传媒娱乐	6.24	19.23	0.32
31	博时卓越品牌	7.05	21.17	0.33
	指标平均值	3.15	19.30	0.16

从上述夏普比率业绩较优及较差基金与指数表现的对比分析可知，年化夏普比率排名在前 5%的优秀基金（31 只）和排名在后 5%的较差基金（31 只）的年化超额收益率的标准差（风险）的平均值相差 1%，然而它们的年化超额收益率均值的差距却达 21%，这说明排名在后 5%的基金经理的选股择时能力较差。在承担同样风险的情况下，排名在前的基金经理比排名在后的基金经理获得的收益高出很多。此外，排名在前 5%的基金皆取得了超越万得全 A 指数的超额收益率，而排名在后 5%的基金的收益率均低于万得全 A 指数的业绩。这一结果表明，在相同的风险水平下，优秀的基金不仅可以取得超越同行的超额收益，还可能战胜大盘指数，而夏普比率较差的基金的表现则相反。有些读者比较关心基金在更短时间段内的夏普比率表现。在进一步的研究中，我们将样本时间缩短至近三年（2019~2021 年），用同样的方法比较股票型基金与万得全 A 指数的夏普比率后发现，结论与近五年的

比较结果基本保持一致，因此不再赘述。

（二）索丁诺比率

我们采用的另一个风险调整后的收益指标是索丁诺比率，它与夏普比率类似，所不同的是它区分了收益波动的好坏，因此在计算风险时它采用的是下行风险（下行标准差），即将大于零的超额收益设为零，将小于零的超额收益保持原值来计算调整后的超额收益的标准差。索丁诺比率的含义是，投资组合的正回报符合投资人的需求，因而在考虑风险时不计入调整范围之内。索丁诺比率越高，表明基金在相同单位下行风险下的超额收益率越高。其计算公式如下：

$$Sortino_M = \frac{MAEX}{D\sigma_{ex}} \tag{2.3}$$

$$Sortino_A = Sortino_M \times \sqrt{12} \tag{2.4}$$

其中，$Sortino_M$ 为月度索丁诺比率，$Sortino_A$ 为年化索丁诺比率，$MAEX$ 为超额收益率的月平均值，$D\sigma_{ex}$ 为月度超额收益率的下行风险标准差（downside standard deviation）。基金的月度超额收益率为基金的月度收益率减去市场月度无风险收益率，市场无风险收益率采用整存整取的一年期基准定期存款利率。

图 2-10 展示了过去三年（2019~2021 年）和过去五年（2017~2021 年）万得全 A 指数与股票型基金索丁诺比率的比较结果。如图 2-10 所示，近三年股票型基金的年化索丁诺比率为 3.82，高于大盘指数的年化索丁诺比率（3.08）；近五年股票型基金的年化索丁诺比率为 1.80，同样高于大盘指数的年化索丁诺比率（0.74）。从索丁诺比率的比较来看，无论是最近五年还是最近三年股票型基金风险调整后收益均战胜了万得全 A 指数。

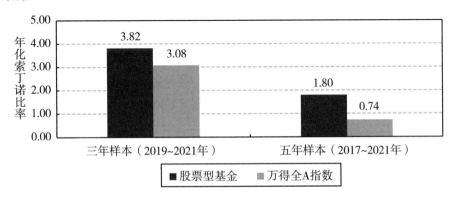

图 2-10　近三年（2019~2021 年）和近五年（2017~2021 年）股票型基金与万得全 A 指数的年化索丁诺比率

我们继续对股票型基金和大盘指数的索丁诺比率进行更加深入的分析。图 2-11 是近五年（2017~2021 年）股票型基金年化索丁诺比率的分布直方图，我们将股票型基金按索丁诺比率的大小划分为 10 个区间。从中可以看出，股票型基金索丁诺比率的峰值出现在［2.0，2.5）这一区间，基金占比为 25%；其次索丁诺比率较为集中的区间是［1.5，2.0）和［1.0，1.5），基金占比分别为 23% 和 22%，索丁诺比率分布在这三个区间的基金合计占比为 70%。在五年样本中业绩较为优秀（索丁诺比率大于 1）的股票型基金占比为 86%（530 只）。在 618 只基金中，近五年股票型基金年化索丁诺比率的最大值为 3.96，最小值为 -0.21，而中位数值为 1.79。此外，万得全 A 指数年化索丁诺比率（0.74）出现在［0.5，1.0）区间内，从图 2-11 可以看出，有至少八成以上股票型基金的索丁诺比率超过了万得全 A 指数。

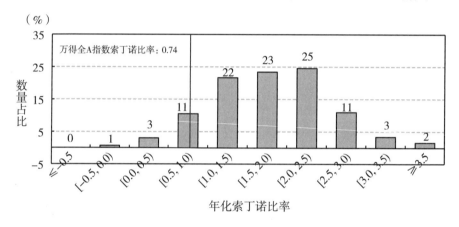

图 2-11　股票型基金近五年年化索丁诺比率分布：2017~2021 年

图 2-12 展示了近五年（2017~2021 年）股票型基金索丁诺比率由高到低的分布。我们选取万得全 A 指数的索丁诺比率（0.74）作为比较基准，以横线表示。具体含义为，在承担百分单位下行风险（由负收益的标准差计算）时，股指可以获得 0.74% 的超额收益。可以看出，在这 618 只基金中，有 93%（574 只）的股票

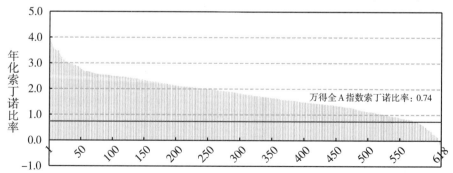

图 2-12　股票型基金近五年年化索丁诺比率分布：2017~2021 年

型基金的年化索丁诺比率高于万得全 A 指数的年化索丁诺比率（0.74），表明这 574 只基金在承担相同年化下行风险的同时，可以获得高于万得全 A 指数的年化超额收益。可见，如果用索丁诺比率来衡量基金的业绩，大多数股票型基金的业绩超过了万得全 A 指数的业绩，仅有 7% 的股票型基金的业绩不如大盘指数。同时，与夏普比率的情况类似，有 4 只基金近五年年化索丁诺比率小于 0。

图 2-13（a）展示了近五年（2017~2021 年）股票型基金年化索丁诺比率的散点分布情况，横轴代表基金超额收益的年化下行标准差（风险），纵轴代表基金的年化超额收益率（超额收益），索丁诺比率即为从原点到每一只基金对应的由超额收益和下行风险所确定的点的斜率。可以看出，近五年股票型基金的年化索丁诺比率均分布在斜率为 -0.21 和 3.96 这两条射线所夹的扇形区间内。大多数基金的年化索丁诺比率分布在图 2-13（a）中间偏右部分，基金的超额收益率多位于 5%~25% 之间，风险水平聚集在 5%~15% 之间。

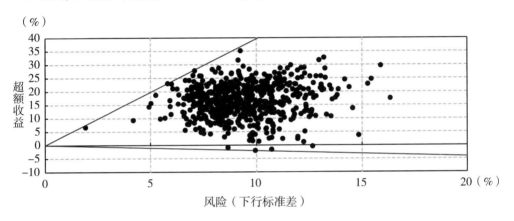

图 2-13（a）　股票型基金近五年年化索丁诺比率散点图：2017~2021 年

图 2-13（b）展示了近五年（2017~2021 年）年化索丁诺比率排名前十名的基金名称和对应的索丁诺比率。索丁诺比率综合了基金的年化超额收益率和年化下行标准差来对基金的业绩进行考量，也就是说这两个因素共同影响着年化索丁诺比率。即年化索丁诺高的基金，其年化下行标准差不一定小，而每只基金产生高年化索丁诺比率的原因也不尽相同。如图 2-13（b）所示，像"中金新锐 A""富国美丽中国 A""南方潜力新蓝筹"基金皆是因为把控下行风险能力较强而获得了较高的索丁诺比率，它们的年化下行风险均在 6% 以下，年化超额收益都没有超过 23%；而像"信达澳银新能源产业""华安安信消费服务 A""工银瑞信战略转型主题 A"基金则是凭借着较强的基金管理能力获得了较高的年化索丁诺比率，它们的年化超额收益均在 27% 以上，相较而言它们的年化下行风险也略大一些，皆在 7% 以上。

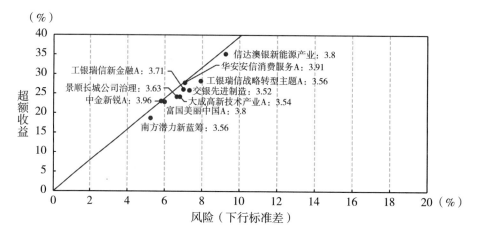

图 2-13（b） 股票型基金近五年年化索丁诺比率的散点图（前 10 名）：2017~2021 年

图 2-13（c）展示了年化索丁诺比率排名后 10 名的股票型基金名称和对应的索丁诺比率。我们发现这 10 只基金中有 4 只基金的年化超额收益为负数，其中"方正富邦创新动力 A"基金的索丁诺比率（-0.21）和超额收益率（-2.07%）均为最小。与夏普比率类似，年化超额收益率越小的基金，其年化索丁诺比率也越小，说明这些索丁诺比率为负的基金提升业绩的关键，就是提升超额收益率。

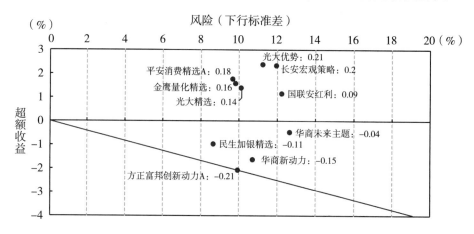

图 2-13（c） 股票型基金近五年年化索丁诺比率的散点图（后 10 名）：2017~2021 年

我们将近五年年化索丁诺比率排名位于前 5% 和后 5% 的基金单独挑出，分别与万得全 A 指数进行比较分析，进一步观察较优秀及较差的股票型基金与指数在超额收益和下行风险综合作用下索丁诺业绩表现的显著差异，并在表 2-3 和表 2-4 中列示。据表 2-3 可知，前 5% 股票型基金的平均年化下行标准差为 7.22%。如果用万得全 A 指数作为比较基准的话，我们知道其近五年的索丁诺比率为 0.74，将前5%基金的平均年化下行标准差定为指数的年化下行标准差，那么指数的年化超额收益率为5.34%（7.22%×0.74）。通过对比前5%股票型基金与指数的业绩，我们发现，前5%股票型基金的平均索丁诺比率（3.38）和平均年化超额收益率（24.26%）远高于指数的年化索丁诺比率（0.74）和年化超额收益率（5.34%）。

　　此外，我们也可以通过表2-3的数据验证之前的观点，即这些股票型基金获得较高年化索丁诺比率的原因各不相同。一些基金的索丁诺比率较高是由于其出色的下行风险控制能力，比如"东方成长回报"（下行风险：1.90%）、"南方中小盘成长"（下行风险：5.03%）等基金的年化超额收益率均低于16%。其中，"东方成长回报"的年化超额收益仅为6.63%，凭借着出色的风险控制能力获得了较好的业绩表现；而"南方中小盘成长"基金的年化超额收益率为15.62%，通过对具备良好成长潜力及合理估值水平的中小盘股票的投资，在有效控制组合风险的基础上，持续实现超越业绩基准的超额收益，同时取得了较高的索丁诺比率。还有一些基金的索丁诺比率较高得益于基金经理高超的基金管理能力，如"信达澳银新能源产业"基金（超额收益率：35.13%）、"中欧明睿新常态A"基金（超额收益率：31.64%）等，它们均获得了超过30%的年化超额收益率，同时其年化下行标准差均在9%左右。

表2-3　　　　近五年年化索丁诺比率排名在前5%的股票型基金：2017~2021年

编号	基金名称	年化超额收益率（%）	年化下行标准差（%）	年化索丁诺比率
1	中金新锐A	23.03	5.82	3.96
2	华安安信消费服务A	27.75	7.10	3.91
3	富国美丽中国A	22.84	6.00	3.80
4	信达澳银新能源产业	35.13	9.25	3.80
5	工银瑞信新金融A	26.04	7.02	3.71
6	景顺长城公司治理	24.17	6.66	3.63
7	南方潜力新蓝筹	18.70	5.26	3.56
8	工银瑞信战略转型主题A	28.22	7.93	3.56
9	大成高新技术产业A	24.14	6.83	3.54
10	交银先进制造	25.81	7.33	3.52
11	大成新锐产业	28.76	8.24	3.49
12	工银瑞信文体产业A	25.80	7.41	3.48
13	东方成长回报	6.63	1.90	3.48

编号	基金名称	年化超额收益率（%）	年化下行标准差（%）	年化索丁诺比率
14	诺安低碳经济 A	21.07	6.06	3.48
15	中欧明睿新常态 A	31.64	9.15	3.46
16	富国价值优势	27.22	8.07	3.37
17	工银瑞信美丽城镇主题 A	23.71	7.06	3.36
18	交银新成长	21.00	6.26	3.35
19	工银瑞信物流产业	26.91	8.34	3.23
20	国富深化价值	24.07	7.47	3.22
21	华安核心优选	22.72	7.21	3.15
22	交银趋势优先 A	29.39	9.39	3.13
23	农银汇理策略价值	21.71	6.94	3.13
24	南方中小盘成长	15.62	5.03	3.11
25	圆信永丰优加生活	21.68	7.06	3.07
26	长城中小盘成长	22.74	7.41	3.07
27	中信证券成长动力 A	20.63	6.75	3.06
28	建信健康民生	24.07	7.91	3.04
29	金鹰行业优势	26.87	8.84	3.04
30	海富通内需热点	26.58	8.82	3.01
31	信诚周期轮动 A	27.56	9.17	3.01
	指标平均值	24.26	7.22	3.38

在分析了年化索丁诺比率排名在前 5%（31 只）的股票型基金的情况之后，我们再来看排名在后 5%的基金的具体数据。据表 2-4 可知，后 5%股票型基金的平均年化下行标准差为 10.42%，将其假设为指数的年化下行标准差，我们知道指数近五年的索丁诺比率为 0.74，那么指数的年化超额收益率为 7.71%（10.42%×0.74）。在年化索丁诺比率排名在后 5%的基金中，年化超额收益率最大的基金为"诺德优选 30"基金，其超额收益率为 6.20%，仍然低于以万得全 A 指数的索丁诺比率（0.74）和后 5%基金的平均年化下行标准差（10.42%）计算而得的年化超额收益率（7.71%）。此外，后 31 只基金的年化超额收益率的平均值为 3.10%。我们观察其中 4 只索丁诺比率为负的基金，不难发现，分析结果与之前的结论一致，即当超额收益率为负的时候，年化索丁诺比率的方向与超额收益率的方向一

致。总体来看，这后5%的股票型基金在承担更大的下行风险的同时，年化超额收益率普遍过低，因此它们的年化索丁诺比率也更低。

表2-4　　近五年年化索丁诺比率排名在后5%的股票型基金：2017～2021年

序号	基金名称	年化超额收益率（％）	年化下行标准差（％）	索丁诺比率
1	方正富邦创新动力 A	-2.07	9.95	-0.21
2	华商新动力	-1.63	10.72	-0.15
3	民生加银精选	-0.97	8.66	-0.11
4	华商未来主题	-0.48	12.65	-0.04
5	国联安红利	1.16	12.23	0.09
6	光大精选	1.39	10.11	0.14
7	金鹰量化精选	1.58	9.82	0.16
8	平安消费精选 A	1.77	9.67	0.18
9	长安宏观策略	2.33	11.95	0.20
10	光大优势	2.38	11.24	0.21
11	华润元大量化优选 A	2.51	10.60	0.24
12	长城双动力	3.70	14.84	0.25
13	万家精选	3.05	11.96	0.26
14	中信证券稳健回报 A	2.78	10.73	0.26
15	华富量子生命力	2.55	9.77	0.26
16	工银瑞信创新动力	3.03	8.50	0.36
17	长信量化先锋 A	3.55	9.69	0.37
18	大摩多因子策略	3.96	9.94	0.40
19	创金合信金融地产 A	5.09	12.29	0.41
20	富国改革动力	4.05	9.76	0.41
21	南方量化成长	4.48	10.49	0.43
22	金元顺安价值增长	4.77	10.79	0.44
23	博时第三产业成长	4.56	9.82	0.46
24	博时国企改革主题 A	4.36	8.67	0.50
25	华夏领先	5.54	10.78	0.51
26	光大核心	4.13	7.83	0.53

续表

序号	基金名称	年化超额收益率 （%）	年化下行标准差 （%）	索丁诺比率
27	金鹰核心资源	5.89	11.08	0.53
28	国君资管君得诚	4.33	7.52	0.58
29	南方策略优化	6.04	10.45	0.58
30	鹏华文化传媒娱乐	6.24	10.47	0.60
31	诺德优选30	6.20	10.09	0.61
	指标平均值	3.10	10.42	0.30

从上述索丁诺比率较优及较差基金与指数表现的对比分析可知，年化索丁诺比率排名在前5%的优秀基金（31只）和排名在后5%的较差基金（31只）的年化超额收益率的下行标准差（下行风险）均值相差3%左右，然而排名在前5%和排名在后5%基金的年化超额收益率均值的差距却达到21%。这说明排名在后5%的基金经理的选股择时能力较差，在每承担一份下行风险的同时，他们会比排名在前5%的基金经理损失更多的收益。排名在前5%的基金皆取得了超越万得全A指数的超额收益率，而排名在后5%基金的收益率均低于万得全A指数的业绩。这一结果表明，在相同的风险水平下，优秀的基金不仅可以取得超越同行的超额收益，还可能战胜大盘指数，而业绩较差的基金表现则相反。有些读者比较关心基金在更短时间段内的索丁诺比率表现。在进一步的研究中，我们将样本时间缩短至近三年（2019~2021年），用同样的方法比较股票型基金与万得全A指数的索丁诺比率。我们发现结论与近五年的比较结果基本保持一致，因此不再赘述。

三、股票型基金的收益率、夏普比率和索丁诺比率的相关性

在对股票型基金和万得全A指数的业绩作了收益率和风险调整后的收益率两种情况的对比后，我们要回答的问题是：在基金的夏普比率和索丁诺比率这两个收益指标中，用哪个指标评估基金业绩更为合适？接下来我们将分析股票型基金的收益率、夏普比率和索丁诺比率这三个指标的相关性，以便从中选出一个恰当的指标，用来评估基金的业绩。我们首先计算2007~2021年每五年基金在三个收益指标下的相关性系数，继而将考察的时期缩短至每三年，再次分析三者的相关性。所选样本需要满足在每三年或五年中都有完整的基金净值数据。表2-5列示了2007~2021年每五年的三个指标间的相关性结果。可以看出，三个指标的相关性较高，

而且收益率与后两者间的相关性十分接近。除 2013~2017 年、2014~2018 年和 2017~2021 年外，三个指标间的相关性均在 90% 以上。总体来看，夏普比率与索丁诺比率的相关性明显高于同期二者分别与收益率的相关性，这说明基金收益的波动性主要是由下行风险主导。接着我们对 2007~2021 年间每三年的三个指标间的相关性进行了对比，与表 2-5 中的结果非常接近，不再进行讨论。

表 2-5　　　每五年中股票型基金的三个指标的相关性：2007~2021 年　　　单位：%

年份	收益率—夏普比率	收益率—索丁诺比率	夏普比率—索丁诺比率
2007~2011	100	99	100
2008~2012	93	93	100
2009~2013	99	98	99
2010~2014	99	99	99
2011~2015	98	96	99
2012~2016	96	92	98
2013~2017	92	85	97
2014~2018	94	89	98
2015~2019	96	92	98
2016~2020	97	90	96
2017~2021	91	89	97
2007~2021	98	98	99

综上所述，因为收益率与风险调整后的收益指标之间的相关性很高，所以选择收益率或者风险调整后的收益指标的任意一个都能在一定程度上预示着另外一个指标的变化。我们认为风险调整后的收益指标能更好地反映基金的真实业绩。因此，在这两类指标中我们建议选择风险调整后的收益作为评估基金业绩的指标。夏普比率和索丁诺比率之间的相关系数较高，任选其中一个作为基金业绩的评估指标都是可以的。考虑到夏普比率在业界使用更加广泛，而且夏普比率的分母是整体风险，它能间接地把下行风险也考虑在内，因此，我们认为选择夏普比率作为风险调整后收益的代表指标更为恰当。

四、小结

在购买基金时，投资者该如何判断基金是否值得购买或者是否可以创造与风险匹配的超额回报呢？本章站在投资者的角度，先后从收益率和风险调整后的收益率这两种角度，对比了主动管理的股票型基金和万得全 A 指数所代表的被动管理的指数型基金的业绩差异。

在进行收益率指标比较时，以 2003~2021 年为研究期间，我们分别对股票型基金和万得全 A 指数就年度收益率比较、各年基金业绩超越指数的比例和累计收益率这三个方面作了相应分析。研究发现，在 2003~2021 年的多数年份里，股票型基金的年度收益率超过了万得全 A 指数的年度收益率，这一期间内股票型基金的长期累计收益率也远高于万得全 A 指数的累计收益率，股票型基金累计收益率是万得全 A 指数累计收益率的 3 倍。

接着我们在考虑风险因素的情况下，选取夏普比率、索丁诺比率这两个风险调整后的收益指标，将股票型基金和万得全 A 指数近三年和近五年的夏普比率和索丁诺比率进行了对比。研究发现，无论是从整体风险还是从下行风险的角度出发，在 2019~2021 年和 2017~2021 年，当股票型公募基金承担同样的风险时，皆能够取得高于万得全 A 指数的风险调整回报。之后，我们就 2017~2021 年夏普比率和索丁诺比率排名在前 5% 的基金和排名在后 5% 的基金分别进行了分析，并对夏普比率和索丁诺比率的影响因素进行了讨论。最后，我们将股票型公募基金与万得全 A 指数的夏普比率和索丁诺比率的比较期间缩短至近三年，结论与近五年的分析基本一致。以上分析表明，从长期数据来看，主动管理的股票型基金的业绩从总体上看优于指数型基金。

在本章的最后，我们通过分析股票型基金的收益率、夏普比率和索丁诺比率三个指标的相关性，发现夏普比率能够综合反映股票型基金的表现，并和其他的指标保持较好的相关性，因此，我们认为选择夏普比率作为评估股票型基金业绩的指标较为恰当。

股票型基金的优秀业绩从何而来

　　随着我国证券基金市场的发展和相关法律制度的不断完善，近年我国投资者对股票、基金等资本市场金融工具的关注度持续提高。进入 2021 年后，虽然新冠肺炎疫情仍在继续，但是有了 2020 年的抗疫经验，疫情防控逐渐常态化，疫情整体控制状况良好，我国社会经济处于平稳恢复状态中，经济逐渐回暖，2021 年股市延续了 2020 年的发展势头，公募基金市场的基金存量和增量都再创新高。截至 2021 年底，我国基金市场上的公募基金数量达到了 14 572 只，相较于 2020 年底增加了 3 571 只。而与快速增长的公募基金数量相对应的是，不同基金资产管理能力差异日益明显，投资者对公募基金经理的选股能力和择时能力愈发关注。明星基金经理的辉煌业绩会在媒体上广为流传，如美国著名的公募基金经理彼得·林奇在 1977～1993 年给投资者创造了年化 28% 的收益，我国的明星基金经理王亚伟在 2005～2012 年所管理的"华夏大盘精选"基金净值翻了 10 倍。然而，真正能够完成穿越牛市和熊市的基金经理依然凤毛麟角，对那些以主动管理的股票型公募基金为投资标的的投资者而言，如何通过基金产品的历史业绩来甄别基金经理的资产管理能力是获取超额收益的关键。

　　我国投资者使用的基金交易软件和订阅的基金评价报告都会基于不同时间区间对基金产品的历史业绩排名进行详细列举。历史排名固然重要，但排名往往基于绝对收益率或夏普比率等单一指标，投资者能从中提取的有用信息较少，对作出投资决策的帮助也有限。例如，各种公募基金排行榜常常出现"冠军魔咒"。也就是说，上一年的投资冠军，下一年往往会跌到后 1/4 去。因此，如何对公募基金的业绩进行解读，如何通过历史业绩评价基金管理者的投资能力，如何判断优秀业绩是来源于能力还是运气，以及如果来源于能力，是来源于对有潜力个股的选择还是对仓位调整时机的把控，这些都是本章将要回答的问题。另外，同一只基金可能由一位或多位基金经理在不同的时间段管理。在本章，我们假设一只基金由一家基金管理公司的一支团队管理，因此，本章中的"基金经理"指的是"一支管理团队"。在本书的第五章，我们以基金经理为研究对象，评估每一位在职和已经离职的基金经理的业绩。

在本书中，我们将主动管理的股票型基金的收益来源分为两部分：一部分来源于已知风险因子的溢价，包括市场系统性风险因子、股票规模因子、价值因子和动量因子；另一部分来源于基金经理的选股能力和择时能力。其中，基金经理的选股能力体现在基金经理是否可以发掘出被市场低估的股票，而择时能力则体现在基金经理对市场走势的预判上。如果基金经理具有择时能力，那么在市场上涨之前，他会将更多的资金投资于高风险资产（如股票），最大化市场的上涨收益；在市场下跌前，他会提前降低高风险资产的比例，将更多的资金投资于低风险资产（如债券），回避市场的下跌风险。因此，具有择时能力的基金经理，会主动改变投资组合的风险暴露以适应市场的变化并谋求超额收益。

我们选用基于 Carhart 模型改进后的 Treynor-Mazuy 四因子模型，从选股能力和择时能力的角度对主动管理的股票型公募基金经理投资能力进行量化研究，并使用自助法（bootstrap）对基金业绩是源于基金经理的投资能力还是运气作出判断和验证。因为上述统计分析要求每只基金有足够长的历史业绩，因此我们的样本期选为过去五年（2017~2021 年）。另外，我们也会对过去三年（2019~2021 年）和过去七年（2015~2021 年）样本的选股能力和择时能力进行分析，并对结果进行稳健性检验。

我们的研究结果显示，在 2017~2021 年的五年样本期内，在 618 只主动管理的股票型公募基金样本中，有 342 只基金（占比 55%）的基金经理具有显著的选股能力，经自助法检验我们发现，这 342 只基金中有 291 只基金（占 618 只基金的 47%）的基金经理是靠自身能力取得了优秀的业绩，其他基金经理所表现出来的选股能力是运气因素造成的。我们还发现，几乎没有基金经理具有显著的择时能力。总体来看，在 2017~2021 年，在我国主动管理的股票型公募基金经理中，有近半数的基金经理表现出选股能力，但是没有基金经理展示出择时能力。

本章内容主要分为五个部分。第一部分，我们使用 Treynor-Mazuy 四因子模型对基金的选股能力进行考察；第二部分，使用 Treynor-Mazuy 四因子模型对基金经理的择时能力进行考察；第三部分，我们将分析的样本从五年扩展到三年和七年，对基金经理的选股能力和择时能力进行稳健性检验；第四部分，在上述回归结果的基础上，运用自助法验证那些显示出显著选股能力或择时能力的基金经理；第五部分，区分这些表现优秀的基金产品的五年期业绩是来自基金经理的投资才能还是运气。

一、回归模型及样本

Carhart（1997）在 Fama-French 三因子模型基础上，在模型中加入一年期收益的动量因子，构建出四因子模型。Carhart 四因子模型综合考虑了系统风险、账面市值比、市值规模以及动量因素对投资组合业绩的影响，并因其强大的解释力而得到国内外基金业界的广泛认可。例如，Cao、Simin 和 Wang（2013）等在分析相关问题时就使用了该模型。Carhart 四因子模型如下：

$$R_{it} - R_{ft} = \alpha_i + \beta_{im} \times (R_{mt} - R_{ft}) + \beta_{ismb} \times SMB_t + \beta_{ihml} \times HML_t + \beta_{imom} \times MOM_t + \varepsilon_{it} \quad (3.1)$$

其中，$R_{it} - R_{ft}$ 为 t 月基金 i 的超额收益率；$R_{mt} - R_{ft}$ 为 t 月大盘指数（万得全 A 指数）的超额收益率；R_{ft} 为 t 月无风险收益率；SMB_t 为规模因子，代表小盘股与大盘股之间的溢价，为 t 月小盘股的收益率与大盘股的收益率之差；HML_t 为价值因子，代表价值股与成长股之间的溢价，为 t 月价值股（高账面市值比公司）与成长股（低账面市值比公司）收益率之差；MOM_t 为动量因子，代表过去一年内收益率最高的股票与最低的股票之间的溢价，为过去一年（$t-1$ 月到 $t-11$ 月）收益率最高的 30% 的股票与收益率最低的 30% 的股票在 t 月的收益率之差。我们用 A 股所有上市公司的数据自行计算规模因子、价值因子和动量因子。α_i 代表基金经理因具有选股能力而给投资者带来的超额收益，它可以表示为：

$$\alpha_i \approx (\overline{R}_{it} - \overline{R}_{ft}) - \hat{\beta}_{im} \times (\overline{R}_{mt} - \overline{R}_{ft}) - \hat{\beta}_{ismb} \times \overline{SMB_t} - \hat{\beta}_{ihml} \times \overline{HML_t} - \hat{\beta}_{imom} \times \overline{MOM_t} \quad (3.2)$$

当 α_i 显著大于零时，说明基金经理 i 为投资者带来了统计上显著的超额收益，表明该基金经理具有正向的选股能力；当 α_i 显著小于零时，说明基金经理 i 为投资者带来的是负的超额收益，表明该基金经理 i 具有错误的选股能力；当 α_i 接近于零时，表明基金经理 i 没有选股能力。

择时能力也可以给投资者带来超额收益。择时能力是指基金经理根据对市场的预测，主动调整基金对市场因子的风险暴露以谋求更高收益的能力。如果基金经理预测未来市场会上涨，那么他会加大对高风险资产的投资比例；相反，如果他预测未来市场会下跌，则会降低对高风险资产投资的比例。有关基金经理择时能力的研究，请参考 Henriksson（1984）、Bollen 和 Busse（2001）等。Treynor 和 Mazuy（1966）提出在传统的单因子 CAPM 模型中引入一个大盘指数超额收益的平方项，用来检验基金经理的择时能力。我们将 Treynor-Mazuy 模型里的平方项加入 Carhart 四因子模型中，构建出一个基于四因子模型的 Treynor-Mazuy 模型：

$$\begin{aligned} R_{it} - R_{ft} &= \alpha_i + \beta_{im} \times (R_{mt} - R_{ft}) + \gamma_i \times (R_{mt} - R_{ft})^2 + \beta_{ismb} \times SMB_t + \beta_{ihml} \times HML_t \\ &\quad + \beta_{imom} \times MOM_t + \varepsilon_{it} \end{aligned} \quad (3.3)$$

其中，γ_i 代表基金经理 i 的择时能力，其他变量和式（3.1）中的定义一样。如果 γ_i 显著大于零，说明基金经理 i 具有择时能力，具备择时能力的基金经理应当能随着市场的上涨（下跌）而提升（降低）其投资组合的系统风险。

我们使用基于 Carhart 四因子模型的 Treynor-Mazuy 四因子模型来评估基金经理

的选股能力和择时能力。当前国内的开放式基金种类大致可以分为普通股票型、混合型、债券型和货币市场型四类，我们定义万得数据库公募基金二级分类中的普通股票型公募基金和偏股混合型公募基金为主动管理的股票型公募基金（以下简称"股票型基金"），利用这些基金在过去五年（2017~2021 年）的月度数据进行分析。由于灵活配置型基金对于持有股票的下限没有固定标准，因此这类基金在股市行情不好的时候会大量持有债券，正是出于这个原因，我们在分析选股、择时能力时，使用的股票型基金样本中不包括灵活配置型基金。

出于统计意义显著性对样本量的需求，我们要求每只基金都有完整的复权净值数据。在本章，我们将一只基金与该只基金的经理等同对待，不考虑基金经理的更迭。我们用最小二乘法（OLS）估计基金经理的选股能力，模型中的 α 以月为单位。为方便讨论，以下汇报的 α 均为年化 α。我们以股票型基金的复权单位净值月度数据来计算基金的月度收益率。我们将全区间（2015~2021 年）划分为三个样本区间，分别为过去三年（2019~2021 年）、过去五年（2017~2021 年）和过去七年（2015~2021 年）。表 3-1 展示了各样本区间内的样本数量。

表 3-1 样本区间内的样本数量 单位：只

样本区间	基金数量
过去三年（2019~2021 年）	863
过去五年（2017~2021 年）	618
过去七年（2015~2021 年）	454

二、选股能力分析

表 3-2 展示了过去五年（2017~2021 年）股票型基金选股能力 α 的显著性的估计结果。图 3-1 展示了 618 只股票型基金 α 的 t 值（显著性）的由大到小排列。由于我们主要关心基金经理是否具有正向的选股能力，因此我们使用单边假设检验。据表 3-2 可知，在 5% 的显著性水平下，有 342 只基金的 α 呈正显著性，其 t 值大于 1.64，说明这 342 只基金（占比为 55%）的基金经理表现出了显著的选股能力。有 274 只基金（占比为 44%）α 的 t 值是不显著的。同时我们还看到，有 2 只基金（占比为 1%）的 α 为负显著，其 t 值小于 -1.64，说明这 2 只基金的基金经理具有明显错误的选股能力。总体来看，在过去五年内，有超五成（55%）的主动管理的股票型基金的基金经理具备正确的选股能力。

表 3-2   股票型基金的选股能力 α 显著性的估计结果：2017~2021 年

显著性	样本数量（只）	数量占比（%）
正显著	342	55
不显著	274	44
负显著	2	1
总计	618	100

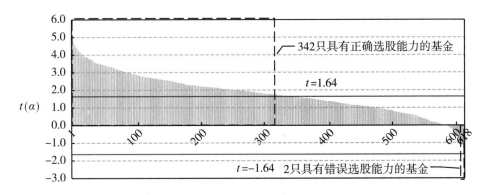

图 3-1 股票型基金的选股能力 α 的 t 值（显著性）排列：2017~2021 年

注：正确选股能力代表 $t(\alpha)>1.64$；错误选股能力代表 $t(\alpha)<-1.64$；未表现出选股能力代表 $-1.64 \leqslant t(\alpha) \leqslant 1.64$。基金具有选股能力是指基金表现出正确的选股能力，基金不具有选股能力代表基金表现出错误的或未表现出选股能力。

在分析选股能力时，我们除了关注选股能力 α 的显著性，还需要观察 α 的估计值。我们采用 Treynor-Mazuy 模型对拥有五年历史业绩的 618 只股票型基金的选股能力进行讨论。图 3-2 和表 3-3 展示了 Treynor-Mazuy 四因子模型的回归结果。我们按照选股能力 α 把基金等分为 10 组。第 1 组为 α 最高的组，第 10 组为 α 最低的组。表 3-3 汇报的是每组基金所对应的选股能力（α）、择时能力（γ）、市场因子（β_{mkt}）、规模因子（β_{smb}）、价值因子（β_{hml}）、动量因子（β_{mom}）和反映模型拟合好坏的调整后 R^2 的平均值。

从表 3-3 中可以看出，Treynor-Mazuy 四因子模型的年化 α 在 -1%~22% 之间，其中最后一组基金的平均选股能力为负数。还可以看出，无论年化 α 是高还是低，β_{mkt} 都在 0.95 上下浮动，这意味着股票型基金对大盘指数的风险暴露都比较大。各组基金的规模因子对应的敏感系数 β_{smb} 在 -0.07~0.08 之间，并且随着每组基金经理选股能力的降低，规模因子风险暴露 β_{smb} 有小幅提高，这说明基金经理所持小盘股或大盘股股票的仓位与其选股能力大致成反比例关系，那些具有较高年化 α 的基金，往往重仓大盘股，而那些不具有选股能力的，年化 α 较低的基金往往重仓小

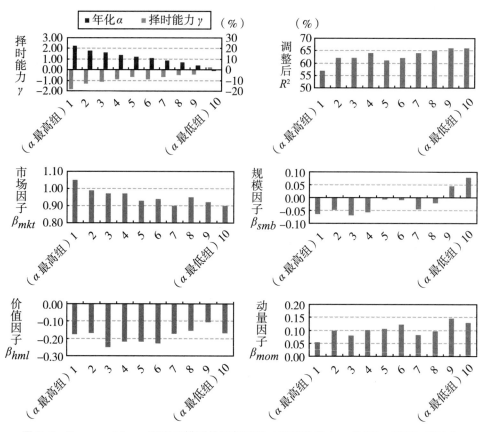

图 3-2　Treynor-Mazuy 四因子模型的回归结果（按选股能力 α 分组）：2017~2021 年

表 3-3　　　　　　　　Treynor-Mazuy 四因子模型的回归结果
（按选股能力 α 分组）：2017~2021 年

组别	年化 α（%）	γ	β_{mkt}	β_{smb}	β_{hml}	β_{mom}	调整后 R^2（%）
1（α 最高组）	22.44	-1.81	1.05	-0.06	-0.17	0.05	57
2	17.84	-1.33	0.99	-0.05	-0.17	0.10	62
3	15.94	-1.16	0.97	-0.07	-0.25	0.08	62
4	13.65	-0.91	0.97	-0.06	-0.22	0.10	64
5	12.22	-0.70	0.93	-0.01	-0.22	0.11	61
6	10.79	-0.89	0.94	-0.01	-0.23	0.12	62
7	8.96	-0.69	0.90	-0.04	-0.17	0.08	64
8	6.78	-0.49	0.95	-0.02	-0.16	0.10	65
9	3.93	-0.46	0.92	0.05	-0.11	0.15	66
10（α 最低组）	-1.31	0.23	0.90	0.08	-0.17	0.13	66

注：此表汇报每一组基金对应的 α、γ、β_{mkt}、β_{smb}、β_{hml}、β_{mom}，以及调整后 R^2 的平均值。

盘股。各组基金的价值因子对应的敏感系数 β_{hml} 的变化范围为 $-0.25 \sim -0.11$，并且随着每组基金经理选股能力的降低，价值因子风险暴露 β_{hml} 并没有明显的规律，但都是负向的暴露，即基金经理的投资风格基本上是重仓成长股、轻仓价值股。不同组别的基金对动量因子 β_{mom} 的风险暴露与选股能力间并没有明显规律。最后，可以看到不同组别的基金用四因子模型的拟合优度都在 60% 上下浮动，说明该模型可以较好地解释基金的超额收益的方差。

下面我们具体分析在过去五年中呈正显著选股能力的 342 只基金。表 3-4 展示了过去五年（2017~2021 年）在 Treynor-Mazuy 四因子模型中 α 为正显著的股票型基金的检验结果，同时我们也给出了这些基金在过去三年（2019~2021 年）选股能力的估计结果。通过观察表 3-4 中数据可以看出，过去五年具有选股能力的股票型基金对应的年化 α 在 5%~29% 之间，其中有 242 只基金在过去三年和过去五年中都表现出显著的选股能力，占 618 只基金的 39%。在本书的附录二中，我们给出过去五年（2017~2021 年）每只基金的选股能力、择时能力以及各 β 的风险暴露程度，供读者参考。

表 3-4　　过去五年具有选股能力的股票型基金（按五年选股能力 α 排序）

编号	基金名称	过去五年（2017~2021 年）		过去三年（2019~2021 年）		过去三年、五年都具有选股能力
		年化 α(%)	$t(\alpha)$	年化 α(%)	$t(\alpha)$	
1	易方达消费行业	29.00	3.19	26.58	1.95	√
2	嘉实智能汽车	28.63	3.27	38.49	2.72	√
3	银华富裕主题	27.94	2.78	28.15	1.65	√
4	景顺长城新兴成长	27.93	2.67	24.94	1.54	
5	汇丰晋信智造先锋 A	27.86	2.66	45.29	2.59	√
6	景顺长城鼎益	27.34	2.54	24.63	1.45	
7	中欧明睿新常态 A	26.59	3.74	31.40	2.71	√
8	信达澳银新能源产业	25.89	2.78	27.45	1.83	√
9	汇添富消费行业	25.87	2.87	23.81	1.65	√
10	鹏华养老产业	25.19	2.84	24.70	1.85	√
11	嘉实环保低碳	24.90	2.99	30.76	2.37	√
12	交银消费新驱动	24.67	3.42	24.76	1.98	√
13	嘉实优化红利 A	24.53	3.37	23.73	2.10	√
14	易方达行业领先	24.02	4.57	27.27	3.34	√
15	泰达宏利转型机遇 A	23.90	2.03	40.54	1.94	√
16	中欧医疗健康 A	23.81	1.87	26.93	1.32	

续表

编号	基金名称	过去五年(2017~2021 年)		过去三年(2019~2021 年)		过去三年、五年都具有选股能力
		年化 α(%)	t(α)	年化 α(%)	t(α)	
17	大成高新技术产业 A	23.53	4.94	23.31	3.54	√
18	工银瑞信物流产业	23.37	4.23	35.02	4.02	√
19	银华沪港深增长	23.33	3.87	18.55	2.06	√
20	景顺长城环保优势	23.09	3.61	27.00	2.83	√
21	东方红启阳三年持有 A	22.98	3.80	19.07	2.37	√
22	工银瑞信前沿医疗 A	22.92	2.01	30.89	1.62	
23	东方新能源汽车主题	22.91	1.82	42.31	1.99	√
24	易方达改革红利	22.74	2.64	20.93	1.56	
25	信诚中小盘	22.74	2.15	42.77	2.37	√
26	景顺长城优势企业	22.54	2.83	27.25	2.21	√
27	工银瑞信文体产业 A	22.32	4.59	24.82	3.47	√
28	富国高新技术产业	21.90	3.03	33.00	3.18	√
29	工银瑞信新金融 A	21.82	4.45	34.83	4.92	√
30	嘉实新兴产业	21.80	2.90	22.28	1.81	√
31	鹏华消费优选	21.77	2.44	20.34	1.49	
32	中欧时代先锋 A	21.58	4.40	26.84	3.52	√
33	诺德价值优势	21.57	2.63	24.32	1.83	√
34	鹏华环保产业	21.54	2.36	31.89	2.00	√
35	海富通内需热点	21.13	2.78	15.04	1.25	
36	长信内需成长 A	21.11	2.25	26.19	1.65	√
37	建信大安全	20.92	3.90	30.56	3.87	√
38	银河美丽优萃 A	20.75	2.30	16.92	1.17	
39	交银趋势优先 A	20.74	2.97	15.40	1.54	
40	金鹰策略配置	20.70	1.69	29.06	1.35	
41	大成新锐产业	20.59	2.79	34.72	3.07	√
42	工银瑞信养老产业 A	20.55	2.08	29.28	1.79	√
43	工银瑞信研究精选	20.39	3.77	34.81	4.21	√
44	富国美丽中国 A	20.35	5.62	24.19	4.38	√
45	华安安信消费服务 A	20.35	3.87	28.88	3.64	√

续表

编号	基金名称	过去五年（2017~2021年）		过去三年（2019~2021年）		过去三年、五年都具有选股能力
		年化 α(%)	t(α)	年化 α(%)	t(α)	
46	建信改革红利	20.26	2.73	32.48	2.58	√
47	国泰事件驱动	20.19	2.70	22.21	1.82	√
48	华安宏利	20.11	2.27	24.80	1.60	
49	工银瑞信战略转型主题A	20.00	3.49	24.44	2.80	√
50	上投摩根新兴动力A	19.95	2.05	27.20	1.97	√
51	广发新经济A	19.94	2.07	19.30	1.21	
52	新华优选消费	19.83	2.71	28.17	2.30	√
53	兴全合润	19.74	4.13	25.99	3.91	√
54	建信内生动力	19.67	3.34	20.07	2.28	√
55	中欧行业成长A	19.65	3.44	23.06	2.47	√
56	中欧养老产业A	19.60	3.71	26.92	3.29	√
57	上投摩根核心优选	19.53	2.70	22.99	2.07	√
58	诺德周期策略	19.43	2.49	26.84	2.07	√
59	兴全轻资产	19.34	4.39	20.00	3.21	√
60	诺安低碳经济A	19.26	4.18	15.40	2.35	√
61	招商中小盘精选	19.26	2.74	26.47	2.29	√
62	工银瑞信美丽城镇主题A	19.11	3.92	25.40	3.11	√
63	富国价值优势	19.03	4.19	27.16	4.28	√
64	工银瑞信国企改革主题	19.02	3.35	23.25	2.57	√
65	工银瑞信国家战略主题	18.99	2.60	27.70	2.28	√
66	景顺长城优选	18.90	3.37	22.70	2.80	√
67	长城优化升级A	18.88	2.32	20.29	1.57	
68	景顺长城核心竞争力A	18.86	3.55	18.03	2.46	√
69	嘉实物流产业A	18.85	4.31	23.75	3.43	√
70	国富沪港深成长精选	18.85	3.85	21.13	3.15	√
71	景顺长城精选蓝筹	18.82	2.96	20.26	2.09	√
72	建信健康民生	18.80	3.20	31.03	3.46	√
73	华宝品质生活	18.78	2.88	20.10	2.18	√
74	国富深化价值	18.70	4.02	25.73	3.88	√

续表

编号	基金名称	过去五年(2017~2021 年)		过去三年(2019~2021 年)		过去三年、五年都具有选股能力
		年化 α(%)	$t(\alpha)$	年化 α(%)	$t(\alpha)$	
75	工银瑞信医疗保健行业	18.36	1.67	28.02	1.54	
76	交银先进制造	18.34	3.59	23.75	3.12	√
77	信达澳银中小盘	18.29	1.71	23.32	1.24	
78	兴全精选	18.25	3.12	22.44	2.40	√
79	中银战略新兴产业 A	18.18	2.43	20.56	1.62	
80	金鹰行业优势	18.17	2.27	24.67	1.74	√
81	建信创新中国	18.12	2.53	26.91	2.14	√
82	万家行业优选	18.10	1.87	32.75	1.97	√
83	景顺长城公司治理	18.08	3.12	17.13	1.85	√
84	易方达科翔	18.05	3.19	23.32	2.67	√
85	信诚周期轮动 A	18.03	2.42	30.18	2.34	√
86	嘉实新消费	17.88	2.95	14.78	1.71	√
87	华安策略优选 A	17.82	3.77	15.35	2.25	√
88	景顺长城内需增长	17.80	1.75	24.69	1.49	
89	申万菱信消费增长	17.77	2.08	14.75	1.06	
90	景顺长城内需增长贰号	17.69	1.74	25.05	1.53	
91	工银瑞信消费服务 A	17.65	3.14	20.34	2.33	√
92	景顺长城资源垄断	17.61	2.56	22.92	2.10	√
93	诺安先进制造	17.59	3.74	18.06	2.73	√
94	富国通胀通缩主题	17.50	2.63	24.19	2.17	√
95	富国天博创新主题	17.49	3.43	22.90	2.82	√
96	中信证券成长动力 A	17.48	4.08	15.02	2.30	√
97	安信价值精选	17.38	3.54	16.48	2.12	√
98	景顺长城品质投资	17.38	3.34	20.10	2.65	√
99	建信核心精选	17.32	3.08	28.23	3.44	√
100	广发聚瑞 A	17.31	2.28	33.04	2.91	√
101	建信信息产业	17.22	2.36	26.26	2.06	√
102	博时行业轮动	17.20	2.02	20.83	1.57	
103	华安生态优先	17.12	2.02	17.40	1.19	

编号	基金名称	过去五年(2017~2021 年)		过去三年(2019~2021 年)		过去三年、五年都具有选股能力
		年化 α(%)	$t(\alpha)$	年化 α(%)	$t(\alpha)$	
104	嘉实先进制造	17.11	2.78	29.73	3.04	√
105	银河蓝筹精选	17.11	2.27	20.94	1.69	√
106	中信证券卓越成长两年持有 A	17.10	3.87	17.85	2.62	√
107	浦银安盛红利精选 A	17.10	2.25	25.75	2.02	√
108	圆信永丰优加生活	17.09	4.60	21.33	3.47	√
109	富国高端制造行业	17.07	3.39	23.30	2.97	√
110	富国天合稳健优选	17.02	4.77	22.41	4.79	√
111	工银瑞信新蓝筹 A	16.99	3.91	17.29	2.81	√
112	中信保诚精萃成长	16.99	3.06	26.11	3.36	√
113	泰达宏利行业精选	16.97	2.73	22.41	2.71	√
114	景顺长城成长之星	16.95	2.75	25.50	2.71	√
115	大成消费主题	16.95	2.61	29.04	2.89	√
116	上投摩根内需动力	16.95	1.89	27.11	2.03	√
117	银华中小盘精选	16.92	2.27	18.30	1.56	
118	中信证券臻选价值成长 A	16.91	3.38	15.07	1.95	√
119	上投摩根医疗健康	16.88	1.68	23.50	1.45	
120	富国创新科技 A	16.81	1.78	25.17	1.76	√
121	农银汇理策略精选	16.80	2.91	20.10	2.30	√
122	融通内需驱动 AB	16.71	2.76	21.41	2.32	√
123	长城品牌优选	16.70	1.94	17.89	1.27	
124	工银瑞信量化策略 A	16.67	3.14	25.59	3.00	√
125	海富通国策导向	16.67	1.80	30.31	2.10	√
126	上投摩根行业轮动 A	16.64	2.07	20.75	1.60	
127	交银新成长	16.59	3.53	19.37	2.64	√
128	富国低碳新经济 A	16.59	2.62	18.06	1.80	√
129	华宝创新优选	16.59	1.79	24.50	1.63	
130	国富中小盘	16.55	4.03	18.69	2.79	√

续表

编号	基金名称	过去五年(2017~2021 年)		过去三年(2019~2021 年)		过去三年、五年都具有选股能力
		年化 α(%)	$t(\alpha)$	年化 α(%)	$t(\alpha)$	
131	天弘周期策略	16.53	2.56	23.59	2.31	√
132	华宝医药生物	16.52	1.77	15.92	1.00	
133	光大行业轮动	16.49	2.22	30.27	2.55	√
134	华泰柏瑞盛世中国	16.45	1.97	17.90	1.22	
135	光大新增长	16.44	2.47	23.09	2.02	√
136	银河消费驱动	16.42	2.19	16.85	1.35	
137	国联安主题驱动	16.41	3.49	22.48	3.08	√
138	农银汇理策略价值	16.36	3.14	23.04	2.72	√
139	中银智能制造 A	16.31	1.76	33.78	2.26	√
140	广发制造业精选 A	16.26	1.98	28.74	2.19	√
141	汇丰晋信消费红利	16.25	3.10	14.04	1.83	√
142	金元顺安消费主题	16.24	2.95	21.03	2.65	√
143	农银汇理行业轮动	16.17	2.75	20.02	2.10	√
144	方正富邦红利精选 A	16.16	2.93	20.37	2.44	√
145	大成行业轮动	16.07	3.02	20.41	2.47	√
146	工银瑞信红利	16.05	2.30	20.62	1.68	√
147	广发小盘成长 A	16.01	1.82	21.18	1.43	
148	嘉实价值优势	15.96	3.43	19.30	2.89	√
149	华安新丝路主题 A	15.94	2.07	22.72	1.68	√
150	华泰柏瑞行业领先	15.92	2.13	9.52	0.75	
151	泓德战略转型	15.83	2.90	27.37	3.00	√
152	工银瑞信核心价值 A	15.82	2.57	19.97	2.10	√
153	民生加银稳健成长	15.80	2.45	20.37	2.16	√
154	汇添富成长焦点	15.74	2.13	13.89	1.17	
155	南方新兴消费 A	15.73	2.13	13.97	1.19	
156	富国文体健康 A	15.64	3.08	14.82	1.96	√
157	工银瑞信大盘蓝筹	15.63	3.57	14.74	2.34	√
158	长城医疗保健	15.56	1.82	22.55	1.51	

编号	基金名称	过去五年(2017~2021 年)		过去三年(2019~2021 年)		过去三年、五年都具有选股能力
		年化 α(%)	$t(\alpha)$	年化 α(%)	$t(\alpha)$	
159	中海消费主题精选	15.53	1.76	21.97	1.56	
160	交银阿尔法 A	15.44	3.53	12.00	2.12	√
161	兴全商业模式优选	15.34	3.26	23.47	3.71	√
162	国泰大健康 A	15.31	1.95	14.63	1.33	
163	易方达价值精选	15.30	3.35	20.88	3.09	√
164	安信新常态沪港深精选 A	15.28	2.66	12.56	1.43	
165	长城中小盘成长	15.25	2.72	13.89	1.48	
166	中金新锐 A	15.24	3.47	23.81	3.69	√
167	信诚优胜精选	15.12	3.23	21.70	3.14	√
168	嘉实沪港深精选	15.12	3.11	12.82	1.83	√
169	大成中小盘 A	15.12	2.50	12.96	1.44	
170	中银中小盘成长	15.10	2.53	23.28	2.41	√
171	国富弹性市值	15.06	3.96	14.28	2.27	√
172	中信证券红利价值一年持有 A	15.00	2.79	11.42	1.38	
173	嘉实优质企业	14.94	1.77	19.24	1.34	
174	农银汇理行业领先	14.87	2.59	19.67	2.32	√
175	大成积极成长	14.86	2.68	20.50	2.38	√
176	华安逆向策略 A	14.75	2.58	25.82	2.82	√
177	银华中国梦 30	14.72	2.16	16.35	1.54	
178	嘉实低价策略	14.69	3.30	22.77	3.36	√
179	国富研究精选	14.67	3.25	22.43	3.34	√
180	上投摩根成长先锋	14.63	3.03	11.95	1.67	√
181	鹏华先进制造	14.52	3.12	24.13	4.05	√
182	中欧消费主题 A	14.46	1.76	7.78	0.60	
183	广发消费品精选 A	14.40	2.03	11.26	1.04	
184	上投摩根大盘蓝筹	14.27	2.39	18.36	2.35	√
185	长城久富	14.26	2.52	8.20	0.95	

续表

编号	基金名称	过去五年(2017~2021 年)		过去三年(2019~2021 年)		过去三年、五年都具有选股能力
		年化 α(%)	t(α)	年化 α(%)	t(α)	
186	工银瑞信新材料新能源行业	14.23	1.97	28.17	2.65	√
187	国君资管君得明	14.16	3.48	10.97	2.05	√
188	工银瑞信信息产业 A	14.12	2.16	30.65	3.36	√
189	广发沪港深新起点 A	14.10	2.62	9.02	1.20	
190	博时丝路主题 A	14.08	2.48	20.85	2.45	√
191	交银精选	14.07	3.03	19.45	2.68	√
192	泰达宏利首选企业	14.05	2.19	20.72	1.89	√
193	万家瑞隆	14.04	1.74	20.96	1.51	
194	富国中小盘精选	14.03	1.89	22.92	1.84	√
195	华安智能装备主题 A	13.92	1.99	18.93	1.71	√
196	上投摩根安全战略	13.87	1.76	23.30	1.74	√
197	泰达宏利蓝筹价值	13.82	1.97	13.83	1.17	
198	上投摩根健康品质生活	13.79	1.66	22.34	1.67	√
199	汇添富价值精选 A	13.75	3.32	13.59	2.14	√
200	汇添富新兴消费	13.68	1.88	17.37	1.59	
201	兴全社会责任	13.66	1.90	15.62	1.53	
202	建信中小盘 A	13.64	2.01	22.02	2.10	√
203	嘉实主题新动力	13.61	2.04	18.20	1.72	√
204	泓德泓益	13.53	3.34	19.80	2.90	√
205	银华消费主题 A	13.53	1.76	22.42	1.86	√
206	大成内需增长 A	13.46	1.94	16.99	1.46	
207	大摩进取优选	13.35	1.94	24.89	2.34	√
208	新华优选成长	13.35	1.72	21.30	1.62	
209	新华趋势领航	13.32	1.73	21.42	1.60	
210	华安核心优选	13.27	2.24	16.56	1.67	√
211	兴全绿色投资	13.26	3.48	25.34	5.49	√
212	民生加银内需增长	13.20	2.19	16.60	1.95	√

续表

编号	基金名称	过去五年(2017~2021年)		过去三年(2019~2021年)		过去三年、五年都具有选股能力
		年化 α(%)	$t(\alpha)$	年化 α(%)	$t(\alpha)$	
213	银河康乐	13.19	2.42	16.69	1.95	√
214	东方红内需增长 A	13.18	2.02	10.51	1.03	
215	嘉实企业变革	13.17	2.41	18.73	2.14	√
216	汇添富国企创新增长	13.17	2.05	21.87	2.23	√
217	建信恒久价值	13.17	1.74	27.78	2.15	√
218	南方绩优成长 A	13.16	2.67	12.57	1.60	
219	鹏华精选成长	13.14	2.66	17.20	2.43	√
220	国寿安保智慧生活	13.13	2.29	15.07	1.69	√
221	泰达宏利效率优选	13.10	2.05	16.34	1.55	
222	嘉实研究阿尔法	13.09	4.36	15.55	3.22	√
223	广发轮动配置	13.08	1.65	23.10	1.86	√
224	中欧新趋势 A	13.06	3.06	19.51	3.26	√
225	华夏经济转型	13.04	1.76	14.11	1.28	
226	国富潜力组合 A 人民币	13.02	3.43	17.57	2.82	√
227	汇添富民营活力 A	12.95	2.72	18.58	2.50	√
228	国泰央企改革	12.83	2.54	16.50	2.37	√
229	景顺长城沪港深精选	12.82	3.28	10.73	2.05	√
230	光大银发商机主题	12.82	2.54	22.44	2.87	√
231	中银主题策略	12.81	1.85	24.60	2.42	√
232	金鹰科技创新	12.81	1.71	17.13	1.45	
233	大摩主题优选	12.79	2.61	18.40	2.42	√
234	大成产业升级	12.73	2.13	12.69	1.30	
235	南方天元新产业	12.72	2.51	12.15	1.51	
236	中欧价值发现 A	12.69	2.21	7.78	0.85	
237	银河稳健	12.69	2.19	16.91	1.65	√
238	鹏华盛世创新	12.58	2.92	14.59	2.15	√
239	华宝大盘精选	12.58	2.27	23.59	2.59	√
240	银华领先策略	12.58	2.03	15.02	1.58	

编号	基金名称	过去五年(2017~2021 年)		过去三年(2019~2021 年)		过去三年、五年都具有选股能力
		年化 α(%)	$t(\alpha)$	年化 α(%)	$t(\alpha)$	
241	国泰区位优势	12.57	2.88	18.51	2.91	√
242	大成优选	12.55	2.59	10.86	1.38	
243	中银动态策略	12.54	2.08	19.08	2.00	√
244	长信双利优选 A	12.53	2.31	15.42	1.93	√
245	景顺长城量化新动力	12.50	3.54	10.06	1.83	√
246	华夏经典配置	12.47	2.15	14.83	1.74	√
247	长盛量化红利策略	12.46	2.70	13.51	1.80	√
248	银河竞争优势成长	12.46	2.25	22.38	2.66	√
249	嘉实增长	12.45	1.98	18.62	1.80	√
250	上投摩根智选 30	12.45	1.68	19.47	1.84	√
251	嘉实逆向策略	12.42	1.85	18.08	1.71	√
252	鹏华价值优势	12.40	2.49	13.61	1.83	√
253	东方策略成长	12.38	1.99	16.16	1.53	
254	博时工业 4.0	12.29	2.27	16.10	1.84	√
255	中银消费主题	12.19	2.11	16.73	1.91	√
256	汇丰晋信大盘 A	12.14	3.85	14.82	3.06	√
257	汇添富策略回报	12.12	2.19	14.77	1.82	√
258	民生加银优选	12.03	1.74	11.04	1.06	
259	安信消费医药主题	11.99	2.10	7.31	0.84	
260	国泰金牛创新成长	11.95	2.28	13.94	1.61	
261	国联安优势	11.95	2.16	19.14	2.16	√
262	富国天惠精选成长 A	11.94	2.70	13.52	2.16	√
263	长信银利精选	11.92	1.96	8.10	0.80	
264	南方国策动力	11.91	2.03	20.67	2.25	√
265	建信优势动力	11.90	2.18	21.00	2.52	√
266	华安行业轮动	11.89	2.07	18.13	2.04	√
267	信诚新机遇	11.84	3.46	14.71	3.25	√
268	国投瑞银核心企业	11.83	1.69	15.08	1.92	√

编号	基金名称	过去五年(2017~2021年)		过去三年(2019~2021年)		过去三年、五年都具有选股能力
		年化 α(%)	$t(\alpha)$	年化 α(%)	$t(\alpha)$	
269	国寿安保成长优选	11.67	2.03	12.98	1.49	
270	上投摩根新兴服务	11.61	1.79	16.01	1.58	
271	海富通领先成长	11.59	2.20	18.67	2.30	√
272	工银瑞信精选平衡	11.58	2.21	21.52	2.73	√
273	国泰金鹿	11.54	2.17	23.63	2.84	√
274	大摩品质生活精选	11.53	2.46	19.49	2.68	√
275	泓德优选成长	11.49	3.64	17.49	3.71	√
276	中欧新动力 A	11.48	2.94	18.01	3.35	√
277	汇添富美丽 30	11.44	1.75	6.84	0.68	
278	民生加银景气行业 A	11.35	2.16	15.04	1.88	√
279	国投瑞银成长优选	11.33	2.53	20.62	3.20	√
280	华夏优势增长	11.31	1.80	19.41	1.87	√
281	国君资管君得鑫两年持有 A	11.28	2.41	5.63	0.80	
282	新华策略精选	11.28	1.85	10.92	1.13	
283	大摩卓越成长	11.22	2.16	16.88	2.04	√
284	景顺长城支柱产业	11.18	2.64	12.69	1.97	√
285	富国低碳环保	11.18	1.99	13.13	2.01	√
286	工银瑞信金融地产 A	11.10	2.14	9.92	1.34	
287	易方达科讯	11.10	1.95	18.44	2.16	√
288	嘉实周期优选	11.04	2.23	22.06	3.39	√
289	华安科技动力	11.03	1.97	6.65	0.70	
290	汇添富逆向投资	11.02	2.17	17.15	2.56	√
291	建信潜力新蓝筹	11.00	1.93	14.96	1.71	√
292	中信保诚盛世蓝筹	10.99	3.77	12.38	3.08	√
293	国联安精选	10.96	1.67	17.35	1.78	√
294	国泰成长优选	10.92	1.88	12.06	1.78	√
295	招商大盘蓝筹	10.75	2.14	18.67	2.26	√

续表

编号	基金名称	过去五年（2017~2021 年）		过去三年（2019~2021 年）		过去三年、五年都具有选股能力
		年化 α（%）	t（α）	年化 α（%）	t（α）	
296	华安大国新经济	10.71	2.18	17.46	2.29	√
297	申万菱信盛利精选	10.67	1.71	12.59	1.21	
298	申万菱信新动力	10.55	2.18	16.88	2.24	√
299	汇丰晋信沪港深 A	10.51	1.66	10.12	0.96	
300	诺安中小盘精选	10.50	2.66	11.12	1.92	√
301	诺安研究精选	10.48	2.13	14.26	1.79	√
302	华宝生态中国	10.46	1.92	14.00	1.61	
303	南方成份精选 A	10.44	2.93	16.41	3.41	√
304	大摩领先优势	10.34	2.30	10.50	1.60	
305	华宝宝康消费品	9.88	1.77	10.99	1.14	
306	富安达优势成长	9.76	1.84	10.34	1.47	
307	泰达宏利市值优选	9.76	1.70	17.83	1.93	√
308	嘉实稳健	9.64	3.02	13.19	3.18	√
309	华安升级主题	9.63	1.65	17.27	1.83	√
310	工银瑞信沪港深 A	9.61	1.86	2.49	0.32	
311	南方中小盘成长	9.59	2.16	12.33	2.06	√
312	前海开源再融资主题精选	9.55	1.70	7.80	0.93	
313	建信互联网+产业升级	9.48	2.09	16.78	2.38	√
314	诺德成长优势	9.42	2.58	9.70	1.88	√
315	诺安先锋 A	9.33	1.81	10.91	1.27	
316	光大国企改革主题	9.32	1.94	5.76	0.79	
317	大成策略回报	9.29	2.12	7.47	1.16	
318	融通领先成长 A	9.13	2.24	10.72	1.67	√
319	南方隆元产业主题	9.13	2.01	8.37	1.17	
320	银华优质增长	9.12	1.69	14.66	1.64	
321	景顺长城能源基建	9.08	2.58	8.32	1.81	√
322	南方潜力新蓝筹	8.94	2.42	12.03	2.42	√

编号	基金名称	过去五年(2017~2021年)		过去三年(2019~2021年)		过去三年、五年都具有选股能力
		年化 α(%)	t(α)	年化 α(%)	t(α)	
323	南方盛元红利	8.85	1.76	20.03	2.73	√
324	长盛成长价值 A	8.78	2.24	10.08	1.51	
325	前海开源股息率 100 强	8.71	2.01	8.20	1.15	
326	长信金利趋势	8.64	2.06	17.11	2.74	√
327	中金精选 A	8.42	1.82	13.78	2.02	√
328	博时主题行业	8.41	2.28	8.49	1.49	
329	国富健康优质生活	8.32	1.94	9.99	1.39	
330	诺安平衡	8.30	2.43	7.60	1.28	
331	国富成长动力	8.15	1.70	6.37	0.79	
332	诺安鸿鑫	8.04	2.01	11.31	1.81	√
333	华宝先进成长	8.02	1.89	14.72	2.15	√
334	前海开源强势共识 100 强	7.81	2.23	8.58	1.90	√
335	景顺长城优质成长	7.75	1.99	10.37	2.22	√
336	汇丰晋信大盘波动精选 A	7.11	1.91	3.14	0.53	
337	景顺长城研究精选	6.87	1.90	5.03	0.88	
338	农银汇理大盘蓝筹	6.22	2.35	5.86	1.44	
339	华泰柏瑞量化增强 A	6.10	2.08	3.49	0.93	
340	大成核心双动力	6.06	2.32	10.66	2.63	√
341	光大阳光优选一年持有 A	5.89	1.80	6.73	1.44	
342	华泰柏瑞量化先行 A	4.86	1.68	0.57	0.13	

注：表中"√"代表在过去三年和过去五年都具有选股能力的股票型基金。

我们选取"易方达消费行业"基金作为研究对象，分析其基金经理在近五年中的选股能力（见表 3-5 和图 3-3）。在分析比较时，除了将万得全 A 指数作为比较标的以外，我们还将该基金的业绩比较基准（即中证内地消费主题指数收益率×85%+中债总指数收益率×15%）与该基金进行比较。"易方达消费行业"基金成立于 2010 年 8 月 20 日，选股以大盘股为主，专精于消费板块酿酒、家电、汽车及商贸零售领域的优质个股，且能做到在有效控制风险的前提下，追求基金资产的长期增值和稳定回报。

表 3-5 　　　　　"易方达消费行业"基金净值年度涨幅与阶段涨幅 　　　　单位：%

名称	2017 年度	2018 年度	2019 年度	2020 年度	2021 年度	近五年 （2017~2021 年）
易方达消费行业	65	−23	71	73	−11	231
万得全 A 指数	5	−28	33	26	9	37
易方达消费行业基金基准	40	−22	46	54	−10	121

图 3-3 　"易方达消费行业"基金的累计净值：2017~2021 年

　　从历史业绩来看，"易方达消费行业"基金自成立以来，历史业绩十分优秀。总体来看，该基金近五年涨幅为 231%，同期万得全 A 指数和易方达消费行业基金基准分别上涨 37% 和 121%，这只主动管理型公募基金的业绩远远超过了大盘及其基金基准。分年度来看，该基金的业绩表现也非常亮眼。在这五年中，涨势最好的是 2017 年、2019 年和 2020 年。在 2017 年，该基金大涨 65%，同期万得全 A 指数和基金基准涨幅仅分别为 5% 和 40%；在 2018 年的熊市，该基金超过万得全 A 指数 5 个百分点，但落后基金基准 1 个百分点；在 2019 年，该基金净值涨幅高达 71%，超过大盘指数 38 个百分点，超过基金基准 25 个百分点；在 2020 年，该基金更是超越大盘 47 个百分点，超越基金基准 19 个百分点；但在 2021 年，该基金并未保持强劲上涨态势，而是由于消费、科技、医药板块的轮番调整，导致该基金整体业绩受损，基金净值下挫 11%，而同年大盘指数却上涨 9%。从持仓分布来看，随着我国消费行业的崛起，该基金自 2016 年第一季度以来，持续布局酿酒和家电板块的深度价值股和优质成长股，包括贵州茅台、五粮液、泸州老窖、美的集团、格力电器等个股，重仓股前五名基本保持不变，仓位十分稳定。例如，自 2016 年第一季度至 2020 年底，该基金重仓股表现极为突出，其中贵州茅台涨幅高达 927%，五粮液上涨 1148%，美的集团涨幅为 472%，考虑持股仓位后，贵州茅台对该基金所贡献的收益比重最大。此外，2020 年个股山西汾酒在经历 2018 年的低谷和 2019 年的估值修复后，在 2020 年单年实现了 331% 的上涨，而该基金正是在 2020 年初开始重仓山西汾酒，同时调低了 2020 年市场表现较为跌宕起伏的格力电器的仓位。但在 2021 年，大家耳熟能详的"大白马"跌起来没有下限，开启深度调整模式，远低于市场的平均水平，让重仓消费股的"易方达消费行业"基金遭遇滑铁卢，该基金的主要配置正是消费行业，导致基金整体受到严重影响。总体而言，该基金近五年的投资收益表现卓越，其基金经理在板块挑选、个股选择、个股仓位调整方面的能力较为突出，说明其具有选股能力。

三、择时能力分析

表 3-6 展示了具有五年历史业绩的基金择时能力的估计结果统计。图 3-4 是采用 Treynor-Mazuy 模型估计出来的 618 只股票型基金择时能力 γ 的 t 值，由于我们主要关心基金经理是否具有正的择时能力，因此我们使用单边假设检验。在 5% 的显著性水平上，仅有 5 只基金（占比 1%）的 γ 呈正显著性，其 t 值大于 1.64，

表 3-6　　　股票型基金的择时能力 γ 显著性的估计结果：2017~2021 年

显著性	样本数量（只）	数量占比（%）
正显著	5	1
不显著	505	82
负显著	108	17
总计	618	100

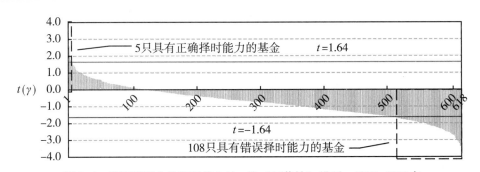

图 3-4　股票型基金的择时能力的 t 值（显著性）排列：2017~2021 年

注：正确择时能力代表 $t(\gamma)>1.64$；错误择时能力代表 $t(\gamma)<-1.64$；未表现出择时能力代表 $-1.64 \leqslant t(\gamma) \leqslant 1.64$。基金具有择时能力是指基金表现出正确的择时能力，基金不具有择时能力代表基金表现出错误的或未表现出择时能力。

说明这 5 只基金的基金经理表现出了显著的择时能力。有 505 只基金（占比为 82%）γ 的 t 值是不显著的。我们还看到，有 108 只基金（占比为 17%）的 γ 为负显著，其 t 值小于 -1.64，说明这 108 只基金的基金经理具有明显错误的择时能力。总体来看，在过去五年（2017~2021 年）内，绝大部分（99%）的股票型基金的基金经理不具备择时能力。

表 3-7 给出在过去五年（2017~2021 年）Treynor-Mazuy 模型中 γ 为正显著的基金，即具有择时能力的基金，同时我们也给出了这些基金在过去三年（2019~2021 年）择时能力的估计结果，这里我们主要关心反映择时能力的系数 γ 的显著性。从表 3-7 可以看出，仅"大成景恒 A"基金在过去三年（2019~2021 年）和过去五年（2017~2021 年）都表现出正确的择时能力。对于公募基金经理在择时能力上缺失的原因，一方面在过去几年，由于《资管新规》落地、医药改革、《中华人民共和国外商投资法》正式发布、科创板开市、注册制加速推进、人民币升值、内循环与外循环、中美贸易摩擦和新冠肺炎疫情等事件或政策的影响，市场风格剧烈变化，基金经理很难跟上市场的风格调整；另一方面市场风格变化时，基金经理很难在短时间内大幅调整仓位。

表 3-7   过去五年具有择时能力的股票型基金

编号	基金名称	过去五年（2017~2021 年）		过去三年（2019~2021 年）		过去三年、五年都具有择时能力
		γ	$t(\gamma)$	γ	$t(\gamma)$	
1	大成景恒 A	3.03	3.22	2.55	2.06	√
2	南方潜力新蓝筹	1.71	2.61	−0.83	−0.98	
3	中海量化策略	3.31	2.00	2.17	0.99	
4	诺安策略精选	1.59	1.75	−0.98	−0.72	
5	交银先锋 A	2.17	1.66	0.85	0.55	

注：表中"√"代表在过去三年和过去五年都具有择时能力的股票型基金。

四、选股能力与择时能力的稳健性检验

在之前的研究中，我们所用的样本为 2017~2021 年的五年样本。那么当分析的样本时间加长或缩短时，我们所得出的相关结论是否会发生变化？即当样本所选取的时间不同时，对于基金经理的选股能力和择时能力的结论是否有影响？如果有影响，这种影响是由于不同样本时间内基金之间的差异所带来的，还是由于相同基金所处市场环境的不同所带来的？为了回答上述问题，我们使用三年样本（2019~2021 年）和七年样本（2015~2021 年）来对基金经理的选股能力和择时能力进行稳健性检验，并将分析结果与之前五年样本（2017~2021 年）的结果进行对比，从而判断样本时间选取的不同是否会影响基金经理的选股和择时能力。在三年和七年的样本中，我们同样要求每只基金有完整的净值数据。各样本区间内包含的样本数量具体见表 3-1。时间跨度较长的样本区间内的基金与时间跨度较短的样本区间内的基金是部分重合的。例如，三年样本中的基金个数为 863 只，五年样本中的基金个数为 618 只，七年样本中基金个数为 454 只；七年样本的 454 只基金都在三年和五年样本中，五年样本的 618 只基金也都在三年样本中。

　　图 3-5 展示了不同时间长度的样本区间内具有选股能力的股票型基金的数量占比，仍以 5% 的显著性水平进行分析。在三年样本（2019~2021 年）中，有 46% 的基金的基金经理具有显著的选股能力，在五年样本（2017~2021 年）中，该比例与上一区间相比有小幅上升，为 55%，在七年样本（2015~2021 年）中，该比例降至 43%。可见，在不同的样本时期，具有显著选股能力的基金经理的比例还是有差异的。整体来看，近半数的股票型基金的基金经理具备选股能力。

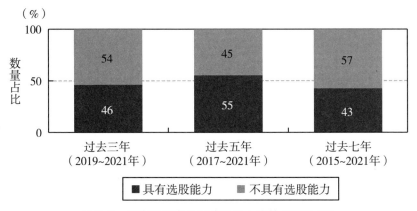

图 3-5　样本区间内具有选股能力的基金数量占比

　　表 3-8 展示了在不同样本期间中选股能力 α 显著性估计的更详细的结果，除了给出不同样本时期中具有选股能力的基金经理的比例，还给出了选股能力分别为不显著、负显著的基金经理比例，以及同期万得全 A 指数的累积涨幅。尽管三个样本区间的终点皆为 2021 年底，但每个样本期间的起始点不同，因此它们所对应的市场环境不同。在过去三年（2019~2021 年）中，万得全 A 指数上涨了 82%；在过去五年（2017~2021 年）中，万得全 A 指数上涨了 37%；在过去七年（2015~2021 年）中，万得全 A 指数上涨了 66%。三个样本区间中，具有选股能力的基金经理数量占比依次为 46%、55% 和 43%。可以看出，股票市场在过去三年（2019~2021 年）和过去七年（2015~2021 年）涨幅最大，这是因为股票市场在 2015 年和 2018 年遭遇大跌，整体波动较为剧烈，大盘指数在这两个区间的起点均处于较低水平，直至 2016 年下半年起股市逐步回暖，故而过去五年（2017~2021 年）市场

涨幅较小，另两个区间内指数涨幅较大。还可以看出，在三年、五年和七年样本中，具有选股能力的基金经理数量占比和股票市场涨幅呈反向变动的关系。当股票市场涨幅较大时，具有选股能力的基金经理的比例相对较低；当股票市场涨幅较小时，具有选股能力的基金经理的比例相对较高。

表 3-8 　　　　　　　　三年、五年、七年样本的选股能力显著性的估计结果

样本区间	正显著	不显著	负显著	基金数（只）	万得全 A 涨幅（%）
过去三年（2019~2021 年）	398（46%）	464（54%）	1（0.12%）	863	82
过去五年（2017~2021 年）	342（55%）	274（44%）	2（0.32%）	618	37
过去七年（2015~2021 年）	193（43%）	260（57%）	1（0.22%）	454	66

注：括号中的数字为相应的基金数量占比，显著性水平为 5%。

在三年、五年和七年样本中，具有显著选股能力的基金经理的比例除了受不同样本所处市场环境的不同影响之外，还与所分析的样本之间的差异有关。因为每年都有新成立和停止运营的基金，不同的样本中所包含的基金数量是不同的。我们在以下的分析中控制这种样本之间的差异，重新对比不同样本期间内具有显著选股能力的基金的比例。

表 3-9 展示了七年样本（2015~2021 年）中的 454 只基金，在三年样本（2019~2021 年）和五年样本（2017~2021 年）中通过 Treynor-Mazuy 四因子模型估计出来的选股能力的表现。如果我们考察这 454 只基金的三年期业绩，那么有 209 只（占比 46%）的基金的基金经理具有显著的选股能力，当考察期变为五年和七年后，分别有 256 只（占比 56%）和 193 只（占比 43%）基金的基金经理具有显著的选股能力。在这 454 只基金中，无论考察三年、五年还是七年的样本，每类样本中都有 44%以上的基金经理不具有选股能力。整体来看，有近 50%的基金管理团队具有选股能力。

表 3-9 　　　　具有七年完整数据的股票型基金在过去三年、五年、七年的选股能力显著性的估计结果

样本区间	正显著	不显著	负显著	基金数（只）	万得全 A 涨幅（%）
过去三年（2019~2021 年）	209（46%）	244（54%）	1（0.22%）	454	82
过去五年（2017~2021 年）	256（56%）	197（43%）	1（0.22%）	454	37
过去七年（2015~2021 年）	193（43%）	260（57%）	1（0.22%）	454	66

注：括号中数字为相应的基金数量占比，显著性水平为 5%。

　　我们同样分析了在三年样本和五年样本中都有数据的 618 只基金选股能力的差异，具体见表 3-10。在三年样本中，有 287 只基金（占比 46%）的基金经理具有显著的选股能力。在五年样本中，具有显著选股能力的基金为 342 只（占比 55%）。同时我们发现，从近三年到近五年中，具有选股能力的基金数量有所上升。

表 3-10　　　　具有五年完整数据的股票型基金在过去三年、五年的
选股能力显著性的估计结果

时间区间	正显著	不显著	负显著	基金数（只）	万得全 A 涨幅（%）
过去三年（2019~2021 年）	287（46%）	330（53%）	1（0.16%）	618	82
过去五年（2017~2021 年）	342（55%）	274（44%）	2（0.32%）	618	37

　　注：括号中数字为相应的基金数量占比，显著性水平为 5%。

　　上述分析的结论同样和之前分别使用三年或五年全部样本的结论近似（见表 3-8）。可见，并不是由于基金个体之间的不同导致在三年、五年、七年样本期间内具有选股能力的基金经理比例的差异。因为我们在选取相同的基金时，这个差异在三年、五年、七年样本期间内也是同样存在的。故而我们认为，是由于不同分析时间内我国股票市场环境的不同，导致使用最近三年、五年和七年样本的分析结果产生差异。

　　接下来，我们利用同样的方法来分析基金经理的择时能力。图 3-6 展示了在不同样本期间中具有显著择时能力的基金的比例，还是以 5% 的显著性水平进行讨论。在三年样本（2019~2021 年）中，没有基金经理具有显著的择时能力；在五年样本（2017~2021 年）中，该比例为 1%；在七年样本（2015~2021 年）中，该比例为 2%。可见，在不同的样本时期内，具有显著择时能力的基金经理的比例都非常低。

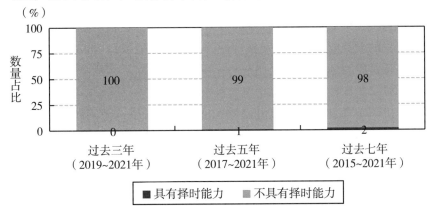

图 3-6　样本期间内具有正确择时能力的股票型基金的数量占比

表 3-11 展示了在不同样本期间中择时能力 γ 显著性估计的更详细的结果。我们发现，无论是在三年、五年还是七年样本中，都至少有 98% 以上的基金经理不具备择时能力。由此可见，对股票市场未来涨跌的判断是一件非常困难的事情，具有择时能力的基金经理实属凤毛麟角。

表 3-11　　　　　三年、五年、七年样本的择时能力显著性的估计结果

样本区间	正显著	不显著	负显著	基金数（只）	万得全 A 涨幅（%）
过去三年（2019~2021 年）	3（0.35%）	722（84%）	138（16%）	863	82
过去五年（2017~2021 年）	5（1%）	505（82%）	108（17%）	618	37
过去七年（2015~2021 年）	9（2%）	416（92%）	29（6%）	454	66

注：括号中数字为相应的基金数量占比，显著性水平为 5%。

总体而言，我国有近半数的股票型基金经理具有选股能力，绝大部分基金经理不具有判断市场走向的择时能力。

五、区分基金经理的能力与运气

之前的回归分析结果表明，部分基金经理具有显著的选股能力或择时能力，那么这些基金经理的能力会不会是由于运气带来的呢？由于基金的收益率不是严格服从正态分布，因此回归分析的结果虽然表明某些基金经理具有显著的选股能力或择时能力，但这些结果可能是由于样本的原因，即运气的因素所带来的，而不是来自基金经理自身的投资能力。那么在具有显著的选股能力或择时能力的基金经理中，哪些基金经理是因为运气而取得了良好的业绩，哪些基金经理又是真正拥有投资能力呢？

Efron（1979）提出的自助法可以从一定程度上解决这个问题。自助法是对原始样本进行重复抽样以产生一系列"新"的样本的统计方法，图 3-7 展示了自助法的抽样原理。如图 3-7 所示，我们观察到的样本只有一个，如某只基金的历史收益数据，因此只能产生一个统计量（如基金经理的选股能力）。自助法的基本思想是对已有样本进行多次抽样，即把现有样本的观测值看成一个新的总体再进行有放回的随机抽样，这样在不需要增加额外的新样本的情况下，会获得多个统计量，

即获得基金经理选股能力的多个估计值，通过对比这多个统计量所生成的统计分布和实际样本产生的统计量，就可以判断基金经理的能力是否来源于运气。在以下的检验中，我们对每只基金的样本进行 1 000 次抽样。我们也使用 5 000 次抽样来区分基金经理的能力和运气。因这些结果与使用 1 000 次抽样的结果十分类似，结论不再赘述。

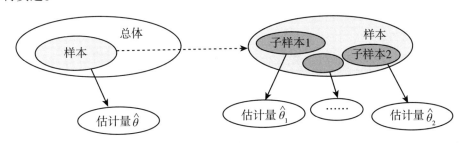

图 3-7　自助法抽样示意

我们以基金 i 的选股能力 α 进行自助法检验为例。通过 Treynor-Mazuy 四因子模型对基金 i 的月度净收益的时间序列进行普通最小二乘法（OLS）回归，估计模型的 $\hat{\alpha}$、风险系数（$\hat{\beta}_{mkt}$、$\hat{\beta}_{smb}$、$\hat{\beta}_{hml}$、$\hat{\beta}_{mom}$）、残差序列，具体模型见式（3.3）。我们通过自助法过程对获得的残差序列进行 1 000 次抽样，根据每次抽样后的残差和之前估计出来的风险系数（$\hat{\beta}_{mkt}$、$\hat{\beta}_{smb}$、$\hat{\beta}_{hml}$、$\hat{\beta}_{mom}$）构造出 1 000 组不具备选股能力（$\hat{\alpha}=0$）的基金的超额收益率，获得 1 000 个没有选股能力的基金的样本，每一个新生成的基金样本与基金 i 有同样的风险暴露。然后，我们对这 1 000 个样本再次进行 Treynor-Mazuy 四因子模型回归，就获得了 1 000 个选股能力 α 的估计值。由于这 1 000 个 α 是出自我们构造的没有选股能力的基金的收益率，在 5% 的显著性水平下，如果这 1 000 个 α 中有多于 5% 比例的（该比例为自助法的 P 值）α 大于通过 Treynor-Mazuy 四因子模型回归所得到的基金 i 的 $\hat{\alpha}$（真实 α），则表明基金 i 的选股能力 α 并不是来自基金经理自身的能力，而是来自运气因素和统计误差。反之，如果这 1 000 个 α 中只有少于 5% 的 α 大于基金 i 的 $\hat{\alpha}$，则表明基金 i 的选股能力 α 并不是来自运气因素，而是来自基金经理的真实能力。Kosowski、Timmermann、White 和 Wermers（2006），Fama 和 French（2010），Cao、Simin 和 Wang（2013），Cao、Chen、Liang 和 Lo（2013）等利用该方法来研究美国基金经理所取得的业绩是来自他（她）们的能力还是运气。

在之前的分析中我们得到，在五年样本（2017～2021 年）的 618 只样本基金中，有 342 只基金表现出正确的选股能力，我们进一步对这 342 只基金的选股能力进行自助法检验。图 3-8 展示了部分基金经理（10 位）通过自助法估计出来的 1 000 个选股能力 α 的分布和实际 α 的对比。图 3-8 中的曲线为通过自助法获得的选股能力 α 的分布，垂直线为运用 Treynor-Mazuy 四因子模型估计出来的实际选股

能力 α 的结果。例如，对于"嘉实智能汽车"基金而言，通过自助法估计的选股能力 α 有 99.8％的比例小于通过 Treynor-Mazuy 四因子模型估计的真实 α（28.63%），即自助法的 P 值为 0.002，从统计检验的角度讲，在 5％的显著性水平上，我们有 95％的信心确信该基金经理的选股能力来自其自身的投资才能。

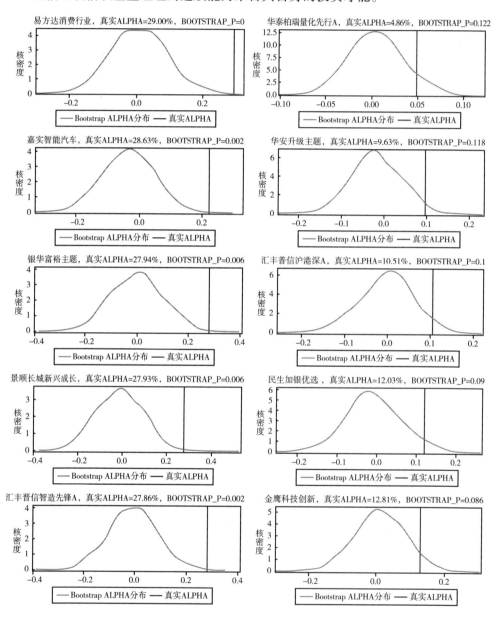

图 3-8 自助法估计的股票型基金的选股能力 α 的分布（部分）：2017～2021 年

注：曲线表示通过自助法获得的选股能力 α 的分布，垂直线表示运用 Treynor-Mazuy 四因子模型估计出来的实际选股能力 α。

表 3-12 为通过 Treynor-Mazuy 四因子模型估计出来的具有显著选股能力的 342 只股票型基金的自助法结果。在这 342 只基金中，有 291 只基金的自助法的 P 值小于或等于 5%，如"易方达消费行业"基金、"嘉实智能汽车"基金、"银华富裕主题"基金等，这些基金在表中用"＊"标出；有 51 只基金自助法的 P 值大于5%，如"嘉实优质企业"基金、"上投摩根健康品质生活"基金等。从统计学假设检验的角度讲，我们有 95% 的信心得出以下结论：这 291 只基金（占 618 只基金的 47%）的基金经理的选股能力并不是来自运气，而是来自他们的选股能力；另外 51 只基金（占 618 只基金的 8%）的基金经理的选股能力并不是来自其自身的能力，而是来自运气和统计误差。

表 3-12　　具有选股能力的股票型基金的自助法检验结果：2017~2021 年

编号	基金名称	年化 α（%）	t（α）	自助法 P 值	编号	基金名称	年化 α（%）	t（α）	自助法 P 值
1	易方达消费行业	29.00	3.19	0.000＊	24	易方达改革红利	22.74	2.64	0.006＊
2	嘉实智能汽车	28.63	3.27	0.002＊	25	信诚中小盘	22.74	2.15	0.000＊
3	银华富裕主题	27.94	2.78	0.006＊	26	景顺长城优势企业	22.54	2.83	0.002＊
4	景顺长城新兴成长	27.93	2.67	0.006＊	27	工银瑞信文体产业 A	22.32	4.59	0.000＊
5	汇丰晋信智造先锋 A	27.86	2.66	0.002＊	28	富国高新技术产业	21.90	3.03	0.000＊
6	景顺长城鼎益	27.34	2.54	0.004＊	29	工银瑞信新金融 A	21.82	4.45	0.000＊
7	中欧明睿新常态 A	26.59	3.74	0.002＊	30	嘉实新兴产业	21.80	2.90	0.000＊
8	信达澳银新能源产业	25.89	2.78	0.002＊	31	鹏华消费优选	21.77	2.44	0.004＊
9	汇添富消费行业	25.87	2.87	0.004＊	32	中欧时代先锋 A	21.58	4.40	0.000＊
10	鹏华养老产业	25.19	2.84	0.002＊	33	诺德价值优势	21.57	2.63	0.000＊
11	嘉实环保低碳	24.90	2.85	0.002＊	34	鹏华环保产业	21.54	2.36	0.014＊
12	交银消费新驱动	24.67	3.42	0.000＊	35	海富通内需热点	21.13	2.78	0.000＊
13	嘉实优化红利 A	24.53	3.37	0.000＊	36	长信内需成长 A	21.11	2.25	0.016＊
14	易方达行业领先	24.02	4.57	0.000＊	37	建信大安全	20.92	3.90	0.000＊
15	泰达宏利转型机遇 A	23.90	2.03	0.028＊	38	银河美丽优萃 A	20.75	2.30	0.010＊
16	中欧医疗健康 A	23.81	1.87	0.028＊	39	交银趋势优先 A	20.74	2.97	0.002＊
17	大成高新技术产业 A	23.53	4.94	0.000＊	40	金鹰策略配置	20.70	1.69	0.064
18	工银瑞信物流产业	23.37	4.23	0.000＊	41	大成新锐产业	20.59	2.79	0.000＊
19	银华沪港深增长	23.33	3.87	0.000＊	42	工银瑞信养老产业 A	20.55	2.08	0.024＊
20	景顺长城环保优势	23.09	3.61	0.000＊	43	工银瑞信研究精选	20.39	3.77	0.000＊
21	东方红启阳三年持有 A	22.98	3.80	0.000＊	44	富国美丽中国 A	20.35	5.62	0.000＊
22	工银瑞信前沿医疗 A	22.92	2.01	0.022＊	45	华安安信消费服务 A	20.35	3.87	0.000＊
23	东方新能源汽车主题	22.91	1.82	0.048＊	46	建信改革红利	20.26	2.73	0.000＊

编号	基金名称	年化 α（%）	t（α）	自助法 P 值	编号	基金名称	年化 α（%）	t（α）	自助法 P 值
47	国泰事件驱动	20.19	2.70	0.004*	82	万家行业优选	18.10	1.87	0.056
48	华安宏利	20.11	2.27	0.020*	83	景顺长城公司治理	18.08	3.12	0.000*
49	工银瑞信战略转型主题 A	20.00	3.49	0.000*	84	易方达科翔	18.05	3.19	0.000*
50	上投摩根新兴动力 A	19.95	2.05	0.028*	85	信诚周期轮动 A	18.03	2.42	0.016*
51	广发新经济 A	19.94	2.07	0.018*	86	嘉实新消费	17.88	2.95	0.002*
52	新华优选消费	19.83	2.71	0.000*	87	华安策略优选 A	17.82	3.77	0.000*
53	兴全合润	19.74	4.13	0.000*	88	景顺长城内需增长	17.80	1.75	0.080
54	建信内生动力	19.67	3.34	0.000*	89	申万菱信消费增长	17.77	2.08	0.018*
55	中欧行业成长 A	19.65	3.44	0.000*	90	景顺长城内需增长贰号	17.69	1.74	0.070
56	中欧养老产业 A	19.60	3.71	0.000*	91	工银瑞信消费服务 A	17.65	3.14	0.004*
57	上投摩根核心优选	19.53	2.70	0.006*	92	景顺长城资源垄断	17.61	2.56	0.002*
58	诺德周期策略	19.43	2.49	0.000*	93	诺安先进制造	17.59	3.74	0.000*
59	兴全轻资产	19.34	4.39	0.000*	94	富国通胀通缩主题	17.50	2.63	0.008*
60	诺安低碳经济 A	19.26	4.18	0.000*	95	富国天博创新主题	17.49	3.43	0.000*
61	招商中小盘精选	19.26	2.74	0.006*	96	中信证券成长动力 A	17.48	4.08	0.000*
62	工银瑞信美丽城镇主题 A	19.11	3.92	0.000*	97	安信价值精选	17.38	3.54	0.000*
63	富国价值优势	19.03	4.19	0.000*	98	景顺长城品质投资	17.38	3.34	0.000*
64	工银瑞信国企改革主题	19.02	3.35	0.000*	99	建信核心精选	17.32	3.08	0.000*
65	工银瑞信国家战略主题	18.99	2.60	0.006*	100	广发聚瑞 A	17.31	2.28	0.006*
66	景顺长城优选	18.90	3.37	0.000*	101	建信信息产业	17.22	2.36	0.002*
67	长城优化升级 A	18.88	2.32	0.018*	102	博时行业轮动	17.20	2.02	0.034*
68	景顺长城核心竞争力 A	18.86	3.55	0.000*	103	华安生态优先	17.12	2.02	0.030*
69	国富沪港深成长精选	18.85	3.85	0.000*	104	嘉实先进制造	17.11	2.78	0.004*
70	嘉实物流产业 A	18.85	4.31	0.000*	105	银河蓝筹精选	17.11	2.27	0.014*
71	景顺长城精选蓝筹	18.82	2.96	0.002*	106	中信证券卓越成长两年持有 A	17.10	3.87	0.000*
72	建信健康民生	18.80	3.20	0.000*	107	浦银安盛红利精选 A	17.10	2.25	0.006*
73	华宝品质生活	18.78	2.88	0.002*	108	圆信永丰优加生活	17.09	4.60	0.000*
74	国富深化价值	18.70	4.02	0.000*	109	富国高端制造行业	17.07	3.39	0.000*
75	工银瑞信医疗保健行业	18.36	1.67	0.062	110	富国天合稳健优选	17.02	4.77	0.000*
76	交银先进制造	18.34	3.59	0.000*	111	中信保诚精萃成长	16.99	3.06	0.000*
77	信达澳银中小盘	18.29	1.71	0.000*	112	工银瑞信新蓝筹 A	16.99	3.91	0.000*
78	兴全精选	18.25	3.12	0.000*	113	泰达宏利行业精选	16.97	2.73	0.002*
79	中银战略新兴产业 A	18.18	2.43	0.018*	114	大成消费主题	16.95	2.61	0.004*
80	金鹰行业优势	18.17	2.27	0.020*	115	景顺长城成长之星	16.95	2.75	0.002*
81	建信创新中国	18.12	2.53	0.006*					

编号	基金名称	年化 α (%)	t (α)	自助法 P 值	编号	基金名称	年化 α (%)	t (α)	自助法 P 值
116	上投摩根内需动力	16.95	1.89	0.066	151	泓德战略转型	15.83	2.90	0.002*
117	银华中小盘精选	16.92	2.27	0.024*	152	工银瑞信核心价值 A	15.82	2.57	0.010*
118	中信证券臻选价值成长 A	16.91	3.38	0.000*	153	民生加银稳健成长	15.80	2.45	0.000*
119	上投摩根医疗健康	16.88	1.68	0.078	154	汇添富成长焦点	15.74	2.13	0.026*
120	富国创新科技 A	16.81	1.78	0.056	155	南方新兴消费 A	15.73	2.13	0.038*
121	农银汇理策略精选	16.80	2.91	0.000*	156	富国文体健康 A	15.64	3.08	0.000*
122	融通内需驱动 AB	16.71	2.76	0.006*	157	工银瑞信大盘蓝筹	15.63	3.57	0.000*
123	长城品牌优选	16.70	1.94	0.054	158	长城医疗保健	15.56	1.82	0.084
124	海富通国策导向	16.67	1.80	0.040*	159	中海消费主题精选	15.53	1.76	0.078
125	工银瑞信量化策略 A	16.67	3.14	0.000*	160	交银阿尔法 A	15.44	3.53	0.000*
126	上投摩根行业轮动 A	16.64	2.07	0.036*	161	兴全商业模式优选	15.34	3.26	0.000*
127	交银新成长	16.59	3.53	0.000*	162	国泰大健康 A	15.31	1.95	0.028*
128	富国低碳新经济 A	16.59	2.62	0.008*	163	易方达价值精选	15.30	3.35	0.000*
129	华宝创新优选	16.59	1.79	0.044*	164	安信新常态沪港深精选 A	15.28	2.66	0.004*
130	国富中小盘	16.55	4.03	0.000*					
131	天弘周期策略	16.53	2.56	0.018*	165	长城中小盘成长	15.25	2.72	0.006*
132	华宝医药生物	16.52	1.77	0.052	166	中金新锐 A	15.24	3.47	0.000*
133	光大行业轮动	16.49	2.22	0.012*	167	大成中小盘 A	15.12	2.50	0.006*
134	华泰柏瑞盛世中国	16.45	1.97	0.046*	168	信诚优胜精选	15.12	3.23	0.000*
135	光大新增长	16.44	2.47	0.004*	169	嘉实沪港深精选	15.12	3.11	0.002*
136	银河消费驱动	16.42	2.19	0.028*	170	中银中小盘成长	15.10	2.53	0.006*
137	国联安主题驱动	16.41	3.49	0.000*	171	国富弹性市值	15.06	3.96	0.000*
138	农银汇理策略价值	16.36	3.14	0.000*	172	中信证券红利价值一年持有 A	15.00	2.79	0.000*
139	中银智能制造 A	16.31	1.76	0.046*					
140	广发制造业精选 A	16.26	1.98	0.020*	173	嘉实优质企业	14.94	1.77	0.082
141	汇丰晋信消费红利	16.25	3.10	0.000*	174	农银汇理行业领先	14.87	2.59	0.004*
142	金元顺安消费主题	16.24	2.95	0.000*	175	大成积极成长	14.86	2.68	0.008*
143	农银汇理行业轮动	16.17	2.75	0.000*	176	华安逆向策略 A	14.75	2.58	0.006*
144	方正富邦红利精选 A	16.16	2.93	0.000*	177	银华中国梦 30	14.72	2.16	0.028*
145	大成行业轮动	16.07	3.02	0.002*	178	嘉实低价策略	14.69	3.30	0.000*
146	工银瑞信红利	16.05	2.30	0.014*	179	国富研究精选	14.67	3.25	0.002*
147	广发小盘成长 A	16.01	1.82	0.042*	180	上投摩根成长先锋	14.63	3.03	0.002*
148	嘉实价值优势	15.96	3.43	0.002*	181	鹏华先进制造	14.52	3.12	0.000*
149	华安新丝路主题 A	15.94	2.07	0.046*	182	中欧消费主题 A	14.46	1.76	0.046*
150	华泰柏瑞行业领先	15.92	2.13	0.022*	183	广发消费品精选 A	14.40	2.03	0.030*

编号	基金名称	年化 α（%）	t（α）	自助法 P 值	编号	基金名称	年化 α（%）	t（α）	自助法 P 值
184	上投摩根大盘蓝筹	14.27	2.39	0.012*	218	南方绩优成长 A	13.16	2.67	0.010*
185	长城久富	14.26	2.52	0.022*	219	鹏华精选成长	13.14	2.66	0.000*
186	工银瑞信新材料新能源行业	14.23	1.97	0.048*	220	国寿安保智慧生活	13.13	2.29	0.020*
					221	泰达宏利效率优选	13.10	2.05	0.034*
187	国君资管君得明	14.16	3.48	0.000*	222	嘉实研究阿尔法	13.09	4.36	0.000*
188	工银瑞信信息产业 A	14.12	2.16	0.028*	223	广发轮动配置	13.08	1.65	0.074
189	广发沪港深新起点 A	14.10	2.62	0.012*	224	中欧新趋势 A	13.06	3.06	0.000*
190	博时丝路主题 A	14.08	2.48	0.016*	225	华夏经济转型	13.04	1.76	0.048*
191	交银精选	14.07	3.03	0.004*	226	国富潜力组合 A 人民币	13.02	3.43	0.000*
192	泰达宏利首选企业	14.05	2.19	0.022*	227	汇添富民营活力 A	12.95	2.72	0.006*
193	万家瑞隆	14.04	1.74	0.052	228	国泰央企改革	12.83	2.54	0.014*
194	富国中小盘精选	14.03	1.89	0.042*	229	光大银发商机主题	12.82	2.54	0.008*
195	华安智能装备主题 A	13.92	1.99	0.028*	230	景顺长城沪港深精选	12.82	3.28	0.002*
196	上投摩根安全战略	13.87	1.76	0.076	231	金鹰科技创新	12.81	1.71	0.086
197	泰达宏利蓝筹价值	13.82	1.97	0.030*	232	中银主题策略	12.81	1.85	0.044*
198	上投摩根健康品质生活	13.79	1.66	0.072	233	大摩主题优选	12.79	2.61	0.008*
199	汇添富价值精选 A	13.75	3.32	0.000*	234	大成产业升级	12.73	2.13	0.028*
200	汇添富新兴消费	13.68	1.88	0.048*	235	南方天元新产业	12.72	2.51	0.002*
201	兴全社会责任	13.66	1.90	0.078	236	银河稳健	12.69	2.19	0.034*
202	建信中小盘 A	13.64	2.01	0.040*	237	中欧价值发现 A	12.69	2.21	0.034*
203	嘉实主题新动力	13.61	2.04	0.016*	238	华宝大盘精选	12.58	2.27	0.020*
204	银华消费主题 A	13.53	1.76	0.060	239	银华领先策略	12.58	2.03	0.038*
205	泓德泓益	13.53	3.34	0.002*	240	鹏华盛世创新	12.58	2.92	0.000*
206	大成内需增长 A	13.46	1.94	0.046*	241	国泰区位优势	12.57	2.88	0.004*
207	新华优选成长	13.35	1.72	0.074	242	大成优选	12.55	2.59	0.006*
208	大摩进取优选	13.35	1.94	0.046*	243	中银动态策略	12.54	2.08	0.028*
209	新华趋势领航	13.32	1.73	0.054	244	长信双利优选 A	12.53	2.31	0.016*
210	华安核心优选	13.27	2.24	0.018*	245	景顺长城量化新动力	12.50	3.54	0.000*
211	兴全绿色投资	13.26	3.48	0.000*	246	华夏经典配置	12.47	2.15	0.020*
212	民生加银内需增长	13.20	2.19	0.000*	247	银河竞争优势成长	12.46	2.25	0.010*
213	银河康乐	13.19	2.42	0.008*	248	长盛量化红利策略	12.46	2.70	0.014*
214	东方红内需增长 A	13.18	2.02	0.000*	249	上投摩根智选 30	12.45	1.68	0.084
215	嘉实企业变革	13.17	2.41	0.014*	250	嘉实增长	12.45	1.98	0.052
216	建信恒久价值	13.17	1.74	0.067	251	嘉实逆向策略	12.42	1.85	0.034*
217	汇添富国企创新增长	13.17	2.05	0.032*	252	鹏华价值优势	12.40	2.49	0.004*

续表

编号	基金名称	年化α（%）	t（α）	自助法P值	编号	基金名称	年化α（%）	t（α）	自助法P值
253	东方策略成长	12.38	1.99	0.060	287	易方达科讯	11.10	1.95	0.040*
254	博时工业4.0	12.29	2.27	0.016*	288	嘉实周期优选	11.04	2.23	0.016*
255	中银消费主题	12.19	2.11	0.030*	289	华安科技动力	11.03	1.97	0.040*
256	汇丰晋信大盘A	12.14	3.85	0.000*	290	汇添富逆向投资	11.02	2.17	0.012*
257	汇添富策略回报	12.12	2.19	0.028*	291	建信潜力新蓝筹	11.00	1.93	0.052
258	民生加银优选	12.03	1.74	0.090	292	中信保诚盛世蓝筹	10.99	3.77	0.000*
259	安信消费医药主题	11.99	2.10	0.046*	293	国联安精选	10.96	1.67	0.080
260	国联安优势	11.95	2.16	0.036*	294	国泰成长优选	10.92	1.88	0.040*
261	国泰金牛创新成长	11.95	2.28	0.016*	295	招商大盘蓝筹	10.75	2.14	0.026*
262	富国天惠精选成长A	11.94	2.70	0.000*	296	华安大国新经济	10.71	2.18	0.012*
263	长信银利精选	11.92	1.96	0.052	297	申万菱信盛利精选	10.67	1.71	0.062
264	南方国策动力	11.91	2.03	0.022*	298	申万菱信新动力	10.55	2.18	0.042*
265	建信优势动力	11.90	2.18	0.020*	299	汇丰晋信沪港深A	10.51	1.66	0.100
266	华安行业轮动	11.89	2.07	0.052	300	诺安中小盘精选	10.50	2.66	0.010*
267	信诚新机遇	11.84	3.46	0.000*	301	诺安研究精选	10.48	2.13	0.024*
268	国投瑞银核心企业	11.83	1.69	0.076	302	华宝生态中国	10.46	1.92	0.044*
269	国寿安保成长优选	11.67	2.03	0.024*	303	南方成份精选A	10.44	2.93	0.004*
270	上投摩根新兴服务	11.61	1.79	0.054	304	大摩领先优势	10.34	2.30	0.018*
271	海富通领先成长	11.59	2.20	0.020*	305	华宝宝康消费品	9.88	1.77	0.044*
272	工银瑞信精选平衡	11.58	2.21	0.016*	306	富安达优势成长	9.76	1.84	0.000*
273	国泰金鹿	11.54	2.17	0.030*	307	泰达宏利市值优选	9.76	1.70	0.060
274	大摩品质生活精选	11.53	2.46	0.012*	308	嘉实稳健	9.64	3.02	0.002*
275	泓德优选成长	11.49	3.64	0.000*	309	华安升级主题	9.63	1.65	0.118
276	中欧新动力A	11.48	2.94	0.000*	310	工银瑞信沪港深A	9.61	1.86	0.058
277	汇添富美丽30	11.44	1.75	0.064	311	南方中小盘成长	9.59	2.16	0.014*
278	民生加银景气行业A	11.35	2.16	0.000*	312	前海开源再融资主题精选	9.55	1.70	0.074
279	国投瑞银成长优选	11.33	2.53	0.006*	313	建信互联网+产业升级	9.48	2.09	0.028*
280	华夏优势增长	11.31	1.80	0.042*	314	诺德成长优势	9.42	2.58	0.000*
281	国君资管君得鑫两年持有A	11.28	2.41	0.000*	315	诺安先锋A	9.33	1.81	0.078
282	新华策略精选	11.28	1.85	0.086	316	光大国企改革主题	9.32	1.94	0.036*
283	大摩卓越成长	11.22	2.16	0.018*	317	大成策略回报	9.29	2.12	0.042*
284	富国低碳环保	11.18	1.99	0.080	318	融通领先成长A	9.13	2.24	0.026*
285	景顺长城支柱产业	11.18	2.64	0.006*	319	南方隆元产业主题	9.13	2.01	0.038*
286	工银瑞信金融地产A	11.10	2.14	0.018*					

续表

编号	基金名称	年化 α (%)	$t(\alpha)$	自助法 P 值	编号	基金名称	年化 α (%)	$t(\alpha)$	自助法 P 值
320	银华优质增长	9.12	1.69	0.084	333	华宝先进成长	8.02	1.89	0.080
321	景顺长城能源基建	9.08	2.58	0.004*	334	前海开源强势共识100强	7.81	2.23	0.040*
322	南方潜力新蓝筹	8.94	2.42	0.038*	335	景顺长城优质成长	7.75	1.99	0.048*
323	南方盛元红利	8.85	1.76	0.068	336	汇丰晋信大盘波动精选 A	7.11	1.91	0.074
324	长盛成长价值 A	8.78	2.24	0.018*					
325	前海开源股息率100强	8.71	2.01	0.030*	337	景顺长城研究精选	6.87	1.90	0.070
326	长信金利趋势	8.64	2.06	0.044*	338	农银汇理大盘蓝筹	6.22	2.35	0.000*
327	中金精选 A	8.42	1.82	0.000*	339	华泰柏瑞量化增强 A	6.10	2.08	0.054
328	博时主题行业	8.41	2.28	0.028*	340	大成核心双动力	6.06	2.32	0.004*
329	国富健康优质生活	8.32	1.94	0.036*	341	光大阳光优选一年持有 A	5.89	1.80	0.000*
330	诺安平衡	8.30	2.43	0.008*					
331	国富成长动力	8.15	1.70	0.086					
332	诺安鸿鑫	8.04	2.01	0.026*	342	华泰柏瑞量化先行 A	4.86	1.68	0.122

注：* 表示自助法 P 值小于 5%，即基金经理的选股能力不是源于运气和统计误差。

同样，我们也对基金经理的择时能力进行自助法检验，仍选取 5% 的显著性水平。我们要回答的问题是：在那些择时能力系数 γ 具有正显著性的基金中，哪些基金经理是因为运气好而显示出择时能力？哪些基金的经理是真正具有择时能力，而不是依靠运气？根据之前的 Treynor-Mazuy 四因子模型的估计结果，在 618 只基金中，有 5 只（占比 1%）基金的基金经理具有显著的择时能力。表 3-13 展示了通过 Treynor-Mazuy 四因子模型估计出来的具有显著择时能力的 5 只股票型基金的自助法检验结果。据表 3-13 可知，这 5 只基金的自助法 P 值均小于 5%，占五年样本总数（618 只）的 1%，说明这 5 位基金经理的择时能力源于自身的投资才能。从统计学假设检验的角度而言，我们有 95% 的信心得出以下结论：这 5 位基金经理的优秀业绩来自他们真实的投资能力，由于数量极少，在此我们不再展开分析。因此，我国近五年（2017~2021 年）的绝大部分主动管理的股票型公募基金经理不具备择时能力。

表 3-13　　具有择时能力的股票型基金的自助法检验结果：2017~2021 年

编号	基金名称	γ	$t(\gamma)$	自助法 P 值	编号	基金名称	γ	$t(\gamma)$	自助法 P 值
1	大成景恒 A	3.03	3.22	0.000*	4	诺安策略精选	1.59	1.75	0.044*
2	南方潜力新蓝筹	1.71	2.61	0.004*	5	交银先锋 A	2.17	1.66	0.024*
3	中海量化策略	3.31	2.00	0.006*					

注：* 表示自助法 P 值小于 5%，即基金经理的择时能力不是源于运气和统计误差。

综上所述，通过自助法检验后我们得到，在过去五年（2017~2021 年）中，我国股票型公募基金市场中，有近 50% 的基金经理具备选股能力，几乎没有基金经理具备择时能力。

在以上研究中，我们使用 Treynor-Mazyur 四因子模型评估基金经理的选股和择时能力。在估计模型时，我们使用万得全 A 指数作为大盘指数，但是这样做未必完美。因为每一只股票型基金不一定以万得全 A 指数作为业绩基准。通过对比公募基金的基金合同可以发现，每只基金的投资范围各有不同，并且每只基金根据自身投资策略设定了符合各自投资理念的业绩比较基准。在进一步的研究中，我们将基金自身业绩基准替代原 Treynor-Mazyur 四因子模型中的市场指数部分，分别评估三年样本（2019~2021 年）和五年样本（2017~2021 年）中基金经理的选股能力和择时能力。研究结果显示，在四因子模型中，无论是使用万得全 A 指数，还是使用每只基金自身业绩基准代表大盘指数，我们得出的有关基金经理的选股能力和择时能力的结论大致相同。

六、小结

本章以股票型公募基金为主要研究对象，使用基于 Carhart 四因子模型改进后的 Treynor-Mazuy 四因子模型分别对三年样本（2019~2021 年）、五年样本（2017~2021 年）、七年样本（2015~2021 年）的选股和择时能力进行分析。

我们着重对五年样本（2017~2021 年）中基金经理的投资能力进行讨论。研究结果显示，在这 618 只基金中，有 342 只基金（占比 55%）表现出正确的选股能力，有 5 只基金（占比 1%）表现出正确的择时能力。经自助法检验后发现，有 291 只基金（占比 47%）的选股能力源于基金经理自身的投资能力，有 5 只基金（占比 1%）的择时能力源于基金经理自身的投资能力，而非运气。可见，在 2017~2021 年的主动管理股票型公募基金中，有 47% 的股票型公募基金经理具有选股能力，仅有 1% 的股票型公募基金经理具有择时能力。我们采用同样的方法对三年样本（2019~2021 年）和七年样本（2015~2021 年）区间内的基金进行检验后得到类似的结论，不再赘述。

公募基金业绩的持续性

　　每年年底，财经媒体、第三方财富管理公司等机构会通过公募基金业绩的评选对过去一段时期内表现优异的基金进行表彰，"中国基金业金牛奖""中国基金业英华奖"等基金评选榜单及奖项都已持续了数年，吸引了众多投资者的注意。在这些评选中，基金的收益率是最为常见的评价指标，这主要是因为相较具体的投资策略、持仓股票等信息，收益率是最直观也是最容易获取的业绩指标。通常来说，过去一段时间收益较高的基金往往受到更多投资者的青睐，这是因为投资者们认为这些基金能够在未来继续获得较好的收益。然而，在筛选基金的过程中我们发现，许多在前一年占领榜首的公募基金，其后一年的业绩并不理想，甚至可能处于同类基金的后50%。那么，优秀的基金是否只是昙花一现？换言之，过去表现优异的公募基金，未来能否持续获得较好的业绩？

　　围绕基金业绩是否具有持续性这一问题，许多学者展开了深入的探讨。在美国业界和学术界有影响力的几位学者（Brown and Getzmann，1995；Carhart，1997）的研究表明，相比业绩优秀的基金，业绩欠佳基金的表现更有可能持续下去。也就是说，去年业绩好的基金下一年并不一定业绩好，但是去年业绩差的基金下一年业绩还是很差的可能性极高。出现这种现象的原因在于找出导致基金业绩较差的原因相对容易，如高费率和高换手率所带来的更高的交易成本，或者是较频繁的换仓操作等，但是要解开基金经理成功挖掘在未来会上涨的股票或是恰当把握股票买卖时机的秘密就很难了。王向阳和袁定（2006）研究我国基金市场发现，市场上涨时基金业绩的持续性较强，市场下跌时基金业绩的持续性较弱，甚至出现反转。同时，相比绝对收益，基金风险调整后收益指标更具有持续性。李悦和黄温柔（2011）对2004~2009年具有24个月完整历史业绩的股票型基金的业绩持续性进行检验，发现以6个月为排序期和检验期时，我国股票型基金具有显著的持续性，当排序期和检验期延长为12个月时，检验结果则不显著。方先明、孙瑾瑜和权威（2017）发现，2006~2016年在我国投资明星基金能够给投资者带来市场因子所不能解释的短期超额收益，但是，明星基金的业绩持续性较弱，长期内甚至存在超额收益反转的现象，在市场单边上升和下降的时间段，超额收益的持续期为 3 个月。这些检验结果在一定程度上能够帮助投资者选择具有价值的业绩参考指标，并确定过去多久的业绩表现对未来是有意义的。

公募基金存续期长，基金经理管理基金就像是一场马拉松比赛，要持续跑在前列实属不易。本章中，我们围绕基金的业绩是否具有持续性这一论题，通过不同的检验方法研究主动管理的股票型公募基金业绩排名的稳定性，分析基金的业绩能否持续，从而判断基金历史业绩可否作为投资者决策时的参考依据。与前述章节一致，本章同样以主动管理的股票型公募基金为研究对象，具体包括万得数据库中公募基金二级分类中的普通股票型基金、偏股混合型基金和灵活配置型基金，并要求样本基金在排序期和检验期都有完整的复权净值数据。在分析过程中，基金业绩被分为两个时间段：排序期（formation period）和检验期（holding period）。我们通过跟踪基金在排序期和检验期的排名变化，检验基金的业绩是否具有持续性。其中，排序期分别选择一年、三年或半年三个时间段，检验期设置为一年或半年。具体来说，当排序期为一年时，我们检验过去一年基金业绩的排名和次年排名的相关性；当排序期为三年时，我们检验过去三年基金业绩的排名和次年排名的相关性；当排序期为半年时，我们检验过去半年基金业绩的排名和未来半年排名的相关性。此外，这是一种每年都会进行的滚动检验。

本章内容主要分为四个部分。第一部分，采用 Spearman 相关性检验法对股票型公募基金收益率在排序期和检验期的排名相关性作出分析；第二部分，采用绩效二分法对股票型公募基金收益率的持续性进行检验；第三部分，将基金按收益率高低分为四组，通过描述性统计的方法对股票型公募基金收益率的持续性进行检验，观察排序期和检验期基金组别的变化情况；第四部分，以风险调整后的夏普比率作为业绩衡量指标，同样采用描述统计检验的方式对基金业绩持续性进行分析。

一、收益率持续性的 Spearman 相关性检验

Spearman 相关性检验是最早用于检验基金业绩表现持续性的方法之一。在检验中，Spearman 相关系数对原始变量的分布不做要求，是衡量两个变量的相互关联性的非参数指标，它利用单调方程评价两个统计变量的相关性。当样本的分布不服从正态分布、总体分布类型未知时，使用 Spearman 相关性检验较为有效。Spearman 相关系数取值范围在-1 到 1 之间，符号表示相关性的方向，绝对值越大表示相关性越强，如果 Spearman 相关系数为1~-1，表明两个变量完全正相关或完全负相关。具体的检验方法如下。

我们选择股票型公募基金的历史收益率（过去一年、三年或半年的收益率）

这一投资者能够较为方便地在公开渠道获取的数据作为基金业绩排名的指标，首先对过去 F 年的样本基金排名（即排序期为 F 年）进行记录，再追踪这些基金在未来 H 年的排名（即检验期为 H 年），之后计算基金排序期排名与检验期排名之间的 Spearman 相关系数。以排序期和检验期都为一年为例，Spearman 相关性检验统计量为：

$$\rho_t = 1 - \frac{6 \sum_{i=1}^{n_t} d_{i,t}^2}{n_t(n_t^2 - 1)} \tag{4.1}$$

其中，$d_{i,t} = r_{i,t-1} - r_{i,t}$，$r_{i,t-1}$ 和 $r_{i,t}$ 分别为基金 i 在第 $t-1$ 年和第 t 年的收益率；n_t 为第 t 年中基金的数量。如果 Spearman 相关系数显著大于 0，表明基金的排名具有持续性；反之，表明基金的排名具有反转性；如果相关系数接近于 0，则表明基金收益率的排名在排序期和检验期并没有显著的相关性。

由于投资者关心的是过去一段时期内收益率高的基金是否可以在下一年继续获取较高的收益率，在 Spearman 相关性检验中，我们重点关注基金在排序期的排名与在检验期的排名是否具有正相关性。当排序期和检验期都为一年时，2007～2021 年股票型公募基金业绩持续性的 Spearman 相关系数检验结果如表 4-1 所示。可以发现，在 5% 的显著性水平上，在 14 次检验中只有 3 次检验的 Spearman 相关系数为正且显著、5 次检验为负显著、6 次检验不显著，这表明基金收益率排名在绝大多数时间内都没有展现出持续性。具体来看，（2007）～2008 年、（2008）～2009 年、（2013）～2014 年、（2014）～2015 年和（2018）～2019 年基金排名的 Spearman 相关系数均呈现负显著，基金的收益率排名出现了明显的反转，即上一年收益率排名靠前的基金在下一年的收益率排名靠后。2008 年，受全球金融危机影响，我国股票市场全线下跌，沪深 300 指数由年初的 5 338 点一度跌落至 1 607 点。直至 2008 年的 11 月，四万亿经济刺激计划的推出才使得股票市场有所回暖。2009 年，沪深 300 指数在小幅震荡中持续上涨，回归至 3 576 点。在这样的市场行情下，2008 年股票仓位较高的基金往往损失惨重，而这些基金也能够在 2009 年上涨的行情下把握住机会，赚取收益，因此 2008 年收益率排名靠后的基金能够在 2009 年排名靠前。2014 年下半年，在资本市场改革不断深化的推动下，A 股市场牛市行情启动，至年末涨幅已领跑全球。进入 2015 年，股票市场在经历千股涨停后又转入千股跌停的大幅震荡局面。在市场剧烈变化的这段时间里，公募基金的收益排名出现较大变化。

此外，股票型公募基金业绩在部分年间表现出持续性，如（2019）～2020 年期间，基金排名的 Spearman 相关系数为 42.1% 且正显著，意味着在 2019 年收益率排名靠前的基金在 2020 年的排名也较为靠前。2019 年，股票市场结构性行情明显，消费、科技板块涨幅靠前，核心蓝筹股受到投资者欢迎，周期板块整体较弱。2020

年，大量白酒股、啤酒股涨幅接近翻倍，消费、医药、科技板块也大幅上涨。在这样的市场行情下，以食品饮料、消费、医药、科技股为核心投资标的的基金能够在2019~2020年延续其优秀的业绩表现。在最新的检验区间（2020）~2021年，T检验P值大于0.05，没有统计意义。从总体上看，股票型公募基金的一年收益率排名并不具有持续性。

表 4-1　　　股票型基金业绩持续性的 Spearman 相关性检验
（排序期为一年、检验期为一年）：2007~2021 年

（排序期）~检验期	Spearman 相关系数	T 检验 P 值
（2007）~2008	−0.285	0.009
（2008）~2009	−0.338	0.000
（2009）~2010	0.011	0.894
（2010）~2011	−0.117	0.099
（2011）~2012	0.284*	<0.001
（2012）~2013	0.018	0.745
（2013）~2014	−0.108	0.039
（2014）~2015	−0.137	0.006
（2015）~2016	−0.024	0.603
（2016）~2017	0.116*	0.006
（2017）~2018	0.052	0.197
（2018）~2019	−0.098	0.008
（2019）~2020	0.421*	<0.001
（2020）~2021	0.049	0.113

注：*表示在排序期和检验期，基金的业绩在5%的显著性水平上具有持续性。

由于以一年为排序期时间相对较短，且基金一年的业绩波动性相对较高，我们又以三年作为排序期、一年作为检验期，考察股票型公募基金在前三年的总收益率排名是否与下一年的收益率排名显著相关。表4-2显示，在12次检验中，有9次检验显示基金前三年的收益与下一年的收益没有显著的正相关关系，即基金业绩不具有持续性。同时，（2016~2018）~2019年期间，Spearman相关系数为-9.5%，T检验P值小于0.05，说明在2016~2018年收益排名靠前的基金到2019年后反而排名靠后。在5%的显著性水平上，只有（2010~2012）~2013年、（2012~2014）~2015年和（2017~2019）~2020年3个时期，基金收益率排名为正相关且显著，表现出一定的持续性，相关系数分别为15.1%、11.1%和26.1%。最新一个样本期（2018~2020）~2021年期间，T检验P值大于0.05，Spearman相关系数不显著。

可以发现，大多数样本期内基金排序期和检验期的收益率并不是显著正相关的，由此我们得出结论，以三年为排序期、一年为检验期，我国股票型公募基金的收益不具有持续性。

表 4-2　　　　股票型基金业绩持续性的 Spearman 相关性检验
（排序期为三年、检验期为一年）：2007~2021 年

（排序期）~检验期	Spearman 相关系数	T 检验 P 值
（2007~2009）~2010	-0.050	0.656
（2008~2010）~2011	0.143	0.117
（2009~2011）~2012	0.129	0.112
（2010~2012）~2013	0.151*	0.032
（2011~2013）~2014	-0.107	0.088
（2012~2014）~2015	0.111*	0.048
（2013~2015）~2016	-0.022	0.669
（2014~2016）~2017	-0.054	0.282
（2015~2017）~2018	0.039	0.406
（2016~2018）~2019	-0.095	0.025
（2017~2019）~2020	0.261*	<0.001
（2018~2020）~2021	-0.005	0.889

注：* 表示在排序期和检验期，基金的业绩在 5% 的显著性水平上具有持续性。

许多投资者也会关注基金短期的业绩，本章同样对排序期和检验期为半年时收益率的持续性进行了检验。我们将时间缩短，检验当排序期和检验期较短时，公募基金的业绩持续性表现是否和排序期为一年和三年时保持一致。基金在过去 6 个月的收益排名与其未来 6 个月的收益排名的 Spearman 相关系数检验结果展示在表 4-3 中。由于该检验是以半年为周期进行的滚动检验，在排序期和检验期中，特别对各时间截点的月份进行了标注，如（2007/06）~（2007/12）代表的是排序期为 2007 年 1~6 月、检验期为 2007 年 7~12 月的样本期。结果显示，在 29 次滚动检验中，有 15 次检验的 Spearman 相关系数是显著大于 0 的，超过检验次数的一半，展示出业绩的持续性。样本期包括（2007/06）~（2007/12）、（2008/06）~（2008/12）、（2009/06）~（2009/12）、（2010/06）~（2010/12）、（2012/06）~（2012/12）、（2013/06）~（2013/12）、（2013/12）~（2014/06）、（2015/12）~（2016/06）、（2016/06）~（2016/12）、（2016/12）~（2017/06）、（2017/06）~（2017/12）、（2017/12）~（2018/06）、（2019/06）~（2019/12）、（2019/12）~（2020/06）和（2021/06）~（2021/12）。具体来看，（2017/06）~（2017/12）期间业绩表现出持续

性是因为蓝筹股上涨行情延续，以蓝筹股为重仓股的基金能够继续保持靠前的排名。（2019/06）~（2019/12）期间股票型基金业绩有所持续是由于 A 股市场迎来结构性牛市，科技、消费等行业股票涨幅靠前，在整体上涨的行情下，风格持续统一的股票型基金的业绩在 2019 年上下半年得以持续。

在最新两个样本期，（2020/12）~（2021/06）期间，Spearman 相关系数不显著；（2021/06）~（2021/12）期间，Spearman 相关系数呈正显著，相关系数为 13.1%。2021 年受"双碳"目标影响，与此相关的新能源产业链表现突出，而家用电器、非银金融、食品饮料等行业跌幅较大，基金持仓在全年没有较大变化的前提下，业绩在上下半年表现出持续性。基于多个样本期的检验结果，我们判断，排序期和检验期缩短至半年时，股票型公募基金的业绩在超过半数的时间段内表现出持续性，持续性有所增强。

表 4-3　　　　　　股票型基金业绩持续性的 Spearman 相关性检验
（排序期为半年、检验期为半年）：2007~2021 年

（排序期）~检验期	Spearman 相关系数	T 检验 P 值
（2007/06）~（2007/12）	0.340*	0.002
（2007/12）~（2008/06）	−0.235	0.016
（2008/06）~（2008/12）	0.445*	<0.001
（2008/12）~（2009/06）	−0.373	<0.001
（2009/06）~（2009/12）	0.220*	0.006
（2009/12）~（2010/06）	0.114	0.132
（2010/06）~（2010/12）	0.201*	0.004
（2010/12）~（2011/06）	−0.172	0.009
（2011/06）~（2011/12）	0.014	0.825
（2011/12）~（2012/06）	0.102	0.087
（2012/06）~（2012/12）	0.203*	0.000
（2012/12）~（2013/06）	0.010	0.858
（2013/06）~（2013/12）	0.220*	<0.001
（2013/12）~（2014/06）	0.262*	<0.001
（2014/06）~（2014/12）	−0.103	0.038
（2014/12）~（2015/06）	−0.374	<0.001
（2015/06）~（2015/12）	0.025	0.598
（2015/12）~（2016/06）	0.247*	<0.001
（2016/06）~（2016/12）	0.450*	<0.001

续表

（排序期）~检验期	Spearman 相关系数	T 检验 P 值
（2016/12）~（2017/06）	0.118*	0.004
（2017/06）~（2017/12）	0.556*	<0.001
（2017/12）~（2018/06）	0.105*	0.007
（2018/06）~（2018/12）	−0.040	0.272
（2018/12）~（2019/06）	−0.26	<0.001
（2019/06）~（2019/12）	0.151*	<0.001
（2019/12）~（2020/06）	0.482*	<0.001
（2020/06）~（2020/12）	−0.099	0.0011
（2020/12）~（2021/06）	0.016	0.5635
（2021/06）~（2021/12）	0.131*	<0.001

注：* 表示在排序期和检验期，基金的业绩在 5% 的显著性水平上具有持续性。

上述检验显示，当排序期和检验期时间较长（排序期为一年和三年、检验期为一年）时，主动管理的股票型公募基金的业绩基本上没有持续性。换言之，在过去一年或过去三年里投资收益率排名靠前的基金，在下一年里的收益率排名并不一定靠前。但是，当排序期和检验期时间较短（排序期和检验期为半年）时，主动管理的股票型公募基金收益的持续性有所增强，也就是说，公募基金在过去半年的收益排名对投资者在未来半年选择基金时是具有参考价值的。但是，考虑到基金买入、卖出的费用后，短期持有基金（6 个月）并频繁调整是否是可行的投资策略，值得进一步研究。

二、收益率持续性的绩效二分法检验

美国著名学者，来自纽约大学和耶鲁大学的 Brown 和 Goetzmann 教授（1995）使用绩效二分法检验了基金业绩的持续性，其原理是通过考察基金业绩在排序期和检验期的排名变动情况来检验基金整体业绩的持续性。肖奎喜和杨义群（2005）通过绩效二分法对截至 2003 年底市场上 55 只开放型基金的业绩持续性进行检验，结果显示，基金业绩仅在 1~3 个月的短期内出现了持续的现象，长期来看，基金很难持续取得好的投资收益。在本节，我们将绩效二分法应用到我国的基金市场，分析股票型公募基金收益率的排名能否持续。根据绩效二分法，我们在排序期和检验期将样本基金按照收益率从高到低排序，排名前 50% 的基金定义为赢组（Winner），排名后 50% 的基金定义为输组（Loser）。若基金在排序期和检验期均位于赢组，记为赢赢组（WW）。以此类推，根据基金在排序期和检验期的排名表现，可以把基金分成赢赢组（WW）、赢输组（WL）、输赢组（LW）和输输组（LL）四个组，具体如表4-4所示。

表 4-4　　　　　　　　　　　绩效二分法检验中的基金分组

排序期	检验期	
	赢组（Winner）	输组（Loser）
赢组（Winner）	WW	WL
输组（Loser）	LW	LL

在对基金进行分组后，我们采用交叉积比率指标（cross-product ratio，CPR）来检验股票型公募基金收益率的持续性。若基金收益率存在持续性，则基金在排序期和检验期的排名是相对稳定的，此时四组基金在样本中的占比应该是不均匀的。具体来说，排序期属于赢组的基金，在检验期有很大概率仍然属于赢组；排序期属于输组的基金，在检验期继续留在输组的概率也较高。反之，若基金收益率不存在持续性，在检验期的排序是随机的，那么排序期属于赢组和输组的基金在下一年位于赢组和输组的概率是均等的，即上述四种情况在全部样本基金中的比例应为25%。由此，我们可以通过 CPR 这一综合了四个分组基金占比的指标，来检验基金业绩的持续性。CPR 指标的计算方法如下：

$$\widetilde{CPR} = \frac{N_{WW} \times N_{LL}}{N_{WL} \times N_{LW}} \tag{4.2}$$

其中，N_{WW}、N_{LL}、N_{WL}、N_{LW}分别代表属于每组基金的样本数量。如果基金的业绩不存在持续性，则 CPR 的值应该为 1，即 $\ln(\widetilde{CPR}) = 0$。$\ln(\widetilde{CPR})$ 服从正态分布，其标准差为：

$$\sigma_{\ln(\widetilde{CPR})} = \sqrt{1/N_{WW} + 1/N_{WL} + 1/N_{LW} + 1/N_{LL}} \tag{4.3}$$

我们使用 Z 统计量来检验 $\ln(\widetilde{CPR})$ 是否等于 0。在观测值相互独立时，Z 统计量服从标准正态分布，即：

$$\widetilde{Z} = \frac{\ln(\widetilde{CPR})}{\sigma_{\ln(\widetilde{CPR})}} \rightarrow \text{Norm}(0,1) \tag{4.4}$$

如果 Z 统计量显著大于 0，则对应的 CPR 指标显著大于 1，表明基金的收益率具有持续性；反之，如果 Z 统计量显著小于 0，则对应的 CPR 指标显著小于 1，表明基金的收益排名在检验期出现了反转；若 Z 统计量和 0 相差不大，那么对应的 CPR 指标接近于 1，此时可以推断，检验期中四组基金数量大致相等，也就是说基金收益率排名是随机的。通过上述方法，我们能够对公募基金的业绩持续性作出判断。

图 4-1 和表 4-5 展示了排序期为一年、检验期也为一年的绩效二分法检验结果。在这里，我们关心的问题是：过去一年收益率排名在前 50% 的基金，下一年能否继续获得较高的收益，能否继续排在前 50%？过去一年收益率排名在后 50% 的基金，下一年的收益率是否仍旧较低，依然排在后 50%？如果这两个问题的答案是肯定的，那么我们认为基金在过去一年的业绩对于投资者来说具有参考价值；如果答案是否定的，则意味着公募基金的收益率没有持续性。由于我们重点关注基金在排序期和检验期能否维持同样水平的业绩，因此下文中赢赢组（WW）和输输组（LL）的结果是主要的讨论对象。如果一只基金在检验期的业绩没有规律，那么它属于四个组别的任意一组的概率为 25%。

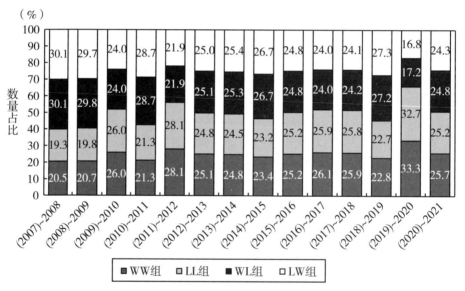

图 4-1　股票型基金业绩持续性绩效二分法检验各组比例
（排序期为一年、检验期为一年）：2007~2021 年

表 4-5　　　　　　　股票型基金业绩持续性的绩效二分法检验
（排序期为一年、检验期为一年）：2007~2021 年

（排序期）~检验期	CPR	Z 统计量	P 值	WW 组比例（%）	LL 组比例（%）	WL 组比例（%）	LW 组比例（%）
（2007）~2008	0.44	−1.85	0.064	20.5	19.3	30.1	30.1
（2008）~2009	0.46	−2.08	0.038	20.7	19.8	29.8	29.7
（2009）~2010	1.17	0.48	0.629	26.0	26.0	24.0	24.0

续表

（排序期）~检验期	*CPR*	Z 统计量	P 值	WW 组比例（％）	LL 组比例（％）	WL 组比例（％）	LW 组比例（％）
（2010）~2011	0.55	−2.10	0.036	21.3	21.3	28.7	28.7
（2011）~2012	1.65*	1.99	0.046	28.1	28.1	21.9	21.9
（2012）~2013	0.99	−0.06	0.955	25.1	24.8	25.1	25.0
（2013）~2014	0.95	−0.26	0.793	24.8	24.5	25.3	25.4
（2014）~2015	0.76	−1.35	0.178	23.4	23.2	26.7	26.7
（2015）~2016	1.04	0.19	0.851	25.2	25.2	24.8	24.8
（2016）~2017	1.18	0.97	0.335	26.1	25.9	24.0	24.0
（2017）~2018	1.14	0.84	0.401	25.9	25.8	24.2	24.1
（2018）~2019	0.70	−2.40	0.016	22.8	22.7	27.2	27.3
（2019）~2020	3.77*	9.28	<0.001	33.3	32.7	17.2	16.8
（2020）~2021	1.08	0.61	0.541	25.7	25.2	24.8	24.3

注：*表示在排序期和检验期，基金的业绩在5%的显著性水平上具有持续性。

图 4-1 展示了每组检验中属于赢赢组（WW）、赢输组（WL）、输赢组（LW）和输输组（LL）四组基金的比例分布。在 14 组结果中，有基金占比明显低于 25% 的时间段，如（2008）~2009 期间只有 20.7% 的基金属于 WW 组，也有基金占比明显高于 25% 的时期，如（2019）~2020 年有 33.3% 的基金属于 WW 组，同时，部分时期各组基金占比与 25% 区别不大。整体来看，基金在检验期的组别分布较为随机。为了检验这些比例是否显著高于或低于随机分布下对应的概率 25%，我们对不同时间区间内公募基金所属组别分布的显著性进行了检验。

表 4-5 展示了公募基金在排序期和检验期的组别分布，以及 *CPR* 等统计指标的具体信息。我们发现，14 次检验中，在 5% 的显著性水平上，只有（2011）~2012 年和（2019）~2020 年期间 *CPR* 值是大于 1 且 P 值小于 0.05，而在其他 12 个样本期，*CPR* 指标不显著或显著小于 1。例如，在（2008）~2009 年、（2010）~2011 年和（2018）~2019 年期间，*CPR* 指标均显著小于 1，说明基金的业绩在前一年和后一年出现了反转。在最新的样本期（2020）~2021 年，Z 检验 P 值大于 0.05，*CPR* 指标不显著。综合 14 个样本期的检验结果，我们认为检验期为一年时，公募基金的收益率不具有持续性。

接下来，我们以三年作为排序期、一年作为检验期，重新对股票型公募基金的收益持续性进行绩效二分法检验。图 4-2 显示，在大多数样本期内，属于 WW 组和 LL 组基金数量占比接近随机分布下的 25%，与基金业绩随机变化的结果相似。

结合表4-6 中 *CPR* 的具体指标可以发现，在 12 次检验中，只有 2 次检验的 *CPR* 指标是显著大于 1 的，分别是（2010~2012）~2013 年和（2017~2019）~2020 年。这个结果表明，大多数情况下过去三年业绩较好的基金在下一年的业绩排名随机性较强。在最新的检验区间（2018~2020）~2021 年，P 值大于 0.05，检验结果不显著。总体而言，以三年为排序期所得出的结果与排序期为一年时一致，2007~2021 年期间主动管理的股票型公募基金的业绩不具有持续性。

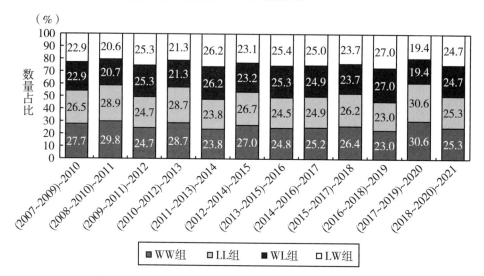

图 4-2　股票型基金业绩持续性绩效二分法检验各组比例
（排序期为三年、检验期为一年）：2007~2021 年

表 4-6　　　　　　股票型基金业绩持续性的绩效二分法检验
（排序期为三年、检验期为一年）：2007~2021 年

（排序期）~检验期	*CPR*	Z 统计量	P 值	WW 组比例（%）	LL 组比例（%）	WL 组比例（%）	LW 组比例（%）
（2007~2009）~2010	1.40	0.77	0.444	27.7	26.5	22.9	22.9
（2008~2010）~2011	2.02	1.90	0.058	29.8	28.9	20.7	20.6
（2009~2011）~2012	0.95	−0.16	0.872	24.7	24.7	25.3	25.3
（2010~2012）~2013	1.82*	2.10	0.036	28.7	28.7	21.3	21.3
（2011~2013）~2014	0.83	−0.75	0.454	23.8	23.8	26.2	26.2
（2012~2014）~2015	1.34	1.29	0.196	27.0	26.7	23.2	23.1
（2013~2015）~2016	0.95	−0.26	0.793	24.8	24.5	25.3	25.4
（2014~2016）~2017	1.01	0.05	0.960	25.2	24.9	24.9	25.0

（排序期）~检验期	CPR	Z 统计量	P 值	WW 组比例（%）	LL 组比例（%）	WL 组比例（%）	LW 组比例（%）
（2015~2017）~2018	1.22	1.08	0.282	26.4	26.2	23.7	23.7
（2016~2018）~2019	0.73	−1.85	0.064	23.0	23.0	27.0	27.0
（2017~2019）~2020	2.51*	5.57	<0.001	30.6	30.6	19.4	19.4
（2018~2020）~2021	1.06	0.37	0.710	25.3	25.3	24.7	24.7

注：＊表示在排序期和检验期，基金的业绩在5%的显著性水平上具有持续性。

在上述检验中，我们分别以一年和三年作为排序期、一年作为检验期，发现股票型公募基金的业绩不能持续。那么，当排序期和检验期较短时，如选为半年，这一结果是否仍然成立？绩效二分法的检验结果展示在图4-3和表4-7中。我们发现，29次检验中有12次检验结果的P值小于0.05，且CPR指标大于1，显著区别于25%。换言之，在这12个样本期内，在过去半年属于赢组的基金，在未来半年有很大比例也属于赢组，而在过去半年属于输组的基金，在未来半年也有很大比例仍属于输组，持续性较排序期为一年和三年时有明显提升。举例来看，（2019/06）~（2019/12）期间，Spearman相关系数呈正显著，2019年，A股市场迎来结构性牛市，万得全A指数全年上涨33%，深圳成指和创业板指的上涨幅度更是超过了40%，科技、消费等行业股票涨幅靠前。在整体上涨的行情下，风格持续统一的股票型基金的业绩在2019年上下半年得以持续。此外，我们发现部分年间排序期和检验期都属于赢组和输组的基金数量占比显著小于25%，如（2018/12）~（2019/06）期间，基金在排序期和检验期都属于赢组和输组的基金占比均只有20.5%。2018年下半年，我国股票市场持续走低，沪深300指数创十年来最高年度跌幅。进入2019年上半年，股票市场总体呈现上涨态势，但市场分化显著，蓝筹股上涨幅度整体高于市场平均水平，而绩差股则明显下跌。因此，采用不同选股策略的基金在2018年下半年和2019年上半年的业绩表现出反转。

在最新两个检验区间，（2020/12）~（2021/06）期间，CPR指标不显著，表明在此期间基金的收益率不具有持续性；（2021/06）~（2021/12）期间，T检验P值小于0.05，CPR值为1.58，显著大于1，在排序期和检验期均属于WW组和LL组的基金比例均为27.8%，超过随机分布下对应的25%。说明排序期属于赢组（输组）的基金在检验期仍有27.8%的基金属于赢组（输组）。绩效二分法检验与Spearman相关性检验所得出的结论基本一致，与排序期为一年和三年、检验期为一年的绩效二分法检验结果相比，排序期和检验期都为半年时，基金收益率的持续性有所增强。

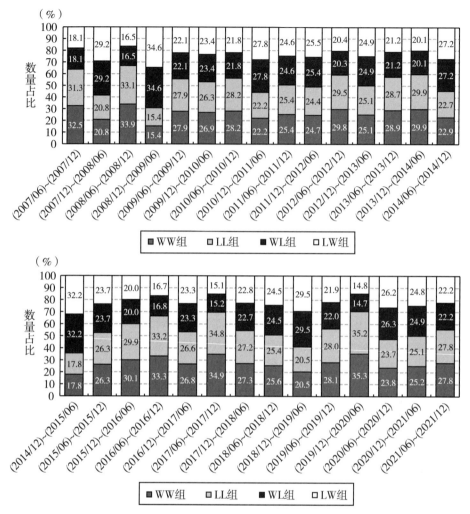

图 4-3　股票型基金业绩持续性绩效二分法检验各组比例
（排序期为半年、检验期为半年）：2007～2021 年

表 4-7　　　　股票型基金业绩持续性的绩效二分法检验
（排序期为半年、检验期为半年）：2007～2021 年

（排序期）～检验期	*CPR*	Z 统计量	P 值	WW 组比例（％）	LL 组比例（％）	WL 组比例（％）	LW 组比例（％）
（2007/06）～（2007/12）	3.12*	2.49	0.013	32.5	31.3	18.1	18.1
（2007/12）～（2008/06）	0.50	−1.74	0.082	20.8	20.8	29.2	29.2
（2008/06）～（2008/12）	4.10*	3.65	0.000	33.9	33.1	16.5	16.5
（2008/12）～（2009/06）	0.20	−4.34	<0.001	15.4	15.4	34.6	34.6

（排序期）~检验期	CPR	Z 统计量	P 值	WW组比例（%）	LL组比例（%）	WL组比例（%）	LW组比例（%）
（2009/06）~（2009/12）	1.60	1.45	0.148	27.9	27.9	22.1	22.1
（2009/12）~（2010/06）	1.29	0.83	0.406	26.9	26.3	23.4	23.4
（2010/06）~（2010/12）	1.68	1.82	0.068	28.2	28.2	21.8	21.8
（2010/12）~（2011/06）	0.64	−1.71	0.087	22.2	22.2	27.8	27.8
（2011/06）~（2011/12）	1.06	0.25	0.803	25.4	25.4	24.6	24.6
（2011/12）~（2012/06）	0.93	−0.30	0.766	24.7	24.4	25.4	25.5
（2012/06）~（2012/12）	2.13*	3.30	0.001	29.8	29.5	20.3	20.4
（2012/12）~（2013/06）	1.02	0.11	0.914	25.1	25.1	24.9	24.9
（2013/06）~（2013/12）	1.84*	2.88	0.004	28.9	28.7	21.2	21.2
（2013/12）~（2014/06）	2.21*	3.83	0.000	29.9	29.9	20.1	20.1
（2014/06）~（2014/12）	0.70	−1.75	0.081	22.9	22.7	27.2	27.2
（2014/12）~（2015/06）	0.30	−5.91	<0.001	17.8	17.8	32.2	32.2
（2015/06）~（2015/12）	1.23	1.12	0.262	26.3	26.3	23.7	23.7
（2015/12）~（2016/06）	2.25*	4.59	<0.001	30.1	29.9	20.0	20.0
（2016/06）~（2016/12）	3.94*	7.70	<0.001	33.3	33.2	16.8	16.7
（2016/12）~（2017/06）	1.32	1.68	0.094	26.8	26.6	23.3	23.3
（2017/06）~（2017/12）	5.29*	9.58	<0.001	34.9	34.8	15.2	15.1
（2017/12）~（2018/06）	1.44*	2.35	0.019	27.3	27.2	22.7	22.8
（2018/06）~（2018/12）	1.08	0.55	0.581	25.6	25.4	24.5	24.5
（2018/12）~（2019/06）	0.48	−5.11	<0.001	20.5	20.5	29.5	29.5
（2019/06）~（2019/12）	1.63*	3.60	0.000	28.1	28.0	22.0	21.9
（2019/12）~（2020/06）	5.75*	12.60	<0.001	35.3	35.2	14.7	14.8
（2020/06）~（2020/12）	0.82	−1.67	0.095	23.8	23.7	26.3	26.2
（2020/12）~（2021/06）	1.02	0.20	0.843	25.2	25.1	24.9	24.8
（2021/06）~（2021/12）	1.58*	4.43	<0.001	27.8	27.8	22.2	22.2

注：* 表示在排序期和检验期，基金的业绩在5%的显著性水平上具有持续性。

三、收益率持续性的描述统计检验

从上述研究可知，Spearman 相关性检验和绩效二分法检验都是通过构造相应的统计量，来对基金收益率的持续性进行检验。在下面的内容中，我们采用更加直观的描述统计方法来进一步探究股票型公募基金的收益率是否具有持续性。

在本节，我们选取的检验期和排序期的时间区间与前两节一样。首先，在排序期根据收益率进行排序，从高至低将基金分为 4 组，将第 1 组定义为收益率最高的组（收益率排名在前 25%），以此类推，第 4 组定义为收益率最低的组（收益率排名在后 25%）。然后，我们观察每组基金在检验期的分组情况。如果基金的收益率具有持续性，那么在排序期属于第 1 组的基金，在检验期应该也有很高的比例属于第 1 组；反之，如果基金的收益率不具有持续性，则无论基金在排序期中处于什么组别，在检验期中的排名应该是随机分布的，也就是说排序期处于第 1 组的基金，检验期处于各组的比例应为 25%。由于本章讨论的重点是公募基金的收益率是否具有持续性，在这里我们主要关注基金在排序期和检验期所属组别的延续情况。

在 2007~2021 年期间，通过计算，我们得出 14 个在排序期收益率属于第 1 组的基金在检验期也属于第 1 组的比例，再计算这 14 个比例的平均值，可以获得 2007~2021 年收益率在排序期和检验期均属于第 1 组比例的均值。图 4-4 为一年排序期内属于第 1 组、第 2 组、第 3 组和第 4 组的基金在下一年检验期所属各组的比

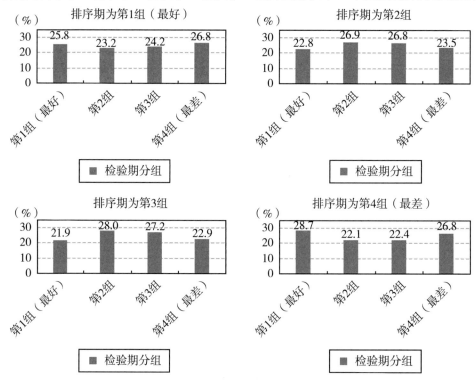

图 4-4 股票型基金收益率在检验期组别变化的分布
（排序期为一年、检验期为一年）：2007~2021 年

例。从中可见，排序期位于第 1 组的基金，在检验期有 25.8% 的比例仍处于第 1
组，与随机分布情况下对应的 25% 区别不大；排序期位于第 4 组的基金，在检验期
有 26.8% 的比例仍处于第 4 组，略高于随机分布情况下的 25%。接下来，我们采
用 T 检验，进一步检查这两个比例是否在统计上显著区别于 25%。

表 4-8 是排序期为一年、检验期为一年时，股票型公募基金收益率在检验期
组别变化的 T 检验结果。我们发现，排序期和检验期均属于第 1 组、第 2 组、第 3
组和第 4 组的基金 T 检验的 P 值都要大于 0.05。也就是说，在 95% 的置信条件下，
没有一组基金在检验期的占比显著不同于 25%，无论基金在排序期属于什么分组，
其在检验期基本都随机地分布于 4 个组别之间，公募基金在排序期的组别分布与其
在检验期的组别分布并没有相关性。

表 4-8　　　　　　　　　股票型基金收益率在检验期组别变化的 T 检验
（排序期为一年、检验期为一年）：2007~2021 年

排序期组别	检验期组别	平均百分比（%）	t 值	T 检验 P 值
1 （最好的基金组）	1	25.8	0.30	0.772
	2	23.2	−1.12	0.283
	3	24.2	−0.44	0.666
	4	26.8	0.72	0.481
2	1	22.8	−2.19	0.047
	2	26.9	1.56	0.143
	3	26.8	1.90	0.080
	4	23.5	−1.59	0.136
3	1	21.9	−2.89	0.013
	2	28.0	1.90	0.080
	3	27.2	1.11	0.288
	4	22.9	−1.14	0.274
4 （最差的基金组）	1	28.7	1.45	0.171
	2	22.1	−2.37	0.034
	3	22.4	−2.05	0.061
	4	26.8	0.97	0.349

注：＊表示在排序期和检验期，基金的业绩在 5% 的显著性水平上具有持续性。

为了更加直观地观察基金在排序期与检验期夏普比率排名的实际变动情况，我
们分别选出 2007~2021 年排序期收益率位于前 5% 和后 5% 的基金与它们在检验期

的排名进行对比，进一步分析业绩突出的基金和业绩垫底的基金的业绩能否持续。表 4-9 展示了排序期为一年时，收益率排名前 5% 的基金在下一年仍然排名前 5% 的基金数量和占比，平均有 6.8% 的基金能够在检验期继续排到前 5% 的位置，换言之，在过去一年收益率最高的基金，在下一年有 93.2% 的概率不再是最优秀的基金。在（2007）~2008 年、（2010）~2011 年、（2015）~2016 年、（2017）~2018 年和（2019）~2020 年这五个样本期内，排序期位于前 5% 的基金没有一只仍在检验期排名前 5%，占比为 0%。在最新一个样本期（2020）~2021 年，有 18.9% 的公募基金继续在检验期排名前 5%。综合多个样本期的结果，我们认为当检验范围缩小至 5% 时，基金业绩持续性表现没有显著改变，每年最优秀的公募基金在检验期的收益和排名变动都很大，对投资者而言没有参考价值。

表 4-9 收益率前 5% 的股票型基金在检验期仍处于前 5% 的比例
（排序期为一年、检验期为一年）：2007~2021 年

排序期	检验期	排序期中前 5% 的基金数量（只）	检验期中仍处于前 5% 的基金数量（只）	检验期中仍处于前 5% 的基金比例（%）
2007	2008	4	0	0.0
2008	2009	6	1	16.7
2009	2010	7	1	14.3
2010	2011	10	0	0.0
2011	2012	12	1	8.3
2012	2013	15	2	13.3
2013	2014	18	1	5.6
2014	2015	20	1	5.0
2015	2016	22	0	0.0
2016	2017	28	3	10.7
2017	2018	31	0	0.0
2018	2019	36	1	2.8
2019	2020	43	0	0.0
2020	2021	53	10	18.9
平均值		—	—	6.8

在附录三中，我们具体展示了排序期和检验期都为一年时，2018~2021 年在排序期排名前 30 位的基金在检验期的排名及对应的收益率指标，并用 ★ 标记出检验

期中仍排名前30位的基金。此外，在附录四中我们展示了当排序期为一年时，在排序期和检验期分别排名前30位的基金名单及收益率，同样用★标注出排序期和检验期都排名前30位的基金，以便读者参考。

　　表4-10是排序期为一年时，收益率排名位于后5%的基金在检验期中仍处于后5%的基金比例。据表4-10可知，14次检验中，平均有8.0%的基金在排序期和检验期都排名后5%，这一比例并不高，所以收益率垫底的基金业绩并没有显示出持续性。其中，（2007）~2008年、（2008）~2009年、（2010）~2011年、（2012）~2013年、2013~（2014）年和（2014）~2015年，检验期中仍处于后5%的基金比例为0%。在最新一个样本期（2020）~2021年，有9.4%的基金的收益率继续在检验期排名垫底。总体而言，2007~2021年，基金业绩持续排名最差（后5%）的基金中，能够在检验期延续其业绩的基金占比仍旧较低，因此收益率排名处于末位的股票型公募基金的业绩同样不具有持续性。

表4-10　　　　收益率后5%的股票型基金在检验期仍处于后5%的比例
（排序期为一年、检验期为一年）：2007~2021年

排序期	检验期	排序期中后5%的基金数量（只）	检验期中仍处于后5%的基金数量（只）	检验期中仍处于后5%的基金比例（%）
2007	2008	4	0	0.0
2008	2009	6	0	0.0
2009	2010	7	1	14.3
2010	2011	10	0	0.0
2011	2012	12	2	16.7
2012	2013	15	0	0.0
2013	2014	18	0	0.0
2014	2015	20	0	0.0
2015	2016	22	3	13.6
2016	2017	28	3	10.7
2017	2018	31	5	16.1
2018	2019	36	2	5.6
2019	2020	43	11	25.6
2020	2021	53	5	9.4
平均值		—	—	8.0

　　我们将排序期延长至三年，继续检验股票型公募基金业绩的持续性。通过滚动

计算，我们能够得出 12 个排序期属于第 1 组的基金在检验期也属于第 1 组的比例，再计算这 12 个比例的平均值，可以获得 2007~2021 年排序期和检验期内基金收益率都属于第 1 组比例的均值。图 4-5 显示，当排序期为三年时，在排序期收益最高的属于第 1 组的基金有 26.7% 在检验期中仍然属于收益最高的第 1 组，在排序期收益最低的属于第 4 组的基金有 26.6% 在检验期中仍然属于收益最低的第 4 组，均略高于随机分布下对应的 25%。

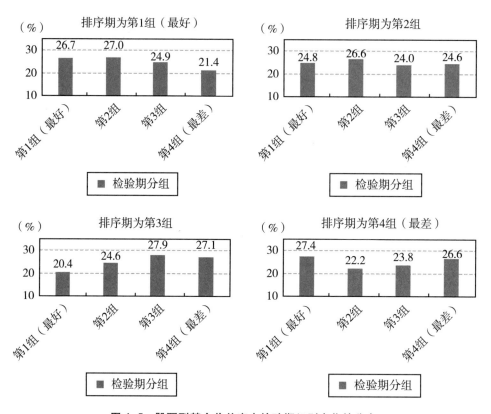

图 4-5 股票型基金收益率在检验期组别变化的分布
（排序期为三年、检验期为一年）：2007~2021 年

为了检验基金分布的占比是否在统计意义上显著不等于 25%，我们同样对 2007~2021 年间公募基金收益率在检验期组别的变化情况进行了 T 检验，结果在表 4-11 中给出。结果显示，没有一组基金在检验期延续了其在排序期的组别，排序期和检验期都属于第 1 组、第 2 组、第 3 组和第 4 组中基金占比的 T 检验 P 值均大于 0.05，在 5% 的显著性水平上，这几个比例并不显著区别于 25%。也就是说，无论基金在排序期属于什么组别，其在检验期组别的分布都是随机的。因此我们可以得出结论，排序期为三年时，公募基金的收益仍然没有显著的持续性，表明投资者无法根据基金在过去三年的收益排名来判断其在未来一年收益的高低。

表 4-11　　　　　股票型基金收益率在检验期组别变化的 T 检验
（排序期为三年、检验期为一年）：2007~2021 年

排序期组别	检验期组别	平均百分比（%）	t 值	T 检验 P 值
1 （最好的基金组）	1	26.7	0.94	0.365
	2	27.0	0.97	0.353
	3	24.9	−0.05	0.962
	4	21.4	−2.25	0.046
2	1	24.8	−0.10	0.920
	2	26.6	1.11	0.293
	3	24.0	−0.71	0.495
	4	24.6	−0.20	0.848
3	1	20.4	−2.66	0.022
	2	24.6	−0.19	0.854
	3	27.9	2.56	0.027
	4	27.1	1.62	0.134
4 （最差的基金组）	1	27.4	1.12	0.285
	2	22.2	−1.71	0.115
	3	23.8	−0.70	0.500
	4	26.6	0.73	0.482

注：＊表示在排序期和检验期，基金的业绩在5%的显著性水平上具有持续性。

表 4-12 展示了在排序期收益率非常靠前的属于前5%的基金在检验期仍排名前5%的基金数量及占比统计。12 个样本期的检验结果显示，平均只有 3.8%的基金在排序期和检验期的收益率均排名前5%，占比不高，且在（2007~2009）~2010 年、（2008~2010）~2011 年、（2009~2011）~2012 年、（2011~2013）~2014 年、（2014~2016）~2017 年、（2015~2017）~2018 年、（2016~2018）~2019 年和（2017~2019）~2020 年，没有一只过去三年排名靠前的基金在下一年延续了其优秀的业绩。其他的样本期中，检验期仍排名前5%的基金占比的随机性也较强。在最新一个样本期（2018~2020）~2021 年，有 8.3%的基金在检验期仍排名前5%。因此，大多数前三年收益排名非常靠前的基金在检验期很难继续维持其之前的收益水平。

表 4-12 收益率前 5% 的股票型基金在检验期仍处于前 5% 的比例
（排序期为三年、检验期为一年）：2007~2021 年

排序期	检验期	排序期中前 5% 的基金数量（只）	检验期中仍处于前 5% 的基金数量（只）	检验期中仍处于前 5% 的基金比例（%）
2007~2009	2010	4	0	0.0
2008~2010	2011	6	0	0.0
2009~2011	2012	7	0	0.0
2010~2012	2013	10	2	20.0
2011~2013	2014	12	0	0.0
2012~2014	2015	15	1	6.7
2013~2015	2016	18	2	11.1
2014~2016	2017	20	0	0.0
2015~2017	2018	22	0	0.0
2016~2018	2019	28	0	0.0
2017~2019	2020	31	0	0.0
2018~2020	2021	36	3	8.3
平均值		—	—	3.8

表 4-13 展示的是排序期为三年时收益率排名后 5% 的公募基金在检验期仍排名后 5% 的基金数量和占比。从中可见，与收益率排名前 5% 的基金相比，每年收益率保持排名后 5% 的基金的比例有所提高，平均在 13.2% 左右，但整体占比仍不高。其中，5 个样本期内检验期仍属于后 5% 的基金占比小于 10%，同时，有 3 个样本期基金仍排在后 5% 的基金占比超过了 20%，相对较高。在最新一个样本期（2018~2020）~2021 年，36 只在排序期排名后 5% 的基金中只有 1 只基金在检验期依旧排名后 5%，占比 2.8%。综合多个样本期的检验结果来看，排序期和检验期均位于后 5% 的基金比例仍然不高，投资者无法根据过去一年收益率排名后 5% 的基金判断其在下一年的排名。

表 4-13 收益率后 5% 的股票型基金在检验期仍处于后 5% 的比例
（排序期为三年、检验期为一年）：2007~2021 年

排序期	检验期	排序期中后 5% 的基金数量（只）	检验期中仍处于后 5% 的基金数量（只）	检验期中仍处于后 5% 的基金比例（%）
2007~2009	2010	4	1	25.0
2008~2010	2011	6	1	16.7
2009~2011	2012	7	2	28.6
2010~2012	2013	10	0	0.0
2011~2013	2014	12	1	8.3

排序期	检验期	排序期中后5%的基金数量（只）	检验期中仍处于后5%的基金数量（只）	检验期中仍处于后5%的基金比例（%）
2012~2014	2015	15	3	20.0
2013~2015	2016	18	3	16.7
2014~2016	2017	20	1	5.0
2015~2017	2018	22	5	22.7
2016~2018	2019	28	0	0.0
2017~2019	2020	31	4	12.9
2018~2020	2021	36	1	2.8
平均值		—	—	13.2

Spearman 相关性检验和绩效二分法检验的结果显示，以半年为排序期和检验期时，基金的收益在部分时期表现出持续性，对投资者具有参考意义。那么，收益率持续性的描述统计检验是否能得出同样的结果？接下来，我们将排序期和检验期都缩短为半年，检验较短时期内公募基金收益率在排序期和检验期的变化情况。图 4-6 显示，过去半年属于收益最高的第 1 组的基金在下半年有 30.8% 的比例仍

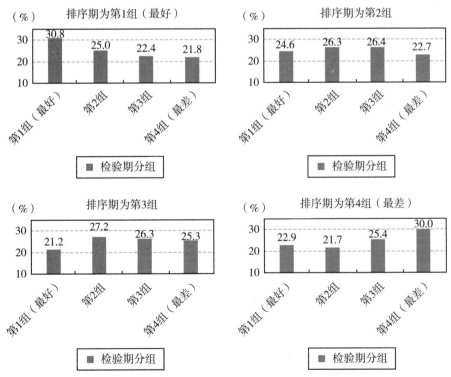

图 4-6　股票型基金收益率在检验期组别变化的分布
（排序期为半年、检验期为半年）：2007~2021 年

属于第 1 组，过去半年属于收益最低的第 4 组的基金在下半年有 30.0% 的比例仍属于第 4 组，均高于随机分布下对应的 25%。我们在表 4-14 中对这两个比例是否显著大于 25% 进行了验证，结果显示，排序期和检验期都属于收益最高的第 1 组的基金 T 检验 P 值为 0.005，排序期和检验期都属于收益最低的第 4 组的基金 T 检验 P 值为 0.015，均小于 0.05，说明这两个比例显著大于 25%。因此，当排序期和检验期为半年时，收益率排名靠前和靠后的基金业绩具有持续性，投资者在筛选基金时，可以以此作为参考依据。

表 4-14　　　　股票型基金收益率在检验期组别变化的 T 检验
（排序期为半年、检验期为半年）：2007~2021 年

排序期组别	检验期组别	平均百分比（%）	t 值	T 检验 P 值
1 （最好的基金组）	1	30.8*	3.05	0.005
	2	25.0	0.03	0.975
	3	22.4	−2.66	0.013
	4	21.8	−1.50	0.145
2	1	24.6	−0.34	0.733
	2	26.3	1.18	0.249
	3	26.4	1.22	0.231
	4	22.7	−2.50	0.019
3	1	21.2	−3.85	0.001
	2	27.2	2.15	0.040
	3	26.3	1.74	0.093
	4	25.3	0.30	0.764
4 （最差的基金组）	1	22.9	−1.01	0.323
	2	21.7	−2.62	0.014
	3	25.4	0.31	0.759
	4	30.0*	2.61	0.015

注：*表示在排序期和检验期，基金的业绩在 5% 的显著性水平上具有持续性。

　　由于收益率是反映基金历史业绩最为直观的指标，前面我们分别采用绩效二分法、Spearman 相关性检验以及描述统计检验的方法，对股票型公募基金的收益率是否具有持续性进行了检验。结果显示，当排序期是一年或三年、检验期为一年时，股票型基金的业绩基本没有展示出持续性。但是，排序期和检验期缩短为半年后，基金收益率的持续性有所增强，能够为投资者提供有效参考。需要注意的是，投资者应考虑到在不同基金之间频繁转换所产生的交易费用对投资业绩可能造成的影响。

四、夏普比率持续性的描述统计检验

　　投资者在进行基金投资时，除关注基金能够赚取的收益外，投资基金所承担的风险也十分重要。接下来，我们选取基金的夏普比率这一反映基金风险调整后收益的指标作为衡量基金业绩持续性的指标，对其是否具有持续性进行检验。我们同样选取一年和三年作为排序期、一年为检验期。在 2007~2021 年期间，当排序期为一年时，通过滚动计算，可以得出 14 个在排序期夏普比率属于第 1 组的基金在检验期也属于第 1 组的比例，再计算这 14 个比例的平均值，可以获得排序期和检验期夏普比率均属于第 1 组比例的均值。这里，我们重点关注的是基金在检验期是否能够延续其在排序期的组别。

　　表 4-15 具体展示了夏普比率在排序期属于第 1 组、第 2 组、第 3 组和第 4 组的基金在检验期所属各组的基金比例。结果显示，排序期夏普比率属于第 1 组的基金在检验期有 29.7% 的基金继续留在第 1 组，且 T 检验 P 值为 0.047，显著大于随

表 4-15　　　　　股票型基金夏普比率在检验期组别变化的 T 检验
（排序期为一年、检验期为一年）：2007~2021 年

排序期组别	检验期组别	平均百分比（%）	t 值	T 检验 P 值
1 （最好的基金组）	1	29.7*	2.19	0.047
	2	27.6	2.12	0.054
	3 、	22.5	−1.97	0.071
	4	20.2	−2.96	0.011
2	1	27.4	2.08	0.058
	2	28.1*	3.09	0.009
	3	23.1	−1.26	0.231
	4	21.3	−4.52	0.001
3	1	22.3	−1.62	0.129
	2	24.0	−0.73	0.480
	3	26.7	1.94	0.074
	4	26.9	1.68	0.116
4 （最差的基金组）	1	19.9	−1.92	0.077
	2	20.5	−2.48	0.027
	3	28.2	1.81	0.093
	4	31.4*	3.20	0.007

　　注：*表示在排序期和检验期，基金的业绩在 5% 的显著性水平上具有持续性。

机分布下对应的 25%，表明过去一年夏普比率排名前 25% 的基金在未来一年有 29.7% 的概率依旧排名靠前。同时，排序期夏普比率属于第 4 组的基金在检验期有 31.4% 的基金继续留在了第 4 组，其 T 检验 P 值为 0.007，该比例显著大于 25%，说明过去一年夏普比率排在后 25% 的基金在未来一年有 31.4% 的概率仍然排名靠后。因此，我们可以得出结论，过去一年夏普比率较高或较低的基金，在未来一年也有很大概率延续其过往优秀或不佳的业绩，投资者在筛选基金时能够以此为依据。

上述检验显示，夏普比率排名在前 25% 与后 25% 的股票型基金业绩具有持续性，那么，当这两个比例缩小至 5% 时，这个结论是否仍旧成立？表 4-16 展示了 2007~2021 年排序期为一年时，夏普比率排名前 5% 的基金在下一年仍然排名前 5% 的基金数量和占比。整体来看，有 7.4% 在排序期夏普比率排名前 5% 的基金在检验期仍然排名前 5%，占比不高，11 个样本区间内的基金占比都不超过 15%。（2020）~2021 年，53 只排序期排名前 5% 的基金中，只有 5 只在检验期继续排名前 5%，整体随机性强。所以，我们认为夏普比率排名非常靠前的基金不能在下一年持续稳定获得高夏普比率。

表 4-16　　　　夏普比率前 5% 的股票型基金在检验期仍处于前 5% 的比例
（排序期为一年、检验期为一年）：2007~2021 年

排序期	检验期	排序期中前 5% 的基金数量（只）	检验期中仍处于前 5% 的基金数量（只）	检验期中仍处于前 5% 的基金比例（%）
2007	2008	4	0	0.0
2008	2009	6	1	16.7
2009	2010	7	0	0.0
2010	2011	10	0	0.0
2011	2012	12	2	16.7
2012	2013	15	1	6.7
2013	2014	18	0	0.0
2014	2015	20	4	20.0
2015	2016	22	1	4.5
2016	2017	28	3	10.7
2017	2018	31	0	0.0
2018	2019	36	4	11.1
2019	2020	43	2	4.7
2020	2021	53	5	9.4
平均值		—	—	7.4

本书附录五具体展示了 2018~2021 年，以一年为排序期时股票型公募基金夏普比率排名前 30 位的基金在检验期的排名及其对应的夏普比率，并用 ★ 标记出检

验期中仍排名前 30 位的基金，供读者对比参考。

　　类似地，我们对 2007~2021 年夏普比率排在后 5% 的基金的业绩持续性进行了检验，结果展示在表 4-17 中。通过检验发现，14 次检验中，平均有 7.5% 的基金在检验期继续留在后 5% 的位置，这一比例并不高。不同的样本区间内，夏普比率持续处于后 5% 的占比各不相同，只有 1 个样本期的基金占比超过了 20%，且在（2007）~2008 年、（2008）~2009 年、（2010）~2011 年、（2012）~2013 年和（2013）~2014 年，没有一只基金的夏普比率排名持续垫底。由此我们认为，当排序期为一年时，夏普比率排名后 25% 的基金业绩展现出了持续性，但排名缩小至后 5% 的范围时，这种持续的现象就没有显现了。

表 4-17　　　　夏普比率后 5% 的股票型基金在检验期仍处于后 5% 的比例
（排序期为一年、检验期为一年）：2007~2021 年

排序期	检验期	排序期中后 5% 的基金数量（只）	检验期中仍处于后 5% 的基金数量（只）	检验期中仍处于后 5% 的基金比例（%）
2007	2008	4	0	0.0
2008	2009	6	0	0.0
2009	2010	7	1	14.3
2010	2011	10	0	0.0
2011	2012	12	1	8.3
2012	2013	15	0	0.0
2013	2014	18	0	0.0
2014	2015	20	1	5.0
2015	2016	22	4	18.2
2016	2017	28	2	7.1
2017	2018	31	4	12.9
2018	2019	36	1	2.8
2019	2020	43	10	23.3
2020	2021	53	7	13.2
平均值		—	—	7.5

　　接下来，我们将排序期延长为三年，检验期仍为排序期之后的一年，继续对股票型公募基金夏普比率的持续性进行考察，在这里，我们同样重点关注基金排序期组别在检验期的延续情况。表 4-18 展示了 2007~2021 年分别属于第 1 组、第 2 组、第 3 组和第 4 组的基金在下一年检验期所属各组的比例和 T 检验结果，可以发现，过去三年夏普比率属于第 1 组的基金有 29.6% 的比例在下一年仍属于第 1 组，其 T 检验 P 值为 0.075，在 95% 的置信条件下，不显著高于随机分布下对应的

25%；过去三年夏普比率属于第 4 组的基金在检验期有 30.7% 的基金仍处于第 4 组，T 检验 P 值为 0.035，显著高于随机分布下对应的 25%，表明过去三年夏普比率排名靠后的基金在未来一年获得同水平夏普比率的可能性较高。由此我们认为，过去三年夏普比率属于最差的第 4 组的基金，能够作为投资者筛选基金时的有效参考，投资者在选择基金时，应规避那些有着较差历史夏普比率业绩的股票型基金。

表 4-18　　　　股票型基金夏普比率在检验期组别变化的 T 检验
（排序期为三年、检验期为一年）：2007~2021 年

排序期组别	检验期组别	平均百分比（%）	t 值	T 检验 P 值
1 （最好的基金组）	1	29.6	1.96	0.075
	2	26.7	1.44	0.177
	3	23.5	−0.71	0.495
	4	20.2	−3.11	0.010
2	1	24.8	−0.15	0.886
	2	27.9	1.68	0.121
	3	24.8	−0.11	0.911
	4	22.5	−1.28	0.227
3	1	21.9	−2.81	0.017
	2	25.4	0.43	0.676
	3	26.3	1.09	0.299
	4	26.4	0.73	0.480
4 （最差的基金组）	1	23.0	−0.71	0.493
	2	20.3	−3.04	0.011
	3	26.0	0.51	0.620
	4	30.7 *	2.40	0.035

注：* 表示在排序期和检验期，基金的业绩在 5% 的显著性水平上具有持续性。

从表 4-19 可以发现，排序期为三年时，夏普比率在排序期排名前 5% 的基金中，平均有 5.9% 的基金在检验期仍排名前 5%，整体偏低。不同的样本期间内，夏普比率持续处于前 5% 的基金占比各不相同，4 个样本期内，没有一只基金能够在检验期延续其优异的夏普比率业绩。在（2018~2020）~2021 年，36 只夏普比率排在前 5% 的基金，只有 2 只继续在检验期表现优异。综合多个样本期中的基金占比，我们发现仅有很少一部分基金能够在检验期仍然排名前 5%，夏普比率排名非常靠前的公募基金业绩并没有展现出持续性。

表 4-19 夏普比率前 5% 的股票型基金在检验期仍处于前 5% 的比例

（排序期为三年、检验期为一年）：2007~2021 年

排序期	检验期	排序期中前 5% 的基金数量（只）	检验期中仍处于前 5% 的基金数量（只）	检验期中仍处于前 5% 的基金比例（%）
2007~2009	2010	4	0	0.0
2008~2010	2011	6	0	0.0
2009~2011	2012	7	0	0.0
2010~2012	2013	10	1	10.0
2011~2013	2014	12	1	8.3
2012~2014	2015	15	0	0.0
2013~2015	2016	18	2	11.1
2014~2016	2017	20	4	20.0
2015~2017	2018	22	2	9.1
2016~2018	2019	28	1	3.6
2017~2019	2020	31	1	3.2
2018~2020	2021	36	2	5.6
平均值		—	—	5.9

当排序期为三年时，夏普比率排名后 25% 的基金业绩具有一定的持续性，那么，夏普比率排名后 5% 的基金的业绩是否也能够持续呢？表 4-20 展示了排序期为三年时，基金夏普比率排名后 5% 的基金在下一年仍然排名前 5% 的基金数量和占比，在 12 次检验中，平均有 9.5% 的基金在检验期仍只能获得很低的夏普比率，排名后 5%。其中，9 次检验期内的基金占比不超过 15%。在最新一个样本期间（2018~2020）~2021 年，有 5.6% 的基金的夏普比率继续在检验期排名垫底，占比很低。由此可知，尽管夏普比率属于后 25% 的基金展现出了业绩的持续性，但当对基金划分区间的范围缩小至后 5% 时，对投资者来说就没有参考的价值了。

表 4-20 夏普比率后 5% 的股票型基金在检验期仍处于后 5% 的比例

（排序期为三年、检验期为一年）：2007~2021 年

排序期	检验期	排序期中后 5% 的基金数量（只）	检验期中仍处于后 5% 的基金数量（只）	检验期中仍处于后 5% 的基金比例（%）
2007~2009	2010	4	1	25.0
2008~2010	2011	6	0	0.0

排序期	检验期	排序期中后 5%的基金数量（只）	检验期中仍处于后5%的基金数量（只）	检验期中仍处于后5%的基金比例（%）
2009~2011	2012	7	2	28.6
2010~2012	2013	10	0	0.0
2011~2013	2014	12	1	8.3
2012~2014	2015	15	2	13.3
2013~2015	2016	18	1	5.6
2014~2016	2017	20	0	0.0
2015~2017	2018	22	1	4.5
2016~2018	2019	28	1	3.6
2017~2019	2020	31	6	19.4
2018~2020	2021	36	2	5.6
平均值		—	—	9.5

五、小结

每年年底，财经媒体、第三方财富管理公司等机构会定期发布基金的业绩排名，而不少投资者也会以此为参照进行投资，寄希望于过去业绩较好的基金在未来继续获得良好的业绩。本章从这个现象出发，围绕公募基金的过往业绩对投资者而言是否具有参考价值这一话题进行了讨论。在检验过程中，我们分别以一年、三年和半年作为排序期，一年和半年作为检验期，采用基金收益率的 Spearman 相关性检验、绩效二分法检验、描述统计检验以及夏普比率的描述统计检验方法，研究主动管理的股票型公募基金过往业绩与未来业绩的关系。

基金收益率持续性的检验结果显示，在 2007~2021 年，当排序期为一年和三年时，只在少部分的样本期中，股票型公募基金的收益率表现出持续性，同时，在部分期间内，基金的收益率排名存在反转的现象。但是，当排序期和检验期缩短为半年时，具有持续性的检验区间明显增多，且基金收益率位于前 25%和后 25%位置的基金均表现出持续性，过去半年收益率较高的基金在未来半年有较大概率继续获得较好的收益，过去半年收益偏低的基金在未来半年有很大概率仍然收益不佳，这意味着基金的短期收益能够给投资者提供参考依据。

除此之外，通过对考虑基金风险因素的夏普比率的持续性进行检验后我们发现，不论排序期为一年还是三年，夏普比率属于靠后位置（属于夏普比率排名最差的第 4 组）的基金有很大概率在下一年的夏普比率依旧较低，投资者应尽量避免投向这类基金。同时，排序期为一年时，夏普比率属于靠前位置（属于夏普比率排名最好的第 1 组）的基金有较大概率在下一年继续获得较好的夏普比率业绩，投资者在筛选基金时，可以重点关注这些基金。

股票型基金经理的选股与择时能力

在基金运作过程中，基金经理作为基金管理的核心人物，在各个环节起到了至关重要的作用。前述章节中，我们以"基金管理团队"为主线，对主动管理的股票型公募基金的选股和择时能力进行研究。但是，在我国公募基金市场，一位基金经理管理多只基金或是一只基金由多位基金经理共同管理的现象十分普遍。同时，各家基金公司均有着自己的"明星基金经理"，投资者在选择基金时，常常会追随优秀的基金经理。因此，除了直接对单只基金的选股和择时能力作出评估，如何评价基金经理在管理基金产品期间的业绩也尤为重要。本章基于基金经理在任职期间所管理的所有基金的合并数据，以主动管理的股票型公募基金经理为研究对象，分别对在职基金经理与离职基金经理的业绩进行研究。

我们将股票型公募基金经理分为在职和离职基金经理分别进行评估的原因主要有以下几点：首先，私募基金公司是公募基金经理离职后的一大去向，相对于公募基金，很多私募基金运营时间较短且信息披露较少，投资者很难利用基金经理管理私募基金时的短期业绩来评价基金经理的能力，而利用基金经理在公募基金任职期间的业绩评价其能力在一定程度上弥补了上述缺陷；其次，研究目前在职基金经理的主动管理能力能够为投资者在挑选基金和评估当前所持有的基金时提供有效的参考依据；最后，有些基金优秀的历史业绩是由已离职的基金经理取得的（如华夏大盘精选在2005～2012年给投资者带来了超过10倍的回报，但是明星基金经理王亚伟于2012年离职），如果投资者只关注某只基金的历史业绩，而不关注历史业绩是由已离职的还是在职的基金经理取得的，那么投资者也会蒙受损失。

在我国公募基金市场，基金经理离职现象较为普遍，且离职基金经理可能选择内部转岗、其他公募基金或是私募基金等多种职业道路，因此我们有必要将在职和离职的基金经理进行区分。由于评估基金经理的选股与择时能力需要较长的时间序列数据，我们使用的样本为在公募基金行业任职三年以上的在职基金经理以及在公募基金行业任职三年以上但已经离职的基金经理。需要注意的是，尽管有些基金经理不再管理公募基金产品，但仍会在公募基金公司任职，为特定客户管理专户型产品，这类产品的净值不对外公布，对于这种情形，我们同样将基金经理视为离职基金经理。

本章内容主要分为三个部分。第一部分，我们介绍基金经理的样本空间并具体说明基金经理合并收益序列的构造方法；第二部分，基于基金经理的合并收益序列，采用 Treynor-Mazuy 四因子模型评估在职和离职的基金经理的选股能力；第三部分，采用 Treynor-Mazuy 四因子模型评估在职和离职的基金经理的择时能力。在本书附录六至附录九中，我们具体展示了样本中每位基金经理合并收益序列后的业绩表现，以及选股能力和择时能力的分析结果，供读者参考。

一、样本空间

本章依据万得数据库中基金的二级分类标准，将管理过股票多空型基金、偏股混合型基金、灵活配置型基金、平衡混合型基金（股票基准比例≥50%）、普通股票型基金和增强指数型基金的基金经理定义为股票型基金经理，并采用合并后的基金经理收益对其任职期间的业绩进行研究，进而分析基金经理的选股和择时能力。本部分从公募基金经理人员数量、任职期限等角度介绍了我国股票型公募基金经理群体的整体发展情况，并详细说明了构造股票型公募基金经理的合并收益序列的方法。我们使用的基金经理的数据所对应的时间为 1998 年 1 月至 2021 年 12 月，数据来源于万得、Resset 以及天天基金网等数据库。

（一）在职与离职基金经理数量

表 5-1 展示了 1998~2021 年新任和离职的股票型公募基金经理数量。1997 年，国务院颁布《证券投资基金管理暂行办法》，奠定了公募基金行业规范发展的基础。此后一年，我国首批基金管理公司国泰基金、南方基金、华夏基金、博时基金和鹏华基金相继成立，首批股票型公募基金经理登上历史舞台，初始数量仅为 6 人。随着我国公募基金市场的不断发展和股票市场的牛熊起伏，1998~2015 年，新任基金经理数量逐年上升，2015 年更是达到 431 人。2015 年上半年，股票市场持续上涨，公募基金市场规模和新发行的基金数量一路攀升，因此对基金经理的需求大幅增加。而从 2016 年开始，新任基金经理数量增幅有所放缓，2018 年《资管新规》颁布后，我国资产管理市场向着更加规范的方向发展，公募基金行业也迎来内部的整合升级。离职基金经理层面，过去 24 年历年离职基金经理数量在波动中有所攀升，2014 年以前每年离职人数在 100 人以内，2021 年离职人数最多，达到 250 人，业绩不佳被迫离职、加入其他资管机构和转投私募基金是公募基金经理离

职的主要原因。截至 2021 年底，在职和离职的股票型基金经理总人数分别为 1 708 人和 1 699 人，基金经理总数达 3 407 人。

表 5-1 股票型基金经理新任、离职以及累计数量：1998~2021 年 单位：人

年份	新任数量	离职数量	在职总人数	离职总人数	基金经理总数
1998	6	0	6	0	6
1999	15	0	21	0	21
2000	16	7	30	7	37
2001	25	7	48	14	62
2002	37	7	78	21	99
2003	41	17	102	38	140
2004	59	12	149	50	199
2005	65	27	187	77	264
2006	78	27	238	104	342
2007	104	53	289	157	446
2008	84	39	334	196	530
2009	93	49	378	245	623
2010	100	60	418	305	723
2011	105	60	463	365	828
2012	115	56	522	421	943
2013	128	88	562	509	1 071
2014	176	104	634	613	1 247
2015	431	146	919	759	1 678
2016	282	83	1 118	842	1 960
2017	269	96	1 291	938	2 229
2018	291	151	1 431	1 089	2 520
2019	255	186	1 500	1 275	2 775
2020	276	174	1 602	1 449	3 051
2021	356	250	1 708	1 699	3 407

（二）基金经理的任职期限

以 2021 年 12 月 31 日为界限，我们将所有股票型基金经理划分为两组：截至

2021 年底时仍然在管理公募基金产品的基金经理为在职基金经理；截至 2021 年底已经离职的基金经理为离职基金经理。

我国公募基金市场基金经理平均任职期较短，基金经理在同一时期管理多只基金产品与任职经历不连续等现象经常出现，因此，为了更好地分析基金经理在管理公募基金期间的业绩，我们首先对公募基金经理的任职年限进行界定，并采用月度数据进行度量。以华夏基金管理有限公司明星基金经理王亚伟的任职履历为例，王亚伟在公募基金任职期间，共管理过四只股票型基金产品，分别为"基金兴华""华夏成长""华夏大盘精选""华夏策略精选"。从表 5-2 展示的王亚伟管理四只基金的起始和终止时间可以发现，在同一时间点，他曾管理着两只以上的基金产品。考虑到时间重叠因素，王亚伟任职期间管理股票型公募基金的时间为 1998 年 4 月 28 日到 2005 年 4 月 12 日以及 2005 年 12 月 31 日到 2012 年 5 月 4 日。我们将两段时间区间跨越的月份数目视为其管理公募基金产品的时间总长度，即公募基金经理的任职总期限。按照公募基金经理任职总期限的界定原则，王亚伟管理公募基金产品的时间长度为 163 个月。对于其他公募基金经理的任职期限，我们采取同样的处理方式。

表 5-2　　　　　　　　基金经理王亚伟在公募基金的任职履历

基金产品	基金类型	万得二级分类	起始时间	终止时间	任职时长（月）
基金兴华	股票型基金	普通股票型基金	1998/04/28	2002/01/08	44
华夏成长	股票型基金	偏股混合型基金	2001/12/18	2005/04/12	39
华夏大盘精选	股票型基金	偏股混合型基金	2005/12/31	2012/05/04	76
华夏策略精选	股票型基金	灵活配置型基金	2008/10/23	2012/05/04	42

基于上述界定方法，我们对股票型公募基金经理的任职时间进行统计，具体如表 5-3 所示。结果显示，在职基金经理平均任职时间为 48 个月，说明目前在职的大部分基金经理已经有了一定的任职经验。在所有在职的基金经理中，基金经理魏东任职期限最长，魏东目前就职于国联安基金管理有限公司，截至 2021 年底，他在公募基金行业已经工作 209 个月，累计管理 7 只基金产品。此外，离职基金经理平均任职时间为 45 个月。在所有已离职的基金经理中，管理公募基金时间最长的基金经理为易阳方，他作为基金经理在公募基金行业工作了 195 个月，累计管理 10 只公募基金，离职前一直就职于广发基金管理有限公司。由于公募基金的业绩在很大程度上依赖于基金经理的主动管理能力，基金经理的离职会导致其管理的基金产品的业绩出现波动，因此，研究基金经理的主动管理能力具有十分重要的意义。

表 5-3   **股票型基金经理任职时间描述性统计量**   单位：月

基金经理	均值	标准差	最小值	25%分位数	中位数	75%分位数	最大值
在职	48	40	1	15	39	72	209
离职	45	31	1	22	37	61	195

（三）基金经理合并收益序列

在确定了基金经理的任职期限后，我们计算基金经理在任职期间管理的所有基金产品的加权平均收益，根据每只基金的资产规模确定其权重大小，将由此得到的该基金经理的收益时间序列定义为"合并收益序列"，并基于该收益序列数据对基金经理的主动管理能力进行评价。合并后的数据全面展示基金经理任职期间管理的所有产品的业绩表现，因此，基于该数据的评估结果是对基金经理投资能力的综合评估。

基金经理合并收益序列的构造方法如下。假设某一位基金经理在 t 月共管理 N 只基金，第 i 只基金当月收益率为 r_{it}，规模为 AUM_{it}，则该基金经理当月以资产管理规模为权重的加权平均收益为[1]：

$$R_{it} = \sum_{i=1}^{N} \omega_{it} r_{it}, \text{ 其中 } \omega_{it} = \frac{AUM_{it-1}}{\sum_{i=1}^{N} AUM_{it-1}}$$

在合并收益序列的过程中我们发现，基金经理管理产品的履历类型主要包括以下四种（见表 5-4）。

表 5-4   **基金经理任职履历类型**

类别	管理产品数量	履历类型	合并收益
情形 1	1 只	▬▬▬▬▬▬	合并收益为管理的产品收益
情形 2	2 只（或多只）	▬▬▬ ▬▬▬	合并收益为管理的产品收益，中间未管理产品，收益设置为零
情形 3	2 只（或多只）	▬▬▬▬ ▬▬▬▬	管理一只产品时，合并收益为单只产品收益；重合区间为规模加权收益
情形 4	2 只（或多只）	▬▬▬ ▬▬▬	管理一只产品时，合并收益为单只产品收益；重合区间为规模加权收益

那么，在不同情形下，应如何合并基金经理的收益序列？我们以曾任职于华夏基金管理有限公司的基金经理王亚伟为例，介绍合并收益序列的计算方法。图 5-1

---

[1] 本部分我们采用的月度基金规模数据为基金净值乘以最近报告期的基金份额数据。

展示了王亚伟任职期间管理的四只产品所对应的时间段，表 5-5 具体展示了不同时间段合并收益序列的构成。从图 5-1 和表 5-5 可知，王亚伟在公募基金行业任职期间，在部分时间管理一只基金产品，如 2005 年 12 月至 2008 年 10 月，王亚伟仅管理"华夏大盘精选"一只基金。按照基金经理合并收益序列计算方法，在该时间段基金经理的合并收益就应等于其管理的基金产品的收益。而在某些时间点，王亚伟同时管理两只基金产品。例如，在 2001 年 12 月至 2002 年 1 月，王亚伟同时管理"基金兴华"与"华夏成长"两只基金；在 2008 年 10 月到 2012 年 5 月，同时管理"华夏大盘精选"与"华夏策略精选"两只基金产品。在上述两个区间内，基金经理的合并收益序列等于两只产品收益按照上期规模的加权平均值。如果基金经理在同一时间段管理两只以上的基金产品，我们也采取同样的处理方法。由于基金经理任职初始月份与离职月份的当月工作时间不满一个月，在计算合并收益序列时剔除这两个月的收益。

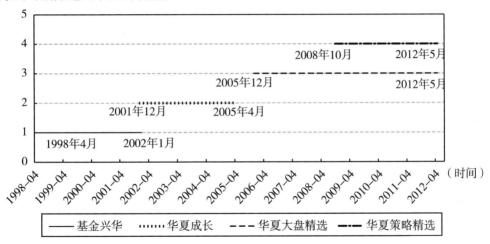

图 5-1　基金经理王亚伟的任职履历

表 5-5 基金经理王亚伟的合并收益序列

时间	基金兴华	华夏成长	华夏大盘精选	华夏策略精选	合并收益序列	备注
1998/04	$Ret_{基金兴华}$				0	初始管理基金兴华，管理不足一月
1998/05~2001/11	$Ret_{基金兴华}$				$Ret_{基金兴华}$	
2001/12	$Ret_{基金兴华}$	$Ret_{华夏成长}$			$Ret_{基金兴华}$	初始管理华夏成长，管理不足一月
2002/01	$Ret_{基金兴华}$	$Ret_{华夏成长}$			$Ret_{华夏成长}$	退出基金兴华，管理不足一月

续表

时间	基金兴华	华夏成长	华夏大盘精选	华夏策略精选	合并收益序列	备注
2002/02 ~ 2005/03		$Ret_{华夏成长}$			$Ret_{华夏成长}$	
2005/04 ~ 2005/12					0	
2006/01 ~ 2008/10			$Ret_{华夏大盘精选}$		$Ret_{华夏大盘精选}$	
2008/11 ~ 2012/04			$Ret_{华夏大盘精选}$	$Ret_{华夏策略精选}$	$W_1 \times Ret_{华夏大盘精选} + W_2 \times Ret_{华夏策略精选}$	W_1、W_2 为两只基金上一期规模权重
2012/05			$Ret_{华夏大盘精选}$	$Ret_{华夏策略精选}$	0	退出华夏大盘精选与华夏策略精选，管理均不足一月

在得到基金经理合并收益序列后，我们计算基金经理任职期间业绩的历史净值。图 5-2 为王亚伟管理的不同产品的净值曲线以及其任职期间内整体业绩的净值曲线图。基于基金经理合并收益序列以及任职期间的净值，我们可以得到每位基金经理任职期间的收益与风险指标。需要特别指出的是，因为任意两位基金经理的任职时间不是完全重叠的，所以比较两位基金经理的业绩（如收益、风险指标）是没有意义的，但是比较每位基金经理的业绩与同期万得全 A 指数的业绩是有意义的。本书附录六和附录七分别展示了在职和离职基金经理任职期间所管理的所有基金产品合并收益后的收益与风险指标，以及同期万得全 A 指数的收益与风险指标，供读者对比。

图 5-2　王亚伟管理的产品净值以及合并收益历史净值

（第一天的净值设为 1 元）

二、基金经理的选股能力

在本章，我们继续采用 Treynor-Mazuy 模型（模型构造方法请参考本书第三章）来研究基金经理的选股和择时能力，市场收益率采用万得全 A 综合指数的收益率。由于评估选股和择时能力需要较长的时间序列数据，我们要求基金经理具有三年以上的任职时间，对其合并月度收益数据进行研究。表 5-6 展示了在职以及离职的基金经理数目，截至 2021 年 12 月底，任职时间在三年以上的股票型基金经理共有 1 634 位，其中在职的基金经理数为 947 位，已经离职的基金经理数为 687 位。

表 5-6   在职与离职股票型基金经理样本数量   单位：位

时间	在职基金经理	离职基金经理	合计
1998~2021 年	947	687	1 634

（一）在职基金经理选股能力

表 5-7 展示了截至 2021 年 12 月底在职的股票型基金经理选股能力 α 的显著性估计结果。图 5-3 展示了 947 位基金经理所对应的 α 的 t 值（从高到低排列）。我们使用单边假设检验，研究基金经理是否具有正确的选股能力。在 5% 的显著性水平下，947 位在职的基金经理中，有 486 位（占比 51%）基金经理的 α 呈正显著性，其 t 值高于 1.64，说明他们具有正确的选股能力；有 457 位（占比 48%）基金经理所对应的 α 的 t 值是不显著的，说明他们不具有选股能力；此外，还有 4 位（占比 1%）基金经理的 α 呈负显著性，其 t 值低于 -1.64，说明他们具有错误的选股能力。整体来看，五成左右的基金经理具备正确的选股能力，而近半数在职基金经理不具备选股能力。

表 5-7   在职基金经理的选股能力

项目	显著性	基金经理数目（位）	占比（%）
选股能力	正显著	486	51
	不显著	457	48
	负显著	4	1
总计		947	100

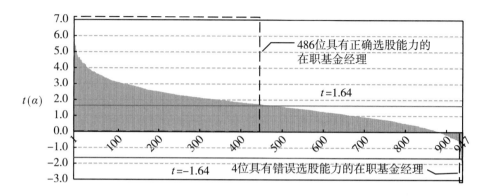

图 5-3　在职股票型基金经理 α 的 t 值（显著性）排列

注：正确选股能力代表 $t(\alpha)>1.64$；错误选股能力代表 $t(\alpha)<-1.64$；未表现出选股能力代表 $-1.64\leqslant t(\alpha)\leqslant 1.64$。基金经理具有选股能力是指基金经理表现出正确的选股能力，基金经理不具有选股能力代表基金经理表现出错误的或未表现出选股能力。

表 5-8 和图 5-4 展示了在职基金经理 Treynor-Mazuy 四因子模型的回归结果。我们按照基金经理的选股能力（年化 α）把基金等分为 10 组。第 1 组为 α 最高的组，第 10 组为 α 最低的组。表 5-8 和图 5-4 具体展示了每组基金经理所对应的 α、γ、β_{mkt}、β_{smb}、β_{hml}、β_{mom} 以及反映模型拟合好坏的调整后 R^2 的平均值，其中 α 为反映基金经理选股能力的系数，γ 为反映择时能力的系数。

表 5-8　　　　　　　在职基金经理 Treynor-Mazuy 模型回归结果（选股能力）

组别	年化 α（%）	γ	β_{mkt}	β_{smb}	β_{hml}	β_{mom}	调整后 R^2（%）
1（α 最高组）	21.49	-1.41	0.94	-0.11	-0.16	0.08	61
2	14.73	-0.73	0.85	-0.08	-0.21	0.06	67
3	12.05	-0.72	0.79	-0.07	-0.21	0.08	62
4	10.14	-0.52	0.76	-0.04	-0.18	0.13	66
5	8.49	-0.54	0.75	-0.05	-0.19	0.09	67
6	7.01	-0.09	0.65	-0.01	-0.20	0.13	67
7	5.69	-0.32	0.63	-0.02	-0.16	0.08	65
8	4.35	-0.03	0.57	0.01	-0.15	0.09	62
9	2.58	0.23	0.66	0.03	-0.19	0.17	67
10（α 最低组）	-1.11	0.13	0.74	0.08	-0.16	0.20	68

注：此表汇报每一组基金经理对应的 α、γ、β_{mkt}、β_{smb}、β_{hml}、β_{mom}，以及调整后 R^2 的平均值。

表 5-8 和图 5-4 显示，在职基金经理年化选股能力 α 在 $-1.11\%\sim21.49\%$ 之

间，平均约为9%。其中，前9组基金经理的平均选股能力为正，另外1组基金经理的平均选股能力为负。选股能力最高的第1组基金经理的平均年化 α 为21.49%，而选股能力最低的第10组基金经理的平均年化 α 为-1.11%，两组相差超过22个百分点。有关选股能力（α）与择时能力（γ）的相关性我们在下一节讨论。此外，大盘指数收益对应的敏感系数 β_{mkt} 的值在0.57~0.94之间，这意味着多数基金经理对市场风险因子的暴露较高，跟随市场同涨同跌。规模因子对应的敏感度系数 β_{smb} 在-0.11~0.08之间，随着每组基金经理年化 α 的减小，β_{smb} 的值略有增大，说明具有较好选股能力的基金经理持有大盘股的仓位更高。价值因子对应的敏感度系数 β_{hml} 在-0.21~-0.15之间。并且随着每组基金经理选股能力的减小，β_{hml} 组别间的数值并无明显变化，说明基金经理所持价值股或成长股的仓位与其选股能力无明显关系。趋势因子对应的敏感度系数 β_{mom} 在0.06~0.20之间，但数值多数都比较小，整体来看我们没有发现各组基金经理追涨杀跌的差别。模型调整后的 R^2 在65%左右，说明我们使用的模型可以较好地解释在职基金经理的超额收益。

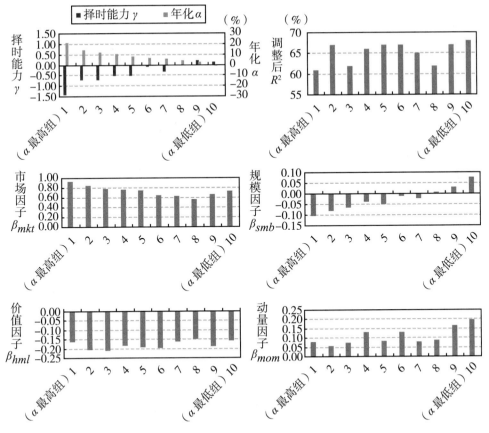

图5-4　在职基金经理 Treynor-Mazuy 模型回归结果［按选股能力（年化 α）分组］

接下来，我们具体分析具有显著选股能力的 418 位基金经理的情况。表 5-9 展示了 Treynor-Mazuy 四因子模型中 α 为正显著的基金经理名单、任职区间和选股能力 α 的估计值。这些基金经理对应的年化 α 在 2.19% ~ 39.47% 之间，平均任职 70 个月。本书附录八中，我们给出所有在职股票型基金经理的选股能力以及各 β 的风险暴露程度，供读者了解每一位在职基金经理的业绩。

表 5-9　　具有选股能力的在职股票型公募基金经理（按年化 α 排序）：1998~2021 年

编号	基金经理	当前任职公司	任职区间	任职时间（月）	管理基金数量（只）	年化 α（%）	$t(\alpha)$
1	王阳	国泰	2018/11~2021/12	38	5	39.47	2.90
2	韩广哲	金鹰	2012/11~2021/12	44	6	39.17	2.33
3	朱然	信达澳银	2017/11~2021/12	47	4	37.16	2.71
4	郑泽鸿	华夏	2017/06~2021/12	55	5	34.16	2.47
5	王鹏	泰达宏利	2017/11~2021/12	50	6	31.19	2.09
6	樊勇	金鹰	2018/10~2021/12	39	4	30.79	2.08
7	王元春	易方达	2018/12~2021/12	37	4	29.20	2.17
8	高楠	恒越	2017/11~2021/12	48	5	28.79	2.73
9	张朋	汇添富	2018/06~2021/12	39	5	28.75	2.85
10	周书	银华	2018/04~2021/12	45	4	28.66	2.59
11	范习辉	惠升	2018/08~2021/12	38	5	28.07	2.59
12	邓彬彬	鹏扬	2015/03~2021/12	54	7	27.63	2.58
13	孟昊	鹏华	2018/02~2021/12	47	7	26.89	2.61
14	闫思倩	工银瑞信	2017/10~2021/12	51	2	25.89	1.95
15	刘武	易方达	2018/12~2021/12	37	4	25.30	1.96
16	冯明远	信达澳银	2016/10~2021/12	63	9	25.12	2.97
17	冀楠	博时	2017/06~2021/12	52	6	24.93	3.11
18	何杰	平安	2018/04~2021/12	41	9	24.93	2.85
19	王迪	融通	2018/06~2021/12	43	1	24.13	2.17
20	季新星	华夏	2017/01~2021/12	57	10	23.77	2.94
21	楼慧源	交银施罗德	2018/09~2021/12	40	2	23.63	1.95
22	万建军	华安	2018/03~2021/12	46	4	23.50	2.26
23	李锦文	南方	2018/12~2021/12	37	5	23.31	2.07
24	王斌	华安	2018/10~2021/12	39	4	23.04	2.30
25	陈宇	兴证全球	2017/09~2021/12	52	2	22.99	3.46

编号	基金经理	当前任职公司	任职区间	任职时间（月）	管理基金数量（只）	年化 α（%）	$t(\alpha)$
26	张亮	华安	2018/10～2021/12	39	1	22.86	3.13
27	张燕	中银国际证券	2015/05～2021/12	67	9	22.81	3.53
28	姜诚	中泰证券（上海）	2014/08～2021/12	58	6	22.53	3.08
29	刘鹏	交银施罗德	2018/05～2021/12	44	3	22.10	3.47
30	孙松	易方达	2018/12～2021/12	37	1	21.84	3.05
31	孙伟	上海东方证券	2016/01～2021/12	72	4	21.83	4.81
32	韩威俊	交银施罗德	2016/01～2021/12	72	7	21.77	3.27
33	许炎	富国	2016/08～2021/12	65	3	21.59	2.36
34	胡昕炜	汇添富	2016/04～2021/12	69	6	21.28	2.97
35	李恒	国泰	2017/01～2021/12	60	6	21.24	2.85
36	张竞	安信	2017/12～2021/12	49	4	20.94	3.38
37	韩冬	上海东方证券	2016/01～2021/12	72	4	20.84	4.18
38	刘博	富国	2018/07～2021/12	42	3	20.83	2.98
39	杨思亮	宝盈	2018/03～2021/12	46	7	20.61	2.53
40	农冰立	工银瑞信	2018/06～2021/12	43	2	20.39	2.14
41	徐成	国海富兰克林	2017/07～2021/12	54	3	19.98	4.00
42	林梦	工银瑞信	2017/10～2021/12	51	3	19.92	3.13
43	尚烁徽	华泰保兴	2017/03～2021/12	58	7	19.92	2.63
44	孙迪	广发	2017/12～2021/12	49	6	19.78	2.45
45	秦绪文	上海东方证券	2016/01～2021/12	72	5	19.70	4.52
46	丘栋荣	中庚	2014/09～2021/12	81	6	19.60	3.79
47	刘克飞	建信	2018/03～2021/12	46	4	19.51	2.56
48	张玮升	工银瑞信	2017/10～2021/12	51	3	19.42	2.95
49	林博程	中银国际证券	2018/03～2021/12	42	4	19.17	2.11
50	周应波	中欧	2015/11～2021/12	74	7	19.12	4.49
51	张宇帆	工银瑞信	2016/03～2021/12	70	2	19.12	3.76
52	张萍	银华	2018/11～2021/12	38	10	19.06	1.90
53	宁君	富国	2018/09～2021/12	40	1	19.00	2.26
54	王金祥	海富通	2018/11～2021/12	38	2	18.97	2.99
55	朱伟东	合煦智远	2018/09～2021/12	40	1	18.95	2.04

续表

编号	基金经理	当前任职公司	任职区间	任职时间（月）	管理基金数量（只）	年化 α（%）	$t(\alpha)$
56	吕佳玮	华夏	2017/08～2021/12	53	2	18.88	1.75
57	王劲松	华夏	2007/01～2021/12	45	4	18.75	1.88
58	陆秋渊	华安	2017/06～2021/12	55	4	18.61	3.19
59	胡宜斌	华安	2015/11～2021/12	74	4	18.58	2.55
60	葛秋石	易方达	2018/03～2021/12	46	2	18.48	3.10
61	刘玉	广发	2018/10～2021/12	39	3	18.33	2.68
62	赵诣	农银汇理	2017/03～2021/12	58	5	18.33	1.82
63	祁禾	易方达	2017/12～2021/12	49	8	18.10	2.46
64	高钥群	华安	2017/04～2021/12	57	4	18.04	3.64
65	林乐峰	南方	2017/12～2021/12	49	3	18.04	3.31
66	杨浩	交银施罗德	2015/08～2021/12	77	4	18.00	3.98
67	罗成	鹏扬	2018/03～2021/12	46	2	18.00	2.92
68	苏文杰	嘉实	2018/10～2021/12	39	1	17.90	1.64
69	张金涛	嘉实	2016/05～2021/12	68	7	17.89	4.47
70	胡宇飞	嘉实	2018/02～2021/12	47	4	17.87	3.05
71	童国林	西部利得	2004/05～2021/12	47	4	17.81	2.20
72	潘中宁	华夏	2018/09～2021/12	40	2	17.75	1.86
73	刘晓晨	中加	2018/01～2021/12	39	5	17.73	3.71
74	张烨	大成	2017/09～2021/12	52	4	17.72	2.56
75	盛骅	华安	2018/02～2021/12	47	4	17.64	2.47
76	王睿	中银国际证券	2018/11～2021/12	38	3	17.60	3.02
77	崔莹	华安	2015/06～2021/12	79	7	17.57	3.56
78	吴畏	富国	2018/10～2021/12	39	2	17.57	2.25
79	蒲世林	富国	2018/12～2021/12	37	4	17.52	2.96
80	蒋佳良	浦银安盛	2017/01～2021/12	56	6	17.07	2.37
81	刘旭	大成	2015/07～2021/12	78	6	16.96	3.93
82	冯汉杰	中加	2018/12～2021/12	37	4	16.89	3.11
83	李晓星	银华	2015/07～2021/12	78	13	16.85	3.41
84	黄文倩	华夏	2016/02～2021/12	71	5	16.82	2.65
85	葛兰	中欧	2015/01～2021/12	80	9	16.82	1.96

续表

编号	基金经理	当前任职公司	任职区间	任职时间（月）	管理基金数量（只）	年化 α（%）	$t(\alpha)$
86	曲盛伟	嘉实	2017/12～2021/12	49	4	16.77	2.00
87	杨晓斌	金鹰	2018/04～2021/12	45	3	16.75	4.21
88	金耀	民生加银	2017/12～2021/12	49	5	16.73	1.84
89	陈俊华	交银施罗德	2016/11～2021/12	62	2	16.71	3.78
90	戴杰	汇安	2017/01～2021/12	60	15	16.70	3.37
91	许文星	中欧	2018/04～2021/12	45	8	16.56	3.56
92	刘宏达	万家	2017/12～2021/12	45	4	16.48	2.29
93	聂世林	安信	2016/02～2021/12	71	5	16.47	3.75
94	费逸	广发	2017/07～2021/12	54	8	16.40	1.91
95	魏刚	农银汇理	2018/03～2021/12	46	6	16.36	2.88
96	赵枫	睿远	2001/09～2021/12	88	3	16.35	4.27
97	姚志鹏	嘉实	2016/05～2021/12	69	8	16.19	2.69
98	邵卓	建信	2015/03～2021/12	82	7	16.08	2.90
99	杨锐文	景顺长城	2014/10～2021/12	87	11	15.97	3.18
100	秦毅	泓德	2017/06～2021/12	55	7	15.90	2.89
101	王延飞	上海东方证券	2015/06～2021/12	79	5	15.89	3.34
102	彭炜	融通	2017/08～2021/12	53	7	15.82	2.03
103	吴尚	中邮创业	2018/03～2021/12	46	2	15.81	1.86
104	王明旭	广发	2018/10～2021/12	39	7	15.80	2.38
105	杨嘉文	易方达	2017/12～2021/12	49	4	15.64	3.87
106	黎莹	德邦	2015/06～2021/12	79	7	15.63	4.64
107	李昱	工银瑞信	2018/01～2021/12	48	4	15.62	2.61
108	高远	长信	2017/01～2021/12	60	2	15.61	3.89
109	是星涛	信达澳银	2016/02～2021/12	65	5	15.60	3.61
110	郭斐	交银施罗德	2017/09～2021/12	52	4	15.51	1.82
111	袁芳	工银瑞信	2015/12～2021/12	73	6	15.45	3.06
112	季文华	兴证全球	2016/03～2021/12	67	5	15.43	2.57
113	范琨	融通	2016/02～2021/12	71	4	15.38	2.56
114	俞晓斌	富国	2017/11～2021/12	50	11	15.32	2.62
115	李响	上海东方证券	2018/03～2021/12	46	2	15.30	2.22

编号	基金经理	当前任职公司	任职区间	任职时间（月）	管理基金数量（只）	年化 α（％）	t(α)
116	莫海波	万家	2015/05～2021/12	80	13	15.29	2.50
117	颜伟鹏	嘉实	2015/03～2021/12	76	6	15.28	2.20
118	易祺坤	英大	2017/12～2021/12	49	1	15.24	2.23
119	谭丽	嘉实	2017/04～2021/12	57	10	15.20	3.55
120	刚登峰	上海东方证券	2015/05～2021/12	80	8	15.14	3.36
121	任相栋	兴证全球	2015/01～2021/12	69	3	15.14	3.25
122	沙炜	博时	2015/05～2021/12	80	5	15.10	3.23
123	罗世锋	诺德	2014/11～2021/12	86	6	15.10	2.50
124	何帅	交银施罗德	2015/07～2021/12	78	3	15.09	4.10
125	王园园	富国	2017/06～2021/12	55	6	15.09	1.86
126	厉叶淼	富国	2015/08～2021/12	77	5	14.86	2.77
127	汤志彦	鹏华	2017/07～2021/12	54	3	14.80	3.10
128	李进	景顺长城	2016/10～2021/12	61	7	14.71	1.94
129	高源	万家	2015/07～2021/12	75	12	14.70	3.16
130	杜洋	工银瑞信	2015/02～2021/12	83	7	14.67	3.17
131	林念	工银瑞信	2016/09～2021/12	64	1	14.61	2.19
132	周鹏	弘毅远方	2018/10～2021/12	39	3	14.60	1.98
133	林小聪	国泰	2017/06～2021/12	55	3	14.59	1.82
134	张锦	博时	2018/08～2021/12	41	3	14.54	2.58
135	侯梧	富国	2014/11～2021/12	59	4	14.45	2.15
136	乔迁	兴证全球	2017/07～2021/12	54	4	14.44	3.47
137	张清华	易方达	2015/04～2021/12	81	13	14.44	2.59
138	李德辉	上投摩根	2016/11～2021/12	62	7	14.36	2.27
139	赵蓓	工银瑞信	2014/11～2021/12	86	6	14.23	1.83
140	杨琨	诺安	2014/06～2021/12	67	5	14.22	1.97
141	孙晟	建信	2016/03～2021/12	70	5	14.14	3.13
142	詹佳	光大保德信	2018/06～2021/12	43	7	14.14	2.25
143	刘莉莉	富国	2018/07～2021/12	42	4	14.09	1.67
144	周云	上海东方证券	2015/09～2021/12	76	4	14.07	3.54
145	张峰	农银汇理	2015/09～2021/12	76	6	14.06	2.92

续表

编号	基金经理	当前任职公司	任职区间	任职时间（月）	管理基金数量（只）	年化α（%）	$t(\alpha)$
146	张峰	富国	2015/06~2021/12	79	5	14.03	2.96
147	谷琦彬	天弘	2018/05~2021/12	44	5	14.00	2.82
148	章晖	南方	2015/05~2021/12	80	6	13.99	2.81
149	杨栋	富国	2015/08~2021/12	77	7	13.94	3.51
150	查晓磊	浙商	2016/03~2021/12	70	8	13.90	3.65
151	林庆	富国	2015/05~2021/12	80	2	13.90	3.22
152	谭小兵	长城	2016/02~2021/12	71	7	13.86	2.45
153	甘传琦	中融	2017/06~2021/12	55	10	13.85	2.03
154	吴刚	中融	2017/11~2021/12	49	6	13.82	2.10
155	王崇	交银施罗德	2014/10~2021/12	87	3	13.81	2.91
156	王君正	工银瑞信	2013/08~2021/12	101	8	13.78	3.95
157	徐幼华	富国	2018/05~2021/12	44	2	13.74	2.62
158	徐晓杰	光大保德信	2015/05~2021/12	78	8	13.72	2.24
159	李会忠	格林	2014/12~2021/12	78	12	13.72	1.91
160	陈怡	泰康	2017/11~2021/12	50	3	13.69	2.20
161	光磊	永赢	2015/04~2021/12	75	8	13.66	2.24
162	袁维德	中欧	2016/12~2021/12	61	5	13.51	2.86
163	赵若琼	益民	2017/02~2021/12	59	4	13.47	2.73
164	张强	诺安	2017/03~2021/12	58	2	13.43	1.73
165	谢治宇	兴证全球	2013/01~2021/12	108	6	13.39	3.76
166	薛冀颖	平安	2015/06~2021/12	75	4	13.39	2.36
167	刘晓	国海富兰克林	2017/02~2021/12	59	4	13.32	4.29
168	张帆	华夏	2017/01~2021/12	60	5	13.25	1.84
169	张坤	易方达	2015/11~2021/12	112	4	13.21	2.19
170	陈思郁	上投摩根	2015/08~2021/12	77	3	13.20	2.26
171	张媛	英大	2018/01~2021/12	48	4	13.18	2.24
172	任慧峰	中邮创业	2018/08~2021/12	41	2	13.16	3.31
173	TIANHUAN	天治	2018/08~2021/12	41	3	13.15	1.82
174	李文宾	万家	2017/01~2021/12	60	14	13.15	1.76
175	祝昱丰	长信	2017/10~2021/12	51	3	13.10	2.38

编号	基金经理	当前任职公司	任职区间	任职时间（月）	管理基金数量（只）	年化 α（%）	$t(\alpha)$
176	胡春霞	圆信永丰	2018/03～2021/12	46	4	13.10	2.03
177	贺喆	华宝	2018/07～2021/12	42	5	13.05	2.02
178	徐占杰	九泰	2016/09～2021/12	64	1	12.99	2.81
179	常蓁	嘉实	2015/03～2021/12	82	7	12.98	2.61
180	何以广	长城	2015/05～2021/12	80	10	12.95	2.77
181	陈蔚丰	长城	2015/05～2021/12	77	6	12.91	2.02
182	王创练	诺安	2015/03～2021/12	82	6	12.90	2.27
183	罗安安	南方	2015/07～2021/12	78	7	12.82	2.41
184	徐达	摩根士丹利华鑫	2016/06～2021/12	67	3	12.81	2.92
185	王伟	中银国际证券	2015/02～2021/12	83	7	12.77	1.82
186	肖觅	嘉实	2016/12～2021/12	61	8	12.75	3.53
187	李耀柱	广发	2016/11～2021/12	62	9	12.74	2.51
188	林晓凤	光大保德信	2018/10～2021/12	39	4	12.72	1.68
189	詹成	景顺长城	2015/12～2021/12	73	8	12.71	2.67
190	陈富权	农银汇理	2013/08～2021/12	101	6	12.66	2.78
191	李化松	平安	2015/12～2021/12	69	13	12.65	1.69
192	神爱前	平安	2016/07～2021/12	66	6	12.56	1.82
193	韩冰	招商	2015/05～2021/12	80	3	12.53	2.08
194	袁争光	博道	2015/05～2021/12	64	6	12.49	2.87
195	刘腾	中银国际证券	2017/09～2021/12	52	3	12.47	2.24
196	归凯	嘉实	2016/03～2021/12	70	9	12.47	2.15
197	王东杰	建信	2015/05～2021/12	80	8	12.44	2.49
198	林忠晶	长安	2015/05～2021/12	80	10	12.44	2.07
199	何晶	银河	2015/05～2021/12	41	4	12.41	3.27
200	邹欣	兴证全球	2015/12～2021/12	73	2	12.39	3.64
201	王亮	民生加银	2017/11～2021/12	50	7	12.39	2.05
202	何琦	华泰柏瑞	2017/07～2021/12	54	2	12.27	1.75
203	黄成扬	泰康	2017/11～2021/12	50	2	12.25	2.19
204	张明	安信	2017/05～2021/12	56	8	12.06	3.21
205	董晗	景顺长城	2014/07～2021/12	80	9	12.00	2.43

续表

编号	基金经理	当前任职公司	任职区间	任职时间（月）	管理基金数量（只）	年化 α（%）	$t(\alpha)$
206	宋炳珅	工银瑞信	2014/01～2021/12	96	6	11.97	2.53
207	郁琦	中国人保	2018/11～2021/12	38	2	11.96	2.43
208	吉莉	国投瑞银	2017/06～2021/12	55	6	11.92	2.27
209	黄维	平安	2016/08～2021/12	65	11	11.90	2.24
210	黄立华	汇丰晋信	2014/01～2021/12	42	3	11.89	1.97
211	田俊维	博时	2015/06～2021/12	74	6	11.88	2.30
212	苏昌景	泓德	2016/04～2021/12	69	6	11.84	3.32
213	赵世宏	鹏扬	2016/03～2021/12	65	5	11.81	1.96
214	师婧	泰达宏利	2017/12～2021/12	48	3	11.78	2.37
215	蔡宇滨	诺安	2017/12～2021/12	49	3	11.76	2.69
216	唐能	银华	2015/05～2021/12	80	8	11.76	1.89
217	张丹华	嘉实	2017/05～2021/12	56	12	11.76	1.87
218	赵健	华泰保兴	2018/06～2021/12	43	3	11.75	3.07
219	陈欣	汇安	2018/03～2021/12	46	5	11.71	1.66
220	萧楠	易方达	2012/09～2021/12	112	10	11.67	1.98
221	陈璇淼	鹏华	2016/03～2021/12	70	5	11.66	1.93
222	张剑峰	工银瑞信	2016/09～2021/12	64	1	11.63	1.65
223	王睿	中信保诚	2015/04～2021/12	81	7	11.58	2.32
224	苏静然	银华	2017/08～2021/12	53	5	11.55	1.88
225	林森	易方达	2016/03～2021/12	70	6	11.54	4.39
226	倪超	金鹰	2015/06～2021/12	79	6	11.45	2.33
227	过钧	博时	2016/03～2021/12	71	9	11.45	2.06
228	袁玮	安信	2016/04～2021/12	69	8	11.44	2.18
229	栾超	新华	2015/11～2021/12	71	8	11.43	1.82
230	张玉坤	东方	2016/08～2021/12	65	5	11.43	1.65
231	鲍无可	景顺长城	2014/06～2021/12	91	8	11.36	3.02
232	吴坚	国寿安保	2015/09～2021/12	76	5	11.34	1.94
233	骆帅	南方	2015/05～2021/12	80	10	11.29	2.97
234	赵鹏程	汇添富	2016/07～2021/12	66	7	11.26	2.03
235	俞诚	申万菱信	2017/07～2021/12	43	5	11.23	1.75

编号	基金经理	当前任职公司	任职区间	任职时间（月）	管理基金数量（只）	年化 α（%）	$t(\alpha)$
236	张露	嘉实	2017/08～2021/12	53	3	11.20	3.05
237	范妍	圆信永丰	2015/10～2021/12	75	13	11.18	3.37
238	陈雷	博时	2014/08～2021/12	89	5	11.17	2.09
239	薄官辉	银华	2015/04～2021/12	81	8	11.15	2.76
240	梁鹏	太平	2017/12～2021/12	49	3	11.15	1.68
241	林翠萍	兴证全球	2016/04～2021/12	58	3	11.14	2.24
242	徐彦	大成	2012/10～2021/12	97	11	11.08	2.89
243	张东一	广发	2016/07～2021/12	66	12	11.03	1.95
244	李欣	华安	2015/07～2021/12	78	8	10.96	2.04
245	杨鑫鑫	工银瑞信	2013/06～2021/12	100	5	10.95	3.65
246	金宏伟	泰康	2017/08～2021/12	53	4	10.95	2.32
247	沈楠	交银施罗德	2015/05～2021/12	80	3	10.84	3.44
248	蓝小康	中欧	2017/05～2021/12	56	2	10.83	1.77
249	张一甫	惠升	2017/01～2021/12	57	5	10.82	1.90
250	刘彦春	景顺长城	2008/07～2021/12	153	10	10.80	2.17
251	胡耀文	海富通	2015/06～2021/12	76	3	10.79	2.07
252	杨琪	银河	2017/01～2021/12	60	6	10.76	1.91
253	杨立春	中信保诚	2015/06～2021/12	79	7	10.76	1.77
254	马翔	汇添富	2016/03～2021/12	70	8	10.75	2.37
255	曾文宏	诺德	2017/08～2021/12	53	3	10.74	3.99
256	吴渭	博时	2013/12～2021/12	72	8	10.74	1.82
257	方晗	嘉实	2017/10～2021/12	46	3	10.73	2.02
258	李博	大成	2015/04～2021/12	81	5	10.72	2.44
259	程敏	北信瑞丰	2018/03～2021/12	46	4	10.71	1.65
260	鄢耀	工银瑞信	2013/08～2021/12	101	8	10.70	3.70
261	申坤	国泰	2015/06～2021/12	79	3	10.69	2.17
262	王春	华安	2007/04～2021/12	140	7	10.68	1.99
263	邬传雁	泓德	2015/06～2021/12	79	7	10.66	2.10
264	陈鹏扬	博时	2015/08～2021/12	77	10	10.64	2.89
265	王浩	银华	2015/11～2021/12	74	5	10.63	1.71

续表

编号	基金经理	当前任职公司	任职区间	任职时间（月）	管理基金数量（只）	年化 α（%）	$t(\alpha)$
266	刘方旭	兴业	2015/12~2021/12	73	6	10.61	2.56
267	曹庆	中庚	2012/08~2021/12	78	8	10.58	1.79
268	李志	海富通	2017/05~2021/12	56	3	10.50	2.08
269	董理	兴证全球	2015/03~2021/12	70	7	10.49	2.11
270	曲扬	前海开源	2015/04~2021/12	81	18	10.49	1.90
271	国晓雯	中邮创业	2017/01~2021/12	60	9	10.47	1.88
272	蒋鑫	鹏华	2016/06~2021/12	67	10	10.44	1.73
273	刘斌	国联安	2013/12~2021/12	97	9	10.41	2.55
274	周晶	银华	2013/02~2021/12	90	4	10.41	2.31
275	关山	融通	2016/06~2021/12	67	7	10.35	2.49
276	吴邦栋	华泰柏瑞	2018/03~2021/12	46	7	10.29	2.22
277	栾江伟	中信建投	2015/07~2021/12	71	8	10.29	1.76
278	佟巍	华夏	2015/02~2021/12	83	10	10.23	2.18
279	丁玥	鑫元	2017/09~2021/12	52	5	10.21	2.76
280	赵鹏飞	汇添富	2016/06~2021/12	67	6	10.19	2.27
281	劳杰男	汇添富	2015/07~2021/12	78	7	10.17	2.98
282	刘心任	九泰	2016/11~2021/12	62	2	10.12	1.67
283	李振兴	南方	2014/04~2021/12	84	8	10.11	2.12
284	黄峰	海富通	2014/12~2021/12	85	9	10.08	1.67
285	陈一峰	安信	2014/04~2021/12	93	9	9.91	2.96
286	王斌	银华	2016/02~2021/12	71	3	9.91	1.76
287	房雷	光大保德信	2016/12~2021/12	61	8	9.89	2.31
288	林英睿	广发	2015/05~2021/12	75	7	9.81	2.14
289	杨明	华安	2013/06~2021/12	103	9	9.79	3.11
290	孙伟	民生加银	2014/07~2021/12	90	11	9.68	1.75
291	吴昊	中信保诚	2015/11~2021/12	74	8	9.64	3.38
292	何肖颉	工银瑞信	2005/02~2021/12	136	6	9.64	2.47
293	陶灿	建信	2011/07~2021/12	126	10	9.64	2.33
294	刘杰	平安	2016/07~2021/12	59	6	9.61	2.00
295	易智泉	富国	2017/10~2021/12	51	5	9.60	1.71

编号	基金经理	当前任职公司	任职区间	任职时间（月）	管理基金数量（只）	年化 α（%）	$t(\alpha)$
296	张堃	诺安	2015/08～2021/12	77	3	9.59	2.11
297	胡志利	工银瑞信	2016/10～2021/12	63	8	9.56	1.87
298	李捷	国寿安保	2016/09～2021/12	64	3	9.55	2.09
299	方纬	富国	2014/08～2021/12	86	10	9.55	1.87
300	韩冬燕	诺安	2015/11～2021/12	74	4	9.46	2.56
301	饶玉涵	国泰	2015/09～2021/12	76	5	9.46	2.42
302	蔡晓	民生加银	2016/05～2021/12	68	3	9.46	2.02
303	张勋	泰达宏利	2014/11～2021/12	86	9	9.44	1.77
304	肖立强	前海开源	2018/10～2021/12	39	8	9.36	2.12
305	贾兴振	银华	2013/02～2021/12	103	9	9.34	2.23
306	王磊	大成	2013/07～2021/12	102	6	9.33	2.60
307	魏晓雪	光大保德信	2012/11～2021/12	110	9	9.33	2.36
308	曹文俊	富国	2013/08～2021/12	92	7	9.32	2.05
309	林晶	华夏	2017/03～2021/12	58	11	9.24	2.10
310	谢泽林	嘉实	2015/09～2021/12	76	4	9.24	2.01
311	薛小波	泰康	2015/02～2021/12	72	8	9.16	1.78
312	黄春逢	南方	2015/12～2021/12	73	6	9.14	2.48
313	艾小军	国泰	2017/03～2021/12	58	5	9.13	1.97
314	张翔	西部利得	2015/07～2021/12	71	3	9.09	1.79
315	汪孟海	富国	2015/10～2021/12	75	6	9.08	1.99
316	曲径	中欧	2016/01～2021/12	73	5	9.07	2.83
317	缪东航	摩根士丹利华鑫	2017/01～2021/12	60	7	9.06	2.11
318	张森	平安	2015/02～2021/12	79	3	9.02	2.61
319	陆奔	华安	2018/09～2021/12	40	4	9.02	2.53
320	茅炜	南方	2016/02～2021/12	71	15	9.00	2.42
321	陈启明	华富	2014/09～2021/12	88	7	9.00	1.67
322	金猛	嘉实	2018/09～2021/12	40	2	8.99	2.44
323	林静	西部利得	2017/03～2021/12	58	4	8.92	1.85
324	洪流	嘉实	2014/11～2021/12	79	13	8.91	2.15
325	白海峰	招商	2017/05～2021/12	56	2	8.80	1.74

编号	基金经理	当前任职公司	任职区间	任职时间（月）	管理基金数量（只）	年化 α（%）	$t(\alpha)$
326	周蔚文	中欧	2006/11~2021/12	179	11	8.78	3.11
327	邱杰	前海开源	2015/01~2021/12	84	11	8.78	2.26
328	伍文友	华商	2015/08~2021/12	74	5	8.72	1.66
329	戴军	大成	2015/05~2021/12	80	4	8.70	2.22
330	李丹	国寿安保	2016/02~2021/12	71	2	8.68	1.77
331	郝旭东	诺德	2015/07~2021/12	78	4	8.65	2.41
332	陈振宇	安信	2012/06~2021/12	66	4	8.59	1.89
333	赵治烨	上银	2015/05~2021/12	80	8	8.55	1.81
334	赵旭照	华泰保兴	2018/01~2021/12	48	2	8.53	3.19
335	张鹏程	九泰	2017/11~2021/12	50	3	8.50	2.29
336	王申	博时	2016/12~2021/12	61	4	8.49	3.05
337	王宁	长盛	2001/07~2021/12	180	13	8.48	3.01
338	梁洪昀	建信	2015/03~2021/12	82	2	8.48	2.19
339	姜锋	建信	2011/07~2021/12	126	5	8.47	2.36
340	徐荔蓉	国海富兰克林	2006/03~2021/12	139	5	8.46	2.68
341	郑迎迎	南方	2015/08~2021/12	67	2	8.44	1.68
342	王培	中欧	2011/06~2021/12	111	9	8.42	1.77
343	田汉卿	华泰柏瑞	2013/08~2021/12	101	11	8.41	3.60
344	杨衡	长盛	2015/06~2021/12	79	21	8.39	2.15
345	王颖	中信保诚	2017/02~2021/12	59	6	8.38	3.61
346	任慧娟	泰康	2016/05~2021/12	68	3	8.36	2.18
347	曹名长	中欧	2006/07~2021/12	182	11	8.35	2.75
348	伍智勇	鹏扬	2015/05~2021/12	73	3	8.32	2.15
349	蔡滨	博时	2014/12~2021/12	85	12	8.30	2.56
350	徐喻军	景顺长城	2017/01~2021/12	60	10	8.24	3.33
351	周雪军	海富通	2012/06~2021/12	112	8	8.24	2.86
352	余广	景顺长城	2010/05~2021/12	140	8	8.20	2.24
353	舒灏	华安	2018/07~2021/12	42	6	8.19	3.91
354	何珅华	建信	2015/04~2021/12	81	5	8.16	1.77
355	刘伟	泰康	2017/05~2021/12	56	4	8.13	1.94

续表

编号	基金经理	当前任职公司	任职区间	任职时间（月）	管理基金数量（只）	年化 α（%）	$t(\alpha)$
356	张铮烁	德邦	2018/08 ~ 2021/12	41	2	8.10	2.64
357	张慧	华泰柏瑞	2013/09 ~ 2021/12	100	7	8.09	1.68
358	龙悦芳	金鹰	2018/06 ~ 2021/12	43	1	8.07	5.00
359	张啸伟	富国	2015/08 ~ 2021/12	77	4	8.06	2.27
360	付娟	申万菱信	2012/04 ~ 2021/12	115	8	8.01	1.68
361	郭堃	长盛	2015/11 ~ 2021/12	69	10	7.98	2.00
362	朱少醒	富国	2005/11 ~ 2021/12	194	2	7.97	2.43
363	赵梅玲	东吴	2016/05 ~ 2021/12	68	7	7.88	1.96
364	王海峰	银华	2016/03 ~ 2021/12	70	5	7.87	1.97
365	林高榜	易方达	2017/05 ~ 2021/12	56	3	7.84	1.82
366	李永兴	永赢	2012/03 ~ 2021/12	84	14	7.84	1.66
367	吴达	长盛	2016/07 ~ 2021/12	66	5	7.83	1.87
368	孙文龙	国投瑞银	2015/01 ~ 2021/12	84	8	7.83	1.84
369	刘苏	景顺长城	2011/12 ~ 2021/12	118	8	7.77	2.05
370	桑俊	国投瑞银	2014/12 ~ 2021/12	85	12	7.72	2.29
371	魏东	国联安	2004/05 ~ 2021/12	209	7	7.71	2.41
372	刘江	汇添富	2015/06 ~ 2021/12	79	7	7.68	1.71
373	何秀红	工银瑞信	2015/10 ~ 2021/12	75	1	7.54	3.19
374	侯杰	招商	2018/10 ~ 2021/12	39	4	7.54	2.35
375	何晓春	摩根士丹利华鑫	2012/07 ~ 2021/12	95	8	7.51	1.67
376	刘开运	九泰	2015/07 ~ 2021/12	78	11	7.48	1.97
377	戴鹤忠	德邦	2016/06 ~ 2021/12	67	3	7.46	2.16
378	吴剑毅	南方	2015/05 ~ 2021/12	80	8	7.43	3.86
379	王筱苓	工银瑞信	2007/01 ~ 2021/12	137	11	7.43	2.59
380	侯春燕	大成	2015/12 ~ 2021/12	73	7	7.42	2.29
381	庄园	安信	2014/05 ~ 2021/12	92	8	7.35	4.28
382	张一格	融通	2013/12 ~ 2021/12	89	6	7.34	4.33
383	李玉良	诺安	2015/07 ~ 2021/12	78	7	7.27	2.39
384	李釜	招商	2016/02 ~ 2021/12	71	3	7.27	2.21
385	盛泽	东方	2018/08 ~ 2021/12	41	6	7.24	2.06

续表

编号	基金经理	当前任职公司	任职区间	任职时间（月）	管理基金数量（只）	年化 α（%）	$t(\alpha)$
386	徐嶙	东吴	2015/05~2021/12	80	7	7.22	2.13
387	祝建辉	银河	2015/12~2021/12	73	9	7.18	1.65
388	李家春	长信	2016/10~2021/12	58	3	7.15	2.80
389	朱红	诺德	2014/04~2021/12	93	3	7.03	1.75
390	李一硕	易方达	2016/08~2021/12	65	4	7.01	6.08
391	陈乐	南方	2017/12~2021/12	49	5	6.99	4.48
392	徐青	兴业	2017/01~2021/12	60	1	6.99	4.02
393	卢玉珊	南方	2015/12~2021/12	73	4	6.98	1.71
394	宋殿宇	中银国际证券	2018/02~2021/12	47	4	6.94	3.10
395	夏妍妍	海富通	2018/01~2021/12	48	2	6.87	5.78
396	陈孜铎	交银施罗德	2014/10~2021/12	87	2	6.78	1.96
397	冯波	易方达	2010/01~2021/12	144	5	6.74	1.76
398	林昊	华宝	2017/03~2021/12	58	5	6.71	4.66
399	孙蓓琳	银华	2012/07~2021/12	110	8	6.66	1.85
400	姚锦	建信	2009/12~2021/12	137	8	6.66	1.82
401	贾鹏	银华	2016/05~2021/12	68	5	6.65	1.71
402	杨永光	博时	2016/12~2021/12	61	4	6.63	4.74
403	王健	中欧	2009/10~2021/12	130	12	6.63	2.74
404	宋永安	农银汇理	2015/12~2021/12	73	1	6.62	3.01
405	孙少锋	博时	2015/09~2021/12	76	2	6.62	2.57
406	李君	安信	2017/12~2021/12	49	2	6.53	5.15
407	徐觅	上海东方证券	2017/09~2021/12	52	1	6.49	4.24
408	黄华	中欧	2018/12~2021/12	37	3	6.49	2.39
409	苗婷	中银国际证券	2016/08~2021/12	65	7	6.46	5.45
410	纪文静	上海东方证券	2015/07~2021/12	78	2	6.43	4.64
411	黄瑞庆	博时	2011/12~2021/12	112	7	6.42	2.04
412	何天翔	融通	2016/08~2021/12	65	1	6.41	1.66
413	涂海强	中银国际证券	2016/01~2021/12	72	6	6.40	3.18
414	张栓伟	鹏华	2016/08~2021/12	65	10	6.39	3.91

编号	基金经理	当前任职公司	任职区间	任职时间（月）	管理基金数量（只）	年化 α（%）	t(α)
415	毕天宇	富国	2005/12~2021/12	194	7	6.38	1.82
416	邱世磊	广发	2016/01~2021/12	66	5	6.33	4.87
417	戴计辉	国泰	2018/12~2021/12	37	6	6.25	2.05
418	蒋雯文	中欧	2018/07~2021/12	42	3	6.24	2.33
419	王欢	国联安	2017/12~2021/12	49	3	6.22	2.52
420	李栋梁	华宝	2015/10~2021/12	75	8	6.17	3.00
421	胡永青	嘉实	2014/10~2021/12	87	10	6.11	4.01
422	张弘弢	华夏	2016/11~2021/12	62	1	6.07	1.74
423	刘铭	银河	2017/05~2021/12	57	9	6.05	5.36
424	张惠	华富	2016/06~2021/12	67	6	5.97	4.29
425	陈栋	光大保德信	2015/04~2021/12	81	5	5.93	1.69
426	张跃鹏	中欧	2015/11~2021/12	74	14	5.92	1.78
427	薛玲	建信	2017/05~2021/12	56	3	5.89	2.78
428	提云涛	中信保诚	2016/09~2021/12	64	10	5.88	3.40
429	余芽芳	招商	2017/04~2021/12	57	7	5.88	3.12
430	郑煜	华夏	2006/08~2021/12	185	13	5.87	2.52
431	高文庆	华宝	2017/03~2021/12	58	1	5.74	4.64
432	华李成	中欧	2018/03~2021/12	46	1	5.73	4.27
433	叶松	长信	2011/03~2021/12	130	15	5.70	1.70
434	李建	中银国际证券	2012/09~2021/12	112	5	5.61	3.25
435	伍旋	鹏华	2011/12~2021/12	121	8	5.59	2.06
436	杜晓海	海富通	2016/06~2021/12	67	9	5.52	3.60
437	张芊	广发	2015/11~2021/12	74	7	5.52	2.82
438	吴振翔	汇添富	2015/02~2021/12	83	2	5.49	1.75
439	赵晓东	国海富兰克林	2010/11~2021/12	134	6	5.48	1.69
440	许富强	融通	2018/05~2021/12	44	1	5.43	2.47
441	沈竹熙	国海富兰克林	2018/09~2021/12	40	1	5.38	1.97
442	钱睿南	兴业	2008/02~2021/12	159	8	5.33	1.79
443	孔令超	上海东方证券	2016/08~2021/12	65	1	5.30	4.18

编号	基金经理	当前任职公司	任职区间	任职时间（月）	管理基金数量（只）	年化 α（%）	$t(\alpha)$
444	牛兴华	建信	2015/04～2021/12	81	11	5.30	2.97
445	张翼飞	安信	2015/05～2021/12	80	2	5.28	5.35
446	程洲	国泰	2008/04～2021/12	165	14	5.05	1.87
447	盛豪	华泰柏瑞	2015/10～2021/12	75	16	5.02	2.71
448	刘明	融通	2018/11～2021/12	38	1	4.99	2.21
449	梁杏	国泰	2018/07～2021/12	42	1	4.93	1.78
450	王石千	鹏华	2018/11～2021/12	38	1	4.92	3.54
451	杨子江	国联安	2017/12～2021/12	49	3	4.86	2.03
452	孙丹	大成	2017/05～2021/12	56	7	4.81	4.62
453	王琳	国泰	2017/01～2021/12	60	10	4.81	2.20
454	杨成	中银国际证券	2015/09～2021/12	76	4	4.77	1.99
455	崔建波	方正富邦	2010/03～2021/12	138	21	4.75	1.76
456	李韵怡	鹏华	2015/07～2021/12	78	15	4.74	1.79
457	叶乐天	建信	2016/08～2021/12	65	5	4.72	2.03
458	杨谷	诺安	2006/02～2021/12	191	4	4.72	1.76
459	李君	鹏华	2015/05～2021/12	80	13	4.70	2.50
460	苏秉毅	大成	2014/01～2021/12	72	4	4.70	1.95
461	纪玲云	易方达	2018/07～2021/12	42	2	4.63	2.07
462	王克玉	泓德	2010/07～2021/12	134	10	4.56	1.91
463	樊利安	国泰	2014/10～2021/12	87	28	4.48	2.54
464	黎海威	景顺长城	2015/02～2021/12	83	9	4.46	1.74
465	刘宁	嘉实	2015/12～2021/12	74	14	4.45	3.77
466	王垠	招商	2018/09～2021/12	40	4	4.39	1.93
467	戴钢	鹏华	2012/06～2021/12	115	3	4.32	2.07
468	刘方正	鹏华	2015/03～2021/12	82	19	4.26	2.08
469	吴江宏	汇添富	2016/04～2021/12	69	3	4.17	3.81
470	石雨欣	华安	2016/02～2021/12	71	5	4.15	3.75
471	谭昌杰	广发	2015/01～2021/12	84	3	4.13	2.56
472	綦缚鹏	国投瑞银	2010/04～2021/12	141	11	4.11	1.76

编号	基金经理	当前任职公司	任职区间	任职时间（月）	管理基金数量（只）	年化 α（%）	$t(\alpha)$
473	林龙军	金鹰	2018/05～2021/12	44	1	4.02	2.10
474	腊博	兴业	2015/05～2021/12	80	5	3.91	1.73
475	代宇	广发	2015/02～2021/12	83	5	3.81	1.76
476	郑可成	华安	2013/05～2021/12	104	9	3.77	2.71
477	贺涛	华安	2015/05～2021/12	80	8	3.62	3.71
478	朱才敏	华安	2015/05～2021/12	80	6	3.58	3.20
479	谈云飞	海富通	2015/04～2021/12	81	6	3.48	2.16
480	韩晶	银河	2015/04～2021/12	81	20	3.36	2.40
481	张洋	工银瑞信	2015/08～2021/12	77	1	3.26	1.86
482	张韵	招商	2016/01～2021/12	72	8	3.22	1.88
483	王刚	招商	2017/07～2021/12	54	8	3.18	1.92
484	闫沛贤	中加	2015/12～2021/12	73	1	2.96	3.01
485	王予柯	广发	2015/12～2021/12	73	5	2.53	1.85
486	苏谋东	万家	2015/05～2021/12	74	10	2.19	1.85

　　我们选取当前就职于信达澳银基金管理有限公司的基金经理冯明远为研究对象，分析该基金经理的选股能力。作为该公司的明星基金经理，无论是绝对收益还是相对收益，冯明远的表现都可以用"逆天"形容，收益大幅跑赢大盘。冯明远自 2016 年 10 月开始管理基金产品，截至 2021 年底，累计任职时间为 63 个月。期间，他共管理 9 只股票型基金，产品合并收益率达到 350%，而同期万得全 A 指数上涨 35%，在五年多的时间里取得了超越大盘指数 315% 的收益，他所具备的选股能力给投资者创造了年化 25.12% 的超额收益（年化 α = 25.12%）。冯明远是公募基金行业很有特点的一位基金经理，在科技领域研究深入且有自己独特的眼光，在行业内认可度较高。冯明远不做择时，不做行业配置，不依靠组合管理的方式来规避熊市风险、博取牛市的弹性，而是回归到投资本源：找到优秀的企业，长期跟踪，买入持有。在持仓上，他偏好小盘成长股，但持仓非常分散，导致产品净值的波动并不算大，整体风险可控，他虽然在总仓位上不做择时，长期九成左右仓位运作，但每季度都会对持有的标的做调整，几乎每季度的前三大重仓股都会变化，调仓换股的频率较高，每年换手在 3～5 倍。冯明远还有一个很鲜明的特点：调研狂人。通过每一年的大量调研，他总能找到没有被充分挖掘的价值股。

　　图 5-5 为冯明远管理的基金与同期万得全 A 指数净值图。冯明远自从 2016 年

底上任基金经理以来，分年度表现看，每一个年份都表现很好，一直稳扎稳打，兼顾攻守。如果只看牛市区间，很多基金经理都能做到 30% 以上的收益率，但一轮牛熊周期下来是很难的。而冯明远经历了 2018 年的 A 股历史第二大熊市，仍能做好坚守，将系统性风险带来的劣势降到最低，在权益市场转暖的 2019 年、2020 年，其投资业绩仍保持前列，在 2021 年结构剧烈分化的市场中，其收益表现仍位列前茅，选股能力得以体现。

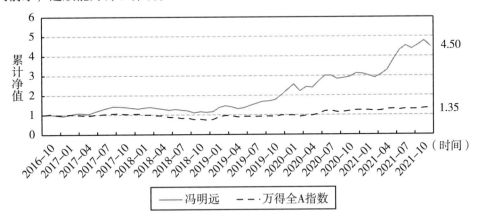

图 5-5　基金经理冯明远以及万得全 A 指数同期净值

（二）离职基金经理选股能力

表 5-10 展示了 687 位截至 2021 年 12 月底已离职的股票型基金经理选股能力的统计结果。图 5-6 为基金经理选股能力所对应的 α 的 t 值（从高到低排列）。我们使用单边的假设检验，在 5% 的显著性水平上，有 168 位（占比 24%）基金经理的 α 呈正显著性，其 t 值高于 1.64，说明他们具有正确的选股能力；有 470 位（占比 69%）基金经理的 α 不显著，说明他们不具有明显的选股能力；有 49 位（占比 7%）基金经理的 α 呈负显著性，其 t 值低于 -1.64，说明这些基金经理具有错误的选股能力。总体来看，有两成已离职的基金经理具有选股能力，但低于在职基金经理具备选股能力的比例。

表 5-10　离职基金经理选股能力

项目	显著性	基金经理数目（位）	占比（%）
选股能力	正显著	168	24
	不显著	470	69
	负显著	49	7
总计		687	100

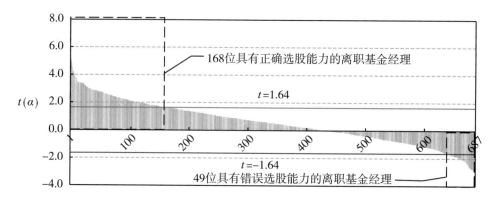

图 5-6　离职股票型基金经理 α 的 t 值（显著性）排列

注：正确选股能力代表 $t(\alpha) > 1.64$；错误选股能力代表 $t(\alpha) < -1.64$；未表现出选股能力代表 $-1.64 \leq t(\alpha) \leq 1.64$。基金经理具有选股能力是指基金经理表现出正确的选股能力，基金经理不具有选股能力代表基金经理表现出错误的或未表现出选股能力。

在分析选股能力时，需要评估衡量基金经理选股能力 α 的估计值。我们采用 Treynor-Mazuy 四因子模型对已经离职基金经理的选股能力进行回归分析，结果展示在表 5-11 和图 5-7 中。按照离职基金经理的选股能力（年化 α），可以将基金经理分为 10 组，第 1 组为 α 最高的组，以此类推，第 10 组为 α 最低的组。表 5-11 和图 5-7 具体列示了每一组基金经理所对应的 α、γ、β_{mkt}、β_{smb}、β_{hml}、β_{mom}，以及反映模型拟合好坏的调整后 R^2 的平均值。

表 5-11　　　　　离职基金经理 Treynor-Mazuy 模型回归结果（选股能力）

组别	年化 α（%）	γ	β_{mkt}	β_{smb}	β_{hml}	β_{mom}	调整后 R^2（%）
1（α 最高组）	18.83	−0.49	0.73	−0.20	−0.34	0.13	72
2	11.68	−0.16	0.69	−0.13	−0.18	0.17	76
3	8.09	−0.24	0.73	−0.08	−0.22	0.15	79
4	5.50	−0.10	0.66	−0.05	−0.20	0.14	74
5	3.48	−0.01	0.71	−0.01	−0.21	0.18	79
6	1.70	−0.07	0.69	0.00	−0.17	0.14	75
7	−0.31	0.09	0.72	0.04	−0.19	0.16	79
8	−2.72	0.26	0.75	0.05	−0.22	0.19	81
9	−5.37	0.35	0.76	0.09	−0.18	0.24	81
10（α 最低组）	−11.40	0.73	0.81	0.14	−0.05	0.26	80

注：此表汇报每一组基金经理对应的 α、γ、β_{mkt}、β_{smb}、β_{hml}、β_{mom}，以及调整后 R^2 的平均值。

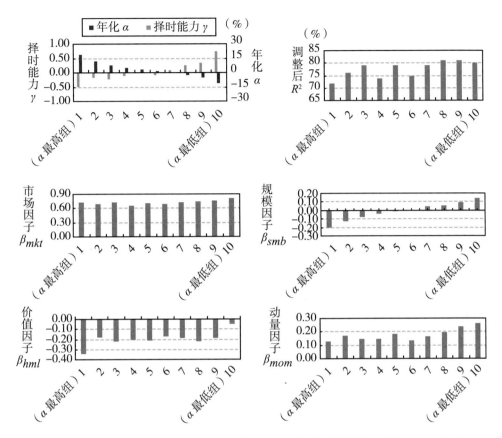

图 5-7　离职基金经理 Treynor-Mazuy 模型回归结果〔按选股能力（年化 α）分组〕

从表 5-11 和图 5-7 可以看出，离职基金经理的年化 α 在 -11.40% ~ 18.83% 之间，排名在前 2 组的离职基金经理的年化 α 均在 11% 以上。大盘指数对应的敏感系数 β_{mkt} 在 0.66 ~ 0.73 之间，每组基金经理在大盘指数上的风险暴露都较高，说明离职基金经理管理的产品与大盘具有较强的相关性。规模因子对应的敏感系数 β_{smb} 在 -0.20 ~ 0.14 之间，且随着每组基金经理平均年化 α 的下降，基金经理在规模因子上的风险暴露逐渐升高，这意味着在年化 α 较高的组别中，基金经理持有的投资组合偏重大盘股。价值因子对应的敏感度系数 β_{hml} 在 -0.34 ~ -0.05 之间，随着年化 α 的下降，基金经理在价值因子上的风险暴露并无明显变化，说明基金经理持有价值股或成长股的仓位与其选股能力无明显关系。趋势因子对应的敏感系数 β_{mom} 在 0.13 ~ 0.26 之间，整体而言，我们发现离职基金经理的追涨杀跌在各组之间有明显的差别。调整后的 R^2 在 78% 左右，表明该模型很好地解释了离职基金经理的超额收益。有关选股能力（α）和择时能力（γ）的相关性，我们在下一节讨论。

表 5-12 列出了 Treynor-Mazuy 四因子模型中 α 为正显著，即具有正确选股能

力的 168 位离职基金经理的名单，还展示了每位基金经理的任职时间及其选股能力 α 的估计值。这些基金经理对应的年化 α 在 2.26%~27.19% 之间，平均任职时间为 68 个月，管理 4 只基金产品。本书附录九具体给出了所有已经离职的股票型基金经理的选股能力年化 α 以及各 β 的风险暴露程度，供读者了解每一位已离职的基金经理的业绩。

表 5-12　　具有选股能力的离职股票型公募基金经理（按年化 α 排序）：1998~2021 年

编号	基金经理	离职前任职公司	任职区间	任职时间（月）	管理基金数量（只）	年化 α（%）	$t(\alpha)$
1	钟赟	招商	2017/02~2021/08	56	4	27.19	3.00
2	骆海涛	嘉合	2018/03~2021/04	39	4	27.14	2.90
3	孙延群	上投摩根	2004/06~2009/06	58	3	25.79	3.85
4	黄敬东	九泰	2006/09~2015/11	45	5	24.38	2.33
5	李学文	景顺长城	2003/08~2007/08	48	4	24.24	3.43
6	李志嘉	景顺长城	2006/06~2010/04	48	2	24.06	2.93
7	詹杰	华宝	2018/08~2021/10	40	2	23.61	2.66
8	肖勇	南方	2015/07~2020/11	43	6	22.68	3.09
9	张富盛	上投摩根	2018/03~2021/10	44	2	21.96	1.98
10	冉华	易方达	2004/02~2007/12	48	1	21.55	2.58
11	高阳	博时	2002/10~2008/01	65	3	21.32	3.42
12	袁蓓	华安	2004/08~2008/03	45	1	21.00	3.36
13	郑拓	交银施罗德	2005/04~2009/07	50	5	20.59	2.54
14	秦玲萍	长城	2006/03~2009/04	40	1	20.46	1.65
15	肖华	博时	2000/08~2006/11	73	3	20.30	2.72
16	吴域	中银	2007/08~2010/09	39	1	20.14	2.83
17	江湧	广发	2005/02~2009/08	56	2	19.78	2.49
18	刘欣	嘉实	2003/07~2006/09	40	3	19.59	3.39
19	盖婷婷	交银施罗德	2015/07~2018/08	39	3	19.16	3.47
20	曾昭雄	信达澳银	2003/04~2008/12	55	7	18.92	2.62
21	蔡丞丰	泓德	2017/07~2021/01	44	4	18.88	3.44
22	盛震山	诺安	2015/09~2018/12	41	6	18.40	3.80
23	梁丰	华泰柏瑞	2004/03~2010/04	73	4	18.34	2.94
24	何震	广发	2004/07~2008/01	44	2	18.24	2.54
25	张翎	工银瑞信	2005/05~2010/03	57	4	18.20	2.62

续表

编号	基金经理	离职前任职公司	任职区间	任职时间（月）	管理基金数量（只）	年化 α（%）	$t(\alpha)$
26	刘天君	嘉实	2006/08～2013/05	83	4	17.98	3.12
27	徐栋	国投瑞银	2016/11～2020/10	49	2	17.98	2.15
28	徐轶	嘉实	2000/06～2006/11	79	3	17.94	2.09
29	游海	招商	2007/01～2010/06	43	3	17.93	2.14
30	林鹏	上海东方证券	2014/09～2020/04	69	8	17.74	3.39
31	黄明仁	华泰柏瑞	2016/11～2019/12	39	1	17.74	2.33
32	孙林	嘉实	2003/01～2007/03	52	2	17.01	2.75
33	邹志新	博时	2002/01～2010/10	107	4	16.90	4.15
34	郝康	工银瑞信	2016/12～2020/03	41	3	16.78	3.43
35	张汉毅	国联安	2016/12～2021/07	57	3	16.74	3.46
36	江晖	工银瑞信	2002/01～2007/04	52	3	16.60	2.98
37	崔海峰	交银施罗德	2003/01～2010/05	86	7	16.57	3.39
38	温震宇	工银瑞信	2005/02～2009/08	50	3	16.37	2.03
39	张晖	汇添富	2002/11～2007/11	48	3	16.06	2.27
40	况群峰	银华	2006/09～2011/08	61	3	15.96	2.38
41	易万军	融通	2003/09～2007/02	43	1	15.85	2.92
42	付伟琦	融通	2015/06～2020/01	57	5	15.63	2.78
43	张益驰	华夏	2004/09～2009/06	59	5	15.53	2.42
44	忻怡	嘉实	2006/12～2010/09	47	2	15.28	1.80
45	孔学峰	信达澳银	2016/10～2020/09	48	1	15.20	3.34
46	王义克	易方达	2014/12～2018/02	40	1	15.16	1.83
47	刘晓明	景顺长城	2014/11～2020/04	67	4	15.12	2.28
48	杨兵兵	景顺长城	2003/10～2007/08	48	2	15.09	2.51
49	肖坚	易方达	2002/03～2007/12	71	3	14.99	2.90
50	陈鹏	建信	2004/12～2009/08	52	3	14.90	2.11
51	康赛波	海富通	2003/04～2011/03	82	3	14.83	3.00
52	王志华	华夏	2001/11～2007/08	55	4	14.83	2.54
53	徐大成	富国	2002/11～2007/05	57	3	14.77	3.40
54	王美芹	鑫元	2017/12～2021/02	40	1	14.75	1.95

编号	基金经理	离职前任职公司	任职区间	任职时间（月）	管理基金数量（只）	年化 α（%）	$t(\alpha)$
55	李倩	泓德	2016/02～2021/03	63	3	14.59	4.00
56	付伟	新华	2015/08～2021/08	74	8	14.53	2.85
57	栾杰	农银汇理	2003/07～2011/03	84	5	14.48	2.76
58	吴尚伟	建信	2014/11～2021/09	84	6	14.38	2.86
59	吕俊	上投摩根	2002/05～2007/07	60	4	14.34	2.53
60	董伟炜	光大保德信	2015/05～2020/10	67	4	14.32	3.69
61	郝继伦	融通	2001/09～2010/01	71	2	13.99	2.28
62	周力	博时	2005/02～2011/06	78	2	13.94	2.44
63	王亚伟	华夏	1998/04～2012/04	163	4	13.92	1.91
64	陈志民	易方达	2001/06～2011/03	120	4	13.86	3.39
65	孙建冬	华夏	2005/06～2010/01	57	2	13.72	2.22
66	颜媛	嘉实	2015/03～2021/07	71	4	13.66	1.97
67	王雄辉	中海	2001/06～2008/03	67	3	13.19	2.43
68	余科苗	银河	2017/12～2021/04	42	4	12.78	5.07
69	李旭利	交银施罗德	2000/03～2009/05	104	4	12.77	1.81
70	江作良	易方达	2001/06～2007/06	72	2	12.73	3.20
71	张淑婉	上投摩根	2018/06～2021/06	38	1	12.68	1.92
72	许彤	长盛	2004/10～2009/04	56	1	12.68	1.78
73	黄刚	国泰	2002/05～2008/04	47	3	12.65	1.97
74	庞飒	东方	2005/08～2013/02	86	3	12.49	2.20
75	彭一博	泰康	2014/05～2017/11	40	5	12.49	1.64
76	李欣	中欧	2016/01～2019/07	44	3	12.46	2.76
77	黄中	鹏华	2001/09～2006/10	63	1	12.34	2.65
78	黄钦来	民生加银	2003/11～2010/10	50	4	12.30	1.81
79	党开宇	嘉实	2005/01～2010/05	63	6	12.30	1.77
80	刘青山	泰达宏利	2003/04～2013/01	119	2	12.09	2.76
81	史程	前海开源	2016/04～2021/03	61	12	12.08	1.91
82	乔海英	平安	2015/08～2021/05	71	3	12.02	1.65
83	魏伟	富国	2011/12～2021/01	108	5	11.99	1.64

续表

编号	基金经理	离职前任职公司	任职区间	任职时间（月）	管理基金数量（只）	年化 α（%）	$t(\alpha)$
84	李昇	银河	2002/09～2009/07	85	4	11.90	2.78
85	李明阳	圆信永丰	2017/12～2021/10	48	4	11.80	1.77
86	曾豪	华宝	2017/12～2021/11	49	3	11.73	2.30
87	胡军华	招商	2005/08～2008/12	41	2	11.68	1.88
88	史彦刚	长城	2013/04～2016/11	45	8	11.60	1.97
89	程世杰	鹏华	2005/05～2015/06	123	5	11.49	3.21
90	陈丰	博时	2003/08～2008/11	66	2	11.49	2.63
91	尚志民	华安	1999/06～2015/01	189	6	11.32	2.86
92	陈嘉平	合煦智远	2011/12～2019/08	54	5	11.32	1.69
93	余昊	广发	2016/06～2021/04	60	4	11.31	2.22
94	杨毅平	长城	2002/03～2013/05	123	5	11.14	2.78
95	刘新勇	华安	2003/09～2009/02	67	2	11.03	1.95
96	吴刚	工银瑞信	2002/09～2008/01	59	5	10.90	2.17
97	王新艳	建信	2002/11～2013/11	117	6	10.86	3.10
98	常昊	光大保德信	2002/11～2007/05	53	3	10.83	2.33
99	谢振东	华安	2015/03～2019/10	57	6	10.76	3.74
100	陈戈	富国	2005/04～2014/03	109	1	10.63	2.35
101	刘春雨	银华	2012/04～2015/04	38	1	10.46	1.83
102	周伟锋	国泰	2013/06～2020/07	87	10	10.44	1.96
103	黄健斌	博时	2003/12～2009/11	60	2	10.34	1.94
104	詹凌蔚	嘉实	2002/09～2014/03	106	4	10.33	3.07
105	石波	华夏	2001/01～2007/07	80	4	10.23	2.20
106	王俊	博时	2015/01～2020/12	73	12	10.22	3.24
107	杜晓安	中航	2017/12～2021/02	40	2	10.15	2.09
108	王嘉	华安	2015/07～2018/10	41	4	10.01	1.80
109	邓晓峰	博时	2007/03～2014/11	94	1	9.89	2.37
110	徐彬	大成	2002/01～2006/05	53	3	9.86	1.82
111	罗泽萍	华夏	2005/04～2014/02	108	4	9.84	2.01
112	李华	建信	2001/09～2007/09	48	2	9.82	1.68

编号	基金经理	离职前任职公司	任职区间	任职时间（月）	管理基金数量（只）	年化 α（%）	$t(\alpha)$
113	周炜炜	光大保德信	2005/08～2014/07	102	4	9.53	2.19
114	易海波	中融	2017/01～2020/02	39	4	9.46	2.41
115	陈志龙	浙商	2007/08～2014/09	66	3	9.44	2.00
116	金昉毅	光大保德信	2015/05～2021/10	66	13	9.43	2.50
117	冯刚	上投摩根	2006/06～2014/11	87	4	9.43	2.43
118	郭敏	汇丰晋信	2015/05～2020/05	61	2	9.39	2.87
119	肖林	易方达	2016/05～2019/08	41	2	9.18	2.54
120	胡建平	华夏	2006/03～2013/12	93	4	9.13	1.97
121	王磊	兴银	2017/07～2020/12	43	3	8.94	2.15
122	张冰	招商	2004/06～2011/06	86	3	8.91	2.02
123	何江旭	工银瑞信	2002/11～2014/06	138	7	8.33	2.89
124	梁辉	泰达宏利	2005/04～2015/03	121	10	8.31	1.99
125	罗捷	鹏华	2018/03～2021/07	42	2	8.31	1.71
126	李权胜	博时	2012/08～2020/07	97	3	8.29	2.24
127	梁裕宁	易方达	2016/01～2020/05	54	3	8.22	1.78
128	田擎	建信	2004/02～2010/03	52	3	8.09	1.67
129	刘俊	中海	2014/05～2021/07	87	6	8.07	1.70
130	付勇	长信	2006/01～2012/10	80	3	8.03	1.79
131	冯士祯	信达澳银	2015/05～2019/04	49	6	7.98	1.88
132	肖强	长盛	2002/11～2010/02	78	5	7.92	1.66
133	魏欣	工银瑞信	2015/05～2021/06	75	2	7.88	2.03
134	郭党钰	中金	2015/06～2019/10	54	8	7.88	2.00
135	陈键	南方	2005/04～2015/12	130	6	7.86	2.23
136	姚爽	招商	2016/12～2021/06	50	2	7.70	3.03
137	刘模林	融通	2004/03～2011/03	86	3	7.56	1.66
138	陈洪	海富通	2003/08～2014/05	131	5	7.55	2.73
139	季侃乐	兴证全球	2014/11～2021/06	81	2	7.47	1.65
140	谢书英	鹏华	2014/04～2021/11	93	7	7.36	1.78
141	邵健	嘉实	2004/04～2015/06	136	3	7.22	1.68

续表

编号	基金经理	离职前任职公司	任职区间	任职时间（月）	管理基金数量（只）	年化 α（％）	$t(\alpha)$
142	邓钟锋	国海富兰克林	2016/06～2019/09	41	7	7.06	4.24
143	赵雪芹	前海开源	2016/01～2020/06	55	5	6.72	2.03
144	陈玉辉	创金合信	2012/11～2019/08	80	5	6.72	1.89
145	王华	银华	2006/11～2017/07	130	5	6.63	1.84
146	刘思甸	博时	2016/04～2020/10	56	1	6.54	1.81
147	陈勤	嘉实	2006/10～2015/05	102	4	6.33	1.67
148	姚秋	新华	2015/01～2021/11	84	3	6.30	2.10
149	韩丽楠	西部利得	2015/08～2021/09	75	7	6.24	1.92
150	石国武	大成	2013/04～2017/08	54	5	6.09	1.96
151	董承非	兴证全球	2007/02～2021/09	177	5	6.07	2.60
152	谢军	广发	2016/02～2021/03	63	11	5.90	6.93
153	王曦	博时	2015/09～2021/11	76	14	5.87	2.37
154	张钟玉	大成	2015/03～2021/08	80	1	5.86	2.39
155	蒋征	海富通	2003/01～2013/12	127	8	5.81	2.09
156	魏孛	中金	2017/03～2021/10	57	7	5.78	1.71
157	蔡耀华	富国	2016/12～2021/07	57	5	5.54	1.75
158	徐昀君	东方	2013/12～2017/04	42	3	5.47	2.83
159	曲扬	嘉实	2016/04～2020/11	58	12	5.45	4.80
160	钟敬棣	建信	2013/09～2018/04	57	1	5.14	2.51
161	高翰昆	万家	2015/05～2018/07	40	14	5.08	2.25
162	李娜	交银施罗德	2015/08～2020/11	65	14	4.69	4.26
163	万梦	景顺长城	2015/07～2021/07	74	8	4.59	4.53
164	葛鹤军	银华	2014/10～2018/06	46	4	3.60	1.67
165	周薇	东方	2015/04～2020/04	62	5	3.26	1.90
166	钟智伦	富国	2015/05～2019/02	47	7	2.87	2.08
167	王婷婷	国开泰富	2018/05～2021/05	38	1	2.66	1.82
168	张萌	中邮创业	2015/05～2019/03	48	1	2.26	1.72

我们选取年化 α 为 21.96% 的基金经理张富盛作为研究对象，分析其选股能力。图 5-8 为张富盛所管理的所有基金的加权平均净值图以及同期万得全 A 指数

的净值图。张富盛曾任职于上投摩根基金管理有限公司，自 2018 年 3 月开始管理基金，至 2021 年 10 月离职，期间其产品收益率达到 154%，在 3 年多的时间里给投资者带来约 1.5 倍的收益，而同期万得全 A 指数上涨 30%。在刚从事基金经理的一年多时间里，张富盛的成绩不甚理想。但自 2019 年 5 月始，张富盛的业绩曲线与指数的差距越来越小，于 2020 年初开始高于指数。

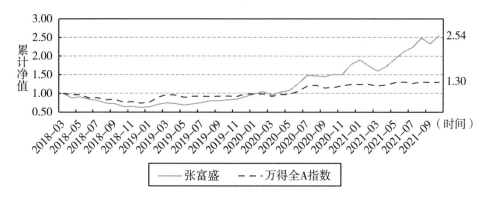

图 5-8　基金经理张富盛以及万得全 A 指数同期净值

通过研究张富盛管理的产品在 2018 年和 2019 年提供的定期报告，我们发现他在 2018 年的报告中便已提到新能源车与消费电子的成长性被市场低估，将持续重点配置相关板块个股。但新能源指数在 2018 年 1~10 月的区间累计跌幅高达 45%，这在很大程度上影响了他当时的基金业绩。新能源在此后的一段时间中不温不火，于 2020 年 3 月开始异动，5 月爆发，而持续持有新能源及相关行业个股的张富盛也在同期迎来了他第一个业绩爆发的浪潮。据张富盛旗下产品过去 14 个季度的报告显示，持有超过 7 个季度以上的个股共有 8 只，其中有 6 只与新能源产业链高度相关。张富盛表示，他的选股是从中国经济转型的角度出发，从结构上选择未来几年能够保持快速成长的行业以及个股。而新能源车行业的增速在张富盛看来能达到 30% 或以上，成长性是比较确定的。在 2021 年里，新能源和光伏行业保持了快速的增长，这也与张富盛的预期相符，展现了基金经理稳健的选股能力。

三、基金经理的择时能力

（一）在职基金经理择时能力

在分析基金经理的择时能力时，我们同样采用 Treynor-Mazuy 模型进行评估。表 5-13 展示了在职基金经理择时能力的估计结果。图 5-9 展示了模型估计出来的

基金经理择时能力 γ 的 t 值排列。由于我们关心在职基金经理是否真正具有择时能力，因此我们使用单边的假设检验。可以发现，截至 2021 年 12 月还在任职的基金经理共有 947 人，在 5% 的显著性水平上，有 75 位（占比 8%）基金经理的择时能力系数 γ 呈正显著，表明这些基金经理具有正确的择时能力；有 158 位（占比 17%）基金经理的择时能力系数 γ 呈负显著，说明他们具有错误的择时能力；有 714 位（占比 75%）基金经理的择时能力系数 γ 不显著，即不具有择时能力。总体来看，具有正确择时能力的在职基金经理占比很少，不到一成，绝大部分在职的基金经理没有择时能力。

表 5-13　　　　　　　　　　　　　在职基金经理择时能力

项目	显著性	基金经理数目（位）	占比（%）
择时能力	正显著	75	8
	不显著	714	75
	负显著	158	17
总计		947	100

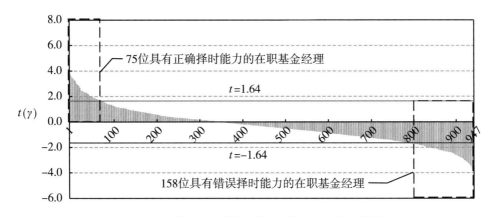

图 5-9　在职基金经理择时能力 t 值（显著性）排列

注：正确择时能力代表 $t(\gamma) > 1.64$；错误择时能力代表 $t(\gamma) < -1.64$；未表现出择时能力代表 $-1.64 \leqslant t(\gamma) \leqslant 1.64$。基金经理具有择时能力是指基金经理表现出正确的择时能力，基金经理不具有择时能力代表基金经理表现出错误的或未表现出择时能力。

我们采用 Treynor-Mazuy 模型对在职基金经理的择时能力进行回归分析，表 5-14 和图 5-10 展示的是模型的回归结果。我们按照基金经理的择时能力系数 γ 把基金经理等分为 10 组，第 1 组为 γ 最高的组，以此类推，第 10 组为 γ 最低的组。表 5-14 具体列示了每一组基金经理所对应的择时能力系数 γ、选股能力年化 α、β_{mkt}、β_{smb}、β_{hml}、β_{mom}，以及反映模型拟合好坏的调整后 R^2 的平均值。

表 5-14 在职基金经理 Treynor–Mazuy 模型回归结果（择时能力）

组别	γ	年化 α（%）	β_{mkt}	β_{smb}	β_{hml}	β_{mom}	调整后 R^2（%）
1（γ 最高组）	1.04	5.12	0.64	−0.02	−0.19	0.11	61
2	0.40	5.67	0.67	0.01	−0.23	0.14	61
3	0.18	5.51	0.67	0.02	−0.20	0.18	64
4	0.03	5.97	0.70	0.00	−0.19	0.13	70
5	−0.13	6.73	0.70	0.00	−0.17	0.12	71
6	−0.32	8.68	0.72	−0.01	−0.22	0.08	69
7	−0.55	9.39	0.70	−0.01	−0.15	0.09	65
8	−0.83	10.78	0.77	−0.06	−0.19	0.05	65
9	−1.34	12.96	0.84	−0.07	−0.15	0.10	64
10（γ 最低组）	−2.48	14.64	0.91	−0.12	−0.12	0.08	60

注：此表汇报每一组基金经理对应的 α、γ、β_{mkt}、β_{smb}、β_{hml}、β_{mom}，以及调整后 R^2 的平均值。

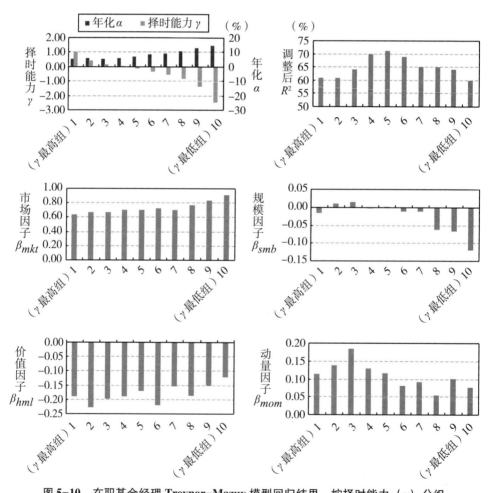

图 5-10 在职基金经理 Treynor–Mazuy 模型回归结果，按择时能力（γ）分组

从表 5-14 和图 5-10 我们发现，在择时能力较高的组中，基金经理的选股能力较差，而在择时能力较低的组中，基金经理的选股能力相对较强，即在职基金经理的选股能力和择时能力呈现负相关关系。在基金经理择时能力最高的第 1 组，基金经理的年化 α 仅为 5.12%；在择时能力最低的第 10 组，基金经理的年化 α 为 14.64%，从图 5-10 中（第一个图）可以清楚地看到这种负相关关系。同时我们发现，基于择时能力 γ 分组后，10 组基金的 β_{mkt} 因子的系数均在 0.64 以上，说明不论基金经理的择时能力如何，他们的基金组合均与大盘指数有着较高的相关性。此外，每一组基金经理的投资组合在 β_{smb}、β_{hml}、β_{mom} 因子上的风险暴露不存在明显的规律性，调整后 R^2 在 65% 左右，表明该模型能够较好地反映基金经理的风险暴露。

表 5-15 列出了 Treynor-Mazuy 模型中 γ 为正显著的在职基金经理名录，即具有正确择时能力的在职基金经理。这些基金经理平均任职 85 个月，管理 7 只基金。这里我们主要关心反映择时能力的系数 γ 的显著性，不难发现，具有择时能力的在职基金经理数量占比不到一成。对于公募基金经理在择时能力上缺失的原因，一方面是在复杂的市场环境中，基金经理择时的正确率非常低，并且在过去几年，由于《资管新规》落地、医药改革、《中华人民共和国外商投资法》正式发布、科创板开市、注册制加速推进、人民币升值、内循环与外循环、中美贸易摩擦和新冠肺炎疫情等事件或政策的影响，市场风格剧烈变化，基金经理很难跟上市场的风格调整；另一方面，市场风格变化时，基金经理很难在短时间内通过交易的方式大幅加减仓位来获取收益。

表 5-15　具有择时能力的在职股票型公募基金经理 ［按照 t（γ）排序］：1998~2021 年

编号	基金经理	当前任职公司	任职区间	任职时间（月）	管理基金数量（只）	γ	t（γ）
1	李炳智	前海开源	2017/01~2021/12	60	4	2.91	6.89
2	褚艳辉	浦银安盛	2014/06~2021/12	91	6	0.73	3.89
3	刘斌	嘉实	2009/11~2021/12	141	4	0.69	3.81
4	王景	招商	2011/12~2021/12	120	16	1.10	3.63
5	王予柯	广发	2015/12~2021/12	73	5	0.41	3.60
6	游凛峰	工银瑞信	2012/04~2021/12	117	5	1.04	3.51
7	梁永强	汇泉	2008/09~2021/12	125	7	1.08	3.48
8	蒋磊	银河	2016/08~2021/12	65	6	1.38	3.47
9	腊博	兴业	2015/05~2021/12	80	5	0.62	3.46
10	范妍	圆信永丰	2015/10~2021/12	75	13	0.94	3.37

编号	基金经理	当前任职公司	任职区间	任职时间（月）	管理基金数量（只）	γ	$t(\gamma)$
11	郭堃	长盛	2015/11～2021/12	69	10	1.09	3.34
12	钟光正	安信	2012/08～2021/12	96	5	0.50	3.29
13	陶敏	海富通	2018/04～2021/12	45	1	1.71	3.29
14	洪流	嘉实	2014/11～2021/12	79	13	0.90	3.24
15	王刚	招商	2017/07～2021/12	54	8	0.88	3.24
16	蒋秋洁	南方	2014/12～2021/12	85	10	1.27	3.13
17	吴剑毅	南方	2015/05～2021/12	80	8	0.47	3.05
18	夏林锋	华宝	2014/10～2021/12	87	7	1.13	2.99
19	李栋梁	华宝	2015/10～2021/12	75	8	0.51	2.98
20	李化松	平安	2015/12～2021/12	69	13	1.75	2.91
21	桂跃强	泰康	2011/06～2021/12	124	10	0.80	2.91
22	何昕	九泰	2018/08～2021/12	41	4	2.91	2.88
23	杨梦	博道	2018/08～2021/12	41	7	1.51	2.85
24	陈良栋	长城	2015/11～2021/12	74	8	1.30	2.84
25	陈梁	中邮创业	2014/07～2021/12	90	8	1.19	2.72
26	滕祖光	渤海汇金证券	2014/04～2021/12	79	3	1.02	2.69
27	苏谋东	万家	2015/05～2021/12	74	10	0.37	2.68
28	刘霄汉	民生加银	2010/05～2021/12	99	6	0.70	2.46
29	赵晓东	国海富兰克林	2010/11～2021/12	134	6	0.63	2.46
30	谈云飞	海富通	2015/04～2021/12	81	6	0.29	2.43
31	王梁	中加	2018/08～2021/12	41	3	1.77	2.42
32	罗博	银河	2016/12～2021/12	61	6	1.14	2.42
33	倪权生	上投摩根	2015/03～2021/12	79	6	0.88	2.40
34	王琳	国泰	2017/01～2021/12	60	10	0.92	2.40
35	谢屹	诺德	2015/07～2021/12	75	7	1.10	2.36
36	李家春	长信	2016/10～2021/12	58	3	1.22	2.36
37	卢玉珊	南方	2015/12～2021/12	73	4	0.80	2.33

续表

编号	基金经理	当前任职公司	任职区间	任职时间（月）	管理基金数量（只）	γ	$t(\gamma)$
38	袁芳	工银瑞信	2015/12～2021/12	73	6	0.97	2.32
39	赵耀	红塔红土	2015/05～2021/12	80	10	0.60	2.31
40	张洋	工银瑞信	2015/08～2021/12	77	1	0.32	2.30
41	王克玉	泓德	2010/07～2021/12	134	10	0.46	2.29
42	张旭	东兴	2015/08～2021/12	71	7	0.51	2.29
43	曲扬	前海开源	2015/04～2021/12	81	18	0.92	2.23
44	杨成	中银	2015/09～2021/12	76	4	0.42	2.21
45	周战海	上投摩根	2015/12～2021/12	73	2	1.28	2.20
46	左剑	中海	2015/05～2021/12	80	4	1.40	2.19
47	董山青	泰信	2015/03～2021/12	82	4	0.92	2.18
48	刘重晋	中金	2017/08～2021/12	53	8	1.67	2.10
49	魏博	中欧	2012/08～2021/12	113	5	0.69	2.02
50	阳琨	华夏	2007/06～2021/12	175	9	0.45	2.01
51	戴钢	鹏华	2012/06～2021/12	115	3	0.31	2.01
52	王鹏	国投瑞银	2015/04～2021/12	81	3	0.64	1.99
53	代宇	广发	2015/02～2021/12	83	5	0.29	1.98
54	黄万青	大成	2010/04～2021/12	117	14	0.68	1.94
55	冯烜	兴业	2017/05～2021/12	56	5	1.32	1.94
56	薛小波	泰康	2015/02～2021/12	72	8	0.64	1.94
57	王霞	前海开源	2014/12～2021/12	85	11	0.65	1.93
58	王东杰	建信	2015/05～2021/12	80	8	0.76	1.92
59	张翔	西部利得	2015/07～2021/12	71	3	0.72	1.92
60	李轩	国投瑞银	2015/12～2021/12	73	2	1.49	1.90
61	黄祥斌	富荣	2013/12～2021/12	82	8	0.70	1.89
62	史博	南方	2004/07～2021/12	166	14	0.37	1.82
63	赵治烨	上银	2015/05～2021/12	80	8	0.68	1.82
64	雷俊	长城	2015/06～2021/12	62	7	0.48	1.80

续表

编号	基金经理	当前任职公司	任职区间	任职时间（月）	管理基金数量（只）	γ	$t(\gamma)$
65	雷鸣	汇添富	2014/03 ~ 2021/12	94	5	0.68	1.79
66	袁忠伟	瑞达	2015/05 ~ 2021/12	62	8	0.56	1.77
67	孙绍冰	富安达	2015/05 ~ 2021/12	80	2	1.44	1.77
68	方纬	富国	2014/08 ~ 2021/12	86	10	0.62	1.75
69	杨景涵	华泰柏瑞	2015/04 ~ 2021/12	81	18	0.52	1.73
70	张清华	易方达	2015/04 ~ 2021/12	81	13	0.72	1.72
71	李韵怡	鹏华	2015/07 ~ 2021/12	78	15	0.36	1.71
72	汪晖	德邦	2007/05 ~ 2021/12	109	5	0.58	1.70
73	邹新进	国联安	2010/03 ~ 2021/12	142	3	0.36	1.66
74	宫雪	国金	2014/08 ~ 2021/12	89	6	0.48	1.65
75	程琨	广发	2013/02 ~ 2021/12	107	9	0.45	1.65

（二）离职基金经理择时能力

表 5-16 展示了使用 Treynor-Mazuy 模型估计出的离职基金经理择时能力的统计结果。图 5-11 展示了基金经理择时能力系数 γ 的 t 值排列。在这里，我们使用单边假设检验。检验结果显示，离职基金经理共有 687 名，在 5% 的显著性水平上，有 82 位（占比 12%）基金经理的择时能力系数 γ 的 t 值大于 1.64，呈正显著，说明他们具有正确择时的能力。此外，有 69 位（占比 10%）基金经理的择时能力系数 γ 呈负显著，说明他们具有错误的择时能力；还有 536 位（占比 78%）基金经理的择时能力系数 γ 接近零，表明他们不具有择时能力。综合来看，离职基金经理中只有一成左右的基金经理具备择时能力，绝大多数离职的股票型公募基金经理没有择时能力。

表 5-16　　　　　　　　　　离职基金经理择时能力

项目	显著性	基金经理数目（位）	占比（%）
择时能力	正显著	82	12
	不显著	536	78
	负显著	69	10
总计		687	100

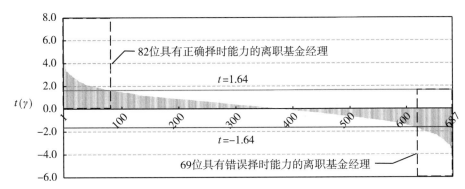

图 5-11 股票型离职基金经理择时能力 t 值（显著性）排列

注：正确择时能力代表 $t(\gamma)>1.64$；错误择时能力代表 $t(\gamma)<-1.64$；未表现出择时能力代表 $-1.64\leqslant t(\gamma)\leqslant 1.64$。基金经理具有择时能力是指基金经理表现出正确的择时能力，基金经理不具有择时能力代表基金经理表现出错误的或未表现出择时能力。

我们按照基金经理的择时能力系数 γ 把基金经理等分为 10 组。第 1 组为 γ 最高的组，第 10 组为 γ 最低的组。表 5-17 和图 5-12 展示了每一组离职基金经理所对应的择时能力系数 γ、选股能力年化 α、β_{mkt}、β_{smb}、β_{hml}、β_{mom}，以及反映模型拟合好坏的调整后 R^2 的平均值。表 5-17 和图 5-12 结果显示，在择时能力较高的组中，基金经理的选股能力较低，而在择时能力较低的组中，基金经理的选股能力相对较高，即离职基金经理的选股能力和择时能力同样呈负相关关系。具体来看，择时能力 γ 最高的第 1 组对应的年化 α 为 -4.23%，择时能力 γ 最低的第 10 组对应的年化 α 为 9.80%，图 5-12 第一幅图展示了该结果。同时，各组基金经理的 β_{mkt} 均在 0.69 以上，表明离职基金经理的投资组合与大盘的相关性较高，而回归在 β_{smb}、β_{hml}、β_{mom} 因子的风险暴露方面不存在明显的规律性。

表 5-17　　　　　离职基金经理 Treynor-Mazuy 模型回归结果（择时能力）

分组	γ	年化 α（%）	β_{mkt}	β_{smb}	β_{hml}	β_{mom}	调整后 R^2（%）
1（γ 最高组）	1.29	-4.23	0.74	0.08	0.00	0.27	73
2	0.60	-0.87	0.71	0.03	-0.18	0.23	76
3	0.36	0.14	0.76	0.03	-0.26	0.23	81
4	0.22	2.50	0.71	-0.06	-0.19	0.20	80
5	0.11	2.92	0.72	-0.02	-0.22	0.19	81
6	0.00	3.19	0.73	0.01	-0.26	0.17	80
7	-0.12	4.66	0.69	0.00	-0.20	0.13	79
8	-0.26	5.97	0.73	-0.08	-0.21	0.15	82
9	-0.52	5.40	0.71	-0.04	-0.22	0.12	77
10（γ 最低组）	-1.33	9.80	0.72	-0.07	-0.21	0.07	68

注：此表汇报每一组基金经理对应的 α、γ、β_{mkt}、β_{smb}、β_{hml}、β_{mom}，以及调整后 R^2 的平均值。

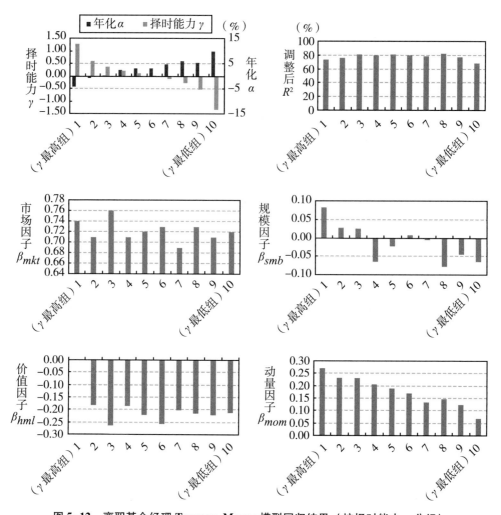

图 5-12　离职基金经理 Treynor-Mazuy 模型回归结果（按择时能力 γ 分组）

表 5-18 给出 Treynor-Mazuy 模型中 γ 为正显著的基金经理，即具有正确择时能力但已经离职的基金经理。82 位有择时能力的离职基金经理的平均任职期限为 73 个月，平均曾管理 4 只产品。

表 5-18　具有择时能力的离职股票型公募基金经理〔按照 t（γ）排序〕：1998~2021 年

编号	基金经理	离职前任职公司	任职区间	任职时间（月）	管理基金数量（只）	γ	t（γ）
1	李源海	南方	2008/07~2015/01	76	4	1.72	5.87
2	王卫东	新华	2008/07~2013/12	67	3	1.89	4.80
3	徐立平	前海开源	2014/09~2018/02	43	3	1.99	4.33

续表

编号	基金经理	离职前任职公司	任职区间	任职时间（月）	管理基金数量（只）	γ	$t(\gamma)$
4	刘建伟	博时	2010/12～2015/08	50	4	2.94	3.85
5	王晓明	兴证全球	2005/11～2013/09	96	2	0.58	3.54
6	朱虹	建信	2015/10～2021/04	56	3	0.88	3.31
7	蒋畅	新华	2001/02～2006/06	47	2	2.04	3.28
8	刘强	泰信	2007/02～2012/11	71	1	0.84	3.28
9	刘红辉	诺安	2008/05～2018/12	125	3	0.63	3.23
10	谭琦	华夏	2007/09～2014/04	81	3	0.57	3.19
11	彭一博	泰康	2014/05～2017/11	40	5	1.21	3.06
12	李华	建信	2001/09～2007/09	48	2	1.25	3.05
13	游典宗	国都证券	2015/12～2020/03	53	2	1.10	3.03
14	葛鹤军	银华	2014/10～2018/06	46	4	0.36	2.97
15	范贵龙	华融	2015/04～2021/08	78	3	0.59	2.97
16	王战强	信达澳银	2008/07～2015/07	86	3	1.07	2.95
17	姚昆	融通	2012/07～2015/07	38	1	1.10	2.83
18	谭鹏万	中信保诚	2011/09～2015/05	45	3	2.11	2.81
19	杨凯玮	安信	2014/09～2020/03	58	3	1.17	2.77
20	董承非	兴证全球	2007/02～2021/09	177	5	0.35	2.76
21	许雪梅	广发	2008/02～2013/01	61	3	0.82	2.74
22	邵秋涛	嘉实	2010/11～2020/05	116	4	0.80	2.71
23	吴鹏飞	民生加银	2013/12～2021/08	67	7	0.86	2.65
24	程广飞	国都证券	2015/12～2019/06	44	4	0.68	2.62
25	戴益强	富国	2012/10～2018/01	65	5	1.18	2.60
26	戴斌	东吴	2014/12～2020/03	77	6	1.16	2.53
27	刘晓龙	广发	2010/11～2017/02	77	3	0.69	2.49
28	汪澳	平安	2016/09～2020/07	48	3	1.65	2.44
29	王翔	华富	2014/11～2017/12	39	5	0.93	2.40
30	李勇钢	益民	2011/09～2014/11	40	1	1.70	2.39
31	钱斌	摩根士丹利华鑫	2010/07～2014/08	47	4	3.20	2.39
32	潘峰	易方达	2007/04～2014/11	93	1	0.51	2.37

编号	基金经理	离职前任职公司	任职区间	任职时间（月）	管理基金数量（只）	γ	$t(\gamma)$
33	季侃乐	兴证全球	2014/11～2021/06	81	2	0.69	2.34
34	王炯	东吴	2006/12～2011/04	54	2	0.75	2.30
35	司巍	摩根士丹利华鑫	2015/01～2018/11	48	3	1.42	2.29
36	张晓东	国海富兰克林	2006/06～2014/11	103	2	0.44	2.26
37	陈俏宇	华安	2007/03～2015/05	100	6	0.48	2.24
38	孙占军	博时	2008/02～2014/01	73	4	0.59	2.23
39	徐爽	申万菱信	2008/01～2015/05	90	3	0.49	2.15
40	王亚伟	华夏	1998/04～2012/04	163	4	0.75	2.15
41	易阳方	广发	2003/12～2020/01	195	10	0.40	2.11
42	黄健斌	博时	2003/12～2009/11	60	2	0.42	2.10
43	欧阳沁春	汇添富	2007/06～2018/12	140	3	0.67	2.10
44	区伟良	华宝	2015/04～2018/06	40	3	1.05	2.09
45	吴鹏	上投摩根	2006/09～2012/08	68	5	0.45	2.08
46	冯文光	大成	2011/03～2016/10	63	4	0.75	2.07
47	陈守红	工银瑞信	2005/03～2011/03	66	3	0.65	2.06
48	尚鹏岳	富国	2008/01～2015/05	86	4	0.63	2.04
49	程涛	东吴	2010/04～2019/04	80	9	1.80	2.04
50	魏欣	工银瑞信	2015/05～2021/06	75	2	0.61	2.04
51	王颢	先锋	2017/06～2020/06	38	4	1.38	2.02
52	谢志华	诺安	2013/05～2021/10	103	9	0.32	2.02
53	贺庆	招商	2003/04～2006/12	46	2	1.22	2.01
54	张亮	华富	2015/02～2021/02	74	2	0.86	1.99
55	王曦	博时	2015/09～2021/11	76	14	0.38	1.98
56	王超	易方达	2013/05～2021/04	98	7	0.66	1.96
57	牟旭东	华宝	2007/10～2013/01	65	2	0.56	1.94
58	蒋宁	华宝	2010/07～2013/07	38	1	1.57	1.94
59	刘柯	工银瑞信	2014/11～2018/06	45	4	1.01	1.91
60	崔海鸿	泰信	2005/10～2009/12	47	3	1.11	1.91
61	刘毅	泰信	2010/12～2014/05	43	2	1.68	1.90

编号	基金经理	离职前任职公司	任职区间	任职时间（月）	管理基金数量（只）	γ	$t(\gamma)$
62	刘文正	华富	2013/06～2017/02	46	3	0.64	1.90
63	程崇	海富通	2010/04～2013/11	44	2	2.06	1.87
64	马少章	国投瑞银	2009/04～2014/11	69	4	0.67	1.87
65	张继荣	景顺长城	2004/07～2015/06	104	7	0.56	1.84
66	胡建平	华夏	2006/03～2013/12	93	4	0.44	1.84
67	冯天戈	国联安	2004/03～2010/04	65	5	0.45	1.82
68	吕一凡	招商	2003/12～2014/12	72	7	0.53	1.79
69	颜正华	平安	2007/07～2013/04	42	4	0.49	1.79
70	李安心	国金	2009/10～2018/08	61	3	1.48	1.77
71	童汀	华夏	2007/09～2014/05	82	3	0.35	1.76
72	姜文涛	天弘	2005/04～2016/10	82	6	0.42	1.76
73	楼鸿强	华宝	2014/10～2020/01	65	2	0.86	1.75
74	笪菲	中海	2011/02～2014/10	46	2	1.27	1.73
75	程海泳	华夏	2004/09～2013/08	56	2	1.26	1.70
76	曹剑飞	中欧	2008/08～2016/03	90	6	0.56	1.70
77	丁骏	前海开源	2006/12～2020/04	140	7	0.23	1.68
78	钱亚风云	中银	2015/07～2021/11	78	7	0.84	1.67
79	彭海平	中海	2016/04～2021/08	66	3	1.87	1.67
80	黄一明	民生加银	2013/08～2020/05	66	6	0.73	1.66
81	陶羽	嘉实	2009/03～2017/06	101	2	0.37	1.64
82	任泽松	中邮创业	2012/12～2018/05	67	5	1.05	1.64

四、小结

投资者在选择基金时，除了关注基金产品本身，还会特别注意管理基金的基金经理。各家公司明星基金经理在发行产品时，往往很快能募集到大量资金。我国基金市场中，存在基金经理更迭较为频繁、基金经理任职期限较短的现象，在本章，我们自行收集整理了市场上股票型公募基金经理的数据，以 2021 年 12 月 31 日为界，将基金经理划分为在职基金经理和离职基金经理，并以基金经理管理所有产品的合并收益序列为主线，对其选股能力和择时能力进行研究。

　　研究结果显示，截至 2021 年 12 月底，我国在职基金经理共有 1 708 人，累计已离职的基金经理有 1 699 人，基金经理总数达 3 407 人。其中，有三年以上任职数据的在职股票型公募基金经理有 947 人，离职股票型公募基金经理有 687 人，这些有三年以上业绩的基金经理是我们的研究对象。在选股能力层面，具有正确选股能力的在职基金经理占比为 51%，离职基金经理占比为 48%，稍低于在职基金经理。在择时能力方面，具有正确择时能力的在职基金经理占比为 8%，离职基金经理占比为 12%，均只有一成左右。整体来看，相较选股能力，具有择时能力的基金经理数量占比更少，说明择时能力更难获得。同样值得注意的是，无论是在职的还是离职的基金经理，他们的选股能力与择时能力呈现明显的负相关性，即具有最好选股能力的基金经理不具备择时能力，而具有最好择时能力的基金经理不具备选股能力，选股能力和择时能力难以兼得。

附录一　股票型公募基金近五年业绩描述统计表（按年化收益率排序）：2017～2021 年

本表展示的是近五年主动管理的股票型公募基金的收益和风险指标。其中，收益指标包括年化收益率，风险指标包括年化波动率、年化下行风险及最大回撤率。夏普比率及索丁诺比率，我们选取万得全 A 指数作为评估标准，并在表中第 0 行给出相关指标的结果。在评估基金的收益与风险时，我们选取万得全 A 指数数作为评估标准，并在表中第 0 行给出相关指标的结果。

编号	基金名称	年化收益率（%）	年化波动率（%）	年化下行风险（%）	最大回撤率（%）	年化夏普比率	年化索丁诺比率
0	**万得全 A 指数**	**6.55**	**16.08**	**8.25**	**30.56**	**0.38**	**0.74**
1	信达澳银新能源产业	39.45	24.88	9.25	22.07	1.41	3.80
2	中欧明睿新常态 A	35.80	21.15	9.15	16.91	1.50	3.46
3	汇丰晋信智造先锋 A	34.78	28.29	13.19	27.16	1.15	2.47
4	泰达宏利转型机遇 A	33.18	29.74	12.96	32.20	1.06	2.44
5	交银趋势优先 A	32.36	23.23	9.39	26.33	1.27	3.13
6	大成新锐产业	31.89	22.06	8.24	23.67	1.30	3.49
7	工银瑞信战略转型主题 A	31.75	19.76	7.93	27.77	1.43	3.56
8	信诚中小盘	31.54	27.45	11.63	33.44	1.09	2.56
9	华安安信消费服务 A	31.21	19.45	7.10	25.27	1.43	3.91
10	鹏华环保产业	30.87	23.28	9.67	25.08	1.22	2.93
11	景顺长城鼎益	30.61	26.56	12.26	27.04	1.09	2.36
12	景顺长城新兴成长	30.56	26.05	12.12	27.05	1.10	2.37
13	工银前沿医疗 A	30.54	25.85	11.48	34.05	1.11	2.50
14	工银物流产业	30.53	17.48	8.34	18.48	1.54	3.23
15	富国价值优势	30.47	19.67	8.07	29.72	1.38	3.37

续表

编号	基金名称	年化收益率（%）	年化波动率（%）	年化下行风险（%）	最大回撤率（%）	年化夏普比率	年化索丁诺比率
16	华宝创新优选	30.34	26.92	11.13	29.69	1.07	2.58
17	信诚周期轮动 A	30.05	23.00	9.17	30.13	1.20	3.01
18	中欧医疗健康 A	29.61	28.26	13.24	33.50	1.01	2.16
19	银河创新成长 A	29.58	32.00	15.88	27.32	0.93	1.87
20	金鹰行业优势	29.42	22.01	8.84	26.88	1.22	3.04
21	海富通内需热点	29.41	20.55	8.82	19.77	1.29	3.01
22	建信改革红利	29.34	21.79	9.18	35.22	1.23	2.92
23	工银瑞信新金融 A	29.20	18.67	7.02	26.11	1.39	3.71
24	上投摩根新兴动力 A	29.18	27.02	11.95	41.93	1.03	2.33
25	汇添富消费行业	29.17	23.60	11.31	25.08	1.15	2.39
26	嘉实智能汽车	29.15	23.50	10.87	32.01	1.15	2.49
27	长城优化升级 A	29.10	22.64	9.99	23.79	1.18	2.68
28	工银瑞信文体产业 A	28.99	18.12	7.41	15.86	1.42	3.48
29	交银先进制造	28.99	18.26	7.33	20.99	1.41	3.52
30	景顺长城环保优势	28.90	19.09	9.22	25.74	1.36	2.81
31	嘉实环保低碳	28.38	24.21	11.08	39.57	1.10	2.40
32	银华富裕主题	28.35	24.81	12.28	25.62	1.08	2.18
33	诺德价值优势	28.10	22.40	9.80	28.45	1.16	2.64
34	万家行业优选	28.03	24.87	10.38	19.36	1.06	2.54
35	国泰事件驱动	27.81	24.64	11.65	37.61	1.06	2.25

续表

编号	基金名称	年化收益率（%）	年化波动率（%）	年化下行风险（%）	最大回撤率（%）	年化夏普比率	年化索丁诺比率
36	中欧时代先锋 A	27.71	18.68	8.59	17.18	1.33	2.90
37	银河蓝筹精选	27.56	23.02	10.52	26.36	1.11	2.44
38	信达澳银中小盘	27.50	26.36	11.67	20.62	1.00	2.26
39	富国低碳新经济 A	27.46	23.25	10.65	28.10	1.10	2.40
40	嘉实新兴产业	27.36	20.94	9.81	21.13	1.20	2.55
41	大成高新技术产业 A	27.35	15.94	6.83	18.14	1.52	3.54
42	景顺长城公司治理	27.17	17.07	6.66	18.55	1.42	3.63
43	易方达消费行业	27.09	24.47	12.82	29.50	1.05	2.00
44	国富深化价值	26.97	17.48	7.47	24.23	1.38	3.22
45	鹏华养老产业	26.96	24.78	12.53	32.95	1.03	2.05
46	建信健康民生	26.77	18.30	7.91	27.22	1.32	3.04
47	易方达行业领先	26.75	19.72	9.54	28.38	1.23	2.55
48	上投摩根核心优选	26.74	22.24	10.59	37.03	1.12	2.34
49	广发小盘成长 A	26.71	25.07	11.11	30.53	1.01	2.29
50	富国高新技术产业	26.64	23.56	10.90	29.49	1.06	2.30
51	诺德周期策略	26.64	21.92	9.67	27.26	1.12	2.55
52	富国文体健康 A	26.53	20.74	9.03	27.55	1.17	2.69
53	工银瑞信美丽城镇主题 A	26.46	17.76	7.06	23.83	1.34	3.36
54	华泰柏瑞行业领先	26.44	23.83	9.28	30.02	1.04	2.68
55	工银瑞信养老产业 A	26.39	22.97	10.57	33.33	1.07	2.33

续表

编号	基金名称	年化收益率（%）	年化波动率（%）	年化下行风险（%）	最大回撤率（%）	年化夏普比率	年化索丁诺比率
56	国泰大健康 A	26.35	23.15	9.87	31.54	1.07	2.50
57	农银汇理行业轮动	26.03	19.20	7.97	26.66	1.23	2.96
58	富国美丽中国 A	26.02	14.43	6.00	15.59	1.58	3.80
59	大摩健康产业 A	26.01	23.60	9.65	23.49	1.04	2.54
60	中银战略新兴产业 A	26.00	21.21	9.65	29.43	1.13	2.49
61	交银消费新驱动	26.00	20.71	10.48	20.95	1.16	2.28
62	东方红启阳三年持有 A	25.98	18.97	8.88	27.48	1.24	2.65
63	广发制造业精选 A	25.96	23.62	11.09	35.87	1.04	2.21
64	中金新锐 A	25.96	16.06	5.82	22.99	1.43	3.96
65	中银智能制造 A	25.96	25.71	11.96	44.21	0.97	2.09
66	易方达科翔	25.80	20.10	8.36	27.64	1.17	2.82
67	工银瑞信生态环境	25.76	27.76	12.15	39.60	0.91	2.08
68	景顺长城成长之星	25.75	19.66	8.75	24.86	1.19	2.68
69	富国通胀通缩优势主题	25.65	20.44	9.11	18.33	1.15	2.59
70	景顺长城优势企业	25.64	21.23	10.39	26.86	1.12	2.28
71	易方达信息产业	25.50	25.42	11.33	23.89	0.96	2.16
72	泰达宏利行业精选	25.49	20.62	8.00	28.16	1.14	2.93
73	中欧养老产业 A	25.44	19.45	8.99	18.99	1.19	2.58
74	广发聚瑞 A	25.43	21.99	10.24	26.80	1.08	2.31
75	华安生态优先	25.36	22.79	11.25	25.41	1.05	2.12

续表

编号	基金名称	年化收益率(%)	年化波动率(%)	年化下行风险(%)	最大回撤率(%)	年化夏普比率	年化索丁诺比率
76	信诚新兴产业 A	25.32	30.77	13.04	39.74	0.84	1.97
77	建信信息产业	25.26	22.18	10.24	31.80	1.06	2.30
78	嘉实优化红利 A	25.23	20.77	9.88	26.15	1.12	2.36
79	华安宏利	25.12	21.82	9.83	23.53	1.07	2.38
80	长城中小盘成长	25.12	18.50	7.41	21.42	1.23	3.07
81	浦银安盛红利精选 A	25.06	22.76	9.98	27.40	1.03	2.36
82	建信创新中国	24.98	19.52	8.38	23.90	1.17	2.72
83	长城医疗保健	24.79	21.27	8.54	19.27	1.08	2.69
84	金鹰策略配置	24.77	29.92	13.26	33.21	0.84	1.89
85	华安核心优选	24.74	20.31	7.21	14.68	1.12	3.15
86	上投摩根行业轮动 A	24.72	23.08	10.52	37.50	1.01	2.22
87	建信中小盘 A	24.72	21.72	9.00	30.66	1.06	2.56
88	上投摩根智选 30	24.72	23.85	10.30	43.41	0.98	2.28
89	富国高端制造行业	24.63	19.96	8.74	31.58	1.13	2.59
90	华宝医药生物	24.51	23.62	10.95	29.82	0.99	2.13
91	富国天博创新主题	24.40	20.11	8.97	32.94	1.12	2.50
92	华宝资源优选 A	24.40	23.06	7.77	22.62	1.00	2.96
93	招商行业精选	24.32	23.55	10.32	28.48	0.98	2.23
94	上投摩根医疗健康	24.29	22.48	10.30	22.62	1.02	2.22
95	圆信永丰优加生活	24.28	16.11	7.06	22.24	1.35	3.07

续表

编号	基金名称	年化收益率（%）	年化波动率（%）	年化下行风险（%）	最大回撤率（%）	年化夏普比率	年化索丁诺比率
96	嘉实主题新动力	24.27	22.54	10.85	25.67	1.02	2.11
97	招商中小盘精选	24.26	20.14	8.78	31.59	1.11	2.55
98	中欧行业成长 A	24.25	18.19	7.68	25.39	1.21	2.86
99	民生加银稳健成长	24.25	19.30	8.96	26.51	1.15	2.48
100	工银瑞信研究精选	24.23	19.83	8.60	27.59	1.12	2.59
101	工银信息产业 A	24.23	21.49	8.87	26.67	1.05	2.54
102	上投摩根卓越制造	24.15	21.82	7.66	31.61	1.03	2.94
103	农银汇理策略价值	24.11	17.23	6.94	25.22	1.26	3.13
104	中信保诚精萃成长	24.10	19.29	8.63	30.09	1.14	2.56
105	东方新能源汽车主题	24.10	29.33	14.18	34.26	0.83	1.72
106	华安逆向策略 A	24.09	19.57	8.24	28.92	1.13	2.68
107	富国中小盘精选	24.02	22.47	9.12	34.42	1.01	2.48
108	光大新增长	24.00	20.42	9.40	19.41	1.09	2.36
109	工银瑞信国企改革主题	23.95	18.54	8.09	26.10	1.18	2.70
110	博时特许价值	23.94	24.18	9.20	33.61	0.95	2.49
111	鹏华消费优选	23.87	24.89	12.70	33.48	0.93	1.82
112	嘉实先进制造	23.85	20.47	9.52	33.40	1.08	2.32
113	申万菱信消费增长	23.82	23.34	11.86	30.69	0.97	1.92
114	华安智能装备主题 A	23.81	22.20	9.60	30.68	1.01	2.34
115	兴全商业模式优选	23.77	16.05	7.33	15.75	1.32	2.90

续表

编号	基金名称	年化收益率(%)	年化波动率(%)	年化下行风险(%)	最大回撤率(%)	年化夏普比率	年化索丁诺比率
116	诺安低碳经济A	23.74	14.99	6.06	18.87	1.41	3.48
117	兴全精选	23.74	19.70	9.56	20.58	1.11	2.29
118	华夏创新前沿	23.69	22.17	8.93	26.51	1.00	2.50
119	易方达医疗保健	23.67	23.84	10.99	26.79	0.95	2.06
120	长城久富	23.66	19.79	8.23	23.99	1.10	2.65
121	上投摩根成长先锋	23.63	17.14	7.43	16.97	1.24	2.87
122	兴全合润	23.61	18.20	8.89	27.32	1.18	2.42
123	国富研究精选	23.59	17.30	7.18	20.04	1.23	2.97
124	大成产业升级	23.56	20.21	9.02	28.88	1.08	2.42
125	工银瑞信医疗保健行业	23.54	24.58	11.44	33.81	0.92	1.99
126	景顺长城优选	23.52	16.61	8.08	23.63	1.27	2.62
127	融通内需驱动AB	23.49	18.49	8.58	25.32	1.16	2.50
128	交银新成长	23.48	15.97	6.26	18.12	1.31	3.35
129	富国创新科技A	23.47	25.08	11.82	25.25	0.91	1.93
130	工银瑞信中小盘成长	23.46	26.45	11.59	34.61	0.87	1.99
131	华安新丝路主题A	23.43	21.44	8.82	18.64	1.02	2.48
132	华宝品质生活	23.37	21.33	10.79	29.57	1.03	2.03
133	大成行业轮动	23.36	20.29	10.15	28.09	1.07	2.13
134	建信潜力新蓝筹	23.35	20.62	8.38	29.10	1.05	2.59
135	汇丰晋信低碳先锋A	23.26	32.30	15.44	47.13	0.76	1.59

续表

编号	基金名称	年化收益率(%)	年化波动率(%)	年化下行风险(%)	最大回撤率(%)	年化夏普比率	年化索丁诺比率
136	新华优选成长	23.20	21.26	8.92	14.35	1.02	2.43
137	泰达宏利首选企业	23.15	22.23	9.80	34.63	0.98	2.23
138	建信大安全	23.15	18.38	8.81	30.31	1.15	2.40
139	创金合信医疗保健行业 A	23.13	22.78	10.40	21.16	0.96	2.11
140	交银阿尔法 A	23.12	16.03	6.95	14.46	1.29	2.98
141	博时医疗保健行业 A	23.09	25.60	10.88	30.95	0.88	2.07
142	招商医药健康产业	23.05	25.78	11.13	30.13	0.88	2.03
143	中信证券成长动力 A	23.04	15.92	6.75	19.31	1.30	3.06
144	新华优选消费	22.95	18.83	9.14	16.08	1.12	2.31
145	中海医疗保健	22.94	23.43	10.50	24.44	0.94	2.09
146	长信内需成长 A	22.92	22.81	11.16	27.37	0.96	1.96
147	景顺长城品质投资	22.92	18.55	8.63	27.88	1.13	2.43
148	中欧消费主题 A	22.85	21.37	10.09	23.89	1.00	2.13
149	银华沪港深增长	22.83	19.69	10.23	22.86	1.07	2.06
150	光大行业轮动	22.83	22.94	10.59	25.78	0.95	2.05
151	金鹰主题优势	22.79	23.22	8.97	25.71	0.94	2.42
152	华宝服务优选	22.75	24.03	9.64	25.10	0.91	2.27
153	中海消费主题精选	22.71	25.54	11.56	37.25	0.87	1.93
154	国富沪港深成长精选	22.70	18.40	8.48	21.93	1.13	2.45
155	国富潜力组合 A 人民币	22.68	17.04	6.95	20.94	1.20	2.95

续表

编号	基金名称	年化收益率（%）	年化波动率（%）	年化下行风险（%）	最大回撤率（%）	年化夏普比率	年化索丁诺比率
156	国泰互联网+	22.61	27.01	13.06	35.51	0.84	1.73
157	博时丝路主题 A	22.60	19.51	8.14	24.55	1.07	2.56
158	诺安研究精选	22.60	20.13	7.25	20.69	1.04	2.89
159	华泰柏瑞盛世中国	22.54	22.50	10.01	26.12	0.95	2.14
160	申万菱信竞争优势	22.54	23.53	10.10	31.18	0.92	2.14
161	建信内生动力	22.54	18.93	8.56	24.07	1.09	2.42
162	建信恒久价值	22.47	21.68	8.84	33.53	0.98	2.39
163	工银瑞信量化策略 A	22.46	17.62	8.33	29.40	1.16	2.45
164	银华中国梦 30	22.44	21.99	9.72	33.44	0.97	2.18
165	鹏华价值精选	22.40	22.84	9.49	32.76	0.93	2.25
166	富国消费主题 A	22.40	24.44	10.50	24.50	0.89	2.07
167	民生加银内需增长	22.39	19.71	8.71	30.66	1.05	2.38
168	泰达宏利蓝筹价值	22.36	21.17	9.93	28.45	0.99	2.12
169	大成中小盘 A	22.35	18.90	8.17	17.72	1.09	2.52
170	银华中小盘精选	22.31	22.03	10.54	29.36	0.96	2.01
171	广发新经济 A	22.20	23.48	12.06	27.99	0.91	1.78
172	国联安主题驱动	22.13	17.06	7.37	26.35	1.18	2.72
173	泰信中小盘精选	22.07	26.10	11.25	31.81	0.84	1.94
174	工银瑞信国家战略主题	21.89	23.27	10.64	33.22	0.90	1.98
175	大成积极成长	21.88	20.09	10.40	28.45	1.02	1.96

续表

编号	基金名称	年化收益率(%)	年化波动率(%)	年化下行风险(%)	最大回撤率(%)	年化夏普比率	年化索丁诺比率
176	景顺长城内需增长	21.85	25.58	12.07	26.79	0.84	1.79
177	工银瑞信主题策略 A	21.81	28.02	13.47	41.26	0.79	1.65
178	嘉实新消费	21.76	16.88	8.01	23.79	1.17	2.46
179	创金合信消费主题 A	21.74	20.67	9.40	20.16	0.99	2.17
180	工银瑞信新材料新能源行业	21.70	21.89	10.24	36.27	0.94	2.01
181	万家瑞隆	21.69	20.50	10.04	29.49	0.99	2.02
182	南方国策动力	21.63	18.81	7.87	23.74	1.06	2.53
183	华夏经济转型	21.60	21.25	9.79	18.61	0.96	2.08
184	嘉实逆向策略	21.58	23.27	12.22	36.98	0.90	1.71
185	农银汇理低估值高增长	21.56	20.29	8.10	28.18	0.99	2.49
186	易方达改革红利	21.55	24.96	13.02	32.05	0.85	1.63
187	鹏华精选成长	21.51	19.59	8.67	30.79	1.02	2.31
188	交银成长 30	21.51	24.18	10.41	25.33	0.86	2.01
189	民生加银优选	21.49	19.34	8.41	26.36	1.03	2.37
190	工银瑞信新蓝筹 A	21.47	15.48	6.97	23.84	1.24	2.76
191	海富通股票	21.46	31.14	15.27	33.54	0.73	1.49
192	天弘医疗健康 A	21.45	26.08	11.16	31.33	0.82	1.91
193	上投摩根大盘蓝筹	21.45	18.43	7.77	33.23	1.07	2.54
194	泓德战略转型	21.37	19.24	8.92	23.89	1.03	2.22
195	银河康乐	21.34	17.63	7.48	18.97	1.11	2.61

续表

编号	基金名称	年化收益率(%)	年化波动率(%)	年化下行风险(%)	最大回撤率(%)	年化夏普比率	年化索丁诺比率
196	汇添富逆向投资	21.20	20.17	9.47	27.25	0.98	2.09
197	富国天合稳健优选	21.19	15.24	7.21	22.80	1.25	2.63
198	大成消费主题	21.18	18.85	8.58	23.52	1.04	2.28
199	华宝大盘精选	21.16	20.23	8.23	30.25	0.98	2.40
200	工银瑞信红利	21.16	20.13	9.59	28.56	0.98	2.06
201	华安策略优选 A	21.16	16.67	7.14	23.69	1.15	2.69
202	建信优势动力	21.09	18.49	7.87	27.14	1.05	2.47
203	长信银利精选	21.02	17.97	8.03	19.46	1.07	2.40
204	景顺长城核心竞争力 A	21.00	17.82	8.95	31.11	1.08	2.15
205	景顺长城内需增长贰号	20.98	25.93	12.46	28.02	0.81	1.68
206	富国医疗保健行业 A	20.97	25.80	11.72	23.91	0.81	1.78
207	民生加银景气行业 A	20.96	18.31	7.39	19.67	1.05	2.61
208	南方潜力新蓝筹	20.94	14.88	5.26	7.66	1.26	3.56
209	汇添富策略回报	20.88	20.81	9.74	31.28	0.95	2.02
210	农银汇理策略精选	20.87	16.47	7.39	22.54	1.15	2.56
211	创金合信资源主题 A	20.83	28.83	13.09	39.31	0.75	1.64
212	交银精选	20.80	16.02	6.35	18.40	1.17	2.96
213	嘉实物流产业 A	20.75	14.80	6.75	18.52	1.25	2.75
214	兴全绿色投资	20.72	16.46	7.55	23.98	1.14	2.49
215	银河主题策略	20.72	23.86	10.76	35.76	0.85	1.88

续表

编号	基金名称	年化收益率（%）	年化波动率（%）	年化下行风险（%）	最大回撤率（%）	年化夏普比率	年化索丁诺比率
216	新华行业周期轮换	20.68	23.87	11.41	27.82	0.85	1.77
217	国富中小盘	20.68	16.17	7.59	18.67	1.16	2.46
218	上投摩根内需动力	20.68	25.00	11.93	45.93	0.82	1.72
219	上投摩根新兴科技服务	20.61	19.93	9.15	36.13	0.97	2.11
220	国联安科技动力	20.58	29.54	14.39	41.49	0.73	1.50
221	新华趋势领航	20.58	21.04	9.69	26.14	0.93	2.01
222	易方达国防军工	20.57	27.42	11.05	31.85	0.76	1.89
223	银华消费主题 A	20.56	23.45	10.63	44.67	0.85	1.88
224	中信证券红利价值一年持有 A	20.53	17.45	7.63	23.98	1.08	2.46
225	中欧新动力 A	20.50	16.93	7.43	20.42	1.10	2.51
226	华宝生态中国	20.48	20.23	9.42	31.14	0.95	2.04
227	兴全轻资产	20.48	15.70	7.50	19.29	1.18	2.46
228	建信核心精选	20.41	18.01	8.24	27.59	1.04	2.28
229	中欧明睿新起点	20.40	27.04	13.54	43.64	0.77	1.53
230	上投摩根安全战略	20.38	21.95	10.21	34.42	0.89	1.91
231	天弘周期策略	20.37	18.94	8.51	29.37	1.00	2.22
232	嘉实价值优势	20.26	15.93	7.64	17.61	1.15	2.40
233	汇丰晋信消费红利	20.25	18.10	9.14	26.03	1.03	2.04
234	中银中小盘成长	20.22	20.31	10.24	35.66	0.94	1.86
235	易方达价值精选	20.22	16.29	7.24	25.60	1.13	2.53

续表

编号	基金名称	年化收益率（%）	年化波动率（%）	年化下行风险（%）	最大回撤率（%）	年化夏普比率	年化索丁诺比率
236	工银瑞信农业产业	20.18	22.15	10.37	24.62	0.87	1.87
237	华泰柏瑞价值增长 A	20.15	21.71	9.49	29.51	0.89	2.03
238	中融竞争优势	20.11	24.63	11.91	45.45	0.81	1.67
239	诺安先进制造	20.09	15.30	7.09	20.99	1.18	2.55
240	招商体育文化休闲	20.08	22.87	9.23	28.20	0.85	2.10
241	信达澳银产业升级	20.04	28.42	13.18	36.61	0.73	1.57
242	华夏经典配置	20.03	19.10	9.11	21.52	0.98	2.05
243	银河稳健	20.01	15.74	6.78	16.81	1.15	2.67
244	泓德泓益	19.96	17.79	8.21	24.39	1.03	2.24
245	国寿安保智慧生活	19.93	19.52	9.81	30.40	0.96	1.90
246	中信证券臻选价值成长 A	19.91	15.11	7.00	16.85	1.18	2.56
247	国联安优选行业	19.88	28.98	13.87	38.75	0.72	1.50
248	申万菱信盛利精选	19.85	17.94	7.19	23.84	1.02	2.54
249	农银汇理医疗保健主题	19.82	27.84	13.10	28.96	0.73	1.56
250	南方天元新产业	19.76	16.16	7.31	18.95	1.11	2.45
251	招商优质成长	19.69	23.02	10.32	28.36	0.83	1.85
252	工银瑞信大盘蓝筹	19.59	14.95	6.59	21.19	1.18	2.67
253	博时工业 4.0	19.59	19.52	9.11	23.46	0.94	2.02
254	国泰金牛创新成长	19.55	17.67	8.09	26.79	1.02	2.22
255	汇添富国企创新增长	19.50	20.66	10.26	36.82	0.90	1.80

续表

编号	基金名称	年化收益率（%）	年化波动率（%）	年化下行风险（%）	最大回撤率（%）	年化夏普比率	年化索丁诺比率
256	工银瑞信消费服务 A	19.49	17.05	8.66	23.99	1.05	2.06
257	中银主题策略	19.47	19.99	9.67	39.81	0.92	1.90
258	国投瑞银成长优选	19.44	17.45	8.11	27.66	1.02	2.20
259	海富通中小盘	19.40	23.64	10.63	44.31	0.80	1.79
260	银河竞争优势成长	19.39	18.24	7.69	32.37	0.98	2.33
261	农银汇理行业领先	19.34	16.61	7.52	22.87	1.06	2.35
262	富国天惠精选成长 A	19.29	19.11	8.81	28.52	0.94	2.05
263	金鹰科技创新	19.27	22.92	11.80	30.90	0.82	1.60
264	嘉实低价策略	19.26	18.52	9.18	33.13	0.97	1.95
265	海富通国策导向	19.23	25.97	12.65	44.30	0.75	1.54
266	安信价值精选	19.22	17.59	8.53	26.44	1.01	2.07
267	华富成长趋势	19.19	20.95	9.09	27.71	0.87	2.01
268	银河美丽优萃 A	19.18	24.85	12.55	29.63	0.77	1.53
269	光大银发商机主题	19.16	18.51	8.30	27.69	0.96	2.15
270	鹏华先进制造	19.00	17.46	8.70	29.08	1.00	2.01
271	中欧新趋势 A	18.98	17.26	7.62	23.63	1.01	2.29
272	华宝先进成长	18.98	17.08	6.64	22.37	1.02	2.62
273	汇添富成长焦点	18.90	20.11	9.79	29.36	0.89	1.83
274	信诚优胜精选	18.88	17.77	8.76	30.61	0.98	1.99
275	工银瑞信核心价值 A	18.87	18.65	8.79	31.26	0.94	2.00

续表

编号	基金名称	年化收益率(%)	年化波动率(%)	年化下行风险(%)	最大回撤率(%)	年化夏普比率	年化索丁诺比率
276	华安行业轮动	18.86	19.95	8.86	22.34	0.89	2.01
277	大摩品质生活精选	18.79	17.79	8.29	25.20	0.98	2.09
278	嘉实研究阿尔法	18.77	15.73	6.98	24.28	1.08	2.44
279	国泰金鹿	18.75	14.64	6.83	14.40	1.15	2.47
280	申万菱信新动力	18.74	18.22	8.35	28.83	0.96	2.09
281	交银蓝筹	18.73	16.57	7.71	18.36	1.03	2.22
282	鹏华医药科技	18.73	23.70	10.72	33.79	0.78	1.72
283	诺安先锋 A	18.69	16.85	7.60	20.85	1.02	2.25
284	汇添富医药保健 A	18.59	25.84	12.06	33.42	0.73	1.56
285	新华策略精选	18.54	20.50	8.97	29.74	0.86	1.97
286	国君资管君得明	18.50	16.79	7.98	20.62	1.01	2.13
287	长城品牌优选	18.48	24.42	11.74	32.53	0.76	1.57
288	长盛量化红利策略	18.44	15.45	5.92	17.84	1.08	2.81
289	华安大国新经济	18.37	20.10	9.52	32.34	0.87	1.83
290	中信证券卓越成长两年持有 A	18.35	16.44	8.49	24.74	1.02	1.98
291	大摩主题优选	18.35	17.90	8.20	26.22	0.95	2.07
292	上投摩根健康品质生活	18.23	22.41	11.27	32.50	0.79	1.58
293	泰信发展主题	18.16	20.91	10.71	22.03	0.83	1.63
294	华安科技动力	18.12	18.69	9.26	20.61	0.91	1.83
295	招商大盘蓝筹	18.04	18.32	7.92	26.05	0.92	2.12

续表

编号	基金名称	年化收益率（%）	年化波动率（%）	年化下行风险（%）	最大回撤率（%）	年化夏普比率	年化索丁诺比率
296	国富弹性市值	17.96	15.46	7.43	19.81	1.05	2.19
297	南方新兴消费 A	17.92	22.41	12.70	38.03	0.79	1.39
298	大成健康产业	17.88	24.28	11.97	33.46	0.74	1.49
299	鹏华价值优势	17.82	18.76	8.80	31.53	0.89	1.90
300	嘉实农业产业	17.78	22.55	11.42	29.18	0.77	1.53
301	长盛医疗行业	17.72	26.17	12.82	30.65	0.70	1.42
302	诺安主题精选	17.70	18.86	8.66	19.31	0.88	1.92
303	景顺长城量化新动力	17.69	16.44	7.43	24.59	0.98	2.18
304	嘉实增长	17.64	16.75	8.05	14.23	0.97	2.01
305	融通医疗保健行业 A	17.60	27.33	12.34	30.99	0.67	1.49
306	嘉实企业变革	17.60	20.34	9.76	30.27	0.83	1.72
307	南方中小盘成长	17.58	13.21	5.03	7.74	1.18	3.11
308	长信金利趋势	17.54	16.25	7.06	25.33	0.99	2.27
309	博时新兴成长	17.52	24.86	10.75	36.05	0.71	1.64
310	大成优选	17.52	15.42	7.30	20.84	1.03	2.18
311	中银美丽中国	17.49	18.94	8.49	26.74	0.87	1.94
312	景顺长城资源垄断	17.47	18.91	9.54	25.84	0.87	1.73
313	招商移动互联网	17.42	28.78	13.82	33.11	0.65	1.35
314	中欧盛世成长 A	17.42	20.44	9.67	29.29	0.82	1.72
315	大成内需增长 A	17.33	20.57	10.18	29.58	0.81	1.64

续表

编号	基金名称	年化收益率（%）	年化波动率（%）	年化下行风险（%）	最大回撤率（%）	年化夏普比率	年化索丁诺比率
316	融通领先成长 A	17.33	18.23	8.38	23.56	0.89	1.93
317	华夏优势增长	17.32	20.39	9.97	30.13	0.81	1.66
318	中银持续增长 A	17.27	19.92	9.17	25.20	0.83	1.79
319	嘉实医疗保健	17.24	23.78	11.36	30.44	0.72	1.52
320	海富通领先成长	17.20	19.28	8.74	35.85	0.84	1.86
321	广发消费精选 A	17.19	19.02	10.40	26.28	0.85	1.56
322	华安升级主题	17.16	20.12	8.38	24.71	0.81	1.95
323	景顺长城精选蓝筹	17.15	18.83	10.46	29.39	0.86	1.55
324	东吴新产业精选 A	17.15	19.35	9.06	26.67	0.84	1.79
325	大摩进取优选	17.10	22.31	9.96	26.77	0.75	1.68
326	东方红内需增长 A	17.10	19.30	9.22	27.67	0.84	1.76
327	建信环保产业	17.01	20.93	9.27	33.41	0.78	1.77
328	上投摩根中小盘	17.00	25.34	12.29	41.93	0.69	1.41
329	中欧永裕 A	16.96	20.29	9.61	29.37	0.80	1.69
330	南方优选价值 A	16.91	18.53	8.23	24.35	0.86	1.93
331	汇添富价值精选 A	16.89	16.24	8.16	19.98	0.95	1.90
332	宝盈医疗健康沪港深	16.87	26.90	13.74	37.04	0.66	1.29
333	安信新常态沪港深精选 A	16.85	17.34	7.86	24.78	0.90	1.99
334	国寿安保成长优选	16.77	19.90	11.13	33.92	0.81	1.44
335	泓德优选成长	16.76	14.99	7.27	16.99	1.01	2.09

续表

编号	基金名称	年化收益率（%）	年化波动率（%）	年化下行风险（%）	最大回撤率（%）	年化夏普比率	年化索丁诺比率
336	易方达科讯	16.73	21.05	10.34	35.24	0.77	1.57
337	华夏复兴	16.70	24.52	11.49	32.94	0.69	1.47
338	国投瑞银核心企业	16.70	19.30	9.38	23.36	0.82	1.69
339	财通可持续发展主题	16.69	22.27	9.66	27.29	0.73	1.69
340	新华中小市值优选	16.68	22.51	9.57	29.03	0.73	1.72
341	国投瑞银创新动力	16.66	18.28	7.84	22.28	0.85	1.99
342	南方绩优成长 A	16.64	17.90	9.00	28.25	0.87	1.73
343	招商行业领先 A	16.63	20.85	11.29	31.23	0.77	1.43
344	大成景恒 A	16.62	17.15	6.32	11.72	0.89	2.43
345	光大阳光启明星创新驱动 A	16.60	15.83	6.57	11.91	0.96	2.31
346	大摩领先优势	16.58	16.69	8.12	26.49	0.92	1.88
347	嘉实优质企业	16.54	22.21	11.33	27.39	0.73	1.44
348	国泰区位优势	16.53	16.93	8.50	28.38	0.90	1.80
349	工银瑞信聚焦30	16.52	18.96	7.69	32.50	0.82	2.03
350	建信互联网＋产业升级	16.52	18.82	8.75	29.89	0.83	1.78
351	国泰央企改革	16.45	18.55	9.13	35.68	0.84	1.70
352	南方隆元产业主题	16.45	15.70	7.20	18.99	0.96	2.08
353	兴全社会责任	16.42	20.31	10.14	32.83	0.78	1.56
354	国联安精选	16.38	21.10	10.69	38.49	0.75	1.49
355	东方策略成长	16.37	18.93	8.29	22.84	0.82	1.86

续表

编号	基金名称	年化收益率(%)	年化波动率(%)	年化下行风险(%)	最大回撤率(%)	年化夏普比率	年化索丁诺比率
356	农银汇理中小盘	16.31	18.49	8.41	33.26	0.83	1.82
357	广发轮动配置	16.30	22.06	10.88	34.09	0.73	1.48
358	汇添富民营活力 A	16.30	19.42	10.02	34.89	0.80	1.55
359	汇添富美丽 30	16.25	20.31	9.27	29.06	0.77	1.69
360	汇添富新兴消费	16.22	22.69	11.55	37.55	0.71	1.40
361	诺安鸿鑫	16.21	11.90	4.94	9.49	1.20	2.90
362	汇添富民营新动力	16.21	18.81	9.06	36.64	0.81	1.69
363	金鹰中小盘精选	16.18	18.38	8.18	21.47	0.83	1.86
364	长信创新驱动	16.16	21.28	10.77	21.51	0.74	1.46
365	诺安策略精选	16.13	13.51	5.94	13.69	1.07	2.43
366	华安中小盘成长	16.08	20.83	9.99	27.11	0.75	1.56
367	交银先锋	16.05	22.50	9.53	28.32	0.70	1.66
368	汇添富环保行业	15.98	22.02	10.88	38.38	0.72	1.45
369	工银瑞信高端制造行业	15.96	27.49	13.58	44.91	0.62	1.25
370	长信恒利优势	15.94	18.39	9.62	22.11	0.82	1.56
371	富安达优势成长	15.93	18.78	8.81	34.71	0.80	1.71
372	博时行业轮动	15.87	22.16	11.06	30.87	0.71	1.42
373	鹏华盛世创新	15.84	15.64	7.66	18.76	0.93	1.89
374	建信优选成长 A	15.84	18.33	7.03	21.02	0.81	2.11
375	国君资管君得鑫两年持有 A	15.82	16.47	8.27	17.44	0.89	1.76

续表

编号	基金名称	年化收益率（%）	年化波动率（%）	年化下行风险（%）	最大回撤率（%）	年化夏普比率	年化索丁诺比率
376	银华领先策略	15.82	20.66	9.94	34.71	0.74	1.54
377	中银动态策略	15.71	18.24	8.83	32.66	0.81	1.67
378	长信双利优选 A	15.71	16.91	8.72	22.13	0.86	1.67
379	华宝宝康消费品	15.67	16.55	7.04	18.95	0.87	2.05
380	华安物联网主题	15.63	20.25	9.64	33.33	0.74	1.56
381	建信现代服务业	15.63	19.79	7.76	33.60	0.76	1.93
382	光大国企改革主题	15.52	19.23	9.27	31.55	0.77	1.60
383	银河消费驱动	15.49	21.16	11.14	29.96	0.72	1.36
384	鹏华新兴产业	15.46	17.65	7.37	18.85	0.82	1.96
385	方正富邦红利精选 A	15.45	17.63	9.48	26.83	0.82	1.53
386	华夏行业精选	15.43	20.62	10.49	31.06	0.73	1.43
387	国联安优势	15.40	17.12	7.49	23.55	0.84	1.91
388	前海开源再融资主题精选	15.35	20.25	9.16	24.92	0.73	1.61
389	汇丰晋信大盘 A	15.35	16.13	8.55	23.89	0.88	1.65
390	泰达宏利市值优选	15.30	20.47	10.11	32.70	0.73	1.47
391	银河行业优选	15.27	24.85	10.86	30.61	0.63	1.45
392	鹏华医疗保健	15.16	23.78	10.72	31.91	0.65	1.44
393	大摩卓越成长	15.10	16.86	8.46	20.25	0.83	1.66
394	中银消费主题	15.04	16.68	7.91	30.83	0.84	1.76
395	海富通精选 2 号	15.02	18.25	8.19	23.05	0.78	1.73

续表

编号	基金名称	年化收益率（%）	年化波动率（%）	年化下行风险（%）	最大回撤率（%）	年化夏普比率	年化索丁诺比率
396	金元顺安消费主题	14.96	18.99	10.25	31.65	0.75	1.40
397	农银汇理消费主题 A	14.86	19.47	8.99	31.71	0.73	1.59
398	华宝高端制造	14.84	20.36	9.66	32.82	0.71	1.49
399	嘉实文体娱乐 A	14.81	21.24	10.51	28.82	0.69	1.39
400	嘉实沪港深精选	14.81	19.65	10.53	33.63	0.73	1.36
401	东吴新经济 A	14.79	23.93	11.27	28.73	0.63	1.34
402	上投摩根民生需求	14.76	21.03	9.95	32.26	0.69	1.45
403	汇添富均衡增长	14.70	19.10	8.57	31.73	0.73	1.64
404	华商产业升级	14.69	21.35	10.37	35.02	0.68	1.40
405	华泰柏瑞积极优选	14.66	19.57	9.83	29.69	0.72	1.44
406	诺安成长	14.63	33.13	16.34	40.56	0.53	1.07
407	兴全全球视野	14.57	16.54	7.36	25.23	0.82	1.83
408	大成景阳领先	14.57	20.94	9.85	31.32	0.68	1.45
409	富国新兴产业	14.56	20.59	9.17	33.03	0.69	1.55
410	信诚新机遇	14.48	14.48	6.88	22.35	0.91	1.91
411	招商先锋	14.43	18.37	9.32	27.87	0.75	1.47
412	鹏华改革红利	14.39	17.72	7.60	20.20	0.76	1.78
413	上投摩根智慧互联	14.33	25.28	12.34	43.07	0.59	1.22
414	前海开源强势共识 100 强	14.33	16.44	7.67	25.63	0.81	1.73
415	景顺长城支柱产业	14.30	16.18	8.03	24.06	0.82	1.65

续表

编号	基金名称	年化收益率（%）	年化波动率（%）	年化下行风险（%）	最大回撤率（%）	年化夏普比率	年化索丁诺比率
416	富国国家安全主题 A	14.25	22.51	10.73	32.94	0.64	1.34
417	中欧价值发现 A	14.24	17.59	8.48	22.45	0.76	1.58
418	汇丰晋信中小盘	14.20	19.39	8.33	29.14	0.70	1.64
419	汇丰晋信新动力	14.16	25.02	11.22	35.48	0.59	1.32
420	南方盛元红利	14.09	16.60	7.50	28.07	0.79	1.74
421	景顺长城中小盘	14.06	18.67	9.50	24.08	0.72	1.41
422	上投摩根核心成长	14.06	19.82	10.55	46.20	0.69	1.29
423	南方成份精选 A	13.89	17.76	9.85	32.84	0.74	1.33
424	大成策略回报	13.89	15.72	8.16	27.13	0.81	1.57
425	光大中小盘	13.85	21.08	9.36	22.91	0.65	1.46
426	招商国企改革	13.84	21.44	10.37	32.83	0.64	1.32
427	招商量化精选 A	13.72	18.98	8.69	30.88	0.69	1.51
428	益民红利成长	13.69	20.92	8.82	24.51	0.64	1.53
429	华宝新兴产业	13.68	21.84	9.84	35.80	0.63	1.39
430	国泰成长优选	13.65	19.73	10.83	45.36	0.67	1.23
431	广发沪港深新起点 A	13.64	16.76	9.13	26.18	0.76	1.39
432	国富成长动力	13.55	19.06	9.40	29.01	0.68	1.39
433	南方高增长	13.55	21.38	10.67	39.47	0.63	1.26
434	前海开源股息率 100 强	13.48	15.18	6.53	23.15	0.81	1.88
435	诺安中小盘精选	13.44	13.63	6.60	17.16	0.89	1.83

续表

编号	基金名称	年化收益率(%)	年化波动率(%)	年化下行风险(%)	最大回撤率(%)	年化夏普比率	年化索丁诺比率
436	长盛成长价值 A	13.43	14.73	7.86	22.13	0.83	1.56
437	泰信现代服务业	13.39	21.40	9.44	23.82	0.62	1.41
438	国泰中小盘成长	13.36	26.11	12.35	50.42	0.55	1.16
439	博时主题行业	13.27	16.03	7.98	26.25	0.77	1.54
440	中信保诚盛世蓝筹	13.22	14.44	7.31	28.12	0.83	1.64
441	信达澳银转型创新	13.15	18.84	9.65	26.98	0.67	1.31
442	农银汇理行业成长 A	13.15	20.79	10.16	30.67	0.62	1.28
443	嘉实周期优选	13.13	18.79	9.71	38.46	0.67	1.30
444	景顺长城沪港深精选	13.10	11.23	5.98	19.60	1.02	1.92
445	金鹰稳健成长	13.06	21.45	9.67	41.68	0.61	1.35
446	海富通风格优势	13.06	18.94	8.82	39.72	0.66	1.42
447	前海开源优势蓝筹 A	13.05	20.49	8.63	32.25	0.63	1.48
448	上投摩根阿尔法	13.05	20.26	10.54	48.29	0.63	1.22
449	华商盛世成长	13.03	17.78	8.47	23.43	0.69	1.46
450	平安行业先锋	12.97	16.61	7.40	20.79	0.73	1.63
451	新华灵活主题	12.90	19.41	9.08	28.30	0.64	1.38
452	东吴价值成长 A	12.89	23.06	10.49	41.89	0.57	1.26
453	国泰金鑫	12.75	21.30	11.74	48.77	0.60	1.09
454	国富健康优质生活	12.74	17.99	8.77	25.10	0.67	1.38
455	工银瑞信精选平衡	12.74	16.76	8.62	34.21	0.71	1.38

续表

编号	基金名称	年化收益率(%)	年化波动率(%)	年化下行风险(%)	最大回撤率(%)	年化夏普比率	年化索丁诺比率
456	嘉实量化精选	12.73	17.50	8.09	30.16	0.69	1.48
457	浦银安盛价值成长 A	12.67	25.75	11.88	41.15	0.53	1.15
458	鹏华优质治理	12.65	19.45	8.60	25.48	0.63	1.43
459	中海量化策略	12.64	25.09	10.47	31.42	0.53	1.28
460	景顺长城中小创	12.61	20.65	10.63	29.11	0.61	1.18
461	海富通精选	12.48	18.07	8.36	23.39	0.66	1.42
462	信诚幸福消费	12.47	19.51	11.04	36.04	0.62	1.10
463	中银健康生活	12.33	17.29	8.57	22.46	0.67	1.36
464	诺安新经济	12.23	23.32	10.58	44.25	0.54	1.20
465	汇添富社会责任	12.21	21.60	12.27	45.37	0.57	1.01
466	光大一带一路	12.17	18.38	9.36	32.76	0.64	1.25
467	浙商聚潮产业成长 A	12.08	20.02	8.49	30.18	0.59	1.39
468	银华优质增长	12.07	17.83	8.98	28.26	0.64	1.28
469	天弘永定成长	12.06	20.91	10.71	29.61	0.58	1.13
470	华夏收入	12.06	18.09	8.47	27.51	0.64	1.36
471	农银汇理大盘蓝筹	12.00	13.89	6.59	24.37	0.78	1.64
472	农银汇理信息传媒	11.99	21.14	10.83	31.03	0.57	1.11
473	华宝动力组合	11.99	21.76	9.90	31.63	0.56	1.22
474	银华内需精选	11.97	26.68	12.35	41.31	0.49	1.07
475	信达澳银银领先增长	11.96	19.56	10.44	25.01	0.60	1.12

续表

编号	基金名称	年化收益率（%）	年化波动率（%）	年化下行风险（%）	最大回撤率（%）	年化夏普比率	年化索丁诺比率
476	华泰柏瑞量化先行 A	11.95	15.73	7.55	28.11	0.70	1.46
477	汇添富外延增长主题 A	11.90	21.69	11.24	44.30	0.56	1.08
478	泰达宏利效率优选	11.84	16.20	9.26	30.00	0.68	1.19
479	工银瑞信金融地产 A	11.83	16.93	8.60	22.51	0.66	1.29
480	汇丰晋信沪港深 A	11.82	20.15	11.14	29.89	0.58	1.05
481	新华钻石品质企业	11.76	19.59	10.27	21.80	0.59	1.12
482	光大阳光优选一年持有 A	11.76	14.02	7.02	19.56	0.76	1.51
483	招商安泰	11.74	17.40	8.29	26.50	0.64	1.34
484	汇添富成长多因子量化策略	11.71	16.72	8.48	25.70	0.66	1.29
485	华商主题精选	11.66	25.75	12.44	49.34	0.49	1.02
486	诺安价值增长	11.65	19.38	9.69	25.09	0.59	1.17
487	华润元大信息传媒科技	11.61	29.43	14.56	40.00	0.47	0.94
488	汇丰晋信科技先锋	11.59	27.17	12.61	36.42	0.48	1.03
489	诺德成长优势	11.58	10.99	5.69	19.20	0.92	1.77
490	景顺长城优质成长	11.55	16.32	7.93	26.79	0.66	1.36
491	长盛同德	11.50	17.93	8.60	29.26	0.61	1.28
492	中金精选 A	11.46	15.72	7.61	23.10	0.67	1.39
493	西部利得策略优选 A	11.37	18.24	7.55	18.18	0.60	1.44
494	中银新动力	11.36	21.36	9.48	42.89	0.54	1.21
495	光大阳光 A	11.35	16.14	7.59	29.78	0.65	1.39

续表

编号	基金名称	年化收益率（%）	年化波动率（%）	年化下行风险（%）	最大回撤率（%）	年化夏普比率	年化索丁诺比率
496	广发核心精选	11.27	17.88	9.38	34.81	0.60	1.15
497	国泰估值优势	11.19	25.55	12.60	48.60	0.48	0.98
498	诺安平衡	11.14	11.85	5.47	14.48	0.83	1.79
499	广发聚丰 A	11.14	21.42	11.15	33.81	0.53	1.02
500	华宝国策导向	11.12	16.44	7.28	32.71	0.63	1.43
501	信达澳银红利回报	11.12	23.36	11.27	39.63	0.50	1.04
502	嘉实领先成长	11.07	22.65	12.11	32.17	0.51	0.95
503	东吴行业轮动 A	11.07	22.19	11.81	47.89	0.52	0.97
504	宝盈泛沿海增长	11.06	20.10	9.90	31.92	0.55	1.11
505	长城消费增值	11.03	19.15	10.21	23.40	0.56	1.06
506	创金合信量化多因子 A	11.01	18.13	8.18	30.71	0.58	1.29
507	华宝行业精选	10.90	18.01	9.42	34.54	0.58	1.11
508	景顺长城能源基建	10.89	8.57	4.18	15.59	1.08	2.21
509	大成核心双动力	10.89	14.50	6.70	26.50	0.68	1.48
510	嘉实稳健	10.87	13.70	7.38	23.95	0.71	1.32
511	交银成长 A	10.84	18.28	9.40	30.45	0.57	1.11
512	广发行业领先 A	10.82	17.20	8.05	40.12	0.60	1.27
513	宝盈国家安全战略沪港深 A	10.75	20.21	9.23	38.60	0.53	1.16
514	华商价值精选	10.56	20.52	9.48	31.89	0.52	1.12
515	华泰柏瑞量化增强 A	10.54	14.82	7.13	27.53	0.65	1.35

续表

编号	基金名称	年化收益率（%）	年化波动率（%）	年化下行风险（%）	最大回撤率（%）	年化夏普比率	年化索丁诺比率
516	景顺长城研究精选	10.48	15.96	8.39	25.72	0.61	1.16
517	天治核心成长	10.46	22.96	12.56	29.72	0.48	0.88
518	安信消费医药主题	10.41	18.07	10.13	27.81	0.56	0.99
519	建信社会责任	10.27	18.18	7.43	26.69	0.54	1.33
520	银华核心价值优选	10.11	19.56	10.09	35.80	0.51	0.99
521	汇添富移动互联	10.09	25.43	13.31	43.46	0.44	0.85
522	融通动力先锋	10.08	17.41	7.64	22.40	0.55	1.25
523	工银瑞信互联网加	9.90	21.54	11.32	44.47	0.47	0.90
524	华夏盛世精选	9.85	23.29	11.77	50.14	0.45	0.90
525	嘉实事件驱动	9.85	19.23	9.19	35.81	0.50	1.06
526	大成竞争优势	9.82	18.94	9.97	32.76	0.51	0.97
527	广发资管核心精选一年持有 A	9.69	19.55	10.22	26.30	0.49	0.94
528	嘉实量化阿尔法	9.67	17.32	8.20	31.38	0.53	1.12
529	博时创业成长 A	9.60	16.71	8.35	29.81	0.54	1.08
530	嘉实研究精选 A	9.49	18.34	9.71	41.15	0.50	0.95
531	中金消费升级	9.49	21.32	11.74	35.08	0.46	0.84
532	嘉实成长收益 A	9.47	18.74	9.54	25.94	0.50	0.97
533	长信量化多策略 A	9.47	17.51	8.37	29.50	0.52	1.08
534	东方核心动力	9.46	15.07	6.87	24.94	0.58	1.26
535	长盛城镇化主题	9.38	25.49	13.52	32.94	0.42	0.79

续表

编号	基金名称	年化收益率（%）	年化波动率（%）	年化下行风险（%）	最大回撤率（%）	年化夏普比率	年化索丁诺比率
536	中邮战略新兴产业	9.28	25.10	12.49	38.30	0.42	0.84
537	汇丰晋信信龙腾	9.25	17.80	8.70	24.32	0.50	1.02
538	广发沪港深新机遇	9.23	19.29	10.56	31.85	0.48	0.87
539	易方达资源行业	9.14	27.51	12.80	39.57	0.39	0.85
540	申万菱信量化小盘 A	9.14	16.50	7.77	29.94	0.52	1.10
541	融通新蓝筹	9.02	14.84	7.08	23.33	0.55	1.16
542	泰达宏利红利先锋	8.82	15.37	7.87	30.66	0.53	1.03
543	景顺长城量化精选	8.79	17.29	8.51	32.00	0.48	0.98
544	宝盈策略增长	8.79	21.02	10.64	33.88	0.43	0.85
545	泰达宏利领先中小盘	8.77	22.44	11.64	35.47	0.42	0.80
546	富国低碳环保	8.76	14.53	8.24	32.88	0.55	0.97
547	建信多因子量化	8.76	16.12	8.06	31.43	0.51	1.01
548	华宝事件驱动	8.75	18.69	8.23	33.74	0.46	1.04
549	中银优秀企业	8.74	17.07	7.71	20.28	0.49	1.08
550	长信量化中小盘	8.74	19.75	9.13	41.30	0.44	0.96
551	泰达宏利量化增强	8.73	17.64	8.81	30.82	0.48	0.95
552	工银瑞信沪港深 A	8.72	15.79	8.72	22.74	0.51	0.93
553	信达澳银消费优选	8.69	21.68	11.14	37.67	0.42	0.82
554	财通多策略福瑞	8.51	20.53	8.34	29.29	0.42	1.04
555	光大红利	8.50	18.29	8.65	32.56	0.45	0.96
556	长盛电子信息产业 A	8.39	22.58	10.67	36.26	0.40	0.84

续表

编号	基金名称	年化收益率(%)	年化波动率(%)	年化下行风险(%)	最大回撤率(%)	年化夏普比率	年化索丁诺比率
557	诺德中小盘	8.37	19.98	10.67	25.33	0.43	0.80
558	华宝多策略	8.33	15.94	6.76	26.38	0.49	1.15
559	泰信蓝筹精选	8.33	21.22	10.54	38.81	0.41	0.83
560	中信建投价值增长 A	8.32	15.79	6.82	22.42	0.49	1.13
561	泰达宏利逆向策略	8.30	18.67	8.73	29.66	0.44	0.93
562	中邮核心优选	8.19	19.07	9.14	28.94	0.43	0.89
563	信诚深度价值	8.19	16.39	8.48	36.53	0.47	0.91
564	东方成长回报	8.15	7.51	1.90	4.01	0.88	3.48
565	光大阳光价值 30 个月持有 A	8.09	16.05	8.66	20.92	0.47	0.87
566	汇添富沪港深新价值	8.05	18.41	10.07	28.84	0.43	0.79
567	大摩量化多策略	7.96	17.02	8.34	35.03	0.45	0.91
568	光大阳光智造 A	7.74	17.84	7.85	21.66	0.42	0.95
569	广发新动力	7.43	18.58	9.22	40.15	0.40	0.80
570	南方产业活力	7.42	16.94	8.60	31.58	0.42	0.82
571	长信增利策略	7.35	18.73	10.03	28.01	0.39	0.73
572	宝盈资源优选	7.25	21.98	10.76	44.27	0.36	0.73
573	招商财经大数据策略 A	7.15	19.52	9.86	35.47	0.37	0.74
574	富国城镇发展	7.06	18.73	9.69	51.05	0.38	0.73
575	华夏港股通精选 A	7.03	16.42	10.02	27.10	0.40	0.66
576	华安量化多因子	7.00	20.00	10.78	38.02	0.36	0.67
577	国泰量化策略收益	6.95	15.29	7.33	28.91	0.42	0.87

续表

编号	基金名称	年化收益率（%）	年化波动率（%）	年化下行风险（%）	最大回撤率（%）	年化夏普比率	年化索丁诺比率
578	光大风格轮动 A	6.89	18.01	9.33	45.60	0.37	0.72
579	汇丰晋信大盘波动精选 A	6.87	12.32	7.14	19.21	0.48	0.83
580	大摩华鑫量化配置 A	6.62	16.06	8.52	28.59	0.38	0.73
581	博时卓越品牌	6.56	21.17	10.80	42.83	0.33	0.65
582	泰信优质生活	6.47	18.25	8.71	42.49	0.35	0.73
583	工银瑞信稳健成长 A	6.37	17.55	8.71	38.95	0.35	0.71
584	诺德优选 30	6.36	17.57	10.09	21.92	0.35	0.61
585	中邮核心成长	6.29	16.85	8.97	30.82	0.36	0.67
586	华夏智胜价值成长 A	6.25	14.94	7.49	38.48	0.38	0.75
587	诺安多策略	6.22	14.62	6.64	24.49	0.38	0.84
588	鹏华文化传媒娱乐	6.12	19.23	10.47	29.00	0.32	0.60
589	南方策略优化	5.78	19.84	10.45	38.38	0.30	0.58
590	广发资管平衡精选一年持有 A	5.32	14.99	7.39	27.29	0.32	0.65
591	国君资管君得诚	5.18	12.60	7.52	17.26	0.34	0.58
592	金鹰核心资源	5.10	22.30	11.08	46.60	0.26	0.53
593	创金合信金融地产 A	4.86	19.08	12.29	27.91	0.27	0.41
594	华夏领先	4.83	21.90	10.78	42.37	0.25	0.51
595	博时国企改革主题 A	4.80	15.41	8.67	27.00	0.28	0.50
596	博时第三产业成长	4.59	17.94	9.82	34.16	0.25	0.46
597	光大核心	4.49	15.98	7.83	33.60	0.26	0.53
598	南方量化成长	3.84	21.48	10.49	40.30	0.21	0.43

续表

编号	基金名称	年化收益率(%)	年化波动率(%)	年化下行风险(%)	最大回撤率(%)	年化夏普比率	年化索丁诺比率
599	富国改革动力	3.80	19.47	9.76	46.52	0.21	0.41
600	金元顺安价值增长	3.78	23.15	10.79	47.43	0.21	0.44
601	大摩多因子策略	3.60	19.97	9.94	43.57	0.20	0.40
602	工银瑞信创新动力	3.45	15.18	8.50	41.79	0.20	0.36
603	长信量化先锋 A	3.38	18.89	9.69	37.98	0.19	0.37
604	中信证券稳健回报 A	2.77	17.71	10.73	26.56	0.16	0.26
605	华富量子生命力	2.57	17.55	9.77	33.20	0.15	0.26
606	华润元大量化优选 A	2.50	17.64	10.60	35.40	0.14	0.24
607	长城双动力	2.28	24.10	14.84	33.74	0.15	0.25
608	万家精选	2.12	22.42	11.96	29.14	0.14	0.26
609	平安消费精选 A	2.03	15.96	9.67	33.96	0.11	0.18
610	光大优势	1.78	20.83	11.24	38.71	0.11	0.21
611	长安宏观策略	1.75	20.64	11.95	36.28	0.11	0.20
612	金鹰量化精选	1.45	18.40	9.82	44.10	0.09	0.16
613	光大精选	1.35	17.95	10.11	26.82	0.08	0.14
614	国联安红利	0.31	21.94	12.23	44.32	0.05	0.09
615	民生加银精选	-0.69	15.83	8.66	33.10	-0.06	-0.11
616	华商未来主题	-1.38	22.13	12.65	54.80	-0.02	-0.04
617	方正富邦创新动力 A	-2.16	18.21	9.95	36.41	-0.11	-0.21
618	华商新动力	-2.25	21.15	10.72	46.70	-0.08	-0.15
	指标平均值	**17.42**	**20.11**	**9.46**	**29.13**	**0.82**	**1.80**

附录二 股票型公募基金经理的选股能力和择时能力（按年化α排序）：2017~2021 年

本表展示的是基于 Carhart 四因子模型改进得到的 Treynor–Mazuy 四因子模型对过去五年的股票型公募基金进行回归拟合所得结果，所用模型为：

$$R_{i,t} - R_{f,t} = \alpha_i + \beta_{i,mkt} \times (R_{mkt,t} - R_{f,t}) + \gamma_i \times (R_{mkt,t} - R_{f,t})^2 + \beta_{i,smb} \times SMB_t + \beta_{i,hml} \times HML_t + \beta_{i,mom} \times MOM_t + \varepsilon_{i,t}$$

其中，$R_{i,t} - R_{f,t}$ 为基金 i 的超额收益率；$R_{mkt,t} - R_{f,t}$ 为 t 月大盘指数（万得全 A 指数）的超额收益率。$R_{f,t}$ 为 t 月无风险收益率。SMB_t 为规模因子，代表小盘股与大盘股之间的溢价，是第 t 月小公司的收益率与大公司的收益率之差；HML_t 为价值因子，代表价值股与成长股之间的溢价，是第 t 月价值股（高账面市值比公司）与成长股（低账面市值比公司）收益率之差；MOM_t 为动量因子，代表过去一年收益率最高的股票与收益率最低的股票之间的溢价，是过去一年（$t-1$ 个月到 $t-11$ 个月）收益率最高的（前 30%）股票与收益率最低的（后 30%）股票月收益率之差。我们用 A 股所有上市公司的数据自行计算规模因子、价值因子和动量因子。α_i 代表基金经理的选股能力给投资者带来的超额收益，γ_i 代表基金经理的择时能力。* 表示在 5% 的显著性水平上具有选股能力或择时能力的基金。另外，本表还展示了这些股票型公募基金的年化收益率、年化波动率、年化夏普比率及最大回撤率，供读者查阅。

编号	基金名称	年化 α (%)	$t(\alpha)$	γ	$t(\gamma)$	β_{mkt}	β_{smb}	β_{hml}	β_{mom}	年化收益率 (%)	年化波动率 (%)	年化夏普比率	最大回撤率 (%)	调整后 R^2 (%)
1	易方达消费行业	29.00	3.19*	−3.52	−2.18	1.24	−0.26	0.13	−0.13	27.09	24.47	1.05	29.50	51
2	嘉实智能汽车	28.63	3.27*	−3.49	−2.26	1.13	−0.02	−0.29	−0.13	29.15	23.50	1.15	32.01	51
3	银华富裕主题	27.94	2.78*	−3.44	−1.93	1.11	−0.08	−0.12	0.04	28.35	24.81	1.08	25.62	42
4	景顺长城新兴成长	27.93	2.67*	−2.14	−1.16	1.17	−0.17	0.11	−0.02	30.56	26.05	1.10	27.05	43
5	汇丰晋信智造先锋 A	27.86	2.66*	−2.21	−1.19	1.31	0.11	−0.10	0.25	34.78	28.29	1.15	27.16	52
6	景顺长城鼎益	27.34	2.54*	−1.95	−1.03	1.17	−0.15	0.09	0.00	30.61	26.56	1.09	27.04	42
7	中欧明睿新常态 A	26.59	3.74*	−1.14	−0.91	1.02	−0.23	−0.36	0.02	35.80	21.15	1.50	16.91	60
8	信达澳银新能源产业	25.89	2.78*	0.30	0.18	1.01	0.07	−0.39	0.04	39.45	24.88	1.41	22.07	50

续表

编号	基金名称	年化 α (%)	$t(\alpha)$	γ	$t(\gamma)$	β_{mkt}	β_{smb}	β_{hml}	β_{mom}	年化收益率 (%)	年化波动率 (%)	年化夏普比率	最大回撤率 (%)	调整后 R^2 (%)
9	汇添富消费行业	25.87	2.87*	-2.07	-1.30	1.12	-0.11	0.04	0.00	29.17	23.60	1.15	25.08	48
10	鹏华养老产业	25.19	2.84*	-2.98	-1.90	1.25	-0.08	-0.12	-0.01	26.96	24.78	1.03	32.95	55
11	嘉实环保低碳	24.90	2.99*	-2.70	-1.83	1.23	0.00	-0.19	0.02	28.38	24.21	1.10	39.57	58
12	交银消费新驱动	24.67	3.42*	-2.53	-1.98	1.08	-0.10	-0.06	-0.14	26.00	20.71	1.16	20.95	57
13	嘉实优化红利 A	24.53	3.37*	-2.55	-1.98	1.09	-0.26	0.08	-0.09	25.23	20.77	1.12	26.15	57
14	易方达行业领先	24.02	4.57*	-2.72	-2.92	1.17	-0.20	-0.08	0.00	26.75	19.72	1.23	28.38	75
15	泰达宏利转型机遇 A	23.90	2.03*	-1.36	-0.65	1.22	0.07	-0.29	0.32	33.18	29.74	1.06	32.20	45
16	中欧医疗健康 A	23.81	1.87*	-0.82	-0.37	0.86	-0.09	-0.65	-0.22	29.61	28.26	1.01	33.50	28
17	大成高新技术产业 A	23.53	4.94*	-2.14	-2.55	0.89	0.11	0.31	0.30	27.35	15.94	1.52	18.14	69
18	工银瑞信物流产业	23.37	4.23*	-0.46	-0.47	0.90	-0.19	-0.14	-0.18	30.53	17.48	1.54	18.48	65
19	银华沪港深增长	23.33	3.87*	-3.59	-3.36	1.13	-0.16	0.03	0.06	22.83	19.69	1.07	22.86	67
20	景顺长城环保优势	23.09	3.61*	-1.95	-1.73	0.89	-0.03	-0.59	-0.07	28.90	19.09	1.36	25.74	60
21	东方红启阳三年持有 A	22.98	3.80*	-2.61	-2.44	1.00	-0.27	-0.30	-0.02	25.98	18.97	1.24	27.48	64
22	工银瑞信前沿医疗 A	22.92	2.01*	-0.65	-0.32	0.83	0.04	-0.50	-0.03	30.54	25.85	1.11	34.05	32
23	东方新能源汽车主题	22.91	1.82*	-3.23	-1.45	1.12	-0.01	-0.32	0.18	24.10	29.33	0.83	34.26	35
24	信诚中小盘	22.74	2.15*	-1.14	-0.61	1.12	-0.05	-0.59	0.03	31.54	27.45	1.09	33.44	48
25	易方达改革红利	22.74	2.64*	-3.36	-2.21	1.33	-0.26	-0.05	-0.13	21.55	24.96	0.85	32.05	58
26	景顺长城优势企业	22.54	2.83*	-1.79	-1.27	1.02	-0.19	-0.09	-0.10	25.64	21.23	1.12	26.86	51

续表

编号	基金名称	年化α(%)	$t(\alpha)$	γ	$t(\gamma)$	β_{mkt}	β_{smb}	β_{hml}	β_{mom}	年化收益率(%)	年化波动率(%)	年化夏普比率	最大回撤率(%)	调整后R^2(%)
27	工银瑞信文体产业 A	22.32	4.59*	-1.25	-1.45	0.99	-0.18	-0.41	-0.17	28.99	18.12	1.42	15.86	75
28	银河创新成长 A	22.23	1.58	-1.06	-0.42	1.01	-0.05	-0.75	0.02	29.58	32.00	0.93	27.32	32
29	富国高新技术产业	21.90	3.03*	-1.67	-1.30	1.19	-0.37	-0.74	-0.45	26.64	23.56	1.06	29.49	67
30	工银瑞信新金融 A	21.82	4.45*	-1.30	-1.50	1.05	-0.10	-0.11	0.09	29.20	18.67	1.39	26.11	76
31	嘉实新兴产业	21.80	2.90*	-1.33	-1.00	0.99	-0.22	-0.36	-0.14	27.36	20.94	1.20	21.13	55
32	鹏华消费优选	21.77	2.44*	-2.47	-1.56	1.24	-0.13	-0.12	-0.05	23.87	24.89	0.93	33.48	55
33	中欧时代先锋 A	21.58	4.40*	-0.90	-1.04	1.00	-0.49	-0.39	-0.29	27.71	18.68	1.33	17.18	76
34	诺德价值优势	21.57	2.63*	-1.81	-1.24	1.02	-0.12	-0.22	0.24	28.10	22.40	1.16	28.45	53
35	鹏华环保产业	21.54	2.36*	-0.86	-0.53	0.91	0.05	-0.44	0.15	30.87	23.28	1.22	25.08	46
36	海富通内需热点	21.13	2.78*	-0.75	-0.56	0.92	0.06	-0.09	0.17	29.41	20.55	1.29	19.77	52
37	长信内需成长 A	21.11	2.25*	-2.55	-1.53	0.97	-0.08	-0.20	0.06	22.92	22.81	0.96	27.37	40
38	建信大安全	20.92	3.90*	-2.22	-2.33	1.05	-0.03	0.05	-0.03	23.15	18.38	1.15	30.31	70
39	银河美丽优萃 A	20.75	2.30*	-3.52	-2.21	1.26	-0.31	-0.12	-0.08	19.18	24.85	0.77	29.63	54
40	交银趋势优先 A	20.74	2.97*	-1.54	-1.25	1.05	0.70	0.34	1.01	32.36	23.23	1.27	26.33	68
41	金鹰策略配置	20.70	1.69*	-2.37	-1.09	1.22	0.04	-0.24	0.25	24.77	29.92	0.84	33.21	41
42	大成新锐产业	20.59	2.79*	-0.81	-0.62	1.01	0.32	0.25	0.70	31.89	22.06	1.30	23.67	60
43	工银瑞信养老产业 A	20.55	2.08*	-1.02	-0.58	0.80	0.04	-0.44	-0.05	26.39	22.97	1.07	33.33	35
44	工银瑞信研究精选	20.39	3.77*	-1.51	-1.57	1.14	-0.15	0.25	0.02	24.23	19.83	1.12	27.59	74

续表

编号	基金名称	年化 α (%)	$t(\alpha)$	γ	$t(\gamma)$	β_{mkt}	β_{smb}	β_{hml}	β_{mom}	年化收益率 (%)	年化波动率 (%)	年化夏普比率	最大回撤率 (%)	调整后 R^2 (%)
45	华安信消费服务 A	20.35	3.87*	0.05	0.06	0.98	0.39	0.29	0.34	31.21	19.45	1.43	25.27	74
46	富国美丽中国 A	20.35	5.62*	-1.46	-2.28	0.81	-0.20	-0.27	0.02	26.02	14.43	1.58	15.59	78
47	建信改革红利	20.26	2.73*	-1.12	-0.85	1.04	0.10	-0.03	0.39	29.34	21.79	1.23	35.22	59
48	国泰事件驱动	20.19	2.70*	-1.61	-1.22	1.25	0.19	-0.30	0.12	27.81	24.64	1.06	37.61	68
49	华安宏利	20.11	2.27*	-2.30	-1.47	0.88	0.12	-0.06	0.47	25.12	21.82	1.07	23.53	42
50	工银瑞信战略转型主题 A	20.00	3.49*	0.34	0.34	1.00	0.05	-0.04	0.14	31.75	19.76	1.43	27.77	70
51	上投摩根新兴动力 A	19.95	2.05*	-0.99	-0.57	1.20	-0.20	-0.28	0.25	29.18	27.02	1.03	41.93	54
52	广发新经济 A	19.94	2.07*	-2.40	-1.40	0.92	-0.01	-0.54	-0.10	22.20	23.48	0.91	27.99	41
53	新华优选消费	19.83	2.71*	-1.28	-0.99	0.85	0.02	-0.01	-0.10	22.95	18.83	1.12	16.08	47
54	兴全合润	19.74	4.13*	-1.96	-2.31	1.05	-0.18	-0.24	-0.09	23.61	18.20	1.18	27.32	76
55	建信内生动力	19.67	3.34*	-2.47	-2.37	1.03	-0.03	-0.11	0.08	22.54	18.93	1.09	24.07	66
56	中欧行业成长 A	19.65	3.44*	-1.53	-1.52	0.96	-0.19	-0.24	-0.09	24.25	18.19	1.21	25.39	65
57	中欧养老产业 A	19.60	3.71*	-0.88	-0.94	1.08	-0.16	-0.18	-0.21	25.44	19.45	1.19	18.99	74
58	上投摩根核心优选	19.53	2.70*	-2.06	-1.60	1.09	0.02	-0.17	0.41	26.74	22.24	1.12	37.03	63
59	诺德周期策略	19.43	2.49*	-1.36	-0.98	1.01	-0.10	-0.27	0.17	26.64	21.92	1.12	27.26	55
60	兴全轻资产	19.34	4.39*	-2.74	-3.52	0.92	-0.12	-0.13	0.00	20.48	15.70	1.18	19.29	72
61	招商中小盘精选	19.26	2.74*	-1.67	-1.34	0.97	-0.04	-0.34	-0.03	24.26	20.14	1.11	31.59	57
62	诺安低碳经济 A	19.26	4.18*	-1.24	-1.52	0.82	-0.05	0.08	0.06	23.74	14.99	1.41	18.87	67

续表

编号	基金名称	年化α(%)	$t(\alpha)$	γ	$t(\gamma)$	β_{mkt}	β_{smb}	β_{hml}	β_{mom}	年化收益率(%)	年化波动率(%)	年化夏普比率	最大回撤(%)	调整后R^2(%)
63	工银瑞信美丽城镇主题A	19.11	3.92*	-0.67	-0.78	0.97	-0.11	-0.08	0.01	26.46	17.76	1.34	23.83	73
64	富国价值优势	19.03	4.19*	-0.18	-0.22	1.07	-0.09	-0.22	0.15	30.47	19.67	1.38	29.72	81
65	工银瑞信国企改革主题	19.02	3.35*	-2.17	-2.16	0.97	-0.10	-0.04	0.32	23.95	18.54	1.18	26.10	67
66	工银瑞信国家战略主题	18.99	2.60*	-1.87	-1.44	1.26	-0.01	0.40	0.17	21.89	23.27	0.90	33.22	65
67	景顺长城优选	18.90	3.37*	-1.66	-1.67	0.78	-0.03	-0.49	-0.09	23.52	16.61	1.27	23.63	60
68	长城优化升级A	18.88	2.32*	-1.39	-0.97	0.92	0.40	-0.17	0.64	29.10	22.64	1.18	23.79	54
69	景顺长城核心竞争力A	18.86	3.55*	-2.41	-2.56	1.01	-0.14	-0.06	0.04	21.00	17.82	1.08	31.11	69
70	嘉实物流产业A	18.85	4.31*	-1.53	-1.97	0.84	-0.04	0.36	0.06	20.75	14.80	1.25	18.52	69
71	国富沪港深成长精选	18.85	3.85*	-2.44	-2.81	1.04	-0.18	-0.21	0.13	22.70	18.40	1.13	21.93	75
72	景顺长城精选蓝筹	18.82	2.96*	-2.68	-2.38	1.02	-0.33	0.02	-0.22	17.15	18.83	0.86	29.39	60
73	建信健康民生	18.80	3.20*	-0.81	-0.78	0.91	0.16	-0.03	0.21	26.77	18.30	1.32	27.22	64
74	华宝品质生活	18.78	2.88*	-2.15	-1.86	1.15	-0.04	-0.17	0.11	23.37	21.33	1.03	29.57	67
75	国富深化价值	18.70	4.02*	-1.10	-1.34	0.93	-0.09	-0.20	0.21	26.97	17.48	1.38	24.23	75
76	工银瑞信医疗保健行业	18.36	1.67*	-0.73	-0.38	0.78	-0.01	-0.45	-0.11	23.54	24.58	0.92	33.81	29
77	交银先进制造	18.34	3.59*	-0.03	-0.04	0.91	0.13	-0.22	0.11	28.99	18.26	1.41	20.99	72
78	信达澳银中小盘	18.29	1.71*	-0.84	-0.45	1.01	0.32	0.02	0.53	27.50	26.36	1.00	20.62	42
79	兴全精选	18.25	3.12*	-1.67	-1.61	1.00	-0.31	-0.54	-0.09	23.74	19.70	1.11	20.58	69
80	中银战略新兴产业A	18.18	2.43*	-2.11	-1.59	0.91	0.20	-0.07	0.70	26.00	21.21	1.13	29.43	56

续表

编号	基金名称	年化 α (%)	t(α)	γ	t(γ)	β_{mkt}	β_{smb}	β_{hml}	β_{mom}	年化收益率 (%)	年化波动率 (%)	年化夏普比率	最大回撤率 (%)	调整后 R^2 (%)
81	金鹰行业优势	18.17	2.27*	-0.29	-0.21	0.89	0.25	-0.34	0.29	29.42	22.01	1.22	26.88	53
82	建信创新中国	18.12	2.53*	-0.98	-0.77	0.89	0.10	-0.10	0.17	24.98	19.52	1.17	23.90	53
83	万家行业优选	18.10	1.87*	0.12	0.07	0.96	-0.09	-0.56	-0.09	28.03	24.87	1.06	19.36	47
84	信诚新兴产业 A	18.09	1.36	-0.79	-0.34	1.11	0.12	-0.02	0.37	25.32	30.77	0.84	39.74	34
85	景顺长城公司治理	18.08	3.12*	-0.76	-0.74	0.76	0.18	-0.24	0.28	27.17	17.07	1.42	18.55	59
86	汇丰晋信低碳先锋 A	18.05	1.47	-1.36	-0.63	1.45	-0.05	-0.23	0.02	23.26	32.30	0.76	47.13	49
87	易方达科翔	18.05	3.19*	-0.74	-0.74	1.08	-0.08	-0.21	-0.02	25.80	20.10	1.17	27.64	72
88	信诚周期轮动 A	18.03	2.42*	-0.26	-0.20	1.08	0.14	-0.10	0.41	30.05	23.00	1.20	30.13	63
89	嘉实新消费	17.88	2.95*	-1.70	-1.58	0.82	-0.10	-0.13	0.09	21.76	16.88	1.17	23.79	55
90	华安策略优选 A	17.82	3.77*	-1.51	-1.80	0.91	-0.30	0.19	0.13	21.16	16.67	1.15	23.69	72
91	景顺长城内需增长	17.80	1.75*	-1.25	-0.69	1.12	-0.05	0.01	0.03	21.85	25.58	0.84	26.79	44
92	申万菱信消费增长	17.77	2.08*	-1.00	-0.66	1.09	-0.01	-0.02	0.10	23.82	23.34	0.97	30.69	53
93	景顺长城内需增长贰号	17.69	1.74*	-1.41	-0.78	1.16	-0.06	0.04	0.01	20.98	25.93	0.81	28.02	46
94	工银瑞信消费服务 A	17.65	3.14*	-2.35	-2.36	0.91	-0.10	-0.11	0.03	19.49	17.05	1.05	23.99	62
95	景顺长城资源垄断	17.61	2.56*	-1.79	-1.47	0.95	-0.28	0.13	-0.20	17.47	18.91	0.87	25.84	53
96	诺安先进制造	17.59	3.74*	-2.24	-2.69	0.82	-0.19	-0.30	-0.02	20.09	15.30	1.18	20.99	67
97	富国通胀通缩主题	17.50	2.63*	-0.85	-0.72	0.97	-0.11	-0.49	0.00	25.65	20.44	1.15	18.33	63
98	富国天博创新主题	17.49	3.43*	-1.32	-1.46	1.14	-0.10	-0.13	0.12	24.40	20.11	1.12	32.94	77

续表

编号	基金名称	年化 α (%)	t(α)	γ	t(γ)	β_mkt	β_smb	β_hml	β_mom	年化收益率 (%)	年化波动率 (%)	年化夏普比率	最大回撤率 (%)	调整后 R²(%)
99	中信证券成长动力 A	17.48	4.08*	-1.40	-1.85	0.88	-0.15	-0.12	0.12	23.04	15.92	1.30	19.31	74
100	景顺长城品质投资	17.38	3.34*	-1.19	-1.29	1.01	-0.22	-0.34	-0.15	22.92	18.55	1.13	27.88	72
101	安信价值精选	17.38	3.54*	-2.37	-2.73	1.03	-0.10	0.02	0.04	19.22	17.59	1.01	26.44	73
102	建信核心精选	17.32	3.08*	-1.76	-1.77	0.98	-0.02	-0.01	0.00	20.41	18.01	1.04	27.59	66
103	广发聚瑞 A	17.31	2.28*	-0.48	-0.36	0.97	-0.27	-0.67	-0.19	25.43	21.99	1.08	26.80	58
104	海富通股票	17.29	1.22	-0.86	-0.34	0.99	-0.04	-0.41	-0.06	21.46	31.14	0.73	33.54	27
105	建信信息产业	17.22	2.36*	-1.03	-0.80	1.09	0.08	-0.13	0.23	25.26	22.18	1.06	31.80	62
106	博时行业轮动	17.20	2.02*	-3.32	-2.20	0.94	-0.28	-0.76	-0.32	15.87	22.16	0.71	30.87	48
107	华安生态优先	17.12	2.02*	-0.44	-0.29	1.01	-0.01	-0.01	0.22	25.36	22.79	1.05	25.41	51
108	银河蓝筹精选	17.11	2.27*	-0.50	-0.38	1.08	-0.08	-0.22	0.29	27.56	23.02	1.11	26.36	62
109	嘉实先进制造	17.11	2.78*	-1.34	-1.23	1.07	-0.02	-0.20	0.12	23.85	20.47	1.08	33.40	68
110	浦银安盛红利精选 A	17.10	2.25*	-0.89	-0.66	1.05	0.11	-0.45	-0.01	25.06	22.76	1.03	27.40	61
111	中信证券卓越成长两年持有 A	17.10	3.87*	-1.80	-2.30	0.97	-0.29	0.00	-0.19	18.35	16.44	1.02	24.74	74
112	圆信永丰优加生活	17.09	4.60*	-1.05	-1.60	0.92	-0.06	-0.07	0.19	24.28	16.11	1.35	22.24	81
113	工银瑞信生态环境	17.07	1.53	-1.85	-0.93	1.00	0.38	-0.25	0.71	25.76	27.76	0.91	39.60	43
114	富国高端制造行业	17.07	3.39*	-1.23	-1.38	1.11	-0.06	-0.21	0.13	24.63	19.96	1.13	31.58	78
115	富国天合稳健优选	17.02	4.77*	-1.71	-2.71	0.89	-0.20	-0.25	-0.02	21.19	15.24	1.25	22.80	81
116	中信保诚精萃成长	16.99	3.06*	-0.93	-0.94	1.04	-0.10	-0.07	0.12	24.10	19.29	1.14	30.09	71

续表

编号	基金名称	年化α(%)	$t(\alpha)$	γ	$t(\gamma)$	β_{mkt}	β_{smb}	β_{hml}	β_{mom}	年化收益率(%)	年化波动率(%)	年化夏普比率	最大回撤率(%)	调整后R^2(%)
117	工银瑞信新蓝筹A	16.99	3.91*	-1.68	-2.18	0.87	-0.07	0.06	0.23	21.47	15.48	1.24	23.84	72
118	泰达宏利行业精选	16.97	2.73*	-0.81	-0.74	1.06	0.01	-0.13	0.19	25.49	20.62	1.14	28.16	68
119	景顺长城成长之星	16.95	2.75*	-0.80	-0.73	0.98	0.02	-0.12	0.27	25.75	19.66	1.19	24.86	65
120	大成消费主题	16.95	2.61*	-1.54	-1.34	0.95	-0.04	-0.11	0.04	21.18	18.85	1.04	23.52	58
121	上投摩根内需动力	16.95	1.89*	-2.17	-1.37	1.19	-0.23	-0.36	0.03	20.68	25.00	0.82	45.93	55
122	银华中小盘精选	16.92	2.27*	-1.27	-0.96	1.06	0.03	-0.32	-0.09	22.31	22.03	0.96	29.36	60
123	中信证券臻选价值成长A	16.91	3.38*	-1.36	-1.54	0.77	-0.26	-0.32	-0.22	19.91	15.11	1.18	16.85	61
124	上投摩根医疗健康	16.88	1.68*	0.00	0.00	0.63	0.09	-0.51	-0.07	24.29	22.48	1.02	22.62	29
125	富国创新科技A	16.81	1.78*	0.07	0.04	0.96	-0.49	-0.93	-0.60	23.47	25.08	0.91	25.25	50
126	农银汇理策略精选	16.80	2.91*	-1.39	-1.36	0.79	-0.21	-0.32	-0.08	20.87	16.47	1.15	22.54	57
127	融通内需驱动AB	16.71	2.76*	-0.98	-0.91	0.87	0.14	-0.34	0.01	23.49	18.49	1.16	25.32	62
128	长城品牌优选	16.70	1.94*	-2.20	-1.44	1.24	-0.16	0.06	0.04	18.48	24.42	0.76	32.53	56
129	海富通国策导向	16.67	1.80*	-2.15	-1.31	1.28	-0.27	0.00	0.10	19.23	25.97	0.75	44.30	55
130	工银瑞信量化策略A	16.67	3.14*	-1.38	-1.47	0.93	-0.03	-0.16	0.11	22.46	17.62	1.16	29.40	68
131	大摩健康产业A	16.65	1.60	0.74	0.40	0.66	0.17	-0.45	-0.07	26.01	23.60	1.04	23.49	31
132	上投摩根行业轮动A	16.64	2.07*	-1.59	-1.11	1.06	0.08	-0.09	0.52	24.72	23.08	1.01	37.50	57
133	易方达信息产业	16.60	1.64	0.42	0.24	0.90	-0.22	-0.82	-0.36	25.50	25.42	0.96	23.89	44
134	华宝创新优选	16.59	1.79*	1.14	0.70	1.16	-0.10	-0.45	-0.02	30.34	26.92	1.07	29.69	58

续表

编号	基金名称	年化α (%)	t(α)	γ	t(γ)	β_{mkt}	β_{smb}	β_{hml}	β_{mom}	年化收益率 (%)	年化波动率 (%)	年化夏普比率	最大回撤率 (%)	调整后 R^2 (%)
135	富国低碳新经济 A	16.59	2.62*	-0.30	-0.27	1.20	-0.07	-0.35	0.10	27.46	23.25	1.10	28.10	74
136	交银新成长	16.59	3.53*	-0.68	-0.81	0.82	-0.23	-0.25	0.01	23.48	15.97	1.31	18.12	70
137	国富中小盘	16.55	4.03*	-1.33	-1.83	0.94	-0.20	-0.13	-0.09	20.68	16.17	1.16	18.67	77
138	天弘周期策略	16.53	2.56*	-1.72	-1.50	0.95	-0.01	-0.16	0.02	20.37	18.94	1.00	29.37	59
139	华宝医药生物	16.52	1.77*	-0.83	-0.51	0.91	0.15	-0.43	0.14	24.51	23.62	0.99	29.82	45
140	光大行业轮动	16.49	2.22*	-0.71	-0.54	1.16	-0.20	-0.14	-0.08	22.83	22.94	0.95	25.78	63
141	华泰柏瑞盛世中国	16.45	1.97*	-1.87	-1.27	0.99	0.01	-0.24	0.34	22.54	22.50	0.95	26.12	51
142	光大新增长	16.44	2.47*	-0.75	-0.64	1.00	-0.12	-0.29	0.03	24.00	20.42	1.09	19.41	63
143	银河消费驱动	16.42	2.19*	-2.89	-2.18	1.07	0.17	0.20	0.07	15.49	21.16	0.72	29.96	56
144	国联安主题驱动	16.41	3.49*	-1.50	-1.80	0.93	-0.08	-0.22	0.10	22.13	17.06	1.18	26.35	73
145	农银汇理策略价值	16.36	3.14*	-0.98	-1.06	0.87	-0.03	-0.18	0.23	24.11	17.23	1.26	25.22	68
146	中银智能制造 A	16.31	1.76*	-1.15	-0.70	1.07	-0.06	-0.52	0.33	25.96	25.71	0.97	44.21	54
147	广发制造业精选 A	16.26	1.98*	-1.14	-0.79	1.04	0.10	-0.33	0.42	25.96	23.62	1.04	35.87	58
148	汇丰晋信消费红利	16.25	3.10*	-1.12	-1.20	1.00	-0.24	-0.19	-0.21	20.25	18.10	1.03	26.03	70
149	金元顺安消费主题	16.24	2.95*	-2.59	-2.65	1.10	-0.34	0.11	-0.16	14.96	18.99	0.75	31.65	70
150	农银汇理行业轮动	16.17	2.75*	-0.90	-0.87	0.91	0.21	-0.21	0.41	26.03	19.20	1.23	26.66	67
151	方正富邦红利精选 A	16.16	2.93*	-2.45	-2.50	0.99	-0.33	-0.05	-0.19	15.45	17.63	0.82	26.83	65
152	大成行业轮动	16.07	3.02*	-1.59	-1.69	1.10	-0.09	-0.24	0.25	23.36	20.29	1.07	28.09	76

续表

编号	基金名称	年化 α (%)	$t(\alpha)$	γ	$t(\gamma)$	β_{mkt}	β_{smb}	β_{hml}	β_{mom}	年化收益率 (%)	年化波动率 (%)	年化夏普比率	最大回撤率 (%)	调整后 R^2 (%)
153	工银瑞信红利	16.05	2.30*	-2.19	-1.78	0.96	0.09	-0.11	0.39	21.16	20.13	0.98	28.56	58
154	广发小盘成长 A	16.01	1.82*	-0.33	-0.21	1.05	-0.16	-0.65	0.08	26.71	25.07	1.01	30.53	56
155	中海医疗保健	15.97	1.62	0.58	0.33	0.82	-0.16	-0.44	-0.36	22.94	23.43	0.94	24.44	37
156	嘉实价值优势	15.96	3.43*	-1.74	-2.12	0.85	-0.18	-0.17	0.12	20.26	15.93	1.15	17.61	70
157	华安新丝路主题 A	15.94	2.07*	-0.67	-0.49	0.98	-0.15	-0.22	0.10	23.43	21.44	1.02	18.64	55
158	华泰柏瑞行业领先	15.92	2.13*	-0.59	-0.45	1.14	0.26	-0.15	0.34	26.44	23.83	1.04	30.02	65
159	泓德战略转型	15.83	2.90*	-1.58	-1.63	1.02	-0.18	-0.46	-0.05	21.37	19.24	1.03	23.89	72
160	工银瑞信核心价值 A	15.82	2.57*	-2.55	-2.34	0.95	-0.10	-0.12	0.27	18.87	18.65	0.94	31.26	62
161	民生加银稳健成长	15.80	2.45*	-0.79	-0.69	0.86	-0.12	-0.52	0.08	24.25	19.30	1.15	26.51	60
162	中欧明睿新起点	15.74	1.50	-1.83	-0.98	1.17	-0.12	-0.30	0.16	20.40	27.04	0.77	43.64	47
163	汇添富成长焦点	15.74	2.13*	-1.67	-1.28	0.97	-0.16	-0.04	0.07	18.90	20.11	0.89	29.36	52
164	南方新兴消费 A	15.73	2.13*	-2.77	-2.12	1.16	-0.09	-0.24	0.10	17.92	22.41	0.79	38.03	62
165	富国文体健康 A	15.64	3.08*	-0.64	-0.72	1.07	-0.03	-0.50	0.17	26.53	20.74	1.17	27.55	79
166	工银瑞信大盘蓝筹	15.63	3.57*	-1.56	-2.01	0.83	-0.08	0.06	0.18	19.59	14.95	1.18	21.19	70
167	长城医疗保健	15.56	1.82*	0.56	0.37	0.80	0.13	-0.12	0.05	24.79	21.27	1.08	19.27	43
168	中海消费主题精选	15.53	1.76*	-1.87	-1.20	1.16	-0.13	-0.41	0.34	22.71	25.54	0.87	37.25	58
169	交银阿尔法 A	15.44	3.53*	-0.16	-0.20	0.78	0.08	-0.39	-0.16	23.12	16.03	1.29	14.46	74
170	兴全商业模式优选	15.34	3.26*	-0.08	-0.09	0.79	-0.05	-0.34	-0.05	23.77	16.05	1.32	15.75	70

续表

编号	基金名称	年化α(%)	$t(\alpha)$	γ	$t(\gamma)$	β_{mkt}	β_{smb}	β_{hml}	β_{mom}	年化收益率(%)	年化波动率(%)	年化夏普比率	最大回撤率(%)	调整后R^2(%)
171	国泰大健康A	15.31	1.95*	-0.14	-0.10	1.03	0.22	-0.26	0.27	26.35	23.15	1.07	31.54	60
172	易方达价值精选	15.30	3.35*	-1.59	-1.97	0.89	-0.04	-0.18	0.10	20.22	16.29	1.13	25.60	72
173	安信新常态沪港深精选A	15.28	2.66*	-1.06	-1.05	0.89	-0.13	0.47	0.02	16.85	17.34	0.90	24.78	61
174	长城中小盘成长	15.25	2.72*	-1.18	-1.19	0.84	0.19	-0.27	0.52	25.12	18.50	1.23	21.42	68
175	中金新锐A	15.24	3.47*	-0.05	-0.06	0.79	0.24	-0.02	0.38	25.96	16.06	1.43	22.99	74
176	大成中小盘A	15.12	2.50*	-0.67	-0.63	0.93	-0.11	-0.32	-0.01	22.35	18.90	1.09	17.72	64
177	信诚优胜精选	15.12	3.23*	-1.75	-2.11	1.02	-0.18	-0.10	0.03	18.88	17.77	0.98	30.61	76
178	嘉实沪港深精选	15.12	3.11*	-2.92	-3.39	1.18	-0.35	0.07	0.01	14.81	19.65	0.73	33.63	78
179	中银中小盘成长	15.10	2.53*	-2.17	-2.05	1.02	0.15	-0.45	0.12	20.22	20.31	0.94	35.66	69
180	国富弹性市值	15.06	3.96*	-1.33	-1.98	0.90	-0.33	-0.06	-0.12	17.96	15.46	1.05	19.81	79
181	中信证券红利价值—年持有A	15.00	2.79*	-1.45	-1.52	0.88	-0.20	-0.35	0.08	20.53	17.45	1.08	23.98	67
182	嘉实优质企业	14.94	1.77*	-2.69	-1.80	0.99	-0.10	-0.49	-0.02	16.54	22.21	0.73	27.39	49
183	农银汇理行业领先	14.87	2.59*	-1.22	-1.20	0.79	-0.18	-0.34	-0.07	19.34	16.61	1.06	22.87	58
184	大成积极成长	14.86	2.68*	-1.54	-1.57	1.08	-0.05	-0.13	0.32	21.88	20.09	1.02	28.45	73
185	华安逆向策略A	14.75	2.58*	-0.64	-0.63	0.97	0.13	-0.29	0.21	24.09	19.57	1.13	28.92	70
186	银华中国梦30	14.72	2.16*	-0.67	-0.56	1.11	-0.06	-0.31	-0.01	22.44	21.99	0.97	33.44	66
187	嘉实低价策略	14.69	3.30*	-1.60	-2.03	1.08	-0.20	0.09	0.18	19.26	18.52	0.97	33.13	80
188	国富研究精选	14.67	3.25*	-0.32	-0.39	0.91	-0.14	-0.18	0.15	23.59	17.30	1.23	20.04	76

续表

编号	基金名称	年化 α (%)	t(α)	γ	t(γ)	β_{mkt}	β_{smb}	β_{hml}	β_{mom}	年化收益率 (%)	年化波动率 (%)	年化夏普比率	最大回撤率 (%)	调整后 R^2(%)
189	上投摩根成长先锋	14.63	3.03*	-0.94	-1.10	0.85	0.10	-0.19	0.39	23.63	17.14	1.24	16.97	72
190	鹏华先进制造	14.52	3.12*	-1.18	-1.43	0.99	-0.14	-0.14	-0.08	19.00	17.46	1.00	29.08	75
191	国联安科技动力	14.49	1.20	-0.70	-0.33	1.06	-0.33	-0.88	-0.24	20.58	29.54	0.73	41.49	41
192	中欧消费主题 A	14.46	1.76*	-0.55	-0.38	0.87	0.26	-0.09	0.33	22.85	21.37	1.00	23.89	48
193	广发消费品精选 A	14.40	2.03*	-1.67	-1.33	0.91	-0.06	-0.08	0.03	17.19	19.02	0.85	26.28	51
194	上投摩根大盘蓝筹	14.27	2.39*	-0.70	-0.66	0.92	-0.03	0.03	0.25	21.45	18.43	1.07	33.23	63
195	长城久富	14.26	2.52*	-1.73	-1.73	0.93	0.44	0.05	0.84	23.66	19.79	1.10	23.99	71
196	大成健康产业	14.24	1.55	-2.26	-1.39	1.08	0.09	-0.31	0.17	17.88	24.28	0.74	33.46	50
197	工银瑞信新材料新能源行业	14.23	1.97*	-1.33	-1.04	1.05	-0.06	-0.20	0.33	21.70	21.89	0.94	36.27	62
198	国君资管君得明	14.16	3.48*	-1.04	-1.44	0.99	-0.07	0.07	-0.02	18.50	16.79	1.01	20.62	79
199	工银瑞信信息产业 A	14.12	2.16*	0.18	0.16	1.00	-0.13	-0.63	-0.16	24.23	21.49	1.05	26.67	67
200	广发沪港深新起点 A	14.10	2.62*	-2.86	-3.01	0.89	-0.32	-0.11	0.04	13.64	16.76	0.76	26.18	64
201	博时丝路主题 A	14.08	2.48*	-0.54	-0.53	0.99	-0.14	-0.30	0.10	22.60	19.51	1.07	24.55	70
202	交银精选	14.07	3.03*	-0.60	-0.73	0.82	-0.22	-0.27	0.00	20.80	16.02	1.17	18.40	70
203	泰达宏利首选企业	14.05	2.19*	-0.57	-0.51	1.15	0.05	-0.09	0.24	23.15	22.23	0.98	34.63	71
204	万家瑞隆	14.04	1.74*	-0.77	-0.54	0.82	0.21	-0.05	0.39	21.69	20.50	0.99	29.49	46
205	富国中小盘精选	14.03	1.89*	0.18	0.14	1.04	-0.16	-0.34	0.02	24.02	22.47	1.01	34.42	62
206	创金合信消费主题 A	13.96	1.55	0.67	0.42	0.70	-0.05	0.04	0.09	21.74	20.67	0.99	20.16	33

续表

编号	基金名称	年化 α (%)	t(α)	γ	t(γ)	β_{mkt}	β_{smb}	β_{hml}	β_{mom}	年化收益率 (%)	年化波动率 (%)	年化夏普比率	最大回撤率 (%)	调整后 R^2 (%)
207	华安智能装备主题 A	13.92	1.99*	-0.17	-0.14	0.99	0.04	-0.67	-0.07	23.81	22.20	1.01	30.68	65
208	银河主题策略	13.92	1.62	-1.73	-1.14	1.06	-0.02	-0.31	0.38	20.72	23.86	0.85	35.76	54
209	上投摩根安全战略	13.87	1.76*	-1.10	-0.79	1.01	0.05	-0.21	0.16	20.38	21.95	0.89	34.42	55
210	泰达宏利蓝筹价值	13.82	1.97*	-0.93	-0.75	1.01	0.11	-0.03	0.44	22.36	21.17	0.99	28.45	61
211	上投摩根健康品质生活	13.79	1.66*	-0.91	-0.62	0.99	0.04	-0.31	-0.18	18.23	22.41	0.79	32.50	51
212	汇添富价值精选 A	13.75	3.32*	-1.64	-2.24	0.92	-0.33	-0.22	-0.07	16.89	16.24	0.95	19.98	77
213	汇添富新兴消费	13.68	1.88*	-2.26	-1.75	1.19	-0.10	-0.31	-0.07	16.22	22.69	0.71	37.55	64
214	兴全社会责任	13.66	1.90*	-1.86	-1.47	0.97	-0.29	-0.39	-0.10	16.42	20.31	0.78	32.83	56
215	建信中小盘 A	13.64	2.01*	-0.29	-0.24	1.02	0.28	-0.04	0.47	24.72	21.72	1.06	30.66	66
216	嘉实主题新动力	13.61	2.04*	0.09	0.08	1.04	-0.01	-0.65	-0.09	24.27	22.54	1.02	25.67	69
217	银华消费主题 A	13.53	1.76*	-0.16	-0.12	1.15	0.01	-0.11	-0.10	20.56	23.45	0.85	44.67	62
218	泓德泓益	13.53	3.34*	-1.25	-1.74	1.00	-0.14	-0.33	0.05	19.96	17.79	1.03	24.39	82
219	国泰互联网+	13.47	1.50	-1.01	-0.64	1.29	0.03	-0.09	0.46	22.61	27.01	0.84	35.51	61
220	大成内需增长 A	13.46	1.94*	-1.02	-0.83	1.05	-0.06	0.06	-0.03	17.33	20.57	0.81	29.58	60
221	新华优选成长	13.35	1.72*	-0.12	-0.08	0.79	0.13	-0.68	0.04	23.20	21.26	1.02	14.35	53
222	新华行业周期轮换	13.35	1.44	-0.87	-0.53	0.93	-0.05	-0.62	0.04	20.68	23.87	0.85	27.82	47
223	大摩进取优选	13.35	1.94*	-1.70	-1.40	1.12	-0.45	-0.58	-0.23	17.10	22.31	0.75	26.77	67
224	易方达医疗保健	13.34	1.38	0.65	0.38	0.79	0.00	-0.67	-0.08	23.67	23.84	0.95	26.79	42

续表

编号	基金名称	年化α(%)	$t(\alpha)$	γ	$t(\gamma)$	β_{mkt}	β_{smb}	β_{hml}	β_{mom}	年化收益率(%)	年化波动率(%)	年化夏普比率	最大回撤率(%)	调整后R^2(%)
225	新华趋势领航	13.32	1.73*	-0.98	-0.72	0.90	0.10	-0.36	0.17	20.58	21.04	0.93	26.14	53
226	华安核心优选	13.27	2.24*	0.80	0.76	0.98	-0.20	-0.15	0.11	24.74	20.31	1.12	14.68	70
227	兴全绿色投资	13.26	3.48*	-0.43	-0.63	0.93	-0.09	-0.15	0.04	20.72	16.46	1.14	23.98	81
228	民生加银内需增长	13.20	2.19*	-0.01	-0.01	0.98	-0.03	-0.01	0.21	22.39	19.71	1.05	30.66	67
229	银河康乐	13.19	2.42*	-0.52	-0.54	0.85	0.16	-0.22	0.17	21.34	17.63	1.11	18.97	66
230	东方红内需增长 A	13.18	2.02*	-1.81	-1.57	0.90	-0.30	-0.50	-0.02	17.10	19.30	0.84	27.67	60
231	建信恒久价值	13.17	1.74*	-0.62	-0.46	0.97	0.13	-0.10	0.41	22.47	21.68	0.98	33.53	57
232	嘉实企业变革	13.17	2.41*	-1.28	-1.32	1.13	-0.14	-0.31	-0.19	17.60	20.34	0.83	30.27	75
233	汇添富国企创新增长	13.17	2.05*	-1.64	-1.44	1.03	0.08	-0.32	0.21	19.50	20.66	0.90	36.82	66
234	南方绩优成长 A	13.16	2.67*	-1.74	-1.99	1.00	-0.19	-0.30	-0.08	16.64	17.90	0.87	28.25	73
235	鹏华精选成长	13.14	2.66*	-0.78	-0.89	1.07	0.05	-0.11	0.23	21.51	19.59	1.02	30.79	78
236	国寿安保智慧生活	13.13	2.29*	-1.33	-1.31	1.00	0.07	-0.31	0.17	19.93	19.52	0.96	30.40	70
237	泰达宏利效率优选	13.10	2.05*	-2.60	-2.30	0.77	-0.05	0.07	0.04	11.84	16.20	0.68	30.00	45
238	嘉实研究阿尔法	13.09	4.36*	-1.13	-2.13	0.95	-0.11	-0.02	0.14	18.77	15.73	1.08	24.28	87
239	广发轮动配置	13.08	1.65*	-1.33	-0.95	1.07	-0.11	-0.14	-0.10	16.30	22.06	0.73	34.09	54
240	中欧新趋势 A	13.06	3.06*	-0.56	-0.73	0.97	-0.26	-0.08	-0.04	18.98	17.26	1.01	23.63	78
241	华夏经济转型	13.04	1.76*	0.41	0.31	0.91	-0.24	-0.57	-0.27	21.60	21.25	0.96	18.61	57
242	国富潜力组合 A 人民币	13.02	3.43*	-0.05	-0.08	0.92	-0.13	-0.15	0.18	22.68	17.04	1.20	20.94	82

续表

编号	基金名称	年化α (%)	$t(\alpha)$	γ	$t(\gamma)$	β_{mkt}	β_{smb}	β_{hml}	β_{mom}	年化收益率 (%)	年化波动率 (%)	年化夏普比率	最大回撤率 (%)	调整后 R^2(%)
243	华宝资源优选 A	12.98	1.49	0.70	0.45	0.86	0.09	0.55	0.78	24.40	23.06	1.00	22.62	50
244	汇添富民营活力 A	12.95	2.72*	-2.27	-2.69	1.13	-0.18	-0.30	0.03	16.30	19.42	0.80	34.89	79
245	国泰央企改革	12.83	2.54*	-1.72	-1.93	1.05	-0.16	-0.24	-0.05	16.45	18.55	0.84	35.68	74
246	光大银发商机主题	12.82	2.54*	-0.44	-0.50	1.01	-0.17	-0.07	-0.04	19.16	18.51	0.96	27.69	74
247	景顺长城沪港深精选	12.82	3.28*	-1.77	-2.55	0.56	-0.11	0.27	0.17	13.10	11.23	1.02	19.60	57
248	中银主题策略	12.81	1.85*	-1.41	-1.15	0.92	0.07	-0.20	0.34	19.47	19.99	0.92	39.81	58
249	金鹰科技创新	12.81	1.71*	-1.77	-1.33	1.10	0.28	-0.17	0.38	19.27	22.92	0.82	30.90	62
250	大摩主题优选	12.79	2.61*	-0.98	-1.13	0.97	-0.08	-0.27	-0.07	18.35	17.90	0.95	26.22	74
251	富国医疗保健行业 A	12.78	1.10	0.50	0.24	0.67	0.04	-0.67	-0.10	20.97	25.80	0.81	23.91	28
252	大成产业升级	12.73	2.13*	-0.22	-0.21	0.90	0.41	-0.23	0.35	23.56	20.21	1.08	28.88	69
253	南方天元新产业	12.72	2.51*	-0.48	-0.53	0.78	-0.14	-0.34	0.01	19.76	16.16	1.11	18.95	65
254	银河德健	12.69	2.19*	-0.83	-0.81	0.64	0.12	-0.26	0.30	20.01	15.74	1.15	16.81	52
255	长信创新驱动	12.69	1.52	-1.86	-1.26	0.91	-0.10	-0.32	0.10	16.16	21.28	0.74	21.51	46
256	中欧价值发现 A	12.69	2.21*	-1.46	-1.43	0.93	0.07	0.31	0.04	14.24	17.59	0.76	22.45	63
257	富国消费主题 A	12.62	1.55	0.39	0.27	1.15	-0.03	-0.11	0.07	22.40	24.44	0.89	24.50	61
258	华宝大盘精选	12.58	2.27*	-0.59	-0.60	1.05	-0.16	-0.26	0.15	21.16	20.23	0.98	30.25	73
259	鹏华盛世创新	12.58	2.92*	-1.18	-1.54	0.89	-0.06	-0.04	-0.09	15.84	15.64	0.93	18.76	73
260	银华领先策略	12.58	2.03*	-2.00	-1.82	1.14	-0.10	-0.02	0.13	15.82	20.66	0.74	34.71	68

续表

编号	基金名称	年化α(%)	$t(\alpha)$	γ	$t(\gamma)$	β_{mkt}	β_{smb}	β_{hml}	β_{mom}	年化收益率(%)	年化波动率(%)	年化夏普比率	最大回撤率(%)	调整后R^2(%)
261	国泰区位优势	12.57	2.88*	-1.55	-2.01	0.95	-0.15	-0.33	-0.09	16.53	16.93	0.90	28.38	77
262	大成优选	12.55	2.59*	-1.28	-1.49	0.80	0.00	-0.11	0.17	17.52	15.42	1.03	20.84	65
263	中银动态策略	12.54	2.08*	-1.37	-1.28	0.94	-0.23	-0.03	0.01	15.71	18.24	0.81	32.66	61
264	长信双利优选A	12.53	2.31*	-1.27	-1.32	0.87	-0.25	-0.31	-0.19	15.71	16.91	0.86	22.13	64
265	景顺长城量化新动力	12.50	3.54*	-1.01	-1.61	0.97	-0.16	0.17	0.19	17.69	16.44	0.98	24.59	84
266	农银汇理低估值高增长	12.47	1.61	-0.46	-0.33	0.79	0.29	-0.15	0.41	21.56	20.29	0.99	28.18	49
267	华夏经典配置	12.47	2.15*	-1.40	-1.36	0.95	0.17	0.04	0.55	20.03	19.10	0.98	21.52	67
268	长盛量化红利策略	12.46	2.70*	-0.43	-0.52	0.80	0.04	0.32	0.27	18.44	15.45	1.08	17.84	68
269	银河竞争优势成长	12.46	2.25*	-0.65	-0.66	0.93	-0.17	-0.23	0.06	19.39	18.24	0.98	32.37	68
270	上投摩根智选30	12.45	1.68*	0.37	0.28	1.12	-0.07	-0.14	0.35	24.72	23.85	0.98	43.41	66
271	嘉实增长	12.45	1.98*	-0.74	-0.66	0.73	0.01	-0.28	-0.03	17.64	16.75	0.97	14.23	50
272	嘉实逆向策略	12.42	1.85*	-0.52	-0.44	1.16	-0.04	-0.47	0.04	21.58	23.27	0.90	36.98	71
273	国联安优选行业	12.41	1.06	-0.14	-0.07	0.98	-0.25	-1.03	-0.31	19.88	28.98	0.72	38.75	42
274	鹏华价值优势	12.40	2.49*	-1.61	-1.82	1.05	0.01	-0.05	0.24	17.82	18.76	0.89	31.53	75
275	东方策略成长	12.38	1.99*	-1.65	-1.49	1.24	-0.06	-0.10	0.12	16.37	18.93	0.82	22.84	62
276	工银瑞信主题策略A	12.33	1.24	-0.78	-0.44	0.97	0.17	-0.31	0.35	21.81	28.02	0.79	41.26	56
277	长盛医疗行业	12.32	1.05	-0.32	-0.16	0.80	0.01	-0.50	-0.10	17.72	26.17	0.70	30.65	29
278	华富成长趋势	12.31	1.64	-0.49	-0.36	0.93	-0.05	-0.40	-0.06	19.19	20.95	0.87	27.71	54

续表

编号	基金名称	年化α(%)	t(α)	γ	t(γ)	β_mkt	β_smb	β_hml	β_mom	年化收益率(%)	年化波动率(%)	年化夏普比率	最大回撤率(%)	调整后R²(%)
279	博时工业4.0	12.29	2.27*	-0.88	-0.92	0.97	-0.09	-0.63	-0.10	19.59	19.52	0.94	23.46	73
280	华夏创新前沿	12.22	1.56	0.94	0.68	0.89	-0.05	-0.56	-0.09	23.69	22.17	1.00	26.51	56
281	中银消费主题	12.19	2.11*	-1.91	-1.87	0.84	-0.03	0.01	0.22	15.04	16.68	0.84	30.83	58
282	华宝服务优选	12.18	1.48	-0.08	-0.06	1.05	0.05	-0.45	0.16	22.75	24.03	0.91	25.10	59
283	泰信中小盘精选	12.15	1.13	-0.02	-0.01	0.88	0.26	-0.47	0.25	22.07	26.10	0.84	31.81	41
284	汇丰晋信大盘A	12.14	3.85*	-1.04	-1.86	0.97	-0.41	-0.11	-0.20	15.35	16.13	0.88	23.89	87
285	汇添富策略回报	12.12	2.19*	-0.99	-1.01	1.09	0.10	-0.21	0.31	20.88	20.81	0.95	31.28	75
286	民生加银优选	12.03	1.74*	-0.10	-0.08	0.81	0.01	-0.34	0.20	21.49	19.34	1.03	26.36	55
287	安信消费医药主题	11.99	2.10*	-2.62	-2.59	1.02	-0.23	-0.09	-0.23	10.41	18.07	0.56	27.81	65
288	华泰柏瑞价值增长A	11.96	1.59	-0.68	-0.51	0.99	0.12	-0.22	0.24	20.15	21.71	0.89	29.51	58
289	国泰金牛创新成长	11.95	2.28*	-0.40	-0.43	0.87	0.33	0.12	0.29	19.55	17.67	1.02	26.79	69
290	国联安优势	11.95	2.16*	-1.03	-1.05	0.89	-0.25	-0.12	-0.11	15.40	17.12	0.84	23.55	63
291	富国天惠精选成长A	11.94	2.70*	-0.42	-0.54	1.07	-0.17	-0.29	-0.09	19.29	19.11	0.94	28.52	81
292	招商行业精选	11.93	1.59	0.79	0.59	1.07	-0.13	-0.39	0.09	24.32	23.55	0.98	28.48	64
293	长信利精选	11.92	1.96*	-0.43	-0.40	0.80	0.26	0.23	0.62	21.02	17.97	1.07	19.46	60
294	信达澳银产业升级	11.92	1.07	-1.20	-0.61	1.14	0.36	0.09	0.69	20.04	28.42	0.73	36.61	46
295	南方国策动力	11.91	2.03*	-0.13	-0.13	0.86	0.14	-0.34	0.17	21.63	18.81	1.06	23.74	66
296	建信优势动力	11.90	2.18*	-0.34	-0.35	0.92	0.07	-0.15	0.27	21.09	18.49	1.05	27.14	69

续表

编号	基金名称	年化α(%)	t(α)	γ	t(γ)	β_{mkt}	β_{smb}	β_{hml}	β_{mom}	年化收益率(%)	年化波动率(%)	年化夏普比率	最大回撤率(%)	调整后R^2(%)
297	华安行业轮动	11.89	2.07*	-0.09	-0.09	1.04	-0.15	-0.25	-0.18	18.86	19.95	0.89	22.34	71
298	鹏华医药科技	11.87	1.20	0.21	0.12	0.83	-0.03	-0.48	-0.20	18.73	23.70	0.78	33.79	39
299	信诚新机遇	11.84	3.46*	-1.58	-2.60	0.86	-0.20	0.07	0.08	14.48	14.48	0.91	22.35	80
300	国投瑞银核心企业	11.83	1.69*	-1.15	-0.93	0.89	0.01	-0.26	0.03	16.70	19.30	0.82	23.36	54
301	诺安主题精选	11.73	1.56	-0.90	-0.67	0.68	0.06	-0.52	0.04	17.70	18.86	0.88	19.31	44
302	创金合信医保行业A	11.70	1.14	1.45	0.80	0.62	0.19	-0.02	0.34	23.13	22.78	0.96	21.16	29
303	国寿安保成长优选	11.67	2.03*	-1.82	-1.79	1.05	0.01	-0.28	0.16	16.77	19.90	0.81	33.92	70
304	上投摩根新兴服务	11.61	1.79*	-0.39	-0.34	0.94	0.00	-0.23	0.25	20.61	19.93	0.97	36.13	63
305	海富通领先成长	11.59	2.20*	-1.20	-1.29	1.06	-0.05	-0.14	0.08	17.20	19.28	0.84	35.85	74
306	工银瑞信精选平衡	11.58	2.21*	-2.33	-2.52	0.92	0.01	-0.01	0.09	12.74	16.76	0.71	34.21	66
307	国泰金鹿	11.54	2.17*	1.53	1.63	0.56	-0.35	-0.21	-0.39	18.75	14.64	1.15	14.40	54
308	博时医疗保健行业A	11.53	1.08	1.16	0.61	0.77	0.15	-0.62	0.01	23.09	25.60	0.88	30.95	38
309	大摩品质生活精选	11.53	2.46*	-0.63	-0.76	0.94	0.01	-0.32	0.01	18.79	17.79	0.98	25.20	75
310	泓德优选成长	11.49	3.64*	-0.77	-1.37	0.87	-0.25	-0.25	-0.10	16.76	14.99	1.01	16.99	84
311	中欧新动力A	11.48	2.94*	0.10	0.14	0.90	-0.14	-0.38	-0.05	20.50	16.93	1.10	20.42	81
312	汇添富美丽30	11.44	1.75*	-1.59	-1.38	1.03	-0.12	-0.27	0.10	16.25	20.31	0.77	29.06	64
313	民生加银景气行业A	11.35	2.16*	0.65	0.70	0.90	-0.14	-0.28	-0.08	20.96	18.31	1.05	19.67	71
314	国投瑞银成长优选	11.33	2.53*	-0.54	-0.68	0.94	0.02	-0.10	0.23	19.44	17.45	1.02	27.66	77

续表

编号	基金名称	年化α(%)	$t(\alpha)$	γ	$t(\gamma)$	β_{mkt}	β_{smb}	β_{hml}	β_{mom}	年化收益率(%)	年化波动率(%)	年化夏普比率	最大回撤率(%)	调整后R^2(%)
315	华夏优势增长	11.31	1.80*	-0.96	-0.87	1.03	-0.15	-0.38	-0.05	17.32	20.39	0.81	30.13	67
316	国君资管君得鑫两年持有 A	11.28	2.41*	-0.98	-1.18	0.91	-0.06	-0.08	-0.01	15.82	16.47	0.89	17.44	71
317	新华策略精选	11.28	1.85*	-1.51	-1.40	1.03	0.29	-0.04	0.48	18.54	20.50	0.86	29.74	69
318	申万菱信竞争优势	11.23	1.34	0.18	0.12	1.00	0.19	-0.05	0.47	22.54	23.53	0.92	31.18	55
319	工银瑞信农业产业	11.22	1.43	-0.53	-0.38	0.97	0.21	-0.13	0.37	20.18	22.15	0.87	24.62	56
320	大摩卓越成长	11.22	2.16*	-1.13	-1.23	0.90	-0.10	-0.13	-0.05	15.10	16.86	0.83	20.25	67
321	景顺长城支柱产业	11.18	2.64*	-1.18	-1.57	0.93	-0.27	0.05	-0.02	14.30	16.18	0.82	24.06	76
322	富国低碳环保	11.18	1.99*	-3.08	-3.10	0.70	-0.03	0.02	0.08	8.76	14.53	0.55	32.88	47
323	招商行业领先 A	11.17	1.60	-1.63	-1.32	0.96	-0.16	-0.56	0.08	16.63	20.85	0.77	31.23	60
324	工银瑞信中小盘成长	11.10	1.16	0.22	0.13	1.05	0.32	-0.35	0.40	23.46	26.45	0.87	34.61	54
325	工银瑞信金融地产 A	11.10	2.14*	-0.93	-1.01	0.88	-0.31	0.44	-0.06	11.83	16.93	0.66	22.51	67
326	易方达科讯	11.10	1.95*	-1.16	-1.15	1.15	-0.03	-0.26	-0.03	16.73	21.05	0.77	35.24	74
327	海富通中小盘	11.07	1.37	-0.96	-0.67	1.07	0.03	-0.40	0.25	19.40	23.64	0.80	44.31	59
328	汇添富医药保健 A	11.06	1.02	-0.38	-0.20	0.84	0.14	-0.65	0.04	18.59	25.84	0.73	33.42	38
329	嘉富周期优选	11.04	2.23*	-1.91	-2.18	1.10	-0.15	0.14	0.09	13.13	18.79	0.67	38.46	76
330	嘉实文体娱乐 A	11.03	1.42	-0.37	-0.27	0.94	-0.33	-0.46	-0.46	14.81	21.24	0.69	28.82	53
331	华安科技动力	11.03	1.97*	-1.32	-1.33	0.90	0.16	-0.36	0.25	18.12	18.69	0.91	20.61	69
332	汇添富逆向投资	11.02	2.17*	-0.23	-0.26	1.03	-0.01	-0.46	0.11	21.20	20.17	0.98	27.25	78

续表

编号	基金名称	年化 α(%)	$t(\alpha)$	γ	$t(\gamma)$	β_{mkt}	β_{smb}	β_{hml}	β_{mom}	年化收益率(%)	年化波动率(%)	年化夏普比率	最大回撤率(%)	调整后 R^2(%)
333	建信潜力新蓝筹	11.00	1.93*	0.36	0.35	1.00	0.19	-0.11	0.40	23.35	20.62	1.05	29.10	73
334	中信保诚盛世蓝筹	10.99	3.77*	-1.65	-3.19	0.89	-0.23	0.10	0.07	13.22	14.44	0.83	28.12	86
335	国联安精选	10.96	1.67*	-1.13	-0.97	1.07	-0.20	-0.37	-0.06	16.38	21.10	0.75	38.49	66
336	农银汇理医疗保健主题	10.94	0.94	0.05	0.02	0.93	0.04	-0.65	0.05	19.82	27.84	0.73	28.96	39
337	建信现代服务业	10.94	1.58	-0.61	-0.50	0.96	-0.21	-0.06	-0.06	15.63	19.79	0.76	33.60	57
338	国泰成长优选	10.92	1.88*	-2.18	-2.12	1.08	-0.05	-0.22	0.03	13.65	19.73	0.67	45.36	70
339	宝盈医疗健康沪港深	10.87	0.93	-0.31	-0.15	0.85	0.09	-0.59	-0.09	16.87	26.90	0.66	37.04	34
340	富国新兴产业	10.77	1.36	-1.86	-1.33	0.90	0.03	-0.20	0.23	14.56	20.59	0.69	33.03	48
341	招商大盘蓝筹	10.75	2.14*	-0.26	-0.29	0.97	-0.08	-0.23	-0.04	18.04	18.32	0.92	26.05	73
342	天弘医疗健康 A	10.73	1.08	0.50	0.28	1.05	0.21	-0.07	0.32	21.45	26.08	0.82	31.33	49
343	招商医药健康产业	10.72	1.01	1.31	0.70	0.80	0.04	-0.63	0.05	23.05	25.78	0.88	30.13	40
344	华安大国新经济	10.71	2.18*	-0.39	-0.45	1.09	0.00	-0.33	-0.08	18.37	20.10	0.87	32.34	79
345	中银美丽中国	10.69	1.64	-1.11	-0.96	0.86	-0.05	-0.15	0.36	17.49	18.94	0.87	26.74	58
346	上投摩根卓越制造	10.68	1.55	0.73	0.60	0.96	0.13	-0.24	0.38	24.15	21.82	1.03	31.61	65
347	申万菱信盛利精选	10.67	1.71*	0.17	0.15	0.78	-0.04	-0.28	0.14	19.85	17.94	1.02	23.84	58
348	汇添富沪港深新价值	10.59	1.52	-3.75	-3.05	0.86	-0.19	-0.16	0.15	8.05	18.41	0.43	28.84	50
349	申万菱信新动力	10.55	2.18*	-1.26	-1.47	0.93	0.10	-0.11	0.52	18.74	18.22	0.96	28.83	75
350	金鹰主题优势	10.54	1.15	1.91	1.18	0.82	0.03	-0.28	-0.03	22.79	23.22	0.94	25.71	45

续表

编号	基金名称	年化α(%)	$t(\alpha)$	γ	$t(\gamma)$	β_{mkt}	β_{smb}	β_{hml}	β_{mom}	年化收益率(%)	年化波动率(%)	年化夏普比率	最大回撤率(%)	调整后R^2(%)
351	汇丰晋信沪港深 A	10.51	1.66*	-2.17	-1.94	1.08	-0.32	-0.02	0.05	11.82	20.15	0.58	29.89	65
352	诺安中小盘精选	10.50	2.66*	-1.72	-2.47	0.74	-0.12	-0.25	0.05	13.44	13.63	0.89	17.16	70
353	创金合信资源主题 A	10.49	0.97	-0.40	-0.21	1.09	-0.02	0.37	0.99	20.83	28.83	0.75	39.31	50
354	新华中小市值优选	10.49	1.63	-0.30	-0.26	1.09	0.16	-0.39	-0.28	16.68	22.51	0.73	29.03	71
355	诺安研究精选	10.48	2.13*	0.86	0.99	1.01	0.17	-0.21	0.12	22.60	20.13	1.04	20.69	79
356	华商盛世成长	10.47	1.55	-0.86	-0.72	0.83	-0.07	0.05	-0.09	13.03	17.78	0.69	23.43	49
357	华宝生态中国	10.46	1.92*	0.01	0.01	1.02	0.21	-0.17	0.21	20.48	20.23	0.95	31.14	74
358	金鹰中小盘精选	10.45	1.57	-0.71	-0.60	0.73	0.40	-0.14	0.15	16.18	18.38	0.83	21.47	54
359	南方成份精选 A	10.44	2.93*	-1.54	-2.45	1.03	-0.45	-0.32	-0.12	13.89	17.76	0.74	32.84	86
360	建信环保产业	10.41	1.30	-1.07	-0.75	0.87	0.13	-0.24	0.29	17.01	20.93	0.78	33.41	49
361	广发聚丰 A	10.39	1.23	-2.55	-1.71	0.93	-0.03	-0.39	-0.01	11.14	21.42	0.53	33.81	45
362	嘉实领先成长	10.38	1.42	-2.57	-1.98	1.21	-0.11	-0.25	-0.11	11.07	22.65	0.51	32.17	63
363	大摩领先优势	10.34	2.30*	-0.91	-1.14	0.89	0.05	-0.21	0.10	16.58	16.69	0.92	26.49	74
364	光大一带一路	10.33	1.60	-2.10	-1.85	0.88	-0.06	-0.44	-0.10	12.17	18.38	0.64	32.76	57
365	汇添富环保行业	10.30	1.26	-1.56	-1.08	0.93	0.08	-0.43	0.21	15.98	22.02	0.72	38.38	51
366	鹏华价值精选	10.22	1.37	-0.11	-0.08	1.00	0.24	-0.19	0.56	22.40	22.84	0.93	32.76	63
367	华商产业升级	10.21	1.53	-1.80	-1.53	1.05	-0.02	-0.58	-0.05	14.69	21.35	0.68	35.02	66
368	嘉实农业产业	10.20	1.14	-0.21	-0.14	0.90	0.18	0.12	0.38	17.78	22.55	0.77	29.18	44

附录二　股票型公募基金经理的选股能力和择时能力（按年化 α 排序）:2017~2021 年

续表

编号	基金名称	年化α(%)	t(α)	γ	t(γ)	β_{mkt}	β_{smb}	β_{hml}	β_{mom}	年化收益率(%)	年化波动率(%)	年化夏普比率	最大回撤率(%)	调整后 R^2(%)
369	华夏港股通精选 A	10.19	1.56	-3.44	-2.99	0.75	-0.17	-0.12	0.03	7.03	16.42	0.40	27.10	44
370	招商移动互联网	10.08	0.85	-1.29	-0.62	0.97	0.17	-0.70	0.31	17.42	28.78	0.65	33.11	40
371	光大阳光启明星创新驱动 A	9.99	1.63	-1.25	-1.15	0.54	0.10	-0.29	0.48	16.60	15.83	0.96	11.91	47
372	财通可持续发展主题	9.92	1.37	-0.20	-0.16	1.10	-0.25	-0.12	-0.02	16.69	22.27	0.73	27.29	63
373	上投摩根核心成长	9.91	1.59	-1.26	-1.14	1.05	-0.07	0.02	0.10	14.06	19.82	0.69	46.20	65
374	华宝宝康消费品	9.88	1.77*	-0.36	-0.36	0.79	-0.02	-0.20	-0.04	15.67	16.55	0.87	18.95	60
375	富安达优势成长	9.76	1.84*	-0.56	-0.60	0.95	-0.07	-0.48	-0.20	15.93	18.78	0.80	34.71	72
376	泰达宏利市值优选	9.76	1.70*	-0.81	-0.80	1.10	-0.29	-0.18	-0.03	15.30	20.47	0.73	32.70	72
377	华夏行业精选	9.71	1.57	-1.53	-1.40	1.08	0.16	0.07	0.39	15.43	20.62	0.73	31.06	68
378	南方优选价值 A	9.70	1.54	-0.46	-0.41	0.84	-0.07	-0.44	0.01	16.91	18.53	0.86	24.35	59
379	嘉实稳健	9.64	3.02*	-1.45	-2.57	0.83	-0.30	0.02	-0.12	10.87	13.70	0.71	23.95	81
380	华安升级主题	9.63	1.65*	0.59	0.57	1.03	-0.22	-0.08	-0.18	17.16	20.12	0.81	24.71	70
381	工银瑞信沪港深 A	9.61	1.86*	-2.87	-3.14	0.84	-0.23	-0.09	0.07	8.72	15.79	0.51	22.74	62
382	南方中小盘成长	9.59	2.16*	0.18	0.23	0.59	0.02	-0.04	0.24	17.58	13.21	1.18	7.74	60
383	中银持续增长 A	9.57	1.25	-1.07	-0.79	0.76	0.12	0.00	0.67	17.27	19.92	0.83	25.20	48
384	工银瑞信聚焦 30	9.57	1.50	-1.31	-1.17	0.86	0.24	-0.16	0.42	16.52	18.96	0.82	32.50	60
385	前海开源再融资主题精选	9.55	1.70*	1.01	1.02	1.03	-0.15	0.12	-0.40	15.35	20.25	0.73	24.92	73
386	建信互联网+产业升级	9.48	2.09*	-1.02	-1.27	1.02	-0.07	-0.41	0.06	16.52	18.82	0.83	29.89	79

续表

编号	基金名称	年化α(%)	t(α)	γ	t(γ)	β_{mkt}	β_{smb}	β_{hml}	β_{mom}	年化收益率(%)	年化波动率(%)	年化夏普比率	最大回撤率(%)	调整后R^2(%)
387	诺德成长优势	9.42	2.58*	-0.89	-1.38	0.58	-0.12	0.04	-0.03	11.58	10.99	0.92	19.20	61
388	东吴新产业精选A	9.39	1.59	-0.81	-0.77	0.95	0.02	-0.27	0.24	17.15	19.35	0.84	26.67	67
389	诺安先锋A	9.33	1.81*	-0.17	-0.19	0.76	0.28	-0.19	0.33	18.69	16.85	1.02	20.85	67
390	光大国企改革主题	9.32	1.94*	-1.09	-1.28	1.08	-0.08	0.01	0.24	15.52	19.23	0.77	31.55	78
391	交银成长30	9.30	1.22	1.05	0.78	1.11	-0.05	-0.28	0.10	21.51	24.18	0.86	25.33	65
392	景顺长城中小盘	9.30	1.55	-1.06	-1.00	0.93	0.19	-0.07	0.10	14.06	18.67	0.72	24.08	64
393	大成策略回报	9.29	2.12*	-0.68	-0.88	0.87	0.03	0.20	0.13	13.89	15.72	0.81	27.13	73
394	银河行业优选	9.26	0.97	-1.59	-0.94	1.00	-0.02	-0.52	0.25	15.27	24.85	0.63	30.61	48
395	上投摩根中小盘	9.21	1.03	-0.06	-0.04	1.12	-0.32	-0.43	-0.06	17.00	25.34	0.69	41.93	56
396	汇添富社会责任	9.19	1.20	-2.39	-1.76	0.99	0.10	-0.38	0.17	12.21	21.60	0.57	45.37	56
397	长信佰利优势	9.18	1.36	0.18	0.15	0.77	0.01	-0.33	-0.14	15.94	18.39	0.82	22.11	53
398	南方隆元产业主题	9.13	2.01*	-0.19	-0.24	0.78	-0.15	-0.34	0.00	16.45	15.70	0.96	18.99	70
399	融通领先成长A	9.13	2.24*	-0.52	-0.72	1.01	-0.07	-0.23	0.15	17.33	18.23	0.89	23.56	82
400	银华优质增长	9.12	1.69*	-1.43	-1.50	0.97	-0.19	-0.08	-0.02	12.07	17.83	0.64	28.26	68
401	景顺长城能源基建	9.08	2.58*	-0.66	-1.06	0.37	-0.01	0.17	0.07	10.89	8.57	1.08	15.59	40
402	招商体育文化休闲	9.04	1.15	1.09	0.79	0.96	-0.15	-0.55	-0.13	20.08	22.87	0.85	28.20	58
403	南方潜力新蓝筹	8.94	2.42*	1.71	2.61*	0.71	-0.04	-0.07	0.10	20.94	14.88	1.26	7.66	78
404	南方盛元红利	8.85	1.76*	-0.74	-0.83	0.88	0.02	0.08	0.16	14.09	16.60	0.79	28.07	68

续表

编号	基金名称	年化 α (%)	$t(\alpha)$	γ	$t(\gamma)$	β_{mkt}	β_{smb}	β_{hml}	β_{mom}	年化收益率 (%)	年化波动率 (%)	年化夏普比率	最大回撤率 (%)	调整后 R^2 (%)
405	新华灵活主题	8.82	1.37	-1.82	-1.59	0.95	0.10	-0.26	0.16	12.90	19.41	0.64	28.30	61
406	景顺长城中小创	8.81	1.28	-1.52	-1.24	0.94	0.23	-0.39	-0.04	12.61	20.65	0.61	29.11	61
407	中银健康生活	8.81	1.33	-1.82	-1.56	0.72	-0.08	-0.08	0.38	12.33	17.29	0.67	22.46	48
408	泰信发展主题	8.78	1.16	-0.01	-0.01	0.83	0.15	-0.47	0.16	18.16	20.91	0.83	22.03	54
409	长盛成长价值 A	8.78	2.24*	-1.18	-1.71	0.81	-0.07	-0.16	0.10	13.43	14.73	0.83	22.13	75
410	前海开源股息率 100 强	8.71	2.01*	-0.34	-0.45	0.80	0.10	0.46	0.25	13.48	15.18	0.81	23.15	71
411	长信金利趋势	8.64	2.06*	-0.07	-0.09	0.81	0.35	0.15	0.42	17.54	16.25	0.99	25.33	77
412	前海开源优势蓝筹 A	8.63	1.15	-0.24	-0.18	0.92	-0.37	-0.07	-0.12	13.05	20.49	0.63	32.25	52
413	诺安价值增长	8.58	1.40	-0.91	-0.85	1.02	-0.04	-0.02	-0.15	11.65	19.38	0.59	25.09	65
414	中融竞争优势	8.49	1.02	0.39	0.27	1.06	0.23	-0.29	0.31	20.11	24.63	0.81	45.45	59
415	信诚幸福消费	8.49	1.30	-0.78	-0.68	0.99	0.02	0.11	0.03	12.47	19.51	0.62	36.04	61
416	国泰金鑫	8.48	1.27	-1.65	-1.39	1.10	-0.03	-0.29	0.06	12.75	21.30	0.60	48.77	65
417	嘉实医疗保健	8.45	0.86	0.95	0.54	0.82	0.09	-0.33	-0.05	17.24	23.78	0.72	30.44	40
418	中金精选 A	8.42	1.82*	-0.99	-1.21	0.86	-0.22	0.05	-0.01	11.46	15.72	0.67	23.10	69
419	广发沪港深新机遇	8.42	1.32	-2.84	-2.52	0.97	-0.24	-0.10	0.25	9.23	19.29	0.48	31.85	62
420	博时主题行业	8.41	2.28*	-0.77	-1.18	0.90	-0.33	-0.21	-0.06	13.27	16.03	0.77	26.25	81
421	中欧盛世成长 A	8.35	1.22	0.02	0.01	0.92	-0.11	-0.27	0.19	17.42	20.44	0.82	29.29	60
422	嘉实成长收益 A	8.35	1.18	-1.87	-1.50	0.87	-0.10	-0.31	-0.14	9.47	18.74	0.50	25.94	50

续表

编号	基金名称	年化α(%)	$t(\alpha)$	γ	$t(\gamma)$	β_{mkt}	β_{smb}	β_{hml}	β_{mom}	年化收益率(%)	年化波动率(%)	年化夏普比率	最大回撤率(%)	调整后R^2(%)
423	国富健康优质生活	8.32	1.94*	-1.44	-1.89	1.04	-0.18	-0.21	0.03	12.74	17.99	0.67	25.10	80
424	汇添富民营新动力	8.31	1.62	-0.85	-0.94	0.97	0.15	-0.16	0.32	16.21	18.81	0.81	36.64	74
425	诺安平衡	8.30	2.43*	-0.91	-1.51	0.66	-0.09	0.12	0.07	11.14	11.85	0.83	14.48	71
426	鹏华改革红利	8.29	1.52	-0.84	-0.87	0.87	-0.02	-0.39	0.01	14.39	17.72	0.76	20.20	67
427	富国国家安全主题 A	8.21	1.10	0.16	0.12	1.01	-0.32	-0.68	-0.50	14.25	22.51	0.64	32.94	61
428	国泰中小盘成长	8.20	0.82	-1.28	-0.72	1.09	-0.03	-0.56	0.00	13.36	26.11	0.55	50.42	48
429	国富成长动力	8.15	1.70*	-1.51	-1.77	1.08	0.04	-0.03	0.27	13.55	19.06	0.68	29.01	78
430	农银汇理信息传媒	8.14	1.11	-0.99	-0.76	1.00	-0.23	-0.42	-0.22	11.99	21.14	0.57	31.03	57
431	招商先锋	8.13	1.41	-0.47	-0.46	0.92	-0.05	-0.21	0.02	14.43	18.37	0.75	27.87	65
432	诺安鸿鑫	8.04	2.01*	-0.21	-0.30	0.31	-0.05	-0.51	0.33	16.21	11.90	1.20	9.49	60
433	华宝先进成长	8.02	1.89*	0.23	0.30	0.85	0.13	-0.11	0.39	18.98	17.08	1.02	22.37	78
434	长城消费增值	7.99	1.15	-1.60	-1.30	0.91	0.08	-0.07	0.13	11.03	19.15	0.56	23.40	53
435	博时特许价值 A	7.98	1.00	2.25	1.60	0.99	0.09	-0.22	0.25	23.94	24.18	0.95	33.61	62
436	天弘永定成长	7.92	1.11	-0.59	-0.46	1.03	-0.09	0.00	-0.08	12.06	20.91	0.58	29.61	59
437	大成景阳领先	7.87	1.00	0.01	0.01	0.91	0.04	0.19	0.24	14.57	20.94	0.68	31.32	50
438	中欧永裕 A	7.83	1.15	0.07	0.05	0.91	-0.10	-0.25	0.20	16.96	20.29	0.80	29.37	60
439	农银汇理中小盘	7.81	1.40	-0.46	-0.46	0.90	0.04	-0.17	0.31	16.31	18.49	0.83	33.26	68
440	前海开源强势共识 100 强	7.81	2.23*	-0.48	-0.77	0.95	0.11	0.27	0.30	14.33	16.44	0.81	25.63	84

续表

编号	基金名称	年化 α (%)	t(α)	γ	t(γ)	β_{mkt}	β_{smb}	β_{hml}	β_{mom}	年化收益率 (%)	年化波动率 (%)	年化夏普比率	最大回撤率 (%)	调整后 R^2 (%)
441	博时新兴成长	7.79	0.98	0.33	0.23	1.14	0.04	-0.45	-0.04	17.52	24.86	0.71	36.05	64
442	招商优质成长	7.75	1.07	1.01	0.79	1.04	-0.12	-0.33	0.11	19.69	23.02	0.83	28.36	65
443	景顺长城优质成长	7.75	1.99*	-1.15	-1.67	0.96	-0.16	0.01	0.04	11.55	16.32	0.66	26.79	80
444	农银汇理消费主题 A	7.74	1.09	-0.22	-0.17	0.86	0.08	-0.16	0.13	14.86	19.47	0.73	31.71	53
445	农银汇理行业成长 A	7.71	1.02	-1.24	-0.93	0.94	0.12	-0.08	0.30	13.15	20.79	0.62	30.67	53
446	中银新动力	7.65	0.98	-1.47	-1.06	1.00	-0.12	-0.11	0.14	11.36	21.36	0.54	42.89	53
447	益民红利成长	7.57	0.99	-0.83	-0.61	0.95	0.00	-0.04	0.28	13.69	20.92	0.64	24.51	53
448	银华核心价值优选	7.56	1.37	-1.94	-1.98	1.11	-0.11	0.01	0.12	10.11	19.56	0.51	35.80	72
449	信达澳银转型创新	7.54	1.44	-1.43	-1.54	0.99	0.01	-0.35	0.14	13.15	18.84	0.67	26.98	73
450	西部利得策略优选 A	7.48	1.26	0.63	0.60	0.82	0.08	0.73	0.06	11.37	18.24	0.60	18.18	63
451	上投摩根民生需求	7.44	1.09	-0.71	-0.59	0.98	0.00	-0.45	0.08	14.76	21.03	0.69	32.26	63
452	汇丰晋信中小盘	7.38	1.38	-0.17	-0.18	1.02	0.05	-0.15	-0.04	14.20	19.39	0.70	29.14	73
453	海富通风格优势	7.31	1.28	-0.70	-0.69	0.99	-0.03	-0.05	0.10	13.06	18.94	0.66	39.72	68
454	海富通精选 2 号	7.27	1.23	0.30	0.29	0.85	0.03	-0.22	-0.03	15.02	18.25	0.78	23.05	63
455	新华钻石品质企业	7.26	1.16	-1.34	-1.20	0.99	0.12	-0.14	0.12	11.76	19.59	0.59	21.80	64
456	华夏复兴	7.24	0.86	0.09	0.06	1.11	-0.03	-0.33	0.14	16.70	24.52	0.69	32.94	59
457	交银蓝筹	7.14	1.43	0.21	0.23	0.68	0.30	-0.18	0.56	18.73	16.57	1.03	18.36	68
458	汇丰晋信大盘波动精选 A	7.11	1.91*	-1.44	-2.19	0.70	-0.17	0.12	-0.15	6.87	12.32	0.48	19.21	68

续表

编号	基金名称	年化 α (%)	$t(\alpha)$	γ	$t(\gamma)$	β_{mkt}	β_{smb}	β_{hml}	β_{mom}	年化收益率 (%)	年化波动率 (%)	年化夏普比率	最大回撤 (%)	调整后 R^2 (%)
459	诺安策略精选	7.05	1.37	1.59	1.75*	0.49	0.03	0.07	0.08	16.13	13.51	1.07	13.69	49
460	融通医疗保健行业 A	6.96	0.62	0.95	0.48	0.82	0.19	-0.76	-0.01	17.60	27.33	0.67	30.99	40
461	华安物联网主题	6.95	1.45	-0.17	-0.20	1.08	0.07	-0.30	0.05	15.63	20.25	0.74	33.33	80
462	建信优选成长 A	6.88	1.37	1.02	1.15	0.92	-0.23	-0.02	-0.02	15.84	18.33	0.81	21.02	74
463	景顺长城研究精选	6.87	1.90*	-1.18	-1.83	0.94	-0.20	-0.01	0.04	10.48	15.96	0.61	25.72	82
464	鹏华医疗保健	6.85	0.71	0.12	0.07	0.80	0.18	-0.54	0.06	15.16	23.78	0.65	31.91	41
465	兴全全球视野	6.81	1.47	0.12	0.14	0.83	-0.06	-0.31	-0.03	14.57	16.54	0.82	25.23	72
466	广发核心精选	6.66	1.13	-0.87	-0.84	0.90	-0.04	-0.12	0.05	11.27	17.88	0.60	34.81	62
467	嘉实研究精选 A	6.60	1.43	-1.86	-2.28	1.07	-0.10	-0.05	0.10	9.49	18.34	0.50	41.15	78
468	招商安泰	6.52	1.17	-1.20	-1.22	0.87	-0.02	-0.19	0.20	11.74	17.40	0.64	26.50	64
469	南方高增长	6.35	0.99	-0.85	-0.75	1.06	0.01	-0.37	0.13	13.55	21.38	0.63	39.47	68
470	国泰估值优势	6.27	0.65	-1.29	-0.76	1.08	-0.11	-0.63	-0.05	11.19	25.55	0.48	48.60	51
471	华宝新兴产业	6.27	0.96	-0.98	-0.85	1.10	0.03	-0.21	0.28	13.68	21.84	0.63	35.80	68
472	上投摩根智慧互联	6.25	0.71	0.08	0.05	1.12	-0.30	-0.43	-0.03	14.33	25.28	0.59	43.07	57
473	农银汇理大盘蓝筹	6.22	2.35*	-0.53	-1.13	0.82	-0.11	-0.07	0.10	12.00	13.89	0.78	24.37	87
474	长盛同德	6.16	1.36	-1.15	-1.44	0.99	-0.14	-0.30	0.05	11.50	17.93	0.61	29.26	78
475	光大阳光价值 30 个月持有 A	6.15	1.25	-1.49	-1.72	0.86	-0.20	-0.29	-0.18	8.09	16.05	0.47	20.92	67
476	华泰柏瑞量化增强 A	6.10	2.08*	-0.82	-1.58	0.89	-0.07	0.21	0.18	10.54	14.82	0.65	27.53	86

续表

编号	基金名称	年化 α (%)	$t(\alpha)$	γ	$t(\gamma)$	β_{mkt}	β_{smb}	β_{hml}	β_{mom}	年化收益率 (%)	年化波动率 (%)	年化夏普比率	最大回撤率 (%)	调整后 R^2 (%)
477	华安中小盘成长	6.08	1.02	-0.01	-0.01	0.96	0.16	-0.54	0.11	16.08	20.83	0.75	27.11	71
478	华宝高端制造	6.08	1.09	-0.31	-0.31	1.05	0.19	-0.02	0.34	14.84	20.36	0.71	32.82	73
479	华夏收入	6.08	1.46	-0.61	-0.83	1.04	0.03	0.08	0.14	12.06	18.09	0.64	27.51	81
480	大成核心双动力	6.06	2.32*	-0.47	-1.01	0.88	-0.10	0.12	0.05	10.89	14.50	0.68	26.50	89
481	诺德优选 30	5.98	0.91	-1.87	-1.60	0.81	-0.34	-0.31	-0.17	6.36	17.57	0.35	21.92	50
482	信达澳银红利回报	5.97	0.75	0.49	0.35	1.09	-0.33	-0.23	-0.42	11.12	23.36	0.50	39.63	59
483	浙商聚潮产业成长 A	5.97	1.00	-0.30	-0.28	1.05	0.09	0.29	0.23	12.08	20.02	0.59	30.18	69
484	东吴新经济 A	5.97	0.65	-0.46	-0.28	0.94	0.27	-0.14	0.50	14.79	23.93	0.63	28.73	48
485	华泰柏瑞积极优选	5.95	0.86	-0.42	-0.34	0.83	0.26	-0.08	0.49	14.66	19.57	0.72	29.69	56
486	信诚深度价值	5.95	1.34	-1.57	-2.01	0.94	-0.18	-0.08	-0.03	8.19	16.39	0.47	36.53	74
487	上投摩根阿尔法	5.93	0.87	-0.18	-0.15	0.97	0.01	0.03	0.21	13.05	20.26	0.63	48.29	60
488	平安行业先锋	5.89	1.16	-0.31	-0.35	0.83	0.10	-0.04	0.23	12.97	16.61	0.73	20.79	67
489	光大阳光优选一年持有 A	5.89	1.80*	-0.72	-1.25	0.75	-0.09	-0.39	0.02	11.76	14.02	0.76	19.56	81
490	诺安新经济	5.84	0.73	0.03	0.02	1.09	0.08	-0.07	-0.04	12.23	23.32	0.54	44.25	59
491	招商国企改革	5.82	0.92	0.13	0.12	1.06	-0.12	-0.38	-0.10	13.84	21.44	0.64	32.83	69
492	汇添富移动互联	5.81	0.66	-0.98	-0.64	1.18	-0.25	-0.65	-0.32	10.09	25.43	0.44	43.46	58
493	工银瑞信互联网加	5.79	0.86	-1.59	-1.33	1.09	-0.13	-0.48	-0.06	9.90	21.54	0.47	44.47	66
494	创金合信金融地产 A	5.74	0.95	-1.80	-1.68	1.03	-0.32	0.30	-0.07	4.86	19.08	0.27	27.91	65

续表

编号	基金名称	年化 α (%)	t(α)	γ	t(γ)	β_{mkt}	β_{smb}	β_{hml}	β_{mom}	年化收益率 (%)	年化波动率 (%)	年化夏普比率	最大回撤率 (%)	调整后 R^2 (%)
495	工银瑞信高端制造行业	5.73	0.59	-0.33	-0.19	1.16	0.20	-0.35	0.42	15.96	27.49	0.62	44.91	56
496	光大阳光 A	5.72	1.36	-1.18	-1.58	0.87	0.00	-0.19	0.22	11.35	16.14	0.65	29.78	76
497	金鹰稳健成长	5.61	0.70	-0.39	-0.28	0.87	0.34	-0.12	0.31	13.06	21.45	0.61	41.68	51
498	宝盈泛沿海增长	5.59	0.79	-1.09	-0.87	0.90	0.17	-0.27	0.16	11.06	20.10	0.55	31.92	56
499	鹏华新兴产业	5.52	0.89	0.50	0.45	0.70	0.21	-0.26	0.26	15.46	17.65	0.82	18.85	56
500	信达澳银领先增长	5.49	1.03	-0.44	-0.47	1.04	-0.13	-0.31	-0.06	11.96	19.56	0.60	25.01	74
501	汇添富均衡增长	5.43	1.17	-0.03	-0.04	1.01	-0.04	-0.22	0.19	14.70	19.10	0.73	31.73	79
502	国投瑞银创新动力	5.39	0.92	0.89	0.86	0.76	0.08	-0.40	0.15	16.66	18.28	0.85	22.28	64
503	广发资管核心精选一年持有 A	5.33	0.86	-1.33	-1.22	0.98	-0.23	-0.30	0.05	9.69	19.55	0.49	26.30	65
504	信达澳银消费优选	5.27	0.75	-0.83	-0.67	1.12	-0.11	0.04	-0.08	8.69	21.68	0.42	37.67	63
505	中信建投价值增长 A	5.25	0.92	-1.55	-1.54	0.73	-0.11	-0.22	0.13	8.32	15.79	0.49	22.42	54
506	海富通精选	5.14	0.87	0.32	0.31	0.84	0.02	-0.20	-0.03	12.48	18.07	0.66	23.39	62
507	光大阳光智造 A	5.08	0.76	-1.26	-1.06	0.83	-0.11	-0.15	-0.01	7.74	17.84	0.42	21.66	50
508	东吴行业轮动 A	4.96	0.74	-1.22	-1.03	1.10	0.05	-0.46	0.08	11.07	22.19	0.52	47.89	68
509	长信量化多策略 A	4.91	1.22	-1.38	-1.93	1.02	-0.01	-0.06	0.16	9.47	17.51	0.52	29.50	81
510	华泰柏瑞量化先行 A	4.86	1.68*	-0.18	-0.35	0.91	0.17	0.20	0.27	11.95	15.73	0.70	28.11	88
511	中金消费升级	4.86	0.66	-0.90	-0.69	1.03	0.02	-0.15	0.03	9.49	21.32	0.46	35.08	58
512	广发行业领先 A	4.71	0.86	-0.66	-0.68	0.85	0.10	0.01	0.27	10.82	17.20	0.60	40.12	64

续表

编号	基金名称	年化 α (%)	$t(\alpha)$	γ	$t(\gamma)$	β_{mkt}	β_{smb}	β_{hml}	β_{mom}	年化收益率 (%)	年化波动率 (%)	年化夏普比率	最大回撤率 (%)	调整后 R^2 (%)
513	嘉实量化精选	4.62	1.46	-0.03	-0.06	1.00	0.15	0.08	0.22	12.73	17.50	0.69	30.16	88
514	汇添富成长多因子量化策略	4.62	1.54	-0.58	-1.10	0.96	0.26	0.07	0.30	11.71	16.72	0.66	25.70	89
515	汇添富外延增长主题 A	4.61	0.65	-1.16	-0.93	0.99	0.04	-0.43	0.29	11.90	21.69	0.56	44.30	62
516	诺德中小盘	4.61	0.65	-1.82	-1.45	0.93	-0.03	-0.27	0.21	8.37	19.98	0.43	25.33	56
517	华宝国策导向	4.58	1.10	-0.65	-0.88	0.89	0.08	-0.11	0.20	11.12	16.44	0.63	32.71	77
518	东方核心动力	4.57	1.25	-0.71	-1.10	0.86	0.00	0.24	0.26	9.46	15.07	0.58	24.94	79
519	光大中小盘	4.52	0.67	0.75	0.62	0.94	-0.09	-0.49	-0.13	13.85	21.08	0.65	22.91	63
520	鹏华优质治理	4.37	0.62	0.22	0.18	0.81	-0.05	-0.33	0.10	12.65	19.45	0.63	25.48	53
521	宝盈策略增长	4.25	0.63	-1.98	-1.66	1.00	0.29	-0.30	0.29	8.79	21.02	0.43	33.88	64
522	泰达宏利红利先锋	4.16	1.04	-0.70	-1.00	0.86	-0.04	-0.09	0.02	8.82	15.37	0.53	30.66	76
523	大成景恒 A	4.12	0.77	3.03	3.22*	0.57	0.42	0.30	0.15	16.62	17.15	0.89	11.72	66
524	中银优秀企业	4.06	0.72	-0.87	-0.87	0.83	0.16	-0.05	0.14	8.74	17.07	0.49	20.28	62
525	华宝事件驱动	3.91	0.69	-0.93	-0.93	0.98	0.00	-0.04	0.12	8.75	18.69	0.46	33.74	68
526	博时卓越品牌	3.79	0.46	-0.67	-0.46	0.94	-0.05	0.12	0.00	6.56	21.17	0.33	42.83	46
527	万家精选	3.68	0.41	-1.19	-0.75	0.93	-0.09	0.77	0.11	2.12	22.42	0.14	29.14	43
528	中邮核心优选	3.63	0.63	-0.16	-0.16	0.99	-0.26	-0.11	-0.20	8.19	19.07	0.43	28.94	67
529	易方达国防军工	3.53	0.37	1.80	1.06	1.01	0.50	-0.20	0.69	20.57	27.42	0.76	31.85	57
530	华商价值精选	3.53	0.55	-0.70	-0.62	0.93	0.01	-0.66	-0.02	10.56	20.52	0.52	31.89	66

续表

编号	基金名称	年化 α (%)	t(α)	γ	t(γ)	β_{mkt}	β_{smb}	β_{hml}	β_{mom}	年化收益率 (%)	年化波动率 (%)	年化夏普比率	最大回撤率 (%)	调整后 R^2 (%)
531	建信多因子量化	3.53	1.07	-0.80	-1.36	0.93	0.24	0.14	0.22	8.76	16.12	0.51	31.43	85
532	华宝行业精选	3.52	0.60	-0.30	-0.29	0.86	0.03	-0.10	0.27	10.90	18.01	0.58	34.54	63
533	易方达资源行业	3.49	0.32	-1.43	-0.73	1.06	0.14	0.31	0.82	9.14	27.51	0.39	39.57	43
534	大成竞争优势	3.48	0.51	0.42	0.35	0.83	0.12	0.37	0.25	9.82	18.94	0.51	32.76	54
535	南方策略优化	3.47	0.55	-2.05	-1.83	1.05	0.03	0.03	0.21	5.78	19.84	0.30	38.38	64
536	国君资管君得诚	3.44	0.61	-1.20	-1.20	0.43	0.10	0.07	0.22	5.18	12.60	0.34	17.26	28
537	天治核心成长	3.42	0.43	-1.47	-1.03	1.01	0.32	0.05	0.71	10.46	22.96	0.48	29.72	57
538	交银先锋 A	3.21	0.43	2.17	1.66*	0.90	0.09	-0.42	-0.09	16.05	22.50	0.70	28.32	62
539	泰达宏利量化增强	3.19	1.16	-0.03	-0.06	1.07	-0.17	-0.03	-0.17	8.73	17.64	0.48	30.82	92
540	华安量化多因子	3.15	0.59	-1.76	-1.87	1.12	-0.02	-0.22	0.09	7.00	20.00	0.36	38.02	75
541	招商量化精选 A	3.10	0.76	0.48	0.67	0.97	0.42	0.19	0.47	13.72	18.98	0.69	30.88	84
542	华宝动力组合	3.08	0.46	0.42	0.35	1.07	0.01	0.14	0.30	11.99	21.76	0.56	31.63	67
543	融通新蓝筹	3.01	0.68	-0.31	-0.40	0.74	-0.12	-0.26	0.04	9.02	14.84	0.55	23.33	68
544	大摩华鑫量化配置 A	2.99	0.91	-1.37	-2.34	0.96	-0.18	-0.11	0.05	6.62	16.06	0.38	28.59	85
545	南方产业活力	2.98	0.55	-1.18	-1.24	0.85	-0.04	-0.28	0.08	7.42	16.94	0.42	31.58	64
546	国泰量化策略收益	2.93	0.76	-0.95	-1.40	0.88	-0.06	0.09	0.14	6.95	15.29	0.42	28.91	78
547	汇丰晋信信龙腾	2.83	0.55	-0.68	-0.75	0.92	-0.10	-0.17	0.20	9.25	17.80	0.50	24.32	71
548	华夏盛世精选	2.81	0.38	-0.46	-0.36	1.08	0.26	-0.36	0.04	9.85	23.29	0.45	50.14	65

续表

编号	基金名称	年化α(%)	$t(\alpha)$	γ	$t(\gamma)$	β_{mkt}	β_{smb}	β_{hml}	β_{mom}	年化收益率(%)	年化波动率(%)	年化夏普比率	最大回撤率(%)	调整后R^2(%)
549	嘉实量化阿尔法	2.77	0.80	0.12	0.19	0.99	-0.05	-0.06	-0.02	9.67	17.32	0.53	31.38	86
550	华宝多策略	2.74	0.69	0.44	0.62	0.86	-0.08	0.34	0.06	8.33	15.94	0.49	26.38	78
551	嘉实事件驱动	2.62	0.51	-0.55	-0.61	1.02	0.00	-0.19	0.17	9.85	19.23	0.50	35.81	75
552	长盛城镇化主题	2.46	0.26	-1.29	-0.77	1.10	0.25	0.05	0.66	9.38	25.49	0.42	32.94	52
553	华润元大量化优选 A	2.43	0.36	-1.05	-0.88	0.78	-0.25	-0.36	-0.49	2.50	17.64	0.14	35.40	48
554	工银瑞信创新动力	2.26	0.49	-1.57	-1.93	0.82	0.18	0.20	0.10	3.45	15.18	0.20	41.79	68
555	浦银安盛价值成长 A	2.24	0.26	0.70	0.46	1.15	0.13	-0.21	0.19	12.67	25.75	0.53	41.15	60
556	中邮战略新兴产业	2.21	0.21	0.45	0.24	0.82	0.04	-0.70	-0.21	9.28	25.10	0.42	38.30	40
557	汇丰晋信新动力	2.19	0.26	1.54	1.04	1.07	-0.15	-0.48	-0.03	14.16	25.02	0.59	35.48	61
558	东吴价值成长 A	2.11	0.31	0.74	0.61	1.09	-0.05	-0.42	0.06	12.89	23.06	0.57	41.89	70
559	富国城镇发展	2.11	0.40	-1.23	-1.33	0.98	0.24	-0.10	0.19	7.06	18.73	0.38	51.05	72
560	博时创业成长 A	2.08	0.37	0.69	0.68	0.70	0.16	-0.18	-0.02	9.60	16.71	0.54	29.81	59
561	光大红利	1.89	0.37	-0.35	-0.39	0.97	0.01	-0.03	0.16	8.50	18.29	0.45	32.56	73
562	东方成长回报	1.82	0.62	0.52	1.00	0.23	0.09	0.02	0.28	8.15	7.51	0.88	4.01	46
563	大摩量化多策略	1.58	0.42	-0.77	-1.15	0.96	0.03	-0.08	0.22	7.96	17.02	0.45	35.03	83
564	泰信现代服务业	1.48	0.17	0.99	0.64	0.60	0.59	0.12	0.78	13.39	21.40	0.62	23.82	42
565	财通多策略福端	1.25	0.18	0.42	0.34	0.94	-0.19	-0.15	-0.01	8.51	20.53	0.42	29.29	58
566	诺安成长	1.15	0.08	2.28	0.94	0.94	-0.06	-1.04	-0.07	14.63	33.13	0.53	40.56	39

续表

编号	基金名称	年化α(%)	$t(\alpha)$	γ	$t(\gamma)$	β_{mkt}	β_{smb}	β_{hml}	β_{mom}	年化收益率(%)	年化波动率(%)	年化夏普比率	最大回撤率(%)	调整后R^2(%)
567	景顺长城量化精选	1.12	0.35	0.21	0.37	0.98	0.17	0.31	0.29	8.79	17.29	0.48	32.00	88
568	交银成长 A	1.11	0.21	-0.36	-0.38	0.78	0.42	-0.24	0.54	10.84	18.28	0.57	30.45	70
569	建信社会责任	0.95	0.18	1.37	1.43	0.85	-0.19	-0.19	-0.08	10.27	18.18	0.54	26.69	69
570	创金合信量化多因子 A	0.95	0.33	0.68	1.33	0.96	0.35	0.00	0.23	11.01	18.13	0.58	30.71	91
571	鹏华文化传媒娱乐	0.95	0.17	0.24	0.24	0.95	-0.21	-0.38	-0.39	6.12	19.23	0.32	29.00	68
572	广发资管平衡精选一年持有 A	0.90	0.19	-0.26	-0.30	0.72	0.10	-0.09	-0.06	5.32	14.99	0.32	27.29	63
573	广发新动力	0.80	0.15	-0.89	-0.94	0.95	0.02	-0.16	0.30	7.43	18.58	0.40	40.15	71
574	华夏领先	0.78	0.11	-0.95	-0.75	1.03	0.00	-0.54	-0.25	4.83	21.90	0.25	42.37	62
575	融通动力先锋	0.76	0.17	0.87	1.07	0.87	0.03	-0.10	0.10	10.08	17.41	0.55	22.40	76
576	博时国企改革主题 A	0.74	0.21	-0.96	-1.55	0.91	-0.07	0.04	0.12	4.80	15.41	0.28	27.00	82
577	泰信蓝筹精选	0.63	0.09	0.75	0.63	1.00	0.04	-0.21	-0.14	8.33	21.22	0.41	38.81	65
578	长信增利策略	0.61	0.13	-0.56	-0.67	0.96	0.22	-0.30	0.08	7.35	18.73	0.39	28.01	78
579	申万菱信量化小盘 A	0.59	0.19	0.19	0.34	0.92	0.16	0.11	0.32	9.14	16.50	0.52	29.94	87
580	诺安多策略	0.58	0.15	0.60	0.85	0.76	-0.08	0.06	-0.12	6.22	14.62	0.38	24.49	74
581	泰达宏利领先中小盘	0.37	0.05	0.66	0.52	1.04	-0.31	-0.28	-0.03	8.77	22.44	0.42	35.47	64
582	中海量化策略	0.24	0.03	3.31	2.00*	0.92	0.02	0.07	-0.08	12.64	25.09	0.53	31.42	51
583	银华内需精选	0.16	0.02	1.84	1.11	1.13	-0.08	-0.08	0.15	11.97	26.68	0.49	41.31	57
584	泰信优质生活	0.16	0.02	0.09	0.08	0.78	0.10	-0.13	0.06	6.47	18.25	0.35	42.49	53

续表

编号	基金名称	年化 α (%)	$t(\alpha)$	γ	$t(\gamma)$	β_{mkt}	β_{smb}	β_{hml}	β_{mom}	年化收益率 (%)	年化波动率 (%)	年化夏普比率	最大回撤率 (%)	调整后 R^2 (%)
585	光大核心	0.14	0.03	-0.80	-1.09	0.90	-0.08	-0.02	0.07	4.49	15.98	0.26	33.60	76
586	博时第三产业成长	0.03	0.00	-0.04	-0.04	0.87	-0.12	-0.25	-0.25	4.59	17.94	0.25	34.16	63
587	长盛电子信息产业 A	0.02	0.00	0.33	0.22	0.88	-0.10	-0.51	0.04	8.39	22.58	0.40	36.26	49
588	华富量子生命力	0.01	0.00	-2.05	-2.04	0.91	0.06	0.14	0.40	2.57	17.55	0.15	33.20	63
589	工银瑞信稳健成长 A	-0.01	0.00	-0.32	-0.44	0.98	0.01	-0.18	0.02	6.37	17.55	0.35	38.95	81
590	招商财经大数据策略 A	-0.21	-0.04	-0.41	-0.42	1.00	0.09	-0.11	0.24	7.15	19.52	0.37	35.47	71
591	中邮核心成长	-0.34	-0.07	-0.30	-0.36	0.88	-0.08	-0.20	0.10	6.29	16.85	0.36	30.82	74
592	泰达宏利逆向策略	-0.51	-0.11	-0.01	-0.01	0.97	0.11	-0.07	0.32	8.30	18.67	0.44	29.66	77
593	华润元大信息传媒科技	-0.59	-0.05	1.87	0.86	0.87	-0.15	-0.77	0.05	11.61	29.43	0.47	40.00	39
594	汇丰晋信科技先锋	-0.66	-0.07	1.79	1.03	1.07	-0.14	-0.51	0.01	11.59	27.17	0.48	36.42	54
595	宝盈资源优选	-1.13	-0.14	0.55	0.39	0.90	0.08	-0.36	0.03	7.25	21.98	0.36	44.27	53
596	华商主题精选	-1.26	-0.15	1.28	0.87	1.00	0.49	-0.43	0.28	11.66	25.75	0.49	49.34	63
597	中信证券稳健回报 A	-1.34	-0.18	-1.22	-0.94	0.64	-0.05	-0.22	0.31	2.77	17.71	0.16	26.56	40
598	光大优势	-1.38	-0.19	-0.83	-0.66	1.03	-0.01	0.04	-0.02	1.78	20.83	0.11	38.71	58
599	华夏智胜价值成长 A	-1.44	-0.34	0.36	0.49	0.74	0.17	0.07	0.25	6.25	14.94	0.38	38.48	72
600	长城双动力	-2.18	-0.25	-1.50	-0.98	1.09	0.32	0.00	0.39	2.28	24.10	0.15	33.74	54
601	光大风格轮动 A	-2.24	-0.62	0.31	0.48	0.94	0.35	0.00	0.30	6.89	18.01	0.37	45.60	86
602	富国改革动力	-2.27	-0.45	-0.40	-0.44	1.05	-0.03	-0.26	-0.05	3.80	19.47	0.21	46.52	76

续表

编号	基金名称	年化 α (%)	t(α)	γ	t(γ)	β_{mkt}	β_{smb}	β_{hml}	β_{mom}	年化收益率 (%)	年化波动率 (%)	年化夏普比率	最大回撤率 (%)	调整后 R^2 (%)
603	平安消费精选 A	-2.33	-0.44	-0.83	-0.89	0.79	0.10	-0.01	0.17	2.03	15.96	0.11	33.96	62
604	宝盈国家安全战略沪港深 A	-2.44	-0.37	1.48	1.28	0.77	0.44	-0.17	0.47	10.75	20.21	0.53	38.60	63
605	长信量化中小盘	-2.54	-0.48	0.36	0.38	0.90	0.49	0.03	0.64	8.74	19.75	0.44	41.30	75
606	金鹰核心资源	-2.67	-0.35	-0.42	-0.31	0.81	0.69	-0.16	0.45	5.10	22.30	0.26	46.60	59
607	金鹰量化精选	-3.66	-0.79	-0.66	-0.81	1.00	0.07	-0.24	-0.06	1.45	18.40	0.09	44.10	78
608	国联安红利	-4.12	-0.63	-0.05	-0.05	1.15	-0.24	0.15	-0.09	0.31	21.94	0.05	44.32	68
609	长信量化先锋 A	-4.15	-0.87	-0.51	-0.61	1.00	0.25	0.07	0.42	3.38	18.89	0.19	37.98	78
610	南方量化成长	-5.70	-1.04	0.85	0.87	1.11	0.00	-0.14	0.07	3.84	21.48	0.21	40.30	77
611	大摩多因子策略	-5.74	-1.05	0.15	0.16	0.97	0.20	-0.26	0.26	3.60	19.97	0.20	43.57	73
612	长安宏观策略	-6.10	-0.88	-0.50	-0.41	0.87	0.01	-0.57	0.20	1.75	20.64	0.11	36.28	60
613	民生加银精选	-6.62	-1.12	0.78	0.75	0.66	-0.05	-0.12	-0.13	-0.69	15.83	-0.06	33.10	51
614	光大精选	-6.92	-1.22	1.50	1.50	0.79	-0.09	-0.29	-0.24	1.35	17.95	0.08	26.82	65
615	华商未来主题	-7.38	-0.93	-0.74	-0.53	0.92	0.36	-0.22	0.24	-1.38	22.13	-0.02	54.80	54
616	金元顺安价值增长	-8.45	-1.04	1.49	1.04	0.92	0.22	-0.14	0.39	3.78	23.15	0.21	47.43	57
617	方正富邦创新动力 A	-11.43	-1.80	1.64	1.46	0.75	-0.10	-0.18	-0.04	-2.16	18.21	-0.11	36.41	57
618	华商新动力	-12.06	-1.94	0.73	0.67	0.97	0.00	-0.53	-0.01	-2.25	21.15	-0.08	46.70	70

附录三 收益率在排序期排名前 30 位的基金在检验期的排名（排序期为一年，检验期为一年）：2018~2021 年

本表展示的是排序期为一年、检验期为一年时，排序期收益率排名前 30 位的基金在检验期收益率排名及基金在检验期的收益率。样本量为在排序期和检验期都存在的基金数量。★表示在排序期仍排名前 30 位的基金。

基金名称	排序期	排序期排名	排序期收益率（%）	检验期	检验期排名	检验期收益率（%）	样本量（只）
金鹰信息产业 A	2018	1	4.0	2019	132	62.4	731
诺安鸿鑫	2018	2	3.6	2019	719	12.8	731
国泰金鹿	2018	3	3.3	2019	504	39.6	731
东方成长回报	2018	4	2.4	2019	729	4.5	731
交银阿尔法 A	2018	5	-0.4	2019	280	52.1	731
诺安策略精选	2018	6	-0.7	2019	394	45.2	731
南方中小盘成长	2018	7	-0.8	2019	682	25.7	731
兴全商业模式优选	2018	8	-1.6	2019	166	60.1	731
中信保诚至远动力 A	2018	9	-1.9	2019	718	13.1	731
大成景恒 A	2018	10	-2.3	2019	515	39.0	731
南方潜力新蓝筹	2018	11	-3.7	2019	420	43.6	731
富国医疗保健行业 A	2018	12	-3.9	2019	183	58.5	731
上投摩根医疗健康	2018	13	-4.3	2019	77	70.2	731
国君资管君得诚	2018	14	-4.9	2019	730	4.0	731
大摩健康产业 A	2018	15	-5.7	2019	189	58.1	731
新华优选成长	2018	16	-6.9	2019	412	43.8	731

续表

基金名称	排序期	排序期排名	排序期收益率 (%)	检验期	检验期排名	检验期收益率 (%)	样本量 (只)
光大阳光启明星创新驱动 A	2018	17	-7.0	2019	704	20.3	731
广发睿毅领先 A	2018	18	-7.2	2019	448	42.1	731
海富通内需热点	2018	19	-7.5	2019	26*	77.8	731
中信证券稳健回报 A	2018	20	-8.5	2019	727	5.5	731
新华优选消费	2018	21	-8.6	2019	633	30.8	731
国君资管君得鑫两年持有 A	2018	22	-8.6	2019	325	49.1	731
交银医药创新 A	2018	23	-8.6	2019	55	72.7	731
中海医疗保健	2018	24	-9.0	2019	206	57.1	731
诺安主题精选	2018	25	-9.1	2019	370	46.8	731
光大阳光价值30个月持有 A	2018	26	-9.1	2019	643	29.8	731
国海证券量化优选一年持有 A	2018	27	-9.4	2019	710	17.7	731
交银先锋 A	2018	28	-9.6	2019	461	41.6	731
万家消费成长	2018	29	-9.7	2019	112	65.1	731
国君资管君得明	2018	30	-9.7	2019	251	53.9	731
广发双擎升级 A	2019	1	121.7	2020	334	66.4	871
广发多元新兴	2019	2	106.6	2020	383	63.5	871
银华内需精选	2019	3	100.4	2020	577	50.5	871
交银成长30	2019	4	99.9	2020	422	61.3	871
银河创新成长 A	2019	5	97.1	2020	642	45.4	871
诺安成长	2019	6	95.4	2020	712	39.1	871

续表

基金名称	排序期	排序期排名	排序期收益率（%）	检验期	检验期排名	检验期收益率（%）	样本量（只）
信达澳银新能源产业	2019	7	94.1	2020	448	59.9	871
广发小盘成长 A	2019	8	93.2	2020	235	74.3	871
万家行业优选	2019	9	89.8	2020	55	97.3	871
天弘文化新兴产业	2019	10	87.8	2020	694	40.7	871
国联安优选行业	2019	11	86.0	2020	326	66.7	871
博时特许价值 A	2019	12	85.6	2020	289	70.8	871
华泰柏瑞价值增长 A	2019	13	85.6	2020	247	73.5	871
博时医疗保健行业 A	2019	14	84.1	2020	135	84.4	871
广发医疗保健 A	2019	15	83.0	2020	49	99.1	871
鹏华养老产业	2019	16	82.2	2020	166	80.7	871
广发聚瑞 A	2019	17	81.7	2020	330	66.5	871
国泰大健康 A	2019	18	81.6	2020	508	55.6	871
海富通股票	2019	19	81.6	2020	819	24.6	871
南方现代教育	2019	20	81.5	2020	539	53.4	871
银华消费主题 A	2019	21	80.8	2020	73	93.3	871
宝盈人工智能 A	2019	22	80.6	2020	374	64.1	871
创金合信科技成长 A	2019	23	80.0	2020	648	44.6	871
富国高新技术产业	2019	24	79.8	2020	62	95.5	871
富国高端制造行业	2019	25	79.5	2020	341	66.1	871
农银汇理医疗保健主题	2019	26	79.5	2020	197	77.9	871

续表

基金名称	排序期	排序期排名	排序期收益率（%）	检验期	检验期排名	检验期收益率（%）	样本量（只）
申万菱信智能驱动	2019	27	78.2	2020	304	69.4	871
富国创新科技 A	2019	28	78.1	2020	299	70.1	871
海富通内需热点	2019	29	77.8	2020	464	58.5	871
国联安科技动力	2019	30	77.2	2020	356	65.1	871
农银汇理海棠三年定开	2020	1	137.5	2021	36	46.5	1070
工银瑞信中小盘成长	2020	2	134.7	2021	367	15.5	1070
汇丰晋信低碳先锋 A	2020	3	134.4	2021	58	42.1	1070
广发高端制造 A	2020	4	133.8	2021	194	26.1	1070
诺德价值优势	2020	5	132.6	2021	574	6.0	1070
创金合信工业周期精选 A	2020	6	132.2	2021	228	23.8	1070
工银瑞信主题策略 A	2020	7	129.6	2021	620	4.5	1070
诺德周期策略	2020	8	129.1	2021	641	3.7	1070
工银瑞信高端制造行业	2020	9	128.8	2021	612	4.7	1070
汇丰晋信智造先锋 A	2020	10	128.6	2021	55	42.9	1070
中欧先进制造 A	2020	11	125.7	2021	118	32.0	1070
工银瑞信生态环境	2020	12	122.5	2021	19★	56.7	1070
工银战略新兴产业 A	2020	13	120.8	2021	622	4.3	1070
华夏能源革新 A	2020	14	120.7	2021	50	43.7	1070
工银瑞信信息产业 A	2020	15	120.6	2021	494	9.6	1070
鹏华环保产业	2020	16	116.7	2021	66	39.5	1070

续表

基金名称	排序期	排序期排名	排序期收益率（%）	检验期	检验期排名	检验期收益率（%）	样本量（只）
东方新能源汽车主题	2020	17	116.3	2021	27*	52.1	1070
华夏节能环保	2020	18	114.7	2021	176	26.7	1070
嘉实环保低碳	2020	19	113.7	2021	300	19.2	1070
国泰智能汽车 A	2020	20	112.4	2021	88	35.5	1070
上投摩根动力精选 A	2020	21	112.1	2021	76	37.1	1070
红土创新新科技	2020	22	111.4	2021	142	29.7	1070
信诚周期轮动 A	2020	23	111.3	2021	109	32.6	1070
中信保诚至远动力 A	2020	24	110.4	2021	151	28.8	1070
中银智能制造 A	2020	25	109.1	2021	57	42.2	1070
嘉实新能源新材料 A	2020	26	108.0	2021	177	26.7	1070
工银端信战略转型主题 A	2020	27	107.0	2021	166	27.5	1070
长城核心优势	2020	28	106.2	2021	960	-8.6	1070
北信瑞丰产业升级	2020	29	106.0	2021	140	29.9	1070
农银汇理消费主题 A	2020	30	105.7	2021	998	-11.0	1070

附录四 收益率在排序期和检验期分别排名前 30 位的基金（排序期为一年、检验期为一年）：2018～2021 年

本表展示的是排序期为一年、检验期为一年时，排序期和检验期分别排名前 30 位的基金及基金的收益率。样本量为在排序期和检验期都存在的基金数量。★ 表示在检验期仍排名前 30 位的基金。

基金名称	排序期	排序期排名	排序期收益率（%）	检验期	检验期排名	基金名称	检验期收益率（%）	样本量（只）
金鹰信息产业 A	2018	1	4.0	2019	1	广发多元新兴	106.6	731
诺安鸿鑫	2018	2	3.6	2019	2	银华内需精选	100.4	731
国泰金鹿	2018	3	3.3	2019	3	交银成长 30	99.9	731
东方成长回报	2018	4	2.4	2019	4	银河创新成长 A	97.1	731
交银阿尔法 A	2018	5	-0.4	2019	5	诺安成长	95.4	731
诺安策略精选	2018	6	-0.7	2019	6	信达澳银新能源产业	94.1	731
南方中小盘成长	2018	7	-0.8	2019	7	广发小盘成长 A	93.2	731
兴全商业模式优选	2018	8	-1.6	2019	8	万家行业优选	89.8	731
中信保诚至远动力 A	2018	9	-1.9	2019	9	天弘文化新兴产业	87.8	731
大成景恒 A	2018	10	-2.3	2019	10	国联安优选行业	86.0	731
南方潜力新蓝筹	2018	11	-3.7	2019	11	博时特许价值 A	85.6	731
富国医疗保健行业 A	2018	12	-3.9	2019	12	华泰柏瑞价值增长 A	85.6	731
上投摩根医疗健康	2018	13	-4.3	2019	13	博时医疗保健行业 A	84.1	731
国寿安保稳嘉诚	2018	14	-4.9	2019	14	广发养老产业 A	83.0	731
大摩健康产业 A	2018	15	-5.7	2019	15	鹏华养老产业	82.2	731

续表

基金名称	排序期	排序期排名	排序期收益率(%)	检验期	检验期排名	基金名称	检验期收益率(%)	样本量(只)
新华优选成长	2018	16	-6.9	2019	16	广发聚瑞 A	81.7	731
光大阳光启明星创新驱动 A	2018	17	-7.0	2019	17	国泰大健康 A	81.6	731
广发睿毅领先 A	2018	18	-7.2	2019	18	海富通股票	81.6	731
海富通内需热点	2018	19	-7.5	2019	19	南方现代教育	81.5	731
中信证券稳健回报 A	2018	20	-8.5	2019	20	银华消费主题 A	80.8	731
新华优选消费	2018	21	-8.6	2019	21	创金合信科技成长 A	80.0	731
国富资管君得鑫两年持有 A	2018	22	-8.6	2019	22	富国高新技术产业	79.8	731
交银医药创新 A	2018	23	-8.6	2019	23	富国高端制造行业	79.5	731
中海医疗保健	2018	24	-9.0	2019	24	农银汇理医疗保健主题	79.5	731
诺安主题精选	2018	25	-9.1	2019	25	富国创新科技 A	78.1	731
光大阳光价值 30 个月持有 A	2018	26	-9.1	2019	26	海富通内需热点	77.8	731
国海证券量化优选一年持有 A	2018	27	-9.4	2019	27	国联安科技动力	77.2	731
交银先锋 A	2018	28	-9.6	2019	28	华安安信消费服务 A	76.8	731
万家消费成长	2018	29	-9.7	2019	29	嘉实新兴产业	76.7	731
国富资管君得明	2018	30	-9.7	2019	30	银华农业产业 A	76.6	731
广发双擎升级 A	2019	1	121.7	2020	1	工银瑞信中小盘成长	134.7	871
广发多元新兴	2019	2	106.6	2020	2	汇丰晋信低碳先锋 A	134.4	871
银华内需精选	2019	3	100.4	2020	3	广发高端制造 A	133.8	871
交银成长 30	2019	4	99.9	2020	4	诺德价值优势	132.6	871
银河创新成长 A	2019	5	97.1	2020	5	创金合信工业周期精选 A	132.2	871

续表

基金名称	排序期	排序期排名	排序期收益率（%）	检验期	检验期排名	基金名称	检验期收益率（%）	样本量（只）
诺安成长	2019	6	95.4	2020	6	工银瑞信主题策略 A	129.6	871
信达澳银新能源产业	2019	7	94.1	2020	7	诺德周期策略	129.1	871
广发小盘成长 A	2019	8	93.2	2020	8	工银瑞信高端制造行业	128.8	871
万家行业优选	2019	9	89.8	2020	9	汇丰晋信智造先锋 A	128.6	871
天弘文化新兴产业	2019	10	87.8	2020	10	中欧先进制造 A	125.7	871
国联安优选行业	2019	11	86.0	2020	11	工银瑞信生态环境	122.5	871
博时特许价值 A	2019	12	85.6	2020	12	华夏能源革新 A	120.7	871
华泰柏瑞价值增长 A	2019	13	85.6	2020	13	工银瑞信信息产业 A	120.6	871
博时医疗保健行业 A	2019	14	84.1	2020	14	鹏华环保产业	116.7	871
广发医疗保健 A	2019	15	83.0	2020	15	东方新能源汽车主题	116.3	871
鹏华养老产业	2019	16	82.2	2020	16	华夏节能环保	114.7	871
广发聚瑞 A	2019	17	81.7	2020	17	嘉实环保低碳	113.7	871
国â€‹泰大健康 A	2019	18	81.6	2020	18	国泰智能汽车 A	112.4	871
海富通股票	2019	19	81.6	2020	19	红土创新新科技	111.4	871
南方现代教育	2019	20	81.5	2020	20	信诚周期轮动 A	111.3	871
银华消费主题 A	2019	21	80.8	2020	21	中信保诚至远动力 A	110.4	871
宝盈人工智能 A	2019	22	80.6	2020	22	中银智能制造 A	109.1	871
创金合信科技成长 A	2019	23	80.0	2020	23	嘉实新能源新材料 A	108.0	871
富国高新技术产业	2019	24	79.8	2020	24	工银瑞信战略转型主题 A	107.0	871
富国高端制造行业	2019	25	79.5	2020	25	北信瑞丰产业升级	106.0	871
农银汇理医疗保健主题	2019	26	79.5	2020	26	农银汇理消费主题 A	105.7	871

续表

基金名称	排序期	排序期排名	排序期收益率(%)	检验期	检验期排名	基金名称	检验期收益率(%)	样本量(只)
申万菱信智能驱动	2019	27	78.2	2020	27*	广发新经济 A	105.0	871
富国创新科技 A	2019	28	78.1	2020	28	泰达宏利转型机遇 A	104.9	871
海富通内需热点	2019	29	77.8	2020	29	交银施罗德品质升级 A	104.8	871
国联安科技动力	2019	30	77.2	2020	30	博时军工主题 A	104.3	871
农银汇理海棠三年定开	2020	1	137.5	2021	1	前海开源公用事业	119.4	1070
工银瑞信中小盘成长	2020	2	134.7	2021	2	大成新锐产业	88.2	1070
汇丰晋信低碳先锋 A	2020	3	134.4	2021	3	华夏行业景气	84.1	1070
广发高端制造 A	2020	4	133.8	2021	4	交银趋势优先 A	81.4	1070
诺德价值优势	2020	5	132.6	2021	5	信诚新兴产业 A	76.7	1070
创金合信工业周期精选 A	2020	6	132.2	2021	6	建信中小盘 A	67.3	1070
工银瑞信主题策略 A	2020	7	129.6	2021	7	华安制造先锋 A	66.4	1070
诺德周期策略	2020	8	129.1	2021	8	招商稳健优选	66.1	1070
工银瑞信高端制造行业	2020	9	128.8	2021	9	中庚小盘价值	65.2	1070
汇丰晋信智造先锋 A	2020	10	128.6	2021	10	宝盈国家安全战略沪港深 A	64.8	1070
中欧先进制造 A	2020	11	125.7	2021	11	国投瑞银新能源 A	63.0	1070
工银瑞信生态环境	2020	12	122.5	2021	12	信诚中小盘	62.0	1070
工银瑞信新兴产业 A	2020	13	120.8	2021	13	长城优化升级 A	61.4	1070
华夏能源革新 A	2020	14	120.7	2021	14	国投瑞银先进制造	60.0	1070
工银瑞信信息产业 A	2020	15	120.6	2021	15	万家瑞隆	58.1	1070

续表

基金名称	排序期	排序期排名	排序期收益率（%）	检验期	检验期排名	基金名称	检验期收益率（%）	样本量（只）
鹏华环保产业	2020	16	116.7	2021	16	易方达科融	58.0	1070
东方新能源汽车主题	2020	17	116.3	2021	17	汇安行业龙头	57.9	1070
华夏节能环保	2020	18	114.7	2021	18	金鹰行业优势	56.9	1070
嘉实环保低碳	2020	19	113.7	2021	19	工银瑞信生态环境	56.7	1070
国泰智能汽车 A	2020	20	112.4	2021	20	汇安裕阳三年定期开放	56.5	1070
上投摩根动力精选 A	2020	21	112.1	2021	21	万家汽车新趋势 A	56.3	1070
红土创新新科技	2020	22	111.4	2021	22	工银瑞信新能源车 A	56.1	1070
信诚周期轮动 A	2020	23	111.3	2021	23	建信潜力新蓝筹	55.0	1070
中信保诚至远动力 A	2020	24	110.4	2021	24	创金合信新能源汽车 A	54.6	1070
中银智能制造 A	2020	25	109.1	2021	25	申万菱信智能驱动	53.5	1070
嘉实新能源新材料 A	2020	26	108.0	2021	26	海富通电子信息传媒产业 A	52.5	1070
工银瑞信战略转型主题 A	2020	27	107.0	2021	27	东方新能源汽车主题	52.1	1070
长城核心优势	2020	28	106.2	2021	28	广发科技创新 A	52.0	1070
北信瑞丰产业升级 A	2020	29	106.0	2021	29	泰达宏利转型机遇 A	51.9	1070
农银汇理消费主题 A	2020	30	105.7	2021	30	华夏盛世精选	51.4	1070

附录五 夏普比率在排序期排名前30位的基金在检验期的排名（排序期为一年、检验期为一年）：2018~2021年

本表展示的是排序期为一年、检验期为一年时，排序期夏普比率排名30位的基金在检验期的夏普比率排名及基金在排序期和检验期的夏普比率。样本量为在排序期和检验期都存在的基金数量。★表示在检验期仍排名前30位的基金。

基金名称	排序期	排序期排名	排序期夏普比率	检验期	检验期排名	检验期夏普比率	样本量（只）
国泰金鹿	2018	1	1.90	2019	366	2.14	731
诺安鸿鑫	2018	2	1.15	2019	510	1.86	731
东方成长回报	2018	3	0.60	2019	719	0.79	731
金鹰信息产业 A	2018	4	0.30	2019	584	1.67	731
交银阿尔法 A	2018	5	-0.05	2019	448	1.99	731
富国医疗保健行业 A	2018	6	-0.09	2019	299	2.27	731
兴全商业模式优选	2018	7	-0.15	2019	33	2.95	731
上投摩根医疗健康	2018	8	-0.17	2019	48	2.87	731
大成景恒 A	2018	9	-0.20	2019	657	1.40	731
大摩健康产业 A	2018	10	-0.24	2019	397	2.10	731
交银医药创新 A	2018	11	-0.38	2019	22*	3.06	731
融通医疗保健行业 A	2018	12	-0.40	2019	489	1.90	731
诺安策略精选	2018	13	-0.43	2019	281	2.32	731
海富通内需热点	2018	14	-0.44	2019	17*	3.12	731
中海医疗保健	2018	15	-0.44	2019	398	2.10	731
交银先锋 A	2018	16	-0.45	2019	653	1.42	731

续表

基金名称	排序期	排序期排名	排序期夏普比率	检验期	检验期排名	检验期夏普比率	样本量（只）
招商医药健康产业	2018	17	−0.48	2019	416	2.06	731
中欧医疗健康 A	2018	18	−0.50	2019	207	2.43	731
国君资管君得明	2018	19	−0.51	2019	336	2.19	731
光大阳光价值30个月持有 A	2018	20	−0.53	2019	457	1.97	731
中欧电子信息产业 A	2018	21	−0.53	2019	554	1.74	731
景顺长城新兴成长	2018	22	−0.54	2019	160	2.52	731
国君资管君得鑫两年持有 A	2018	23	−0.56	2019	402	2.08	731
农银汇理医疗保健主题	2018	24	−0.57	2019	181	2.49	731
新华优选成长	2018	25	−0.57	2019	487	1.90	731
诺安主题精选	2018	26	−0.58	2019	123	2.59	731
银华食品饮料 A	2018	27	−0.58	2019	318	2.24	731
广发睿毅领先 A	2018	28	−0.59	2019	349	2.17	731
中邮战略新兴产业	2018	29	−0.60	2019	551	1.75	731
景顺长城鼎益	2018	30	−0.61	2019	262	2.36	731
华泰保兴成长优选 A	2019	1	4.04	2020	394	2.03	871
广发双擎升级 A	2019	2	3.91	2020	585	1.72	871
华泰柏瑞价值增长 A	2019	3	3.56	2020	443	1.96	871
嘉实新兴产业	2019	4	3.54	2020	249	2.26	871
国泰大农业	2019	5	3.44	2020	572	1.74	871
广发多元新兴	2019	6	3.44	2020	707	1.51	871

续表

基金名称	排序期	排序期排名	排序期夏普比率	检验期	检验期排名	检验期夏普比率	样本量（只）
中银战略新兴产业 A	2019	7	3.44	2020	376	2.06	871
富国周期优势 A	2019	8	3.37	2020	102	2.56	871
工银瑞信量化策略 A	2019	9	3.32	2020	146	2.46	871
工银瑞信生态环境	2019	10	3.29	2020	78	2.63	871
上投摩根核心优选	2019	11	3.24	2020	289	2.20	871
申万菱信智能驱动	2019	12	3.20	2020	152	2.44	871
富国高端制造行业	2019	13	3.18	2020	356	2.09	871
广发医疗保健 A	2019	14	3.18	2020	217	2.31	871
建信大安全	2019	15	3.18	2020	57	2.72	871
广发高端制造 A	2019	16	3.15	2020	59	2.72	871
中海信息产业精选	2019	17	3.15	2020	822	1.03	871
广发科技动力	2019	18	3.13	2020	479	1.90	871
华安新丝路主题 A	2019	19	3.13	2020	260	2.24	871
工银瑞信新蓝筹 A	2019	20	3.12	2020	224	2.30	871
嘉实增长	2019	21	3.12	2020	147	2.46	871
海富通内需热点	2019	22	3.12	2020	582	1.73	871
景顺长城成长之星	2019	23	3.11	2020	299	2.18	871
招商中小盘精选	2019	24	3.11	2020	162	2.42	871
民生加银创新成长	2019	25	3.10	2020	205	2.34	871
银河康乐	2019	26	3.10	2020	45	2.78	871

续表

基金名称	排序期	排序期排名	排序期夏普比率	检验期	检验期排名	检验期夏普比率	样本量（只）
中欧明睿新起点	2019	27	3.08	2020	596	1.71	871
交银医药创新 A	2019	28	3.06	2020	237	2.28	871
南方智造未来	2019	29	3.05	2020	182	2.38	871
海富通中小盘	2019	30	3.05	2020	440	1.97	871
工银战略新兴产业 A	2020	1	3.60	2021	616	0.25	1070
新华优选消费	2020	2	3.31	2021	489	0.54	1070
圆信永丰优悦生活	2020	3	3.27	2021	46	1.94	1070
华安信消费服务 A	2020	4	3.27	2021	36	2.11	1070
圆信永丰优加生活	2020	5	3.26	2021	119	1.48	1070
嘉合锦程价值精选 A	2020	6	3.25	2021	437	0.66	1070
诺德价值优势	2020	7	3.21	2021	596	0.30	1070
圆信永丰致优 A	2020	8	3.14	2021	57	1.83	1070
诺德周期策略	2020	9	3.14	2021	646	0.20	1070
富国沪港深成业绩驱动 A	2020	10	3.11	2021	913	-0.37	1070
兴全合润	2020	11	3.08	2021	543	0.43	1070
鹏华先进制造	2020	12	3.08	2021	713	0.03	1070
农银汇理消费主题 A	2020	13	3.08	2021	999	-0.70	1070
工银瑞信战略转型主题 A	2020	14	3.07	2021	30*	2.21	1070
农银汇理海棠三年定开	2020	15	3.06	2021	69	1.73	1070
工银瑞信信息产业 A	2020	16	3.04	2021	476	0.56	1070

续表

基金名称	排序期	排序期排名	排序期夏普比率	检验期	检验期排名	检验期夏普比率	样本量（只）
汇添富文体娱乐主题	2020	17	3.04	2021	1003	-0.71	1070
长信恒利优势	2020	18	3.03	2021	939	-0.43	1070
富国民裕沪港深添添精选 A	2020	19	3.03	2021	819	-0.15	1070
招商大盘蓝筹	2020	20	3.01	2021	889	-0.31	1070
中金新锐 A	2020	21	2.99	2021	9★	2.72	1070
中信证券臻选价值成长 A	2020	22	2.99	2021	943	-0.44	1070
中欧永裕 A	2020	23	2.99	2021	828	-0.17	1070
华夏新兴消费 A	2020	24	2.99	2021	941	-0.44	1070
中欧盛世成长 A	2020	25	2.98	2021	840	-0.21	1070
景顺长城环保优势	2020	26	2.98	2021	281	1.02	1070
金鹰行业优势	2020	27	2.98	2021	97	1.56	1070
易方达蓝筹精选	2020	28	2.97	2021	909	-0.36	1070
汇添富环保行业	2020	29	2.97	2021	269	1.04	1070
工银瑞信新金融 A	2020	30	2.97	2021	72	1.71	1070

附录六　在职基金经理与同期万得全 A 指数业绩对比表（按当前任职公司排序）：1998～2021 年

本表展示在职基金经理与同期万得全 A 指数的收益和风险指标。其中，收益指标包括年化收益率，夏普比率，风险指标包括年化波动率、最大回撤。表中展示的指数收益和风险指标是基于基金经理任职期间履历对应的同期指数数据计算得出，如果当月基金经理未管理基金产品，指数的收益不计算。本表中的基金经理管理以下类型基金：股票多空型，偏股混合型，平衡混合型，灵活配置型，普通股票型和增强指数型的主动管理的基金，并且基金经理有三年以上任职时长，共 947 位在职基金经理。每位基金经理管理的所有基金按照管理规模加权平均后的业绩该基金经理任职后的业绩。表中"当前任职公司"指的是截至 2021 年 12 月 31 日时在职基金公司的。

编号	基金经理	当前任职公司	任职区间	任职时间（月）	管理基金数量（只）	年化收益率（%）	指数年化收益率（%）	年化波动率（%）	指数年化波动率（%）	最大回撤（%）	指数最大回撤（%）	年化夏普比率	指数年化夏普比率
1	陈鹏	安信	2011/01～2021/12	157	8	12.59	12.54	24.13	23.59	-49.17	-44.57	0.43	0.44
2	陈一峰	安信	2014/04～2021/12	93	9	20.09	15.74	19.20	24.73	-25.94	-48.44	0.96	0.57
3	陈振宇	安信	2012/06～2021/12	66	4	14.54	8.71	15.78	19.45	-23.27	-25.85	0.81	0.36
4	李君	安信	2017/12～2021/12	49	2	6.64	8.20	2.77	17.50	-1.27	-29.52	1.86	0.38
5	聂世林	安信	2016/02～2021/12	71	5	18.58	10.43	15.70	16.72	-24.02	-30.56	1.09	0.53
6	谭祉娜	安信	2017/12～2021/12	49	5	17.99	8.20	22.82	17.50	-24.56	-29.52	0.72	0.38
7	袁玮	安信	2016/04～2021/12	69	8	15.08	8.16	16.52	15.58	-24.55	-30.56	0.82	0.43
8	张竞	安信	2017/12～2021/12	49	4	23.95	8.20	18.42	17.50	-23.21	-29.52	1.22	0.38
9	张明	安信	2017/05～2021/12	56	8	14.41	9.04	13.74	16.58	-17.85	-30.56	0.94	0.45
10	张翼飞	安信	2015/05～2021/12	80	2	6.57	1.77	2.56	22.92	-1.44	-48.44	1.97	0.01
11	钟光正	安信	2012/08～2021/12	96	5	9.62	20.85	6.76	25.46	-6.02	-47.04	1.14	0.73
12	庄园	安信	2014/05～2021/12	92	8	11.03	15.71	6.31	24.87	-2.00	-48.44	1.48	0.56

续表

编号	基金经理	当前任职公司	任职区间	任职时间(月)	管理基金数量(只)	年化收益率(%)	指数年化收益率(%)	年化波动率(%)	指数年化波动率(%)	最大回撤(%)	指数最大回撤(%)	年化夏普比率	指数年化夏普比率
13	肖肖	宝盈	2017/01~2021/12	60	9	19.44	7.78	19.68	16.21	-32.58	-30.56	0.91	0.39
14	杨思亮	宝盈	2018/03~2021/12	46	7	20.62	9.59	19.50	17.83	-22.70	-25.85	0.98	0.45
15	张仲维	宝盈	2014/03~2021/12	79	10	26.95	20.44	25.10	18.99	-29.14	-40.69	1.02	1.01
16	朱建明	宝盈	2017/01~2021/12	60	4	17.29	7.78	22.39	16.21	-22.70	-30.56	0.71	0.39
17	程敏	北信瑞丰	2018/03~2021/12	46	4	20.13	9.59	16.17	17.83	-11.86	-25.85	1.15	0.45
18	陆文凯	北信瑞丰	2018/06~2021/12	43	2	39.95	13.74	27.12	17.59	-16.43	-16.20	1.42	0.70
19	史伟	博道	2005/11~2021/12	93	4	27.04	30.57	24.71	28.39	-29.87	-51.55	1.01	0.97
20	杨梦	博道	2018/08~2021/12	41	7	21.16	16.24	16.09	17.52	-5.40	-11.70	1.22	0.84
21	袁争光	博道	2015/05~2021/12	64	6	15.37	6.22	21.65	24.77	-31.05	-48.44	0.65	0.18
22	张迎军	博道	2009/01~2021/12	104	9	16.78	22.29	17.11	24.33	-21.86	-36.08	0.84	0.79
23	蔡滨	博时	2014/12~2021/12	85	12	15.91	10.38	17.25	25.04	-26.99	-48.44	0.83	0.35
24	陈雷	博时	2014/08~2021/12	89	5	16.62	14.27	20.61	25.13	-37.10	-48.44	0.73	0.50
25	陈鹏扬	博时	2015/08~2021/12	77	10	17.36	8.42	19.54	21.11	-22.95	-34.44	0.81	0.33
26	葛晨	博时	2018/04~2021/12	45	4	28.19	10.82	27.48	17.88	-30.95	-22.99	0.97	0.52
27	郭晓林	博时	2016/07~2021/12	66	7	19.22	7.89	21.23	15.89	-33.87	-30.56	0.84	0.40
28	过钧	博时	2016/03~2021/12	71	9	16.32	7.72	14.21	15.50	-12.32	-30.56	1.04	0.40
29	黄瑞庆	博时	2011/12~2021/12	112	7	8.67	10.11	17.35	24.77	-33.63	-48.44	0.41	0.31
30	冀楠	博时	2017/06~2021/12	52	6	26.35	9.04	21.74	17.16	-24.91	-30.56	1.17	0.38
31	蒋娜	博时	2016/09~2021/12	64	6	11.20	7.57	12.97	16.01	-23.58	-30.56	0.75	0.38

续表

编号	基金经理	当前任职公司	任职区间	任职时间（月）	管理基金数量（只）	年化收益率（%）	指数年化收益率（%）	年化波动率（%）	指数年化波动率（%）	最大回撤（%）	指数最大回撤（%）	年化复普比率	指数年化复普比率
32	金晟哲	博时	2016/10~2021/12	63	8	12.54	7.08	14.16	16.10	-21.94	-30.56	0.78	0.35
33	兰乔	博时	2015/11~2021/12	74	7	13.94	5.90	21.96	20.16	-26.34	-34.44	0.57	0.22
34	李佳	博时	2018/07~2021/12	42	1	11.34	13.98	19.87	17.80	-22.69	-16.20	0.49	0.70
35	林景艺	博时	2015/05~2021/12	80	3	4.14	1.77	19.88	22.92	-35.41	-48.44	0.13	0.01
36	刘阳	博时	2015/07~2021/12	78	3	10.60	5.92	24.23	21.90	-41.00	-34.44	0.38	0.20
37	刘钊	博时	2012/07~2021/12	40	4	34.81	31.30	27.16	27.29	-21.47	-24.63	1.25	1.04
38	沙炜	博时	2015/05~2021/12	80	5	15.72	1.77	25.19	22.92	-36.40	-48.44	0.56	0.01
39	孙少锋	博时	2015/09~2021/12	76	2	13.65	9.48	17.69	21.08	-27.02	-34.44	0.69	0.38
40	田俊维	博时	2015/06~2021/12	74	6	13.26	2.70	20.61	23.45	-30.50	-42.38	0.58	0.03
41	王申	博时	2016/12~2021/12	61	4	11.37	7.60	9.02	16.08	-8.43	-30.56	1.09	0.38
42	王诗瑶	博时	2017/06~2021/12	55	3	16.72	8.14	18.71	16.62	-20.48	-30.56	0.81	0.40
43	王增财	博时	2013/10~2021/12	95	8	19.15	15.68	25.74	24.67	-41.12	-48.44	0.68	0.54
44	吴渭	博时	2013/12~2021/12	72	8	19.82	14.87	15.41	16.71	-12.13	-30.56	1.19	0.83
45	肖瑞瑾	博时	2017/01~2021/12	60	15	17.65	7.78	20.10	16.21	-31.36	-30.56	0.80	0.39
46	杨涛	博时	2018/06~2021/12	43	1	5.85	13.74	16.61	17.59	-15.63	-16.20	0.26	0.70
47	杨永光	博时	2016/12~2021/12	61	4	8.30	7.60	3.55	16.08	-1.68	-30.56	1.92	0.38
48	姚爽	博时	2016/12~2021/12	57	3	16.98	7.84	22.85	16.65	-29.18	-30.56	0.69	0.32
49	曾鹏	博时	2013/01~2021/12	108	10	15.66	13.42	24.63	24.19	-48.71	-48.44	0.56	0.48
50	张锦	博时	2018/08~2021/12	41	3	23.86	16.24	16.71	17.52	-8.45	-11.70	1.34	0.84

续表

编号	基金经理	当前任职公司	任职区间	任职时间(月)	管理基金数量(只)	年化收益率(%)	指数年化收益率(%)	年化波动率(%)	指数年化波动率(%)	最大回撤(%)	指数最大回撤(%)	年化夏普比率	指数年化夏普比率
51	何翔	渤海汇金证券	2018/07~2021/12	42	3	14.45	13.98	14.42	17.80	-7.44	-16.20	0.90	0.70
52	滕相光	渤海汇金证券	2014/04~2021/12	79	3	18.79	14.34	17.32	26.14	-32.63	-48.44	1.00	0.47
53	金梓才	财通	2014/11~2021/12	86	9	24.07	11.85	32.82	25.19	-45.94	-48.44	0.68	0.41
54	梁辰	财通	2017/07~2021/12	51	5	23.48	8.40	18.75	17.44	-20.20	-30.56	1.20	0.43
55	夏钦	财通	2016/05~2021/12	68	8	10.04	8.37	18.86	15.69	-27.29	-30.56	0.45	0.44
56	于洋	财通证券	2018/09~2021/12	40	5	33.01	16.24	22.47	17.75	-13.00	-11.70	1.40	0.83
57	曹春林	创金合信	2017/07~2021/12	54	12	15.28	7.93	20.61	16.77	-16.90	-30.56	0.67	0.38
58	胡尧盛	创金合信	2017/12~2021/12	49	3	14.86	8.20	19.47	17.50	-19.86	-29.52	0.69	0.38
59	李游	创金合信	2016/11~2021/12	62	5	22.34	6.42	25.76	16.16	-39.13	-30.56	0.81	0.30
60	李晗	创金合信	2015/08~2021/12	61	6	7.24	4.88	18.83	21.94	-25.46	-34.44	0.31	0.14
61	李龑	创金合信	2018/10~2021/12	39	3	16.90	19.55	18.90	16.94	-13.86	-7.73	0.81	1.07
62	皮劲松	创金合信	2018/10~2021/12	39	3	28.94	19.55	24.81	16.94	-15.48	-7.73	1.11	1.07
63	张荣	创金合信	2015/08~2021/12	53	6	2.11	4.27	12.28	23.05	-20.36	-34.44	0.05	0.16
64	周志敏	创金合信	2017/12~2021/12	49	4	21.82	8.20	25.01	17.50	-29.64	-29.52	0.81	0.38
65	刘晨	达诚	2012/08~2021/12	65	4	9.61	5.63	19.92	18.20	-24.43	-30.56	0.40	0.20
66	王超伟	达诚	2016/02~2021/12	57	9	4.23	8.20	11.09	16.48	-15.96	-30.56	0.25	0.40
67	戴军	大成	2015/05~2021/12	80	4	8.75	1.77	19.50	22.92	-35.34	-48.44	0.37	0.01
68	侯春燕	大成	2015/12~2021/12	73	7	11.86	5.10	19.01	20.20	-25.68	-34.44	0.54	0.18
69	黄万青	大成	2010/04~2021/12	117	14	4.03	4.31	14.00	23.40	-36.68	-48.44	0.15	0.02

续表

编号	基金经理	当前任职公司	任职区间	任职时间（月）	管理基金数量（只）	年化收益率（%）	指数年化收益率（%）	年化波动率（%）	指数年化波动率（%）	最大回撤（%）	指数最大回撤（%）	年化夏普比率	指数年化夏普比率
70	李博	大成	2015/04~2021/12	81	5	11.09	4.01	23.48	23.50	-45.46	-48.44	0.41	0.11
71	李富强	大成	2015/11~2021/12	58	5	11.98	12.08	9.80	21.49	-4.80	-34.44	1.09	0.48
72	李林益	大成	2015/07~2021/12	78	3	9.93	5.92	21.71	21.90	-31.25	-34.44	0.39	0.20
73	刘旭	大成	2015/07~2021/12	78	6	18.92	5.92	20.17	21.90	-28.23	-34.44	0.86	0.20
74	苏秉毅	大成	2014/01~2021/12	72	4	11.46	10.43	13.85	16.72	-25.02	-30.56	0.73	0.37
75	孙丹	大成	2017/05~2021/12	56	7	7.04	9.04	2.49	16.58	-0.85	-30.56	2.22	0.45
76	王磊	大成	2013/07~2021/12	102	6	15.42	15.12	11.91	23.93	-18.08	-48.44	1.14	0.56
77	魏庆国	大成	2015/04~2021/12	81	9	12.64	4.01	25.66	23.50	-44.39	-48.44	0.43	0.11
78	夏高	大成	2017/03~2021/12	58	2	9.76	7.51	14.45	16.45	-29.10	-30.56	0.57	0.37
79	徐彦	大成	2012/10~2021/12	97	11	19.97	15.28	19.32	24.94	-30.39	-44.57	0.94	0.50
80	杨挺	大成	2014/06~2021/12	91	5	11.69	15.48	27.71	25.00	-57.23	-48.44	0.36	0.55
81	张烨	大成	2017/09~2021/12	52	4	19.24	7.22	19.15	17.06	-25.02	-30.56	0.93	0.34
82	戴鹤忠	德邦	2016/06~2021/12	67	3	16.29	7.86	15.76	15.77	-20.50	-30.56	0.94	0.40
83	黎莹	德邦	2015/06~2021/12	79	7	15.09	3.41	21.13	22.68	-28.54	-42.38	0.64	0.08
84	汪晖	德邦	2007/05~2021/12	109	5	13.95	9.35	24.14	27.94	-36.12	-68.61	0.48	0.21
85	吴昊	德邦	2015/02~2021/12	79	7	9.05	9.41	23.23	26.01	-45.19	-48.44	0.33	0.31
86	张铮烁	德邦	2018/08~2021/12	41	2	11.42	16.24	6.48	17.52	-5.01	-11.70	1.53	0.84
87	蒋茜	东方	2017/07~2021/12	54	7	19.10	7.93	21.36	16.77	-34.43	-30.56	0.82	0.38
88	李瑞	东方	2017/12~2021/12	49	4	24.70	8.20	22.15	17.50	-15.51	-29.52	1.05	0.38

续表

编号	基金经理	当前任职公司	任职区间	任职时间（月）	管理基金数量（只）	年化收益率（%）	指数年化收益率（%）	年化波动率（%）	指数年化波动率（%）	最大回撤（%）	指数最大回撤（%）	年化夏普比率	指数年化夏普比率
89	盛泽	东方	2018/08～2021/12	41	6	18.91	16.24	15.39	17.52	-10.69	-11.70	1.13	0.84
90	王然	东方	2015/05～2021/12	80	9	6.01	1.77	25.92	22.92	-48.32	-48.44	0.17	0.01
91	许文波	东方	2015/08～2021/12	73	9	11.94	11.02	12.59	21.43	-11.04	-34.44	0.84	0.50
92	薛子徽	东方	2015/04～2021/12	81	11	3.74	4.01	17.89	23.50	-36.62	-48.44	0.12	0.11
93	张玉坤	东方	2016/08～2021/12	65	6	11.60	7.12	16.29	15.92	-22.21	-30.56	0.62	0.35
94	刘明	东方阿尔法	2004/10～2021/12	159	6	15.93	14.31	25.81	29.07	-61.06	-68.61	0.53	0.42
95	乔春	东方阿尔法	2014/09～2021/12	67	7	18.18	17.36	22.75	26.78	-23.69	-44.57	0.75	0.59
96	唐雷	东方阿尔法	2016/07～2021/12	59	5	18.82	7.76	24.93	16.17	-20.12	-30.56	0.71	0.28
97	陈军	东吴	2006/10～2021/12	175	8	15.40	14.95	23.29	30.07	-48.86	-68.61	0.56	0.41
98	刘瑞	东吴	2018/11～2021/12	46	5	25.70	19.39	18.39	17.17	-10.66	-7.73	1.32	1.04
99	刘元海	东吴	2013/01～2021/12	113	7	22.67	18.85	19.45	19.48	-33.04	-48.44	1.08	0.89
100	徐嶒	东吴	2015/05～2021/12	80	7	7.03	1.77	19.94	22.92	-35.87	-48.44	0.28	0.01
101	赵梅玲	东吴	2016/05～2021/12	68	7	14.42	8.37	13.21	15.69	-20.60	-30.56	0.98	0.44
102	周健	东吴	2012/10～2021/12	99	9	15.64	19.55	18.74	19.90	-28.05	-46.95	0.75	0.96
103	邹炜	东吴	2015/03～2021/12	72	7	5.83	3.01	22.47	25.11	-44.20	-48.44	0.19	0.05
104	李兵伟	东兴	2016/06～2021/12	67	5	4.70	7.86	12.02	15.77	-26.10	-30.56	0.27	0.40
105	李晨辉	东兴	2016/06～2021/12	67	6	4.46	7.86	12.41	15.77	-31.33	-30.56	0.24	0.40
106	孙继青	东兴	2015/09～2021/12	76	6	6.11	9.48	14.87	21.08	-28.61	-34.44	0.31	0.38
107	张旭	东兴	2015/08～2021/12	71	7	8.74	8.35	7.48	21.66	-5.39	-34.44	0.98	0.32

续表

编号	基金经理	当前任职公司	任职区间	任职时间（月）	管理基金数量（只）	年化收益率（%）	指数年化收益率（%）	年化波动率（%）	指数年化波动率（%）	最大回撤（%）	指数最大回撤（%）	年化夏普比率	指数年化夏普比率
108	崔建波	方正富邦	2010/03～2021/12	138	21	10.77	7.79	18.84	23.54	-35.16	-48.44	0.46	0.24
109	纪青	富安达	2016/12～2021/12	61	2	20.08	7.60	21.11	16.08	-26.47	-30.56	0.88	0.38
110	李守峰	富安达	2015/12～2021/12	73	4	9.55	5.10	16.38	20.20	-21.90	-34.44	0.49	0.18
111	孙绍冰	富安达	2015/05～2021/12	80	2	7.16	1.77	27.11	22.92	-51.13	-48.44	0.21	0.01
112	吴战峰	富安达	2008/04～2021/12	118	9	11.20	4.35	19.23	25.77	-40.05	-57.51	0.48	0.24
113	朱义	富安达	2018/04～2021/12	45	4	11.35	10.82	14.95	17.88	-12.13	-22.99	0.66	0.52
114	毕天宇	富国	2005/12～2021/12	194	7	19.03	17.94	28.00	29.49	-59.31	-68.61	0.60	0.53
115	蔡卡尔	富国	2018/05～2021/12	44	1	-0.63	11.09	14.72	18.08	-19.22	-22.94	-0.14	0.53
116	曹晋	富国	2013/04～2021/12	102	8	21.76	12.20	28.33	24.57	-39.24	-48.44	0.71	0.42
117	曹文俊	富国	2013/08～2021/12	92	7	22.59	15.36	23.71	25.09	-35.19	-48.44	0.89	0.57
118	方纬	富国	2014/08～2021/12	86	10	20.77	13.86	18.44	25.37	-27.49	-48.44	1.05	0.41
119	侯梧	富国	2014/11～2021/12	59	4	28.38	17.68	20.35	25.94	-27.16	-48.44	1.34	0.66
120	李元博	富国	2014/06～2021/12	88	7	25.43	18.98	32.46	23.04	-48.01	-48.44	0.74	0.72
121	厉叶淼	富国	2015/08～2021/12	77	5	24.79	8.42	25.92	21.11	-35.63	-34.44	0.90	0.33
122	林庆	富国	2015/05～2021/12	80	2	15.94	1.77	27.10	22.92	-43.26	-48.44	0.53	0.01
123	刘博	富国	2018/07～2021/12	42	3	30.81	13.98	16.69	17.80	-6.46	-16.20	1.76	0.70
124	刘莉莉	富国	2018/07～2021/12	42	4	28.80	13.98	24.64	17.80	-19.57	-16.20	1.11	0.70
125	宁君	富国	2018/09～2021/12	40	1	22.53	16.24	17.19	17.75	-13.91	-11.70	1.22	0.83
126	蒲世林	富国	2018/12～2021/12	37	4	33.92	21.54	14.73	16.99	-4.37	-7.73	2.20	1.18

续表

编号	基金经理	当前任职公司	任职区间	任职时间（月）	管理基金数量（只）	年化收益率（%）	指数年化收益率（%）	年化波动率（%）	指数年化波动率（%）	最大回撤（%）	指数最大回撤（%）	年化夏普比率	指数年化夏普比率
127	汪孟海	富国	2015/10~2021/12	75	6	14.01	6.83	15.58	20.15	-19.11	-34.44	0.80	0.26
128	王园园	富国	2017/06~2021/12	55	6	26.09	8.14	23.70	16.62	-24.50	-30.56	1.04	0.40
129	吴畏	富国	2018/10~2021/12	39	2	32.52	19.55	19.21	16.94	-8.08	-7.73	1.62	1.07
130	肖威兵	富国	2018/09~2021/12	40	11	24.07	16.24	18.54	17.75	-8.88	-11.70	1.22	0.83
131	徐幼华	富国	2018/05~2021/12	44	2	15.36	11.09	15.09	18.08	-9.60	-22.94	0.92	0.53
132	许炎	富国	2016/08~2021/12	65	3	28.88	7.12	24.35	15.92	-22.41	-30.56	1.12	0.35
133	杨栋	富国	2015/08~2021/12	77	7	23.65	8.42	21.47	21.11	-25.01	-34.44	1.03	0.33
134	易智泉	富国	2017/10~2021/12	51	5	17.65	7.10	15.43	17.23	-15.69	-30.56	1.05	0.33
135	于鹏	富国	2017/11~2021/12	50	3	13.27	7.97	18.20	17.32	-31.48	-29.52	0.65	0.37
136	俞晓斌	富国	2017/11~2021/12	50	11	20.06	7.97	19.06	17.32	-25.51	-29.52	0.97	0.37
137	袁宜	富国	2012/10~2021/12	111	4	18.66	14.60	20.93	24.44	-36.92	-48.44	0.80	0.52
138	章旭峰	富国	2011/08~2021/12	121	5	19.88	8.90	23.91	21.66	-32.88	-34.44	0.75	0.39
139	张峰	富国	2015/06~2021/12	79	5	14.15	3.41	14.85	22.68	-13.88	-42.38	0.85	0.08
140	张啸伟	富国	2015/08~2021/12	77	4	14.67	8.42	21.04	21.11	-39.33	-34.44	0.63	0.33
141	赵伟	富国	2017/06~2021/12	52	6	25.04	7.44	27.66	17.02	-28.96	-30.56	0.87	0.40
142	朱少醒	富国	2005/11~2021/12	194	2	22.31	18.13	25.84	29.42	-55.78	-68.61	0.77	0.54
143	邓宇翔	富荣	2018/03~2021/12	46	5	7.51	9.59	14.78	17.83	-17.59	-25.85	0.41	0.45
144	黄祥斌	富荣	2013/12~2021/12	82	8	17.14	17.42	20.55	24.74	-30.04	-48.44	0.78	0.60
145	李会忠	格林	2014/12~2021/12	78	12	23.93	10.55	28.34	25.95	-30.55	-48.44	0.80	0.30

续表

编号	基金经理	当前任职公司	任职区间	任职时间(月)	管理基金数量(只)	年化收益率(%)	指数年化收益率(%)	年化波动率(%)	指数年化波动率(%)	最大回撤(%)	指数最大回撤(%)	年化夏普比率	指数年化夏普比率
146	陈丹琳	工银瑞信	2014/01~2021/12	69	4	7.75	14.03	26.64	27.64	-55.93	-48.44	0.23	0.44
147	陈小鹭	工银瑞信	2016/09~2021/12	64	3	15.33	7.57	21.15	16.01	-36.27	-30.56	0.65	0.38
148	单文	工银瑞信	2016/06~2021/12	67	6	16.21	7.86	21.48	15.77	-44.79	-30.56	0.68	0.40
149	杜海涛	工银瑞信	2015/04~2021/12	46	2	1.44	-2.18	18.01	26.39	-25.42	-44.57	0.00	-0.16
150	杜洋	工银瑞信	2015/02~2021/12	83	7	19.43	9.43	24.57	25.25	-45.14	-48.44	0.73	0.31
151	何肖颉	工银瑞信	2005/02~2021/12	136	6	24.03	21.48	24.68	29.29	-40.14	-48.44	0.91	0.68
152	何秀红	工银瑞信	2015/10~2021/12	75	1	10.15	6.83	6.40	20.15	-5.38	-34.44	1.35	0.26
153	胡志利	工银瑞信	2016/10~2021/12	63	8	18.94	7.08	18.11	16.10	-25.01	-30.56	0.96	0.35
154	黄安乐	工银瑞信	2011/11~2021/12	122	9	18.36	12.33	30.32	23.93	-64.37	-48.44	0.54	0.43
155	李昱	工银瑞信	2018/01~2021/12	48	4	17.98	7.92	15.17	17.68	-11.36	-29.52	1.09	0.36
156	林梦	工银瑞信	2017/10~2021/12	51	3	22.94	7.10	19.67	17.23	-19.31	-30.56	1.09	0.33
157	林念	工银瑞信	2016/09~2021/12	64	1	19.86	7.57	19.85	16.01	-28.56	-30.56	0.92	0.38
158	农冰立	工银瑞信	2018/06~2021/12	43	2	32.68	13.74	24.56	17.59	-22.40	-16.20	1.27	0.70
159	宋炳珅	工银瑞信	2014/01~2021/12	96	6	22.41	14.90	25.94	24.39	-49.77	-48.44	0.80	0.54
160	谭冬寒	工银瑞信	2016/09~2021/12	64	4	21.39	7.57	23.17	16.01	-32.43	-30.56	0.86	0.38
161	王君正	工银瑞信	2013/08~2021/12	101	8	21.79	14.48	19.36	23.98	-23.96	-48.44	1.03	0.53
162	王筱苓	工银瑞信	2007/01~2021/12	137	11	18.38	18.14	22.01	26.89	-39.32	-51.55	0.74	0.58
163	杨柯	工银瑞信	2013/04~2021/12	105	5	17.07	14.52	27.98	24.41	-56.58	-48.44	0.54	0.52
164	杨鑫鑫	工银瑞信	2013/06~2021/12	100	5	15.97	15.88	14.00	24.08	-16.04	-46.95	1.02	0.50

续表

编号	基金经理	当前任职公司	任职区间	任职时间(月)	管理基金数量(只)	年化收益率(%)	指数年化收益率(%)	年化波动率(%)	指数年化波动率(%)	最大回撤(%)	指数最大回撤(%)	年化夏普比率	指数年化夏普比率
165	游凛峰	工银瑞信	2012/04~2021/12	117	5	18.90	12.64	20.89	24.02	-37.68	-48.44	0.81	0.44
166	袁芳	工银瑞信	2015/12~2021/12	73	6	23.58	5.10	17.18	20.20	-17.13	-34.44	1.29	0.18
167	张剑峰	工银瑞信	2016/09~2021/12	64	1	19.80	7.57	21.63	16.01	-36.27	-30.56	0.85	0.38
168	张洋	工银瑞信	2015/08~2021/12	77	1	7.15	8.42	4.82	21.11	-1.69	-34.44	1.17	0.33
169	张宇帆	工银瑞信	2016/03~2021/12	70	2	25.08	7.72	16.79	15.50	-18.48	-30.56	1.40	0.40
170	张玮升	工银瑞信	2017/10~2021/12	51	3	21.56	7.10	19.72	17.23	-19.31	-30.56	1.02	0.33
171	赵蓓	工银瑞信	2014/11~2021/12	86	6	23.06	11.85	30.94	25.19	-52.68	-48.44	0.69	0.41
172	鄢耀	工银瑞信	2013/08~2021/12	101	8	17.61	14.48	17.01	23.98	-23.69	-48.44	0.93	0.53
173	闫思倩	工银瑞信	2017/10~2021/12	51	2	32.54	7.10	29.22	17.23	-36.61	-30.56	1.06	0.33
174	陈陈	光大保德信	2015/04~2021/12	81	5	9.81	4.01	23.37	23.50	-41.88	-48.44	0.35	0.11
175	霍云飞	光大保德信	2016/02~2021/12	71	8	7.03	10.43	14.80	16.72	-36.38	-30.56	0.37	0.53
176	房雷	光大保德信	2016/12~2021/12	61	8	12.84	7.60	10.60	16.08	-9.50	-30.56	1.07	0.38
177	李怀定	光大保德信	2015/12~2021/12	39	5	3.69	-3.49	3.13	21.40	-3.00	-29.50	0.74	-0.29
178	林晓凤	光大保德信	2018/10~2021/12	39	4	22.20	19.55	16.10	16.94	-11.90	-7.73	1.29	1.07
179	魏晓雪	光大保德信	2012/11~2021/12	110	9	21.98	15.39	24.09	24.44	-42.05	-48.44	0.83	0.55
180	徐晓杰	光大保德信	2015/05~2021/12	78	8	14.13	2.44	22.24	23.08	-40.16	-48.44	0.58	0.03
181	詹佳	光大保德信	2018/06~2021/12	43	7	20.26	13.74	16.74	17.59	-13.71	-16.20	1.12	0.70
182	陈少平	广发	2006/12~2021/12	175	8	15.39	10.93	25.36	29.55	-55.71	-68.61	0.52	0.27
183	陈甄璞	广发	2015/04~2021/12	55	8	5.21	0.07	8.00	24.51	-8.41	-44.57	0.47	-0.08

续表

编号	基金经理	当前任职公司	任职区间	任职时间（月）	管理基金数量（只）	年化收益率（%）	指数年化收益率（%）	年化波动率（%）	指数年化波动率（%）	最大回撤（%）	指数最大回撤（%）	年化夏普比率	指数年化夏普比率
184	程琨	广发	2013/02~2021/12	107	9	16.55	13.40	17.25	24.30	-30.66	-48.44	0.85	0.47
185	代宇	广发	2015/02~2021/12	83	5	7.88	9.43	5.87	25.25	-3.69	-48.44	1.08	0.31
186	费逸	广发	2017/07~2021/12	54	8	27.34	7.93	22.34	16.77	-21.90	-30.56	1.16	0.38
187	傅友兴	广发	2013/02~2021/12	107	8	13.32	13.40	18.59	24.30	-34.25	-48.44	0.62	0.47
188	观富钦	广发	2018/02~2021/12	47	3	22.35	9.36	26.60	17.64	-33.38	-25.93	0.78	0.45
189	季峰	广发	2015/09~2021/12	76	4	9.74	9.48	18.53	21.08	-23.61	-34.44	0.44	0.38
190	李巍	广发	2011/09~2021/12	124	11	17.07	12.06	25.75	23.83	-50.85	-48.44	0.58	0.42
191	李耀柱	广发	2016/11~2021/12	62	9	14.44	6.42	16.20	16.16	-24.81	-30.56	0.80	0.30
192	李琛	广发	2007/06~2021/12	175	11	8.68	9.37	21.15	28.26	-60.33	-68.61	0.30	0.25
193	林英睿	广发	2015/05~2021/12	75	7	9.55	-0.40	18.55	23.64	-22.02	-48.44	0.44	-0.04
194	刘格菘	广发	2013/08~2021/12	96	15	22.22	13.30	32.33	24.41	-63.64	-48.44	0.65	0.40
195	刘玉	广发	2018/10~2021/12	39	3	31.17	19.55	17.15	16.94	-9.15	-7.73	1.73	1.07
196	马文文	广发	2016/11~2021/12	49	4	-1.68	6.11	14.02	16.65	-40.15	-30.56	-0.23	0.28
197	苗宇	广发	2015/02~2021/12	83	10	17.89	9.43	28.68	25.25	-44.58	-48.44	0.57	0.31
198	邱璟旻	广发	2016/04~2021/12	69	8	11.59	8.16	20.40	15.58	-35.19	-30.56	0.49	0.43
199	邱世磊	广发	2016/01~2021/12	66	5	9.73	10.01	4.07	17.23	-1.66	-30.56	2.06	0.50
200	孙迪	广发	2017/12~2021/12	49	6	29.04	8.20	22.31	17.50	-27.74	-29.52	1.23	0.38
201	谭昌杰	广发	2015/01~2021/12	84	3	6.18	10.22	3.80	25.19	-1.15	-48.44	1.21	0.34
202	唐晓斌	广发	2014/12~2021/12	85	5	18.30	10.38	31.18	25.04	-57.38	-48.44	0.54	0.35

续表

编号	基金经理	当前任职公司	任职区间	任职时间（月）	管理基金数量（只）	年化收益率（%）	指数年化收益率（%）	年化波动率（%）	指数年化波动率（%）	最大回撤（%）	指数最大回撤（%）	年化夏普比率	指数年化夏普比率
203	王明旭	广发	2018/10～2021/12	39	7	33.68	19.55	20.27	16.94	-8.89	-7.73	1.59	1.07
204	王颂	广发	2014/12～2021/12	70	6	18.80	15.38	24.75	25.70	-45.77	-44.57	0.71	0.49
205	王子柯	广发	2015/12～2021/12	73	5	6.20	5.10	3.86	20.20	-2.48	-34.44	1.22	0.18
206	吴兴武	广发	2015/02～2021/12	83	9	18.06	9.43	30.76	25.25	-43.99	-48.44	0.54	0.31
207	张东一	广发	2016/07～2021/12	66	12	11.01	7.89	16.60	15.89	-25.03	-30.56	0.57	0.40
208	张芊	广发	2015/11～2021/12	74	7	7.88	5.90	6.45	20.16	-11.08	-34.44	0.99	0.22
209	尹德才	国都证券	2017/07～2021/12	54	3	0.26	7.93	17.01	16.77	-43.34	-30.56	-0.07	0.38
210	张晓磊	国都证券	2018/12～2021/12	37	2	17.16	21.54	16.57	16.99	-16.53	-7.73	0.94	1.18
211	杜飞	国海富兰克林	2015/07～2021/12	78	3	8.77	5.92	22.06	21.90	-34.79	-34.44	0.33	0.20
212	刘晓	国海富兰克林	2017/02～2021/12	59	4	11.68	7.26	9.77	16.31	-23.10	-30.56	1.04	0.35
213	沈竹熙	国海富兰克林	2018/09～2021/12	40	1	6.12	16.24	3.97	17.75	-2.74	-11.70	1.16	0.83
214	王晓宁	国海富兰克林	2013/07～2021/12	102	2	15.10	15.12	23.59	23.93	-45.94	-48.44	0.56	0.56
215	徐成	国海富兰克林	2017/07～2021/12	54	3	23.09	7.93	17.88	16.77	-19.08	-30.56	1.21	0.38
216	徐荔蓉	国海富兰克林	2006/03～2021/12	139	5	26.64	26.12	24.32	27.63	-42.67	-51.55	1.02	0.88
217	赵晓东	国海富兰克林	2010/11～2021/12	134	6	14.82	9.63	17.11	23.34	-21.60	-48.44	0.74	0.32
218	赵宇烨	国海富兰克林	2018/09～2021/12	40	1	8.51	16.24	16.29	17.75	-14.86	-11.70	0.43	0.83
219	秦海燕	国海证券	2010/05～2021/12	67	3	17.93	21.67	20.22	23.07	-27.60	-33.01	0.81	0.80
220	宫雪	国金	2014/08～2021/12	89	6	10.89	14.27	10.87	25.13	-23.76	-48.44	0.85	0.50
221	吕伟	国金	2015/06～2021/12	76	5	10.85	3.69	28.20	23.21	-42.89	-42.38	0.34	0.07

续表

编号	基金经理	当前任职公司	任职区间	任职时间(月)	管理基金数量(只)	年化收益率(%)	指数年化收益率(%)	年化波动率(%)	指数年化波动率(%)	最大回撤(%)	指数最大回撤(%)	年化夏普比率	指数年化夏普比率
222	刘斌	国联安	2013/12~2021/12	97	9	16.13	14.60	17.08	24.28	-24.43	-48.44	0.84	0.53
223	潘明	国联安	2014/02~2021/12	95	6	22.73	14.95	37.25	24.52	-64.10	-48.44	0.56	0.54
224	王欢	国联安	2017/12~2021/12	49	3	8.08	8.20	6.97	17.50	-13.05	-29.52	0.94	0.38
225	魏东	国联安	2004/05~2021/12	209	7	16.77	14.33	22.02	28.36	-56.78	-68.61	0.66	0.42
226	薛琳	国联安	2015/06~2021/12	79	5	6.72	3.41	7.32	22.68	-20.50	-42.38	0.71	0.08
227	杨子江	国联安	2017/12~2021/12	49	3	5.78	8.20	7.55	17.50	-17.54	-29.52	0.57	0.38
228	邹新进	国联安	2010/03~2021/12	142	3	11.53	9.05	19.76	23.59	-29.23	-48.44	0.47	0.29
229	黎晓晖	国寿安保	2017/09~2021/12	40	2	-2.78	0.43	16.82	16.65	-33.90	-30.56	-0.26	0.05
230	李丹	国寿安保	2016/02~2021/12	71	2	11.03	10.43	16.53	16.72	-28.32	-30.56	0.58	0.53
231	李捷	国寿安保	2016/09~2021/12	64	3	15.39	7.57	16.49	16.01	-20.54	-30.56	0.84	0.38
232	刘志军	国寿安保	2018/04~2021/12	45	2	14.44	10.82	21.41	17.88	-23.18	-22.99	0.60	0.52
233	吴坚	国寿安保	2015/09~2021/12	76	5	18.80	9.48	18.42	21.08	-19.50	-34.44	0.94	0.38
234	张标	国寿安保	2018/04~2021/12	45	2	18.08	10.82	20.05	17.88	-26.73	-22.99	0.83	0.52
235	张琦	国寿安保	2010/07~2021/12	135	16	17.53	14.31	19.84	22.20	-28.59	-48.44	0.78	0.58
236	艾小军	国泰	2017/03~2021/12	58	5	16.77	7.51	16.00	16.45	-24.67	-30.56	0.95	0.37
237	程洲	国泰	2008/04~2021/12	165	14	9.43	8.87	20.18	27.05	-53.88	-57.51	0.36	0.25
238	戴计辉	国泰	2018/12~2021/12	37	6	15.80	21.54	7.99	16.99	-6.01	-7.73	1.79	1.18
239	邓时锋	国泰	2008/04~2021/12	124	5	8.84	8.74	25.00	29.52	-48.68	-57.51	0.26	0.22
240	樊利安	国泰	2014/10~2021/12	87	28	8.25	12.97	5.26	25.22	-11.38	-48.44	1.26	0.45

续表

编号	基金经理	当前任职公司	任职区间	任职时间（月）	管理基金数量（只）	年化收益率（%）	指数年化收益率（%）	年化波动率（%）	指数年化波动率（%）	最大回撤（%）	指数最大回撤（%）	年化夏普比率	指数年化夏普比率
241	高崇南	国泰	2018/09~2021/12	40	2	16.28	16.24	16.70	17.75	-11.13	-11.70	0.89	0.83
242	李海	国泰	2016/06~2021/12	67	4	11.49	7.86	17.08	15.77	-20.84	-30.56	0.58	0.40
243	李恒	国泰	2017/01~2021/12	60	6	21.22	7.78	21.74	16.21	-27.81	-30.56	0.91	0.39
244	梁杏	国泰	2018/07~2021/12	42	1	9.10	13.98	9.19	17.80	-11.12	-16.20	0.83	0.70
245	林小聪	国泰	2017/06~2021/12	55	3	23.86	8.14	25.04	16.62	-37.61	-30.56	0.89	0.40
246	彭凌志	国泰	2015/12~2021/12	73	7	17.11	5.10	26.20	20.20	-33.66	-34.44	0.60	0.18
247	饶玉涵	国泰	2015/09~2021/12	76	5	15.31	9.48	21.31	21.08	-32.90	-34.44	0.65	0.38
248	申坤	国泰	2015/06~2021/12	79	3	12.77	3.41	22.98	22.68	-43.78	-42.38	0.49	0.08
249	王琳	国泰	2017/01~2021/12	60	10	11.08	7.78	9.00	16.21	-8.92	-30.56	1.06	0.39
250	王阳	国泰	2018/11~2021/12	38	5	48.57	19.39	25.95	17.17	-15.98	-7.73	1.81	1.04
251	徐治彪	国泰	2015/08~2021/12	74	8	18.15	7.09	25.33	21.60	-47.24	-34.44	0.67	0.25
252	杨飞	国泰	2014/10~2021/12	87	7	21.32	12.97	27.93	25.22	-45.20	-48.44	0.71	0.45
253	吉莉	国投瑞银	2017/06~2021/12	55	6	19.20	8.14	15.24	16.62	-11.93	-30.56	1.16	0.40
254	李轩	国投瑞银	2015/12~2021/12	73	2	12.59	5.10	30.00	20.20	-41.85	-34.44	0.37	0.18
255	桑俊	国投瑞银	2014/12~2021/12	85	12	12.38	10.38	11.71	25.04	-24.39	-48.44	0.92	0.35
256	孙文龙	国投瑞银	2015/01~2021/12	84	8	17.11	10.22	19.68	25.19	-23.74	-48.44	0.79	0.34
257	王鹏	国投瑞银	2015/04~2021/12	81	3	13.41	4.01	20.26	23.50	-26.38	-48.44	0.59	0.11
258	吴潇	国投瑞银	2016/12~2021/12	61	8	14.04	7.60	15.09	16.08	-26.32	-30.56	0.83	0.38
259	綦缚鹏	国投瑞银	2010/04~2021/12	141	11	11.56	9.77	17.93	23.54	-34.53	-48.44	0.52	0.32

续表

编号	基金经理	当前任职公司	任职区间	任职时间（月）	管理基金数量（只）	年化收益率（%）	指数年化收益率（%）	年化波动率（%）	指数年化波动率（%）	最大回撤（%）	指数最大回撤（%）	年化夏普比率	指数年化夏普比率
260	杜晓海	海富通	2016/06~2021/12	67	9	8.32	7.86	5.92	15.77	-7.44	-30.56	1.15	0.40
261	高峰	海富通	2017/08~2021/12	53	1	12.64	7.38	17.89	16.90	-24.87	-30.56	0.62	0.35
262	胡耀文	海富通	2015/06~2021/12	76	3	14.45	3.77	24.97	23.23	-39.70	-42.38	0.53	0.06
263	黄峰	海富通	2014/12~2021/12	85	9	16.80	10.38	26.77	25.04	-54.32	-48.44	0.57	0.35
264	李志	海富通	2017/05~2021/12	56	3	18.01	9.04	18.63	16.58	-35.85	-30.56	0.89	0.45
265	吕越超	海富通	2014/11~2021/12	83	6	23.70	11.44	29.04	25.74	-33.54	-48.44	0.77	0.37
266	谈云飞	海富通	2015/04~2021/12	81	6	6.42	4.01	4.74	23.50	-5.93	-48.44	1.03	0.11
267	陶敏	海富通	2018/04~2021/12	45	1	9.58	10.82	8.83	17.88	-4.60	-22.99	0.91	0.52
268	王金祥	海富通	2018/11~2021/12	38	2	33.42	19.39	19.40	17.17	-8.77	-7.73	1.65	1.04
269	夏妍妍	海富通	2018/01~2021/12	48	2	8.75	7.92	3.45	17.68	-0.93	-29.52	2.10	0.36
270	周雪军	海富通	2012/06~2021/12	112	8	16.88	7.45	18.84	22.53	-24.47	-42.38	0.80	0.30
271	朱伟东	合煦智远	2018/09~2021/12	40	1	28.40	16.24	17.46	17.75	-7.93	-11.70	1.54	0.83
272	高楠	恒越	2017/11~2021/12	48	5	33.83	4.78	26.32	17.25	-18.28	-29.52	1.26	-0.01
273	周鹏	弘毅远方	2018/10~2021/12	39	3	24.53	19.55	16.11	16.94	-10.01	-7.73	1.43	1.07
274	赵耀	红土创新	2015/05~2021/12	80	10	8.43	1.77	10.20	22.92	-14.09	-48.44	0.68	0.01
275	盖俊龙	红土创新	2014/05~2021/12	81	8	25.04	22.24	29.45	25.67	-49.60	-48.44	0.80	0.84
276	秦毅	泓德	2017/06~2021/12	55	7	21.10	8.14	17.37	16.62	-16.94	-30.56	1.13	0.40
277	苏昌景	泓德	2016/04~2021/12	69	6	18.26	8.16	16.44	15.58	-24.39	-30.56	1.02	0.43
278	王克玉	泓德	2010/07~2021/12	134	10	18.03	13.69	17.77	21.86	-33.53	-40.69	0.90	0.46

续表

编号	基金经理	当前任职公司	任职区间	任职时间（月）	管理基金数量（只）	年化收益率（%）	指数年化收益率（%）	年化波动率（%）	指数年化波动率（%）	最大回撤（%）	指数最大回撤（%）	年化复普比率	指数年化复普比率
279	于浩成	泓德	2018/01~2021/12	42	4	8.41	1.62	21.08	16.73	-20.92	-29.52	0.34	0.01
280	邹传瑞	泓德	2015/06~2021/12	79	7	15.56	3.41	16.10	22.68	-17.71	-42.38	0.87	0.08
281	陈媛	华安	2018/02~2021/12	47	5	16.32	9.36	20.35	17.64	-21.25	-25.93	0.73	0.45
282	崔莹	华安	2015/06~2021/12	79	7	22.26	3.41	25.19	22.68	-28.11	-42.38	0.82	0.08
283	高钥群	华安	2017/04~2021/12	57	4	24.24	8.27	15.62	16.51	-18.12	-30.56	1.46	0.41
284	贺涛	华安	2015/05~2021/12	80	8	5.22	1.77	2.69	22.92	-1.76	-48.44	1.38	0.01
285	胡宜斌	华安	2015/11~2021/12	74	4	21.10	5.90	26.90	20.16	-28.06	-34.44	0.73	0.22
286	蒋璆	华安	2015/06~2021/12	79	11	18.07	3.41	21.28	22.68	-28.38	-42.38	0.78	0.08
287	李欣	华安	2015/07~2021/12	78	8	18.33	5.92	25.95	21.90	-29.88	-34.44	0.65	0.20
288	陆奔	华安	2018/09~2021/12	40	4	15.00	16.24	6.40	17.75	-1.19	-11.70	2.11	0.83
289	陆秋渊	华安	2017/06~2021/12	55	4	24.80	8.14	18.77	16.62	-8.89	-30.56	1.24	0.40
290	马晓璇	华安	2018/09~2021/12	40	2	9.26	16.24	5.82	17.75	-4.47	-11.70	1.33	0.83
291	饶晓鹏	华安	2013/12~2021/12	93	9	23.82	16.40	25.62	21.47	-28.00	-34.44	0.87	0.73
292	盛骅	华安	2018/02~2021/12	47	4	21.99	9.36	22.53	17.64	-17.75	-25.93	0.91	0.45
293	石雨欣	华安	2016/02~2021/12	71	5	6.93	10.43	3.10	16.72	-0.89	-30.56	1.75	0.53
294	舒灏	华安	2018/07~2021/12	42	6	12.28	13.98	4.61	17.80	-1.31	-16.20	2.34	0.70
295	万建军	华安	2018/03~2021/12	46	4	34.84	9.59	24.05	17.83	-24.62	-25.85	1.39	0.45
296	王斌	华安	2018/10~2021/12	39	4	49.57	19.55	21.68	16.94	-7.21	-7.73	2.22	1.07
297	王春	华安	2007/04~2021/12	140	7	19.00	14.69	24.46	28.97	-51.18	-68.61	0.70	0.40

续表

编号	基金经理	当前任职公司	任职区间	任职时间（月）	管理基金数量（只）	年化收益率（%）	指数年化收益率（%）	年化波动率（%）	指数年化波动率（%）	最大回撤（%）	指数最大回撤（%）	年化夏普比率	指数年化夏普比率
298	翁启森	华安	2014/03~2021/12	94	6	16.93	15.47	24.67	24.61	-51.19	-48.44	0.62	0.56
299	谢昌旭	华安	2018/10~2021/12	39	7	26.37	19.55	17.62	16.94	-15.77	-7.73	1.41	1.07
300	杨明	华安	2013/06~2021/12	103	9	19.28	15.42	19.10	23.82	-24.07	-48.44	0.91	0.57
301	张亮	华安	2018/10~2021/12	39	1	43.82	19.55	19.72	16.94	-6.06	-7.73	2.15	1.07
302	郑可成	华安	2013/05~2021/12	104	9	7.40	13.52	4.86	24.35	-2.00	-48.44	1.15	0.48
303	朱才敏	华安	2015/05~2021/12	80	6	5.85	1.77	3.07	22.92	-2.22	-48.44	1.41	0.01
304	蔡目荣	华宝	2012/08~2021/12	113	6	12.30	14.50	18.87	24.23	-35.63	-48.44	0.55	0.52
305	高文庆	华宝	2017/03~2021/12	58	1	7.59	7.51	3.72	16.45	-3.17	-30.56	1.64	0.37
306	贺喆	华宝	2018/07~2021/12	42	5	25.99	13.98	19.89	17.80	-15.12	-16.20	1.23	0.70
307	胡戈游	华宝	2009/05~2021/12	152	8	10.45	10.80	21.03	24.63	-39.38	-48.44	0.39	0.35
308	李栋梁	华宝	2015/10~2021/12	75	8	10.80	6.83	6.49	20.15	-7.61	-34.44	1.43	0.26
309	林昊	华宝	2017/03~2021/12	58	5	9.50	7.51	4.68	16.45	-5.07	-30.56	1.71	0.37
310	刘自强	华宝	2008/03~2021/12	166	5	11.73	9.01	26.35	26.98	-47.94	-57.51	0.36	0.25
311	毛文博	华宝	2015/04~2021/12	81	2	9.26	4.01	20.67	23.50	-43.47	-48.44	0.37	0.11
312	夏林锋	华宝	2014/10~2021/12	87	7	21.11	12.97	22.57	25.22	-34.89	-48.44	0.86	0.45
313	徐林明	华宝	2015/04~2021/12	81	2	3.81	4.01	27.20	23.50	-52.11	-48.44	0.08	0.11
314	易镜明	华宝	2015/04~2021/12	81	2	8.94	4.01	28.58	23.50	-56.79	-48.44	0.26	0.11
315	闫旭	华宝	2007/06~2021/12	162	11	9.23	8.63	23.90	29.10	-55.99	-68.61	0.30	0.20
316	陈启明	华富	2014/09~2021/12	88	7	20.82	13.10	26.90	25.08	-47.15	-48.44	0.71	0.46

续表

编号	基金经理	当前任职公司	任职区间	任职时间（月）	管理基金数量（只）	年化收益率（%）	指数年化收益率（%）	年化波动率（%）	指数年化波动率（%）	最大回撤（%）	指数最大回撤（%）	年化复合夏普比率	指数年化复合夏普比率
317	高靖谕	华富	2014/12～2021/12	85	4	12.44	10.38	26.92	25.04	-59.73	-48.44	0.40	0.35
318	龚炜	华富	2010/01～2021/12	141	14	13.00	9.98	26.03	23.60	-52.87	-48.44	0.42	0.28
319	张惠	华富	2016/06～2021/12	67	6	8.17	7.86	3.41	15.77	-1.53	-30.56	1.95	0.40
320	张娅	华富	2018/01～2021/12	42	2	0.40	5.95	8.81	18.74	-9.07	-29.52	-0.12	0.22
321	郜哲	华富	2018/02～2021/12	41	2	0.41	7.59	8.93	18.74	-9.07	-25.93	-0.12	0.31
322	刘宏毅	华润元大	2018/01～2021/12	48	5	11.09	7.92	26.26	17.68	-32.35	-29.52	0.37	0.36
323	艾定飞	华商	2018/11～2021/12	38	3	22.33	19.39	21.35	17.17	-14.71	-7.73	0.98	1.04
324	陈恒	华商	2017/07～2021/12	54	3	9.65	7.93	21.40	16.77	-31.99	-30.56	0.38	0.38
325	邓默	华商	2015/09～2021/12	76	8	16.62	9.48	20.87	21.08	-26.34	-34.44	0.72	0.38
326	高兵	华商	2015/04～2021/12	73	8	10.50	0.92	32.15	23.32	-66.82	-46.95	0.28	-0.02
327	何奇峰	华商	2015/01～2021/12	84	6	14.44	10.22	29.09	25.19	-52.22	-48.44	0.44	0.34
328	李双全	华商	2015/04～2021/12	81	6	4.09	4.01	23.34	23.50	-48.96	-48.44	0.11	0.11
329	梁皓	华商	2017/07～2021/12	54	7	22.91	7.93	23.41	16.77	-36.68	-30.56	0.91	0.38
330	彭欣杨	华商	2016/04～2021/12	69	3	11.19	8.16	19.04	15.58	-34.05	-30.56	0.51	0.43
331	童立	华商	2016/04～2021/12	69	8	14.39	8.16	20.86	15.58	-34.93	-30.56	0.62	0.43
332	王东旋	华商	2015/09～2021/12	76	4	16.01	9.48	20.91	21.08	-33.26	-34.44	0.69	0.38
333	吴昊	华商	2017/07～2021/12	54	4	20.28	7.93	21.16	16.77	-39.91	-30.56	0.89	0.38
334	伍文友	华商	2015/08～2021/12	74	5	15.55	8.98	24.15	21.60	-38.99	-34.44	0.60	0.33
335	周海栋	华商	2014/05～2021/12	92	9	18.43	15.71	22.30	24.87	-38.99	-48.44	0.75	0.56

续表

编号	基金经理	当前任职公司	任职区间	任职时间（月）	管理基金数量（只）	年化收益率（%）	指数年化收益率（%）	年化波动率（%）	指数年化波动率（%）	最大回撤（%）	指数最大回撤（%）	年化夏普比率	指数年化夏普比率
336	何琦	华泰柏瑞	2017/07~2021/12	54	2	16.20	7.93	19.53	16.77	−24.84	−30.56	0.75	0.38
337	陆从珍	华泰柏瑞	2010/04~2021/12	81	4	12.69	19.55	16.73	22.19	−23.29	−33.01	0.61	0.68
338	吕慧建	华泰柏瑞	2009/11~2021/12	146	5	15.69	8.80	25.79	23.44	−44.32	−48.44	0.52	0.28
339	牛勇	华泰柏瑞	2016/12~2021/12	58	5	18.43	9.61	22.15	16.31	−27.85	−30.56	0.78	0.51
340	沈雪峰	华泰柏瑞	2007/05~2021/12	110	12	17.49	21.24	24.18	28.56	−31.37	−68.61	0.63	0.74
341	盛豪	华泰柏瑞	2015/10~2021/12	75	16	11.41	6.83	16.15	20.15	−22.05	−34.44	0.61	0.26
342	田汉卿	华泰柏瑞	2013/08~2021/12	101	11	17.20	14.48	19.71	23.98	−31.19	−48.44	0.78	0.53
343	吴邦栋	华泰柏瑞	2018/03~2021/12	46	7	16.80	9.59	10.46	17.83	−6.36	−25.85	1.46	0.45
344	杨景涵	华泰柏瑞	2015/04~2021/12	81	18	2.79	4.01	11.82	23.50	−19.55	−48.44	0.11	0.11
345	张慧	华泰柏瑞	2013/09~2021/12	100	7	17.92	13.97	24.42	24.05	−46.46	−48.44	0.66	0.51
346	尚烁徽	华泰保兴	2017/03~2021/12	58	7	26.79	7.51	21.00	16.45	−24.75	−30.56	1.20	0.37
347	赵健	华泰保兴	2018/06~2021/12	43	3	14.29	13.74	9.53	17.59	−6.57	−16.20	1.34	0.70
348	赵旭照	华泰保兴	2018/01~2021/12	48	2	8.65	7.92	6.80	17.68	−4.67	−29.52	1.05	0.36
349	毛甜	华泰证券（上海）	2018/03~2021/12	46	1	11.70	9.59	17.86	17.83	−27.17	−25.85	0.57	0.45
350	陈伟彦	华夏	2015/11~2021/12	74	16	11.16	5.90	16.00	20.16	−24.75	−34.44	0.60	0.22
351	代瑞亮	华夏	2015/03~2021/12	82	5	7.83	6.77	26.38	24.42	−54.55	−48.44	0.24	0.21
352	董阳阳	华夏	2013/03~2021/12	106	7	11.59	14.14	17.99	24.32	−39.97	−48.44	0.54	0.51
353	黄芳	华夏	2018/01~2021/12	48	1	2.18	7.92	18.03	17.68	−27.10	−29.52	0.04	0.36

续表

编号	基金经理	当前任职公司	任职区间	任职时间（月）	管理基金数量（只）	年化收益率（%）	指数年化收益率（%）	年化波动率（%）	指数年化波动率（%）	最大回撤（%）	指数最大回撤（%）	年化夏普比率	指数年化夏普比率
354	黄文倩	华夏	2016/02~2021/12	71	5	18.58	10.43	18.35	16.72	-24.36	-30.56	0.93	0.53
355	季新星	华夏	2017/01~2021/12	57	10	22.01	6.14	20.78	15.42	-29.09	-30.56	1.01	0.25
356	李湘杰	华夏	2013/09~2021/12	87	4	12.52	13.91	24.20	21.59	-39.36	-48.44	0.45	0.54
357	李铧汶	华夏	2014/03~2021/12	45	4	15.59	25.44	26.71	31.10	-45.23	-44.57	0.52	0.80
358	林晶	华夏	2017/03~2021/12	58	11	15.62	7.51	16.95	16.45	-18.63	-30.56	0.83	0.37
359	刘平	华夏	2015/11~2021/12	74	3	7.10	5.90	22.01	20.16	-34.23	-34.44	0.26	0.22
360	吕佳玮	华夏	2017/08~2021/12	53	2	26.59	7.38	27.84	16.90	-36.08	-30.56	0.90	0.35
361	罗皓亮	华夏	2018/10~2021/12	39	3	14.87	19.55	20.54	16.94	-21.73	-7.73	0.65	1.07
362	潘中宁	华夏	2018/09~2021/12	40	2	28.87	16.24	21.31	17.75	-10.42	-11.70	1.28	0.83
363	彭海伟	华夏	2014/01~2021/12	96	4	15.00	14.90	24.58	24.39	-38.27	-48.44	0.54	0.54
364	孙轶佳	华夏	2015/11~2021/12	74	10	10.97	5.90	22.02	20.16	-34.22	-34.44	0.43	0.22
365	王劲松	华夏	2007/01~2021/12	45	4	38.86	29.42	28.00	29.84	-21.37	-28.04	1.34	0.94
366	王晓李	华夏	2015/09~2021/12	76	6	18.02	9.48	30.28	21.08	-52.72	-34.44	0.55	0.38
367	阳琨	华夏	2007/06~2021/12	175	9	10.81	9.37	24.60	28.26	-47.40	-68.61	0.34	0.25
368	张城源	华夏	2017/05~2021/12	56	6	3.75	9.04	7.35	16.58	-13.17	-30.56	0.32	0.45
369	张帆	华夏	2017/01~2021/12	60	5	22.16	7.78	20.83	16.21	-18.61	-30.56	0.99	0.39
370	张弘弢	华夏	2016/11~2021/12	62	1	7.11	6.42	14.27	16.16	-26.11	-30.56	0.39	0.30
371	郑晓辉	华夏	2006/12~2021/12	122	4	19.42	21.10	25.53	28.71	-47.30	-48.70	0.69	0.64
372	郑泽鸿	华夏	2017/06~2021/12	55	5	35.70	8.14	31.64	16.62	-35.63	-30.56	1.08	0.40

续表

编号	基金经理	当前任职公司	任职区间	任职时间（月）	管理基金数量（只）	年化收益率（%）	指数年化收益率（%）	年化波动率（%）	指数年化波动率（%）	最大回撤（%）	指数最大回撤（%）	年化夏普比率	指数年化夏普比率
373	郑煜	华夏	2006/08~2021/12	185	13	16.88	15.67	22.90	29.53	−48.12	−68.61	0.63	0.45
374	佟魏	华夏	2015/02~2021/12	83	10	15.44	9.43	23.84	25.25	−40.07	−48.44	0.58	0.31
375	陈欣	汇安	2018/03~2021/12	46	5	11.91	9.59	16.60	17.83	−23.69	−25.85	0.63	0.45
376	戴杰	汇安	2017/01~2021/12	60	15	20.50	7.78	16.68	16.21	−23.61	−30.56	1.14	0.39
377	刘田	汇安	2015/12~2021/12	70	6	−0.13	4.04	21.44	20.20	−48.56	−34.44	−0.08	0.01
378	周加文	汇安	2016/10~2021/12	59	3	3.16	5.86	16.14	13.80	−34.66	−22.40	0.11	0.20
379	朱晨歌	汇安	2018/02~2021/12	47	8	10.12	9.36	16.39	17.64	−24.27	−25.93	0.53	0.45
380	邹唯	汇安	2006/08~2021/12	163	11	19.96	18.05	28.28	30.51	−60.62	−68.61	0.63	0.54
381	陈平	汇丰晋信	2015/07~2021/12	78	3	11.09	5.92	29.89	21.90	−45.81	−34.44	0.32	0.20
382	程彧	汇丰晋信	2016/11~2021/12	62	3	10.94	6.42	19.37	16.16	−29.88	−30.56	0.49	0.30
383	方磊	汇丰晋信	2016/03~2021/12	70	2	8.49	7.72	11.91	15.50	−19.21	−30.56	0.59	0.40
384	侯玉琦	汇丰晋信	2013/04~2021/12	98	3	14.49	13.59	25.31	24.90	−50.78	−48.44	0.50	0.49
385	黄立华	汇丰晋信	2014/01~2021/12	42	3	20.20	32.52	19.49	27.00	−24.77	−39.98	0.96	1.01
386	吴培文	汇丰晋信	2015/09~2021/12	76	3	13.65	9.48	20.17	21.08	−23.74	−34.44	0.60	0.38
387	严瑾	汇丰晋信	2018/09~2021/12	40	2	17.11	16.24	17.89	17.75	−13.52	−11.70	0.87	0.83
388	梁永强	汇泉	2008/09~2021/12	125	7	15.58	12.43	29.39	27.90	−58.54	−44.57	0.45	0.37
389	陈健玮	汇添富	2018/02~2021/12	47	3	1.34	9.36	17.16	17.64	−30.99	−25.93	−0.01	0.45
390	顾耀强	汇添富	2009/12~2021/12	145	6	14.18	8.62	25.12	23.51	−48.30	−48.44	0.48	0.27
391	何旻	汇添富	2007/08~2021/12	111	4	2.98	6.04	6.97	26.98	−14.03	−68.61	0.14	0.08

续表

编号	基金经理	当前任职公司	任职区间	任职时间（月）	管理基金数量（只）	年化收益率（%）	指数年化收益率（%）	年化波动率（%）	指数年化波动率（%）	最大回撤（%）	指数最大回撤（%）	年化夏普比率	指数年化夏普比率
392	胡昕炜	汇添富	2016/04~2021/12	69	6	26.24	8.16	20.35	15.58	-21.55	-30.56	1.22	0.43
393	赖中立	汇添富	2017/05~2021/12	56	1	19.22	9.04	22.11	16.58	-26.98	-30.56	0.80	0.45
394	劳杰男	汇添富	2015/07~2021/12	78	7	14.03	5.92	18.56	21.90	-22.95	-34.44	0.67	0.20
395	雷鸣	汇添富	2014/03~2021/12	94	5	23.39	15.47	25.10	24.61	-37.12	-48.44	0.86	0.56
396	李威	汇添富	2015/01~2021/12	84	5	19.75	10.22	33.42	25.19	-63.35	-48.44	0.54	0.34
397	刘江	汇添富	2015/06~2021/12	79	7	7.81	3.41	17.03	22.68	-24.82	-42.38	0.37	0.08
398	刘伟林	汇添富	2015/12~2021/12	73	4	2.75	5.10	11.59	20.20	-16.77	-34.44	0.11	0.18
399	马翔	汇添富	2016/03~2021/12	70	8	15.02	7.72	18.51	15.50	-34.89	-30.56	0.73	0.40
400	谭志强	汇添富	2015/08~2021/12	77	2	12.68	8.42	19.59	21.11	-37.28	-34.44	0.57	0.33
401	王栩	汇添富	2010/02~2021/12	143	6	14.75	9.20	24.54	23.51	-46.19	-48.44	0.51	0.30
402	吴江宏	汇添富	2016/04~2021/12	69	3	5.82	8.16	2.92	15.58	-1.89	-30.56	1.48	0.43
403	吴振翔	汇添富	2015/02~2021/12	83	2	12.76	9.43	23.23	25.25	-35.68	-48.44	0.48	0.31
404	许一尊	汇添富	2015/11~2021/12	74	2	11.56	5.90	20.02	20.16	-27.18	-34.44	0.50	0.22
405	杨瑨	汇添富	2018/06~2021/12	43	7	10.65	13.74	10.47	17.59	-12.75	-16.20	0.87	0.70
406	张朋	汇添富	2018/06~2021/12	39	5	28.40	11.02	19.55	16.86	-13.93	-16.20	1.42	0.52
407	赵鹏程	汇添富	2016/07~2021/12	66	7	16.24	7.89	17.14	15.89	-25.14	-30.56	0.86	0.40
408	赵鹏飞	汇添富	2016/06~2021/12	67	6	16.28	7.86	14.61	15.77	-22.71	-30.56	1.01	0.40
409	郑慧莲	汇添富	2018/04~2021/12	45	9	16.33	10.82	16.84	17.88	-15.34	-22.99	0.88	0.52
410	郑磊	汇添富	2014/12~2021/12	77	8	25.58	14.54	29.16	26.00	-50.40	-48.44	0.83	0.55

续表

编号	基金经理	当前任职公司	任职区间	任职时间（月）	管理基金数量（只）	年化收益率（%）	指数年化收益率（%）	年化波动率（%）	指数年化波动率（%）	最大回撤（%）	指数最大回撤（%）	年化夏普比率	指数年化夏普比率
411	范习辉	惠升	2018/08～2021/12	38	5	32.80	16.15	21.91	18.37	-11.60	-11.70	1.47	0.80
412	张一甫	惠升	2017/01～2021/12	57	5	13.88	8.49	15.33	16.76	-17.94	-30.56	0.82	0.33
413	常蓁	嘉实	2015/03～2021/12	82	7	13.73	6.77	22.10	24.42	-37.99	-48.44	0.55	0.21
414	方晗	嘉实	2017/10～2021/12	46	3	9.28	7.56	16.17	18.35	-28.72	-30.56	0.51	0.21
415	归凯	嘉实	2016/03～2021/12	70	9	17.13	7.72	17.64	15.50	-21.95	-30.56	0.89	0.40
416	洪流	嘉实	2014/11～2021/12	79	13	21.12	9.75	21.08	25.08	-26.00	-48.44	0.94	0.33
417	胡涛	嘉实	2009/06～2021/12	147	8	15.66	9.50	24.55	24.81	-38.80	-48.44	0.56	0.29
418	胡永青	嘉实	2014/10～2021/12	87	10	8.04	12.97	3.80	25.22	-2.45	-48.44	1.69	0.45
419	胡宇飞	嘉实	2018/02～2021/12	47	4	17.12	9.36	17.65	17.64	-19.55	-25.93	0.89	0.45
420	金猛	嘉实	2018/09～2021/12	40	2	23.49	16.24	18.95	17.75	-11.58	-11.70	1.16	0.83
421	李欣	嘉实	2018/03～2021/12	46	1	10.60	9.59	17.21	17.83	-18.04	-25.85	0.53	0.45
422	刘斌	嘉实	2009/11～2021/12	141	4	12.60	9.41	19.54	23.83	-34.27	-48.44	0.54	0.30
423	刘美玲	嘉实	2013/12～2021/12	84	6	12.13	15.81	26.63	25.92	-57.78	-48.44	0.39	0.55
424	刘宁	嘉实	2015/12～2021/12	74	14	4.73	5.10	3.61	20.20	-4.18	-34.44	0.89	0.18
425	龙昌伦	嘉实	2017/06～2021/12	55	2	13.33	8.14	17.04	16.62	-30.16	-30.56	0.69	0.40
426	曲盛伟	嘉实	2017/12～2021/12	49	4	28.36	8.20	24.46	17.50	-25.27	-29.52	1.10	0.38
427	苏文杰	嘉实	2018/10～2021/12	39	1	31.31	19.55	22.21	16.94	-13.94	-7.73	1.34	1.07
428	谭丽	嘉实	2017/04～2021/12	57	10	14.01	8.27	13.38	16.51	-26.42	-30.56	0.93	0.41
429	王凯	嘉实	2016/09～2021/12	64	2	12.13	7.57	21.77	16.01	-28.82	-30.56	0.49	0.38

续表

编号	基金经理	当前任职公司	任职区间	任职时间（月）	管理基金数量（只）	年化收益率（%）	指数年化收益率（%）	年化波动率（%）	指数年化波动率（%）	最大回撤（%）	指数最大回撤（%）	年化夏普比率	指数年化夏普比率
430	肖觅	嘉实	2016/12~2021/12	61	8	15.21	7.60	12.54	16.08	-15.19	-30.56	1.09	0.38
431	谢泽林	嘉实	2015/09~2021/12	76	4	16.73	9.48	19.45	21.08	-21.43	-34.44	0.78	0.38
432	颜伟鹏	嘉实	2015/03~2021/12	76	6	24.00	6.64	28.17	25.37	-42.58	-48.44	0.81	0.20
433	姚志鹏	嘉实	2016/05~2021/12	69	8	20.77	8.37	20.65	15.69	-38.21	-30.56	0.93	0.44
434	张丹华	嘉实	2017/05~2021/12	56	12	16.06	9.04	18.73	16.58	-29.93	-30.56	0.78	0.45
435	张金涛	嘉实	2016/05~2021/12	68	7	18.62	8.37	17.10	15.69	-31.31	-30.56	1.00	0.44
436	张露	嘉实	2017/08~2021/12	53	3	14.92	7.38	16.77	16.90	-24.57	-30.56	0.80	0.35
437	张自力	嘉实	2015/06~2021/12	79	3	8.67	3.41	21.77	22.68	-38.68	-42.38	0.33	0.08
438	张楠	嘉实	2018/01~2021/12	48	4	16.60	7.92	19.86	17.68	-23.91	-29.52	0.76	0.36
439	何坤华	建信	2015/04~2021/12	81	5	11.78	4.01	17.93	23.50	-31.68	-48.44	0.57	0.11
440	姜锋	建信	2011/07~2021/12	126	5	12.31	10.57	20.05	23.90	-44.09	-48.44	0.51	0.36
441	梁洪昀	建信	2015/03~2021/12	82	2	11.59	6.77	27.77	24.42	-45.22	-48.44	0.36	0.21
442	刘克飞	建信	2018/03~2021/12	46	4	22.06	9.59	19.47	17.83	-19.82	-25.85	1.06	0.45
443	牛兴华	建信	2015/04~2021/12	81	11	7.98	4.01	4.63	23.50	-3.52	-48.44	1.39	0.11
444	潘龙玲	建信	2016/03~2021/12	70	4	17.10	7.72	21.35	15.50	-31.12	-30.56	0.73	0.40
445	邱宇航	建信	2011/07~2021/12	126	4	10.02	10.57	19.45	23.90	-39.95	-48.44	0.41	0.36
446	邵卓	建信	2015/03~2021/12	82	7	20.73	6.77	23.59	24.42	-26.37	-48.44	0.81	0.21
447	孙晟	建信	2016/03~2021/12	70	5	20.14	7.72	17.38	15.50	-29.07	-30.56	1.07	0.40
448	陶灿	建信	2011/07~2021/12	126	10	18.06	10.57	21.98	23.90	-38.32	-48.44	0.73	0.36

续表

编号	基金经理	当前任职公司	任职区间	任职时间（月）	管理基金数量（只）	年化收益率（%）	指数年化收益率（%）	年化波动率（%）	指数年化波动率（%）	最大回撤（%）	指数最大回撤（%）	年化夏普比率	指数年化夏普比率
449	王东杰	建信	2015/05~2021/12	80	8	17.40	1.77	14.40	22.92	−25.86	−48.44	1.10	0.01
450	薛玲	建信	2017/05~2021/12	56	3	11.16	9.04	10.31	16.58	−20.58	−30.56	0.94	0.45
451	姚锦	建信	2009/12~2021/12	137	8	16.42	11.22	21.07	23.74	−32.13	−48.44	0.69	0.36
452	叶乐天	建信	2016/08~2021/12	65	5	8.93	7.12	10.61	15.92	−20.98	−30.56	0.70	0.35
453	赵云煜	建信	2018/11~2021/12	38	1	15.74	19.39	9.42	17.17	−3.39	−7.73	1.51	1.04
454	王安良	江信	2016/02~2021/12	71	1	14.49	10.43	19.30	16.72	−29.30	−30.56	0.67	0.53
455	陈俊华	交银施罗德	2016/11~2021/12	62	2	17.25	6.42	13.48	16.16	−23.07	−30.56	1.17	0.30
456	陈玟铎	交银施罗德	2014/10~2021/12	87	2	15.12	12.97	21.77	25.22	−37.00	−48.44	0.62	0.45
457	郭斐	交银施罗德	2017/09~2021/12	52	4	28.79	7.22	24.54	17.06	−24.36	−30.56	1.11	0.34
458	韩威俊	交银施罗德	2016/01~2021/12	72	7	24.52	9.83	20.82	16.67	−26.48	−30.56	1.11	0.50
459	何帅	交银施罗德	2015/07~2021/12	78	3	22.38	5.92	18.96	21.90	−23.13	−34.44	1.10	0.20
460	刘鹏	交银施罗德	2018/05~2021/12	44	3	31.72	11.09	18.70	18.08	−16.68	−22.94	1.62	0.53
461	楼慧源	交银施罗德	2018/09~2021/12	40	2	38.53	16.24	23.53	17.75	−14.70	−11.70	1.57	0.83
462	沈楠	交银施罗德	2015/05~2021/12	80	3	10.97	1.77	17.98	22.92	−24.64	−48.44	0.53	0.01
463	王崇	交银施罗德	2014/10~2021/12	87	3	24.98	12.97	22.82	25.22	−33.48	−48.44	1.02	0.45
464	王少成	交银施罗德	2010/09~2021/12	134	9	10.69	8.46	22.41	23.28	−44.56	−48.44	0.39	0.30
465	杨浩	交银施罗德	2015/08~2021/12	77	4	22.52	8.42	19.75	21.11	−24.20	−34.44	1.06	0.33
466	周中	交银施罗德	2018/09~2021/12	40	4	27.03	16.24	17.49	17.75	−7.82	−11.70	1.46	0.83
467	芮晨	交银施罗德	2015/05~2021/12	80	3	10.49	1.77	31.21	22.92	−50.30	−48.44	0.29	0.01

续表

编号	基金经理	当前任职公司	任职区间	任职时间（月）	管理基金数量（只）	年化收益率（%）	指数年化收益率（%）	年化波动率（%）	指数年化波动率（%）	最大回撤（%）	指数最大回撤（%）	年化夏普比率	指数年化夏普比率
468	孔学兵	金信	2011/09~2021/12	101	10	10.15	7.13	30.73	24.15	-58.65	-48.44	0.27	0.22
469	刘粹俊	金信	2016/04~2021/12	53	6	3.50	5.13	13.37	13.68	-29.44	-28.55	0.15	0.26
470	周鎏	金信	2018/03~2021/12	46	7	14.89	9.59	19.74	17.83	-31.47	-25.85	0.68	0.45
471	陈立	金鹰	2013/08~2021/12	101	8	21.49	14.48	29.75	23.98	-46.94	-48.44	0.66	0.53
472	陈颖	金鹰	2015/06~2021/12	79	9	6.65	3.41	25.72	22.68	-44.66	-42.38	0.20	0.08
473	樊勇	金鹰	2018/10~2021/12	39	4	53.32	19.55	29.21	16.94	-16.34	-7.73	1.77	1.07
474	韩广哲	金鹰	2012/11~2021/12	44	6	42.90	19.29	26.90	18.23	-14.86	-15.00	1.56	0.98
475	林龙军	金鹰	2018/05~2021/12	44	1	7.41	11.09	4.71	18.08	-6.92	-22.94	1.25	0.53
476	龙悦芳	金鹰	2018/06~2021/12	43	1	7.24	13.74	2.77	17.59	-2.02	-16.20	2.07	0.70
477	倪超	金鹰	2015/06~2021/12	79	6	15.81	3.41	24.12	22.68	-28.56	-42.38	0.59	0.08
478	孙倩倩	金鹰	2016/06~2021/12	42	4	5.66	1.95	2.94	11.09	-1.67	-17.39	1.46	0.21
479	王喆	金鹰	2015/01~2021/12	84	9	12.01	10.22	17.39	25.19	-23.89	-48.44	0.60	0.34
480	杨晓斌	金鹰	2018/04~2021/12	45	3	19.71	10.82	9.30	17.88	-5.92	-22.99	1.96	0.52
481	朱丹	金鹰	2010/07~2021/12	130	4	9.76	6.33	21.34	21.97	-38.43	-34.44	0.36	0.25
482	贾丽杰	金元顺安	2018/03~2021/12	46	3	17.14	9.59	23.43	17.83	-25.88	-25.85	0.67	0.45
483	张博	金元顺安	2018/04~2021/12	45	1	12.82	10.82	17.26	17.88	-17.14	-22.99	0.66	0.52
484	周博洋	金元顺安	2018/01~2021/12	48	1	10.55	7.92	16.89	17.68	-21.02	-29.52	0.54	0.36
485	闵博杭	金元顺安	2015/10~2021/12	75	4	6.35	6.83	15.41	20.15	-25.29	-34.44	0.31	0.26
486	缪玮彬	金元顺安	2016/12~2021/12	61	2	14.25	7.60	14.31	16.08	-23.78	-30.56	0.89	0.38

续表

编号	基金经理	当前任职公司	任职区间	任职时间（月）	管理基金数量（只）	年化收益率（%）	指数年化收益率（%）	年化波动率（%）	指数年化波动率（%）	最大回撤（%）	指数最大回撤（%）	年化夏普比率	指数年化夏普比率
487	鲍无可	景顺长城	2014/06~2021/12	91	8	17.86	15.48	14.65	25.00	−21.08	−48.44	1.10	0.55
488	董晗	景顺长城	2014/07~2021/12	80	9	19.36	13.26	20.81	26.00	−31.44	−48.44	0.86	0.44
489	江科宏	景顺长城	2014/08~2021/12	89	5	18.08	14.27	26.83	25.13	−49.28	−48.44	0.61	0.50
490	黎海威	景顺长城	2015/02~2021/12	83	9	14.10	9.43	25.33	25.25	−40.81	−48.44	0.50	0.31
491	李进	景顺长城	2016/10~2021/12	61	7	21.00	6.74	21.26	16.29	−22.91	−30.56	0.93	0.29
492	李孟海	景顺长城	2015/03~2021/12	82	4	14.67	6.77	32.24	24.42	−50.53	−48.44	0.41	0.21
493	刘苏	景顺长城	2011/12~2021/12	118	8	20.53	16.36	18.70	22.30	−28.22	−40.69	1.00	0.68
494	刘彦春	景顺长城	2008/07~2021/12	153	10	13.83	5.93	25.13	26.28	−39.72	−48.44	0.47	0.09
495	徐翀军	景顺长城	2017/01~2021/12	60	10	12.51	7.78	11.50	16.21	−20.61	−30.56	0.96	0.39
496	杨锐文	景顺长城	2014/10~2021/12	87	11	23.49	12.97	24.32	25.22	−38.76	−48.44	0.90	0.45
497	余广	景顺长城	2010/05~2021/12	140	8	14.52	10.56	23.39	23.47	−47.58	−48.44	0.53	0.36
498	詹成	景顺长城	2015/12~2021/12	73	8	13.54	5.10	19.79	20.20	−27.15	−34.44	0.61	0.18
499	张靖	景顺长城	2011/05~2021/12	120	3	17.34	9.13	22.26	24.26	−26.69	−48.44	0.69	0.29
500	何昕	九泰	2018/08~2021/12	41	4	20.60	16.24	18.21	17.52	−9.66	−11.70	1.05	0.84
501	林柏川	九泰	2017/01~2021/12	60	3	10.01	7.78	12.99	16.21	−22.67	−30.56	0.65	0.39
502	刘开运	九泰	2015/07~2021/12	78	11	11.97	5.92	17.25	21.90	−28.64	−34.44	0.61	0.20
503	刘心任	九泰	2016/11~2021/12	62	2	15.55	6.42	17.48	16.16	−23.34	−30.56	0.80	0.30
504	孟亚强	九泰	2016/06~2021/12	67	13	10.29	7.86	15.62	15.77	−21.46	−30.56	0.56	0.40
505	徐占杰	九泰	2016/09~2021/12	64	1	17.41	7.57	15.38	16.01	−24.44	−30.56	1.03	0.38

续表

编号	基金经理	当前任职公司	任职区间	任职时间（月）	管理基金数量（只）	年化收益率（%）	指数年化收益率（%）	年化波动率（%）	指数年化波动率（%）	最大回撤（%）	指数最大回撤（%）	年化夏普比率	指数年化夏普比率
506	张鹏程	九泰	2017/11～2021/12	50	3	10.24	7.97	9.73	17.32	-9.15	-29.52	0.90	0.37
507	付柏瑞	凯石	2009/04～2021/12	71	3	7.27	5.34	19.36	23.00	-31.06	-34.26	0.24	0.14
508	蔡晓	民生加银	2016/05～2021/12	68	3	17.40	8.37	16.02	15.69	-23.04	-30.56	0.99	0.44
509	金耀	民生加银	2017/12～2021/12	49	5	26.02	8.20	21.33	17.50	-19.79	-29.52	1.15	0.38
510	刘霄汉	民生加银	2010/05～2021/12	99	6	11.08	7.85	19.15	22.33	-39.97	-33.01	0.46	0.32
511	柳世庆	民生加银	2016/08～2021/12	65	7	15.44	7.12	15.71	15.92	-23.90	-30.56	0.89	0.35
512	孙伟	民生加银	2014/07～2021/12	90	11	24.03	14.50	23.94	25.00	-30.22	-48.44	0.93	0.51
513	王亮	民生加银	2017/11～2021/12	50	7	20.17	7.97	19.11	17.32	-22.32	-29.52	0.98	0.37
514	姚航	民生加银	2014/05～2021/12	69	6	6.02	15.11	6.96	27.41	-12.87	-48.44	0.63	0.52
515	陈健夫	摩根士丹利华鑫	2018/08～2021/12	41	2	14.70	16.24	17.74	17.52	-11.52	-11.70	0.74	0.84
516	何晓春	摩根士丹利华鑫	2012/07～2021/12	95	8	23.30	15.12	22.79	26.26	-33.64	-48.44	0.94	0.53
517	王大鹏	摩根士丹利华鑫	2015/01～2021/12	84	9	14.56	10.22	24.79	25.19	-47.31	-48.44	0.52	0.34
518	徐达	摩根士丹利华鑫	2016/06～2021/12	67	3	17.70	7.86	18.10	15.77	-27.71	-30.56	0.90	0.40
519	余斌	摩根士丹利华鑫	2017/06～2021/12	51	4	12.98	8.14	17.58	16.62	-23.06	-30.56	0.67	0.42
520	缪东航	摩根士丹利华鑫	2017/01～2021/12	60	7	13.10	7.78	15.97	16.21	-26.92	-30.56	0.73	0.39

续表

编号	基金经理	当前任职公司	任职区间	任职时间（月）	管理基金数量（只）	年化收益率（%）	指数年化收益率（%）	年化波动率（%）	指数年化波动率（%）	最大回撤（%）	指数最大回撤（%）	年化夏普比率	指数年化夏普比率
521	毕凯	南方	2018/06~2021/12	43	2	0.27	13.74	17.45	17.59	-27.65	-16.20	-0.07	0.70
522	陈乐	南方	2017/12~2021/12	49	5	9.18	8.20	5.90	17.50	-6.96	-29.52	1.30	0.38
523	冯雨生	南方	2015/04~2021/12	77	12	7.81	4.14	23.33	24.20	-40.53	-48.44	0.27	0.09
524	黄春逢	南方	2015/12~2021/12	73	6	11.85	5.10	17.73	20.20	-32.22	-34.44	0.58	0.18
525	蒋秋洁	南方	2014/12~2021/12	85	10	17.73	10.38	24.24	25.04	-41.97	-48.44	0.67	0.35
526	李锦文	南方	2018/12~2021/12	37	5	28.90	21.54	20.09	16.99	-19.70	-7.73	1.36	1.18
527	李振兴	南方	2014/04~2021/12	84	8	18.01	15.24	13.95	21.95	-23.59	-48.44	1.18	0.59
528	李璇	南方	2018/07~2021/12	42	1	4.59	13.98	3.75	17.80	-3.00	-16.20	0.82	0.70
529	林乐峰	南方	2017/12~2021/12	49	3	20.87	8.20	17.26	17.50	-25.92	-29.52	1.12	0.38
530	卢玉珊	南方	2015/12~2021/12	73	4	14.43	5.10	11.28	20.20	-6.92	-34.44	1.15	0.18
531	罗安安	南方	2015/07~2021/12	78	7	16.80	5.92	24.18	21.90	-33.73	-34.44	0.63	0.20
532	罗文杰	南方	2013/05~2021/12	54	4	16.71	19.20	22.10	21.80	-37.32	-48.44	0.69	0.81
533	骆帅	南方	2015/05~2021/12	80	10	10.64	1.77	21.03	22.92	-29.32	-48.44	0.43	0.01
534	茅炜	南方	2016/02~2021/12	71	15	11.85	10.43	11.21	16.72	-16.83	-30.56	0.92	0.53
535	史博	南方	2004/07~2021/12	166	14	9.36	7.36	24.29	28.49	-61.57	-68.61	0.29	0.12
536	王峥娇	南方	2018/07~2021/12	42	2	23.95	13.98	27.85	17.80	-27.70	-16.20	0.81	0.70
537	吴剑毅	南方	2015/05~2021/12	80	8	11.13	1.77	8.87	22.92	-8.35	-48.44	1.08	0.01
538	应帅	南方	2007/05~2021/12	176	10	10.46	8.72	23.83	28.29	-58.81	-68.61	0.34	0.23
539	章晖	南方	2015/05~2021/12	80	6	14.07	1.77	21.84	22.92	-31.67	-48.44	0.57	0.01

续表

编号	基金经理	当前任职公司	任职区间	任职时间(月)	管理基金数量(只)	年化收益率(%)	指数年化收益率(%)	年化波动率(%)	指数年化波动率(%)	最大回撤(%)	指数最大回撤(%)	年化夏普比率	指数年化夏普比率
540	张延闽	南方	2014/10~2021/12	84	9	17.97	13.83	21.86	25.61	-30.03	-48.44	0.76	0.48
541	郑迎迎	南方	2015/08~2021/12	67	2	10.16	9.29	17.10	22.39	-30.87	-34.44	0.52	0.33
542	刘斐	南华	2017/08~2021/12	53	2	13.74	7.38	25.08	16.90	-41.18	-30.56	0.49	0.35
543	陈富权	农银汇理	2013/08~2021/12	101	6	21.51	14.48	20.64	23.98	-29.99	-48.44	0.96	0.53
544	凌晨	农银汇理	2013/11~2021/12	49	5	15.65	22.45	30.04	29.93	-42.68	-44.57	0.46	0.65
545	宋永安	农银汇理	2015/12~2021/12	73	1	8.59	5.10	17.75	20.20	-26.55	-34.44	0.40	0.18
546	魏刚	农银汇理	2018/03~2021/12	46	6	16.74	9.59	15.20	17.83	-19.85	-25.85	1.00	0.45
547	徐文卉	农银汇理	2017/05~2021/12	56	6	17.96	9.04	18.62	16.58	-26.34	-30.56	0.88	0.45
548	张峰	农银汇理	2015/09~2021/12	76	6	21.07	9.48	21.33	21.08	-28.23	-34.44	0.92	0.38
549	张燕	农银汇理	2017/03~2021/12	58	5	20.86	7.51	20.81	16.45	-30.31	-30.56	0.93	0.37
550	赵诣	农银汇理	2017/03~2021/12	58	5	29.86	7.51	26.23	16.45	-37.24	-30.56	1.08	0.37
551	蔡宇滨	诺安	2017/12~2021/12	49	3	15.71	8.20	13.26	17.50	-14.05	-29.52	1.07	0.38
552	韩冬燕	诺安	2015/11~2021/12	74	4	14.81	5.90	14.83	20.16	-17.44	-34.44	0.90	0.22
553	李玉良	诺安	2015/07~2021/12	78	7	11.58	5.92	18.12	21.90	-27.27	-34.44	0.56	0.20
554	罗春蕾	诺安	2015/09~2021/12	76	4	12.45	9.48	19.16	21.08	-21.40	-34.44	0.57	0.38
555	裴禹翔	诺安	2016/08~2021/12	65	3	5.57	7.12	7.35	15.92	-14.92	-30.56	0.55	0.35
556	王创练	诺安	2015/03~2021/12	82	6	17.30	6.77	26.09	24.42	-37.47	-48.44	0.60	0.21
557	吴博俊	诺安	2014/06~2021/12	91	6	7.44	15.48	6.69	25.00	-7.08	-48.44	0.86	0.55
558	杨谷	诺安	2006/02~2021/12	191	4	18.74	17.38	25.46	29.59	-59.22	-68.61	0.64	0.51

续表

编号	基金经理	当前任职公司	任职区间	任职时间（月）	管理基金数量（只）	年化收益率（%）	指数年化收益率（%）	年化波动率（%）	指数年化波动率（%）	最大回撤（%）	指数最大回撤（%）	年化复普比率	指数复普比率
559	杨琨	诺安	2014/06~2021/12	67	5	30.63	23.80	22.27	21.50	-27.25	-48.44	1.32	1.02
560	张堃	诺安	2015/08~2021/12	77	3	16.60	8.42	18.47	21.11	-21.90	-34.44	0.82	0.33
561	张强	诺安	2017/03~2021/12	58	2	15.91	7.51	19.29	16.45	-28.63	-30.56	0.75	0.37
562	顾钰	诺德	2017/12~2021/12	49	5	7.34	8.20	18.73	17.50	-25.70	-29.52	0.31	0.38
563	郝旭东	诺德	2015/07~2021/12	78	4	12.71	5.92	13.21	21.90	-18.09	-34.44	0.85	0.20
564	罗世锋	诺德	2014/11~2021/12	86	6	25.04	11.85	26.12	25.19	-37.67	-48.44	0.90	0.41
565	王佰楠	诺德	2018/11~2021/12	38	2	22.38	19.39	20.93	17.17	-15.16	-7.73	1.00	1.04
566	谢屹	诺德	2015/07~2021/12	75	7	7.14	6.15	18.47	22.42	-31.72	-34.44	0.31	0.21
567	杨霞辉	诺德	2017/04~2021/12	57	1	7.65	8.27	18.05	16.51	-21.92	-30.56	0.34	0.41
568	曾文宏	诺德	2017/08~2021/12	53	3	10.91	7.38	11.58	16.90	-17.23	-30.56	0.81	0.35
569	朱红	诺德	2014/04~2021/12	93	3	19.86	15.74	21.66	24.73	-34.74	-48.44	0.84	0.57
570	陈璇淼	鹏华	2016/03~2021/12	70	5	18.33	7.72	18.06	15.50	-22.54	-30.56	0.93	0.40
571	戴钢	鹏华	2012/06~2021/12	115	3	8.75	13.40	6.92	24.15	-5.78	-48.44	0.98	0.47
572	蒋鑫	鹏华	2016/06~2021/12	67	10	18.66	7.86	18.85	15.77	-24.43	-30.56	0.91	0.40
573	金笑非	鹏华	2016/06~2021/12	67	4	16.22	7.86	19.64	15.77	-32.95	-30.56	0.75	0.40
574	郎超	鹏华	2018/04~2021/12	45	1	21.76	10.82	26.19	17.88	-31.91	-22.99	0.77	0.52
575	李君	鹏华	2015/05~2021/12	80	13	7.37	1.77	5.02	22.92	-3.58	-48.44	1.17	0.01
576	李韵怡	鹏华	2015/07~2021/12	78	15	9.02	5.92	7.21	21.90	-5.29	-34.44	1.04	0.20
577	梁浩	鹏华	2011/07~2021/12	126	16	13.86	10.57	20.54	23.90	-41.49	-48.44	0.57	0.36

续表

编号	基金经理	当前任职公司	任职区间	任职时间(月)	管理基金数量(只)	年化收益率(%)	指数年化收益率(%)	年化波动率(%)	指数年化波动率(%)	最大回撤(%)	指数最大回撤(%)	年化夏普比率	指数年化夏普比率
578	刘方正	鹏华	2015/03~2021/12	82	19	7.20	6.77	5.52	24.42	-10.07	-48.44	1.03	0.21
579	孟昊	鹏华	2018/02~2021/12	47	7	33.14	9.36	22.85	17.64	-21.83	-25.93	1.38	0.45
580	聂毅翔	鹏华	2017/08~2021/12	53	5	17.44	7.38	19.17	16.90	-22.97	-30.56	0.83	0.35
581	汤志彦	鹏华	2017/07~2021/12	54	3	21.94	7.93	15.59	16.77	-11.89	-30.56	1.31	0.38
582	王海青	鹏华	2018/02~2021/12	47	3	25.81	9.36	21.35	17.64	-20.26	-25.93	1.14	0.45
583	王石千	鹏华	2018/11~2021/12	38	1	8.98	19.39	3.09	17.17	-0.94	-7.73	2.42	1.04
584	王宗合	鹏华	2010/12~2021/12	133	16	7.44	9.78	14.52	23.42	-28.43	-48.44	0.37	0.33
585	伍旋	鹏华	2011/12~2021/12	121	8	12.81	13.16	20.87	23.88	-37.45	-48.44	0.52	0.47
586	尤柏年	鹏华	2016/12~2021/12	61	2	12.47	7.60	17.45	16.08	-17.54	-30.56	0.63	0.38
587	袁航	鹏华	2014/11~2021/12	86	13	14.22	11.85	15.72	25.19	-31.63	-48.44	0.80	0.41
588	张栓伟	鹏华	2016/08~2021/12	65	10	9.24	7.12	4.54	15.92	-3.35	-30.56	1.71	0.35
589	邓彬彬	鹏扬	2015/03~2021/12	54	7	31.86	13.23	25.89	20.77	-32.91	-48.44	1.22	0.47
590	罗成	鹏扬	2018/03~2021/12	46	2	13.67	9.59	17.46	17.83	-18.56	-25.85	0.71	0.45
591	伍智勇	鹏扬	2015/05~2021/12	73	3	9.95	0.58	18.85	23.84	-29.82	-48.44	0.46	-0.06
592	赵世宏	鹏扬	2016/03~2021/12	65	5	21.73	11.61	15.95	15.10	-11.06	-28.66	1.29	0.65
593	朱国庆	鹏扬	2007/03~2021/12	91	3	8.60	7.20	24.41	32.70	-52.69	-68.61	0.24	0.13
594	何杰	平安	2018/04~2021/12	41	9	30.25	11.42	18.34	18.76	-11.56	-22.99	1.61	0.53
595	黄维	平安	2016/08~2021/12	65	11	22.74	7.12	18.14	15.92	-12.57	-30.56	1.17	0.35
596	李化松	平安	2015/12~2021/12	69	13	27.47	7.61	21.38	20.53	-14.93	-34.44	1.23	0.36

续表

编号	基金经理	当前任职公司	任职区间	任职时间（月）	管理基金数量（只）	年化收益率（%）	指数年化收益率（%）	年化波动率（%）	指数年化波动率（%）	最大回撤（%）	指数最大回撤（%）	年化夏普比率	指数年化夏普比率
597	刘杰	平安	2016/07~2021/12	59	6	17.94	9.19	15.78	16.65	-20.87	-28.75	1.06	0.52
598	神爱前	平安	2016/07~2021/12	66	6	20.80	7.89	22.52	15.89	-32.95	-30.56	0.86	0.40
599	薛冀颖	平安	2015/06~2021/12	75	4	13.06	0.60	20.29	22.45	-28.40	-42.38	0.59	-0.07
600	张俊生	平安	2011/06~2021/12	74	8	25.86	12.92	26.39	19.88	-26.69	-28.08	0.92	0.58
601	张淼	平安	2015/02~2021/12	79	3	13.95	9.16	21.13	25.94	-34.81	-48.44	0.60	0.30
602	陈士俊	浦银安盛	2018/09~2021/12	40	1	12.66	16.24	9.02	17.75	-4.63	-11.70	1.24	0.83
603	蒋佳良	浦银安盛	2017/01~2021/12	56	6	32.11	13.43	19.64	15.29	-10.68	-30.56	1.59	0.77
604	罗雯	浦银安盛	2018/01~2021/12	48	1	3.81	7.92	14.94	17.68	-21.09	-29.52	0.15	0.36
605	吴勇	浦银安盛	2010/04~2021/12	141	7	15.13	9.77	29.87	23.54	-52.91	-48.44	0.43	0.32
606	杨岳斌	浦银安盛	2011/12~2021/12	116	6	12.39	13.45	22.25	24.46	-51.58	-48.44	0.47	0.46
607	褚艳辉	浦银安盛	2014/06~2021/12	91	6	12.74	15.48	10.12	25.00	-13.76	-48.44	1.09	0.55
608	范洁	前海开源	2017/09~2021/12	52	6	24.85	7.22	23.31	17.06	-30.43	-30.56	1.00	0.34
609	李炳智	前海开源	2017/01~2021/12	60	4	13.46	7.78	9.24	16.21	-6.22	-30.56	1.29	0.39
610	邱杰	前海开源	2015/01~2021/12	84	11	13.17	10.22	15.50	25.19	-17.00	-48.44	0.75	0.34
611	曲扬	前海开源	2015/04~2021/12	81	18	14.76	4.01	17.12	23.50	-23.36	-48.44	0.77	0.11
612	王霞	前海开源	2014/12~2021/12	85	11	9.74	10.38	13.88	25.04	-21.11	-48.44	0.59	0.35
613	吴国清	前海开源	2015/09~2021/12	76	10	8.72	9.48	14.22	21.08	-22.36	-34.44	0.51	0.38
614	肖立强	前海开源	2018/10~2021/12	39	8	16.16	19.55	11.85	16.94	-7.27	-7.73	1.24	1.07
615	杨德龙	前海开源	2013/03~2021/12	47	6	22.03	19.25	30.22	31.20	-37.18	-44.57	0.67	0.58

续表

编号	基金经理	当前任职公司	任职区间	任职时间(月)	管理基金数量(只)	年化收益率(%)	指数年化收益率(%)	年化波动率(%)	指数年化波动率(%)	最大回撤(%)	指数最大回撤(%)	年化夏普比率	指数年化夏普比率
616	范琨	融通	2016/02~2021/12	71	4	21.78	10.43	18.43	16.72	-21.12	-30.56	1.10	0.53
617	关山	融通	2016/06~2021/12	67	7	16.62	7.86	14.50	15.77	-16.64	-30.56	1.04	0.40
618	何博	融通	2018/01~2021/12	48	1	6.17	7.92	10.50	17.68	-16.66	-29.52	0.44	0.36
619	何龙	融通	2015/08~2021/12	77	9	10.11	8.42	20.55	21.11	-41.36	-34.44	0.43	0.33
620	何天翔	融通	2016/08~2021/12	65	1	16.42	7.12	18.37	15.92	-27.61	-30.56	0.81	0.35
621	蒋秀蕾	融通	2012/09~2021/12	97	5	23.90	16.13	30.83	25.98	-50.47	-48.44	0.72	0.54
622	林清源	融通	2015/05~2021/12	80	4	9.22	1.77	27.93	22.92	-54.74	-48.44	0.28	0.01
623	刘明	融通	2018/11~2021/12	38	1	11.84	19.39	5.29	17.17	-2.58	-7.73	1.95	1.04
624	彭炜	融通	2017/08~2021/12	53	7	23.35	7.38	21.00	16.90	-21.12	-30.56	1.04	0.35
625	万民远	融通	2016/08~2021/12	65	3	22.46	7.12	23.92	15.92	-25.44	-30.56	0.88	0.35
626	王迪	融通	2018/06~2021/12	43	1	40.06	13.74	25.54	17.59	-16.22	-16.20	1.51	0.70
627	许富强	融通	2018/05~2021/12	44	1	9.61	11.09	4.80	18.08	-4.02	-22.94	1.69	0.53
628	佘志勇	融通	2012/08~2021/12	112	11	8.57	13.32	9.61	24.22	-14.43	-48.44	0.70	0.45
629	张鹏	融通	2015/08~2021/12	77	1	11.14	8.42	23.20	21.11	-42.56	-34.44	0.42	0.33
630	张一格	融通	2013/12~2021/12	89	6	10.32	22.89	4.91	19.54	-3.86	-48.44	1.77	0.98
631	邹曦	融通	2007/06~2021/12	170	8	10.24	9.40	27.76	28.56	-65.22	-68.61	0.29	0.27
632	袁忠伟	瑞达	2015/05~2021/12	62	8	2.58	-4.62	10.11	24.41	-19.93	-48.44	0.11	-0.27
633	傅鹏博	睿远	2009/01~2021/12	145	3	22.49	14.98	23.56	24.91	-38.47	-44.57	0.87	0.49
634	赵枫	睿远	2001/09~2021/12	88	3	33.44	27.15	21.68	27.11	-15.29	-49.46	1.48	0.95

续表

编号	基金经理	当前任职公司	任职区间	任职时间（月）	管理基金数量（只）	年化收益率（%）	指数年化收益率（%）	年化波动率（%）	指数年化波动率（%）	最大回撤（%）	指数最大回撤（%）	年化夏普比率	指数年化夏普比率
635	刘俊清	山西证券	2018/05~2021/12	44	1	13.31	11.09	18.03	18.08	-17.28	-22.94	0.66	0.53
636	杨旭	山西证券	2015/06~2021/12	65	13	3.52	-1.32	7.04	23.60	-11.74	-42.38	0.29	-0.15
637	刚登峰	上海东方证券	2015/05~2021/12	80	8	14.41	1.77	18.34	22.92	-26.33	-48.44	0.70	0.01
638	韩冬	上海东方证券	2016/01~2021/12	72	4	20.75	9.83	17.65	16.67	-21.83	-30.56	1.09	0.50
639	纪文静	上海东方证券	2015/07~2021/12	78	2	8.49	5.92	5.79	21.90	-6.46	-34.44	1.21	0.20
640	孔令超	上海东方证券	2016/08~2021/12	65	1	7.41	7.12	4.01	15.92	-1.92	-30.56	1.47	0.35
641	李响	上海东方证券	2018/03~2021/12	46	2	13.70	9.59	21.40	17.83	-24.38	-25.85	0.57	0.45
642	秦绪文	上海东方证券	2016/01~2021/12	72	5	21.13	9.83	17.39	16.67	-24.34	-30.56	1.13	0.50
643	孙伟	上海东方证券	2016/01~2021/12	72	4	22.41	9.83	17.11	16.67	-21.87	-30.56	1.22	0.50
644	王延飞	上海东方证券	2015/06~2021/12	79	5	14.89	3.41	19.93	22.68	-24.90	-42.38	0.67	0.08
645	徐觅	上海东方证券	2017/09~2021/12	52	1	8.01	7.22	4.31	17.06	-1.92	-30.56	1.51	0.34
646	张锋	上海东方证券	2008/06~2021/12	57	5	17.20	8.49	22.34	28.61	-20.42	-42.52	0.68	0.27
647	周云	上海东方证券	2015/09~2021/12	76	4	18.53	9.48	17.27	21.08	-20.85	-34.44	0.99	0.38
648	季鹏	上海国泰君安证券	2013/08~2021/12	95	5	10.96	15.26	20.94	24.72	-45.36	-48.44	0.44	0.53
649	胡倩	上海海通证券	2011/04~2021/12	59	5	6.40	10.59	19.29	19.18	-33.60	-30.76	0.19	0.41
650	陈思郁	上投摩根	2015/08~2021/12	77	3	18.73	8.42	21.79	21.11	-32.33	-34.44	0.79	0.33
651	杜猛	上投摩根	2011/07~2021/12	126	6	20.53	10.57	29.56	23.90	-56.03	-48.44	0.62	0.36
652	郭晨	上投摩根	2012/07~2021/12	112	9	19.18	12.06	31.13	24.11	-56.90	-48.44	0.56	0.42

续表

编号	基金经理	当前任职公司	任职区间	任职时间（月）	管理基金数量（只）	年化收益率（%）	指数年化收益率（%）	年化波动率（%）	指数年化波动率（%）	最大回撤（%）	指数最大回撤（%）	年化夏普比率	指数年化夏普比率
653	李博	上投摩根	2014/12~2021/12	85	5	13.40	10.38	24.30	25.04	-47.03	-48.44	0.49	0.35
654	李德辉	上投摩根	2016/11~2021/12	62	7	24.50	6.42	20.49	16.16	-26.89	-30.56	1.12	0.30
655	刘辉	上投摩根	2012/07~2021/12	104	4	28.07	17.09	25.35	22.33	-45.68	-40.69	1.05	0.85
656	倪权生	上投摩根	2015/03~2021/12	79	6	15.67	7.22	16.68	25.04	-19.24	-48.44	0.86	0.18
657	孙芳	上投摩根	2011/12~2021/12	121	5	17.05	13.16	24.66	23.88	-51.39	-48.44	0.61	0.47
658	杨景喻	上投摩根	2015/08~2021/12	77	4	17.11	8.42	25.09	21.11	-44.26	-34.44	0.62	0.33
659	征茂平	上投摩根	2013/07~2021/12	102	3	9.61	15.12	24.42	23.93	-51.45	-48.44	0.32	0.56
660	周战海	上投摩根	2015/12~2021/12	73	2	12.90	5.10	21.64	20.20	-38.99	-34.44	0.53	0.18
661	朱晓龙	上投摩根	2018/11~2021/12	38	4	28.40	19.39	18.90	17.17	-9.11	-7.73	1.42	1.04
662	卢扬	上银	2014/10~2021/12	66	11	8.08	11.07	28.66	27.81	-48.79	-48.44	0.23	0.36
663	施敏佳	上银	2015/10~2021/12	71	6	9.66	6.61	26.17	20.72	-44.77	-34.44	0.32	0.24
664	赵治烨	上银	2015/05~2021/12	80	8	14.92	1.77	22.00	22.92	-27.96	-48.44	0.61	0.01
665	付娟	申万菱信	2012/04~2021/12	115	8	22.15	10.49	26.32	23.89	-47.13	-48.44	0.77	0.39
666	刘敦	申万菱信	2018/03~2021/12	46	3	14.47	9.59	18.47	17.83	-20.22	-25.85	0.70	0.45
667	孙晨进	申万菱信	2015/03~2021/12	78	7	4.68	6.56	23.09	25.10	-48.90	-48.44	0.14	0.19
668	孙琳	申万菱信	2014/01~2021/12	96	8	16.64	14.90	25.45	24.39	-50.20	-48.44	0.59	0.54
669	唐俊杰	申万菱信	2016/06~2021/12	52	4	9.52	18.16	9.08	15.37	-2.84	-27.87	0.90	1.06
670	俞诚	申万菱信	2017/07~2021/12	43	5	14.90	6.75	15.85	14.04	-16.40	-22.40	0.87	0.37
671	梁鹏	太平	2017/12~2021/12	49	3	14.26	8.20	17.24	17.50	-22.68	-29.52	0.74	0.38

续表

编号	基金经理	当前任职公司	任职区间	任职时间（月）	管理基金数量（只）	年化收益率（%）	指数年化收益率（%）	年化波动率（%）	指数年化波动率（%）	最大回撤（%）	指数最大回撤（%）	年化夏普比率	指数年化夏普比率
672	林开盛	太平	2017/05~2021/12	56	2	8.75	9.04	18.32	16.58	-20.46	-30.56	0.40	0.45
673	赖庆鑫	泰达宏利	2017/02~2021/12	58	2	12.22	7.26	22.16	16.46	-33.08	-30.56	0.49	0.25
674	刘欣	泰达宏利	2014/01~2021/12	96	10	17.45	14.90	18.44	24.39	-24.97	-48.44	0.85	0.54
675	刘洋	泰达宏利	2018/08~2021/12	41	5	14.87	16.24	14.94	17.52	-13.63	-11.70	0.90	0.84
676	师婧	泰达宏利	2017/12~2021/12	48	3	5.22	6.45	11.74	17.33	-18.91	-29.52	0.33	0.30
677	王鹏	泰达宏利	2017/11~2021/12	50	6	36.97	7.97	31.44	17.32	-32.03	-29.52	1.13	0.37
678	吴华	泰达宏利	2014/03~2021/12	94	6	14.14	15.47	23.66	24.61	-46.05	-48.44	0.53	0.56
679	张勋	泰达宏利	2014/11~2021/12	86	9	17.85	11.85	29.91	25.19	-64.47	-48.44	0.54	0.41
680	庄腾飞	泰达宏利	2015/05~2021/12	80	10	3.04	1.77	24.58	22.92	-55.23	-48.44	0.06	0.01
681	陈怡	泰康	2017/11~2021/12	50	3	16.55	7.97	16.69	17.32	-15.72	-29.52	0.90	0.37
682	桂跃强	泰康	2011/06~2021/12	124	10	14.45	10.53	17.80	22.93	-30.59	-48.44	0.70	0.35
683	黄成扬	泰康	2017/11~2021/12	50	2	9.81	7.97	15.60	17.32	-20.00	-29.52	0.53	0.37
684	金宏伟	泰康	2017/08~2021/12	53	4	13.38	7.38	15.24	16.90	-24.21	-30.56	0.78	0.35
685	刘伟	泰康	2017/05~2021/12	56	4	10.49	9.04	14.59	16.58	-24.62	-30.56	0.62	0.45
686	任慧娟	泰康	2016/05~2021/12	68	3	12.53	8.37	13.43	15.69	-23.63	-30.56	0.82	0.44
687	薛小波	泰康	2015/02~2021/12	72	8	19.36	10.68	16.90	25.32	-21.02	-44.57	1.07	0.41
688	董山青	泰信	2015/03~2021/12	82	4	13.47	6.77	18.19	24.42	-29.24	-48.44	0.66	0.21
689	王博强	泰信	2015/03~2021/12	82	5	7.73	6.77	24.43	24.42	-48.05	-48.44	0.25	0.21
690	朱志权	泰信	2008/06~2021/12	163	5	7.88	11.20	25.85	26.37	-62.92	-48.44	0.22	0.34

续表

编号	基金经理	当前任职公司	任职区间	任职时间（月）	管理基金数量（只）	年化收益率（%）	指数年化收益率（%）	年化波动率（%）	指数年化波动率（%）	最大回撤（%）	指数最大回撤（%）	年化夏普比率	指数年化夏普比率
691	陈国光	天弘	2012/04~2021/12	113	9	18.90	16.51	26.48	22.22	-39.64	-48.44	0.65	0.63
692	谷琦彬	天弘	2018/05~2021/12	44	5	21.24	11.09	16.44	18.08	-18.50	-22.94	1.20	0.53
693	郭相博	天弘	2018/01~2021/12	48	2	27.51	7.92	28.13	17.68	-31.33	-29.52	0.92	0.36
694	刘盟盟	天弘	2018/01~2021/12	48	1	26.28	7.92	27.66	17.68	-31.33	-29.52	0.90	0.36
695	TIANHUAN	天治	2018/08~2021/12	41	3	22.32	16.24	19.58	17.52	-12.71	-11.70	1.06	0.84
696	许家涵	天治	2015/06~2021/12	79	3	3.17	3.41	22.87	22.68	-49.96	-42.38	0.07	0.08
697	尹维国	天治	2015/02~2021/12	83	4	9.08	9.43	14.22	25.25	-29.02	-48.44	0.53	0.31
698	卞亚军	同泰	2010/10~2021/12	62	10	4.44	9.52	20.79	18.71	-33.07	-33.01	0.09	0.52
699	高源	万家	2015/07~2021/12	75	12	12.40	6.13	20.60	22.35	-25.75	-34.44	0.54	0.19
700	黄兴亮	万家	2014/02~2021/12	91	9	22.63	14.61	24.96	24.04	-37.27	-44.57	0.85	0.50
701	李文宾	万家	2017/01~2021/12	60	14	20.80	7.78	20.86	16.21	-28.47	-30.56	0.93	0.39
702	刘宏达	万家	2017/12~2021/12	45	4	13.17	8.58	17.52	18.32	-19.28	-29.52	0.68	0.32
703	刘洋	万家	2018/09~2021/12	40	2	35.38	16.24	23.25	17.75	-12.99	-11.70	1.46	0.83
704	莫海波	万家	2015/05~2021/12	80	13	16.52	1.77	23.28	22.92	-29.71	-48.44	0.64	0.01
705	苏谋东	万家	2015/05~2021/12	74	10	5.21	3.17	3.19	19.85	-3.68	-48.44	1.18	0.08
706	叶勇	万家	2018/08~2021/12	41	2	21.90	16.24	28.45	17.52	-18.84	-11.70	0.72	0.84
707	何奇	西部利得	2015/08~2021/12	73	7	10.35	5.96	23.68	20.80	-33.65	-34.44	0.38	0.21
708	林静	西部利得	2017/03~2021/12	58	4	12.17	7.51	10.60	16.45	-7.58	-30.56	1.01	0.37
709	童国林	西部利得	2004/05~2021/12	47	4	23.92	7.04	18.54	19.30	-14.53	-35.98	1.25	0.28

续表

编号	基金经理	当前任职公司	任职区间	任职时间（月）	管理基金数量（只）	年化收益率（%）	指数年化收益率（%）	年化波动率（%）	指数年化波动率（%）	最大回撤（%）	指数最大回撤（%）	年化夏普比率	指数年化夏普比率
710	张翔	西部利得	2015/07~2021/12	71	3	14.05	5.29	13.00	22.93	-10.20	-34.44	0.98	0.16
711	车广路	湘财	2012/03~2021/12	114	11	11.19	12.80	25.98	24.28	-64.83	-48.44	0.36	0.45
712	蔡春红	新华	2015/07~2021/12	78	5	7.83	5.92	19.50	21.90	-27.63	-34.44	0.32	0.20
713	王永明	新华	2017/02~2021/12	59	6	12.04	7.26	17.93	16.31	-34.62	-30.56	0.59	0.35
714	张霖	新华	2016/07~2021/12	42	3	-3.81	1.67	16.44	16.38	-37.29	-30.56	-0.34	0.03
715	赵强	新华	2014/03~2021/12	70	6	24.03	19.91	19.29	18.37	-29.19	-30.56	1.17	1.03
716	栾韬	新华	2015/11~2021/12	71	8	21.46	6.52	20.56	20.56	-14.78	-34.44	0.99	0.23
717	林材	新疆前海联合	2012/08~2021/12	98	9	16.92	18.71	20.54	20.71	-23.92	-48.44	0.74	0.79
718	王静	新疆前海联合	2017/06~2021/12	55	9	9.44	8.14	14.03	16.62	-20.63	-30.56	0.57	0.40
719	陈乐华	新沃	2014/10~2021/12	73	7	16.63	13.92	34.13	26.00	-56.64	-44.57	0.45	0.52
720	丁玥	鑫元	2017/09~2021/12	52	5	12.79	7.22	12.43	17.06	-12.49	-30.56	0.91	0.34
721	冯明远	信达澳银	2016/10~2021/12	63	9	31.92	7.08	22.75	16.10	-22.22	-30.56	1.34	0.35
722	是星涛	信达澳银	2016/02~2021/12	65	5	21.70	10.68	16.04	17.30	-17.79	-30.56	1.33	0.54
723	王咏辉	信达澳银	2018/06~2021/12	43	5	21.19	13.74	19.32	17.59	-11.60	-16.20	1.02	0.70
724	曾国富	信达澳银	2008/07~2021/12	151	11	16.94	8.12	27.69	26.99	-47.53	-48.44	0.54	0.21
725	朱然	信达澳银	2017/11~2021/12	47	4	38.70	7.16	24.29	17.97	-14.98	-29.52	1.57	0.31
726	冷文鹏	兴业	2016/06~2021/12	48	5	8.63	5.06	14.40	15.35	-24.74	-30.56	0.51	0.19
727	冯烜	兴业	2017/05~2021/12	56	5	14.15	9.04	15.29	16.58	-18.10	-30.56	0.83	0.45
728	高圣	兴业	2018/03~2021/12	46	1	14.99	9.59	19.13	17.83	-18.91	-25.85	0.71	0.45

续表

编号	基金经理	当前任职公司	任职区间	任职时间(月)	管理基金数量(只)	年化收益率(%)	指数年化收益率(%)	年化波动率(%)	指数年化波动率(%)	最大回撤(%)	指数最大回撤(%)	年化夏普比率	指数年化夏普比率
729	腊博	兴业	2015/05~2021/12	80	5	8.27	1.77	6.10	22.92	-17.65	-48.44	1.11	0.01
730	刘方旭	兴业	2015/12~2021/12	73	6	15.15	5.10	17.82	20.20	-22.33	-34.44	0.77	0.18
731	钱睿南	兴业	2008/02~2021/12	159	8	12.67	7.38	21.41	28.11	-44.33	-64.72	0.49	0.18
732	徐青	兴银	2017/01~2021/12	60	1	8.60	7.78	3.90	16.21	-3.95	-30.56	1.82	0.39
733	孔晓语	兴银	2017/06~2021/12	45	5	11.62	6.46	13.90	13.89	-16.50	-22.40	0.75	0.38
734	陈宇	兴证全球	2017/09~2021/12	52	2	25.61	7.22	20.76	17.06	-20.58	-30.56	1.16	0.34
735	董理	兴证全球	2015/03~2021/12	70	7	16.54	6.27	22.11	26.31	-30.68	-48.44	0.69	0.20
736	季文华	兴证全球	2016/03~2021/12	67	5	18.09	3.82	17.52	13.50	-21.06	-28.55	0.96	0.20
737	林翠萍	兴证全球	2016/04~2021/12	58	3	8.34	9.44	12.89	15.97	-21.52	-30.56	0.54	0.50
738	乔迁	兴证全球	2017/07~2021/12	54	4	19.88	7.93	16.67	16.77	-22.57	-30.56	1.10	0.38
739	任相栋	兴证全球	2015/01~2021/12	69	3	28.86	12.82	26.02	25.76	-28.12	-44.57	1.07	0.44
740	王品	兴证全球	2009/06~2021/12	135	5	11.44	9.86	19.65	25.71	-35.74	-48.44	0.48	0.29
741	谢治宇	兴证全球	2013/01~2021/12	108	6	23.18	13.42	19.06	24.19	-22.85	-48.44	1.12	0.48
742	邹欣	兴证全球	2015/12~2021/12	73	2	18.79	5.10	16.78	20.20	-23.98	-34.44	1.03	0.18
743	陈皓	易方达	2012/09~2021/12	112	11	19.69	14.37	23.79	24.34	-37.98	-48.44	0.75	0.51
744	冯波	易方达	2010/01~2021/12	144	5	16.74	9.40	24.64	23.44	-47.17	-48.44	0.59	0.31
745	付浩	易方达	2004/02~2021/12	166	5	13.17	12.71	21.18	28.79	-54.16	-68.61	0.51	0.36
746	葛秋石	易方达	2018/03~2021/12	46	2	20.85	9.59	20.20	17.83	-29.02	-25.85	0.96	0.45
747	郭杰	易方达	2012/10~2021/12	107	9	15.27	16.19	26.99	24.90	-45.61	-48.44	0.50	0.58

续表

编号	基金经理	当前任职公司	任职区间	任职时间（月）	管理基金数量（只）	年化收益率（%）	指数年化收益率（%）	年化波动率（%）	指数年化波动率（%）	最大回撤（%）	指数最大回撤（%）	年化夏普比率	指数年化夏普比率
748	纪玲云	易方达	2018/07~2021/12	42	2	5.12	13.98	3.67	17.80	-3.65	-16.20	0.99	0.70
749	兰传杰	易方达	2018/12~2021/12	37	2	28.22	21.54	31.40	16.99	-22.29	-7.73	0.85	1.18
750	李一硕	易方达	2016/08~2021/12	65	4	7.82	7.12	3.08	15.92	-1.49	-30.56	2.05	0.35
751	林高榜	易方达	2017/05~2021/12	56	3	13.17	9.04	18.38	16.58	-30.51	-30.56	0.63	0.45
752	林森	易方达	2016/03~2021/12	70	6	15.59	7.72	8.02	15.50	-5.64	-30.56	1.76	0.40
753	刘武	易方达	2018/12~2021/12	37	4	43.54	21.54	24.99	16.99	-13.81	-7.73	1.68	1.18
754	祁禾	易方达	2017/12~2021/12	49	8	24.30	8.20	19.00	17.50	-22.44	-29.52	1.20	0.38
755	孙松	易方达	2018/12~2021/12	37	1	32.12	21.54	18.72	16.99	-11.17	-7.73	1.64	1.18
756	王元春	易方达	2018/12~2021/12	37	4	39.95	21.54	25.24	16.99	-20.43	-7.73	1.52	1.18
757	武阳	易方达	2015/08~2021/12	77	5	9.72	8.42	22.49	21.11	-40.52	-34.44	0.37	0.33
758	萧楠	易方达	2012/09~2021/12	112	10	19.12	14.37	18.76	24.34	-28.38	-48.44	0.92	0.51
759	杨嘉文	易方达	2017/12~2021/12	49	4	21.17	8.20	16.85	17.50	-22.80	-29.52	1.17	0.38
760	杨桢霄	易方达	2016/08~2021/12	65	3	18.52	7.12	22.22	15.92	-26.13	-30.56	0.77	0.35
761	张坤	易方达	2015/11~2021/12	112	4	15.26	5.90	24.64	20.16	-30.83	-34.44	0.56	0.22
762	张清华	易方达	2015/04~2021/12	81	13	19.86	4.01	15.64	23.50	-11.64	-48.44	1.17	0.11
763	郑希	易方达	2012/09~2021/12	112	7	21.20	14.37	26.88	24.34	-40.93	-48.44	0.72	0.51
764	赵若琼	益民	2017/02~2021/12	59	4	19.18	7.26	16.39	16.31	-20.99	-30.56	1.08	0.35
765	韩晶	银河	2015/04~2021/12	81	20	5.68	4.01	3.87	23.50	-2.23	-48.44	1.07	0.11
766	何晶	银河	2015/05~2021/12	41	4	15.65	7.08	6.93	22.05	-2.04	-47.04	2.10	0.22

续表

编号	基金经理	当前任职公司	任职区间	任职时间（月）	管理基金数量（只）	年化收益率（%）	指数年化收益率（%）	年化波动率（%）	指数年化波动率（%）	最大回撤（%）	指数最大回撤（%）	年化夏普比率	指数年化夏普比率
767	蒋磊	银河	2016/08~2021/12	65	6	9.33	7.12	9.98	15.92	-11.44	-30.56	0.79	0.35
768	刘铭	银河	2017/05~2021/12	57	9	8.08	9.04	3.39	16.58	-1.54	-30.56	1.94	0.45
769	卢轶乔	银河	2012/12~2021/12	109	8	13.87	13.86	23.53	24.11	-47.48	-48.44	0.51	0.50
770	罗博	银河	2016/12~2021/12	61	6	8.85	7.60	12.99	16.08	-22.29	-30.56	0.57	0.38
771	神玉飞	银河	2012/12~2021/12	109	5	18.39	13.86	22.59	24.11	-42.94	-48.44	0.73	0.50
772	王海华	银河	2013/12~2021/12	97	6	21.30	14.60	31.22	24.28	-53.26	-48.44	0.63	0.53
773	杨琪	银河	2017/01~2021/12	60	6	12.40	7.78	16.80	16.21	-19.43	-30.56	0.65	0.39
774	袁曦	银河	2015/12~2021/12	73	6	17.03	5.10	23.37	20.20	-26.07	-34.44	0.66	0.18
775	张杨	银河	2011/10~2021/12	123	7	17.11	11.73	26.65	23.91	-54.03	-48.44	0.57	0.41
776	祝建辉	银河	2015/12~2021/12	73	9	13.05	5.10	18.81	20.20	-31.60	-34.44	0.61	0.18
777	薄官辉	银华	2015/04~2021/12	81	8	13.52	4.01	21.72	23.50	-34.55	-48.44	0.55	0.11
778	程程	银华	2015/08~2021/12	72	5	12.73	7.41	20.91	20.24	-27.95	-29.50	0.55	0.23
779	方建	银华	2018/06~2021/12	43	3	35.81	13.74	29.37	17.59	-18.38	-16.20	1.17	0.70
780	和玮	银华	2018/08~2021/12	41	3	15.66	16.24	17.44	17.52	-18.85	-11.70	0.81	0.84
781	贾鹏	银华	2016/05~2021/12	68	5	16.21	8.37	15.92	15.69	-20.58	-30.56	0.92	0.44
782	焦巍	银华	2012/10~2021/12	69	10	31.67	17.25	29.85	24.50	-40.96	-48.44	1.02	0.48
783	李晓星	银华	2015/07~2021/12	78	13	20.39	5.92	24.06	21.90	-29.07	-34.44	0.78	0.20
784	李宜璇	银华	2018/03~2021/12	46	4	18.72	9.59	23.69	17.83	-31.51	-25.85	0.73	0.45
785	刘辉	银华	2017/03~2021/12	58	4	16.49	7.51	26.46	16.45	-41.31	-30.56	0.57	0.37

续表

编号	基金经理	当前任职公司	任职区间	任职时间（月）	管理基金数量（只）	年化收益率（%）	指数年化收益率（%）	年化波动率（%）	指数年化波动率（%）	最大回撤（%）	指数最大回撤（%）	年化夏普比率	指数年化夏普比率
786	马君	银华	2013/12~2021/12	72	8	17.30	21.70	18.13	20.88	-31.57	-48.44	0.87	0.96
787	倪明	银华	2008/01~2021/12	164	9	9.27	8.80	24.23	27.66	-56.25	-64.72	0.29	0.26
788	秦锋	银华	2018/02~2021/12	47	2	6.56	9.36	22.24	17.64	-24.24	-25.93	0.23	0.45
789	苏静然	银华	2017/08~2021/12	53	5	13.84	7.38	20.27	16.90	-33.93	-30.56	0.61	0.35
790	孙慧	银华	2016/10~2021/12	63	2	14.26	7.08	18.18	16.10	-23.65	-30.56	0.70	0.35
791	孙蓓琳	银华	2012/07~2021/12	110	8	19.32	13.45	22.10	24.67	-33.37	-48.44	0.79	0.48
792	唐能	银华	2015/05~2021/12	80	8	11.44	1.77	23.02	22.92	-44.13	-48.44	0.43	0.01
793	王斌	银华	2016/02~2021/12	71	3	14.46	10.43	18.01	16.72	-24.71	-30.56	0.72	0.53
794	王海峰	银华	2016/03~2021/12	70	5	18.03	7.72	15.06	15.50	-19.73	-30.56	1.10	0.40
795	王浩	银华	2015/11~2021/12	74	5	15.94	5.90	23.10	20.16	-37.49	-34.44	0.63	0.22
796	张凯	银华	2016/04~2021/12	69	4	5.55	8.16	14.13	15.58	-27.00	-30.56	0.29	0.43
797	张洋	银华	2018/11~2021/12	38	10	37.29	19.39	21.46	17.17	-9.97	-7.73	1.67	1.04
798	周晶	银华	2013/02~2021/12	90	4	24.56	20.23	17.59	19.24	-15.85	-40.69	1.32	1.01
799	周书	银华	2018/04~2021/12	45	4	28.92	10.82	25.58	17.88	-19.50	-22.99	1.07	0.52
800	贾兴振	银华	2013/02~2021/12	103	9	14.08	12.86	19.34	24.83	-29.81	-48.44	0.64	0.43
801	易祺坤	英大	2017/12~2021/12	49	1	19.57	8.20	17.20	17.50	-12.38	-29.52	1.05	0.38
802	张媛	英大	2018/01~2021/12	48	4	19.44	7.92	17.96	17.68	-19.71	-29.52	1.00	0.36
803	常远	永赢	2016/01~2021/12	61	5	15.66	8.06	19.30	15.56	-25.42	-28.55	0.76	0.33
804	光磊	永赢	2015/04~2021/12	75	8	13.38	2.89	25.97	24.42	-49.10	-48.44	0.46	0.05

续表

编号	基金经理	当前任职公司	任职区间	任职时间（月）	管理基金数量（只）	年化收益率（%）	指数年化收益率（%）	年化波动率（%）	指数年化波动率（%）	最大回撤（%）	指数最大回撤（%）	年化夏普比率	指数年化夏普比率
805	李永兴	永赢	2012/03~2021/12	84	14	19.48	22.85	20.03	21.64	-22.45	-48.44	0.88	0.97
806	陆海燕	永赢	2016/04~2021/12	46	3	6.34	11.43	14.84	12.38	-13.94	-9.83	0.34	0.81
807	于航	永赢	2015/04~2021/12	79	7	18.15	4.27	34.68	23.72	-62.04	-48.44	0.49	0.06
808	范妍	圆信永丰	2015/10~2021/12	75	13	20.55	6.83	14.55	20.15	-23.86	-34.44	1.31	0.26
809	胡春霞	圆信永丰	2018/03~2021/12	46	4	19.98	9.59	19.41	17.83	-22.21	-25.85	0.95	0.45
810	肖世源	圆信永丰	2017/06~2021/12	55	5	11.07	8.14	19.04	16.62	-25.37	-30.56	0.50	0.40
811	林忠晶	长安	2015/05~2021/12	80	10	18.36	1.77	16.76	22.92	-20.61	-48.44	1.00	0.01
812	徐小勇	长安	2008/08~2021/12	124	14	28.24	19.80	24.95	25.45	-37.88	-48.44	1.05	0.72
813	陈良栋	长城	2015/11~2021/12	74	8	18.94	5.90	15.52	20.16	-14.08	-34.44	1.12	0.22
814	陈蔚丰	长城	2015/05~2021/12	77	6	16.43	1.96	25.83	23.46	-35.27	-48.44	0.59	0.00
815	储雯玉	长城	2015/08~2021/12	77	6	16.87	8.42	19.71	21.11	-18.53	-34.44	0.78	0.33
816	韩林	长城	2016/05~2021/12	65	5	15.01	9.00	20.04	16.05	-30.64	-30.56	0.69	0.44
817	何以广	长城	2015/05~2021/12	80	10	13.46	1.77	25.11	22.92	-39.61	-48.44	0.48	0.01
818	雷俊	长城	2015/06~2021/12	62	7	15.48	6.02	22.84	23.11	-25.31	-38.05	0.62	0.26
819	廖瀚博	长城	2018/03~2021/12	46	5	24.21	9.59	21.04	17.83	-22.25	-25.85	1.08	0.45
820	龙宇飞	长城	2017/10~2021/12	51	3	16.56	7.10	20.56	17.23	-21.97	-30.56	0.73	0.33
821	马强	长城	2015/06~2021/12	79	9	8.43	3.41	8.40	22.68	-5.54	-42.38	0.82	0.08
822	谭小兵	长城	2016/02~2021/12	71	7	21.20	10.43	15.72	16.72	-15.17	-30.56	1.25	0.53
823	杨建华	长城	2007/09~2021/12	165	10	6.76	3.08	25.48	26.55	-64.19	-68.61	0.18	0.02

续表

编号	基金经理	当前任职公司	任职区间	任职时间（月）	管理基金数量（只）	年化收益率（%）	指数年化收益率（%）	年化波动率（%）	指数年化波动率（%）	最大回撤（%）	指数最大回撤（%）	年化复普比率	指数复普比率
824	张捷	长城	2018/08~2021/12	41	2	23.33	16.24	19.64	17.52	-11.64	-11.70	1.11	0.84
825	赵凤飞	长城	2018/03~2021/12	46	3	14.88	9.59	20.83	17.83	-27.37	-25.85	0.64	0.45
826	曹紫建	长江证券（上海）	2018/04~2021/12	45	4	7.34	10.82	15.98	17.88	-15.51	-22.99	0.37	0.52
827	代毅	长盛	2018/06~2021/12	43	5	19.67	13.74	25.03	17.59	-17.41	-16.20	0.73	0.70
828	郭堃	长盛	2015/11~2021/12	69	10	17.45	5.63	17.55	20.50	-19.76	-34.44	0.92	0.20
829	李琪	长盛	2016/08~2021/12	65	6	7.06	7.12	9.24	15.92	-22.21	-30.56	0.60	0.35
830	钱文礼	长盛	2017/10~2021/12	51	6	14.26	7.10	22.06	17.23	-24.72	-30.56	0.58	0.33
831	王宁	长盛	2001/07~2021/12	180	13	15.20	14.24	22.24	31.01	-52.32	-68.61	0.58	0.36
832	吴达	长盛	2016/07~2021/12	66	5	15.03	7.89	14.57	15.89	-17.69	-30.56	0.93	0.40
833	杨衡	长盛	2015/06~2021/12	79	21	8.96	3.41	13.59	22.68	-18.75	-42.38	0.55	0.08
834	赵楠	长盛	2015/05~2021/12	80	4	6.87	1.77	21.77	22.92	-37.09	-48.44	0.25	0.01
835	周思聪	长盛	2014/01~2021/12	92	7	9.94	14.57	20.71	23.90	-40.29	-44.57	0.40	0.50
836	安昀	长信	2011/10~2021/12	93	9	18.73	15.93	21.53	20.87	-25.11	-40.69	0.78	0.68
837	高远	长信	2017/01~2021/12	60	2	22.71	7.78	15.12	16.21	-20.34	-30.56	1.40	0.39
838	李家春	长信	2016/10~2021/12	58	3	14.61	12.13	8.78	15.37	-5.49	-30.56	1.52	0.77
839	宋海岸	长信	2018/02~2021/12	47	4	30.46	9.36	26.68	17.64	-27.85	-25.93	1.09	0.45
840	吴廷华	长信	2018/03~2021/12	46	3	3.26	9.59	10.47	17.83	-11.58	-25.85	0.17	0.45
841	叶松	长信	2011/03~2021/12	130	15	14.97	9.69	20.60	23.63	-29.61	-48.44	0.62	0.32

续表

编号	基金经理	当前任职公司	任职区间	任职时间（月）	管理基金数量（只）	年化收益率（%）	指数年化收益率（%）	年化波动率（%）	指数年化波动率（%）	最大回撤（%）	指数最大回撤（%）	年化夏普比率	指数年化夏普比率
842	祝昱丰	长信	2017/10~2021/12	51	3	14.52	7.10	17.74	17.23	-21.51	-30.56	0.73	0.33
843	左金保	长信	2015/03~2021/12	82	13	13.98	6.77	25.77	24.42	-38.11	-48.44	0.48	0.21
844	白海峰	招商	2017/05~2021/12	56	2	12.83	9.04	15.08	16.58	-19.33	-30.56	0.75	0.45
845	付斌	招商	2015/01~2021/12	84	13	11.84	10.22	19.42	25.19	-28.20	-48.44	0.53	0.34
846	郭锐	招商	2012/07~2021/12	114	11	16.72	14.11	20.27	24.15	-35.41	-48.44	0.73	0.50
847	韩冰	招商	2015/05~2021/12	80	3	11.26	1.77	26.92	22.92	-49.75	-48.44	0.36	0.01
848	侯杰	招商	2018/10~2021/12	39	4	13.47	19.55	6.20	16.94	-1.95	-7.73	1.93	1.07
849	贾成东	招商	2013/11~2021/12	83	9	16.17	13.16	19.95	16.05	-28.38	-30.56	0.73	0.69
850	贾仁栋	招商	2016/09~2021/12	64	3	9.84	7.57	12.83	16.01	-8.75	-30.56	0.66	0.38
851	李鉴	招商	2016/02~2021/12	71	3	11.99	10.43	10.47	16.72	-18.03	-30.56	1.00	0.53
852	李佳存	招商	2015/01~2021/12	84	7	19.34	10.22	30.35	25.19	-51.70	-48.44	0.59	0.34
853	任琳娜	招商	2017/11~2021/12	45	2	27.97	7.48	30.11	18.06	-30.91	-29.52	0.90	0.36
854	王超	招商	2015/04~2021/12	66	12	4.90	-1.09	24.15	24.70	-40.41	-48.44	0.14	-0.06
855	王刚	招商	2017/07~2021/12	54	8	9.34	7.93	5.55	16.77	-5.20	-30.56	1.41	0.38
856	王景	招商	2011/12~2021/12	120	16	16.67	11.01	17.67	23.47	-34.26	-48.44	0.84	0.36
857	王平	招商	2016/03~2021/12	70	4	13.34	7.72	14.10	15.50	-18.47	-30.56	0.84	0.40
858	王奇玮	招商	2016/12~2021/12	61	4	20.67	7.60	23.24	16.08	-26.11	-30.56	0.82	0.38
859	王垠	招商	2018/09~2021/12	40	4	10.66	16.24	5.13	17.75	-3.72	-11.70	1.79	0.83
860	吴昊	招商	2012/04~2021/12	117	3	16.30	12.64	26.28	24.02	-44.32	-48.44	0.55	0.44

续表

编号	基金经理	当前任职公司	任职区间	任职时间（月）	管理基金数量（只）	年化收益率（%）	指数年化收益率（%）	年化波动率（%）	指数年化波动率（%）	最大回撤（%）	指数最大回撤（%）	年化夏普比率	指数夏普比率
861	姚飞军	招商	2016/06~2021/12	67	4	4.00	7.86	3.86	15.77	-6.17	-30.56	0.65	0.40
862	余芽芳	招商	2017/04~2021/12	57	7	9.50	8.27	4.55	16.51	-5.18	-30.56	1.76	0.41
863	张磊	招商	2017/06~2021/12	55	4	6.20	8.14	10.37	16.62	-20.62	-30.56	0.45	0.40
864	张林	招商	2015/07~2021/12	78	7	12.11	5.92	22.83	21.90	-29.65	-34.44	0.46	0.20
865	张西林	招商	2017/04~2021/12	57	4	10.54	8.27	12.60	16.51	-29.48	-30.56	0.72	0.41
866	张韵	招商	2016/01~2021/12	72	8	6.43	9.83	5.14	16.67	-4.54	-30.56	0.96	0.50
867	滕越	招商	2017/03~2021/12	40	8	5.11	1.70	6.94	16.51	-12.57	-30.56	0.54	0.07
868	赵波	招商证券	2014/04~2021/12	90	6	11.95	16.38	25.59	25.22	-59.22	-48.44	0.41	0.59
869	马斌博	浙江浙商证券	2017/12~2021/12	49	4	16.43	8.20	16.22	17.50	-13.79	-29.52	0.92	0.38
870	查晓磊	浙商	2016/03~2021/12	70	8	19.38	7.72	15.54	15.50	-19.02	-30.56	1.15	0.40
871	曹庆	中庚	2012/08~2021/12	78	8	20.31	13.70	26.19	26.50	-42.58	-44.57	0.72	0.42
872	丘栋荣	中庚	2014/09~2021/12	81	6	30.24	17.27	20.55	25.39	-19.80	-48.44	1.41	0.65
873	郁琦	中国人保	2018/11~2021/12	38	2	27.93	19.39	17.07	17.17	-9.18	-7.73	1.55	1.04
874	张丽华	中国人保	2018/10~2021/12	39	1	20.68	19.55	18.04	16.94	-15.99	-7.73	1.06	1.07
875	张永超	中国人保	2016/11~2021/12	56	12	1.41	1.56	9.84	15.16	-17.45	-30.56	-0.01	0.01
876	邱红丽	中海	2014/03~2021/12	94	5	16.24	15.47	25.75	24.61	-48.90	-48.44	0.56	0.56
877	许定晴	中海	2010/03~2021/12	142	10	9.83	9.05	23.48	23.59	-52.51	-48.44	0.33	0.29
878	姚晨曦	中海	2015/04~2021/12	81	4	13.56	4.01	31.90	23.50	-56.36	-48.44	0.38	0.11
879	姚炜	中海	2018/12~2021/12	37	2	9.61	21.54	17.63	16.99	-22.24	-7.73	0.46	1.18

续表

编号	基金经理	当前任职公司	任职区间	任职时间（月）	管理基金数量（只）	年化收益率（%）	指数年化收益率（%）	年化波动率（%）	指数年化波动率（%）	最大回撤（%）	指数最大回撤（%）	年化复普比率	指数年化复普比率
880	左剑	中海	2015/05~2021/12	80	4	21.95	1.77	22.50	22.92	-34.15	-48.44	0.91	0.01
881	韩浩	中航	2017/12~2021/12	49	3	12.06	8.20	13.24	17.50	-11.87	-29.52	0.80	0.38
882	冯汉杰	中加	2018/12~2021/12	37	4	30.55	21.54	14.12	16.99	-5.59	-7.73	2.06	1.18
883	李坤元	中加	2010/05~2021/12	122	6	1.26	1.78	25.21	21.94	-65.04	-48.44	-0.03	-0.08
884	刘晓晨	中加	2018/01~2021/12	39	5	17.54	6.63	10.42	19.39	-5.91	-29.52	1.80	0.22
885	王粱	中加	2018/08~2021/12	41	3	9.92	16.24	11.68	17.52	-9.05	-11.70	0.72	0.84
886	许飞虎	中加	2018/05~2021/12	44	1	11.10	11.09	15.07	18.08	-18.99	-22.94	0.64	0.53
887	闫沛贤	中加	2015/12~2021/12	73	1	5.52	5.10	2.48	20.20	-1.52	-34.44	1.62	0.18
888	刘重普	中金	2017/08~2021/12	53	8	15.78	7.38	17.25	16.90	-19.36	-30.56	0.83	0.35
889	曹名长	中欧	2006/07~2021/12	182	11	20.65	18.29	24.47	28.70	-63.74	-68.61	0.75	0.54
890	葛兰	中欧	2015/01~2021/12	80	9	27.64	9.89	28.80	25.90	-33.52	-48.44	0.92	0.34
891	郭睿	中欧	2018/02~2021/12	47	4	22.52	9.36	23.55	17.64	-23.74	-25.93	0.89	0.45
892	华李成	中欧	2018/03~2021/12	46	1	8.33	9.59	2.73	17.83	-0.86	-25.85	2.50	0.45
893	黄华	中欧	2018/12~2021/12	37	3	10.60	21.54	4.80	16.99	-2.11	-7.73	1.90	1.18
894	蒋雯文	中欧	2018/07~2021/12	42	3	8.58	13.98	6.32	17.80	-6.31	-16.20	1.12	0.70
895	蓝小康	中欧	2017/05~2021/12	56	2	14.50	9.04	18.21	16.58	-22.49	-30.56	0.71	0.45
896	李帅	中欧	2015/07~2021/12	72	5	12.51	5.29	21.43	22.85	-33.03	-34.44	0.52	0.13
897	曲径	中欧	2016/01~2021/12	73	5	16.11	9.83	15.36	16.67	-19.17	-30.56	0.95	0.50
898	王健	中欧	2009/10~2021/12	130	12	17.74	13.00	16.82	20.57	-21.26	-48.44	0.93	0.51
899	王培	中欧	2011/06~2021/12	111	9	20.90	9.64	25.80	24.73	-47.27	-48.44	0.73	0.30

续表

编号	基金经理	当前任职公司	任职区间	任职时间（月）	管理基金数量（只）	年化收益率（%）	指数年化收益率（%）	年化波动率（%）	指数年化波动率（%）	最大回撤（%）	指数最大回撤（%）	年化夏普比率	指数年化夏普比率
900	魏博	中欧	2012/08~2021/12	113	5	16.58	14.50	22.91	24.23	-29.81	-48.44	0.65	0.52
901	许文星	中欧	2018/04~2021/12	45	8	23.82	10.82	16.89	17.88	-13.35	-22.99	1.32	0.52
902	袁维德	中欧	2016/12~2021/12	61	5	17.64	7.60	16.25	16.08	-20.42	-30.56	0.99	0.38
903	张跃鹏	中欧	2015/11~2021/12	74	14	10.70	5.90	8.97	20.16	-7.71	-34.44	1.03	0.22
904	周蔚文	中欧	2006/11~2021/12	179	11	19.39	14.86	22.68	29.93	-52.65	-68.61	0.76	0.44
905	周应波	中欧	2015/11~2021/12	74	7	24.42	5.90	19.34	20.16	-17.00	-34.44	1.18	0.22
906	甘传琦	中融	2017/06~2021/12	55	10	22.66	8.14	20.16	16.62	-22.29	-30.56	1.05	0.40
907	柯海东	中融	2016/07~2021/12	62	10	23.62	11.92	17.52	15.37	-8.09	-28.66	1.29	0.65
908	刘李杰	中融	2017/09~2021/12	39	3	6.08	-1.57	18.93	16.88	-34.08	-30.56	0.25	-0.21
909	吴昊	中融	2017/11~2021/12	49	6	19.09	9.35	14.89	17.28	-6.47	-27.59	1.21	0.43
910	赵菲	中融	2016/12~2021/12	48	3	6.80	7.64	20.48	16.55	-36.86	-30.56	0.27	0.37
911	姜诚	中泰证券（上海）	2014/08~2021/12	58	6	28.41	25.73	16.66	29.68	-9.60	-48.44	1.63	0.86
912	提云涛	中信保诚	2016/09~2021/12	64	10	9.10	7.57	5.36	16.01	-3.86	-30.56	1.42	0.38
913	王颖	中信保诚	2017/02~2021/12	59	6	11.11	7.26	5.90	16.31	-8.81	-30.56	1.63	0.35
914	王睿	中信保诚	2015/04~2021/12	81	7	17.13	4.01	25.00	23.50	-34.06	-48.44	0.62	0.11
915	吴昊	中信保诚	2015/11~2021/12	74	8	13.84	5.90	18.25	20.16	-25.08	-34.44	0.68	0.22
916	杨立春	中信保诚	2015/06~2021/12	79	7	12.36	3.41	15.70	22.68	-5.29	-42.38	0.69	0.08
917	张弘	中信保诚	2013/07~2021/12	41	3	33.42	39.05	20.58	19.36	-11.65	-8.52	1.56	1.74
918	周志刚	中信保诚	2010/02~2021/12	143	4	8.70	9.20	20.81	23.51	-42.38	-48.44	0.31	0.30

续表

编号	基金经理	当前任职公司	任职区间	任职时间（月）	管理基金数量（只）	年化收益率（%）	指数年化收益率（%）	年化波动率（%）	指数年化波动率（%）	最大回撤（%）	指数最大回撤（%）	年化夏普比率	指数年化夏普比率
919	周户	中信建投	2017/01~2021/12	60	2	3.46	7.78	13.40	16.21	-26.96	-30.56	0.15	0.39
920	周紫光	中信建投	2017/05~2021/12	56	3	26.42	9.04	29.03	16.58	-35.23	-30.56	0.86	0.45
921	栾汇伟	中信建投	2015/07~2021/12	71	8	20.27	10.94	23.61	22.14	-31.04	-32.65	0.81	0.41
922	李建	中银	2012/09~2021/12	112	5	9.30	14.37	5.34	24.34	-2.68	-48.44	1.38	0.51
923	刘腾	中银	2017/09~2021/12	52	3	12.37	7.22	13.80	17.06	-21.07	-30.56	0.79	0.34
924	苗婷	中银	2016/08~2021/12	65	7	8.08	7.12	3.55	15.92	-1.81	-30.56	1.86	0.35
925	宋殿宇	中银	2018/02~2021/12	47	4	7.82	9.36	5.30	17.64	-6.75	-25.93	1.19	0.45
926	涂海强	中银	2016/01~2021/12	72	6	7.64	9.83	5.14	16.67	-3.13	-30.56	1.19	0.50
927	王帅	中银	2015/07~2021/12	78	6	10.55	5.92	21.89	21.90	-32.34	-34.44	0.41	0.20
928	王伟	中银	2015/02~2021/12	83	7	19.55	9.43	27.65	25.25	-56.64	-48.44	0.65	0.31
929	王睿	中银	2018/11~2021/12	38	3	30.32	19.39	16.88	17.17	-6.62	-7.73	1.71	1.04
930	吴印	中银	2010/07~2021/12	129	13	7.20	8.52	20.62	23.82	-49.29	-48.44	0.25	0.24
931	严菲	中银	2007/03~2021/12	172	7	14.61	13.08	21.92	28.52	-56.93	-68.61	0.56	0.45
932	杨成	中银	2015/09~2021/12	76	4	9.14	9.48	6.37	21.08	-3.90	-34.44	1.20	0.38
933	赵志华	中银	2015/07~2021/12	78	5	10.17	5.92	20.02	21.90	-32.23	-34.44	0.43	0.20
934	白冰洋	中银国际证券	2016/04~2021/12	50	5	5.39	4.12	18.77	15.78	-25.20	-28.75	0.22	0.28
935	林博程	中银国际证券	2018/03~2021/12	42	4	24.40	10.02	24.20	18.69	-22.21	-25.85	0.97	0.45
936	蒲延杰	中银国际证券	2017/07~2021/12	45	4	14.53	2.50	16.17	16.32	-15.70	-30.56	0.85	0.12
937	张少华	中银国际证券	2011/06~2021/12	59	6	3.11	-1.73	21.56	18.37	-34.16	-28.08	0.05	-0.14

续表

编号	基金经理	当前任职公司	任职区间	任职时间（月）	管理基金数量（只）	年化收益率（%）	指数年化收益率（%）	年化波动率（%）	指数年化波动率（%）	最大回撤（%）	指数最大回撤（%）	年化夏普比率	指数年化夏普比率
938	张燕	中银国际证券	2015/05~2021/12	67	9	19.30	1.46	19.74	24.87	-17.27	-48.44	0.92	-0.02
939	曹思	中邮创业	2014/05~2021/12	92	3	22.58	15.71	29.58	24.87	-45.47	-48.44	0.71	0.56
940	陈梁	中邮创业	2014/07~2021/12	90	8	20.07	14.50	24.56	25.00	-36.23	-48.44	0.75	0.51
941	国晓雯	中邮创业	2017/01~2021/12	60	9	18.02	7.78	18.50	16.21	-32.14	-30.56	0.89	0.39
942	任慧峰	中邮创业	2018/08~2021/12	41	2	18.18	16.24	10.73	17.52	-6.21	-11.70	1.56	0.84
943	王曼	中邮创业	2016/01~2021/12	72	4	17.55	9.83	18.86	16.67	-15.98	-30.56	0.85	0.50
944	吴尚	中邮创业	2018/03~2021/12	46	2	21.60	9.59	20.58	17.83	-20.25	-25.85	0.98	0.45
945	许忠海	中邮创业	2015/04~2021/12	81	6	7.56	4.01	34.36	23.50	-70.98	-48.44	0.18	0.11
946	张腾	中邮创业	2015/03~2021/12	82	2	12.89	6.77	30.71	24.42	-56.55	-48.44	0.37	0.21
947	周楠	中邮创业	2015/05~2021/12	80	4	6.59	1.77	27.28	22.92	-52.15	-48.44	0.19	0.01

附录七 离职基金经理与同期万得全 A 指数业绩对比表（按离职前任职公司排序）：1998~2021 年

本表展示离职基金经理与同期万得全 A 指数的收益和风险指标。其中，收益指标包括年化收益率，夏普比率，风险指标包括年化波动率，最大回撤。表中展示的指数的收益和风险收益数据计算得出，如果某月基金经理未管理基金产品，指数的收益不计算。本表中的基金经理仅包括管理以下类型基金的经理：股票多空型、偏股混合型、平衡混合型、灵活配置型、普通股票型和增强指数型的主动管理的基金，并且基金经理有三年以上任职时长，共 687 位离职基金经理。每位离职基金经理的业绩是该基金经理离职前任职的公司。理规模加权平均后的业绩。表中"离职前任职公司"指的是截至 2021 年 12 月 31 日时已离职基金经理离职前任职的公司。

编号	基金经理	离职前任职公司	任职区间	任职时间（月）	管理基金数量（只）	年化收益率（%）	收益年化率（%）	指数年化率（%）	年化波动率（%）	指数年化波动率（%）	最大回撤（%）	指数最大回撤（%）	年化夏普比率	指数年化夏普比率
1	蓝雁书	安信	2013/12~2019/05	67	6	4.82	13.45	9.22	28.06	-21.70	-48.44	0.32	0.41
2	杨凯珲	安信	2014/09~2020/03	58	3	17.01	9.57	12.98	24.58	-7.00	-48.44	1.20	0.28
3	陈茂仁	宝盈	2003/01~2010/07	78	2	2.84	-2.46	23.18	32.40	-54.54	-67.56	0.02	-0.08
4	段鹏程	宝盈	2007/06~2018/10	44	6	1.43	3.75	23.91	27.64	-32.23	-32.54	-0.02	0.01
5	李健伟	宝盈	2017/01~2021/11	60	5	20.52	7.70	24.35	16.35	-27.28	-30.56	0.78	0.38
6	牛春宝	宝盈	2004/10~2008/02	39	2	26.97	32.68	23.76	30.33	-14.21	-24.64	1.05	0.91
7	杨凯	宝盈	2013/02~2016/07	43	4	17.95	22.15	32.89	33.70	-43.35	-44.57	0.47	0.58
8	余述胜	宝盈	2009/07~2014/01	56	1	-3.72	-2.20	21.62	23.79	-38.92	-34.26	-0.31	-0.21
9	张小仁	宝盈	2014/01~2017/02	39	4	20.98	26.88	34.16	33.34	-46.44	-44.57	0.55	0.74
10	高峰	北信瑞丰	2010/02~2017/11	89	7	2.96	5.52	24.73	26.75	-35.41	-44.57	0.02	0.06
11	王忠波	北信瑞丰	2008/04~2021/05	120	10	20.18	11.70	27.36	30.60	-39.44	-57.51	0.67	0.32
12	于军华	北信瑞丰	2014/12~2020/05	67	5	8.81	7.00	21.90	27.36	-33.17	-48.44	0.33	0.20

续表

编号	基金经理	离职前任职公司	任职区间	任职时间（月）	管理基金数量（只）	年化收益率（%）	指数年化收益率（%）	年化波动率（%）	指数年化波动率（%）	最大回撤（%）	指数最大回撤（%）	年化夏普比率	指数年化夏普比率
13	陈丰	博时	2003/08~2008/11	66	2	24.30	13.94	28.39	36.56	-58.67	-68.61	0.76	0.31
14	陈亮	博时	2007/01~2010/03	40	2	25.04	26.00	31.44	44.65	-48.11	-68.61	0.70	0.51
15	邓晓峰	博时	2007/03~2014/11	94	1	14.47	10.75	25.23	32.58	-52.66	-68.61	0.45	0.24
16	高阳	博时	2002/10~2008/01	65	3	40.26	26.45	22.33	30.58	-17.70	-43.54	1.72	0.79
17	韩茂华	博时	2013/01~2021/01	97	6	8.93	13.80	20.75	25.38	-35.77	-48.44	0.34	0.47
18	黄健斌	博时	2003/12~2009/11	60	2	27.52	30.18	21.67	40.54	-33.94	-68.61	1.16	0.58
19	李培刚	博时	2008/07~2012/12	55	1	-1.30	5.30	25.32	30.86	-45.68	-42.52	-0.16	0.08
20	李权胜	博时	2012/08~2020/07	97	3	17.36	15.41	22.01	26.01	-33.35	-48.44	0.70	0.52
21	刘建伟	博时	2010/12~2015/08	50	4	-5.82	-5.91	15.89	23.60	-34.98	-36.20	-0.57	-0.55
22	刘思甸	博时	2016/04~2020/10	56	1	10.24	6.67	13.26	16.96	-21.97	-30.56	0.66	0.30
23	刘小山	博时	1999/10~2002/12	55	3	10.27	-1.79	30.82	22.71	-26.76	-41.28	0.27	-0.17
24	聂挺进	博时	2010/03~2014/11	58	3	5.45	4.80	15.32	21.09	-20.77	-33.01	0.16	0.09
25	皮敏	博时	2009/12~2015/06	68	2	2.68	14.77	14.07	24.52	-35.83	-34.26	-0.02	0.48
26	苏永超	博时	2013/10~2018/03	55	2	10.99	18.59	29.84	28.54	-51.51	-44.57	0.30	0.58
27	孙占军	博时	2008/02~2014/01	73	4	0.18	-2.23	22.53	30.97	-43.36	-64.72	-0.12	-0.17
28	王俊	博时	2015/01~2020/12	73	12	15.09	10.40	20.13	27.04	-28.26	-48.44	0.67	0.33
29	王燕	博时	2011/02~2016/07	67	3	4.17	11.38	22.71	29.40	-38.29	-44.57	0.06	0.29
30	王曦	博时	2015/09~2021/11	76	14	10.05	9.44	6.91	21.22	-5.85	-34.44	1.24	0.37
31	温宇峰	博时	2010/10~2014/06	46	3	-4.26	-3.71	15.36	19.08	-21.18	-33.01	-0.48	-0.36

续表

编号	基金经理	离职前任职公司	任职区间	任职时间（月）	管理基金数量（只）	年化收益率（%）	指数年化收益率（%）	年化波动率（%）	指数年化波动率（%）	最大回撤（%）	指数最大回撤（%）	年化夏普比率	指数年化夏普比率
32	吴丰树	博时	2008/09~2021/08	132	10	11.58	14.54	22.08	27.71	-33.56	-44.57	0.43	0.45
33	夏春	博时	2008/12~2012/07	44	2	8.87	14.13	18.14	27.47	-18.83	-29.39	0.34	0.41
34	肖华	博时	2000/08~2006/11	73	3	14.61	0.27	19.12	22.11	-27.29	-61.69	0.66	-0.04
35	杨鹏	博时	2010/08~2021/04	115	7	12.39	12.04	22.33	24.04	-40.05	-44.57	0.46	0.40
36	杨锐	博时	2006/05~2012/07	76	4	10.79	17.75	23.27	36.05	-52.88	-68.61	0.34	0.41
37	尹哲	博时	2014/10~2019/05	41	4	10.09	10.37	34.58	28.24	-60.09	-48.44	0.25	0.32
38	余洋	博时	2007/02~2011/04	52	2	11.63	17.47	29.67	40.34	-54.78	-68.61	0.30	0.36
39	招扬	博时	2014/12~2018/02	40	4	9.46	11.62	31.48	32.05	-45.63	-44.57	0.25	0.31
40	周枫	博时	2001/04~2005/01	47	2	1.48	-18.35	12.97	20.85	-17.48	-55.86	-0.04	-0.98
41	周力	博时	2005/02~2011/06	78	2	25.35	26.03	26.22	36.33	-52.33	-68.61	0.86	0.64
42	周心鹏	博时	2010/10~2021/10	129	7	13.80	9.09	18.46	23.89	-33.51	-48.44	0.63	0.29
43	邹志新	博时	2002/01~2010/10	107	4	17.47	17.04	23.32	33.36	-56.05	-68.61	0.64	0.44
44	谈洁颖	财通	2012/07~2021/04	99	8	17.59	14.50	22.44	25.85	-32.53	-48.44	0.70	0.50
45	姚思劼	财通	2016/03~2019/06	41	7	-3.67	1.19	13.41	16.63	-29.55	-30.56	-0.39	-0.02
46	陈玉辉	创金合信	2012/11~2019/08	80	5	16.75	14.13	18.27	25.09	-20.36	-34.44	0.82	0.59
47	程志田	创金合信	2016/01~2019/06	43	3	3.27	5.15	16.69	18.54	-30.22	-30.56	0.11	0.20
48	曹雄飞	大成	2006/01~2014/05	66	5	16.13	18.75	34.81	37.98	-61.35	-68.15	0.40	0.38
49	冯文光	大成	2011/03~2016/10	63	4	4.74	1.17	22.63	26.62	-46.38	-31.71	0.09	0.06
50	何光明	大成	2004/12~2013/02	77	2	-1.33	-5.05	23.53	30.61	-51.58	-64.72	-0.18	-0.20

续表

编号	基金经理	离职前任职公司	任职区间	任职时间（月）	管理基金数量（只）	年化收益率（%）	指数年化收益率（%）	年化波动率（%）	指数年化波动率（%）	最大回撤（%）	指数最大回撤（%）	年化夏普比率	指数年化夏普比率
51	黎新平	大成	2016/09~2020/09	49	1	9.76	5.61	18.08	17.77	-31.14	-30.56	0.46	0.23
52	李本刚	大成	2012/09~2019/12	89	9	18.12	13.68	26.39	26.48	-40.50	-48.44	0.61	0.44
53	刘安田	大成	2010/04~2015/03	61	4	10.45	13.90	20.50	22.43	-37.66	-33.01	0.36	0.49
54	刘泽兵	大成	2007/09~2015/02	86	2	2.63	3.94	22.66	30.70	-55.72	-68.61	-0.01	0.06
55	施永辉	大成	2006/01~2013/10	95	1	16.88	20.68	30.29	34.39	-63.29	-68.61	0.46	0.52
56	石国武	大成	2013/04~2017/08	54	5	19.20	21.66	19.93	30.15	-23.44	-44.57	0.85	0.65
57	汤义峰	大成	2010/03~2015/03	58	3	15.37	15.75	18.48	23.13	-19.23	-33.01	0.69	0.62
58	王文祥	大成	2011/10~2015/12	44	3	22.26	16.25	29.71	30.48	-43.15	-39.98	0.67	0.34
59	徐彬	大成	2002/01~2006/05	53	3	13.36	2.14	16.20	23.16	-14.80	-50.22	0.70	0.00
60	杨建华	大成	2005/02~2012/06	90	4	21.41	20.00	29.10	34.70	-61.47	-68.61	0.64	0.49
61	杨建勋	大成	2004/08~2015/07	125	7	11.28	16.23	26.21	32.44	-54.67	-68.61	0.33	0.40
62	张钟玉	大成	2015/03~2021/08	80	1	11.73	6.57	20.46	25.03	-33.53	-48.44	0.50	0.20
63	周德昕	大成	2009/12~2017/11	61	3	-6.23	-6.32	24.32	26.66	-56.36	-44.57	-0.35	-0.44
64	周建春	大成	2002/01~2012/12	77	3	11.24	12.86	20.86	24.93	-36.46	-34.26	0.43	0.34
65	周志超	大成	2014/03~2019/12	64	11	15.04	22.99	29.99	25.13	-45.77	-48.44	0.46	0.78
66	朱哲	大成	2016/08~2019/08	38	2	2.09	-1.13	2.89	16.95	-3.06	-30.56	0.21	-0.16
67	王本昌	德邦	2012/03~2021/10	95	5	15.11	14.79	17.50	19.30	-29.16	-30.56	0.75	0.67
68	呼振翼	东方	2011/12~2015/07	45	5	22.36	26.13	30.39	26.94	-33.34	-24.63	0.64	0.86
69	庞飒	东方	2005/08~2013/02	86	3	26.32	24.86	28.54	34.89	-54.37	-68.61	0.83	0.63

续表

编号	基金经理	离职前任职公司	任职区间	任职时间(月)	管理基金数量(只)	年化收益率(%)	指数年化收益率(%)	年化波动率(%)	指数年化波动率(%)	最大回撤(%)	指数最大回撤(%)	年化夏普比率	指数年化夏普比率
70	徐昀君	东方	2013/12~2017/04	42	3	8.61	23.45	3.23	32.24	-0.48	-44.57	2.01	0.66
71	于鑫	东方	2007/07~2014/12	91	5	2.47	5.90	22.65	30.50	-62.06	-68.61	-0.02	0.09
72	张岗	东方	2006/03~2015/04	70	4	22.10	34.53	19.33	25.27	-29.98	-33.01	1.01	1.26
73	周薇	东方	2015/04~2020/04	62	5	4.09	-1.73	3.66	25.74	-7.54	-48.44	0.70	-0.13
74	朱晓栋	东方	2013/01~2019/02	75	11	6.03	12.43	12.52	27.66	-25.86	-48.44	0.32	0.37
75	胡德军	东海	2015/10~2021/08	72	3	2.49	6.62	20.33	20.69	-42.94	-34.44	0.05	0.25
76	程涛	东吴	2010/04~2019/04	80	9	4.45	12.65	23.10	20.87	-46.32	-33.01	0.09	0.41
77	戴斌	东吴	2014/12~2020/03	77	6	12.13	6.11	26.84	27.73	-54.62	-48.44	0.39	0.16
78	付琦	东吴	2013/08~2019/12	63	3	5.35	17.24	20.55	29.11	-48.95	-48.44	0.17	0.53
79	彭敢	东吴	2010/11~2021/02	120	9	14.76	9.75	28.79	24.54	-57.43	-48.44	0.44	0.30
80	秦斌	东吴	2016/07~2020/06	49	4	4.69	4.18	13.26	16.61	-25.58	-30.56	0.24	0.16
81	任壮	东吴	2009/01~2013/12	61	3	-2.71	10.90	28.44	26.02	-57.13	-34.26	-0.19	0.31
82	王炯	东吴	2006/12~2011/04	54	2	17.90	23.48	31.45	40.60	-53.01	-68.61	0.48	0.51
83	王立立	东吴	2013/12~2020/07	81	6	15.55	15.72	29.72	26.40	-49.42	-48.44	0.46	0.53
84	吴广利	东吴	2009/05~2014/11	43	3	1.78	15.38	19.88	24.46	-31.95	-24.44	-0.04	0.57
85	张能进	东吴	2016/05~2019/12	45	2	9.22	3.61	14.93	16.30	-23.77	-30.56	0.52	0.13
86	程远	东兴	2015/12~2019/08	46	5	-10.39	-2.95	16.38	23.09	-37.63	-34.44	-0.73	-0.19
87	沈毅	方正富邦	2014/01~2018/11	60	2	12.99	12.03	30.00	28.16	-41.37	-46.95	0.37	0.36
88	王健	方正富邦	2015/06~2018/07	39	1	-2.72	-8.30	20.30	26.94	-28.94	-38.05	-0.21	-0.36

续表

编号	基金经理	离职前任职公司	任职区间	任职时间（月）	管理基金数量（只）	年化收益率（%）	指数年化收益率（%）	年化波动率（%）	指数年化波动率（%）	最大回撤（%）	指数最大回撤（%）	年化夏普比率	指数年化夏普比率
89	黄强	富安达	2012/04~2015/07	41	1	25.13	25.93	37.48	27.64	-41.46	-24.63	0.59	0.83
90	毛矛	富安达	2015/05~2020/07	64	5	4.76	-0.31	21.91	25.38	-47.17	-48.44	0.15	-0.07
91	蔡耀华	富国	2016/12~2021/07	57	5	3.72	6.55	8.47	16.85	-15.63	-30.56	0.28	0.37
92	陈戈	富国	2005/04~2014/03	109	1	19.62	18.91	25.39	32.63	-49.61	-68.61	0.66	0.49
93	戴益强	富国	2012/10~2018/01	65	5	13.39	19.58	30.39	28.52	-51.29	-44.57	0.37	0.61
94	贺轶	富国	2006/08~2016/01	87	3	21.23	24.15	24.37	31.87	-38.83	-43.03	0.77	0.72
95	金涛	富国	1999/05~2002/10	42	1	12.48	8.43	33.20	29.27	-27.02	-35.12	0.31	0.21
96	李文忠	富国	2000/07~2008/10	82	3	20.56	8.13	35.82	35.40	-50.65	-68.61	0.51	0.17
97	李晓铭	富国	2009/10~2019/07	119	8	10.57	7.61	22.46	25.29	-49.47	-48.44	0.37	0.21
98	尚鹏岳	富国	2008/01~2015/05	86	4	14.27	12.67	25.88	31.12	-49.00	-64.72	0.44	0.26
99	汪鸣	富国	2014/01~2018/03	52	3	21.02	19.68	31.32	29.18	-35.68	-44.57	0.61	0.61
100	魏伟	富国	2011/12~2021/01	108	5	20.99	13.87	27.98	25.34	-41.59	-48.44	0.68	0.43
101	徐大成	富国	2002/11~2007/05	57	3	35.59	31.17	20.09	27.72	-15.03	-43.54	1.70	1.10
102	许达	富国	2005/03~2010/12	71	2	21.20	30.85	23.14	37.46	-49.00	-68.61	0.81	0.75
103	于江勇	富国	2008/05~2018/03	120	1	13.23	9.44	21.93	29.88	-33.84	-54.05	0.49	0.23
104	钟智伦	富国	2015/05~2019/02	47	7	3.31	-8.64	2.68	27.44	-3.56	-48.44	0.66	-0.37
105	曹冠业	工银瑞信	2007/11~2014/05	80	4	3.40	-1.11	25.44	30.49	-47.50	-67.56	0.02	-0.13
106	陈守红	工银瑞信	2005/03~2011/03	66	3	36.24	44.11	27.21	34.31	-23.08	-68.61	1.26	1.33
107	高善阳	工银瑞信	2011/04~2015/01	44	3	4.03	9.96	17.49	19.79	-22.64	-30.76	0.06	0.40

续表

编号	基金经理	离职前任职公司	任职区间	任职时间(月)	管理基金数量(只)	年化收益率(%)	指数年化收益率(%)	年化波动率(%)	指数年化波动率(%)	最大回撤(%)	指数最大回撤(%)	年化夏普比率	指数年化夏普比率
108	郝康	工银瑞信	2016/12~2020/03	41	3	5.34	-0.79	13.87	16.71	-22.41	-30.56	0.28	-0.14
109	何江旭	工银瑞信	2002/11~2014/06	138	7	18.06	12.23	25.87	30.64	-61.22	-68.61	0.60	0.34
110	胡文彪	工银瑞信	2010/02~2018/03	99	8	6.09	9.02	24.75	25.81	-41.19	-44.57	0.15	0.25
111	江晖	工银瑞信	2002/01~2007/04	52	3	39.52	39.73	20.39	27.76	-9.53	-48.13	1.92	1.36
112	刘珂	工银瑞信	2014/11~2018/06	45	4	6.11	10.00	38.57	31.09	-53.82	-44.57	0.11	0.27
113	刘天任	工银瑞信	2013/11~2017/07	46	4	12.24	21.22	38.97	31.00	-61.21	-44.57	0.26	0.62
114	曲丽	工银瑞信	2007/11~2012/12	63	1	-4.58	-2.51	23.69	32.95	-52.95	-67.56	-0.32	-0.17
115	王烁杰	工银瑞信	2014/04~2017/04	38	3	20.75	27.35	43.38	33.81	-59.52	-44.57	0.43	0.75
116	王勇	工银瑞信	2011/11~2014/12	39	2	9.36	16.75	15.58	21.47	-12.40	-17.71	0.40	0.64
117	魏欣	工银瑞信	2015/05~2021/06	75	2	12.76	1.32	10.72	23.75	-11.43	-48.44	1.05	-0.01
118	温震宇	工银瑞信	2005/02~2009/08	50	3	24.60	26.24	31.76	41.33	-51.97	-67.56	0.70	0.67
119	吴刚	工银瑞信	2002/09~2008/01	59	5	27.27	19.45	20.01	31.03	-13.10	-45.44	1.29	0.63
120	修世宇	工银瑞信	2014/10~2018/12	51	2	1.55	6.79	39.51	29.82	-64.16	-48.44	0.00	0.17
121	杨军	工银瑞信	2003/10~2013/12	109	4	14.73	18.18	25.87	33.51	-57.42	-68.61	0.47	0.45
122	张翎	工银瑞信	2005/05~2010/03	57	4	32.45	37.11	27.73	39.50	-49.25	-68.61	1.09	0.86
123	常昊	光大保德信	2002/11~2007/05	53	3	34.69	35.12	21.39	28.07	-23.88	-43.54	1.55	1.15
124	戴奇雷	光大保德信	2008/05~2021/06	123	7	9.49	14.46	24.38	29.21	-45.18	-54.05	0.31	0.40
125	董伟炜	光大保德信	2015/05~2020/10	67	4	12.17	-0.84	26.13	24.93	-41.61	-48.44	0.41	-0.09
126	高宏华	光大保德信	2007/08~2013/06	71	2	-4.56	-5.18	27.95	32.40	-60.41	-68.61	-0.27	-0.25

续表

编号	基金经理	离职前任职公司	任职区间	任职时间（月）	管理基金数量（只）	年化收益率（%）	指数年化收益率（%）	年化波动率（%）	指数年化波动率（%）	最大回撤（%）	指数最大回撤（%）	年化夏普比率	指数年化夏普比率
127	黄素丽	光大保德信	2010/04~2013/04	38	1	-4.79	-3.94	20.27	20.65	-34.86	-33.01	-0.39	-0.34
128	金昉毅	光大保德信	2015/05~2021/10	66	13	14.26	1.74	20.69	23.18	-24.22	-44.57	0.63	0.06
129	李阳	光大保德信	2010/07~2014/06	49	2	-4.79	0.52	24.36	19.52	-43.86	-33.01	-0.33	-0.13
130	钱钧	光大保德信	2007/09~2013/12	77	3	0.56	-3.32	29.36	31.60	-62.17	-68.61	-0.08	-0.20
131	盛松	光大保德信	2017/01~2020/01	38	1	-0.49	1.41	15.46	16.99	-33.60	-30.56	-0.13	-0.01
132	田大伟	光大保德信	2014/02~2018/02	50	2	14.85	20.31	26.59	29.78	-33.01	-44.57	0.49	0.62
133	王维诚	光大保德信	2016/04~2019/11	45	4	2.71	1.38	16.81	15.83	-37.02	-30.56	0.07	-0.01
134	许春茂	光大保德信	2006/06~2010/03	47	2	35.40	35.26	37.71	42.72	-63.83	-68.61	0.86	0.76
135	于进杰	光大保德信	2009/10~2016/03	78	5	12.81	10.98	23.12	28.90	-30.76	-44.57	0.44	0.28
136	袁宏隆	光大保德信	2007/06~2011/03	47	2	6.70	8.47	38.96	38.92	-68.93	-68.61	0.10	0.14
137	周炜炜	光大保德信	2005/08~2014/07	102	4	22.02	19.86	28.01	33.49	-51.30	-68.61	0.70	0.51
138	陈仕德	广发	2005/02~2015/05	125	2	25.63	25.59	31.53	32.33	-66.12	-68.61	0.72	0.70
139	冯永欢	广发	2007/03~2014/11	94	4	11.22	10.75	25.88	32.58	-60.06	-68.61	0.32	0.24
140	何震	广发	2004/07~2008/01	44	2	57.56	45.50	27.61	33.63	-15.40	-27.00	1.99	1.28
141	江湧	广发	2005/02~2009/08	56	2	29.71	32.15	29.37	40.82	-54.11	-68.61	0.93	0.72
142	刘晓龙	广发	2010/11~2017/02	77	3	15.09	11.46	27.51	27.67	-36.58	-44.57	0.45	0.32
143	王小松	广发	2014/12~2019/05	55	6	6.85	6.51	26.43	29.83	-44.64	-48.44	0.20	0.16
144	谢军	广发	2016/02~2021/03	63	11	7.11	9.53	2.38	17.65	-0.93	-30.56	2.36	0.45
145	许雪梅	广发	2008/02~2013/01	61	3	-6.73	-3.03	28.43	32.48	-50.86	-64.72	-0.34	-0.18

续表

编号	基金经理	离职前任职公司	任职区间	任职时间（月）	管理基金数量（只）	年化收益率(%)	指数年化收益率(%)	年化波动率(%)	指数年化波动率(%)	最大回撤(%)	指数最大回撤(%)	年化夏普比率	指数年化夏普比率
146	易阳方	广发	2003/12~2020/01	195	10	16.85	14.15	26.52	30.13	-60.91	-68.61	0.54	0.39
147	余昊	广发	2016/06~2021/04	60	4	11.84	6.84	16.27	16.52	-26.07	-30.56	0.64	0.32
148	朱纪刚	广发	2009/09~2015/01	66	4	11.68	10.03	20.82	21.34	-33.45	-34.26	0.42	0.33
149	祝俭	广发	2010/12~2015/01	51	2	-0.83	9.04	12.98	20.33	-23.69	-31.71	-0.30	0.29
150	程广飞	国都证券	2015/12~2019/06	44	4	2.17	-2.84	8.24	23.65	-19.66	-34.44	0.08	-0.18
151	游典宗	国都证券	2015/12~2020/03	53	2	3.88	-2.35	12.25	21.99	-29.85	-34.44	0.19	-0.18
152	张崴	国都证券	2017/09~2021/02	43	3	9.06	6.28	18.58	18.53	-38.36	-30.56	0.41	0.26
153	邓钟锋	国海富兰克林	2016/06~2019/09	41	7	6.59	0.81	3.85	16.50	-3.23	-30.56	1.32	-0.04
154	张晓东	国海富兰克林	2006/06~2014/11	103	2	18.88	18.37	24.56	32.67	-47.49	-68.61	0.65	0.47
155	李安心	国金	2009/10~2018/08	61	3	-3.01	-6.09	14.22	17.36	-36.61	-29.39	-0.38	-0.55
156	杨雨龙	国金	2015/06~2020/05	49	6	-1.87	-1.55	23.91	27.16	-28.24	-42.38	-0.14	-0.12
157	王婷婷	国开泰富	2018/05~2021/05	38	1	5.21	11.57	2.62	19.54	-0.94	-22.94	1.41	0.52
158	陈苏桥	国联安	2003/09~2011/03	66	3	-3.02	-2.61	26.13	34.08	-61.71	-68.61	-0.22	-0.24
159	冯天戈	国联安	2004/03~2010/04	65	5	20.41	18.40	24.68	36.97	-31.99	-57.51	0.74	0.54
160	李洪波	国联安	2005/12~2009/09	47	2	38.03	43.43	39.88	43.23	-61.31	-68.61	0.88	0.94
161	吕中凡	国联安	2015/05~2019/12	57	3	1.78	-4.82	6.17	25.62	-19.95	-48.44	0.04	-0.25
162	韦明亮	国联安	2010/12~2015/03	53	3	9.98	14.58	18.44	21.89	-22.68	-31.71	0.37	0.52
163	张汉毅	国联安	2016/12~2021/07	57	3	21.86	6.82	17.94	16.70	-26.35	-30.56	1.14	0.32
164	郑青	国联安	2015/12~2020/04	54	1	-6.47	-1.10	26.28	21.93	-44.32	-34.44	-0.30	-0.12

续表

编号	基金经理	离职前任职公司	任职区间	任职时间（月）	管理基金数量（只）	年化收益率（%）	指数年化收益率（%）	年化波动率（%）	指数年化波动率（%）	最大回撤（%）	指数最大回撤（%）	年化夏普比率	指数年化夏普比率
165	陈列敏	国泰	2004/03~2007/04	38	1	24.98	34.33	22.57	31.71	−26.13	−43.54	1.01	1.01
166	范迪钊	国泰	2009/12~2014/12	62	2	8.87	6.15	19.32	21.38	−21.71	−34.26	0.31	0.15
167	黄刚	国泰	2002/05~2008/04	47	3	10.02	3.85	22.02	32.01	−28.28	−38.60	0.35	−0.21
168	黄焱	国泰	2005/01~2016/06	139	8	16.76	21.07	22.86	33.74	−57.12	−68.61	0.62	0.54
169	王航	国泰	2008/05~2016/05	98	7	9.86	10.26	23.98	32.80	−42.74	−54.05	0.30	0.23
170	吴晨	国泰	2016/01~2019/05	41	4	1.82	4.27	1.94	18.71	−2.30	−30.56	0.16	0.15
171	徐学标	国泰	2002/05~2007/02	46	2	17.85	17.71	19.67	27.28	−28.57	−50.22	0.82	0.55
172	徐智麟	国泰	1998/03~2001/05	40	1	33.25	21.56	41.18	28.85	−29.01	−23.50	0.73	0.64
173	余荣权	国泰	2003/07~2011/02	59	4	21.40	27.61	29.19	34.69	−53.88	−57.51	0.68	0.67
174	张玮	国泰	2005/12~2015/04	99	5	23.86	23.87	24.67	30.37	−41.17	−54.05	0.86	0.73
175	周伟锋	国泰	2013/06~2020/07	87	10	25.44	16.62	26.28	25.75	−37.00	−48.44	0.90	0.57
176	陈小玲	国投瑞银	2014/01~2017/12	49	3	17.15	21.74	18.78	29.92	−21.19	−44.57	0.81	0.66
177	狄晓娇	国投瑞银	2016/06~2019/10	42	7	4.25	1.03	9.11	16.29	−11.09	−30.56	0.30	−0.03
178	康晓云	国投瑞银	2006/04~2011/01	59	2	24.85	32.09	33.23	40.30	−59.23	−68.61	0.66	0.73
179	马少章	国投瑞银	2009/04~2014/11	69	2	12.03	10.28	16.45	23.97	−19.29	−34.26	0.56	0.31
180	徐栋	国投瑞银	2016/11~2020/10	49	2	21.13	4.19	22.64	17.82	−30.61	−30.56	0.87	0.15
181	徐炜哲	国投瑞银	2008/11~2014/11	63	3	17.35	20.84	23.89	25.60	−30.93	−34.26	0.62	0.69
182	杨冬冬	国投瑞银	2015/02~2020/10	69	6	11.85	8.51	23.39	27.49	−46.64	−48.44	0.44	0.25
183	于雷	国投瑞银	2013/03~2020/06	85	6	14.18	18.71	23.54	23.84	−42.30	−48.44	0.53	0.67

续表

编号	基金经理	离职前任职公司	任职区间	任职时间(月)	管理基金数量(只)	年化收益率(%)	指数年化收益率(%)	年化波动率(%)	指数年化波动率(%)	最大回撤(%)	指数最大回撤(%)	年化夏普比率	指数年化夏普比率
184	张佳荣	国投瑞银	2015/12~2020/12	62	2	15.74	4.29	22.82	21.84	-28.25	-34.44	0.62	0.13
185	陈洪	海富通	2003/08~2014/05	131	5	15.32	13.44	21.97	31.23	-54.29	-68.61	0.58	0.36
186	陈绍胜	海富通	2004/03~2012/03	98	3	11.85	14.36	24.82	34.25	-58.17	-68.61	0.37	0.34
187	程蒸	海富通	2010/04~2013/11	44	2	4.82	0.33	22.29	21.98	-38.74	-33.01	0.08	-0.12
188	丁俊	海富通	2007/08~2016/07	86	6	3.91	6.26	24.95	35.49	-53.01	-68.61	0.05	0.11
189	蒋征	海富通	2003/01~2013/12	127	8	13.01	13.18	22.91	30.96	-62.94	-68.61	0.46	0.34
190	康赛波	海富通	2003/04~2011/03	82	3	11.86	15.22	26.87	35.76	-62.40	-68.61	0.36	0.24
191	牟永宁	海富通	2009/01~2013/09	58	4	9.49	11.81	20.21	26.49	-32.70	-34.26	0.34	0.34
192	邵佳民	海富通	2006/05~2017/01	130	1	10.74	19.13	24.97	33.74	-59.43	-68.61	0.32	0.49
193	王智慧	海富通	2012/01~2021/06	111	6	16.40	14.11	21.38	22.48	-38.37	-48.44	0.68	0.55
194	张炳炜	海富通	2015/06~2018/07	39	3	-7.66	-8.30	18.97	26.94	-32.22	-38.05	-0.48	-0.36
195	陈嘉平	合煦智远	2011/12~2019/08	54	5	24.47	23.21	16.76	22.80	-11.53	-29.44	1.33	0.91
196	张鸿羽	弘毅远方	2012/04~2020/08	52	2	21.88	19.72	18.64	20.83	-19.13	-16.56	1.07	0.82
197	季雷	红塔红土	2007/03~2015/04	65	4	0.06	27.48	30.24	36.52	-60.82	-64.13	-0.10	0.63
198	罗薇	红塔红土	2016/05~2019/08	41	4	4.05	1.64	11.10	16.60	-14.91	-30.56	0.23	0.01
199	侯世霞	红土创新	2015/09~2020/12	65	2	9.62	9.54	20.91	22.74	-33.17	-34.44	0.39	0.35
200	蔡丞丰	泓德	2017/07~2021/01	44	4	25.41	7.37	16.31	18.36	-16.93	-30.56	1.47	0.32
201	李倩	泓德	2016/02~2021/03	63	3	19.43	9.53	14.13	17.65	-16.41	-30.56	1.27	0.45
202	陈俏宇	华安	2007/03~2015/05	100	6	16.55	18.94	23.14	33.34	-45.45	-68.61	0.59	0.48

续表

编号	基金经理	离职前任职公司	任职区间	任职时间（月）	管理基金数量（只）	年化收益率（%）	指数年化收益率（%）	年化波动率（%）	指数年化波动率（%）	最大回撤（%）	指数最大回撤（%）	年化夏普比率	指数年化夏普比率
203	陈逊	华安	2012/05~2015/05	38	6	34.58	36.87	23.61	25.53	-15.79	-16.52	1.34	1.33
204	李勋	华安	1999/06~2003/08	52	2	10.56	-4.36	23.02	21.21	-20.52	-41.28	0.37	-0.31
205	廖发达	华安	2015/08~2019/03	45	4	4.93	4.80	17.10	25.33	-26.51	-34.44	0.20	0.13
206	刘伟亭	华安	2011/07~2018/05	81	5	16.32	14.92	25.73	24.58	-28.79	-36.22	0.55	0.55
207	刘新勇	华安	2003/09~2009/02	67	2	24.26	18.08	24.73	36.31	-50.40	-68.61	0.87	0.42
208	尚志民	华安	1999/06~2015/01	189	6	17.49	10.86	22.84	28.50	-51.63	-68.61	0.66	0.29
209	汪光成	华安	2008/02~2013/09	69	5	-3.52	-1.88	22.39	31.75	-49.76	-64.72	-0.29	-0.15
210	王国卫	华安	1998/06~2005/04	84	2	20.23	-2.47	36.29	25.68	-29.17	-58.38	0.49	-0.19
211	王嘉	华安	2015/07~2018/10	41	4	-2.21	-7.37	22.01	25.49	-30.84	-32.54	-0.17	-0.35
212	谢振东	华安	2015/03~2019/10	57	6	8.86	1.28	23.33	27.85	-39.73	-48.44	0.31	-0.01
213	袁蓓	华安	2004/08~2008/03	45	1	45.61	41.43	23.42	35.09	-13.70	-28.04	1.83	1.10
214	张蕾	华安	2009/12~2013/02	40	1	-1.49	-4.73	17.03	20.98	-31.84	-34.26	-0.26	-0.37
215	代云锋	华宝	2017/10~2021/11	51	3	31.13	6.99	28.69	17.41	-29.69	-30.56	1.03	0.32
216	范红兵	华宝	2009/02~2016/08	92	4	10.38	16.88	25.56	29.75	-39.49	-44.57	0.30	0.48
217	郭鹏飞	华宝	2010/06~2015/03	59	2	22.65	17.75	23.06	22.00	-29.84	-33.01	0.85	0.67
218	蒋宁	华宝	2010/07~2013/07	38	1	5.94	-3.05	18.72	21.21	-25.35	-33.01	0.15	-0.29
219	楼鸿强	华宝	2014/10~2020/01	65	2	22.11	11.22	36.40	28.16	-52.99	-48.44	0.56	0.34
220	牟旭东	华宝	2007/10~2013/01	65	2	-4.21	-4.23	25.99	33.10	-46.81	-68.15	-0.28	-0.22
221	区伟良	华宝	2015/04~2018/06	40	3	2.84	-6.75	30.89	28.59	-42.25	-44.57	0.04	-0.29

续表

编号	基金经理	离职前任职公司	任职区间	任职时间(月)	管理基金数量(只)	年化收益率(%)	指数年化收益率(%)	年化波动率(%)	指数年化波动率(%)	最大回撤(%)	指数最大回撤(%)	最大年化夏普比率	指数年化夏普比率
222	任志强	华宝	2007/09~2013/01	66	1	-3.86	-4.44	26.88	32.84	-59.67	-68.61	-0.26	-0.23
223	邵喆阳	华宝	2010/06~2015/01	57	3	14.32	12.93	20.77	20.70	-25.52	-33.01	0.54	0.48
224	曾豪	华宝	2017/12~2021/11	49	3	23.38	8.11	17.67	17.69	-19.71	-29.52	1.24	0.37
225	詹杰	华宝	2018/08~2021/10	40	2	36.91	15.77	23.01	17.96	-11.72	-11.70	1.54	0.79
226	独孤南薰	华宸未来	2016/04~2020/12	43	2	11.18	5.02	17.16	14.54	-17.53	-22.40	0.58	0.26
227	陈德义	华富	2009/09~2012/12	41	2	-5.23	-0.16	20.88	21.79	-44.85	-34.26	-0.39	-0.14
228	孔庆晰	华富	2013/08~2017/08	50	2	12.41	22.17	14.43	29.85	-14.39	-44.57	0.71	0.67
229	刘文正	华富	2013/06~2017/02	46	3	18.21	26.17	32.27	31.03	-45.23	-44.57	0.49	0.77
230	王翔	华富	2014/11~2017/12	39	5	14.32	16.57	36.75	32.83	-43.00	-44.57	0.34	0.45
231	翁海波	华富	2015/12~2018/12	38	5	-14.19	-11.35	16.69	22.20	-37.70	-34.44	-0.96	-0.58
232	张亮	华富	2015/02~2021/02	74	2	9.04	9.20	25.19	26.76	-52.12	-48.44	0.30	0.29
233	范贵龙	华融	2015/04~2021/10	78	3	2.58	3.67	9.82	24.08	-18.50	-48.44	0.11	0.09
234	李仆	华润元大	2018/08~2021/10	40	1	26.87	15.77	32.96	17.96	-20.52	-11.70	0.77	0.79
235	袁华涛	华润元大	2015/09~2019/09	50	3	0.82	4.65	14.99	24.06	-34.67	-34.44	-0.05	0.13
236	蔡建军	华商	2013/12~2017/11	49	4	12.30	21.50	29.12	29.94	-52.38	-44.57	0.35	0.65
237	刘宏	华商	2011/05~2017/01	69	4	14.78	12.93	31.05	28.80	-47.72	-44.57	0.39	0.36
238	马国江	华商	2015/04~2019/02	48	4	1.14	-4.53	35.46	28.31	-49.88	-48.44	-0.01	-0.21
239	申艳丽	华商	2010/08~2015/03	57	2	16.34	15.25	21.74	21.85	-34.69	-33.01	0.61	0.56
240	孙建波	华商	2008/05~2013/01	52	3	0.26	-5.45	22.83	30.20	-37.74	-54.05	-0.12	-0.35

续表

编号	基金经理	离职前任职公司	任职区间	任职时间（月）	管理基金数量（只）	年化收益率（%）	指数年化收益率（%）	年化波动率（%）	指数年化波动率（%）	最大回撤（%）	指数最大回撤（%）	年化夏普比率	指数年化夏普比率
241	田明圣	华商	2010/07~2015/10	64	4	17.21	14.47	26.24	26.61	-40.86	-39.98	0.54	0.43
242	赵媛媛	华商	2013/03~2017/11	44	4	0.97	-1.90	27.54	27.69	-38.83	-29.50	-0.04	0.03
243	方伦煜	华泰柏瑞	2012/04~2020/07	101	3	12.92	13.20	23.03	25.71	-48.65	-48.44	0.47	0.43
244	黄明仁	华泰柏瑞	2016/11~2019/12	39	1	16.38	-0.37	17.58	17.04	-24.84	-30.56	0.85	-0.11
245	李灿	华泰柏瑞	2015/06~2018/12	44	3	-7.39	-12.13	24.16	25.98	-35.47	-42.38	-0.37	-0.53
246	梁丰	华泰柏瑞	2004/03~2010/04	73	4	18.55	16.90	28.77	35.96	-59.41	-68.61	0.56	0.31
247	秦岭松	华泰柏瑞	2007/05~2012/01	58	2	-2.14	-0.26	26.23	35.90	-49.16	-68.61	-0.20	-0.09
248	蔡向阳	华夏	2014/05~2021/10	91	11	13.72	15.50	16.66	25.14	-22.30	-48.44	0.72	0.55
249	陈斌	华夏	2015/02~2021/04	76	3	19.92	8.80	27.23	26.45	-38.16	-48.44	0.67	0.27
250	陈虎	华夏	2014/11~2020/05	67	5	8.50	8.94	24.19	27.53	-46.35	-48.44	0.28	0.27
251	程海泳	华夏	2004/09~2013/08	56	3	1.71	-8.61	20.48	21.96	-41.80	-33.01	-0.05	-0.56
252	丁韬	华夏	1999/04~2006/10	86	4	19.93	6.58	27.63	26.45	-24.79	-61.69	0.65	0.15
253	巩怀志	华夏	2005/10~2013/05	93	4	26.57	23.18	28.19	34.22	-49.46	-68.61	0.85	0.59
254	胡建平	华夏	2006/03~2013/12	93	4	19.98	16.79	20.81	33.19	-33.11	-68.61	0.83	0.34
255	林峰	华夏	2014/05~2018/11	56	2	3.50	13.19	29.38	29.13	-55.44	-46.95	0.06	0.39
256	刘金玉	华夏	2010/03~2016/12	78	4	8.03	8.65	24.12	28.76	-36.59	-44.57	0.23	0.22
257	刘文动	华夏	2006/05~2012/02	70	5	21.61	21.06	29.99	36.90	-47.98	-68.61	0.62	0.49
258	罗泽萍	华夏	2005/04~2014/02	108	4	19.32	19.41	25.55	32.75	-51.90	-68.61	0.66	0.50
259	任竞晖	华夏	2010/10~2015/09	49	3	10.70	11.30	22.81	27.72	-38.09	-39.98	0.35	0.23

续表

编号	基金经理	离职前任职公司	任职区间	任职时间(月)	管理基金数量(只)	年化收益率(%)	指数年化收益率(%)	年化波动率(%)	指数年化波动率(%)	最大回撤(%)	指数最大回撤(%)	年化夏普比率	指数年化夏普比率
260	石波	华夏	2001/01~2007/07	80	4	25.96	15.35	20.76	28.26	-22.57	-61.69	1.14	0.46
261	孙彬	华夏	2012/01~2019/07	92	3	11.20	11.69	23.96	26.46	-47.46	-48.44	0.38	0.36
262	孙建冬	华夏	2005/06~2010/01	57	2	45.55	39.73	31.75	40.09	-46.82	-68.61	1.35	0.92
263	孙萌	华夏	2015/11~2019/02	41	3	-8.71	-2.51	18.42	23.99	-41.98	-34.44	-0.57	-0.17
264	谭琦	华夏	2007/09~2014/04	81	3	0.84	-3.75	23.71	30.81	-48.92	-68.61	-0.09	-0.22
265	童汀	华夏	2007/09~2014/05	82	3	2.50	-3.48	21.82	30.62	-47.91	-68.61	-0.02	-0.21
266	王海雄	华夏	2011/03~2015/01	48	4	9.58	8.73	17.49	20.81	-23.74	-31.71	0.37	0.27
267	王亚伟	华夏	1998/04~2012/04	163	4	30.71	11.62	32.07	31.32	-44.71	-68.61	0.88	0.28
268	王志华	华夏	2001/11~2007/08	55	4	29.94	32.06	21.59	31.01	-17.09	-40.05	1.31	0.96
269	王怡欢	华夏	2011/02~2020/11	119	5	10.44	9.45	17.70	24.67	-32.22	-48.44	0.47	0.29
270	魏镇江	华夏	2016/04~2020/05	51	4	5.51	2.81	8.20	15.83	-14.02	-30.56	0.49	0.08
271	严鸿晏	华夏	2010/02~2014/09	57	2	0.97	3.03	17.80	20.90	-37.76	-33.01	-0.11	0.00
272	杨明韬	华夏	2012/01~2015/05	42	3	31.59	35.01	20.11	25.01	-9.75	-17.71	1.42	1.28
273	杨泽辉	华夏	2009/01~2012/02	38	1	10.02	15.93	26.88	27.83	-31.84	-27.75	0.27	0.48
274	张剑	华夏	2011/02~2014/04	40	2	3.42	-5.15	11.98	20.04	-14.61	-31.71	0.02	-0.42
275	张龙	华夏	2004/09~2010/01	66	2	26.03	29.10	30.03	38.72	-56.52	-68.61	0.78	0.68
276	张益驰	华夏	2004/09~2009/06	59	5	35.38	30.07	28.64	38.47	-51.65	-68.61	1.16	0.71
277	赵航	华夏	2003/04~2021/09	185	6	8.87	2.73	21.44	26.41	-50.79	-54.05	0.32	0.09
278	沈宏伟	汇安	2017/12~2021/07	44	1	1.77	7.28	14.45	18.39	-23.20	-29.52	0.02	0.31

续表

编号	基金经理	离职前任职公司	任职区间	任职时间（月）	管理基金数量（只）	年化收益率（%）	指数年化收益率（%）	年化波动率（%）	指数年化波动率（%）	最大回撤（%）	指数最大回撤（%）	年化夏普比率	指数年化夏普比率
279	方超	汇丰晋信	2015/09~2019/08	49	1	-7.01	4.55	29.85	24.31	-56.14	-34.44	-0.28	0.13
280	郭敏	汇丰晋信	2015/05~2020/05	61	2	5.47	-4.62	20.68	24.80	-26.14	-48.44	0.19	-0.25
281	廖志峰	汇丰晋信	2010/03~2013/05	40	2	-1.89	-3.07	17.40	21.31	-35.03	-33.01	-0.28	-0.29
282	林彤彤	汇丰晋信	1998/06~2013/12	183	7	17.52	7.99	30.88	30.05	-59.49	-68.61	0.49	0.17
283	邵骦咏	汇丰晋信	2009/05~2012/07	40	3	2.45	0.95	19.40	26.12	-29.68	-29.39	-0.02	-0.07
284	陈晓翔	汇添富	2009/01~2015/12	85	2	23.19	20.21	25.23	28.28	-28.48	-39.98	0.81	0.62
285	韩贤旺	汇添富	2012/03~2018/12	83	2	7.48	9.41	31.51	26.51	-59.88	-48.44	0.17	0.27
286	欧阳沁春	汇添富	2007/06~2018/12	140	3	5.90	6.20	33.67	30.51	-72.38	-68.61	0.10	0.12
287	齐东超	汇添富	2009/07~2014/03	58	2	3.23	-2.53	19.54	23.39	-25.17	-34.26	0.02	-0.23
288	苏竞	汇添富	2007/10~2013/10	74	3	-2.68	-3.44	24.64	32.15	-54.62	-68.15	-0.23	-0.20
289	叶从飞	汇添富	2012/03~2018/12	83	3	6.81	9.41	27.72	26.51	-57.10	-48.44	0.17	0.27
290	张晖	汇添富	2002/11~2007/11	48	3	40.60	27.47	23.49	31.96	-13.92	-36.44	1.71	0.77
291	周睿	汇添富	2012/03~2019/03	86	1	15.47	13.15	27.11	26.95	-48.64	-48.44	0.49	0.41
292	佘中强	汇添富	2013/07~2019/07	68	4	15.88	18.23	24.94	24.55	-38.80	-48.44	0.57	0.64
293	路海涛	嘉合	2018/03~2021/04	39	4	24.52	8.36	15.87	19.29	-11.21	-25.85	1.45	0.36
294	陈勤	嘉实	2006/10~2015/05	102	4	22.52	25.73	24.54	33.67	-48.42	-68.61	0.82	0.75
295	党开宇	嘉实	2005/01~2010/05	63	6	29.82	32.34	22.19	38.82	-21.94	-68.61	1.27	0.76
296	翟琳琳	嘉实	2014/02~2017/10	46	5	17.81	23.86	21.97	30.81	-31.71	-44.57	0.72	0.71
297	丁杰人	嘉实	2011/10~2017/11	72	3	19.45	14.92	29.98	28.20	-49.73	-44.57	0.58	0.47

续表

编号	基金经理	离职前任职公司	任职区间	任职时间(月)	管理基金数量(只)	年化收益率(%)	指数年化收益率(%)	年化波动率(%)	指数年化波动率(%)	最大回撤(%)	指数最大回撤(%)	年化夏普比率	指数年化夏普比率
298	顾义河	嘉实	2009/06~2014/10	66	2	7.03	5.89	18.17	23.70	-32.34	-34.26	0.23	0.13
299	郭东谋	嘉实	2014/04~2018/06	52	6	12.02	17.42	14.03	29.61	-22.85	-44.57	0.72	0.53
300	焦云	嘉实	2009/12~2017/10	83	4	3.56	3.23	24.85	27.49	-38.26	-44.57	0.05	-0.07
301	刘天君	嘉实	2006/08~2013/05	83	4	23.61	18.40	26.01	35.18	-50.20	-68.61	0.79	0.44
302	刘欣	嘉实	2003/07~2006/09	40	3	21.62	6.20	14.95	23.52	-10.10	-43.54	1.34	0.17
303	齐海滔	嘉实	2009/03~2020/06	119	4	17.81	14.53	24.94	26.70	-41.89	-48.44	0.64	0.49
304	曲扬	嘉实	2016/04~2020/11	58	12	6.79	7.42	2.82	16.87	-1.41	-30.56	1.88	0.35
305	邵健	嘉实	2004/04~2015/06	136	3	21.50	20.64	25.31	31.96	-56.20	-68.61	0.74	0.56
306	邵秋涛	嘉实	2010/11~2020/05	116	4	10.48	7.58	24.35	24.49	-37.34	-48.44	0.34	0.22
307	孙林	嘉实	2003/01~2007/03	52	2	31.40	19.90	19.71	25.20	-15.44	-43.54	1.48	0.70
308	陶羽	嘉实	2009/03~2017/06	101	2	10.24	13.28	29.08	27.98	-42.79	-44.57	0.27	0.38
309	吴云峰	嘉实	2014/11~2020/05	68	4	10.37	8.94	24.95	27.53	-43.08	-48.44	0.35	0.27
310	忻怡	嘉实	2006/12~2010/09	47	2	20.53	24.74	29.49	43.11	-56.55	-68.61	0.61	0.51
311	徐铁	嘉实	2000/06~2006/11	79	3	14.22	0.54	20.51	22.36	-20.95	-61.69	0.61	0.01
312	颜媛	嘉实	2015/03~2021/07	71	4	20.50	6.32	25.20	26.42	-36.56	-48.44	0.76	0.19
313	詹凌蔚	嘉实	2002/09~2014/03	106	4	16.40	8.11	23.23	30.90	-54.86	-68.15	0.61	0.24
314	张弢	嘉实	2009/01~2015/03	76	5	24.44	20.22	19.05	25.37	-22.23	-34.26	1.15	0.68
315	张琦	嘉实	2013/05~2019/08	54	3	16.00	18.70	23.40	32.01	-35.89	-48.44	0.60	0.52
316	赵勇	嘉实	2009/08~2014/06	60	2	-0.86	2.73	13.73	20.87	-30.31	-34.26	-0.28	-0.01

续表

编号	基金经理	离职前任职公司	任职区间	任职时间（月）	管理基金数量（只）	年化收益率（%）	指数年化收益率（%）	年化波动率（%）	指数年化波动率（%）	最大回撤（%）	指数最大回撤（%）	年化夏普比率	指数年化夏普比率
317	陈鹏	建信	2004/12~2009/08	52	3	19.17	20.15	34.31	41.58	-59.51	-68.61	0.49	0.35
318	顾中汉	建信	2011/10~2017/02	66	4	10.20	15.79	25.20	29.22	-36.24	-44.57	0.30	0.45
319	李华	建信	2001/09~2007/09	48	2	39.90	32.58	20.87	30.67	-12.91	-31.78	1.85	0.97
320	李涛	建信	2005/06~2012/04	81	5	20.22	33.58	25.01	33.38	-38.52	-64.65	0.72	0.88
321	马志强	建信	2008/12~2015/04	74	3	23.31	27.48	31.04	26.97	-38.54	-34.26	0.67	0.96
322	田擎	建信	2004/02~2010/03	52	3	-8.38	-12.33	28.01	35.89	-67.34	-68.15	-0.40	-0.41
323	万志勇	建信	2008/10~2015/08	80	6	14.68	19.40	20.62	28.35	-29.37	-36.20	0.58	0.62
324	汪沛	建信	2007/03~2011/04	51	1	12.98	14.89	33.97	40.41	-59.26	-68.61	0.30	0.30
325	王新艳	建信	2002/11~2013/11	117	6	17.40	11.05	23.79	30.61	-57.63	-68.61	0.63	0.30
326	吴尚伟	建信	2014/11~2021/09	84	6	19.94	11.62	23.57	25.64	-39.79	-48.44	0.78	0.39
327	徐杰	建信	2008/03~2011/06	41	1	0.58	4.55	27.66	35.69	-49.11	-57.51	-0.08	0.05
328	许杰	建信	2010/02~2020/06	121	7	8.05	8.08	20.35	24.82	-36.07	-48.44	0.29	0.27
329	钟敬棣	建信	2013/09~2018/04	57	1	10.25	16.49	5.29	28.18	-4.03	-44.57	1.56	0.51
330	朱虹	建信	2015/10~2021/04	56	3	1.09	5.51	8.39	20.33	-13.80	-29.50	-0.05	0.21
331	朱建华	建信	2016/03~2019/07	42	2	0.66	1.12	2.95	16.42	-4.72	-30.56	-0.28	-0.02
332	崔海峰	交银施罗德	2003/01~2010/05	86	7	27.70	24.33	25.78	33.62	-38.94	-68.61	1.01	0.69
333	盖婷婷	交银施罗德	2015/07~2018/08	39	3	13.26	-5.24	16.99	25.68	-21.16	-29.50	0.69	-0.26
334	管华雨	交银施罗德	2007/05~2015/04	93	7	13.76	13.45	24.24	32.15	-51.26	-68.61	0.45	0.28
335	李立	交银施罗德	2007/04~2012/04	62	2	3.82	2.99	28.80	35.33	-55.25	-68.61	0.03	0.00

续表

编号	基金经理	离职前任职公司	任职区间	任职时间(月)	管理基金数量(只)	年化收益率(%)	指数年化收益率(%)	年化波动率(%)	指数年化波动率(%)	最大回撤(%)	指数最大回撤(%)	年化夏普比率	指数年化夏普比率
336	李娜	交银施罗德	2015/08～2020/11	65	14	7.47	7.82	2.89	22.90	-0.66	-34.44	2.07	0.28
337	李旭利	交银施罗德	2000/03～2009/05	104	4	10.66	3.53	25.52	30.67	-55.77	-68.61	0.33	-0.04
338	龙向东	交银施罗德	2012/08～2015/08	38	1	21.88	27.33	29.53	29.78	-36.99	-36.20	0.64	0.82
339	唐倩	交银施罗德	2011/04～2018/06	84	2	15.88	5.81	26.38	26.80	-48.99	-44.57	0.52	0.15
340	张媚钗	交银施罗德	2010/06～2014/09	53	1	2.21	8.23	15.83	20.51	-27.76	-33.01	-0.05	0.25
341	郑拓	交银施罗德	2005/04～2009/07	50	5	35.41	35.24	29.33	38.17	-51.61	-68.61	1.14	0.73
342	方超	金鹰	2014/09～2017/09	38	2	16.34	21.43	36.47	33.45	-48.34	-44.57	0.40	0.59
343	李海	金鹰	2013/01～2015/02	60	3	20.04	20.02	33.33	30.07	-47.12	-44.57	0.55	0.61
344	林华显	金鹰	2011/03～2015/02	49	1	1.04	10.14	15.12	20.77	-32.48	-31.71	-0.14	0.34
345	彭培祥	金鹰	2009/07～2013/03	46	2	-8.93	-4.27	25.81	23.80	-50.50	-34.26	-0.46	-0.30
346	吴德宣	金鹰	2016/12～2020/12	49	2	-3.60	7.21	20.27	17.52	-40.02	-30.56	-0.25	0.33
347	杨绍基	金鹰	2008/12～2015/01	74	4	12.86	18.54	20.37	24.94	-39.07	-34.26	0.49	0.63
348	于利强	金鹰	2015/01～2019/12	61	7	9.23	7.51	20.38	28.47	-38.76	-48.44	0.37	0.21
349	沈鸿鹏	金鹰	2010/12～2017/10	84	2	1.52	11.42	37.15	26.58	-63.06	-44.57	-0.03	0.33
350	侯斌	金元顺安	2010/12～2018/08	93	5	0.40	6.98	18.83	25.61	-39.67	-44.57	-0.11	0.18
351	黄奕	金元顺安	2009/05～2013/03	48	3	0.39	3.17	16.28	25.46	-28.02	-34.26	-0.15	0.01
352	潘江	金元顺安	2009/03～2014/02	57	3	6.72	9.46	19.41	24.83	-19.58	-34.26	0.21	0.34
353	陈晖	景顺长城	2006/12～2013/11	85	2	8.74	13.66	28.32	34.88	-62.09	-68.61	0.20	0.30
354	邓春鸣	景顺长城	2007/09～2014/09	86	4	-4.05	0.14	25.02	30.33	-56.97	-68.61	-0.28	-0.09

编号	基金经理	离职前任职公司	任职区间	任职时间（月）	管理基金数量（只）	年化收益率（%）	指数年化收益率（%）	年化波动率（%）	指数年化波动率（%）	最大回撤（%）	指数最大回撤（%）	年化夏普比率	指数年化夏普比率
355	贾鹏村	景顺长城	2012/11~2016/04	43	3	14.88	27.37	36.27	34.44	-54.08	-44.57	0.34	0.72
356	李学文	景顺长城	2003/08~2007/08	48	4	52.81	43.25	25.42	31.70	-16.26	-43.54	2.03	1.28
357	李志嘉	景顺长城	2006/06~2010/04	48	2	25.45	32.49	34.98	42.59	-55.79	-68.61	0.64	0.69
358	刘晓明	景顺长城	2014/11~2020/04	67	4	11.75	8.97	19.93	27.74	-32.13	-48.44	0.51	0.26
359	唐咸德	景顺长城	2008/09~2014/09	68	2	13.99	11.48	23.11	27.68	-34.15	-34.26	0.49	0.33
360	万梦	景顺长城	2015/07~2021/07	74	8	6.69	5.21	2.77	22.60	-1.11	-34.44	1.87	0.16
361	王鹏辉	景顺长城	2007/09~2014/12	89	5	7.84	3.22	28.32	30.27	-61.44	-68.61	0.17	0.01
362	杨兵兵	景顺长城	2003/10~2007/08	48	2	44.64	43.28	21.42	31.26	-9.57	-43.54	1.98	1.31
363	张继荣	景顺长城	2004/07~2015/06	104	7	2.60	-0.70	21.59	29.96	-54.35	-67.56	-0.01	0.03
364	黄敬东	九泰	2006/09~2015/11	45	5	27.41	10.55	32.22	42.35	-54.13	-57.73	0.80	0.33
365	王玥晰	九泰	2015/08~2018/11	41	6	-4.17	-2.00	16.11	24.10	-22.85	-32.54	-0.35	-0.15
366	吴祖尧	九泰	2015/12~2021/10	52	7	-0.91	5.07	15.71	20.49	-34.61	-29.50	-0.15	0.26
367	蔡锋亮	民生加银	2011/04~2016/06	64	5	15.22	12.05	31.02	30.09	-40.57	-44.57	0.40	0.31
368	高松	民生加银	2015/01~2021/11	80	6	16.55	9.20	29.52	26.05	-52.97	-48.44	0.51	0.33
369	黄钦来	民生加银	2003/11~2010/10	50	4	13.34	8.65	18.72	26.88	-16.68	-43.54	0.61	0.20
370	黄一明	民生加银	2013/08~2020/05	66	6	10.06	19.57	27.52	28.02	-37.19	-48.44	0.30	0.63
371	江国华	民生加银	2011/12~2015/02	40	2	9.69	21.20	21.12	20.75	-16.79	-17.71	0.31	0.88
372	刘旭明	民生加银	2014/09~2019/02	52	6	11.01	16.01	21.16	30.75	-30.47	-48.44	0.45	0.46
373	宋磊	民生加银	2009/12~2018/02	75	8	10.14	4.94	22.57	27.47	-25.09	-44.57	0.36	0.09

续表

编号	基金经理	离职前任职公司	任职区间	任职时间（月）	管理基金数量（只）	年化收益率（%）	指数年化收益率（%）	年化波动率（%）	指数年化波动率（%）	最大回撤（%）	指数最大回撤（%）	年化夏普比率	指数年化夏普比率
374	吴剑飞	民生加银	2005/04～2018/10	136	4	18.40	22.27	26.91	33.22	−57.49	−68.61	0.60	0.57
375	吴鹏飞	民生加银	2013/12～2021/08	67	7	14.80	13.03	14.83	26.76	−14.50	−44.57	0.90	0.46
376	何滨	摩根士丹利华鑫	2008/04～2013/07	65	2	6.11	−1.15	21.05	31.42	−32.76	−57.51	0.15	−0.13
377	钱斌	摩根士丹利华鑫	2010/07～2014/08	47	4	6.56	5.42	17.83	20.12	−22.36	−29.06	0.20	−0.08
378	盛军锋	摩根士丹利华鑫	2009/07～2014/02	49	4	6.11	4.81	21.05	24.51	−28.79	−34.26	0.16	0.05
379	司魏	摩根士丹利华鑫	2015/01～2018/11	48	3	−6.81	2.85	31.38	30.16	−70.16	−46.95	−0.27	0.04
380	项志群	摩根士丹利华鑫	2005/03～2010/08	49	3	44.38	49.71	27.32	32.23	−17.88	−44.30	1.57	1.45
381	蔡望鹏	南方	2015/01～2020/01	62	2	9.01	7.34	24.67	28.23	−36.55	−48.44	0.30	0.20
382	陈键	南方	2005/04～2015/12	130	6	21.36	24.18	25.28	33.00	−48.20	−68.61	0.74	0.65
383	杜冬松	南方	2012/03～2016/02	49	5	10.38	17.19	28.82	32.04	−29.42	−44.57	0.27	0.45
384	蒋峰	南方	2003/11～2012/11	91	3	11.89	11.26	21.74	24.07	−34.18	−43.54	0.44	0.27
385	蒋朋宸	南方	2008/04～2015/05	87	4	9.94	15.47	25.38	30.41	−45.88	−57.51	0.28	0.41
386	李源海	南方	2008/07～2015/01	76	4	12.62	13.56	16.40	26.83	−29.00	−42.52	0.60	0.38
387	马北雁	南方	2008/04～2014/03	73	2	−5.75	0.23	20.19	29.95	−43.82	−57.51	−0.43	−0.09

续表

编号	基金经理	离职前任职公司	任职区间	任职时间（月）	管理基金数量（只）	年化收益率（%）	指数年化收益率（%）	年化波动率（%）	指数年化波动率（%）	最大回撤（%）	指数最大回撤（%）	年化夏普比率	指数年化夏普比率
388	彭砚	南方	2010/06~2015/06	55	4	17.87	22.78	26.72	23.93	-29.70	-33.01	0.57	0.86
389	苏彦祝	南方	2006/11~2010/01	40	1	33.07	34.51	39.35	46.05	-58.78	-68.61	0.76	0.68
390	谈建强	南方	2006/12~2015/06	104	4	19.11	21.78	27.07	33.78	-60.76	-68.61	0.60	0.56
391	汪澂	南方	2002/05~2013/10	139	4	12.85	11.23	27.10	30.92	-57.44	-68.61	0.38	0.28
392	王宏远	南方	1999/08~2008/03	64	4	42.51	31.56	44.59	31.68	-34.24	-60.08	0.93	0.93
393	肖勇	南方	2015/07~2020/11	43	6	41.52	9.23	38.87	28.75	-36.00	-34.44	1.06	0.34
394	张旭	南方	2012/03~2019/02	85	5	7.08	12.15	31.53	26.98	-52.99	-48.44	0.16	0.37
395	张原	南方	2010/02~2021/08	139	8	12.97	9.16	22.87	23.84	-40.97	-48.44	0.47	0.29
396	徐超	南华	2015/11~2021/11	68	5	14.78	5.85	24.61	20.70	-28.94	-34.44	0.55	0.21
397	顾旭俊	农银汇理	2016/03~2019/07	42	3	-0.46	1.12	12.68	16.42	-27.09	-30.56	-0.15	-0.02
398	郭世凯	农银汇理	2014/01~2019/12	73	4	8.48	14.23	27.33	27.00	-51.84	-48.44	0.24	0.46
399	李洪雨	农银汇理	2008/09~2014/09	70	3	3.36	10.21	20.94	27.36	-38.12	-34.26	0.02	0.30
400	栾杰	农银汇理	2003/07~2011/03	84	5	35.24	29.38	21.52	32.96	-22.57	-67.10	1.55	0.91
401	李嘉	诺安	2014/06~2018/05	49	3	9.67	19.49	31.39	30.13	-52.19	-44.57	0.25	0.59
402	林健际	诺安	2008/01~2011/04	41	3	0.66	0.82	24.24	37.17	-41.51	-64.72	-0.09	-0.05
403	刘红辉	诺安	2008/05~2018/12	125	3	6.64	6.36	21.07	29.39	-46.10	-54.05	0.20	0.09
404	刘魁	诺安	2012/05~2015/10	39	6	24.07	27.51	25.13	31.87	-31.44	-39.98	0.88	0.77
405	盛震山	诺安	2015/09~2018/12	41	6	11.65	-1.66	19.83	24.03	-26.10	-34.44	0.51	-0.13
406	史高飞	诺安	2015/01~2020/12	72	4	6.96	10.40	33.51	27.04	-66.79	-48.44	0.16	0.33

续表

编号	基金经理	离职前任职公司	任职区间	任职时间(月)	管理基金数量(只)	年化收益率(%)	指数年化收益率(%)	年化波动率(%)	指数年化波动率(%)	最大回撤(%)	指数最大回撤(%)	年化夏普比率	指数年化夏普比率
407	王鹏	诺安	2007/07~2011/02	42	2	2.33	0.12	23.54	36.95	-48.26	-68.61	-0.03	-0.16
408	王永宏	诺安	2009/03~2013/03	40	2	2.15	5.53	27.54	27.32	-41.21	-34.26	-0.02	0.16
409	夏俊杰	诺安	2010/03~2017/02	85	3	11.06	10.30	19.62	27.66	-33.62	-44.57	0.43	0.28
410	谢志华	诺安	2013/05~2021/10	103	9	9.50	13.29	7.17	24.58	-4.42	-48.44	1.07	0.47
411	邹翔	诺安	2000/09~2015/01	84	3	4.03	11.41	21.39	27.30	-52.98	-51.55	0.05	0.08
412	胡志伟	诺德	2009/09~2021/09	81	5	4.88	9.55	17.23	19.93	-31.97	-34.26	0.13	0.35
413	王瑨	诺德	2015/08~2020/02	56	1	9.32	4.28	25.01	23.12	-37.90	-34.44	0.31	0.12
414	向朝勇	诺德	2005/02~2012/05	78	5	3.07	4.23	27.97	33.38	-65.97	-68.61	0.01	0.07
415	应颖	诺德	2018/01~2021/07	44	2	12.58	6.94	21.90	18.60	-28.36	-29.52	0.51	0.29
416	周勇	诺德	2012/06~2015/06	38	2	34.32	35.05	27.73	26.31	-15.36	-15.00	1.13	1.22
417	程世杰	鹏华	2005/05~2015/06	123	5	21.13	27.07	25.41	32.41	-56.96	-68.61	0.73	0.75
418	胡东健	鹏华	2015/06~2019/06	50	4	-0.44	-4.59	23.01	26.66	-31.49	-42.38	-0.09	-0.23
419	黄中	鹏华	2001/09~2006/10	63	1	8.10	-0.05	15.19	22.70	-26.28	-51.50	0.39	-0.10
420	黄鑫	鹏华	2007/08~2015/08	98	4	1.51	5.94	25.93	32.09	-55.65	-68.61	-0.06	0.09
421	冀洪涛	鹏华	2005/09~2011/11	71	2	37.46	37.04	28.18	35.18	-30.70	-68.61	1.25	1.12
422	林宇坤	鹏华	2007/08~2010/08	38	2	-4.44	-4.92	32.01	40.36	-58.12	-68.61	-0.24	-0.20
423	罗捷	鹏华	2018/03~2021/07	42	2	12.87	8.77	16.58	18.82	-23.60	-25.85	0.69	0.39
424	谢可	鹏华	2009/10~2014/06	58	1	-4.84	-0.26	17.50	20.67	-32.62	-34.26	-0.44	-0.16
425	谢书英	鹏华	2014/04~2021/11	93	7	14.54	15.77	18.68	24.87	-28.45	-48.44	0.69	0.57

续表

编号	基金经理	离职前任职公司	任职区间	任职时间（月）	管理基金数量（只）	年化收益率（%）	指数年化收益率（%）	年化波动率（%）	指数年化波动率（%）	最大回撤（%）	指数最大回撤（%）	年化夏普比率	指数年化夏普比率
426	张卓	鹏华	2007/08~2017/06	120	4	4.50	6.53	24.64	31.57	-59.57	-68.61	0.07	0.12
427	郑川江	鹏华	2015/06~2019/06	50	6	-5.14	-4.59	20.94	26.66	-31.83	-42.38	-0.32	-0.23
428	刘俊廷	平安	2015/07~2020/08	63	10	0.49	5.24	24.98	24.12	-50.89	-34.44	-0.04	0.15
429	乔海英	平安	2015/08~2021/05	71	3	21.41	8.39	26.79	22.05	-39.38	-34.44	0.74	0.31
430	孙健	平安	2012/09~2018/02	67	9	7.26	17.91	15.38	28.23	-25.15	-44.57	0.33	0.56
431	汪澳	平安	2016/09~2020/07	48	3	7.92	6.90	12.70	17.83	-19.74	-30.56	0.51	0.30
432	颜正华	平安	2007/07~2013/04	42	4	-3.66	-18.25	17.20	34.48	-38.40	-68.61	-0.42	-0.56
433	蒋建伟	浦银安盛	2010/07~2020/06	121	4	12.28	9.25	31.27	24.42	-68.05	-48.44	0.32	0.29
434	丁骏	前海开源	2006/12~2020/04	140	7	8.61	14.18	22.91	32.42	-56.84	-68.61	0.28	0.34
435	史程	前海开源	2016/04~2021/03	61	12	21.29	6.89	17.42	16.42	-16.28	-30.56	1.14	0.33
436	唐文杰	前海开源	2009/07~2014/12	44	2	-6.99	6.99	22.04	23.65	-32.44	-24.44	-0.45	0.24
437	徐立平	前海开源	2014/09~2018/02	43	3	13.28	17.31	21.87	31.61	-25.80	-44.57	0.53	0.49
438	赵雪芹	前海开源	2016/01~2020/06	55	5	7.17	7.20	10.52	17.56	-19.10	-30.56	0.54	0.32
439	陈鹤明	融通	2006/11~2011/02	53	3	18.70	27.51	33.35	41.37	-60.47	-68.61	0.47	0.59
440	付伟琦	融通	2015/06~2020/01	57	5	11.20	-2.58	21.57	25.17	-24.65	-42.38	0.45	-0.16
441	管文浩	融通	2004/06~2013/01	89	4	11.01	9.95	28.97	33.07	-74.30	-68.61	0.29	0.21
442	郭恒	融通	2011/03~2014/08	43	1	2.05	-0.15	21.07	20.04	-33.14	-31.71	-0.05	-0.17
443	郝继伦	融通	2001/09~2010/01	71	2	13.73	9.95	25.61	37.01	-55.72	-68.61	0.44	0.14
444	刘模林	融通	2004/03~2011/03	86	3	20.96	19.83	26.65	35.76	-53.38	-68.61	0.69	0.48

续表

编号	基金经理	离职前任职公司	任职区间	任职时间(月)	管理基金数量(只)	年化收益率(%)	指数年化收益率(%)	年化波动率(%)	指数年化波动率(%)	最大回撤(%)	指数最大回撤(%)	年化夏普比率	指数年化夏普比率
445	鲁万峰	融通	2007/09~2011/12	53	2	-18.41	-8.38	30.44	35.15	-65.08	-68.61	-0.70	-0.32
446	汪忠远	融通	2010/04~2014/10	56	2	-0.53	4.69	14.91	20.74	-29.92	-33.01	-0.24	0.08
447	吴巍	融通	2011/04~2014/10	44	3	0.23	3.60	14.43	20.46	-19.84	-30.76	-0.20	0.02
448	姚昆	融通	2012/07~2015/07	38	1	21.42	31.64	21.65	28.04	-17.21	-24.63	0.86	1.03
449	易万军	融通	2003/09~2007/02	43	1	25.83	24.65	18.13	26.34	-23.45	-43.54	1.30	0.85
450	周珺	融通	2012/01~2015/03	40	3	20.61	26.11	19.11	22.84	-16.71	-17.71	0.92	1.01
451	蔡文	山西证券	2016/12~2020/03	41	2	0.95	-0.79	9.62	16.71	-17.26	-30.56	-0.06	-0.14
452	林鹏	上海东方证券	2014/09~2020/04	69	8	23.54	10.69	18.99	27.55	-23.71	-48.44	1.15	0.33
453	朱倍	上海通证券	2011/04~2021/10	88	2	4.79	11.10	29.51	26.18	-51.40	-44.57	0.08	0.34
454	董红波	上投摩根	2007/02~2015/01	91	4	16.92	22.14	28.64	29.77	-34.61	-59.41	0.49	0.59
455	冯刚	上投摩根	2006/06~2014/11	87	4	26.79	21.29	30.27	34.71	-60.81	-68.61	0.80	0.56
456	黄栋	上投摩根	2015/06~2019/11	55	3	1.71	-4.33	22.47	25.37	-32.63	-42.38	0.01	-0.23
457	吕俊	上投摩根	2002/05~2007/07	60	4	44.96	30.94	24.75	29.08	-10.99	-50.22	1.76	0.97
458	罗建辉	上投摩根	2009/10~2015/01	64	4	4.43	8.41	16.14	21.18	-26.83	-34.26	0.09	0.26
459	孟亮	上投摩根	2012/03~2019/02	80	8	12.50	11.36	23.79	23.37	-43.21	-34.44	0.44	0.44
460	帅虎	上投摩根	2014/12~2019/03	53	3	11.84	8.61	34.42	30.21	-53.40	-48.44	0.30	0.23
461	孙延群	上投摩根	2004/06~2009/06	58	3	39.81	30.30	30.33	38.96	-55.19	-68.61	1.24	0.72
462	王孝德	上投摩根	2007/04~2014/11	89	3	13.74	13.20	23.75	29.82	-34.07	-68.61	0.46	0.38
463	王振州	上投摩根	2007/11~2011/11	50	4	-3.17	-3.09	29.02	35.38	-57.70	-67.56	-0.21	-0.17

续表

编号	基金经理	离职前任职公司	任职区间	任职时间（月）	管理基金数量（只）	年化收益率（%）	指数年化收益率（%）	年化波动率（%）	指数年化波动率（%）	最大回撤（%）	指数最大回撤（%）	年化夏普比率	指数夏普比率
464	吴鹏	上投摩根	2006/09~2012/08	68	5	0.22	17.80	26.06	36.41	-55.86	-68.61	-0.11	0.33
465	许俊哲	上投摩根	2015/04~2018/05	39	1	-8.86	-4.23	30.81	28.62	-49.39	-44.57	-0.34	-0.20
466	杨安乐	上投摩根	2007/08~2013/05	71	1	-4.03	-2.65	30.71	32.05	-63.47	-68.61	-0.23	-0.18
467	张飞	上投摩根	2015/01~2018/01	38	2	13.48	13.23	36.06	32.77	-48.13	-44.57	0.33	0.35
468	张富盛	上投摩根	2018/03~2021/10	44	2	29.74	8.87	26.63	18.21	-37.52	-25.85	1.06	0.40
469	张淑婉	上投摩根	2018/06~2021/06	38	1	13.50	14.82	16.98	18.74	-11.81	-16.20	0.71	0.71
470	赵艰申	上投摩根	2013/08~2017/07	46	3	29.20	29.46	31.15	27.12	-40.13	-44.57	0.89	0.97
471	芮崑	上投摩根	2006/04~2009/09	43	2	29.08	40.35	27.14	45.05	-42.57	-68.61	0.96	0.83
472	常永涛	申万菱信	2005/11~2009/08	47	2	33.76	43.28	36.20	43.22	-61.53	-68.61	0.85	0.93
473	刘忠勋	申万菱信	2011/08~2015/04	46	1	23.74	24.00	25.96	24.54	-29.11	-23.84	0.80	0.85
474	欧庆铃	申万菱信	2005/10~2015/08	106	6	11.18	12.17	24.45	31.98	-42.35	-68.15	0.35	0.32
475	谭涛	申万菱信	2011/06~2015/06	50	1	18.51	21.73	24.17	25.44	-22.69	-28.08	0.64	0.73
476	魏立	申万菱信	2009/06~2012/07	39	2	-4.70	-2.77	25.56	25.61	-37.51	-29.39	-0.29	-0.22
477	徐爽	申万菱信	2008/01~2015/05	90	3	12.74	13.16	24.85	30.84	-47.12	-64.72	0.39	0.33
478	张鹏	申万菱信	2008/12~2014/01	63	2	10.21	12.89	26.80	26.17	-44.45	-34.26	0.28	0.38
479	赵祥峰	太平	2007/03~2016/02	65	2	3.31	13.68	33.51	42.68	-58.75	-68.61	0.02	0.23
480	陈烨宁	泰达宏利	2011/03~2014/10	45	3	-1.40	3.13	18.14	20.24	-30.65	-31.71	-0.25	0.00
481	邓艺颖	泰达宏利	2011/06~2018/12	92	6	6.49	5.93	27.59	26.01	-55.12	-48.44	0.15	0.14
482	傅浩	泰达宏利	2017/03~2021/08	55	5	9.82	7.28	8.38	17.01	-10.66	-30.56	0.99	0.34

续表

编号	基金经理	离职前任职公司	任职区间	任职时间（月）	管理基金数量（只）	年化收益率（%）	指数年化收益率（%）	年化波动率（%）	指数年化波动率（%）	最大回撤（%）	指数最大回撤（%）	年化夏普比率	指数年化夏普比率
483	李泽刚	泰达宏利	2005/09~2009/05	46	3	28.88	41.01	31.17	41.27	−62.25	−68.61	0.83	0.92
484	梁辉	泰达宏利	2005/04~2015/03	121	10	21.50	24.49	23.88	31.85	−52.19	−68.61	0.78	0.68
485	刘青山	泰达宏利	2003/04~2013/01	119	2	21.24	13.15	27.76	32.16	−57.54	−68.61	0.67	0.35
486	庞宝臣	泰达宏利	2016/08~2019/12	42	7	4.88	1.27	12.27	16.63	−23.93	−30.56	0.28	−0.01
487	魏延军	泰达宏利	2004/06~2008/07	40	3	6.90	7.00	25.68	36.59	−43.78	−47.01	0.16	0.01
488	吴俊峰	泰达宏利	2009/03~2014/08	67	3	8.27	7.67	22.21	23.83	−26.64	−34.26	0.24	0.20
489	周琦凯	泰达宏利	2015/05~2021/02	70	2	−0.92	0.42	28.77	24.28	−58.93	−48.44	−0.08	−0.05
490	彭一博	泰康	2014/05~2017/11	40	5	34.47	37.97	16.40	27.57	−2.76	−44.57	2.04	1.27
491	崔海鸿	泰信	2005/10~2009/12	47	3	23.68	31.92	30.86	39.86	−38.37	−68.61	0.71	0.61
492	戴宇虹	泰信	2012/03~2016/11	58	3	14.67	20.46	31.55	30.29	−50.77	−44.57	0.39	0.59
493	刘杰	泰信	2015/03~2021/09	80	2	9.10	6.33	28.27	24.87	−62.16	−48.44	0.27	0.19
494	刘强	泰信	2007/02~2012/11	71	1	2.35	6.70	34.57	35.69	−64.42	−68.61	−0.02	0.10
495	刘毅	泰信	2010/12~2014/05	43	2	−1.37	−3.38	18.70	19.57	−25.73	−31.71	−0.24	−0.33
496	柳菁	泰信	2009/04~2015/08	78	2	14.74	13.90	28.33	27.74	−40.43	−36.20	0.42	0.40
497	钱鑫	泰信	2014/05~2021/08	88	3	19.36	15.95	27.50	25.41	−58.17	−48.44	0.64	0.56
498	袁园	泰信	2012/03~2017/07	66	1	10.04	17.46	29.17	28.67	−55.30	−44.57	0.26	0.53
499	张彦	泰信	2017/11~2021/07	46	1	9.53	7.04	20.36	18.18	−36.71	−29.52	0.39	0.30
500	姜文涛	天弘	2005/04~2016/10	82	6	27.15	35.64	24.23	31.69	−23.65	−51.55	1.06	1.18
501	王林	天弘	2015/12~2018/12	38	4	−1.57	−11.35	5.18	22.20	−14.65	−34.44	−0.59	−0.58

续表

编号	基金经理	离职前任职公司	任职区间	任职时间（月）	管理基金数量（只）	年化收益率（%）	指数年化收益率（%）	年化波动率（%）	指数年化波动率（%）	最大回撤（%）	指数最大回撤（%）	年化夏普比率	指数年化夏普比率
502	肖志刚	天弘	2013/09~2019/07	72	6	7.71	12.79	24.59	27.23	-49.30	-48.44	0.24	0.40
503	刘红兵	天治	2004/06~2008/06	49	2	22.58	28.85	23.65	36.21	-33.54	-47.01	0.84	0.72
504	吴蒋	天治	2008/04~2011/08	42	2	-2.47	1.95	26.16	35.32	-47.33	-57.51	-0.20	-0.02
505	谢京	天治	2005/08~2012/05	83	2	18.68	24.36	24.45	35.35	-47.41	-68.61	0.65	0.61
506	曾海	天治	2015/06~2019/02	46	1	-16.55	-5.97	25.49	27.26	-55.05	-42.38	-0.71	-0.27
507	高翰昆	万家	2015/05~2018/07	40	14	3.97	-11.40	5.28	27.14	-5.20	-44.57	0.46	-0.48
508	侯慧娣	万家	2015/12~2021/04	61	4	1.93	8.37	3.63	21.22	-5.87	-34.44	0.13	0.38
509	刘芳洁	万家	2007/07~2014/10	83	4	4.11	0.86	23.65	30.73	-47.97	-68.61	0.05	0.00
510	吕宜振	万家	2006/11~2012/12	63	5	20.59	29.07	29.33	34.71	-30.73	-51.55	0.63	0.72
511	孙远慧	万家	2016/03~2020/10	57	7	9.90	6.09	17.63	16.99	-21.43	-30.56	0.49	0.27
512	朱颖	万家	2011/11~2015/01	40	2	0.77	16.93	16.72	21.18	-21.05	-17.71	-0.14	0.65
513	傅明笑	西部利得	2008/08~2014/11	70	3	1.88	12.32	17.71	26.81	-36.82	-34.26	-0.05	0.32
514	韩丽楠	西部利得	2015/08~2021/09	75	7	11.16	8.02	9.08	21.52	-6.45	-34.44	1.06	0.30
515	刘荟	西部利得	2016/01~2021/06	67	10	11.86	10.06	11.51	17.27	-15.37	-30.56	0.90	0.50
516	张维文	西部利得	2015/06~2018/09	41	5	1.67	-9.41	4.29	26.43	-5.31	-38.05	0.04	-0.41
517	王颢	先锋	2017/06~2020/06	38	4	3.56	3.43	15.36	17.86	-26.71	-30.56	0.13	0.11
518	杨帅	先锋	2018/04~2021/08	42	3	5.83	10.86	18.09	18.70	-24.94	-22.99	0.24	0.50
519	付伟	新华	2015/08~2021/08	74	8	18.65	8.30	23.03	21.66	-32.60	-34.44	0.74	0.31
520	蒋畅	新华	2001/02~2006/06	47	2	8.98	2.38	17.10	22.90	-22.56	-60.08	0.41	0.01

续表

编号	基金经理	离职前任职公司	任职区间	任职时间(月)	管理基金数量(只)	年化收益率(%)	指数年化收益率(%)	年化波动率(%)	指数年化波动率(%)	最大回撤(%)	指数最大回撤(%)	年化夏普比率	指数年化夏普比率
521	王卫东	新华	2008/07~2013/12	67	3	17.38	5.79	24.54	29.50	-28.46	-42.52	0.59	0.10
522	姚秋	新华	2015/01~2021/11	84	3	8.82	10.20	8.92	25.34	-17.37	-48.44	0.81	0.34
523	陈令朝	鑫元	2018/01~2021/10	47	3	8.82	7.16	12.99	18.03	-11.42	-29.52	0.56	0.31
524	王美芹	鑫元	2017/12~2021/02	40	1	14.99	7.44	14.76	19.16	-11.04	-29.52	0.91	0.31
525	杜蜀鹏	信达澳银	2012/04~2015/12	46	4	17.83	24.99	31.75	29.13	-49.07	-39.98	0.47	0.76
526	冯士祯	信达澳银	2015/05~2019/04	49	6	-6.24	-6.60	26.15	27.20	-47.39	-48.44	-0.30	-0.30
527	孔学峰	信达澳银	2016/10~2020/09	48	1	17.29	4.92	16.21	17.91	-21.87	-30.56	0.97	0.19
528	李朝伟	信达澳银	2016/01~2020/01	50	4	9.64	6.03	16.48	17.52	-24.22	-30.56	0.49	0.26
529	王辉良	信达澳银	2016/01~2021/11	67	3	12.19	7.48	19.51	16.36	-41.86	-30.56	0.56	0.37
530	王战强	信达澳银	2008/07~2015/07	86	3	15.42	15.74	24.12	30.09	-32.75	-42.52	0.52	0.43
531	曾昭雄	信达澳银	2003/04~2008/12	55	7	5.70	-5.44	29.58	36.99	-62.78	-68.61	0.11	-0.30
532	吴卫东	兴业	2015/01~2020/10	70	3	7.17	9.47	20.36	27.39	-37.41	-48.44	0.27	0.29
533	王磊	兴银	2017/07~2020/12	43	3	14.47	7.58	12.81	18.58	-15.74	-30.56	1.01	0.33
534	陈锦泉	兴证全球	2011/05~2015/01	46	1	20.11	11.13	18.40	20.95	-20.63	-28.08	0.92	0.38
535	陈扬帆	兴证全球	2009/03~2014/12	71	2	13.26	12.79	24.38	24.06	-28.84	-34.26	0.43	0.41
536	童承非	兴证全球	2007/02~2021/09	177	5	16.58	11.92	21.17	29.49	-49.68	-68.61	0.67	0.32
537	季侃乐	兴证全球	2014/11~2021/06	81	2	22.28	12.20	21.72	26.05	-31.05	-48.44	0.95	0.41
538	王晓明	兴证全球	2005/11~2013/09	96	2	26.52	22.51	25.72	34.27	-43.85	-68.61	0.92	0.57
539	吴圣涛	兴证全球	2008/03~2018/06	116	6	7.06	6.40	24.88	30.43	-52.56	-57.51	0.19	0.11

续表

编号	基金经理	离职前任职公司	任职区间	任职时间（月）	管理基金数量（只）	年化收益率（%）	指数年化收益率（%）	年化波动率（%）	指数年化波动率（%）	最大回撤（%）	指数最大回撤（%）	年化夏普比率	指数年化夏普比率
540	杨大力	兴证全球	2008/12~2014/11	44	2	18.72	36.88	17.70	26.87	-17.20	-34.26	0.93	1.28
541	张惠萍	兴证全球	2008/01~2013/01	62	3	1.60	-2.29	22.49	32.25	-39.00	-64.72	-0.06	-0.16
542	蔡海洪	易方达	2011/09~2015/06	47	3	17.75	27.04	14.96	25.39	-10.75	-19.88	0.99	0.95
543	陈志民	易方达	2001/06~2011/03	120	4	22.22	9.97	25.27	32.76	-53.21	-68.61	0.80	0.26
544	何云峰	易方达	2008/01~2014/11	84	2	0.39	3.55	21.95	29.53	-48.41	-64.72	-0.12	0.02
545	侯清濯	易方达	2006/01~2012/08	81	3	17.44	21.72	25.80	35.82	-44.25	-68.61	0.56	0.52
546	江作良	易方达	2001/06~2007/06	72	2	23.88	11.31	16.36	28.20	-8.89	-61.69	1.35	0.32
547	李文健	易方达	2011/01~2015/02	51	1	11.08	11.07	18.51	20.46	-21.06	-31.71	0.43	0.39
548	梁裕宁	易方达	2016/01~2020/05	54	3	9.72	5.39	18.73	17.32	-34.43	-30.56	0.44	0.22
549	马骏	易方达	2001/06~2005/12	56	1	4.29	-16.98	14.54	21.31	-14.11	-61.69	0.15	-0.90
550	潘峰	易方达	2007/04~2014/11	93	1	6.82	7.02	27.30	31.07	-58.45	-68.61	0.14	0.13
551	冉华	易方达	2004/02~2007/12	48	1	50.90	38.91	26.05	33.09	-13.60	-43.54	1.86	1.10
552	宋昆	易方达	2010/09~2018/12	101	5	7.31	6.04	30.70	25.37	-65.28	-48.44	0.16	0.14
553	王超	易方达	2013/05~2021/04	98	7	12.04	13.37	18.61	25.24	-30.13	-48.44	0.55	0.46
554	王义克	易方达	2014/12~2018/02	40	1	21.16	11.62	34.75	32.05	-46.55	-44.57	0.56	0.31
555	吴欣荣	易方达	2004/02~2014/03	123	3	16.03	12.53	25.81	31.93	-53.94	-68.61	0.51	0.30
556	伍卫	易方达	2006/09~2011/09	61	6	21.83	22.38	30.78	39.01	-46.10	-68.61	0.63	0.50
557	肖坚	易方达	2002/03~2007/12	71	3	41.06	25.16	25.74	29.86	-14.99	-50.22	1.50	0.76
558	肖林	易方达	2016/05~2019/08	41	2	7.51	1.64	6.61	16.60	-7.06	-30.56	0.91	0.01

续表

编号	基金经理	离职前任职公司	任职区间	任职时间（月）	管理基金数量（只）	年化收益率（%）	指数年化收益率（%）	年化波动率（%）	指数年化波动率（%）	最大回撤（%）	指数最大回撤（%）	年化夏普比率	指数年化夏普比率
559	韩宁	益民	2012/03~2016/06	53	3	10.03	19.97	27.02	31.66	-49.09	-44.57	0.27	0.55
560	侯燕琳	益民	2010/12~2014/08	42	3	-2.17	-1.60	17.95	18.60	-23.71	-27.69	-0.30	-0.34
561	蒋俊国	益民	2011/08~2015/05	47	1	8.68	27.48	21.61	25.18	-34.80	-23.84	0.26	0.97
562	李勇钢	益民	2011/09~2014/11	40	1	5.15	12.53	15.49	20.78	-23.97	-19.88	0.13	0.45
563	熊伟	益民	2007/10~2011/09	49	1	-11.46	-6.68	29.31	36.33	-55.19	-68.15	-0.49	-0.26
564	成胜	银河	2010/09~2015/05	58	3	37.11	22.04	30.53	23.97	-27.49	-33.01	1.12	0.79
565	李昇	银河	2002/09~2009/07	85	4	24.58	19.58	24.28	34.54	-48.34	-68.61	0.92	0.49
566	刘凤华	银河	2007/01~2013/01	74	2	12.61	11.50	25.35	35.68	-51.42	-68.61	0.38	0.24
567	楼华锋	银河	2016/12~2021/05	55	10	14.85	7.46	18.36	16.92	-18.99	-30.56	0.73	0.35
568	余科苗	银河	2017/12~2021/04	42	4	16.54	6.79	9.09	18.80	-7.53	-29.52	1.66	0.28
569	葛鹤军	银华	2014/10~2018/06	46	4	8.95	12.23	4.56	31.02	-1.49	-44.57	1.59	0.34
570	郭建兴	银华	2009/12~2016/06	76	2	12.87	11.63	23.37	29.31	-39.81	-44.57	0.44	0.36
571	金斌	银华	2009/02~2013/06	54	2	8.72	7.75	17.90	27.13	-17.58	-34.26	0.33	0.18
572	况群峰	银华	2006/09~2011/08	61	3	26.58	24.56	32.39	39.04	-58.19	-68.61	0.73	0.55
573	刘春雨	银华	2012/04~2015/04	38	1	32.07	31.84	21.66	24.57	-16.72	-16.56	1.34	1.17
574	陆文俊	银华	2006/07~2013/08	83	4	26.57	24.65	28.34	33.65	-36.56	-68.61	0.85	0.77
575	王华	银华	2006/11~2017/07	130	5	18.70	17.46	27.77	33.57	-59.00	-68.61	0.58	0.44
576	王翔	银华	2017/03~2021/05	52	3	20.83	7.35	20.59	17.37	-25.35	-30.56	0.94	0.34
577	王鑫钢	银华	2013/02~2019/11	83	5	5.86	11.42	22.85	26.60	-52.17	-48.44	0.17	0.35

续表

编号	基金经理	离职前任职公司	任职区间	任职时间（月）	管理基金数量（只）	年化收益率（%）	指数年化收益率（%）	年化波动率（%）	指数年化波动率（%）	最大回撤（%）	指数最大回撤（%）	年化夏普比率	指数夏普比率
578	许翔	银华	2003/05~2009/06	66	3	22.72	27.38	25.21	36.69	-49.68	-68.61	0.82	0.63
579	周可彦	银华	2008/02~2018/11	96	7	2.02	-2.61	24.03	30.06	-58.44	-64.72	-0.01	-0.15
580	邹积建	银华	2008/07~2016/06	71	2	21.97	20.49	31.19	34.02	-36.15	-44.57	0.63	0.56
581	李明阳	圆信永丰	2017/12~2021/10	48	4	18.44	7.47	20.30	17.83	-25.65	-29.52	0.83	0.33
582	顾晓飞	长安	2014/08~2020/06	63	7	7.64	16.22	22.92	28.18	-39.68	-47.04	0.27	0.48
583	王海军	长安	2012/06~2021/08	90	5	6.43	12.43	25.81	26.58	-56.03	-48.44	0.17	0.37
584	栾绍菲	长安	2015/05~2018/11	44	2	-5.80	-13.75	15.86	26.40	-26.71	-46.95	-0.46	-0.58
585	韩浩	长城	2002/07~2006/02	44	2	6.02	-10.65	13.48	19.94	-15.52	-48.49	0.29	-0.64
586	蒋劲刚	长城	2010/01~2019/05	114	9	3.40	7.29	15.60	25.52	-30.13	-48.44	0.07	0.19
587	刘颖芳	长城	2010/01~2015/02	63	2	0.69	9.35	12.94	20.96	-24.27	-33.01	-0.18	0.30
588	秦玲萍	长城	2006/03~2009/04	40	1	39.70	42.75	33.85	44.64	-52.95	-68.61	1.08	0.89
589	史彦刚	长城	2013/04~2016/11	45	8	14.01	26.01	9.04	32.69	-4.43	-44.57	1.29	0.72
590	吴文庆	长城	2013/12~2017/02	40	8	13.90	25.79	16.27	32.95	-16.81	-44.57	0.72	0.72
591	徐九龙	长城	2008/02~2016/02	98	5	6.39	5.49	19.70	33.20	-46.83	-64.72	0.18	0.08
592	杨毅平	长城	2002/03~2013/05	123	5	14.79	17.92	29.21	33.96	-60.78	-68.61	0.41	0.44
593	郑帮强	长城	2015/07~2018/07	38	3	7.69	-3.27	31.56	25.81	-31.12	-29.50	0.20	-0.19
594	邓永明	长盛	2006/05~2014/09	101	6	21.04	21.19	23.89	32.26	-36.01	-68.61	0.77	0.66
595	付海宁	长盛	2017/07~2021/07	43	8	3.41	4.46	14.06	17.66	-25.37	-30.56	0.14	-0.05
596	侯继雄	长盛	2007/10~2014/03	79	2	-0.47	-3.50	22.47	31.20	-55.19	-68.15	-0.16	-0.21

续表

编号	基金经理	离职前任职公司	任职区间	任职时间（月）	管理基金数量（只）	年化收益率（%）	指数年化收益率（%）	年化波动率（%）	指数年化波动率（%）	最大回撤（%）	指数最大回撤（%）	年化夏普比率	指数年化夏普比率
597	乔林建	长盛	2013/01~2017/10	56	7	22.92	26.41	20.35	26.28	-25.26	-36.22	1.04	0.99
598	乔培涛	长盛	2016/08~2021/07	61	11	13.15	6.36	17.21	16.48	-24.22	-30.56	0.68	0.29
599	宋炳山	长盛	2001/04~2008/06	62	5	-10.57	-18.66	18.55	26.78	-45.67	-61.69	-0.74	-0.95
600	田间	长盛	2013/07~2018/02	57	5	2.45	19.94	23.13	28.22	-50.15	-44.57	0.02	0.63
601	吴博文	长盛	2014/06~2019/05	57	5	9.35	14.40	23.83	28.36	-45.72	-48.44	0.33	0.67
602	肖强	长盛	2002/11~2010/02	78	5	16.58	19.78	26.02	36.94	-56.89	-68.61	0.55	0.38
603	许良胜	长盛	2002/04~2008/08	50	2	-18.92	-25.01	22.22	27.65	-58.16	-53.21	-0.98	-1.17
604	许彤	长盛	2004/10~2009/04	56	1	28.73	29.24	28.21	39.08	-55.66	-68.61	0.92	0.68
605	赵宏宇	长盛	2013/05~2019/07	76	6	7.78	12.22	20.37	27.44	-41.30	-48.44	0.29	0.37
606	闵昱	长盛	2002/04~2006/04	47	5	7.92	-7.60	15.32	20.33	-18.94	-50.22	0.40	-0.48
607	付勇	长信	2006/01~2012/10	80	3	28.07	24.13	31.96	35.87	-63.46	-68.61	0.80	0.63
608	胡志宝	长信	2006/12~2015/02	100	4	10.45	17.49	27.51	32.77	-61.19	-68.61	0.27	0.44
609	李小羽	长信	2016/01~2019/01	37	2	-6.50	-1.26	10.81	15.68	-25.09	-30.56	-0.74	-0.18
610	宋小龙	长信	2006/12~2016/06	112	6	13.56	16.34	30.45	35.55	-53.52	-68.61	0.36	0.38
611	曾芒	长信	2006/11~2010/07	46	2	21.60	28.13	35.45	44.05	-60.99	-68.61	0.53	0.57
612	何文镐	招商	2014/04~2019/05	63	7	4.10	15.10	7.28	28.90	-11.49	-48.44	0.32	0.46
613	贺庆	招商	2003/04~2006/12	46	2	23.95	11.96	19.46	24.12	-16.96	-43.54	1.12	0.41
614	胡军华	招商	2005/08~2008/12	41	2	29.17	30.96	28.41	42.08	-49.17	-68.61	0.92	0.66
615	李亚	招商	2014/12~2021/01	75	5	16.51	10.43	18.58	26.67	-31.15	-48.44	0.80	0.33

续表

编号	基金经理	离职前任职公司	任职区间	任职时间（月）	管理基金数量（只）	年化收益率（%）	指数年化收益率（%）	年化波动率（%）	指数年化波动率（%）	最大回撤（%）	指数最大回撤（%）	年化夏普比率	指数年化夏普比率
616	吕一凡	招商	2003/12~2014/12	72	7	31.20	31.31	23.97	31.18	-24.68	-48.70	1.23	1.05
617	潘明曦	招商	2015/10~2021/08	72	4	13.19	6.62	18.34	20.69	-26.91	-34.44	0.64	0.25
618	孙振峰	招商	2009/07~2017/05	88	7	10.94	9.73	20.20	27.33	-27.23	-44.57	0.44	0.39
619	唐祝益	招商	2009/12~2014/12	57	4	7.00	7.23	18.86	22.27	-33.64	-34.26	0.22	0.17
620	涂冰云	招商	2008/03~2011/11	46	2	-4.13	-0.12	25.58	34.17	-38.50	-57.51	-0.27	-0.09
621	吴亮谷	招商	2013/05~2021/02	63	6	0.50	2.82	7.47	16.01	-15.89	-30.56	-0.16	0.09
622	姚爽	招商	2016/12~2021/06	50	2	12.27	4.62	6.71	14.30	-5.84	-28.55	1.64	0.16
623	游海	招商	2007/01~2010/06	43	3	16.49	17.18	28.40	43.91	-44.55	-68.61	0.47	0.32
624	袁野	招商	2007/03~2015/04	96	5	14.06	20.19	20.34	33.43	-45.57	-68.61	0.55	0.51
625	张冰	招商	2004/06~2011/06	86	3	20.30	22.50	28.36	35.24	-57.97	-68.61	0.62	0.56
626	张镇平	招商	2008/01~2014/05	74	6	-6.80	-1.95	23.88	30.84	-51.52	-64.72	-0.41	-0.15
627	赵龙	招商	2006/08~2013/12	62	4	16.90	21.73	30.67	37.47	-58.89	-68.61	0.46	0.53
628	钟赟	招商	2017/02~2021/08	56	4	35.15	7.02	21.96	16.85	-14.05	-30.56	1.53	0.33
629	倪文昊	招商证券	2013/05~2021/09	45	3	10.11	27.41	23.83	27.31	-35.30	-39.98	0.34	0.93
630	唐光英	浙江浙商证券	2015/08~2018/12	42	1	-10.73	-3.40	18.32	23.93	-40.22	-34.44	-0.67	-0.21
631	赵语涛	浙江浙商证券	2016/03~2019/03	39	3	-1.41	2.77	9.61	16.77	-17.41	-30.56	-0.30	0.08
632	陈志龙	浙商	2007/08~2014/09	66	3	7.91	0.89	24.40	32.90	-49.15	-68.61	0.21	-0.02
633	姜培正	浙商	2011/05~2015/05	50	1	12.15	24.96	18.80	24.65	-23.67	-28.08	0.48	0.89
634	唐桦	浙商	2013/11~2019/01	60	2	-0.62	0.50	17.23	24.43	-31.49	-34.44	-0.15	0.08

续表

编号	基金经理	离职前任职公司	任职区间	任职时间(月)	管理基金数量(只)	年化收益率(%)	指数年化收益率(%)	年化波动率(%)	指数年化波动率(%)	最大回撤(%)	指数最大回撤(%)	年化夏普比率	指数年化夏普比率
635	陈明星	中海	2012/03~2015/05	40	1	29.76	36.78	23.59	24.95	-23.35	-16.56	1.14	1.36
636	李延刚	中海	2008/01~2012/01	50	3	-8.32	-5.04	25.77	34.33	-50.10	-64.72	-0.44	-0.23
637	刘俊	中海	2014/05~2021/07	87	6	13.19	15.69	12.10	25.55	-12.18	-48.44	0.95	0.55
638	路泽斌	中海	2011/11~2015/03	42	3	26.98	23.60	21.71	22.85	-13.66	-17.71	1.10	0.90
639	彭海平	中海	2016/04~2021/08	66	3	14.18	8.02	20.16	16.02	-28.89	-30.56	0.63	0.41
640	王雄辉	中海	2001/06~2008/03	67	3	11.49	7.76	22.60	30.54	-37.40	-61.69	0.42	0.04
641	夏春晖	中海	2010/12~2018/05	81	3	-7.93	-0.57	29.71	25.43	-56.84	-44.57	-0.36	-0.24
642	周其源	中海	2013/10~2016/11	39	1	19.79	27.71	26.11	33.31	-27.18	-44.57	0.67	0.76
643	詹菲	中海	2011/02~2014/10	46	2	-0.20	3.11	18.30	20.00	-27.05	-31.71	-0.18	0.00
644	杜晓安	中航	2017/12~2021/02	40	2	11.02	7.44	10.67	19.16	-9.61	-29.52	0.89	0.31
645	郭党钰	中金	2015/06~2019/10	54	8	1.15	-4.07	20.56	25.61	-30.36	-42.38	-0.02	-0.22
646	魏孛	中金	2017/03~2021/10	57	7	10.06	6.87	12.68	16.71	-19.77	-30.56	0.67	0.32
647	乐瑞祺	中科沃土	2011/11~2019/12	45	5	6.91	0.01	16.09	19.71	-20.22	-30.51	0.28	0.05
648	李昱	中科沃土	2011/01~2019/04	89	5	5.97	8.17	23.77	23.74	-55.47	-48.44	0.15	0.23
649	曹剑飞	中欧	2008/08~2016/03	90	6	17.89	14.96	27.69	32.48	-43.51	-44.57	0.56	0.37
650	苟开红	中欧	2009/10~2015/05	68	4	20.48	18.48	20.68	24.00	-18.01	-34.26	0.85	0.65
651	李欣	中欧	2016/01~2019/07	44	3	15.44	5.00	16.83	18.32	-24.92	-30.56	0.83	0.19
652	刘明月	中欧	2009/06~2016/11	87	6	4.34	4.93	33.54	27.81	-56.16	-44.57	0.05	0.01
653	卢博森	中欧	2016/12~2020/07	44	3	9.57	6.89	17.71	18.04	-23.08	-30.56	0.46	0.30

续表

编号	基金经理	离职前任职公司	任职区间	任职时间（月）	管理基金数量（只）	年化收益率（%）	指数年化收益率（%）	年化波动率（%）	指数年化波动率（%）	最大回撤（%）	指数最大回撤（%）	年化夏普比率	指数年化夏普比率
654	王海	中欧	2010/09~2013/12	41	2	-9.87	-0.70	21.48	21.25	-34.01	-33.01	-0.62	-0.18
655	庄波	中欧	2015/03~2019/08	55	2	5.63	0.97	17.24	28.37	-29.37	-48.44	0.24	-0.02
656	姜涛	中融	2015/06~2020/04	60	10	3.13	-2.72	9.38	24.79	-22.31	-42.38	0.17	-0.17
657	解静	中融	2014/12~2020/04	66	5	3.21	7.00	20.02	27.58	-45.75	-48.44	0.08	0.20
658	秦娟	中融	2011/12~2017/07	60	3	6.08	13.00	5.58	23.39	-4.55	-29.50	0.66	0.41
659	易海波	中融	2017/01~2020/02	39	4	6.53	1.36	15.27	16.75	-22.46	-30.56	0.33	-0.01
660	黄小坚	中信保诚	2004/12~2014/02	87	4	25.91	21.48	24.32	28.34	-39.42	-51.55	0.99	0.76
661	刘浩	中信保诚	2008/06~2012/08	52	2	3.99	3.81	24.74	30.79	-31.86	-42.52	0.05	0.03
662	谭鹏万	中信保诚	2011/09~2015/05	45	3	28.79	30.53	26.59	24.76	-13.31	-19.88	0.97	1.11
663	杨建标	中信保诚	2011/03~2015/04	51	3	18.50	18.97	21.99	23.86	-29.64	-31.71	0.70	0.67
664	殷孝东	中信保诚	2016/12~2020/04	42	3	-0.22	0.80	12.10	16.75	-25.28	-30.56	-0.14	-0.04
665	岳爱民	中信保诚	2006/04~2009/06	40	2	31.43	43.50	28.31	44.07	-49.93	-68.61	1.00	0.92
666	张光成	中信保诚	2009/03~2019/10	126	6	11.72	11.56	23.98	26.29	-43.69	-48.44	0.40	0.34
667	郑伟	中信建投	2013/08~2021/08	98	5	24.77	14.65	30.64	24.45	-52.83	-48.44	0.75	0.52
668	王琦	中信建投	2015/02~2019/03	51	3	6.07	6.95	16.57	30.70	-24.09	-48.44	0.27	0.17
669	罗众球	中银国际证券	2016/09~2019/09	38	5	1.37	-0.30	2.50	16.93	-2.98	-30.56	-0.05	-0.11
670	甘霖	中银	2007/08~2015/07	97	5	8.44	7.94	22.26	31.75	-48.86	-68.61	0.25	0.16
671	辜岚	中银	2013/09~2020/02	79	4	7.74	12.66	25.60	26.12	-48.69	-48.44	0.23	0.41
672	李志磊	中银	2008/04~2011/09	43	2	6.57	-0.69	21.59	35.21	-26.46	-57.51	0.18	-0.10

续表

编号	基金经理	离职前任职公司	任职区间	任职时间(月)	管理基金数量(只)	年化收益率(%)	指数年化收益率(%)	年化波动率(%)	指数年化波动率(%)	最大回撤(%)	指数最大回撤(%)	年化夏普比率	指数年化夏普比率
673	刘潇	中银	2018/06~2021/10	42	3	33.19	13.17	22.37	18.00	-16.00	-16.20	1.42	0.65
674	欧阳力君	中银	2018/03~2021/05	40	3	9.75	9.77	19.90	19.19	-23.26	-25.85	0.41	0.43
675	钱亚风云	中银	2015/07~2021/11	78	7	16.97	5.83	20.42	22.05	-29.93	-34.44	0.76	0.20
676	史彬	中银	2012/07~2018/05	72	3	8.19	15.97	33.54	27.34	-63.26	-44.57	0.18	0.50
677	孙庆瑞	中银	2006/10~2013/07	83	4	17.00	15.70	24.21	35.74	-45.08	-68.61	0.58	0.35
678	吴域	中银	2007/08~2010/09	39	1	9.72	-4.44	28.00	39.81	-46.62	-68.61	0.24	-0.19
679	俞岱曦	中银	2008/04~2011/08	42	2	1.07	1.95	27.67	35.32	-44.53	-57.51	-0.06	-0.02
680	张发余	中银	2010/08~2015/03	57	3	10.55	15.25	17.55	21.85	-33.65	-33.01	0.43	0.56
681	邓立新	中邮创业	2011/05~2017/08	77	5	5.23	12.72	30.12	27.57	-50.83	-44.57	0.09	0.37
682	纪云飞	中邮创业	2017/01~2020/09	46	2	7.81	5.71	17.15	18.17	-27.44	-30.56	0.37	0.23
683	任泽松	中邮创业	2012/12~2018/05	67	5	28.30	15.69	37.10	27.51	-49.19	-44.57	0.70	0.49
684	盛军	中邮创业	2008/01~2011/02	39	1	-3.92	1.25	36.84	38.18	-59.64	-64.72	-0.18	-0.04
685	许进财	中邮创业	2012/12~2018/09	71	4	14.56	12.51	29.32	27.17	-48.96	-44.57	0.42	0.38
686	杨欢	中邮创业	2015/06~2021/02	70	11	6.96	2.28	26.11	24.05	-42.39	-42.38	0.21	0.03
687	张萌	中邮创业	2015/05~2019/03	48	1	4.28	-6.37	2.33	27.50	-1.44	-48.44	1.18	-0.29

附录八 在职股票型基金经理选股与择时能力（按当前任职公司排序）：1998~2021 年

本表展示的是基于 Carhart 四因子模型改进得到的 Treynor-Mazuy 四因子模型对任职三年以上的在职股票型基金经理管理的所有基金产品的收益进行回归拟合所得结果，所用模型为：

$$R_{i,t} - R_{f,t} = \alpha_i + \beta_{i,mkt} \times (R_{mkt,t} - R_{f,t}) + \gamma_i \times (R_{mkt,t} - R_{f,t})^2 + \beta_{i,smb} \times SMB_t + \beta_{i,hml} \times HML_t + \beta_{i,mom} \times MOM_t + \varepsilon_{i,t}$$

其中，i 指的是第 i 位基金经理，$R_{i,t} - R_{f,t}$ 为第 i 位基金经理 i 的超额收益率；$R_{mkt,t} - R_{f,t}$ 为 t 月大盘指数（万得全 A 指数）的超额收益率，$R_{f,t}$ 为 t 月无风险收益率。SMB_t 为规模因子，代表小盘股与大盘股之间的溢价，是第 t 月小公司的收益率与大公司的收益率之差；HML_t 为价值因子，代表价值股与成长股之间的溢价，是第 t 月价值股（高账面市值比公司）收益率与成长股（低账面市值比公司）收益率之差；MOM_t 为动量因子，代表过去一年收益率最高的股票与收益率最低的股票之差，是过去一年（$t-1$ 个月到 $t-11$ 个月）收益率最高的（前 30%）股票与收益率最低的（后 30%）股票第 t 月收益率之差。基金经理管理的所有产品的收益是以每只基金产品的所有月管理在 t 月管理的产品收益率为权重计算出的加权平均收益。如果第 t 月是基金经理未管理产品，则本月基金经理所管理的产品收益默认为零，本月指数的收益默认为零，回归中我们将忽略这些月份的数据。我们用第 $t-1$ 期规模为权计算月度数据自行计算规模因子，价值因子和动量因子。α_i 代表基金经理的选股能力所给投资者带来的超额收益，γ_i 代表基金经理的择时能力。本表还展示每位基金经理对万得全 A 指数，规模因子，价值因子和动量因子的风险暴露（β_{mkt}、β_{smb}、β_{hml}、β_{mom}）。本表中也给出每位基金经理管理基金的收益和风险指标。其中，收益指标包括年化收益率、夏普比率、风险指标包括年化波动率、最大回撤。表中 * 代表选股能力或择时能力在 5% 的显著水平上显著。表中 "当前任职公司" 指的是截至 2021 年 12 月 31 日时在职基金经理的公司。

编号	基金经理	当前任职公司	任职区间	任职时间（月）	管理基金数量（只）	选股能力		择时能力		β_{mkt}	β_{smb}	β_{hml}	β_{mom}	年化收益率（%）	年化波动率（%）	年化夏普比率	最大回撤率（%）	调整后 R^2（%）
						年化 α（%）	$t(\alpha)$	γ	$t(\gamma)$									
1	陈鹏	安信	2011/01~2021/12	157	8	0.67	0.16	-0.32	-1.03	0.87	0.14	-0.40	0.18	12.59	24.13	0.43	-49.17	80
2	陈一峰	安信	2014/04~2021/12	93	9	9.91	2.96*	-0.14	-0.58	0.72	-0.07	-0.02	0.01	20.09	19.20	0.96	-25.94	82
3	陈振宇	安信	2012/06~2021/12	66	4	8.59	1.89*	0.11	0.20	0.70	-0.10	-0.15	-0.04	14.54	15.78	0.81	-23.27	75
4	李君	安信	2017/12~2021/12	49	2	6.53	5.15*	-0.44	-2.24	0.11	0.01	0.13	0.03	6.64	2.77	1.86	-1.27	48

续表

编号	基金经理	当前任职公司	任职区间	任职时间(月)	管理基金数量(只)	选股能力 年化α(%)	选股能力 t(α)	择时能力 γ	择时能力 t(γ)	β_{mkt}	β_{smb}	β_{hml}	β_{mom}	年化收益率(%)	年化波动率(%)	年化夏普比率	最大回撤率(%)	调整后R^2(%)
5	聂世林	安信	2016/02~2021/12	71	5	16.47	3.75*	-2.22	-2.98*	0.88	-0.26	-0.11	-0.08	18.58	15.70	1.09	-24.02	67
6	谭珏娜	安信	2017/12~2021/12	49	5	9.28	0.79	-0.96	-0.53	0.68	0.14	-0.42	0.19	17.99	22.82	0.72	-24.56	34
7	袁玮	安信	2016/04~2021/12	69	8	11.44	2.18*	-0.99	-1.02	0.86	-0.07	0.37	0.07	15.08	16.52	0.82	-24.55	58
8	张竞	安信	2017/12~2021/12	49	4	20.94	3.38*	-1.34	-1.39	0.96	-0.06	0.09	0.07	23.95	18.42	1.22	-23.21	72
9	张明	安信	2017/05~2021/12	56	8	12.06	3.21*	-1.57	-2.48*	0.79	-0.20	-0.10	-0.10	14.41	13.74	0.94	-17.85	77
10	张翼飞	安信	2015/05~2021/12	80	2	5.28	5.35*	0.05	0.63	0.06	-0.02	0.08	-0.03	6.57	2.56	1.97	-1.44	25
11	钟光正	安信	2012/08~2021/12	96	5	1.23	0.54	0.50	3.29*	0.13	0.04	0.03	0.08	9.62	6.76	1.14	-6.02	39
12	庄园	安信	2014/05~2021/12	92	8	7.35	4.28*	0.11	0.96	0.15	-0.15	-0.01	-0.19	11.03	6.31	1.48	-2.00	57
13	肖肖	宝盈	2017/01~2021/12	60	9	10.78	1.62	-0.51	-0.43	0.91	0.09	-0.22	0.21	19.44	19.68	0.91	-32.58	61
14	杨恩亮	宝盈	2018/03~2021/12	46	7	20.61	2.53*	-1.21	-0.99	0.91	-0.24	0.27	-0.12	20.62	19.50	0.98	-22.70	60
15	张仲维	宝盈	2014/03~2021/12	79	10	5.17	0.66	0.48	0.40	0.87	0.13	-0.73	0.24	26.95	25.10	1.02	-29.14	55
16	朱建明	宝盈	2017/01~2021/12	60	4	7.05	0.94	0.11	0.08	0.92	0.15	-0.64	-0.14	17.29	22.39	0.71	-22.70	61
17	程敏	北信瑞丰	2018/03~2021/12	46	4	10.71	1.65*	-0.75	-0.77	0.66	0.16	-0.16	0.34	20.13	16.17	1.15	-11.86	63
18	陆文凯	北信瑞丰	2018/06~2021/12	43	2	18.29	1.57	-0.14	-0.08	1.10	0.34	-0.08	0.52	39.95	27.12	1.42	-16.43	60
19	史伟	博道	2005/11~2021/12	93	4	6.20	1.20	-0.20	-0.61	0.81	-0.10	-0.31	0.15	27.04	24.71	1.01	-29.87	80
20	杨梦	博道	2018/08~2021/12	41	7	1.65	0.48	1.51	2.85*	0.73	0.07	0.05	0.31	21.16	16.09	1.22	-5.40	91
21	袁争光	博道	2015/05~2021/12	64	6	12.49	2.87*	-0.45	-1.43	0.80	-0.07	-0.28	-0.14	15.37	21.65	0.65	-31.05	86
22	张迎军	博道	2009/01~2021/12	104	9	0.73	0.15	0.50	1.21	0.52	0.01	-0.09	0.25	16.78	17.11	0.84	-21.86	57
23	蔡滨	博时	2014/12~2021/12	85	12	8.30	2.56*	-0.02	-0.07	0.63	-0.05	-0.31	-0.05	15.91	17.25	0.83	-26.99	82

续表

编号	基金经理	当前任职公司	任职区间	任职时间（月）	管理基金数量（只）	选股能力		择时能力		β_{mkt}	β_{smb}	β_{hml}	β_{mom}	年化收益率（%）	年化波动率（%）	年化夏普比率	最大回撤率（%）	调整后 R^2（%）
						年化 α（%）	$t(\alpha)$	γ	$t(\gamma)$									
24	陈雷	博时	2014/08~2021/12	89	5	11.17	2.09*	-0.78	-2.12	0.65	-0.06	-0.43	-0.07	16.62	20.61	0.73	-37.10	63
25	陈鹏扬	博时	2015/08~2021/12	77	10	10.64	2.89*	-0.17	-0.59	0.85	-0.11	-0.27	-0.29	17.36	19.54	0.81	-22.95	83
26	葛晨	博时	2018/04~2021/12	45	4	11.99	0.84	0.70	0.32	0.84	0.13	-0.37	0.13	28.19	27.48	0.97	-30.95	39
27	郭晓林	博时	2016/07~2021/12	66	7	8.69	1.36	0.46	0.40	1.01	-0.11	-0.36	0.04	19.22	21.23	0.84	-33.87	65
28	过钧	博时	2016/03~2021/12	71	9	11.45	2.06*	-0.64	-0.62	0.51	-0.03	-0.05	0.30	16.32	14.21	1.04	-12.32	36
29	黄瑞庆	博时	2011/12~2021/12	112	7	6.42	2.04*	-0.33	-1.53	0.68	-0.20	0.08	-0.08	8.67	17.35	0.41	-33.63	82
30	冀楠	博时	2017/06~2021/12	52	6	24.93	3.11*	-2.37	-1.85	1.12	-0.20	-0.06	0.14	26.35	21.74	1.17	-24.91	64
31	蒋甯	博时	2016/09~2021/12	64	6	5.58	1.54	0.05	0.08	0.64	-0.29	-0.23	-0.08	11.20	12.97	0.75	-23.58	71
32	金晟哲	博时	2016/10~2021/12	63	8	4.40	1.33	0.68	1.16	0.72	-0.15	-0.24	-0.02	12.54	14.16	0.78	-21.94	80
33	兰乔	博时	2015/11~2021/12	74	7	7.87	1.30	-0.41	-0.82	0.76	0.24	-0.32	0.15	13.94	21.96	0.57	-26.34	65
34	李佳	博时	2018/07~2021/12	42	1	0.59	0.07	-0.24	-0.18	0.89	-0.11	-0.16	-0.17	11.34	19.87	0.49	-22.69	63
35	林景艺	博时	2015/05~2021/12	80	3	2.67	1.17	0.03	0.16	0.80	0.08	0.17	0.23	4.14	19.88	0.13	-35.41	93
36	刘阳	博时	2015/07~2021/12	78	3	7.99	1.41	-1.18	-2.64	0.84	0.07	-0.51	-0.09	10.60	24.23	0.38	-41.00	73
37	刘钊	博时	2012/07~2021/12	40	4	3.05	0.52	0.35	0.81	0.86	0.33	-0.55	0.24	34.81	27.16	1.25	-21.47	93
38	沙炜	博时	2015/05~2021/12	80	5	15.10	3.23*	-0.33	-0.88	0.98	-0.16	-0.39	0.01	15.72	25.19	0.56	-36.40	83
39	孙少锋	博时	2015/09~2021/12	76	2	6.62	2.57*	-0.21	-1.04	0.79	-0.03	-0.07	0.06	13.65	17.69	0.69	-27.02	90
40	田俊维	博时	2015/06~2021/12	74	6	11.88	2.30*	-0.26	-0.66	0.70	0.03	-0.29	0.07	13.26	20.61	0.58	-30.50	72
41	王申	博时	2016/12~2021/12	61	4	8.49	3.05*	-0.78	-1.58	0.48	-0.11	-0.07	0.03	11.37	9.02	1.09	-8.43	66
42	王诗瑶	博时	2017/06~2021/12	55	3	8.75	1.56	0.74	0.79	0.89	-0.39	-0.31	-0.29	16.72	18.71	0.81	-20.48	73

续表

编号	基金经理	当前任职公司	任职区间	任职时间(月)	管理基金数量(只)	选股能力 年化α(%)	选股能力 t(α)	择时能力 γ	择时能力 t(γ)	β_{mkt}	β_{smb}	β_{hml}	β_{mom}	年化收益率(%)	年化波动率(%)	年化夏普比率	最大回撤率(%)	调整后R^2(%)
43	王增财	博时	2013/10~2021/12	95	8	5.24	0.92	-0.06	-0.15	0.80	0.22	0.00	0.29	19.15	25.74	0.68	-41.12	72
44	吴渭	博时	2013/12~2021/12	72	8	10.74	1.82*	-0.54	-0.49	0.52	0.03	-0.27	0.33	19.82	15.41	1.19	-12.13	40
45	肖瑞瑾	博时	2017/01~2021/12	60	15	4.53	0.86	1.46	1.58	0.94	-0.12	-0.45	-0.04	17.65	20.10	0.80	-31.36	76
46	杨涛	博时	2018/06~2021/12	43	1	7.93	1.11	-3.69	-3.30	0.86	-0.24	-0.22	-0.25	5.85	16.61	0.26	-15.63	60
47	杨永光	博时	2016/12~2021/12	61	4	6.63	4.74*	-0.52	-2.10	0.15	-0.01	-0.03	0.06	8.30	3.55	1.92	-1.68	45
48	姚爽	博时	2016/12~2021/12	57	3	7.67	0.81	0.11	0.07	0.88	0.35	0.12	0.46	16.98	22.85	0.69	-29.18	48
49	曾鹏	博时	2013/01~2021/12	108	10	0.17	0.04	0.47	1.36	0.87	0.01	-0.59	0.04	15.66	24.63	0.56	-48.71	75
50	张锦	博时	2018/08~2021/12	41	3	14.54	2.58*	-2.06	-2.37	0.94	-0.01	-0.08	0.01	23.86	16.71	1.34	-8.45	77
51	何翔	渤海汇金证券	2018/07~2021/12	42	3	3.31	0.54	0.28	0.29	0.53	-0.04	-0.30	0.13	14.45	14.42	0.90	-7.44	62
52	滕祖光	渤海汇金证券	2014/04~2021/12	79	3	5.16	0.91	1.02	2.69*	0.45	-0.12	0.08	-0.14	18.79	17.32	1.00	-32.63	50
53	金梓才	财通	2014/11~2021/12	86	9	10.57	1.12	0.48	0.75	0.92	0.04	-0.08	0.39	24.07	32.82	0.68	-45.94	56
54	梁辰	财通	2017/07~2021/12	51	5	11.40	1.59	1.29	1.14	0.76	0.03	-0.01	0.21	23.48	18.75	1.20	-20.20	63
55	夏钦	财通	2016/05~2021/12	68	8	1.72	0.32	0.15	0.15	0.96	-0.24	-0.19	-0.03	10.04	18.86	0.45	-27.29	67
56	于洋	财通证券	2018/09~2021/12	40	5	15.83	1.57	-1.17	-0.77	0.97	0.08	-0.29	0.29	33.01	22.47	1.40	-13.00	62
57	曹春林	创金合信	2017/07~2021/12	54	12	9.40	1.00	-1.02	-0.66	0.77	0.03	-0.05	0.28	15.28	20.61	0.67	-16.90	40
58	胡尧盛	创金合信	2017/12~2021/12	49	3	8.50	1.11	-0.94	-0.79	0.85	-0.12	-0.34	0.07	14.86	19.47	0.69	-19.86	61
59	李游	创金合信	2016/11~2021/12	62	5	13.45	1.52	-0.74	-0.47	1.11	-0.27	-0.03	0.53	22.34	25.76	0.81	-39.13	58
60	李哈哈	创金合信	2015/08~2021/12	61	6	6.40	1.02	-0.40	-0.84	0.64	-0.01	0.13	-0.05	7.24	18.83	0.31	-25.46	58
61	李巍	创金合信	2018/10~2021/12	39	3	8.38	1.45	-2.71	-2.72	1.15	-0.29	0.06	-0.07	16.90	18.90	0.81	-13.86	82

续表

编号	基金经理	当前任职公司	任职区间	任职时间（月）	管理基金数量（只）	选股能力		择时能力		β_{mkt}	β_{smb}	β_{hml}	β_{mom}	年化收益率（%）	年化波动率（%）	年化夏普比率	最大回撤率（%）	调整后 R^2（%）
						年化α（%）	$t(\alpha)$	γ	$t(\gamma)$									
62	皮劲松	创金合信	2018/10~2021/12	39	3	11.41	0.83	-0.98	-0.41	1.03	0.00	-0.13	-0.11	28.94	24.81	1.11	-15.48	42
63	张荣	创金合信	2015/08~2021/12	53	6	5.38	1.48	-1.03	-3.89	0.36	0.00	0.11	0.09	2.11	12.28	0.05	-20.36	72
64	周志敏	创金合信	2017/12~2021/12	49	4	12.50	1.13	-0.23	-0.14	0.92	-0.14	-0.81	-0.42	21.82	25.01	0.81	-29.64	51
65	刘晨	达诚	2012/08~2021/12	65	4	6.37	0.86	0.97	1.05	0.78	-0.23	-0.25	-0.39	9.61	19.92	0.40	-24.43	58
66	王超伟	达诚	2016/02~2021/12	57	9	3.19	0.74	-1.12	-1.58	0.47	-0.15	-0.34	0.10	4.23	11.09	0.25	-15.96	51
67	戴军	大成	2015/05~2021/12	80	4	8.70	2.22*	-0.34	-1.08	0.74	-0.12	-0.22	0.02	8.75	19.50	0.37	-35.34	80
68	侯春燕	大成	2015/12~2021/12	73	7	7.42	2.29*	0.07	0.27	0.89	-0.08	0.07	-0.01	11.86	19.01	0.54	-25.68	87
69	黄万青	大成	2010/04~2021/12	117	14	-0.95	-0.23	0.68	1.94*	0.39	-0.09	-0.10	-0.03	4.03	14.00	0.15	-36.68	36
70	李博	大成	2015/04~2021/12	81	5	10.72	2.44*	-0.56	-1.71	0.88	-0.10	-0.22	0.09	11.09	23.48	0.41	-45.46	82
71	李富强	大成	2015/11~2021/12	58	5	6.70	1.48	0.35	1.05	0.24	-0.04	-0.02	0.20	11.98	9.80	1.09	-4.80	36
72	李林益	大成	2015/07~2021/12	78	3	6.07	1.42	-0.78	-2.31	0.78	0.10	-0.33	0.22	9.93	21.71	0.39	-31.25	81
73	刘旭	大成	2015/07~2021/12	78	6	16.96	3.93*	-0.52	-1.54	0.78	0.02	0.14	0.10	18.92	20.17	0.86	-28.23	78
74	苏秉毅	大成	2014/01~2021/12	72	4	4.70	1.95*	0.48	1.07	0.83	-0.06	0.09	-0.07	11.46	13.85	0.73	-25.02	88
75	孙丹	大成	2017/05~2021/12	56	7	4.81	4.62*	-0.17	-0.96	0.10	0.02	0.00	0.05	7.04	2.49	2.22	-0.85	45
76	王磊	大成	2013/07~2021/12	102	6	9.33	2.60*	0.22	0.85	0.31	-0.08	-0.28	0.12	15.42	11.91	1.14	-18.08	42
77	魏庆国	大成	2015/04~2021/12	81	9	5.70	1.04	0.21	0.51	0.84	0.18	-0.08	0.42	12.64	25.66	0.43	-44.39	77
78	夏高	大成	2017/03~2021/12	58	2	5.63	1.23	-0.51	-0.65	0.75	-0.07	0.08	0.00	9.76	14.45	0.57	-29.10	67
79	徐彦	大成	2012/10~2021/12	97	11	11.08	2.89*	-0.14	-0.53	0.69	-0.04	-0.02	0.03	19.97	19.32	0.94	-30.39	78
80	杨挺	大成	2014/06~2021/12	91	5	1.34	0.25	-0.52	-1.39	0.82	0.26	-0.15	0.60	11.69	27.71	0.36	-57.23	79

续表

编号	基金经理	当前任职公司	任职区间	任职时间(月)	管理基金数量(只)	选股能力 年化α(%)	选股能力 t(α)	择时能力 γ	择时能力 t(γ)	β_{mkt}	β_{smb}	β_{hml}	β_{mom}	年化收益率(%)	年化波动率(%)	年化夏普比率	最大回撤率(%)	调整后R^2(%)
81	张烨	大成	2017/09~2021/12	52	4	17.72	2.56*	-1.72	-1.55	0.98	-0.05	0.12	0.07	19.24	19.15	0.93	-25.02	64
82	戴鹤忠	德邦	2016/06~2021/12	67	3	7.46	2.16*	0.53	0.84	0.85	-0.16	-0.10	0.09	16.29	15.76	0.94	-20.50	81
83	黎莹	德邦	2015/06~2021/12	79	7	15.63	4.64*	-0.75	-2.82	0.87	-0.16	-0.21	-0.14	15.09	21.13	0.64	-28.54	87
84	汪晖	德邦	2007/05~2021/12	109	5	2.92	0.54	0.58	1.70*	0.75	-0.02	-0.16	0.39	13.95	24.14	0.48	-36.12	74
85	吴昊	德邦	2015/02~2021/12	79	7	0.13	0.03	-0.13	-0.42	0.75	0.12	-0.18	0.04	9.05	23.23	0.33	-45.19	80
86	张铮烁	德邦	2018/08~2021/12	41	2	8.10	2.64*	-0.94	-1.98	0.30	-0.03	-0.12	-0.01	11.42	6.48	1.53	-5.01	55
87	刘明	东方阿尔法	2004/10~2021/12	159	6	2.36	0.59	0.18	0.80	0.81	-0.09	-0.40	0.23	15.93	25.81	0.53	-61.06	79
88	乔春	东方阿尔法	2014/09~2021/12	67	7	7.72	1.10	0.00	0.01	0.67	-0.09	-0.46	0.15	18.18	22.75	0.75	-23.69	66
89	唐雷	东方阿尔法	2016/07~2021/12	59	5	16.28	1.27	-0.86	-0.37	0.24	-0.03	-0.41	0.39	18.82	24.93	0.71	-20.12	10
90	蒋茜	东方	2017/07~2021/12	54	7	11.66	1.37	-1.58	-1.13	0.91	0.27	-0.07	0.40	19.10	21.36	0.82	-34.43	53
91	李瑞	东方	2017/12~2021/12	49	4	17.59	1.41	-1.07	-0.55	0.46	0.18	-0.18	0.49	24.70	22.15	1.05	-15.51	21
92	盛泽	东方	2018/08~2021/12	41	6	7.24	2.06*	-0.05	-0.10	0.83	-0.12	0.08	0.04	18.91	15.39	1.13	-10.69	89
93	王然	东方	2015/05~2021/12	80	9	7.07	1.27	-0.66	-1.50	0.94	-0.04	-0.22	0.07	6.01	25.92	0.17	-48.32	77
94	许文波	东方	2015/08~2021/12	73	9	4.75	0.98	0.51	1.37	0.35	-0.16	-0.25	-0.01	11.94	12.59	0.84	-11.04	36
95	薛子微	东方	2015/04~2021/12	81	11	-0.30	-0.09	-0.05	-0.20	0.55	0.25	0.28	0.39	3.74	17.89	0.12	-36.62	81
96	张玉坤	东方	2016/08~2021/12	65	6	11.43	1.65*	-2.50	-2.00	0.61	0.04	0.14	0.31	11.60	16.29	0.62	-22.21	32
97	陈军	东吴	2006/10~2021/12	175	8	2.79	0.90	0.05	0.31	0.68	0.18	-0.27	0.26	15.40	23.29	0.56	-48.86	82
98	刘瑞	东吴	2018/11~2021/12	46	5	7.83	0.92	-0.92	-0.63	0.85	0.05	-0.30	0.11	25.70	18.39	1.32	-10.66	61
99	刘元海	东吴	2013/01~2021/12	113	7	7.39	1.55	-0.78	-1.26	0.83	0.09	-0.30	0.30	22.67	19.45	1.08	-33.04	64

续表

编号	基金经理	当前任职公司	任职区间	任职时间(月)	管理基金数量(只)	选股能力		择时能力		β_{mkt}	β_{smb}	β_{hml}	β_{mom}	年化收益率(%)	年化波动率(%)	年化夏普比率	最大回撤率(%)	调整后 R^2(%)
						年化 α(%)	$t(\alpha)$	γ	$t(\gamma)$									
100	徐嶒	东吴	2015/05~2021/12	80	7	7.22	2.13*	-0.59	-2.18	0.74	-0.07	-0.39	0.06	7.03	19.94	0.28	-35.87	85
101	赵梅玲	东吴	2016/05~2021/12	68	7	7.88	1.96*	0.09	0.12	0.65	-0.13	-0.12	0.05	14.42	13.21	0.98	-20.60	63
102	周健	东吴	2012/10~2021/12	99	9	-2.08	-0.46	-0.21	-0.36	0.77	0.08	0.14	0.30	15.64	18.74	0.75	-28.05	67
103	邬炜	东吴	2015/03~2021/12	72	7	5.23	0.99	-0.27	-0.77	0.63	0.22	-0.02	0.51	5.83	22.47	0.19	-44.20	76
104	李兵伟	东兴	2016/06~2021/12	67	5	-0.60	-0.15	-0.45	-0.62	0.55	0.19	-0.02	0.17	4.70	12.02	0.27	-26.10	57
105	李晨辉	东兴	2016/06~2021/12	67	6	-0.33	-0.11	-0.56	-1.05	0.70	0.07	-0.08	0.03	4.46	12.41	0.24	-31.33	79
106	孙继青	东兴	2015/09~2021/12	76	6	3.01	0.77	-0.64	-2.07	0.56	-0.09	-0.16	0.00	6.11	14.87	0.31	-28.61	67
107	张旭	东吴	2015/08~2021/12	71	7	3.86	1.33	0.51	2.29*	0.18	-0.01	-0.02	0.16	8.74	7.48	0.98	-5.39	34
108	崔建波	方正富邦	2010/03~2021/12	138	21	4.75	1.76*	-0.27	-1.24	0.71	0.11	-0.07	0.08	10.77	18.84	0.46	-35.16	83
109	纪青	富安达	2016/12~2021/12	61	2	12.91	1.49	0.06	0.04	0.76	0.02	-0.41	-0.17	20.08	21.11	0.88	-26.47	41
110	李守峰	富安达	2015/12~2021/12	73	4	4.57	0.77	0.32	0.65	0.49	-0.12	-0.45	-0.26	9.55	16.38	0.49	-21.90	39
111	孙绍冰	富安达	2015/05~2021/12	80	2	-2.54	-0.25	1.44	1.77*	0.61	-0.25	-0.51	-0.11	7.16	27.11	0.21	-51.13	28
112	吴战峰	富安达	2008/04~2021/12	118	9	3.15	0.89	0.05	0.18	0.71	0.08	-0.26	0.11	11.20	19.23	0.48	-40.05	78
113	朱义	富安达	2018/04~2021/12	45	4	8.78	1.53	-0.91	-1.06	0.71	-0.26	-0.09	-0.12	11.35	14.95	0.66	-12.13	67
114	毕天宇	富国	2005/12~2021/12	194	7	6.38	1.82*	-0.33	-1.73	0.89	-0.04	-0.68	0.08	19.03	28.00	0.60	-59.31	82
115	蔡卡尔	富国	2018/05~2021/12	44	1	5.13	0.82	-2.82	-3.03	0.72	-0.34	0.07	-0.18	-0.63	14.72	-0.14	-19.22	60
116	曹晋	富国	2013/04~2021/12	102	8	9.20	1.63	0.00	0.00	0.92	0.11	-0.45	0.42	21.76	28.33	0.71	-39.24	75
117	曹文俊	富国	2013/08~2021/12	92	7	9.32	2.05*	-0.02	-0.06	0.81	0.06	-0.30	0.21	22.59	23.71	0.89	-35.19	80
118	方纬	富国	2014/08~2021/12	86	10	9.55	1.87*	0.62	1.75*	0.59	-0.21	-0.50	-0.20	20.77	18.44	1.05	-27.49	60

续表

编号	基金经理	当前任职公司	任职区间	任职时间（月）	管理基金数量（只）	选股能力 年化α(%)	选股能力 t(α)	择时能力 γ	择时能力 t(γ)	β_{mkt}	β_{smb}	β_{hml}	β_{mom}	年化收益率（%）	年化波动率（%）	年化夏普比率	最大回撤率（%）	调整后R^2(%)
119	侯梧	富国	2014/11~2021/12	59	4	14.45	2.15*	0.05	0.08	0.65	−0.04	−0.34	−0.06	28.38	20.35	1.34	−27.16	68
120	李元博	富国	2014/06~2021/12	88	7	5.72	0.75	−0.39	−0.71	1.08	0.22	−0.75	0.32	25.43	32.46	0.74	−48.01	70
121	厉叶淼	富国	2015/08~2021/12	77	5	14.86	2.77*	−0.41	−0.95	0.99	0.10	−0.46	0.22	24.79	25.92	0.90	−35.63	79
122	林庆	富国	2015/05~2021/12	80	2	13.90	3.22*	−0.27	−0.79	1.03	−0.03	−0.47	0.20	15.94	27.10	0.53	−43.26	87
123	刘博	富国	2018/07~2021/12	42	3	20.83	2.98*	−0.08	−0.08	0.68	−0.13	−0.21	0.09	30.81	16.69	1.76	−6.46	63
124	刘莉莉	富国	2018/07~2021/12	42	4	14.09	1.67*	−0.24	−0.18	1.22	−0.09	−0.05	−0.09	28.80	24.64	1.11	−19.57	75
125	宁君	富国	2018/09~2021/12	40	1	19.00	2.26*	−2.98	−2.34	0.76	−0.15	−0.21	0.14	22.53	17.19	1.22	−13.91	54
126	蒲世林	富国	2018/12~2021/12	37	4	17.52	2.96*	−0.66	−0.66	0.78	0.03	0.11	0.23	33.92	14.73	2.20	−4.37	72
127	汪孟海	富国	2015/10~2021/12	75	6	9.08	1.99*	0.17	0.45	0.57	−0.21	−0.13	0.16	14.01	15.58	0.80	−19.11	60
128	王园园	富国	2017/06~2021/12	55	6	15.09	1.86*	0.49	0.36	1.11	−0.06	−0.09	0.07	26.09	23.70	1.04	−24.50	64
129	吴畏	富国	2018/10~2021/12	39	2	17.57	2.25*	−1.49	−1.11	0.96	−0.08	0.02	0.33	32.52	19.21	1.62	−8.08	69
130	肖威兵	富国	2018/09~2021/12	40	11	8.91	1.25	0.09	0.08	0.86	−0.04	−0.09	0.09	24.07	18.54	1.22	−8.88	72
131	徐幼华	富国	2018/05~2021/12	44	2	13.74	2.62*	−1.24	−1.58	0.76	−0.27	0.04	−0.03	15.36	15.09	0.92	−9.60	73
132	许炎	富国	2016/08~2021/12	65	3	21.59	2.36*	−1.18	−0.72	0.95	−0.09	−0.63	0.15	28.88	24.35	1.12	−22.41	47
133	杨栋	富国	2015/08~2021/12	77	7	13.94	3.51*	0.07	0.21	0.89	0.02	−0.29	0.11	23.65	21.47	1.03	−25.01	83
134	易智泉	富国	2017/10~2021/12	51	5	9.60	1.71*	−0.69	−0.77	0.66	0.23	0.01	0.49	17.65	15.43	1.05	−15.69	65
135	于鹏	富国	2017/11~2021/12	50	3	4.05	0.85	−0.48	−0.64	0.93	0.08	−0.12	0.24	13.27	18.20	0.65	−31.48	82
136	俞晓斌	富国	2017/11~2021/12	50	11	15.32	2.62*	−1.63	−1.78	0.95	−0.18	−0.50	−0.04	20.06	19.06	0.97	−25.51	76
137	袁宜	富国	2012/10~2021/12	111	4	4.39	1.14	0.38	1.37	0.70	0.09	−0.25	0.33	18.66	20.93	0.80	−36.92	77

续表

编号	基金经理	当前任职公司	任职区间	任职时间(月)	管理基金数量(只)	选股能力 年化α(%)	t(α)	择时能力 γ	t(γ)	β_{mkt}	β_{smb}	β_{hml}	β_{mom}	年化收益率(%)	年化波动率(%)	年化夏普比率	最大回撤率(%)	调整后 R^2(%)
138	章旭峰	富国	2011/08~2021/12	121	5	6.68	1.48	0.46	1.15	0.98	-0.03	-0.40	0.36	19.88	23.91	0.75	-32.88	73
139	张峰	富国	2015/06~2021/12	79	5	14.03	2.96*	-0.22	-0.58	0.48	-0.30	-0.12	-0.08	14.15	14.85	0.85	-13.88	49
140	张啸伟	富国	2015/08~2021/12	77	4	8.06	2.27*	-0.58	-2.06	0.88	-0.03	-0.37	0.00	14.67	21.04	0.63	-39.33	86
141	赵伟	富国	2017/06~2021/12	52	6	12.50	0.92	0.29	0.13	0.87	-0.03	-0.71	-0.07	25.04	27.66	0.87	-28.96	36
142	朱少醒	富国	2005/11~2021/12	194	2	7.97	2.43*	-0.08	-0.44	0.81	0.02	-0.47	0.18	22.31	25.84	0.77	-55.78	82
143	邓宇翔	富荣	2018/03~2021/12	46	5	11.73	1.52	-1.80	-1.54	0.47	-0.43	-0.17	-0.12	7.51	14.78	0.41	-17.59	38
144	黄祥斌	富荣	2013/12~2021/12	82	8	2.16	0.38	0.70	1.89*	0.59	0.17	0.34	0.26	17.14	20.55	0.78	-30.04	66
145	李会忠	格林	2014/12~2021/12	78	12	13.72	1.91*	0.21	0.46	0.86	0.13	0.11	0.16	23.93	28.34	0.80	-30.55	70
146	陈丹琳	工银瑞信	2014/01~2021/12	69	4	0.93	0.18	-0.59	-1.79	0.90	-0.12	0.14	0.06	7.75	26.64	0.23	-55.93	84
147	陈小鹭	工银瑞信	2016/09~2021/12	64	3	11.09	1.50	-1.61	-1.21	1.03	0.07	0.38	0.32	15.33	21.15	0.65	-36.27	54
148	单文	工银瑞信	2016/06~2021/12	67	6	6.06	0.99	0.33	0.29	1.01	-0.11	-0.61	-0.08	16.21	21.48	0.68	-44.79	68
149	杜海涛	工银瑞信	2015/04~2021/12	46	2	5.45	1.21	-0.50	-1.63	0.68	-0.12	0.13	-0.38	1.44	18.01	0.00	-25.42	84
150	杜洋	工银瑞信	2015/02~2021/12	83	7	14.67	3.17*	-0.62	-2.02	0.86	0.00	-0.14	0.11	19.43	24.57	0.73	-45.14	82
151	何肖颉	工银瑞信	2005/02~2021/12	136	6	9.64	2.47*	0.05	0.22	0.77	-0.10	-0.27	0.28	24.03	24.68	0.91	-40.14	80
152	何秀红	工银瑞信	2015/10~2021/12	75	1	7.54	3.19*	0.04	0.23	0.18	-0.09	-0.11	0.02	10.15	6.40	1.35	-5.38	36
153	胡志利	工银瑞信	2016/10~2021/12	63	8	9.56	1.87*	0.18	0.20	0.88	0.02	-0.25	0.19	18.94	18.11	0.96	-25.01	71
154	黄安乐	工银瑞信	2011/11~2021/12	122	9	2.78	0.50	0.11	0.26	1.02	0.17	-0.49	0.47	18.36	30.32	0.54	-64.37	74
155	李昱	工银瑞信	2018/01~2021/12	48	4	15.62	2.61*	-1.26	-1.37	0.66	-0.22	-0.26	0.08	17.98	15.17	1.09	-11.36	63
156	林梦	工银瑞信	2017/10~2021/12	51	3	19.92	3.13*	-1.02	-1.01	1.02	-0.16	-0.13	-0.16	22.94	19.67	1.09	-19.31	72

续表

编号	基金经理	当前任职公司	任职区间	任职时间（月）	管理基金数量（只）	选股能力		择时能力		β_{mkt}	β_{smb}	β_{hml}	β_{mom}	年化收益率（%）	年化波动率（%）	年化夏普比率	最大回撤率（%）	调整后 R^2（%）
						年化α(%)	$t(\alpha)$	γ	$t(\gamma)$									
157	林念	工银瑞信	2016/09~2021/12	64	1	14.61	2.19*	-2.10	-1.76	0.95	0.09	-0.13	0.39	19.86	19.85	0.92	-28.56	58
158	农冰立	工银瑞信	2018/06~2021/12	43	2	20.39	2.14*	-1.91	-1.28	1.22	0.06	-0.24	-0.07	32.68	24.56	1.27	-22.40	67
159	宋炳珅	工银瑞信	2014/01~2021/12	96	6	11.97	2.53*	-0.55	-1.64	0.94	-0.01	-0.13	0.13	22.41	25.94	0.80	-49.77	80
160	谭冬寒	工银瑞信	2016/09~2021/12	64	4	14.45	1.45	-0.23	-0.13	0.74	0.03	-0.45	-0.07	21.39	23.17	0.86	-32.43	31
161	王君正	工银瑞信	2013/08~2021/12	101	8	13.78	3.95*	0.00	0.02	0.73	-0.27	0.19	-0.12	21.79	19.36	1.03	-23.96	79
162	王筱苓	工银瑞信	2007/01~2021/12	137	11	7.43	2.59*	-0.30	-1.62	0.79	-0.07	-0.14	0.10	18.38	22.01	0.74	-39.32	86
163	杨柯	工银瑞信	2013/04~2021/12	105	5	2.12	0.42	-0.08	-0.21	0.95	0.14	-0.20	0.38	17.07	27.98	0.54	-56.58	79
164	杨鑫鑫	工银瑞信	2013/06~2021/12	100	5	10.95	3.65*	-0.20	-0.91	0.51	-0.14	0.10	-0.17	15.97	14.00	1.02	-16.04	72
165	游凛峰	工银瑞信	2012/04~2021/12	117	5	2.21	0.55	1.04	3.51*	0.72	0.06	-0.17	0.13	18.90	20.89	0.81	-37.68	74
166	袁芳	工银瑞信	2015/12~2021/12	73	6	15.45	3.06*	0.97	2.32*	0.66	-0.22	-0.49	-0.23	23.58	17.18	1.29	-17.13	60
167	张剑峰	工银瑞信	2016/09~2021/12	64	1	11.63	1.65*	-1.12	-0.89	1.02	-0.05	-0.23	0.36	19.80	21.63	0.85	-36.27	61
168	张洋	工银瑞信	2015/08~2021/12	77	1	3.26	1.86*	0.32	2.30*	0.11	-0.01	-0.01	0.13	7.15	4.82	1.17	-1.69	36
169	张宇帆	工银瑞信	2016/03~2021/12	70	2	19.12	3.76*	-0.13	-0.13	0.86	-0.14	-0.14	-0.11	25.08	16.79	1.40	-18.48	62
170	张玮升	工银瑞信	2017/10~2021/12	51	3	19.42	2.95*	-0.95	-0.91	1.02	-0.25	-0.09	-0.19	21.56	19.72	1.02	-19.31	71
171	赵倍	工银瑞信	2014/11~2021/12	86	6	14.23	1.83*	-0.62	-1.17	0.94	0.09	-0.40	0.15	23.06	30.94	0.69	-52.68	66
172	鄢耀	工银瑞信	2013/08~2021/12	101	8	10.70	3.70*	-0.29	-1.38	0.66	-0.13	0.01	-0.01	17.61	17.01	0.93	-23.69	82
173	闫思倩	工银瑞信	2017/10~2021/12	51	2	25.89	1.95*	-2.71	-1.28	1.12	0.23	-0.11	0.65	32.54	29.22	1.06	-36.61	46
174	陈栋	光大保德信	2015/04~2021/12	81	5	5.93	1.69*	0.04	0.16	0.93	0.01	0.06	0.07	9.81	23.37	0.35	-41.88	89
175	翟云飞	光大保德信	2016/02~2021/12	71	8	2.18	0.62	-1.66	-2.79*	0.86	-0.03	-0.01	0.08	7.03	14.80	0.37	-36.38	76

续表

编号	基金经理	当前任职公司	任职区间	任职时间(月)	管理基金数量(只)	选股能力 年化α(%)	选股能力 t(α)	择时能力 γ	择时能力 t(γ)	β_{mkt}	β_{smb}	β_{hml}	β_{mom}	年化收益率(%)	年化波动率(%)	年化夏普比率	最大回撤率(%)	调整后 R^2(%)
176	房雷	光大保德信	2016/12~2021/12	61	8	9.89	2.31*	-1.30	-1.71	0.38	0.02	-0.25	0.16	12.84	10.60	1.07	-9.50	42
177	李怀定	光大保德信	2015/12~2021/12	39	5	1.87	1.13	0.23	1.62	0.11	-0.03	-0.04	0.04	3.69	3.13	0.74	-3.00	40
178	林晓凤	光大保德信	2018/10~2021/12	39	4	12.72	1.68*	-3.03	-2.33	0.85	-0.05	-0.31	0.05	16.20	16.10	1.29	-11.90	59
179	魏晓雪	光大保德信	2012/11~2021/12	110	9	9.33	2.36*	-0.26	-0.90	0.88	0.03	-0.32	0.18	21.98	24.09	0.83	-42.05	82
180	徐晓杰	光大保德信	2015/05~2021/12	78	8	13.72	2.24*	-0.49	-1.01	0.75	-0.10	-0.40	-0.14	14.13	22.24	0.58	-40.16	64
181	詹佳	光大保德信	2018/06~2021/12	43	7	14.14	2.25*	-0.84	-0.86	0.83	-0.23	-0.06	-0.15	20.26	16.74	1.12	-13.71	69
182	陈少平	广发	2006/12~2021/12	175	8	6.00	1.51	0.03	0.12	0.72	0.10	-0.22	0.43	15.39	25.36	0.52	-55.71	76
183	陈甄璞	广发	2015/04~2021/12	55	8	3.51	0.82	0.09	0.29	0.11	-0.03	-0.04	-0.05	5.21	8.00	0.47	-8.41	9
184	程琨	广发	2013/02~2021/12	107	9	5.32	1.40	0.45	1.65*	0.58*	-0.01	-0.18	0.14	16.55	17.25	0.85	-30.66	68
185	代宇	广发	2015/02~2021/12	83	5	3.81	1.76*	0.29	1.98*	0.12	-0.05	-0.12	0.03	7.88	5.87	1.08	-3.69	30
186	费逸	广发	2017/07~2021/12	54	8	16.40	1.91*	0.00	0.00	0.87	-0.21	-0.62	0.04	27.34	22.34	1.16	-21.90	57
187	傅友兴	广发	2013/02~2021/12	107	8	3.84	0.92	-0.09	-0.28	0.59	0.10	-0.11	0.16	13.32	18.59	0.62	-34.25	66
188	观富钦	广发	2018/02~2021/12	47	3	15.86	1.44	-1.04	-0.62	1.19	-0.23	-0.27	-0.14	22.35	26.60	0.78	-33.38	60
189	季峰	广发	2015/09~2021/12	76	4	2.74	0.45	0.15	0.32	0.60	-0.18	-0.33	0.02	9.74	18.53	0.44	-23.61	48
190	李巍	广发	2011/09~2021/12	124	11	4.65	0.99	0.00	0.00	0.88	0.10	-0.42	0.39	17.07	25.75	0.58	-50.85	74
191	李耀柱	广发	2016/11~2021/12	62	9	12.74	2.51*	-1.87	-2.09	0.85	-0.23	-0.15	0.05	14.44	16.20	0.80	-24.81	65
192	李琛	广发	2007/06~2021/12	175	11	1.63	0.48	0.10	0.50	0.65	-0.05	-0.27	0.18	8.68	21.15	0.30	-60.33	74
193	林英睿	广发	2015/05~2021/12	75	7	9.81	2.14*	0.07	0.20	0.71	-0.11	0.10	-0.07	9.55	18.55	0.44	-22.02	73
194	刘格菘	广发	2013/08~2021/12	96	15	5.05	0.77	0.60	1.33	1.11	0.03	-0.54	0.39	22.22	32.33	0.65	-63.64	78

附录八　在职股票型基金经理选股与择时能力（按当前任职公司排序）：1998~2021 年

续表

编号	基金经理	当前任职公司	任职区间	任职时间(月)	管理基金数量(只)	选股能力 年化α(%)	t(α)	择时能力 γ	t(γ)	β_{mkt}	β_{smb}	β_{hml}	β_{mom}	年化收益率(%)	年化波动率(%)	年化夏普比率	最大回撤率(%)	调整后R^2(%)
195	刘玉	广发	2018/10~2021/12	39	3	18.33	2.68*	-1.47	-1.25	0.84	-0.12	-0.10	0.29	31.17	17.15	1.73	-9.15	70
196	马文文	广发	2016/11~2021/12	49	4	-3.89	-0.83	-0.95	-1.21	0.77	-0.04	0.12	-0.04	-1.68	14.02	-0.23	-40.15	70
197	苗宇	广发	2015/02~2021/12	83	10	9.51	1.34	-0.21	-0.45	0.90	0.02	-0.32	0.23	17.89	28.68	0.57	-44.58	69
198	邱璟旻	广发	2016/04~2021/12	69	8	8.52	1.16	-2.44	-1.79	0.92	-0.05	-0.38	0.01	11.59	20.40	0.49	-35.19	47
199	邱世磊	广发	2016/01~2021/12	66	5	6.33	4.87*	-0.04	-0.17	0.18	0.01	-0.03	0.08	9.73	4.07	2.06	-1.66	62
200	孙迪	广发	2017/12~2021/12	49	6	19.78	2.45*	-0.62	-0.49	0.97	-0.01	0.03	0.58	29.04	22.31	1.23	-27.74	67
201	谭昌杰	广发	2015/01~2021/12	84	3	4.13	2.56*	0.11	0.99	0.04	-0.04	-0.01	-0.04	6.18	3.80	1.21	-1.15	6
202	唐晓斌	广发	2014/12~2021/12	85	5	4.38	0.65	0.10	0.22	0.94	0.25	-0.19	0.49	18.30	31.18	0.54	-57.38	75
203	王明旭	广发	2018/10~2021/12	39	7	15.80	2.38*	-0.19	-0.16	1.01	-0.03	0.45	0.49	33.68	20.27	1.59	-8.89	80
204	王颂	广发	2014/12~2021/12	70	6	4.73	0.94	0.32	1.04	0.85	-0.04	-0.18	0.28	18.80	24.75	0.71	-45.77	84
205	王子柯	广发	2015/12~2021/12	73	5	2.53	1.85*	0.41	3.60*	0.11	-0.04	-0.05	0.01	6.20	3.86	1.22	-2.48	42
206	吴兴武	广发	2015/02~2021/12	83	9	7.34	0.90	0.06	0.11	0.94	0.04	-0.33	0.09	18.06	30.76	0.54	-43.99	64
207	张东一	广发	2016/07~2021/12	66	12	11.03	1.95*	-2.37	-2.31	0.84	-0.28	-0.24	-0.20	11.01	16.60	0.57	-25.03	55
208	张芊	广发	2015/11~2021/12	74	7	5.52	2.82*	-0.15	-0.90	0.22	0.06	0.02	0.08	7.88	6.45	0.99	-11.08	57
209	尹德才	国都证券	2017/07~2021/12	54	3	-2.38	-0.34	-1.04	-0.90	0.75	-0.22	-0.23	-0.22	0.26	17.01	-0.07	-43.34	50
210	张晓磊	国都证券	2018/12~2021/12	37	2	4.68	0.56	-0.83	-0.59	0.70	-0.15	-0.60	-0.39	17.16	16.53	0.94	-16.53	56
211	杜飞	国海富兰克林	2015/07~2021/12	78	3	4.67	1.20	-0.38	-1.24	0.89	0.03	-0.02	0.19	8.77	22.06	0.33	-34.79	85
212	刘晓	国海富兰克林	2017/02~2021/12	59	4	13.32	4.29*	-2.66	-4.92	0.54	0.00	-0.05	0.07	11.68	9.77	1.04	-23.10	66
213	沈竹熙	国海富兰克林	2018/09~2021/12	40	1	5.38	1.97*	-0.56	-1.35	0.06	0.00	0.04	0.07	6.12	3.97	1.16	-2.74	9

续表

编号	基金经理	当前任职公司	任职区间	任职时间(月)	管理基金数量(只)	选股能力 年化α(%)	t(α)	择时能力 γ	t(γ)	β_mkt	β_smb	β_hml	β_mom	年化收益率(%)	年化波动率(%)	年化夏普比率	最大回撤率(%)	调整后R²(%)
214	王晓宁	国海富兰克林	2013/07~2021/12	102	2	1.11	0.29	0.11	0.40	0.90	-0.03	-0.39	0.11	15.10	23.59	0.56	-45.94	84
215	徐成	国海富兰克林	2017/07~2021/12	54	3	19.98	4.00*	-1.91	-2.32	0.96	-0.25	-0.21	0.08	23.09	17.88	1.21	-19.08	77
216	徐荔蓉	国海富兰克林	2006/03~2021/12	139	5	8.46	2.68*	-0.34	-1.76	0.86	-0.11	-0.39	0.11	26.64	24.32	1.02	-42.67	86
217	赵晓东	国海富兰克林	2010/11~2021/12	134	6	5.48	1.69*	0.63	2.46*	0.62	-0.10	-0.15	-0.02	14.82	17.11	0.74	-21.60	70
218	赵宇烨	国海富兰克林	2018/09~2021/12	40	1	4.82	0.69	-0.87	-0.82	0.74	-0.27	0.41	0.14	8.51	16.29	0.43	-14.86	65
219	秦海燕	国海证券	2010/05~2021/12	67	3	-2.46	-0.52	0.45	0.91	0.87	-0.03	-0.44	0.22	17.93	20.22	0.81	-27.60	85
220	营雪	国金	2014/08~2021/12	89	6	4.52	1.06	0.48	1.65*	0.16	-0.07	-0.18	0.01	10.89	10.87	0.85	-23.76	16
221	吕伟	国金	2015/06~2021/12	76	5	6.70	0.91	0.11	0.19	0.94	0.05	-0.16	0.34	10.85	28.20	0.34	-42.89	69
222	刘斌	国联安	2013/12~2021/12	97	9	10.41	2.55*	-0.44	-1.51	0.57	-0.10	-0.24	0.03	16.13	17.08	0.84	-24.43	65
223	潘明	国联安	2014/02~2021/12	95	6	2.81	0.32	0.24	0.40	1.10	0.20	-0.97	0.36	22.73	37.25	0.56	-64.10	67
224	王欢	国联安	2017/12~2021/12	49	3	6.22	2.52*	-0.88	-2.30	0.35	0.03	0.05	0.13	8.08	6.97	0.94	-13.05	69
225	魏东	国联安	2004/05~2021/12	209	7	7.71	2.41*	0.06	0.34	0.69	-0.15	-0.31	0.04	16.77	22.02	0.66	-56.78	74
226	薛琳	国联安	2015/06~2021/12	79	5	4.01	1.62	0.25	1.27	0.22	-0.10	-0.02	0.03	6.72	7.32	0.71	-20.50	43
227	杨子江	国联安	2017/12~2021/12	49	3	4.86	2.03*	-1.21	-3.25	0.41	0.01	0.06	0.11	5.78	7.55	0.57	-17.54	75
228	邹新进	国联安	2010/03~2021/12	142	3	2.46	0.91	0.36	1.66*	0.76	0.00	0.12	0.04	11.53	19.76	0.47	-29.23	84
229	黎晓晖	国寿安保	2017/09~2021/12	40	2	-5.01	-0.85	-0.10	-0.11	0.91	-0.12	-0.04	0.01	-2.78	16.82	-0.26	-33.90	75
230	李丹	国寿安保	2016/02~2021/12	71	2	8.68	1.77*	-2.65	-3.17	0.90	-0.07	-0.17	-0.01	11.03	16.53	0.58	-28.32	63
231	李捷	国寿安保	2016/09~2021/12	64	3	9.55	2.09*	-0.96	-1.17	0.87	-0.12	-0.21	0.11	15.39	16.49	0.84	-20.54	71
232	刘志军	国寿安保	2018/04~2021/12	45	2	4.56	0.41	-0.59	-0.35	0.73	0.18	-0.02	0.24	14.44	21.41	0.60	-23.18	38

续表

编号	基金经理	当前任职公司	任职区间	任职时间(月)	管理基金数量(只)	选股能力 年化α(%)	选股能力 $t(\alpha)$	择时能力 γ	择时能力 $t(\gamma)$	β_{mkt}	β_{smb}	β_{hml}	β_{mom}	年化收益率(%)	年化波动率(%)	年化夏普比率	最大回撤率(%)	调整后R^2(%)
233	吴坚	国寿安保	2015/09~2021/12	76	5	11.34	1.94*	-0.20	-0.44	0.55	0.06	-0.37	0.18	18.80	18.42	0.94	-19.50	52
234	张标	国寿安保	2018/04~2021/12	45	2	9.86	1.50	-1.69	-1.71	0.99	0.04	-0.42	-0.07	18.08	20.05	0.83	-26.73	76
235	张琦	国寿安保	2010/07~2021/12	135	16	1.48	0.47	0.34	1.32	0.77	0.12	-0.20	0.25	17.53	19.84	0.78	-28.59	79
236	艾小军	国泰	2017/03~2021/12	58	5	9.13	1.97*	-0.67	-0.84	0.79	0.23	0.12	0.48	16.77	16.00	0.95	-24.67	72
237	程洲	国泰	2008/04~2021/12	165	14	5.05	1.87*	-0.45	-2.65	0.66	0.02	-0.27	-0.11	9.43	20.18	0.36	-53.88	83
238	戴计辉	国泰	2018/12~2021/12	37	6	6.25	2.05*	0.76	1.47	0.33	-0.06	-0.11	-0.11	15.80	7.99	1.79	-6.01	75
239	邓时锋	国泰	2008/04~2021/12	124	5	1.35	0.40	-0.09	-0.46	0.77	0.14	-0.16	0.36	8.84	25.00	0.26	-48.68	88
240	樊利安	国泰	2014/10~2021/12	87	28	4.48	2.54*	0.09	0.75	0.13	-0.03	-0.12	-0.03	8.25	5.26	1.26	-11.38	39
241	高崇南	国泰	2018/09~2021/12	40	2	7.25	1.36	-1.13	-1.41	0.89	-0.15	0.07	0.10	16.28	16.70	0.89	-11.13	81
242	李海	国泰	2016/06~2021/12	67	4	3.19	0.59	1.02	1.02	0.76	-0.17	-0.36	-0.25	11.49	17.08	0.58	-20.84	60
243	李恒	国泰	2017/01~2021/12	60	6	21.24	2.85*	-2.85	-2.18	1.15	-0.28	-0.10	-0.19	21.22	21.74	0.91	-27.81	59
244	梁杏	国泰	2018/07~2021/12	42	1	4.93	1.78*	-0.74	-1.74	0.50	-0.10	-0.08	-0.12	9.10	9.19	0.83	-11.12	81
245	林小聪	国泰	2017/06~2021/12	55	3	14.59	1.82*	-1.51	-1.13	1.23	0.19	-0.35	0.09	23.86	25.04	0.89	-37.61	69
246	彭凌志	国泰	2015/12~2021/12	73	7	7.04	0.98	0.59	0.99	0.98	0.08	-0.20	0.47	17.11	26.20	0.60	-33.66	65
247	饶玉涵	国泰	2015/09~2021/12	76	5	9.46	2.42*	-0.68	-2.22	0.91	-0.11	-0.28	-0.10	15.31	21.31	0.65	-32.90	84
248	申坤	国泰	2015/06~2021/12	79	3	10.69	2.17*	-0.40	-1.01	0.87	-0.06	-0.28	-0.01	12.77	22.98	0.49	-43.78	77
249	王琳	国泰	2017/01~2021/12	60	10	4.81	2.20*	0.92	2.40*	0.45	-0.06	-0.05	-0.08	11.08	9.00	1.06	-8.92	80
250	王阳	国泰	2018/11~2021/12	38	5	39.47	2.90*	-4.51	-1.95	1.22	-0.28	-0.92	-0.53	48.57	25.95	1.81	-15.98	51
251	徐治彪	国泰	2015/08~2021/12	74	8	7.42	1.21	0.06	0.12	0.90	0.26	-0.28	0.27	18.15	25.33	0.67	-47.24	74

续表

编号	基金经理	当前任职公司	任职区间	任职时间(月)	管理基金数量(只)	选股能力 年化α(%)	选股能力 t(α)	择时能力 γ	择时能力 t(γ)	β_{mkt}	β_{smb}	β_{hml}	β_{mom}	年化收益率(%)	年化波动率(%)	年化夏普比率	最大回撤率(%)	调整后 R^2(%)
252	杨飞	国泰	2014/10~2021/12	87	7	5.80	0.88	0.37	0.84	0.86	0.13	-0.53	0.17	21.32	27.93	0.71	-45.20	70
253	吉莉	国投瑞银	2017/06~2021/12	55	6	11.92	2.27*	-0.64	-0.73	0.70	0.07	-0.04	0.34	19.20	15.24	1.16	-11.93	64
254	李轩	国投瑞银	2015/12~2021/12	73	2	-3.07	-0.32	1.49	1.90*	0.97	0.42	-0.29	0.61	12.59	30.00	0.37	-41.85	54
255	桑俊	国投瑞银	2014/12~2021/12	85	12	7.72	2.29*	0.04	0.19	0.37	-0.12	-0.28	-0.06	12.38	11.71	0.92	-24.39	57
256	孙文龙	国投瑞银	2015/01~2021/12	84	8	7.83	1.84*	0.01	0.04	0.61	0.11	-0.37	0.17	17.11	19.68	0.79	-23.74	76
257	王鹏	国投瑞银	2015/04~2021/12	81	3	5.65	1.31	0.64	1.99*	0.76	0.00	-0.20	-0.04	13.41	20.26	0.59	-26.38	77
258	吴潇	国投瑞银	2016/12~2021/12	61	8	4.00	1.19	0.97	1.64	0.76	0.03	-0.25	0.02	14.04	15.09	0.83	-26.32	83
259	綦缚鹏	国投瑞银	2010/04~2021/12	141	11	4.11	1.76*	-0.21	-1.11	0.69	0.09	-0.05	0.01	11.56	17.93	0.52	-34.53	85
260	杜晓海	海富通	2016/06~2021/12	67	9	5.52	3.60*	-0.52	-1.83	0.32	-0.05	-0.08	0.06	8.32	5.92	1.15	-7.44	73
261	高峰	海富通	2017/08~2021/12	53	1	9.48	1.57	-1.83	-1.86	0.90	-0.13	-0.16	0.16	12.64	17.89	0.62	-24.87	68
262	胡耀文	海富通	2015/06~2021/12	76	3	10.79	2.07*	0.12	0.30	0.98	-0.22	-0.37	0.11	14.45	24.97	0.53	-39.70	80
263	黄峰	海富通	2014/12~2021/12	85	9	10.08	1.67*	-0.46	-1.13	0.84	0.09	0.05	0.35	16.80	26.77	0.57	-54.32	73
264	李志	海富通	2017/05~2021/12	56	3	10.50	2.08*	-0.95	-1.12	1.02	0.01	0.04	0.17	18.01	18.63	0.89	-35.85	77
265	吕越超	海富通	2014/11~2021/12	83	6	9.89	0.88	1.03	1.40	0.58	-0.13	-0.34	0.01	23.70	29.04	0.77	-33.54	27
266	谈云飞	海富通	2015/04~2021/12	81	6	3.48	2.16*	0.29	2.43*	0.13	-0.06	-0.05	0.04	6.42	4.74	1.03	-5.93	41
267	陶敏	海富通	2018/04~2021/12	45	1	-1.25	-0.36	1.71	3.29*	0.26	0.05	0.01	0.16	9.58	8.83	0.91	-4.60	65
268	王金祥	海富通	2018/11~2021/12	38	2	18.97	2.99*	-2.60	-2.41	1.14	-0.10	-0.19	0.08	33.42	19.40	1.65	-8.77	81
269	夏妍妍	海富通	2018/01~2021/12	48	2	6.87	5.78*	-0.15	-0.85	0.16	-0.04	0.02	0.06	8.75	3.45	2.10	-0.93	71
270	周雪军	海富通	2012/06~2021/12	112	8	8.24	2.86*	0.27	1.11	0.78	-0.03	-0.23	0.15	16.88	18.84	0.80	-24.47	84

续表

编号	基金经理	当前任职公司	任职区间	任职时间(月)	管理基金数量(只)	选股能力 年化α(%)	选股能力 t(α)	择时能力 γ	择时能力 t(γ)	β_{mkt}	β_{smb}	β_{hml}	β_{mom}	年化收益率(%)	年化波动率(%)	年化夏普比率	最大回撤率(%)	调整后R^2(%)
271	朱伟东	合煦智远	2018/09~2021/12	40	1	18.95	2.04*	-1.37	-0.98	0.73	0.09	0.19	0.31	28.40	17.46	1.54	-7.93	46
272	高楠	恒越	2017/11~2021/12	48	5	28.79	2.73*	0.54	0.31	1.17	0.02	-0.63	-0.21	33.83	26.32	1.26	-18.28	61
273	周鹏	弘毅远方	2018/10~2021/12	39	3	14.60	1.98*	-2.97	-2.34	0.87	-0.02	-0.15	0.16	24.53	16.11	1.43	-10.01	61
274	赵耀	红塔红土	2015/05~2021/12	80	10	4.75	1.46	0.60	2.31*	0.35	-0.18	-0.05	-0.13	8.43	10.20	0.68	-14.09	49
275	盖俊龙	红土创新	2014/05~2021/12	81	8	6.07	0.89	-0.67	-1.53	0.87	0.27	-0.47	0.24	25.04	29.45	0.80	-49.60	76
276	秦毅	泓德	2017/06~2021/12	55	7	15.90	2.89*	-1.09	-1.19	0.85	-0.28	-0.43	-0.10	21.10	17.37	1.13	-16.94	69
277	苏昌景	泓德	2016/04~2021/12	69	6	11.84	3.32*	-1.00	-1.50	0.95	-0.13	-0.29	0.05	18.26	16.44	1.02	-24.39	81
278	王克玉	泓德	2010/07~2021/12	134	10	4.56	1.91*	0.46	2.29*	0.76	0.07	-0.21	0.23	18.03	17.77	0.90	-33.53	85
279	于浩成	泓德	2018/01~2021/12	42	4	14.55	1.51	-1.50	-1.05	1.03	-0.39	-0.50	-0.33	8.41	21.08	0.34	-20.92	65
280	邬传雁	泓德	2015/06~2021/12	79	7	10.66	2.10*	0.37	0.92	0.53	-0.29	-0.45	-0.23	15.56	16.10	0.87	-17.71	50
281	陈媛	华安	2018/02~2021/12	47	5	9.00	1.02	-0.23	-0.17	0.84	-0.15	-0.18	0.03	16.32	20.35	0.73	-21.25	56
282	崔莹	华安	2015/06~2021/12	79	7	17.57	3.56*	-0.24	-0.61	0.93	0.04	-0.51	0.01	22.26	25.19	0.82	-28.11	81
283	高钥群	华安	2017/04~2021/12	57	4	18.04	3.64*	-1.23	-1.45	0.76	0.15	0.13	0.48	24.24	15.62	1.46	-18.12	68
284	贺涛	华安	2015/05~2021/12	80	8	3.62	3.71*	0.03	0.44	0.06	-0.01	0.00	0.05	5.22	2.69	1.38	-1.76	34
285	胡宜斌	华安	2015/11~2021/12	74	4	18.58	2.55*	-0.58	-0.96	1.06	-0.27	-0.74	-0.87	21.10	26.90	0.73	-28.06	66
286	蒋璆	华安	2015/06~2021/12	79	11	10.85	1.59	0.50	0.92	0.50	0.31	-0.12	0.43	18.07	21.28	0.78	-28.38	48
287	李欣	华安	2015/07~2021/12	78	8	10.96	2.04*	-0.52	-1.23	0.95	0.03	-0.81	-0.19	18.33	25.95	0.65	-29.88	79
288	陆奔	华安	2018/09~2021/12	40	4	9.02	2.53*	-0.30	-0.55	0.23	0.11	0.08	0.18	15.00	6.40	2.11	-1.19	41
289	陆秋渊	华安	2017/06~2021/12	55	4	18.61	3.19*	-0.52	-0.53	0.93	-0.27	-0.04	0.12	24.80	18.77	1.24	-8.89	71

续表

编号	基金经理	当前任职公司	任职区间	任职时间(月)	管理基金数量(只)	选股能力 年化α(%)	选股能力 t(α)	择时能力 γ	择时能力 t(γ)	β_{mkt}	β_{smb}	β_{hml}	β_{mom}	年化收益率(%)	年化波动率(%)	年化夏普比率	最大回撤率(%)	调整后 R^2 (%)
290	马晓璇	华安	2018/09~2021/12	40	2	3.27	1.16	0.05	0.12	0.23	0.09	0.04	0.00	9.26	5.82	1.33	-4.47	55
291	饶晓鹏	华安	2013/12~2021/12	93	9	4.57	0.78	0.22	0.48	0.93	0.24	-0.18	0.32	23.82	25.62	0.87	-28.00	70
292	盛骅	华安	2018/02~2021/12	47	4	17.64	2.47*	-1.29	-1.19	1.13	-0.29	-0.12	0.09	21.99	22.53	0.91	-17.75	77
293	石雨欣	华安	2016/02~2021/12	71	5	4.15	3.75*	-0.09	-0.47	0.12	0.04	0.01	0.07	6.93	3.10	1.75	-0.89	46
294	舒灏	华安	2018/07~2021/12	42	6	8.19	3.91*	-0.29	-0.91	0.18	0.04	-0.05	0.09	12.28	4.61	2.34	-1.31	56
295	万建军	华安	2018/03~2021/12	46	4	23.50	2.26*	-0.42	-0.27	0.97	0.01	-0.23	0.24	34.84	24.05	1.39	-24.62	57
296	王斌	华安	2018/10~2021/12	39	4	23.04	2.30*	0.22	0.13	0.92	0.46	0.41	0.69	49.57	21.68	2.22	-7.21	60
297	王春	华安	2007/04~2021/12	140	7	10.68	1.99*	0.25	0.83	0.67	-0.33	-0.11	0.00	19.00	24.46	0.70	-51.18	62
298	翁启森	华安	2014/03~2021/12	94	6	3.38	0.86	-0.30	-1.10	0.89	0.05	-0.59	0.03	16.93	24.67	0.62	-51.19	85
299	谢昌旭	华安	2018/10~2021/12	39	7	14.01	1.63	-0.23	-0.15	0.74	-0.20	-0.28	-0.16	26.37	17.62	1.41	-15.77	55
300	杨明	华安	2013/06~2021/12	103	9	9.79	3.11*	-0.04	-0.18	0.75	-0.18	-0.02	0.04	19.28	19.10	0.91	-24.07	82
301	张亮	华安	2018/10~2021/12	39	1	22.86	3.13*	0.87	0.69	0.91	0.03	0.21	0.28	43.82	19.72	2.15	-6.06	74
302	郑可成	华安	2013/05~2021/12	104	9	3.77	2.71*	0.11	1.12	0.13	-0.04	0.00	-0.09	7.40	4.86	1.15	-2.00	46
303	朱才敏	华安	2015/05~2021/12	80	6	3.58	3.20*	0.08	0.85	0.06	-0.01	-0.09	0.03	5.85	3.07	1.41	-2.22	33
304	蔡目荣	华宝	2012/08~2021/12	113	6	5.66	1.36	-0.06	-0.21	0.64	-0.23	0.10	-0.12	12.30	18.87	0.55	-35.63	66
305	高文庆	华宝	2017/03~2021/12	58	1	5.74	4.64*	-0.43	-2.04	0.19	0.01	0.03	0.07	7.59	3.72	1.64	-3.17	64
306	贺喆	华宝	2018/07~2021/12	42	5	13.05	2.02*	-0.56	-0.56	0.99	0.01	0.06	0.24	25.99	19.89	1.23	-15.12	78
307	胡戈游	华宝	2009/05~2021/12	152	8	0.71	0.22	-0.08	-0.34	0.74	0.08	-0.27	0.21	10.45	21.03	0.39	-39.38	78
308	李栋梁	华宝	2015/10~2021/12	75	8	6.17	3.00*	0.51	2.98*	0.24*	-0.07	-0.05	0.01	10.80	6.49	1.43	-7.61	53

续表

编号	基金经理	当前任职公司	任职区间	任职时间(月)	管理基金数量(只)	选股能力 年化α(%)	选股能力 t(α)	择时能力 γ	择时能力 t(γ)	β_{mkt}	β_{smb}	β_{hml}	β_{mom}	年化收益率(%)	年化波动率(%)	年化夏普比率	最大回撤率(%)	调整后 R^2(%)
309	林昊	华宝	2017/03~2021/12	58	5	6.71	4.66*	-0.11	-0.43	0.24	-0.04	0.00	0.03	9.50	4.68	1.71	-5.07	69
310	刘自强	华宝	2008/03~2021/12	166	5	0.97	0.29	0.13	0.61	0.88	0.15	-0.03	0.34	11.73	26.35	0.36	-47.94	84
311	毛文博	华宝	2015/04~2021/12	81	2	5.74	1.62	0.09	0.33	0.81	-0.01	0.08	0.08	9.26	20.67	0.37	-43.47	85
312	夏林锋	华宝	2014/10~2021/12	87	7	4.18	0.76	1.13	2.99*	0.70	0.03	-0.18	0.14	21.11	22.57	0.86	-34.89	67
313	徐林明	华宝	2015/04~2021/12	81	2	0.40	0.07	-0.15	-0.37	1.03	-0.14	-0.43	0.00	3.81	27.20	0.08	-52.11	80
314	易镜明	华宝	2015/04~2021/12	81	2	0.37	0.06	0.50	1.13	0.99	0.08	-0.28	0.40	8.94	28.58	0.26	-56.79	79
315	闫旭	华宝	2007/06~2021/12	162	11	2.25	0.80	0.03	0.20	0.77	0.03	-0.16	0.21	9.23	23.90	0.30	-55.99	88
316	陈启明	华富	2014/09~2021/12	88	7	9.00	1.67*	-0.20	-0.54	0.88	0.15	-0.40	0.22	20.82	26.90	0.71	-47.15	78
317	高靖瑜	华富	2014/12~2021/12	85	4	1.51	0.33	-0.10	-0.32	0.93	0.08	-0.25	0.22	12.44	26.92	0.40	-59.73	84
318	龚炜	华富	2010/01~2021/12	141	14	0.06	0.01	0.20	0.62	0.94	0.20	-0.20	0.39	13.00	26.03	0.42	-52.87	80
319	张惠	华富	2016/06~2021/12	67	6	5.97	4.29*	-0.12	-0.46	0.12	-0.02	0.00	0.04	8.17	3.41	1.95	-1.53	34
320	张娅	华富	2018/01~2021/12	42	2	-1.90	-0.37	-0.52	-0.72	0.26	-0.16	-0.39	-0.03	0.40	8.81	-0.12	-9.07	42
321	邹哲	华富	2018/02~2021/12	41	2	-1.97	-0.36	-0.52	-0.71	0.26	-0.15	-0.39	-0.03	0.41	8.93	-0.12	-9.07	42
322	刘宏毅	华润元大	2018/01~2021/12	48	5	-2.56	-0.20	0.28	0.14	0.81	0.04	-0.64	0.11	11.09	26.26	0.37	-32.35	43
323	艾定飞	华商	2018/11~2021/12	38	3	8.03	0.71	-3.28	-1.70	0.99	0.06	-0.42	0.12	22.33	21.35	0.98	-14.71	49
324	陈恒	华商	2017/07~2021/12	54	3	-0.80	-0.11	0.20	0.16	0.96	-0.02	-0.28	0.03	9.65	21.40	0.38	-31.99	63
325	邓默	华商	2015/09~2021/12	76	8	6.53	1.43	-0.04	-0.12	0.80	0.01	-0.46	0.18	16.62	20.87	0.72	-26.34	77
326	高兵	华商	2015/04~2021/12	73	8	6.78	0.76	-0.63	-0.93	0.83	0.38	-0.48	0.31	10.50	32.15	0.28	-66.82	67
327	何奇峰	华商	2015/01~2021/12	84	6	4.96	0.86	-0.32	-0.84	1.00	-0.02	-0.56	0.09	14.44	29.09	0.44	-52.22	80

续表

编号	基金经理	当前任职公司	任职区间	任职时间(月)	管理基金数量(只)	选股能力 年化α(%)	t(α)	择时能力 γ	t(γ)	β_{mkt}	β_{smb}	β_{hml}	β_{mom}	年化收益率(%)	年化波动率(%)	年化夏普比率	最大回撤率(%)	调整后 R^2(%)
328	李双全	华商	2015/04~2021/12	81	6	-0.85	-0.18	-0.14	-0.38	0.81	0.12	-0.20	0.09	4.09	23.34	0.11	-48.96	78
329	梁皓	华商	2017/07~2021/12	54	7	4.95	0.59	1.49	1.07	0.85	0.27	-0.62	0.08	22.91	23.41	0.91	-36.68	62
330	彭欣杨	华商	2016/04~2021/12	69	3	3.11	0.54	-0.71	-0.66	0.87	0.04	-0.59	0.03	11.19	19.04	0.51	-34.05	62
331	童立	华商	2016/04~2021/12	69	8	0.44	0.06	1.26	0.99	0.71	0.48	-0.46	0.31	14.39	20.86	0.62	-34.93	56
332	王东旋	华商	2015/09~2021/12	76	4	6.26	1.29	-0.05	-0.13	0.79	0.04	-0.30	0.27	16.01	20.91	0.69	-33.26	74
333	吴昊	华商	2017/07~2021/12	54	4	9.66	1.27	-0.42	-0.34	0.91	0.14	-0.47	-0.01	20.28	21.16	0.89	-39.91	62
334	伍艾友	华商	2015/08~2021/12	74	5	8.72	1.66*	-0.49	-1.21	0.97	-0.07	-0.35	-0.04	15.55	24.15	0.60	-38.99	79
335	周海栋	华商	2014/05~2021/12	92	9	7.77	1.61	-0.28	-0.82	0.75	0.03	-0.10	0.11	18.43	22.30	0.75	-38.99	73
336	何琦	华泰柏瑞	2017/07~2021/12	54	2	12.27	1.75*	-1.15	-1.00	0.97	-0.10	0.06	0.07	16.20	19.53	0.75	-24.84	62
337	陆从珍	华泰柏瑞	2010/04~2021/12	81	4	3.43	0.70	-0.76	-1.34	0.68	0.01	-0.24	0.09	12.69	16.73	0.61	-23.29	64
338	吕慧建	华泰柏瑞	2009/11~2021/12	146	5	6.12	1.41	0.19	0.55	0.97	-0.06	-0.34	0.14	15.69	25.79	0.52	-44.32	75
339	牛勇	华泰柏瑞	2016/12~2021/12	58	5	9.31	1.12	-1.50	-1.05	0.98	0.16	-0.22	0.38	18.43	22.15	0.78	-27.85	55
340	沈雪峰	华泰柏瑞	2007/05~2021/12	110	12	-2.49	-0.48	0.06	0.18	0.79	0.04	-0.20	0.26	17.49	24.18	0.63	-31.37	76
341	盛豪	华泰柏瑞	2015/10~2021/12	75	16	5.02	2.71*	0.20	1.28	0.77	0.02	0.15	0.16	11.41	16.15	0.61	-22.05	94
342	田汉卿	华泰柏瑞	2013/08~2021/12	101	11	8.41	3.60*	-0.29	-1.72	0.81	-0.17	-0.01	-0.16	17.20	19.71	0.78	-31.19	91
343	吴邦栋	华泰柏瑞	2018/03~2021/12	46	7	10.29	2.22*	-0.39	-0.57	0.38	0.07	-0.14	0.24	16.80	10.46	1.46	-6.36	55
344	杨景涵	华泰柏瑞	2015/04~2021/12	81	18	0.84	0.21	0.52	1.73*	0.36	-0.18	-0.33	-0.13	2.79	11.82	0.11	-19.55	41
345	张慧	华泰柏瑞	2013/09~2021/12	100	7	8.09	1.68*	-0.40	-1.14	0.85	0.03	-0.26	0.25	17.92	24.42	0.66	-46.46	76
346	尚烁徽	华泰保兴	2017/03~2021/12	58	7	19.92	2.63*	-1.68	-1.28	0.93	0.01	-0.21	0.43	26.79	21.00	1.20	-24.75	57

续表

编号	基金经理	当前任职公司	任职区间	任职时间(月)	管理基金数量(只)	选股能力		择时能力		β_{mkt}	β_{smb}	β_{hml}	β_{mom}	年化收益率(%)	年化波动率(%)	年化夏普比率	最大回撤率(%)	调整后R^2(%)
						年化α(%)	$t(\alpha)$	γ	$t(\gamma)$									
347	赵健	华泰保兴	2018/06~2021/12	43	3	11.75	3.07*	-1.13	-1.88	0.46	-0.16	-0.18	-0.08	14.29	9.53	1.34	-6.57	65
348	赵旭照	华泰保兴	2018/01~2021/12	48	2	8.53	3.19*	-0.86	-2.09	0.34	-0.10	-0.10	-0.12	8.65	6.80	1.05	-4.67	63
349	毛甜	华泰证券(上海)	2018/03~2021/12	46	1	7.89	1.46	-0.91	-1.12	0.91	-0.26	-0.05	0.00	11.70	17.86	0.57	-27.17	79
350	陈伟彦	华夏	2015/11~2021/12	74	16	6.09	1.53	0.30	0.91	0.70	-0.15	-0.06	-0.06	11.16	16.00	0.60	-24.75	71
351	代瑞亮	华夏	2015/03~2021/12	82	5	-0.38	-0.04	0.34	0.58	0.71	-0.01	-0.61	-0.01	7.83	26.38	0.24	-54.55	47
352	董阳阳	华夏	2013/03~2021/12	106	7	2.42	1.05	-0.07	-0.43	0.71	-0.07	-0.02	0.07	11.59	17.99	0.54	-39.97	89
353	黄芳	华夏	2018/01~2021/12	48	1	4.84	0.57	-3.20	-2.44	0.76	-0.10	-0.18	0.05	2.18	18.03	0.04	-27.10	46
354	黄文倩	华夏	2016/02~2021/12	71	5	16.82	2.65*	-2.70	-2.50	0.90	-0.14	-0.12	-0.01	18.58	18.35	0.93	-24.36	50
355	季新星	华夏	2017/01~2021/12	57	10	23.77	2.94*	-2.49	-1.72	1.10	-0.28	-0.07	-0.16	22.01	20.78	1.01	-29.09	55
356	李湘杰	华夏	2013/09~2021/12	87	4	0.67	0.10	-0.24	-0.34	0.79	0.19	0.01	0.47	12.52	24.20	0.45	-39.36	64
357	李铧汶	华夏	2014/03~2021/12	45	4	10.14	1.15	0.29	0.69	0.69	-0.07	-0.22	0.82	15.59	26.71	0.52	-45.23	82
358	林晶	华夏	2017/03~2021/12	58	11	9.24	2.10*	-0.81	-1.06	0.91	-0.07	-0.24	0.05	15.62	16.95	0.83	-18.63	78
359	刘平	华夏	2015/11~2021/12	74	3	3.63	0.73	-0.16	-0.38	0.97	-0.19	-0.56	-0.04	7.10	22.01	0.26	-34.23	77
360	吕佳玮	华夏	2017/08~2021/12	53	2	18.88	1.75*	-2.23	-1.27	1.24	0.04	-0.49	0.17	26.59	27.84	0.90	-36.08	58
361	罗皓亮	华夏	2018/10~2021/12	39	3	6.19	0.69	-2.09	-1.35	1.00	-0.42	-0.45	-0.30	14.87	20.54	0.65	-21.73	64
362	潘中宁	华夏	2018/09~2021/12	40	2	17.75	1.86*	-1.09	-0.76	0.87	-0.26	-0.46	0.04	28.87	21.31	1.28	-10.42	62
363	彭海伟	华夏	2014/01~2021/12	96	4	1.17	0.23	0.22	0.62	0.84	0.04	-0.14	0.24	15.00	24.58	0.54	-38.27	74
364	孙轶佳	华夏	2015/11~2021/12	74	10	6.00	1.31	-0.13	-0.34	0.98	-0.19	-0.25	-0.09	10.97	22.02	0.43	-34.22	80

续表

编号	基金经理	当前任职公司	任职区间	任职时间(月)	管理基金数量(只)	选股能力 年化α(%)	选股能力 t(α)	择时能力 γ	择时能力 t(γ)	β_{mkt}	β_{smb}	β_{hml}	β_{mom}	年化收益率(%)	年化波动率(%)	年化夏普比率	最大回撤率(%)	调整后 R^2(%)
365	王劲松	华夏	2007/01~2021/12	45	4	18.75	1.88*	-0.22	-0.40	0.79	-0.04	-0.06	0.29	38.86	28.00	1.34	-21.37	74
366	王晓李	华夏	2015/09~2021/12	76	6	1.36	0.17	0.36	0.57	1.04	0.40	-0.13	0.57	18.02	30.28	0.55	-52.72	68
367	阳琨	华夏	2007/06~2021/12	175	9	-0.68	-0.18	0.45	2.01*	0.77	0.02	-0.10	0.15	10.81	24.60	0.34	-47.40	77
368	张城源	华夏	2017/05~2021/12	56	6	3.89	1.03	-1.26	-1.99	0.16	0.11	-0.04	-0.01	3.75	7.35	0.32	-13.17	21
369	张帆	华夏	2017/01~2021/12	60	5	13.25	1.84*	0.33	0.27	0.91	-0.25	-0.54	-0.23	22.16	20.83	0.99	-18.61	59
370	张弘弢	华夏	2016/11~2021/12	62	1	6.07	1.74*	-2.06	-3.37	0.85	-0.09	0.00	0.10	7.11	14.27	0.39	-26.11	79
371	郑晓辉	华夏	2006/12~2021/12	122	4	3.78	0.83	0.17	0.65	0.80	-0.06	-0.50	0.13	19.42	25.53	0.69	-47.30	77
372	郑泽鸿	华夏	2017/06~2021/12	55	5	34.16	2.47*	-3.29	-1.42	1.34	-0.14	-0.33	-0.22	35.70	31.64	1.08	-35.63	42
373	郑煜	华夏	2006/08~2021/12	185	13	5.87	2.52*	-0.05	-0.42	0.74	-0.05	-0.16	0.03	16.88	22.90	0.63	-48.12	89
374	佟巍	华夏	2015/02~2021/12	83	10	10.23	2.18*	-0.38	-1.22	0.83	-0.06	-0.12	0.20	15.44	23.84	0.58	-40.07	80
375	陈欣	汇安	2018/03~2021/12	46	5	11.71	1.66*	-2.83	-2.67	0.73	-0.10	-0.36	0.03	11.91	16.60	0.63	-23.69	59
376	戴杰	汇安	2017/01~2021/12	60	15	16.70	3.37*	-1.18	-1.36	0.92	-0.17	-0.02	-0.03	20.50	16.68	1.14	-23.61	70
377	刘田	汇安	2015/12~2021/12	70	6	-2.38	-0.44	-0.28	-0.58	0.78	0.28	-0.35	0.60	-0.13	21.44	-0.08	-48.56	72
378	周加文	汇安	2016/10~2021/12	59	3	-0.57	-0.08	-2.10	-0.97	0.47	0.06	-0.47	0.21	3.16	16.14	0.11	-34.66	32
379	朱晨歌	汇安	2018/02~2021/12	47	8	7.62	1.52	-1.71	-2.24	0.86	-0.21	-0.31	-0.11	10.12	16.39	0.53	-24.27	78
380	邹唯	汇安	2006/08~2021/12	163	11	6.44	1.23	-0.06	-0.22	0.74	-0.14	-0.52	0.43	19.96	28.28	0.63	-60.62	70
381	陈平	汇丰晋信	2015/07~2021/12	78	3	0.73	0.10	0.43	0.73	1.12	-0.01	-0.60	-0.01	11.09	29.89	0.32	-45.81	70
382	程彧	汇丰晋信	2016/11~2021/12	62	3	9.12	1.47	-1.87	-1.71	1.00	-0.29	0.01	0.08	10.94	19.37	0.49	-29.88	63
383	方磊	汇丰晋信	2016/03~2021/12	70	2	5.99	1.57	-0.87	-1.21	0.61	0.05	0.27	0.01	8.49	11.91	0.59	-19.21	57

续表

编号	基金经理	当前任职公司	任职区间	任职时间(月)	管理基金数量(只)	选股能力		择时能力		β_{mkt}	β_{smb}	β_{hml}	β_{mom}	年化收益率(%)	年化波动率(%)	年化夏普比率	最大回撤率(%)	调整后R^2(%)
						年化α(%)	$t(\alpha)$	γ	$t(\gamma)$									
384	侯玉琦	汇丰晋信	2013/04~2021/12	98	3	2.69	0.66	-0.03	-0.10	0.96	-0.09	-0.22	0.15	14.49	25.31	0.50	-50.78	85
385	黄立华	汇丰晋信	2014/01~2021/12	42	3	11.89	1.97*	-0.53	-1.17	0.68	-0.32	-0.09	0.02	20.20	19.49	0.96	-24.77	82
386	吴培文	汇丰晋信	2015/09~2021/12	76	3	6.17	1.22	-0.16	-0.39	0.77	0.07	0.12	0.27	13.65	20.17	0.60	-23.74	70
387	严瑾	汇丰晋信	2018/09~2021/12	40	2	6.38	1.05	-0.94	-1.02	0.83	-0.24	-0.38	0.05	17.11	17.89	0.87	-13.52	78
388	梁永强	汇泉	2008/09~2021/12	125	7	-9.16	-1.79	1.08	3.48*	0.87	0.35	-0.29	0.38	15.58	29.39	0.45	-58.54	79
389	陈健玮	汇添富	2018/02~2021/12	47	3	4.37	0.54	-2.45	-2.01	0.77	-0.23	-0.03	-0.12	1.34	17.16	-0.01	-30.99	49
390	顾耀强	汇添富	2009/12~2021/12	145	6	1.98	0.62	0.20	0.76	0.94	0.14	-0.34	0.39	14.18	25.12	0.48	-48.30	85
391	何旻	汇添富	2007/08~2021/12	111	4	0.62	0.27	0.17	1.10	0.15	-0.11	-0.08	0.02	2.98	6.97	0.14	-14.03	36
392	胡昕炜	汇添富	2016/04~2021/12	69	6	21.28	2.97*	-1.62	-1.21	0.96	-0.07	-0.11	0.13	26.24	20.35	1.22	-21.55	49
393	赖中立	汇添富	2017/05~2021/12	56	1	5.49	0.68	0.21	0.16	0.89	0.04	-0.36	0.35	19.22	22.11	0.80	-26.98	58
394	劳杰男	汇添富	2015/07~2021/12	78	7	10.17	2.98*	-0.16	-0.58	0.78	-0.22	-0.27	-0.01	14.03	18.56	0.67	-22.95	83
395	雷鸣	汇添富	2014/03~2021/12	94	5	6.62	1.22	0.68	1.79*	0.82	0.07	-0.08	0.35	23.39	25.10	0.86	-37.12	73
396	李威	汇添富	2015/01~2021/12	84	5	4.78	0.70	0.15	0.34	1.05	0.20	-0.40	0.42	19.75	33.42	0.54	-63.35	79
397	刘江	汇添富	2015/06~2021/12	79	7	7.68	1.71*	-0.93	-2.62	0.52	-0.01	-0.50	-0.12	7.81	17.03	0.37	-24.82	65
398	刘伟林	汇添富	2015/12~2021/12	73	4	1.93	0.45	-0.44	-1.24	0.33	-0.17	-0.27	-0.15	2.75	11.59	0.11	-16.77	37
399	马翔	汇添富	2016/03~2021/12	70	8	10.75	2.37*	-2.03	-2.39	1.06	-0.12	-0.34	0.04	15.02	18.51	0.73	-34.89	75
400	谭志强	汇添富	2015/08~2021/12	77	2	4.81	1.09	-0.09	-0.27	0.76	-0.08	-0.39	0.15	12.68	19.59	0.57	-37.28	75
401	王栩	汇添富	2010/02~2021/12	143	6	3.03	0.79	0.12	0.40	0.89	0.10	-0.40	0.34	14.75	24.54	0.51	-46.19	78
402	吴江宏	汇添富	2016/04~2021/12	69	3	4.17	3.81*	-0.27	-1.35	0.13	-0.03	-0.01	0.00	5.82	2.92	1.48	-1.89	42

续表

编号	基金经理	当前任职公司	任职区间	任职时间(月)	管理基金数量(只)	选股能力		择时能力		β_{mkt}	β_{smb}	β_{hml}	β_{mom}	年化收益率(%)	年化波动率(%)	年化夏普比率	最大回撤率(%)	调整后R^2(%)
						年化α(%)	$t(\alpha)$	γ	$t(\gamma)$									
403	吴振翔	汇添富	2015/02~2021/12	83	2	5.49	1.75*	-0.52	-2.50	0.78	0.21	-0.13	0.17	12.76	23.23	0.48	-35.68	91
404	许一尊	汇添富	2015/11~2021/12	74	2	3.64	1.45	0.16	0.77	0.90	0.23	0.03	0.25	11.56	20.02	0.50	-27.18	93
405	杨谞	汇添富	2018/06~2021/12	43	7	6.63	1.34	-0.21	-0.27	0.38	-0.22	-0.27	-0.15	10.65	10.47	0.87	-12.75	51
406	张朋	汇添富	2018/06~2021/12	39	5	28.75	2.85*	-1.15	-0.74	0.79	-0.48	-0.76	-0.59	28.40	19.55	1.42	-13.93	57
407	赵鹏程	汇添富	2016/07~2021/12	66	7	11.26	2.03*	-1.34	-1.33	0.82	-0.18	-0.29	0.14	16.24	17.14	0.86	-25.14	60
408	赵鹏飞	汇添富	2016/06~2021/12	67	6	10.19	2.27*	-1.09	-1.33	0.69	0.05	-0.07	0.45	16.28	14.61	1.01	-22.71	62
409	郑慧莲	汇添富	2018/04~2021/12	45	9	10.22	1.23	-0.85	-0.68	0.57	-0.10	-0.20	0.22	16.33	16.84	0.88	-15.34	45
410	郑磊	汇添富	2014/12~2021/12	77	8	12.50	1.59	-0.15	-0.31	0.79	0.18	-0.08	0.60	25.58	29.16	0.83	-50.40	68
411	范习辉	惠升	2018/08~2021/12	38	5	28.07	2.59*	-4.26	-2.70	1.05	0.07	-0.03	0.38	32.80	21.91	1.47	-11.60	59
412	张一甫	惠升	2017/01~2021/12	57	5	10.82	1.90*	-0.51	-0.53	0.72	-0.19	-0.21	-0.18	13.88	15.33	0.82	-17.94	58
413	常蓁	嘉实	2015/03~2021/12	82	7	12.98	2.61*	-0.71	-2.08	0.78	-0.06	-0.02	-0.03	13.73	22.10	0.55	-37.99	74
414	方晗	嘉实	2017/10~2021/12	46	3	10.73	2.02*	-1.54	-1.98	0.87	-0.19	-0.01	-0.09	9.28	16.17	0.51	-28.72	78
415	归凯	嘉实	2016/03~2021/12	70	9	12.47	2.15*	-0.93	-0.86	0.82	-0.16	-0.49	-0.16	17.13	17.64	0.89	-21.95	55
416	洪流	嘉实	2014/11~2021/12	79	13	8.91	2.15*	0.90	3.24*	0.75	-0.08	-0.18	0.17	21.12	21.08	0.94	-26.00	81
417	胡涛	嘉实	2009/06~2021/12	147	8	4.50	0.93	-0.02	-0.07	0.76	0.18	-0.43	0.21	15.66	24.55	0.56	-38.80	66
418	胡永青	嘉实	2014/10~2021/12	87	10	6.11	4.01*	0.02	0.24	0.04	-0.02	-0.05	0.06	8.04	3.80	1.69	-2.45	14
419	胡宇飞	嘉实	2018/02~2021/12	47	4	17.87	3.05*	-1.96	-2.21	0.92	-0.31	-0.05	-0.03	17.12	17.65	0.89	-19.55	74
420	金猛	嘉实	2018/09~2021/12	40	2	8.99	2.44*	-0.11	-0.21	1.03	-0.13	0.00	-0.01	23.49	18.95	1.16	-11.58	93
421	李欣	嘉实	2018/03~2021/12	46	1	11.35	1.62	-0.69	-0.66	0.75	-0.36	0.44	0.05	10.60	17.21	0.53	-18.04	62

续表

编号	基金经理	当前任职公司	任职区间	任职时间(月)	管理基金数量(只)	选股能力 年化α(%)	选股能力 t(α)	择时能力 γ	择时能力 t(γ)	β_{mkt}	β_{smb}	β_{hml}	β_{mom}	年化收益率(%)	年化波动率(%)	年化夏普比率	最大回撤率(%)	调整后 R^2(%)
422	刘斌	嘉实	2009/11~2021/12	141	4	1.14	0.50	0.69	3.81*	0.77	-0.03	-0.13	0.05	12.60	19.54	0.54	-34.27	88
423	刘美玲	嘉实	2013/12~2021/12	84	6	-2.64	-0.44	0.02	0.05	0.84	0.09	-0.47	0.23	12.13	26.63	0.39	-57.78	75
424	刘宁	嘉实	2015/12~2021/12	74	14	4.45	3.77*	-0.30	-3.04	0.10	-0.12	-0.04	-0.04	4.73	3.61	0.89	-4.18	51
425	龙昌伦	嘉实	2017/06~2021/12	55	2	3.92	1.41	0.22	0.47	0.96	0.10	0.10	0.17	13.33	17.04	0.69	-30.16	92
426	曲盛伟	嘉实	2017/12~2021/12	49	4	16.77	2.00*	-0.29	-0.22	1.09	-0.07	-0.65	-0.12	28.36	24.46	1.10	-25.27	71
427	苏文杰	嘉实	2018/10~2021/12	39	1	17.90	1.64*	-1.47	-0.78	0.94	-0.22	-0.22	0.19	31.31	22.21	1.34	-13.94	55
428	谭丽	嘉实	2017/04~2021/12	57	10	15.20	3.55*	-2.52	-3.45	0.74	-0.24	0.00	-0.05	14.01	13.38	0.93	-26.42	67
429	王凯	嘉实	2016/09~2021/12	64	2	8.31	1.08	-0.38	-0.28	0.97	-0.48	-0.53	-0.62	12.13	21.77	0.49	-28.82	54
430	肖觅	嘉实	2016/12~2021/12	61	8	12.75	3.53*	-1.15	-1.81	0.70	-0.22	-0.01	-0.03	15.21	12.54	1.09	-15.19	71
431	谢泽林	嘉实	2015/09~2021/12	76	4	9.24	2.01*	0.03	0.08	0.81	-0.20	-0.33	-0.21	16.73	19.45	0.78	-21.43	73
432	颜伟鹏	嘉实	2015/03~2021/12	76	6	15.28	2.20*	0.29	0.62	0.87	0.15	0.03	0.30	24.00	28.17	0.81	-42.58	73
433	姚志鹏	嘉实	2016/05~2021/12	69	8	16.19	2.69*	-2.34	-2.10	1.11	-0.01	-0.33	0.02	20.77	20.65	0.93	-38.21	66
434	张丹华	嘉实	2017/05~2021/12	56	12	11.76	1.87*	-1.87	-1.77	0.97	-0.12	-0.13	0.04	16.06	18.73	0.78	-29.93	65
435	张金涛	嘉实	2016/05~2021/12	68	7	17.89	4.47*	-2.96	-4.01	1.05	-0.28	0.07	0.05	18.62	17.10	1.00	-31.31	78
436	张露	嘉实	2017/08~2021/12	53	3	11.20	3.05*	-1.24	-2.07	0.97	-0.15	-0.07	0.06	14.92	16.77	0.80	-24.57	86
437	张自力	嘉实	2015/06~2021/12	79	3	5.39	1.21	-0.08	-0.23	0.87	-0.15	-0.31	-0.05	8.67	21.77	0.33	-38.68	79
438	张蓓	嘉实	2018/01~2021/12	48	4	10.32	1.53	-1.14	-1.10	0.96	-0.03	-0.13	0.24	16.60	19.86	0.76	-23.91	72
439	何坤华	建信	2015/04~2021/12	81	5	8.16	1.77*	0.11	0.31	0.63	-0.20	-0.53	-0.10	11.78	17.93	0.57	-31.68	66
440	姜锋	建信	2011/07~2021/12	126	5	8.47	2.36*	-0.49	-1.76	0.75	-0.20	-0.37	-0.11	12.31	20.05	0.51	-44.09	75

续表

编号	基金经理	当前任职公司	任职区间	任职时间（月）	管理基金数量（只）	选股能力 年化 α(%)	t(α)	择时能力 γ	t(γ)	β_{mkt}	β_{smb}	β_{hml}	β_{mom}	年化收益率（%）	年化波动率（%）	年化夏普比率	最大回撤率（%）	调整后 R^2（%）
441	梁洪昀	建信	2015/03~2021/12	82	2	8.48	2.19*	-0.37	-1.37	1.13	-0.19	0.02	-0.10	11.59	27.77	0.36	-45.22	90
442	刘克飞	建信	2018/03~2021/12	46	4	19.51	2.56*	-0.96	-0.84	0.91	-0.32	-0.12	-0.16	22.06	19.47	1.06	-19.82	65
443	牛兴华	建信	2015/04~2021/12	81	11	5.30	2.97*	0.19	1.45	0.09	-0.01	-0.02	0.06	7.98	4.63	1.39	-3.52	25
444	潘龙玲	建信	2016/03~2021/12	70	4	7.28	0.93	-0.20	-0.14	0.79	0.35	-0.19	0.39	17.10	21.35	0.73	-31.12	44
445	邱宇航	建信	2011/07~2021/12	126	4	0.34	0.13	0.17	0.83	0.74	0.03	-0.02	0.19	10.02	19.45	0.41	-39.95	86
446	邵卓	建信	2015/03~2021/12	82	7	16.08	2.90*	-0.52	-1.35	0.73	0.14	-0.25	0.20	20.73	23.59	0.81	-26.37	72
447	孙晟	建信	2016/03~2021/12	70	5	14.14	3.13*	-1.12	-1.32	0.95	-0.03	-0.29	0.06	20.14	17.38	1.07	-29.07	72
448	陶灿	建信	2011/07~2021/12	126	10	9.64	2.33*	0.00	0.01	0.79	-0.06	-0.27	0.20	18.06	21.98	0.73	-38.32	72
449	王东杰	建信	2015/05~2021/12	80	8	12.44	2.49*	0.76	1.92*	0.43	-0.15	-0.09	-0.11	17.40	14.40	1.10	-25.86	39
450	薛玲	建信	2017/05~2021/12	56	3	5.89	2.78*	-0.54	-1.51	0.59	0.02	0.00	0.10	11.16	10.31	0.94	-20.58	87
451	姚锦	建信	2009/12~2021/12	137	8	6.66	1.82*	0.26	0.92	0.77	-0.04	-0.06	0.26	16.42	21.07	0.69	-32.13	75
452	叶乐天	建信	2016/08~2021/12	65	5	4.72	2.03*	-0.74	-1.77	0.62	0.10	0.07	0.18	8.93	10.61	0.70	-20.98	82
453	赵云煜	建信	2018/11~2021/12	38	1	3.86	0.96	-0.30	-0.44	0.44	0.21	0.27	0.38	15.74	9.42	1.51	-3.39	67
454	王安良	江信	2016/02~2021/12	71	1	9.75	1.41	-2.80	-2.38	0.80	0.38	0.04	0.55	14.49	19.30	0.67	-29.30	45
455	陈俊华	交银施罗德	2016/11~2021/12	62	2	16.71	3.78*	-2.22	-2.85	0.70	-0.09	-0.02	0.18	17.25	13.48	1.17	-23.07	62
456	陈玖铎	交银施罗德	2014/10~2021/12	87	2	6.78	1.96*	-0.30	-1.29	0.78	0.03	-0.06	0.17	15.12	21.77	0.62	-37.00	86
457	郭斐	交银施罗德	2017/09~2021/12	52	4	15.51	1.82*	1.36	1.00	1.07	-0.12	-0.30	0.01	28.79	24.54	1.11	-24.36	67
458	韩威俊	交银施罗德	2016/01~2021/12	72	7	21.77	3.27*	-2.91	-2.56	1.08	0.01	0.03	0.10	24.52	20.82	1.11	-26.48	56
459	何帅	交银施罗德	2015/07~2021/12	78	3	15.09	4.10*	-0.05	-0.17	0.71	0.13	-0.38	-0.08	22.38	18.96	1.10	-23.13	82

续表

编号	基金经理	当前任职公司	任职区间	任职时间(月)	管理基金数量(只)	选股能力		择时能力		β_{mkt}	β_{smb}	β_{hml}	β_{mom}	年化收益率(%)	年化波动率(%)	年化夏普比率	最大回撤率(%)	调整后R^2(%)
						年化α(%)	$t(\alpha)$	γ	$t(\gamma)$									
460	刘鹏	交银施罗德	2018/05~2021/12	44	3	22.10	3.47*	-0.83	-0.88	0.91	0.11	-0.15	0.01	31.72	18.70	1.62	-16.68	75
461	楼慧源	交银施罗德	2018/09~2021/12	40	2	23.63	1.95*	-0.83	-0.45	0.90	-0.04	-0.30	0.15	38.53	23.53	1.57	-14.70	49
462	沈楠	交银施罗德	2015/05~2021/12	80	3	10.84	3.44*	-0.27	-1.09	0.74	-0.13	-0.13	-0.18	10.97	17.98	0.53	-24.64	85
463	王崇	交银施罗德	2014/10~2021/12	87	3	13.81	2.91*	0.17	0.51	0.78	-0.07	-0.36	0.19	24.98	22.82	1.02	-33.48	77
464	王少成	交银施罗德	2010/09~2021/12	134	9	0.54	0.16	0.01	0.02	0.82	0.17	-0.37	0.25	10.69	22.41	0.39	-44.56	83
465	杨浩	交银施罗德	2015/08~2021/12	77	4	18.00	3.98*	-0.67	-1.87	0.79	-0.31	-0.71	-0.45	22.52	19.75	1.06	-24.20	74
466	周中	交银施罗德	2018/09~2021/12	40	4	10.17	1.48	0.96	0.92	0.69	-0.06	-0.29	0.12	27.03	17.49	1.46	-7.82	70
467	芮晨	交银施罗德	2015/05~2021/12	80	3	5.76	0.86	-0.15	-0.28	1.13	0.09	-0.62	-0.26	10.49	31.21	0.29	-50.30	77
468	孔学兵	金信	2011/09~2021/12	101	10	4.07	0.53	-0.13	-0.22	0.89	0.28	-0.89	0.29	10.15	30.73	0.27	-58.65	63
469	刘榕俊	金信	2016/04~2021/12	53	6	5.52	1.00	-3.07	-2.05	0.71	0.00	0.03	-0.04	3.50	13.37	0.15	-29.44	53
470	周鎏	金信	2018/03~2021/12	46	7	1.96	0.23	0.25	0.19	0.72	0.08	-0.24	0.36	14.89	19.74	0.68	-31.47	58
471	陈立	金鹰	2013/08~2021/12	101	8	2.98	0.46	0.54	1.15	0.97	0.16	-0.19	0.29	21.49	29.75	0.66	-46.94	70
472	陈颖	金鹰	2015/06~2021/12	79	9	0.65	0.14	-0.07	-0.19	0.86	0.43	-0.14	0.12	6.65	25.72	0.20	-44.66	82
473	樊勇	金鹰	2018/10~2021/12	39	4	30.79	2.08*	-1.76	-0.69	1.33	-0.03	-0.46	-0.15	53.32	29.21	1.77	-16.34	52
474	韩广哲	金鹰	2012/11~2021/12	44	6	39.17	2.33*	-1.68	-0.82	0.56	-0.38	-0.10	0.57	42.90	26.90	1.56	-14.86	33
475	林龙军	金鹰	2018/05~2021/12	44	1	4.02	2.10*	-0.46	-1.63	0.20	0.08	0.02	0.13	7.41	4.71	1.25	-6.92	64
476	龙悦芳	金鹰	2018/06~2021/12	43	1	8.07	5.00*	-0.53	-2.09	0.03	-0.07	0.05	0.01	7.24	2.77	2.07	-2.02	26
477	倪超	金鹰	2015/06~2021/12	79	6	11.45	2.33*	-0.08	-0.21	0.94	-0.07	-0.38	-0.12	15.81	24.12	0.59	-28.56	79
478	孙倩倩	金鹰	2016/06~2021/12	42	4	2.47	1.41	1.05	1.09	0.16	0.06	0.00	0.12	5.66	2.94	1.46	-1.67	40

续表

编号	基金经理	当前任职公司	任职区间	任职时间(月)	管理基金数量(只)	选股能力 年化α(%)	t(α)	择时能力 γ	t(γ)	β_{mkt}	β_{smb}	β_{hml}	β_{mom}	年化收益率(%)	年化波动率(%)	年化夏普比率	最大回撤率(%)	调整后R^2(%)
479	王喆	金鹰	2015/01~2021/12	84	9	4.27	0.76	0.57	1.50	0.43	-0.05	0.08	0.27	12.01	17.39	0.60	-23.89	46
480	杨晓斌	金鹰	2018/04~2021/12	45	3	16.75	4.21*	-0.95	-1.59	0.40	-0.06	-0.08	0.11	19.71	9.30	1.96	-5.92	59
481	朱丹	金鹰	2010/07~2021/12	130	4	0.14	0.05	-0.02	-0.09	0.88	0.21	-0.20	0.28	9.76	21.34	0.36	-38.43	85
482	贾丽杰	金元顺安	2018/03~2021/12	46	3	2.13	0.22	0.99	0.67	0.92	0.09	0.10	0.42	17.14	23.43	0.67	-25.88	60
483	张博	金元顺安	2018/04~2021/12	45	1	6.64	0.97	-1.12	-1.09	0.79	-0.08	-0.35	-0.12	12.82	17.26	0.66	-17.14	65
484	周博洋	金元顺安	2018/01~2021/12	48	1	6.18	0.94	-1.00	-0.99	0.78	-0.09	-0.22	0.00	10.55	16.89	0.54	-21.02	64
485	闵杭	金元顺安	2015/10~2021/12	75	4	5.53	1.58	-0.65	-2.22	0.64	-0.24	0.03	-0.01	6.35	15.41	0.31	-25.29	76
486	缪玮彬	金元顺安	2016/12~2021/12	61	2	5.80	0.99	1.21	1.17	0.20	0.66	0.47	0.61	14.25	14.31	0.89	-23.78	40
487	鲍无可	景顺长城	2014/06~2021/12	91	8	11.36	3.02*	-0.08	-0.31	0.47	-0.08	0.10	0.06	17.86	14.65	1.10	-21.08	63
488	董晗	景顺长城	2014/07~2021/12	80	9	12.00	2.43*	-0.12	-0.36	0.66	0.03	-0.32	0.28	19.36	20.81	0.86	-31.44	73
489	江科宏	景顺长城	2014/08~2021/12	89	5	6.06	1.06	-0.23	-0.58	0.89	0.07	-0.25	0.19	18.08	26.83	0.61	-49.28	75
490	黎海威	景顺长城	2015/02~2021/12	83	9	4.46	1.74*	0.04	0.21	0.93	0.08	0.13	0.21	14.10	25.33	0.50	-40.81	95
491	李进	景顺长城	2016/10~2021/12	61	7	14.71	1.94*	-0.26	-0.20	0.89	0.01	-0.62	-0.11	21.00	21.26	0.93	-22.91	57
492	李孟海	景顺长城	2015/03~2021/12	82	4	2.56	0.43	-0.08	-0.20	1.00	0.45	-0.27	0.24	14.67	32.24	0.41	-50.53	83
493	刘苏	景顺长城	2011/12~2021/12	118	8	7.77	2.05*	-0.01	-0.04	0.71	0.00	0.00	0.15	20.53	18.70	1.00	-28.22	70
494	刘彦春	景顺长城	2008/07~2021/12	153	10	10.80	2.17*	-0.04	-0.11	0.79	-0.05	-0.11	0.20	13.83	25.13	0.47	-39.72	65
495	徐喻军	景顺长城	2017/01~2021/12	60	10	8.24	3.33*	-0.59	-1.36	0.68	-0.03	0.14	0.12	12.51	11.50	0.96	-20.61	84
496	杨锐文	景顺长城	2014/10~2021/12	87	11	15.97	3.18*	-0.77	-2.26	0.79	0.09	-0.52	0.04	23.49	24.32	0.90	-38.76	77
497	余广	景顺长城	2010/05~2021/12	140	8	8.20	2.24*	-0.48	-1.64	0.90	-0.10	-0.18	0.14	14.52	23.39	0.53	-47.58	79

续表

编号	基金经理	当前任职公司	任职区间	任职时间（月）	管理基金数量（只）	选股能力 年化 α(%)	选股能力 t(α)	择时能力 γ	择时能力 t(γ)	β_{mkt}	β_{smb}	β_{hml}	β_{mom}	年化收益率（%）	年化波动率（%）	年化夏普比率	最大回撤率（%）	调整后 R^2（%）
498	詹成	景顺长城	2015/12～2021/12	73	8	12.71	2.67*	-0.93	-2.35	0.79	-0.20	-0.31	-0.07	13.54	19.79	0.61	-27.15	73
499	张靖	景顺长城	2011/05～2021/12	120	3	7.57	1.62	0.20	0.58	0.71	0.10	-0.34	0.34	17.34	22.26	0.69	-26.69	68
500	何昕	九泰	2018/08～2021/12	41	4	2.73	0.42	2.91	2.88*	0.58	-0.27	-0.34	-0.08	20.60	18.21	1.05	-9.66	74
501	林柏川	九泰	2017/01～2021/12	60	3	4.62	1.15	0.22	0.32	0.65	-0.02	0.14	0.00	10.01	12.99	0.65	-22.67	67
502	刘开运	九泰	2015/07～2021/12	78	11	7.48	1.97*	0.02	0.06	0.70	-0.16	-0.21	-0.02	11.97	17.25	0.61	-28.64	76
503	刘心任	九泰	2016/11～2021/12	62	2	10.12	1.67*	0.22	0.21	0.81	-0.15	0.21	0.07	15.55	17.48	0.80	-23.34	57
504	孟亚强	九泰	2016/06～2021/12	67	13	-0.70	-0.19	0.79	1.18	0.79	0.16	-0.04	0.36	10.29	15.62	0.56	-21.46	78
505	徐占杰	九泰	2016/09～2021/12	64	1	12.99	2.81*	-0.82	-0.99	0.79	-0.09	-0.27	-0.13	17.41	15.38	1.03	-24.44	66
506	张鹏程	九泰	2017/11～2021/12	50	3	8.50	2.29*	-0.77	-1.32	0.48	-0.08	-0.03	-0.03	10.24	9.73	0.90	-9.15	63
507	付柏瑞	凯石	2009/04～2021/12	71	3	-2.12	-0.40	0.11	0.23	0.74	0.07	0.07	0.53	7.27	19.36	0.24	-31.06	77
508	蔡晓	民生加银	2016/05～2021/12	68	3	9.46	2.02*	-0.61	-0.70	0.78	0.07	-0.26	0.26	17.40	16.02	0.99	-23.04	66
509	金耀	民生加银	2017/12～2021/12	49	5	16.73	1.84*	-0.79	-0.56	0.83	0.05	-0.29	0.33	26.02	21.33	1.15	-19.79	55
510	刘宵汉	民生加银	2010/05～2021/12	99	6	-1.72	-0.52	0.70	2.46*	0.82	0.13	-0.15	0.21	11.08	19.15	0.46	-39.97	83
511	柳世庆	民生加银	2016/08～2021/12	65	7	7.12	1.51	0.40	0.47	0.75	0.00	-0.06	0.20	15.44	15.71	0.89	-23.90	66
512	孙伟	民生加银	2014/07～2021/12	90	11	9.68	1.75*	0.41	1.09	0.75	0.06	-0.31	0.27	24.03	23.94	0.93	-30.22	70
513	王亮	民生加银	2017/11～2021/12	50	7	12.39	2.05*	0.35	0.37	0.91	-0.23	-0.25	-0.10	20.17	19.11	0.98	-22.32	74
514	姚航	民生加银	2014/05～2021/12	69	6	3.17	1.48	-0.20	-1.47	0.19	0.01	-0.12	0.00	6.02	6.96	0.63	-12.87	63
515	陈健夫	摩根士丹利华鑫	2018/08～2021/12	41	2	5.36	1.16	-1.53	-2.15	0.98	-0.24	-0.21	-0.05	14.70	17.74	0.74	-11.52	86

续表

编号	基金经理	当前任职公司	任职区间	任职时间(月)	管理基金数量(只)	选股能力 年化α(%)	t(α)	择时能力 γ	t(γ)	β_{mkt}	β_{smb}	β_{hml}	β_{mom}	年化收益率(%)	年化波动率(%)	年化夏普比率	最大回撤率(%)	调整后R^2(%)
516	何晓春	摩根士丹利华鑫	2012/07~2021/12	95	8	7.51	1.67*	0.27	0.94	0.78	0.02	-0.34	-0.03	23.30	22.79	0.94	-33.64	80
517	王大鹏	摩根士丹利华鑫	2015/01~2021/12	84	9	8.11	1.40	-0.46	-1.18	0.79	0.08	-0.03	0.16	14.56	24.79	0.52	-47.31	72
518	徐达	摩根士丹利华鑫	2016/06~2021/12	67	3	12.81	2.92*	-1.80	-2.23	1.03	-0.09	-0.29	0.08	17.70	18.10	0.90	-27.71	77
519	余斌	摩根士丹利华鑫	2017/06~2021/12	51	4	5.13	0.77	-0.89	-0.82	0.76	0.13	-0.06	0.47	12.98	17.58	0.67	-23.06	62
520	缪东航	摩根士丹利华鑫	2017/01~2021/12	60	7	9.06	2.11*	-1.13	-1.51	0.90	-0.13	-0.19	-0.13	13.10	15.97	0.73	-26.92	75
521	毕凯	南方	2018/06~2021/12	43	2	-1.99	-0.24	-1.76	-1.33	0.78	-0.23	0.05	-0.07	0.27	17.45	-0.07	-27.65	49
522	陈乐	南方	2017/12~2021/12	49	5	6.99	4.48*	-0.60	-2.47	0.32	-0.02	-0.01	0.07	9.18	5.90	1.30	-6.96	83
523	冯雨生	南方	2015/04~2021/12	77	12	3.44	0.98	0.03	0.13	0.85	0.11	-0.06	0.19	7.81	23.33	0.27	-40.53	90
524	黄春逢	南方	2015/12~2021/12	73	6	9.14	2.48*	-0.27	-0.87	0.77	-0.37	-0.27	-0.08	11.85	17.73	0.58	-32.22	80
525	蒋秋洁	南方	2014/12~2021/12	85	10	0.63	0.10	1.27	3.13*	0.63	0.20	-0.01	0.59	17.73	24.24	0.67	-41.97	67
526	李锦文	南方	2018/12~2021/12	37	5	23.31	2.07*	-2.64	-1.38	0.84	-0.40	-0.09	0.04	28.90	20.09	1.36	-19.70	46
527	李振兴	南方	2014/04~2021/12	84	8	10.11	2.12*	0.19	0.38	0.40	-0.04	-0.40	0.04	18.01	13.95	1.18	-23.59	44
528	李璇	南方	2018/07~2021/12	42	1	3.45	1.44	-0.09	-0.24	0.05	-0.08	-0.08	-0.06	4.59	3.75	0.82	-3.00	13
529	林乐峰	南方	2017/12~2021/12	49	3	18.04	3.31*	-1.90	-2.25	0.91	0.03	0.14	0.29	20.87	17.26	1.12	-25.92	75
530	卢玉珊	南方	2015/12~2021/12	73	4	6.98	1.71*	0.80	2.33*	0.28	0.04	-0.13	0.32	14.43	11.28	1.15	-6.92	39

续表

编号	基金经理	当前任职公司	任职区间	任职时间（月）	管理基金数量（只）	选股能力		择时能力		β_{mkt}	β_{smb}	β_{hml}	β_{mom}	年化收益率（%）	年化波动率（%）	年化夏普比率	最大回撤率（%）	调整后 R^2（%）
						年化 α(%)	$t(\alpha)$	γ	$t(\gamma)$									
531	罗安安	南方	2015/07~2021/12	78	7	12.82	2.41*	-0.74	-1.77	0.91	-0.13	-0.61	-0.12	16.80	24.18	0.63	-33.73	76
532	罗文杰	南方	2013/05~2021/12	54	4	-4.16	-0.95	0.15	0.32	0.93	0.12	-0.02	0.15	16.71	22.10	0.69	-37.32	89
533	骆帅	南方	2015/05~2021/12	80	10	11.29	2.97*	-0.52	-1.72	0.85	-0.26	-0.44	-0.26	10.64	21.03	0.43	-29.32	84
534	茅炜	南方	2016/02~2021/12	71	15	9.00	2.42*	-1.27	-2.01	0.50	-0.10	-0.36	-0.10	11.85	11.21	0.92	-16.83	53
535	史博	南方	2004/07~2021/12	166	14	2.06	0.62	0.37	1.82*	0.79	0.04	-0.09	0.29	9.36	24.29	0.29	-61.57	82
536	王峥娇	南方	2018/07~2021/12	42	2	12.39	0.77	-0.47	-0.19	0.67	-0.11	-0.46	0.32	23.95	27.85	0.81	-27.70	30
537	吴剑毅	南方	2015/05~2021/12	80	8	7.43	3.86*	0.47	3.05*	0.37	-0.10	-0.07	-0.09	11.13	8.87	1.08	-8.35	76
538	应帅	南方	2007/05~2021/12	176	10	3.84	1.33	-0.03	-0.19	0.79	-0.07	-0.31	0.15	10.46	23.83	0.34	-58.81	85
539	章晖	南方	2015/05~2021/12	80	6	13.99	2.81*	-0.37	-0.93	0.80	-0.23	-0.43	-0.05	14.07	21.84	0.57	-31.67	74
540	张延闽	南方	2014/10~2021/12	84	9	6.98	1.32	0.20	0.57	0.74	-0.15	-0.09	-0.02	17.97	21.86	0.76	-30.03	70
541	郑迎迎	南方	2015/08~2021/12	67	2	8.44	1.68*	-1.09	-3.05	0.52	0.14	-0.04	0.08	10.16	17.10	0.52	-30.87	67
542	刘斐	南华	2017/08~2021/12	53	2	6.08	0.64	-1.55	-1.01	1.12	-0.10	-0.43	0.16	13.74	25.08	0.49	-41.18	60
543	陈富权	农银汇理	2013/08~2021/12	101	6	12.66	2.78*	-0.21	-0.63	0.68	-0.02	-0.40	0.22	21.51	20.64	0.96	-29.99	69
544	凌晨	农银汇理	2013/11~2021/12	49	5	7.64	0.68	0.18	0.32	0.77	0.00	-0.44	0.66	15.65	30.04	0.46	-42.68	71
545	宋永安	农银汇理	2015/12~2021/12	73	1	6.62	3.01*	-0.64	-3.51	0.81	-0.12	-0.08	0.08	8.59	17.75	0.40	-26.55	93
546	魏刚	农银汇理	2018/03~2021/12	46	6	16.36	2.88*	-2.87	-3.35	0.76	0.01	0.02	0.28	16.74	15.20	1.00	-19.85	68
547	徐文卉	农银汇理	2017/05~2021/12	56	6	8.57	1.28	-0.28	-0.24	0.84	0.01	-0.21	0.13	17.96	18.62	0.88	-26.34	60
548	张峰	农银汇理	2015/09~2021/12	76	6	14.06	2.92*	-0.52	-1.35	0.84	-0.02	-0.29	-0.04	21.07	21.33	0.92	-28.23	76
549	张燕	农银汇理	2017/03~2021/12	58	5	11.88	1.43	-0.51	-0.35	0.79	0.23	-0.15	0.40	20.86	20.81	0.93	-30.31	47

续表

编号	基金经理	当前任职公司	任职区间	任职时间(月)	管理基金数量(只)	选股能力 年化 α(%)	t(α)	择时能力 γ	t(γ)	β_{mkt}	β_{smb}	β_{hml}	β_{mom}	年化收益率(%)	年化波动率(%)	年化夏普比率	最大回撤率(%)	调整后 R^2(%)
550	赵信	农银汇理	2017/03~2021/12	58	5	18.33	1.82*	-0.49	-0.28	1.06	0.37	0.05	0.65	29.86	26.23	1.08	-37.24	52
551	蔡宇滨	诺安	2017/12~2021/12	49	3	11.76	2.69*	-0.65	-0.96	0.68	0.05	0.18	0.13	15.71	13.26	1.07	-14.05	73
552	韩冬燕	诺安	2015/11~2021/12	74	4	9.46	2.56*	0.23	0.75	0.62	-0.14	-0.24	0.01	14.81	14.83	0.90	-17.44	71
553	李玉良	诺安	2015/07~2021/12	78	7	7.27	2.39*	-0.36	-1.49	0.71	0.12	-0.06	0.18	11.58	18.12	0.56	-27.27	86
554	罗春蕾	诺安	2015/09~2021/12	76	4	4.85	0.87	-0.33	-0.74	0.62	0.10	-0.36	0.11	12.45	19.16	0.57	-21.40	60
555	裴禹翔	诺安	2016/08~2021/12	65	3	2.42	1.27	-0.63	-1.83	0.40	0.03	-0.07	0.10	5.57	7.35	0.55	-14.92	75
556	王创练	诺安	2015/03~2021/12	82	6	12.90	2.27*	-0.53	-1.34	0.90	0.01	-0.40	0.02	17.30	26.09	0.60	-37.47	76
557	吴博俊	诺安	2014/06~2021/12	91	6	2.57	1.13	0.25	1.59	0.16	-0.06	-0.06	0.02	7.44	6.69	0.86	-7.08	34
558	杨谷	诺安	2006/02~2021/12	191	4	4.72	1.76*	-0.04	-0.26	0.82	-0.01	-0.43	0.17	18.74	25.46	0.64	-59.22	88
559	杨琨	诺安	2014/06~2021/12	67	5	14.22	1.97*	-0.55	-0.59	0.86	-0.03	0.16	0.07	30.63	22.27	1.32	-27.25	63
560	张堃	诺安	2015/08~2021/12	77	3	9.59	2.11*	-0.25	-0.69	0.67	0.06	-0.24	0.20	16.60	18.47	0.82	-21.90	70
561	张强	诺安	2017/03~2021/12	58	2	13.43	1.73*	-2.06	-1.54	0.86	-0.04	-0.07	0.14	15.91	19.29	0.75	-28.63	47
562	顾钰	诺德	2017/12~2021/12	49	5	5.65	0.80	-1.58	-1.44	0.93	-0.13	0.08	0.09	7.34	18.73	0.31	-25.70	65
563	郝旭东	诺德	2015/07~2021/12	78	4	8.65	2.41*	0.08	0.29	0.50	-0.10	-0.16	-0.14	12.71	13.21	0.85	-18.09	64
564	罗世锋	诺德	2014/11~2021/12	86	6	15.10	2.50*	-0.01	-0.02	0.84	-0.02	-0.29	0.29	25.04	26.12	0.90	-37.67	71
565	王恒楠	诺德	2018/11~2021/12	38	2	20.57	1.60	-2.76	-1.26	0.80	-0.31	-0.03	-0.11	22.38	20.93	1.00	-15.16	32
566	谢屹	诺德	2015/07~2021/12	75	7	-2.12	-0.35	1.10	2.36*	0.59	-0.11	-0.05	0.24	7.14	18.47	0.31	-31.72	52
567	杨霞辉	诺德	2017/04~2021/12	57	1	5.65	0.80	-1.88	-1.56	0.81	-0.35	-0.33	-0.17	7.65	18.05	0.34	-21.92	51
568	曾文宏	诺德	2017/08~2021/12	53	3	10.74	3.99*	-1.27	-2.89	0.70	-0.15	0.08	-0.05	10.91	11.58	0.81	-17.23	85

续表

编号	基金经理	当前任职公司	任职区间	任职时间(月)	管理基金数量(只)	选股能力 年化α(%)	选股能力 t(α)	择时能力 γ	择时能力 t(γ)	β_{mkt}	β_{smb}	β_{hml}	β_{mom}	年化收益率(%)	年化波动率(%)	年化夏普比率	最大回撤率(%)	调整后 R^2(%)
569	朱红	诺德	2014/04~2021/12	93	3	7.03	1.75*	-0.11	-0.38	0.69	0.24	-0.10	0.18	19.86	21.66	0.84	-34.74	80
570	陈璇淼	鹏华	2016/03~2021/12	70	5	11.66	1.93*	-0.39	-0.35	0.81	-0.08	-0.37	0.00	18.33	18.06	0.93	-22.54	53
571	戴钢	鹏华	2012/06~2021/12	115	3	4.32	2.07*	0.31	2.01*	0.16	-0.09	-0.03	0.03	8.75	6.92	0.98	-5.78	35
572	蒋鑫	鹏华	2016/06~2021/12	67	10	10.44	1.73*	-0.58	-0.52	0.88	0.18	-0.15	0.30	18.85	18.85	0.91	-24.43	59
573	金笑非	鹏华	2016/06~2021/12	67	4	8.33	1.19	0.10	0.08	0.78	0.03	-0.51	-0.10	16.22	19.64	0.75	-32.95	49
574	郎超	鹏华	2018/04~2021/12	45	1	8.45	0.63	-0.28	-0.14	0.88	0.14	-0.29	0.17	21.76	26.19	0.77	-31.91	41
575	李君	鹏华	2015/05~2021/12	80	13	4.70	2.50*	0.12	0.83	0.08	-0.02	-0.17	0.06	7.37	5.02	1.17	-3.58	30
576	李韵怡	鹏华	2015/07~2021/12	78	15	4.74	1.79*	0.36	1.71*	0.73	-0.03	-0.11	0.16	9.02	7.21	1.04	-5.29	34
577	梁浩	鹏华	2011/07~2021/12	126	16	2.69	0.85	0.17	0.69	0.73	0.14	-0.26	0.28	13.86	20.54	0.57	-41.49	81
578	刘方正	鹏华	2015/03~2021/12	82	19	4.26	2.08*	0.18	1.27	0.13	-0.06	-0.09	-0.04	7.20	5.52	1.03	-10.07	30
579	孟昊	鹏华	2018/02~2021/12	47	7	26.89	2.61*	-1.96	-1.25	0.96	0.06	-0.16	0.28	33.14	22.85	1.38	-21.83	53
580	聂毅翔	鹏华	2017/08~2021/12	53	5	9.63	1.47	-1.07	-1.01	0.90	0.09	-0.19	0.31	17.44	19.17	0.83	-22.97	67
581	汤志彦	鹏华	2017/07~2021/12	54	3	14.80	3.10*	-0.75	-0.95	0.77	0.26	0.17	0.44	21.94	15.59	1.31	-11.89	72
582	王海青	鹏华	2018/02~2021/12	47	3	9.49	1.09	0.44	0.34	0.82	0.35	-0.03	0.55	25.81	21.35	1.14	-20.26	61
583	王石千	鹏华	2018/11~2021/12	38	1	4.92	3.54*	0.22	0.92	0.12	-0.03	-0.04	-0.03	8.98	3.09	2.42	-0.94	64
584	王宗合	鹏华	2010/12~2021/12	133	16	1.57	0.40	0.22	0.70	0.39	-0.07	-0.29	0.04	7.44	14.52	0.37	-28.43	39
585	伍旋	鹏华	2011/12~2021/12	121	8	5.59	2.06*	-0.59	-2.87	0.83	-0.06	-0.10	-0.09	12.81	20.87	0.52	-37.45	87
586	尤柏年	鹏华	2016/12~2021/12	61	2	1.66	0.25	0.75	0.65	0.64	-0.04	-0.16	0.37	12.47	17.45	0.63	-17.54	51
587	袁航	鹏华	2014/11~2021/12	86	13	7.46	1.38	0.16	0.43	0.39	-0.12	-0.28	-0.13	14.22	15.72	0.80	-31.63	37

续表

编号	基金经理	当前任职公司	任职区间	任职时间（月）	管理基金数量（只）	选股能力 年化α(%)	选股能力 t(α)	择时能力 γ	择时能力 t(γ)	β_{mkt}	β_{smb}	β_{hml}	β_{mom}	年化收益率(%)	年化波动率(%)	年化夏普比率	最大回撤率(%)	调整后 R^2(%)
588	张铨伟	鹏华	2016/08~2021/12	65	10	6.39	3.91*	-0.17	-0.58	0.20	0.05	0.05	0.12	9.24	4.54	1.71	-3.35	51
589	邓彬彬	鹏扬	2015/03~2021/12	54	7	27.63	2.58*	-2.58	-1.85	0.98	0.22	-0.05	0.52	31.86	25.89	1.22	-32.91	55
590	罗成	鹏扬	2018/03~2021/12	46	2	18.00	2.92*	-2.29	-2.35	0.94	-0.33	0.09	0.05	13.67	17.46	0.71	-18.56	73
591	伍智勇	鹏扬	2015/05~2021/12	73	3	8.32	2.15*	0.14	0.48	0.71	-0.09	-0.29	0.06	9.95	18.85	0.46	-29.82	82
592	赵世宏	鹏扬	2016/03~2021/12	65	5	11.81	1.96*	0.01	0.01	0.60	-0.11	-0.40	0.22	21.73	15.95	1.29	-11.06	48
593	朱国庆	鹏扬	2007/03~2021/12	91	3	4.85	1.22	-0.16	-0.85	0.72	-0.01	-0.29	0.13	8.60	24.41	0.24	-52.69	88
594	何杰	平安	2018/04~2021/12	41	9	24.93	2.85*	-1.71	-1.39	0.67	-0.01	0.02	0.57	30.25	18.34	1.61	-11.56	59
595	黄维	平安	2016/08~2021/12	65	11	11.90	2.24*	0.74	0.78	0.78	-0.02	-0.53	0.14	22.74	18.14	1.17	-12.57	68
596	李化松	平安	2015/12~2021/12	69	13	12.65	1.69*	1.75	2.91*	0.69	-0.12	-0.49	0.07	27.47	21.38	1.23	-14.93	50
597	刘杰	平安	2016/07~2021/12	59	6	9.61	2.00*	-0.58	-0.72	0.82	0.03	0.13	0.28	17.94	15.78	1.06	-20.87	72
598	神爱前	平安	2016/07~2021/12	66	6	12.56	1.82*	-0.93	-0.74	1.08	-0.03	-0.57	0.01	20.80	22.52	0.86	-32.95	64
599	薛冀颖	平安	2015/06~2021/12	75	4	13.39	2.36*	-0.15	-0.33	0.71	-0.05	-0.27	0.07	13.06	20.29	0.59	-28.40	65
600	张俊生	平安	2011/06~2021/12	74	8	14.97	1.61	0.14	0.11	0.92	-0.27	-0.24	-0.12	25.86	26.39	0.92	-26.69	55
601	张淼	平安	2015/02~2021/12	79	3	9.02	2.61*	-0.26	-1.15	0.78	-0.10	-0.16	0.01	13.95	21.13	0.60	-34.81	88
602	陈士俊	浦银安盛	2018/09~2021/12	40	1	4.41	1.14	0.51	0.88	0.37	-0.04	0.01	0.03	12.66	9.02	1.24	-4.63	65
603	蒋佳良	浦银安盛	2017/01~2021/12	56	6	17.07	2.37*	-0.37	-0.26	0.95	0.15	-0.04	0.39	32.11	19.64	1.59	-10.68	59
604	罗雯	浦银安盛	2018/01~2021/12	48	1	7.97	1.23	-2.53	-2.54	0.70	-0.27	-0.06	-0.06	3.81	14.94	0.15	-21.09	55
605	吴勇	浦银安盛	2010/04~2021/12	141	7	1.69	0.31	-0.05	-0.12	0.95	0.29	-0.25	0.47	15.13	29.87	0.43	-52.91	70
606	杨岳斌	浦银安盛	2011/12~2021/12	116	6	1.12	0.33	0.08	0.31	0.85	-0.05	-0.19	0.09	12.39	22.25	0.47	-51.58	84

续表

编号	基金经理	当前任职公司	任职区间	任职时间(月)	管理基金数量(只)	选股能力 年化 α(%)	选股能力 $t(\alpha)$	择时能力 γ	择时能力 $t(\gamma)$	β_{mkt}	β_{smb}	β_{hml}	β_{mom}	年化收益率(%)	年化波动率(%)	年化夏普比率	最大回撤率(%)	调整后 R^2(%)
607	褚艳辉	浦银安盛	2014/06~2021/12	91	6	2.49	0.92	0.73	3.89*	0.27	0.03	-0.17	0.11	12.74	10.12	1.09	-13.76	59
608	范洁	前海开源	2017/09~2021/12	52	6	13.36	1.41	2.35	1.54	0.82	-0.43	-0.45	-0.35	24.85	23.31	1.00	-30.43	55
609	李炳智	前海开源	2017/01~2021/12	60	4	3.36	1.40	2.91	6.89*	0.28	-0.11	-0.10	-0.16	13.46	9.24	1.29	-6.22	77
610	邱杰	前海开源	2015/01~2021/12	84	11	8.78	2.26*	0.07	0.28	0.57	-0.20	0.08	-0.34	13.17	15.50	0.75	-17.00	67
611	曲扬	前海开源	2015/04~2021/12	81	18	10.49	1.90*	0.92	2.23*	0.53	-0.38	-0.15	-0.01	14.76	17.12	0.77	-23.36	47
612	王霞	前海开源	2014/12~2021/12	85	11	3.65	0.73	0.65	1.93*	0.33	-0.24	-0.15	-0.08	9.74	13.88	0.59	-21.11	32
613	吴国清	前海开源	2015/09~2021/12	76	10	2.26	0.72	0.00	0.01	0.55	-0.02	-0.02	0.34	8.72	14.22	0.51	-22.36	77
614	肖立强	前海开源	2018/10~2021/12	39	8	9.36	2.12*	-2.98	-3.92	0.73	0.01	0.03	0.23	16.16	11.85	1.24	-7.27	74
615	杨德龙	前海开源	2013/03~2021/12	47	6	-3.79	-0.61	0.08	0.24	0.89	0.19	-0.07	-0.07	22.03	30.22	0.67	-37.18	92
616	范琨	融通	2016/02~2021/12	71	4	15.38	2.56*	-1.76	-1.73	0.86	0.08	-0.17	0.26	21.78	18.43	1.10	-21.12	55
617	关山	融通	2016/06~2021/12	67	7	10.35	2.49*	-0.49	-0.64	0.74	-0.04	-0.21	0.11	16.62	14.50	1.04	-16.64	67
618	何博	融通	2018/01~2021/12	48	1	6.00	1.38	-1.94	-2.91	0.50	0.05	-0.04	0.13	6.17	10.50	0.44	-16.66	59
619	何龙	融通	2015/08~2021/12	77	9	5.26	1.23	-0.89	-2.65	0.84	-0.19	-0.40	0.03	10.11	20.55	0.43	-41.36	80
620	何天翔	融通	2016/08~2021/12	65	1	6.41	1.66*	0.28	0.40	0.97	0.01	-0.38	0.12	16.42	18.37	0.81	-27.61	83
621	蒋秀蕾	融通	2012/09~2021/12	97	5	7.43	0.98	-0.27	-0.54	0.83	0.27	-0.50	0.50	23.90	30.83	0.72	-50.47	67
622	林清源	融通	2015/05~2021/12	80	4	7.89	1.18	-0.80	-1.51	0.94	0.02	-0.57	0.04	9.22	27.93	0.28	-54.74	72
623	刘明	融通	2018/11~2021/12	38	1	4.99	2.21*	-0.19	-0.48	0.23	0.02	-0.09	0.10	11.84	5.29	1.95	-2.58	67
624	彭炜	融通	2017/08~2021/12	53	7	15.82	2.03*	-1.39	-1.10	0.94	0.08	-0.39	0.12	23.35	21.00	1.04	-21.12	61
625	万民远	融通	2016/08~2021/12	65	3	12.49	1.40	0.55	0.34	0.87	0.30	-0.41	-0.01	22.46	23.92	0.88	-25.44	48

续表

编号	基金经理	当前任职公司	任职区间	任职时间(月)	管理基金数量(只)	选股能力 年化α(%)	t(α)	择时能力 γ	t(γ)	β_{mkt}	β_{smb}	β_{hml}	β_{mom}	年化收益率(%)	年化波动率(%)	年化夏普比率	最大回撤率(%)	调整后R^2(%)
626	王迪	融通	2018/06~2021/12	43	1	24.13	2.17*	-1.23	-0.71	1.05	0.12	-0.55	0.09	40.06	25.54	1.51	-16.22	58
627	许富强	融通	2018/05~2021/12	44	1	5.43	2.47*	-0.08	-0.23	0.17	0.03	-0.07	0.09	9.61	4.80	1.69	-4.02	54
628	余志勇	融通	2012/08~2021/12	112	11	3.68	1.18	0.23	1.05	0.22	-0.05	-0.06	0.05	8.57	9.61	0.70	-14.43	31
629	张鹏	融通	2015/08~2021/12	77	1	1.36	0.31	-0.21	-0.62	0.92	0.04	-0.46	0.20	11.14	23.20	0.42	-42.56	83
630	张一格	融通	2013/12~2021/12	89	6	7.34	4.33*	-0.55	-2.05	0.19	-0.04	-0.07	0.05	10.32	4.91	1.77	-3.86	35
631	邹曦	融通	2007/06~2021/12	170	8	3.29	0.92	0.06	0.27	0.90	-0.16	-0.28	0.14	10.24	27.76	0.29	-65.22	84
632	袁忠伟	瑞达	2015/05~2021/12	62	8	-0.30	-0.07	0.56	1.77*	0.29	-0.12	-0.06	-0.11	2.58	10.11	0.11	-19.93	37
633	傅鹏博	睿远	2009/01~2021/12	145	3	6.25	1.50	0.47	1.53	0.79	0.05	-0.42	0.36	22.49	23.56	0.87	-38.47	73
634	赵枫	睿远	2001/09~2021/12	88	3	16.35	4.27*	-0.13	-0.43	0.72	-0.38	-0.18	0.11	33.44	21.68	1.48	-15.29	85
635	刘俊清	山西证券	2018/05~2021/12	44	1	11.95	1.17	-1.43	-0.94	0.57	-0.18	-0.19	-0.08	13.31	18.03	0.66	-17.28	29
636	杨旭	山西证券	2015/06~2021/12	65	13	0.64	0.20	0.27	1.11	0.11	-0.02	-0.21	0.02	3.52	7.04	0.29	-11.74	21
637	阿登峰	上海东方证券	2015/05~2021/12	80	8	15.14	3.36*	-0.21	-0.57	0.72	-0.35	-0.22	-0.28	14.41	18.34	0.70	-26.33	70
638	韩冬	上海东方证券	2016/01~2021/12	72	4	20.84	4.18*	-2.26	-2.65	0.95	-0.55	-0.31	-0.46	20.75	17.65	1.09	-21.83	66
639	纪文静	上海东方证券	2015/07~2021/12	78	2	6.43	4.64*	-0.01	-0.06	0.24	-0.11	-0.10	-0.11	8.49	5.79	1.21	-6.46	72
640	孔令超	上海东方证券	2016/08~2021/12	65	1	5.30	4.18*	-0.15	-0.66	0.21	-0.04	0.03	0.00	7.41	4.01	1.47	-1.92	62
641	李响	上海东方证券	2018/03~2021/12	46	2	15.30	2.22*	-2.91	-2.80	1.14	-0.35	-0.40	-0.38	13.70	21.40	0.57	-24.38	76
642	秦绪文	上海东方证券	2016/01~2021/12	72	5	19.70	4.52*	-2.60	-3.49	0.98	-0.39	-0.46	-0.23	21.13	17.39	1.13	-24.34	73
643	孙伟	上海东方证券	2016/01~2021/12	72	4	21.83	4.81*	-2.55	-3.29	0.99	-0.36	-0.17	-0.25	22.41	17.11	1.22	-21.87	70
644	王延飞	上海东方证券	2015/06~2021/12	79	5	15.89	3.34*	-0.54	-1.43	0.81	-0.42	-0.22	-0.32	14.89	19.93	0.67	-24.90	71

续表

编号	基金经理	当前任职公司	任职区间	任职时间(月)	管理基金数量(只)	选股能力		择时能力		β_{mkt}	β_{smb}	β_{hml}	β_{mom}	年化收益率(%)	年化波动率(%)	年化夏普比率	最大回撤率(%)	调整后R^2(%)
						年化α(%)	$t(\alpha)$	γ	$t(\gamma)$									
645	徐觅	上海东方证券	2017/09~2021/12	52	1	6.49	4.24*	-0.23	-0.93	0.22	-0.05	0.05	0.00	8.01	4.31	1.51	-1.92	66
646	张锋	上海东方证券	2008/06~2021/12	57	5	8.30	0.83	0.74	1.30	0.58	-0.10	-0.17	0.37	17.20	22.34	0.68	-20.42	52
647	周云	上海东方证券	2015/09~2021/12	76	4	14.07	3.54*	-0.42	-1.35	0.72	-0.20	-0.22	-0.17	18.53	17.27	0.99	-20.85	75
648	季鹏	上海国泰君安证券	2013/08~2021/12	95	5	1.31	0.46	-0.23	-1.15	0.80	-0.06	-0.36	0.15	10.96	20.94	0.44	-45.36	89
649	胡倩	上海海通证券	2011/04~2021/12	59	5	-7.94	-2.31	0.18	0.37	0.98	0.18	0.10	0.19	6.40	19.29	0.19	-33.60	92
650	陈思郁	上投摩根	2015/08~2021/12	77	3	13.20	2.26*	-0.65	-1.41	0.78	-0.01	-0.30	0.09	18.73	21.79	0.79	-32.33	65
651	杜猛	上投摩根	2011/07~2021/12	126	6	7.11	1.18	0.22	0.47	0.94	0.13	-0.63	0.52	20.53	29.56	0.62	-56.03	67
652	郭晨	上投摩根	2012/07~2021/12	112	9	2.97	0.47	0.40	0.88	1.05	0.03	-0.33	0.42	19.18	31.13	0.56	-56.90	73
653	李博	上投摩根	2014/12~2021/12	85	5	3.53	0.72	0.06	0.20	0.81	0.07	-0.03	0.27	13.40	24.30	0.49	-47.03	79
654	李德辉	上投摩根	2016/11~2021/12	62	7	14.36	2.27*	0.30	0.27	0.95	0.00	-0.27	0.25	24.50	20.49	1.12	-26.89	66
655	刘辉	上投摩根	2012/07~2021/12	104	4	6.85	0.98	0.15	0.17	0.92	0.05	-0.48	0.44	28.07	25.35	1.05	-45.68	54
656	倪权生	上投摩根	2015/03~2021/12	79	6	5.71	1.04	0.88	2.40*	0.37	0.08	-0.31	0.31	15.67	16.68	0.86	-19.24	50
657	孙芳	上投摩根	2011/12~2021/12	121	5	3.32	0.81	0.07	0.22	0.86	0.14	-0.18	0.44	17.05	24.66	0.61	-51.39	79
658	杨景喻	上投摩根	2015/08~2021/12	77	4	9.05	1.53	-0.37	-0.79	0.95	-0.06	-0.35	0.29	17.11	25.09	0.62	-44.26	73
659	征茂平	上投摩根	2013/07~2021/12	102	3	-2.11	-0.49	-0.19	-0.60	0.89	-0.02	-0.28	0.29	9.61	24.42	0.32	-51.45	80
660	周战海	上投摩根	2015/12~2021/12	73	2	2.90	0.41	1.28	2.20*	0.77	-0.13	-0.44	-0.20	12.90	21.64	0.53	-38.99	52
661	朱晓龙	上投摩根	2018/11~2021/12	38	4	10.42	1.35	-0.48	-0.36	0.92	-0.01	-0.04	0.21	28.40	18.90	1.42	-9.11	70
662	卢扬	上银	2014/10~2021/12	66	11	5.97	0.77	-0.51	-1.13	0.77	0.22	-0.20	0.41	8.08	28.66	0.23	-48.79	74

续表

编号	基金经理	当前任职公司	任职区间	任职时间(月)	管理基金数量(只)	选股能力 年化α(%)	$t(\alpha)$	择时能力 γ	$t(\gamma)$	β_{mkt}	β_{smb}	β_{hml}	β_{mom}	年化收益率(%)	年化波动率(%)	年化夏普比率	最大回撤率(%)	调整后R^2(%)
663	施敏佳	上银	2015/10~2021/12	71	6	3.47	0.45	0.01	0.02	1.00	-0.22	-0.24	0.19	9.66	26.17	0.32	-44.77	63
664	赵治烨	上银	2015/05~2021/12	80	8	8.55	1.81*	0.68	1.82*	0.83	0.11	-0.07	0.01	14.92	22.00	0.61	-27.96	77
665	付娟	申万菱信	2012/04~2021/12	115	8	8.01	1.68*	0.38	1.06	0.87	0.18	-0.19	0.63	22.15	26.32	0.77	-47.13	77
666	刘敦	申万菱信	2018/03~2021/12	46	3	6.41	1.63	0.05	0.09	0.97	-0.16	-0.07	-0.07	14.47	18.47	0.70	-20.22	90
667	孙晨进	申万菱信	2015/03~2021/12	78	7	-1.14	-0.36	-0.05	-0.23	0.84	0.02	-0.24	0.22	4.68	23.09	0.14	-48.90	91
668	孙琳	申万菱信	2014/01~2021/12	96	8	7.75	1.63	-0.71	-2.12	0.94	-0.13	-0.27	0.01	16.64	25.45	0.59	-50.20	79
669	唐俊杰	申万菱信	2016/06~2021/12	52	4	-0.24	-0.06	0.10	0.13	0.31	0.11	0.09	0.44	9.52	9.08	0.90	-2.84	46
670	俞诚	申万菱信	2017/07~2021/12	43	5	11.23	1.75*	-1.79	-1.10	0.88	-0.06	-0.05	0.17	14.90	15.85	0.87	-16.40	65
671	梁鹏	太平	2017/12~2021/12	49	3	11.15	1.68*	-1.21	-1.17	0.83	-0.04	0.11	0.15	14.26	17.24	0.74	-22.68	63
672	林开耕	太平	2017/05~2021/12	56	2	-2.68	-0.41	0.09	0.08	0.73	-0.06	-0.45	0.21	8.75	18.32	0.40	-20.46	61
673	赖庆鑫	泰达宏利	2017/02~2021/12	58	2	8.13	1.09	-1.60	-1.24	1.12	0.02	0.00	0.36	12.22	22.16	0.49	-33.08	64
674	刘欣	泰达宏利	2014/01~2021/12	96	10	6.01	1.61	0.16	0.62	0.65	0.00	-0.15	0.04	17.45	18.44	0.85	-24.97	75
675	刘洋	泰达宏利	2018/08~2021/12	41	5	3.69	0.85	-0.11	-0.16	0.78	-0.07	-0.04	-0.15	14.87	14.94	0.90	-13.63	83
676	师婧	泰达宏利	2017/12~2021/12	48	3	11.78	2.37*	-3.19	-4.20	0.60	-0.06	0.12	0.00	5.22	11.74	0.33	-18.91	58
677	王鹏	泰达宏利	2017/11~2021/12	50	6	31.19	2.09*	-2.53	-1.08	1.21	0.02	-0.32	0.23	36.97	31.44	1.13	-32.03	42
678	吴华	泰达宏利	2014/03~2021/12	94	6	9.22	1.56	-1.01	-2.43	0.76	-0.10	0.14	-0.02	14.14	23.66	0.53	-46.05	63
679	张勋	泰达宏利	2014/11~2021/12	86	9	9.44	1.77*	-0.65	-1.81	1.07	-0.05	-0.34	0.15	17.85	29.91	0.54	-64.47	83
680	庄腾飞	泰达宏利	2015/05~2021/12	80	10	3.34	0.76	-0.09	-0.26	0.98	-0.29	-0.16	0.13	3.04	24.58	0.06	-55.23	84
681	陈怡	泰康	2017/11~2021/12	50	3	13.69	2.20*	-1.21	-1.24	0.81	-0.15	-0.08	0.05	16.55	16.69	0.90	-15.72	64

续表

编号	基金经理	当前任职公司	任职区间	任职时间（月）	管理基金数量（只）	选股能力 年化α(%)	t(α)	择时能力 γ	t(γ)	β_mkt	β_smb	β_hml	β_mom	年化收益率(%)	年化波动率(%)	年化夏普比率	最大回撤率(%)	调整后R²(%)
682	桂跃强	泰康	2011/06~2021/12	124	10	2.06	0.59	0.80	2.91*	0.62	0.09	-0.04	0.18	14.45	17.80	0.70	-30.59	70
683	黄成扬	泰康	2017/11~2021/12	50	2	12.25	2.19*	-2.78	-3.17	0.83	-0.14	0.10	0.11	9.81	15.60	0.53	-20.00	67
684	金宏伟	泰康	2017/08~2021/12	53	4	10.95	2.32*	-1.24	-1.61	0.83	-0.08	0.01	0.02	13.38	15.24	0.78	-24.21	73
685	刘伟	泰康	2017/05~2021/12	56	4	8.13	1.94*	-2.01	-2.84	0.82	-0.11	0.00	0.09	10.49	14.59	0.62	-24.62	74
686	任慧娟	泰康	2016/05~2021/12	68	3	8.36	2.18*	-0.92	-1.30	0.74	-0.10	-0.02	0.01	12.53	13.43	0.82	-23.63	67
687	薛小波	泰康	2015/02~2021/12	72	8	9.16	1.78*	0.64	1.94*	0.54	-0.16	-0.42	-0.01	19.36	16.90	1.07	-21.02	61
688	董山青	泰信	2015/03~2021/12	82	4	4.93	0.80	0.92	2.18*	0.52	-0.23	-0.44	-0.36	13.47	18.19	0.66	-29.24	42
689	王博强	泰信	2015/03~2021/12	82	5	-4.50	-0.84	0.52	1.40	0.64	0.39	0.00	0.62	7.73	24.43	0.25	-48.05	76
690	朱志权	泰信	2008/06~2021/12	163	5	-7.27	-1.91	0.29	1.14	0.83	0.23	-0.26	0.32	7.88	25.85	0.22	-62.92	79
691	陈国光	天弘	2012/04~2021/12	113	9	0.84	0.16	-0.15	-0.36	0.97	0.21	-0.26	0.28	18.90	26.48	0.65	-39.64	72
692	谷琦彬	天弘	2018/05~2021/12	44	5	14.00	2.82*	-1.46	-1.99	0.84	0.06	-0.15	0.15	21.24	16.44	1.20	-18.50	80
693	郭相博	天弘	2018/01~2021/12	48	2	12.92	1.01	0.44	0.23	1.03	0.15	-0.36	0.15	27.51	28.13	0.92	-31.33	51
694	刘盟盟	天弘	2018/01~2021/12	48	1	11.74	0.94	0.56	0.29	1.01	0.15	-0.31	0.16	26.28	27.66	0.90	-31.33	51
695	TIANHUAN	天治	2018/08~2021/12	41	3	13.15	1.82*	-1.07	-0.95	0.96	-0.31	-0.19	-0.10	22.32	19.58	1.06	-12.71	72
696	许家涵	天治	2015/06~2021/12	79	3	1.26	0.27	-0.25	-0.66	0.85	-0.04	-0.09	0.22	3.17	22.87	0.07	-49.96	79
697	尹维国	天治	2015/02~2021/12	83	4	4.20	0.84	0.28	0.85	0.34	-0.17	-0.33	0.03	9.08	14.22	0.53	-29.02	38
698	卞亚军	同泰	2010/10~2021/12	62	10	-14.62	-1.74	1.15	0.91	0.74	0.39	-0.13	0.27	4.44	20.79	0.09	-33.07	55
699	高源	万家	2015/07~2021/12	75	12	14.70	3.16*	-0.84	-2.41	0.82	-0.26	-0.02	-0.10	12.40	20.60	0.54	-25.75	78
700	黄兴亮	万家	2014/02~2021/12	91	9	9.81	1.42	0.21	0.43	0.78	-0.01	-0.46	0.03	22.63	24.96	0.85	-37.27	58

续表

编号	基金经理	当前任职公司	任职区间	任职时间(月)	管理基金数量(只)	选股能力		择时能力		β_{mkt}	β_{smb}	β_{hml}	β_{mom}	年化收益率(%)	年化波动率(%)	年化夏普比率	最大回撤率(%)	调整后 R^2(%)
						年化α(%)	$t(\alpha)$	γ	$t(\gamma)$									
701	李文宾	万家	2017/01~2021/12	60	14	13.15	1.76*	-1.24	-0.95	0.93	0.33	0.04	0.46	20.80	20.86	0.93	-28.47	56
702	刘宏达	万家	2017/12~2021/12	45	4	16.48	2.29*	-2.39	-2.28	0.89	-0.28	-0.18	-0.04	13.17	17.52	0.68	-19.28	67
703	刘洋	万家	2018/09~2021/12	40	2	19.04	1.49	-0.91	-0.47	0.84	0.21	0.12	0.53	35.38	23.25	1.46	-12.99	42
704	莫海波	万家	2015/05~2021/12	80	13	15.29	2.50*	0.04	0.09	0.85	-0.11	0.00	-0.08	16.52	23.28	0.64	-29.71	65
705	苏谋东	万家	2015/05~2021/12	74	10	2.19	1.85*	0.37	2.68*	0.09	-0.02	0.00	0.05	5.21	3.19	1.18	-3.68	43
706	叶勇	万家	2018/08~2021/12	41	2	8.42	0.56	-3.14	-1.36	1.15	0.27	0.52	0.88	21.90	28.45	0.72	-18.84	44
707	何奇	西部利得	2015/08~2021/12	73	7	11.11	1.58	-0.62	-1.08	0.85	-0.15	0.65	-0.28	10.35	23.68	0.38	-33.65	60
708	林静	西部利得	2017/03~2021/12	58	4	8.92	1.85*	-0.60	-0.73	0.36	-0.03	-0.12	0.08	12.17	10.60	1.01	-7.58	32
709	童国林	西部利得	2004/05~2021/12	47	4	17.81	2.20*	-0.20	-0.15	0.75	-0.17	0.03	0.19	23.92	18.54	1.25	-14.53	64
710	张翔	西部利得	2015/07~2021/12	71	3	9.09	1.79*	0.72	1.92*	0.37	-0.16	-0.07	-0.05	14.05	13.00	0.98	-10.20	38
711	车广路	湘财	2012/03~2021/12	114	11	-1.45	-0.31	-0.07	-0.22	0.92	0.11	0.00	0.00	11.19	25.98	0.36	-64.83	78
712	蔡春红	新华	2015/07~2021/12	78	5	6.42	1.43	-0.67	-1.91	0.76	-0.11	-0.13	-0.10	7.83	19.50	0.32	-27.63	74
713	王永明	新华	2017/02~2021/12	59	6	3.59	0.61	0.10	0.10	0.83	0.23	0.06	0.27	12.04	17.93	0.59	-34.62	64
714	张霖	新华	2016/07~2021/12	42	3	-6.72	-1.37	0.33	0.41	0.83	-0.21	-0.35	-0.43	-3.81	16.44	-0.34	-37.29	81
715	赵强	新华	2014/03~2021/12	70	6	8.28	1.52	-1.35	-1.59	0.95	0.12	-0.16	0.26	24.03	19.29	1.17	-29.19	68
716	栾超	新华	2015/11~2021/12	71	8	11.43	1.82*	0.29	0.58	0.69	0.02	-0.80	-0.08	21.46	20.56	0.99	-14.78	62
717	林材	新疆前海联合	2012/08~2021/12	98	9	5.12	0.94	0.44	0.67	0.72	-0.27	-0.18	-0.20	16.92	20.54	0.74	-23.92	60
718	王静	新疆前海联合	2017/06~2021/12	55	9	5.21	0.94	-0.97	-1.04	0.60	-0.13	-0.32	-0.03	9.44	14.03	0.57	-20.63	52
719	陈乐华	新沃	2014/10~2021/12	73	7	3.54	0.40	-0.37	-0.67	0.89	0.41	-0.23	0.54	16.63	34.13	0.45	-56.64	74

续表

编号	基金经理	当前任职公司	任职区间	任职时间(月)	管理基金数量(只)	选股能力 年化α(%)	选股能力 $t(\alpha)$	择时能力 γ	择时能力 $t(\gamma)$	β_{mkt}	β_{smb}	β_{hml}	β_{mom}	年化收益率(%)	年化波动率(%)	年化夏普比率	最大回撤率(%)	调整后R^2(%)
720	丁玥	鑫元	2017/09~2021/12	52	5	10.21	2.76*	-1.23	-2.06	0.66	-0.11	-0.07	0.11	12.79	12.43	0.91	-12.49	76
721	冯明远	信达澳银	2016/10~2021/12	63	9	25.12	2.97*	-0.96	-0.64	0.96	0.10	-0.35	0.11	31.92	22.75	1.34	-22.22	49
722	是星涛	信达澳银	2016/02~2021/12	65	5	15.60	3.61*	-0.64	-0.93	0.86	-0.12	0.03	-0.02	21.70	16.04	1.33	-17.79	76
723	王咏辉	信达澳银	2018/06~2021/12	43	5	6.75	0.97	0.88	0.81	0.82	-0.16	-0.42	-0.17	21.19	19.32	1.02	-11.60	72
724	曾国富	信达澳银	2008/07~2021/12	151	11	2.37	0.43	0.49	1.41	0.76	0.28	-0.01	0.54	16.94	27.69	0.54	-47.53	66
725	朱然	信达澳银	2017/11~2021/12	47	4	37.16	2.71*	-1.84	-0.90	0.79	0.04	-0.02	0.28	38.70	24.29	1.57	-14.98	31
726	冷文鹏	兴华	2016/06~2021/12	48	5	5.03	1.40	0.07	0.10	0.82	0.09	-0.10	0.01	8.63	14.40	0.51	-24.74	83
727	冯烜	兴业	2017/05~2021/12	56	5	3.82	0.94	1.32	1.94*	0.74	-0.10	0.00	0.00	14.15	15.29	0.83	-18.10	78
728	高圣	兴业	2018/03~2021/12	46	1	10.78	1.26	-1.03	-0.80	0.76	-0.23	-0.59	-0.30	14.99	19.13	0.71	-18.91	54
729	腊博	兴业	2015/05~2021/12	80	5	3.91	1.73*	0.62	3.46*	0.11	-0.11	-0.05	-0.17	8.27	6.10	1.11	-17.65	31
730	刘方旭	兴业	2015/12~2021/12	73	6	10.61	2.56*	0.04	0.10	0.75	-0.22	-0.17	0.08	15.15	17.82	0.77	-22.33	75
731	钱睿南	兴业	2008/02~2021/12	159	8	5.33	1.79*	0.06	0.34	0.68	0.08	-0.23	0.30	12.67	21.41	0.49	-44.33	83
732	徐青	兴业	2017/01~2021/12	60	1	6.99	4.02*	-0.48	-1.56	0.14	0.02	0.00	0.06	8.60	3.90	1.82	-3.95	31
733	孔晓语	兴银	2017/06~2021/12	45	5	1.46	0.24	0.55	0.35	0.56	0.15	-0.34	0.16	11.62	13.90	0.75	-16.50	57
734	陈宇	兴证全球	2017/09~2021/12	52	2	22.99	3.46*	-2.03	-1.91	1.05	-0.33	-0.43	-0.08	25.61	20.76	1.16	-20.58	72
735	董理	兴证全球	2015/03~2021/12	70	7	10.49	2.11*	0.15	0.49	0.71	0.04	0.05	0.28	16.54	22.11	0.69	-30.68	81
736	季文华	兴证全球	2016/03~2021/12	67	5	15.43	2.57*	-0.76	-0.45	0.95	-0.24	-0.32	-0.09	18.09	17.52	0.96	-21.06	57
737	林翠萍	兴证全球	2016/04~2021/12	58	3	11.14	2.24*	-3.31	-3.68	0.67	-0.41	-0.06	-0.29	8.34	12.89	0.54	-21.52	51
738	乔迁	兴证全球	2017/07~2021/12	54	4	14.44	3.47*	-0.70	-1.02	0.92	-0.18	-0.16	-0.04	19.88	16.67	1.10	-22.57	82

续表

编号	基金经理	当前任职公司	任职区间	任职时间（月）	管理基金数量（只）	选股能力 年化α(%)	选股能力 t(α)	择时能力 γ	择时能力 t(γ)	β_{mkt}	β_{smb}	β_{hml}	β_{mom}	年化收益率(%)	年化波动率(%)	年化夏普比率	最大回撤率(%)	调整后 R^2 (%)
739	任相栋	兴证全球	2015/01~2021/12	69	3	15.14	3.25*	-0.02	-0.08	0.89	0.07	-0.51	0.02	28.86	26.02	1.07	-28.12	87
740	王品	兴证全球	2009/06~2021/12	135	5	2.14	0.70	0.24	1.11	0.70	0.03	-0.23	0.14	11.44	19.65	0.48	-35.74	81
741	谢治宇	兴证全球	2013/01~2021/12	108	6	13.39	3.76*	0.03	0.11	0.70	-0.05	-0.31	0.04	23.18	19.06	1.12	-22.85	77
742	邹欣	兴证全球	2015/12~2021/12	73	2	12.39	3.64*	0.44	1.56	0.76	-0.15	-0.22	0.01	18.79	16.78	1.03	-23.98	81
743	陈皓	易方达	2012/09~2021/12	112	11	4.53	1.16	0.20	0.72	0.83	0.13	-0.38	0.29	19.69	23.79	0.75	-37.98	81
744	冯波	易方达	2010/01~2021/12	144	5	6.74	1.76*	-0.16	-0.50	0.90	0.12	-0.17	0.34	16.74	24.64	0.59	-47.17	78
745	付浩	易方达	2004/02~2021/12	166	5	5.70	1.44	0.00	0.02	0.61	-0.10	-0.04	0.29	13.17	21.18	0.51	-54.16	68
746	葛秋石	易方达	2018/03~2021/12	46	2	18.48	3.10*	-2.88	-3.21	1.09	-0.06	-0.01	0.24	20.85	20.20	0.96	-29.02	80
747	郭杰	易方达	2012/10~2021/12	107	9	4.02	0.72	-0.56	-1.42	0.93	-0.03	-0.28	0.06	15.27	26.99	0.50	-45.61	73
748	纪玲云	易方达	2018/07~2021/12	42	2	4.63	2.07*	-0.18	-0.51	0.07	-0.10	-0.02	-0.04	5.12	3.67	0.99	-3.65	22
749	兰佳杰	易方达	2018/12~2021/12	37	2	0.24	0.01	-1.96	-0.61	1.12	0.26	0.24	0.98	28.22	31.40	0.85	-22.29	37
750	李一硕	易方达	2016/08~2021/12	65	4	7.01	6.08*	-0.50	-2.39	0.15	-0.03	0.00	-0.03	7.82	3.08	2.05	-1.49	47
751	林高榜	易方达	2017/05~2021/12	56	3	7.84	1.82*	-1.51	-2.09	1.06	-0.18	-0.06	0.04	13.17	18.38	0.63	-30.51	83
752	林森	易方达	2016/03~2021/12	70	6	11.54	4.39*	-0.33	-0.68	0.35	0.00	-0.20	0.09	15.59	8.02	1.76	-5.64	55
753	刘武	易方达	2018/12~2021/12	37	4	25.30	1.96*	-0.59	-0.27	1.05	-0.26	-0.54	-0.40	43.54	24.99	1.68	-13.81	54
754	祁禾	易方达	2017/12~2021/12	49	8	18.10	2.46*	-1.01	-0.88	0.86	-0.04	-0.16	0.19	24.30	19.00	1.20	-22.44	63
755	孙松	易方达	2018/12~2021/12	37	1	21.84	3.05*	-1.65	-1.36	0.97	-0.42	-0.20	-0.15	32.12	18.72	1.64	-11.17	75
756	王元春	易方达	2018/12~2021/12	37	4	29.20	2.17*	-2.72	-1.19	1.22	-0.34	0.07	-0.15	39.95	25.24	1.52	-20.43	51
757	武阳	易方达	2015/08~2021/12	77	5	6.01	1.38	-0.94	-2.75	0.95	-0.21	-0.32	-0.05	9.72	22.49	0.37	-40.52	82

续表

编号	基金经理	当前任职公司	任职区间	任职时间(月)	管理基金数量(只)	选股能力 年化α(%)	选股能力 t(α)	择时能力 γ	择时能力 t(γ)	β_{mkt}	β_{smb}	β_{hml}	β_{mom}	年化收益率(%)	年化波动率(%)	年化夏普比率	最大回撤率(%)	调整后R^2(%)
758	萧楠	易方达	2012/09~2021/12	112	10	11.67	1.98*	0.30	0.69	0.45	-0.16	-0.24	-0.10	19.12	18.76	0.92	-28.38	32
759	杨嘉文	易方达	2017/12~2021/12	49	4	15.64	3.87*	-1.73	-2.75	0.92	0.18	0.01	0.27	21.17	16.85	1.17	-22.80	86
760	杨桢霄	易方达	2016/08~2021/12	65	3	8.58	1.00	0.75	0.48	0.77	0.01	-0.60	-0.04	18.52	22.22	0.77	-26.13	44
761	张坤	易方达	2015/11~2021/12	112	4	13.21	2.19*	-0.65	-1.29	1.04	-0.35	-0.28	-0.21	15.26	24.64	0.56	-30.83	72
762	张清华	易方达	2015/04~2021/12	81	13	14.44	2.59*	0.72	1.72*	0.36	-0.22	-0.40	0.08	19.86	15.64	1.17	-11.64	36
763	郑希	易方达	2012/09~2021/12	112	7	6.38	1.17	0.08	0.21	0.87	0.10	-0.63	0.30	21.20	26.88	0.72	-40.93	71
764	赵若琼	益民	2017/02~2021/12	59	4	13.47	2.73*	-1.04	-1.20	0.82	-0.12	-0.12	0.24	19.18	16.39	1.08	-20.99	69
765	韩晶	银河	2015/04~2021/12	81	20	3.36	2.40*	0.17	1.60	0.09	-0.05	-0.07	0.03	5.68	3.87	1.07	-2.23	34
766	何晶	银河	2015/05~2021/12	41	4	12.41	3.27*	0.48	1.26	0.19	-0.09	0.00	0.04	15.65	6.93	2.10	-2.04	48
767	蒋磊	银河	2016/08~2021/12	65	6	0.41	0.19	1.38	3.47*	0.47	0.05	-0.02	0.17	9.33	9.98	0.79	-11.44	81
768	刘铭	银河	2017/05~2021/12	57	9	6.05	5.36*	-0.54	-2.82	0.17	0.03	0.00	0.09	8.08	3.39	1.94	-1.54	65
769	卢轶乔	银河	2012/12~2021/12	109	8	0.36	0.07	-0.02	-0.06	0.69	0.27	0.23	0.31	13.87	23.53	0.51	-47.48	69
770	罗博	银河	2016/12~2021/12	61	6	-1.13	-0.42	1.14	2.42*	0.66	0.13	0.05	0.23	8.85	12.99	0.57	-22.29	85
771	裨玉飞	银河	2012/12~2021/12	109	5	3.77	1.00	0.30	1.10	0.80	0.09	-0.34	0.27	18.39	22.59	0.73	-42.94	81
772	王海华	银河	2013/12~2021/12	97	6	7.33	1.03	-0.15	-0.30	0.92	0.16	-0.59	0.54	21.30	31.22	0.63	-53.26	69
773	杨琪	银河	2017/01~2021/12	60	6	10.76	1.91*	-2.25	-2.27	0.88	-0.15	-0.07	0.05	12.40	16.80	0.65	-19.43	61
774	袁曦	银河	2015/12~2021/12	73	6	8.96	1.57	0.31	0.65	0.93	-0.07	-0.31	0.30	17.03	23.37	0.66	-26.07	72
775	张杨	银河	2011/10~2021/12	123	7	5.15	1.01	-0.09	-0.22	0.89	0.10	-0.46	0.41	17.11	26.65	0.57	-54.03	72
776	祝建辉	银河	2015/12~2021/12	73	9	7.18	1.65*	0.14	0.39	0.78	-0.11	-0.19	0.19	13.05	18.81	0.61	-31.60	75

续表

编号	基金经理	当前任职公司	任职区间	任职时间(月)	管理基金数量(只)	选股能力 年化α(%)	选股能力 t(α)	择时能力 γ	择时能力 t(γ)	β_{mkt}	β_{smb}	β_{hml}	β_{mom}	年化收益率(%)	年化波动率(%)	年化夏普比率	最大回撤率(%)	调整后R^2(%)
777	薄官辉	银华	2015/04~2021/12	81	8	11.15	2.76*	-0.24	-0.80	0.84	-0.09	-0.26	-0.03	13.52	21.72	0.55	-34.55	83
778	程桂	银华	2015/08~2021/12	72	5	7.49	1.45	-0.12	-0.29	0.90	-0.21	-0.30	0.01	12.73	20.91	0.55	-27.95	74
779	方建	银华	2018/06~2021/12	43	3	20.85	1.49	-1.52	-0.69	1.17	0.02	-0.38	0.20	35.81	29.37	1.17	-18.38	50
780	和玮	银华	2018/08~2021/12	41	3	10.74	1.19	-1.50	-1.07	0.72	-0.09	0.40	0.27	15.66	17.44	0.81	-18.85	45
781	贾鹏	银华	2016/05~2021/12	68	5	6.65	1.71*	0.59	0.82	0.81	-0.10	-0.30	0.04	16.21	15.92	0.92	-20.58	76
782	焦巍	银华	2012/10~2021/12	69	10	13.80	1.28	0.55	0.59	0.88	0.06	0.06	0.42	31.67	29.85	1.02	-40.96	58
783	李晓星	银华	2015/07~2021/12	78	13	16.85	3.41*	-0.69	-1.77	0.95	-0.11	-0.40	-0.12	20.39	24.06	0.78	-29.07	79
784	李宜璇	银华	2018/03~2021/12	46	4	12.76	1.36	-1.76	-1.25	1.12	-0.05	-0.20	0.01	18.72	23.69	0.73	-31.51	64
785	刘辉	银华	2017/03~2021/12	58	4	3.19	0.33	1.52	0.91	1.11	-0.07	-0.02	0.14	16.49	26.46	0.57	-41.31	56
786	马君	银华	2013/12~2021/12	72	8	5.59	1.17	-2.01	-3.13	0.85	0.11	-0.29	0.16	17.30	18.13	0.87	-31.57	72
787	倪明	银华	2008/01~2021/12	164	9	-0.24	-0.08	0.14	0.77	0.82	0.03	-0.17	0.26	9.27	24.23	0.29	-56.25	85
788	秦锋	银华	2018/02~2021/12	47	2	5.32	0.51	-1.13	-0.72	0.92	-0.39	-0.29	-0.35	6.56	22.24	0.23	-24.24	50
789	苏静然	银华	2017/08~2021/12	53	5	11.55	1.88*	-2.04	-2.04	1.11	-0.08	0.07	0.16	13.84	20.27	0.61	-33.93	74
790	孙慧	银华	2016/10~2021/12	63	2	11.01	1.59	-0.78	-0.63	0.80	-0.13	-0.15	-0.19	14.26	18.18	0.70	-23.65	47
791	孙蓓琳	银华	2012/07~2021/12	110	8	6.66	1.85*	0.24	0.93	0.81	0.00	-0.08	0.20	19.32	22.10	0.79	-33.37	83
792	唐能	银华	2015/05~2021/12	80	8	11.76	1.89*	-0.13	-0.27	0.81	-0.19	-0.03	0.09	11.44	23.02	0.43	-44.13	63
793	王斌	银华	2016/02~2021/12	71	3	9.91	1.76*	-1.84	-1.92	0.91	-0.18	-0.07	0.10	14.46	18.01	0.72	-24.71	59
794	王海峰	银华	2016/03~2021/12	70	5	7.87	1.97*	0.96	1.28	0.74	0.10	0.04	0.30	18.03	15.06	1.10	-19.73	71
795	王浩	银华	2015/11~2021/12	74	5	10.63	1.71*	-0.29	-0.56	0.90	-0.07	-0.45	-0.10	15.94	23.10	0.63	-37.49	66

续表

编号	基金经理	当前任职公司	任职区间	任职时间(月)	管理基金数量(只)	选股能力 年化α(%)	选股能力 t(α)	择时能力 γ	择时能力 t(γ)	β_{mkt}	β_{smb}	β_{hml}	β_{mom}	年化收益率(%)	年化波动率(%)	年化夏普比率	最大回撤率(%)	调整后 R^2(%)
796	张凯	银华	2016/04~2021/12	69	4	3.97	0.82	-2.74	-3.04	0.67	0.08	-0.07	0.32	5.55	14.13	0.29	-27.00	52
797	张萍	银华	2018/11~2021/12	38	10	19.06	1.90*	-0.72	-0.42	0.99	-0.06	-0.34	-0.12	37.29	21.46	1.67	-9.97	61
798	周晶	银华	2013/02~2021/12	90	4	10.41	2.31*	-0.87	-1.50	0.81	-0.07	-0.02	0.20	24.56	17.59	1.32	-15.85	66
799	周书	银华	2018/04~2021/12	45	4	28.66	2.59*	-2.78	-1.68	1.21	-0.29	-0.03	-0.17	28.92	25.58	1.07	-19.50	58
800	贾兴振	银华	2013/02~2021/12	103	9	9.34	2.23*	-0.64	-2.16	0.64	-0.02	-0.23	0.12	14.08	19.34	0.64	-29.81	71
801	易祺坤	英大	2017/12~2021/12	49	1	15.24	2.23*	-1.70	-1.60	0.74	-0.06	-0.27	0.24	19.57	17.20	1.05	-12.38	61
802	张媛	英大	2018/01~2021/12	48	4	13.18	2.24*	0.18	0.20	0.87	0.03	0.33	0.16	19.44	17.96	1.00	-19.71	74
803	常远	永赢	2016/01~2021/12	61	5	9.76	1.52	-0.54	-0.44	0.92	-0.22	-0.31	0.23	15.66	19.30	0.76	-25.42	64
804	光磊	永赢	2015/04~2021/12	75	8	13.66	2.24*	-0.76	-1.73	0.82	0.05	-0.46	0.19	13.38	25.97	0.46	-49.10	75
805	李永兴	永赢	2012/03~2021/12	84	14	7.84	1.66*	-0.56	-1.04	0.82	-0.25	-0.08	-0.11	19.48	20.03	0.88	-22.45	75
806	陆海燕	永赢	2016/04~2021/12	46	3	0.36	0.05	-3.18	-1.31	0.80	0.35	0.20	0.33	6.34	14.84	0.34	-13.94	47
807	于航	永赢	2015/04~2021/12	79	7	12.39	1.43	0.17	0.27	1.01	0.18	-0.47	0.74	18.15	34.68	0.49	-62.04	70
808	范妍	圆信永丰	2015/10~2021/12	75	13	11.18	3.37*	0.94	3.37*	0.62	-0.04	-0.12	0.22	20.55	14.55	1.31	-23.86	76
809	胡春霞	圆信永丰	2018/03~2021/12	46	4	13.10	2.03*	-1.17	-1.20	0.93	-0.11	-0.45	-0.07	19.98	19.41	0.95	-22.21	75
810	肖世源	圆信永丰	2017/06~2021/12	55	5	3.24	0.40	-0.33	-0.25	0.75	0.06	-0.11	0.18	11.07	19.04	0.50	-25.37	46
811	林忠晶	长安	2015/05~2021/12	80	10	12.44	2.07*	0.76	1.60	0.35	-0.21	-0.48	0.16	18.36	16.76	1.00	-20.61	35
812	徐小勇	长安	2008/08~2021/12	124	14	7.42	1.22	0.43	1.03	0.76	0.10	0.03	0.47	28.24	24.95	1.05	-37.88	61
813	陈良栋	长城	2015/11~2021/12	74	8	6.50	1.18	1.30	2.84*	0.26	0.35	-0.08	0.82	18.94	15.52	1.12	-14.08	41
814	陈蔚丰	长城	2015/05~2021/12	77	6	12.91	2.02*	-0.39	-0.78	0.80	0.11	-0.78	0.02	16.43	25.83	0.59	-35.27	72

续表

编号	基金经理	当前任职公司	任职区间	任职时间（月）	管理基金数量（只）	选股能力 年化α(%)	t(α)	择时能力 γ	t(γ)	β_{mkt}	β_{smb}	β_{hml}	β_{mom}	年化收益率(%)	年化波动率(%)	年化夏普比率	最大回撤率(%)	调整后R^2(%)
815	储雯玉	长城	2015/08~2021/12	77	6	8.92	1.14	0.18	0.29	0.22	0.14	-0.49	0.50	16.87	19.71	0.78	-18.53	24
816	韩林	长城	2016/05~2021/12	65	5	6.93	1.06	-0.72	-0.61	0.94	-0.08	-0.43	0.06	15.01	20.04	0.69	-30.64	60
817	何以广	长城	2015/05~2021/12	80	10	12.95	2.77*	-0.61	-1.65	0.87	0.08	-0.37	0.27	13.46	25.11	0.48	-39.61	83
818	雷俊	长城	2015/06~2021/12	62	7	4.55	1.30	0.48	1.80*	0.98	0.01	-0.19	-0.10	15.48	22.84	0.62	-25.31	92
819	廖瀚博	长城	2018/03~2021/12	46	5	10.54	1.28	-1.32	-1.07	0.82	0.42	-0.11	0.73	24.21	21.04	1.08	-22.25	65
820	龙宇飞	长城	2017/10~2021/12	51	3	9.20	1.23	-1.68	-1.41	0.90	0.16	-0.44	0.23	16.56	20.56	0.73	-21.97	65
821	马强	长城	2015/06~2021/12	79	9	5.12	1.61	0.31	1.22	0.17	-0.05	-0.06	0.15	8.43	8.40	0.82	-5.54	28
822	谭小兵	长城	2016/02~2021/12	71	7	13.86	2.45*	-0.28	-0.29	0.61	0.11	-0.16	0.04	21.20	15.72	1.25	-15.17	45
823	杨建华	长城	2007/09~2021/12	165	10	5.38	1.29	-0.06	-0.22	0.83	-0.08	-0.27	0.12	6.76	25.48	0.18	-64.19	74
824	张捷	长城	2018/08~2021/12	41	2	11.83	1.27	-2.13	-1.48	0.86	0.10	0.00	0.46	23.33	19.64	1.11	-11.64	54
825	赵凤飞	长城	2018/03~2021/12	46	3	3.97	0.47	-0.50	-0.40	0.81	0.05	-0.79	-0.21	14.88	20.83	0.64	-27.37	63
826	曹紫建	长江证券（上海）	2018/04~2021/12	45	4	-1.28	-0.23	0.61	0.72	0.72	-0.12	-0.09	-0.16	7.34	15.98	0.37	-15.51	72
827	代毅	长盛	2018/06~2021/12	43	5	-1.49	-0.14	0.70	0.41	0.92	0.25	0.10	0.72	19.67	25.03	0.73	-17.41	58
828	郭堃	长盛	2015/11~2021/12	69	10	7.98	2.00*	1.09	3.34*	0.74	-0.04	-0.36	0.08	17.45	17.55	0.92	-19.76	78
829	李琪	长盛	2016/08~2021/12	65	6	3.18	1.34	-0.38	-0.88	0.51	-0.03	-0.05	0.05	7.06	9.24	0.60	-22.21	75
830	钱文礼	长盛	2017/10~2021/12	51	6	5.42	0.55	0.03	0.02	0.76	-0.15	-0.62	-0.06	14.26	22.06	0.58	-24.72	47
831	王宁	长盛	2001/07~2021/12	180	13	8.48	3.01*	-0.06	-0.43	0.68	-0.11	-0.12	0.16	15.20	22.24	0.58	-52.32	84
832	吴达	长盛	2016/07~2021/12	66	5	7.83	1.87*	-0.43	-0.57	0.70	-0.07	-0.15	0.30	15.03	14.57	0.93	-17.69	68

续表

编号	基金经理	当前任职公司	任职区间	任职时间(月)	管理基金数量(只)	选股能力 年化α(%)	选股能力 t(α)	择时能力 γ	择时能力 t(γ)	β_{mkt}	β_{smb}	β_{hml}	β_{mom}	年化收益率(%)	年化波动率(%)	年化夏普比率	最大回撤率(%)	调整后R^2(%)
833	杨衡	长盛	2015/06~2021/12	79	21	8.39	2.15*	-0.45	-1.46	0.45	-0.13	-0.26	-0.10	8.96	13.59	0.55	-18.75	59
834	赵楠	长盛	2015/05~2021/12	80	4	0.90	0.15	0.52	1.10	0.72	0.01	-0.36	0.10	6.87	21.77	0.25	-37.09	63
835	周思聪	长盛	2014/01~2021/12	92	7	1.99	0.29	0.06	0.12	0.48	0.04	-0.20	0.22	9.94	20.71	0.40	-40.29	37
836	安昀	长信	2011/10~2021/12	93	9	2.14	0.33	0.23	0.30	0.75	0.12	-0.40	0.23	18.73	21.53	0.78	-25.11	53
837	高远	长信	2017/01~2021/12	60	2	15.61	3.89*	-0.50	-0.70	0.79	0.22	0.10	0.29	22.71	15.12	1.40	-20.34	76
838	李家春	长信	2016/10~2021/12	58	3	7.15	2.80*	1.22	2.36*	0.38	-0.19	-0.12	-0.16	14.61	8.78	1.52	-5.49	73
839	宋海岸	长信	2018/02~2021/12	47	4	7.74	0.68	0.71	0.41	0.93	0.59	-0.19	0.68	30.46	26.68	1.09	-27.85	58
840	吴廷华	长信	2018/03~2021/12	46	3	6.68	1.27	-1.35	-1.70	0.40	-0.13	0.38	-0.01	3.26	10.47	0.17	-11.58	42
841	叶松	长信	2011/03~2021/12	130	15	5.70	1.70*	-0.11	-0.42	0.73	0.18	-0.15	0.09	14.97	20.60	0.62	-29.61	78
842	祝昱丰	长信	2017/10~2021/12	51	3	13.10	2.38*	-1.59	-1.81	0.93	-0.29	-0.32	-0.15	14.52	17.74	0.73	-21.51	75
843	左金保	长信	2015/03~2021/12	82	13	2.33	0.61	0.37	1.38	0.89	0.24	-0.21	0.21	13.98	25.77	0.48	-38.11	89
844	白海峰	招商	2017/05~2021/12	56	2	8.80	1.74*	-2.01	-2.37	0.74	-0.07	-0.21	0.20	12.83	15.08	0.75	-19.33	65
845	付斌	招商	2015/01~2021/12	84	13	2.22	0.47	0.43	1.36	0.65	-0.11	-0.39	0.00	11.84	19.42	0.53	-28.20	69
846	郭锐	招商	2012/07~2021/12	114	11	5.21	1.37	0.06	0.23	0.72	0.02	-0.25	0.12	16.72	20.27	0.73	-35.41	75
847	韩冰	招商	2015/05~2021/12	80	3	12.53	2.08*	-0.87	-1.82	0.99	-0.23	-0.64	-0.34	11.26	26.92	0.36	-49.75	75
848	侯杰	招商	2018/10~2021/12	39	4	7.54	2.35*	-0.65	-1.17	0.30	0.04	-0.02	0.05	13.47	6.20	1.93	-1.95	50
849	贾成东	招商	2013/11~2021/12	83	9	0.84	0.15	1.36	1.21	0.85	-0.13	-0.42	0.11	16.17	19.95	0.73	-28.38	61
850	贾仁栋	招商	2016/09~2021/12	64	3	5.46	0.96	-0.70	-0.69	0.37	0.03	-0.22	0.23	9.84	12.83	0.66	-8.75	30
851	李鉴	招商	2016/02~2021/12	71	3	7.27	2.21*	-0.76	-1.36	0.50	0.03	0.19	0.30	11.99	10.47	1.00	-18.03	58

续表

编号	基金经理	当前任职公司	任职区间	任职时间(月)	管理基金数量(只)	选股能力 年化α(%)	t(α)	择时能力 γ	t(γ)	β_{mkt}	β_{smb}	β_{hml}	β_{mom}	年化收益率(%)	年化波动率(%)	年化夏普比率	最大回撤率(%)	调整后R^2(%)
852	李佳存	招商	2015/01~2021/12	84	7	9.22	1.16	-0.23	-0.43	0.87	0.14	-0.36	0.35	19.34	30.35	0.59	-51.70	65
853	任琳娜	招商	2017/11~2021/12	45	2	24.10	1.52	-2.45	-1.07	1.16	-0.68	-0.71	-0.37	27.97	30.11	0.90	-30.91	45
854	王超	招商	2015/04~2021/12	66	12	2.44	0.50	0.38	1.09	0.78	0.20	-0.14	0.44	4.90	24.15	0.14	-40.41	84
855	王刚	招商	2017/07~2021/12	54	8	3.18	1.92*	0.88	3.24*	0.22	0.04	-0.05	0.02	9.34	5.55	1.41	-5.20	74
856	王景	招商	2011/12~2021/12	120	16	4.05	1.02	1.10	3.63*	0.59	-0.06	-0.14	0.15	16.67	17.67	0.84	-34.26	63
857	王平	招商	2016/03~2021/12	70	4	3.11	1.06	0.45	0.82	0.73	0.35	0.17	0.49	13.34	14.10	0.84	-18.47	82
858	王奇玮	招商	2016/12~2021/12	61	4	11.60	1.44	-0.84	-0.59	1.01	-0.10	-0.64	0.06	20.67	23.24	0.82	-26.11	58
859	王垠	招商	2018/09~2021/12	40	3	4.39	1.93*	0.20	0.59	0.21	0.06	0.02	0.05	10.66	5.13	1.79	-3.72	62
860	吴昊	招商	2012/04~2021/12	117	4	2.04	0.43	0.11	0.32	0.89	0.13	-0.34	0.42	16.30	26.28	0.55	-44.32	76
861	姚飞军	招商	2016/06~2021/12	67	4	2.40	1.47	-0.53	-1.75	0.12	0.03	-0.05	0.07	4.00	3.86	0.65	-6.17	29
862	余芽芳	招商	2017/04~2021/12	57	7	5.88	3.12*	0.16	0.49	0.16	0.05	0.03	0.10	9.50	4.55	1.76	-5.18	45
863	张磊	招商	2017/06~2021/12	55	4	4.62	1.23	-1.42	-2.26	0.53	0.06	0.14	0.17	6.20	10.37	0.45	-20.62	60
864	张林	招商	2015/07~2021/12	78	7	7.55	1.25	-0.52	-1.09	0.77	-0.06	-0.51	0.10	12.11	22.83	0.46	-29.65	66
865	张西林	招商	2017/04~2021/12	57	4	5.32	1.23	-0.43	-0.59	0.60	-0.07	-0.23	-0.07	10.54	12.60	0.72	-29.48	62
866	张韵	招商	2016/01~2021/12	72	8	3.22	1.88*	-0.39	-1.34	0.21	0.04	0.01	0.21	6.43	5.14	0.96	-4.54	52
867	滕越	招商	2017/03~2021/12	40	8	3.75	1.50	-0.23	-0.55	0.35	0.08	-0.06	0.13	5.11	6.94	0.54	-12.57	72
868	赵波	招商证券	2014/04~2021/12	90	6	-1.71	-0.36	-0.21	-0.65	0.89	0.05	-0.27	0.16	11.95	25.59	0.41	-59.22	81
869	马减博	浙江浙商证券	2017/12~2021/12	49	4	10.19	1.63	-0.64	-0.66	0.68	-0.12	-0.35	0.08	16.43	16.22	0.92	-13.79	63
870	查晓磊	浙商	2016/03~2021/12	70	8	13.90	3.65*	-1.02	-1.43	0.88	-0.01	-0.19	0.06	19.38	15.54	1.15	-19.02	75

续表

编号	基金经理	当前任职公司	任职区间	任职时间(月)	管理基金数量(只)	选股能力 年化α(%)	t(α)	择时能力 γ	t(γ)	β_mkt	β_smb	β_hml	β_mom	年化收益率(%)	年化波动率(%)	年化夏普比率	最大回撤率(%)	调整后R²(%)
871	曹庆	中庚	2012/08~2021/12	78	8	10.58	1.79*	-0.02	-0.05	0.84	0.09	-0.36	0.37	20.31	26.19	0.72	-42.58	78
872	丘栋荣	中庚	2014/09~2021/12	81	6	19.60	3.79*	-0.07	-0.21	0.68	-0.13	0.24	-0.14	30.24	20.55	1.41	-19.80	70
873	郁琦	中国人保	2018/11~2021/12	38	2	11.96	2.43*	-2.02	-2.41	0.98	-0.01	-0.25	0.19	27.93	17.07	1.55	-9.18	85
874	张丽华	中国人保	2018/10~2021/12	39	1	10.86	1.24	-2.22	-1.47	0.66	-0.09	-0.22	0.51	20.68	18.04	1.06	-15.99	55
875	张永超	中国人保	2016/11~2021/12	56	12	-2.28	-0.46	0.30	0.34	0.30	0.11	0.06	0.22	1.41	9.84	-0.01	-17.45	26
876	邱红丽	中海	2014/03~2021/12	94	5	2.03	0.38	0.10	0.27	0.88	-0.02	-0.38	0.22	16.24	25.75	0.56	-48.90	75
877	许定晴	中海	2010/03~2021/12	142	10	2.57	0.69	-0.39	-1.23	0.85	0.17	-0.10	0.27	9.83	23.48	0.33	-52.51	78
878	姚晨曦	中海	2015/04~2021/12	81	4	8.34	1.04	-0.08	-0.08	0.94	0.15	-0.06	0.72	13.56	31.90	0.38	-56.36	68
879	姚炜	中海	2018/12~2021/12	37	2	3.98	0.51	-4.11	-3.08	1.04	-0.30	-0.14	-0.09	9.61	17.63	0.46	-22.24	66
880	左剑	中海	2015/05~2021/12	80	4	12.63	1.57	1.40	2.19*	0.54	-0.19	-0.45	0.15	21.95	22.50	0.91	-34.15	36
881	韩浩	中航	2017/12~2021/12	49	3	6.01	1.28	0.15	0.20	0.60	-0.11	-0.17	-0.04	12.06	13.24	0.80	-11.87	69
882	冯汉杰	中加	2018/12~2021/12	37	4	16.89	3.11*	-0.32	-0.35	0.72	-0.10	0.12	0.15	30.55	14.12	2.06	-5.59	75
883	李坤元	中加	2010/05~2021/12	122	6	5.78	1.21	-1.10	-2.60	0.96	-0.05	-0.42	0.19	1.26	25.21	-0.03	-65.04	74
884	刘晓晨	中加	2018/01~2021/12	39	5	17.73	3.71*	-0.55	-0.96	0.48	0.10	0.08	0.24	17.54	10.42	1.80	-5.91	78
885	王粱	中加	2018/08~2021/12	41	3	-1.14	-0.24	1.77	2.42*	0.39	-0.12	-0.19	-0.27	9.92	11.68	0.72	-9.05	67
886	许飞虎	中加	2018/05~2021/12	44	1	2.16	0.57	-0.22	-0.40	0.78	0.03	0.05	0.12	11.10	15.07	0.64	-18.99	86
887	闫沛贤	中加	2015/12~2021/12	73	1	2.96	3.01*	0.12	1.48	0.05	0.02	-0.05	0.04	5.52	2.48	1.62	-1.52	28
888	刘重晋	中金	2017/08~2021/12	53	8	4.68	0.96	1.67	2.10*	0.80	0.01	0.09	0.14	15.78	17.25	0.83	-19.36	77
889	曹名长	中欧	2006/07~2021/12	182	11	8.35	2.75*	-0.01	-0.08	0.79	-0.17	-0.17	-0.04	20.65	24.47	0.75	-63.74	84

续表

编号	基金经理	当前任职公司	任职区间	任职时间（月）	管理基金数量（只）	选股能力 年化 α(%)	t(α)	择时能力 γ	t(γ)	β_mkt	β_smb	β_hml	β_mom	年化收益率（%）	年化波动率（%）	年化夏普比率	最大回撤率（%）	调整后 R²（%）
890	葛兰	中欧	2015/01~2021/12	80	9	16.82	1.96*	0.32	0.57	0.90	-0.20	-0.59	-0.20	27.64	28.80	0.92	-33.52	59
891	郭睿	中欧	2018/02~2021/12	47	4	9.09	0.85	-0.45	-0.28	0.90	0.34	-0.04	0.40	22.52	23.55	0.89	-23.74	52
892	华李成	中欧	2018/03~2021/12	46	1	5.73	4.27*	0.05	0.24	0.08	-0.02	-0.02	0.05	8.33	2.73	2.50	-0.86	45
893	黄华	中欧	2018/12~2021/12	37	3	6.49	2.39*	-0.22	-0.48	0.20	-0.02	-0.06	-0.11	10.60	4.80	1.90	-2.11	45
894	蒋雯文	中欧	2018/07~2021/12	42	3	6.24	2.33*	-0.96	-2.33	0.33	0.00	-0.03	-0.07	8.58	6.32	1.12	-6.31	62
895	蓝小康	中欧	2017/05~2021/12	56	2	10.83	1.77*	-1.42	-1.38	0.94	0.13	0.31	0.08	14.50	18.21	0.71	-22.49	65
896	李帅	中欧	2015/07~2021/12	72	5	6.71	1.45	0.15	0.44	0.82	-0.16	-0.46	0.28	12.51	21.43	0.52	-33.03	81
897	曲径	中欧	2016/01~2021/12	73	5	9.07	2.83*	-1.21	-2.22	0.86	0.09	-0.15	0.18	16.11	15.36	0.95	-19.17	81
898	王健	中欧	2009/10~2021/12	130	12	6.63	2.74*	-0.10	-0.31	0.78	0.01	-0.25	0.14	17.74	16.82	0.93	-21.26	85
899	王培	中欧	2011/06~2021/12	111	9	8.42	1.77*	0.16	0.46	0.87	0.15	-0.32	0.34	20.90	25.80	0.73	-47.27	78
900	魏博	中欧	2012/08~2021/12	113	5	2.18	0.49	0.69	2.02*	0.81	0.01	-0.17	0.31	16.58	22.91	0.65	-29.81	73
901	许文星	中欧	2018/04~2021/12	45	8	16.56	3.56*	-0.64	-0.92	0.87	-0.13	-0.21	-0.09	23.82	16.89	1.32	-13.35	83
902	袁维德	中欧	2016/12~2021/12	61	5	13.51	2.86*	-1.30	-1.55	0.88	0.13	0.04	0.10	17.64	16.25	0.99	-20.42	70
903	张跃鹏	中欧	2015/11~2021/12	74	14	5.92	1.78*	0.40	1.43	0.21	-0.09	-0.26	0.09	10.70	8.97	1.03	-7.71	36
904	周蔚文	中欧	2006/11~2021/12	179	11	8.78	3.11*	0.01	0.04	0.71	-0.05	-0.31	0.16	19.39	22.68	0.76	-52.65	84
905	周应波	中欧	2015/11~2021/12	74	7	19.12	4.49*	0.19	0.54	0.85	-0.35	-0.43	-0.15	24.42	19.34	1.18	-17.00	78
906	甘传琦	中融	2017/06~2021/12	55	10	13.85	2.03*	-1.46	-1.29	0.94	0.33	-0.09	0.46	22.66	20.16	1.05	-22.29	65
907	柯海东	中融	2016/07~2021/12	62	10	9.40	1.60	0.53	0.48	0.82	0.15	-0.11	0.29	23.62	17.52	1.29	-8.09	62
908	刘李杰	中融	2017/09~2021/12	39	3	0.34	0.04	0.12	0.09	0.81	0.42	-0.32	0.76	6.08	18.93	0.25	-34.08	65

续表

编号	基金经理	当前任职公司	任职区间	任职时间(月)	管理基金数量(只)	选股能力 年化α(%)	选股能力 t(α)	择时能力 γ	择时能力 t(γ)	β_{mkt}	β_{smb}	β_{hml}	β_{mom}	年化收益率(%)	年化波动率(%)	年化夏普比率	最大回撤率(%)	调整后R²(%)
909	吴刚	中融	2017/11~2021/12	49	6	13.82	2.10*	-0.57	-0.56	0.64	0.02	0.19	0.32	19.09	14.89	1.21	-6.47	53
910	赵菲	中融	2016/12~2021/12	48	3	-1.15	-0.18	0.03	0.03	0.97	0.29	-0.09	0.35	6.80	20.48	0.27	-36.86	75
911	姜诚	中泰证券(上海)	2014/08~2021/12	58	6	22.53	3.08*	-0.30	-0.78	0.39	-0.17	0.01	-0.17	28.41	16.66	1.63	-9.60	46
912	提云涛	中信保诚	2016/09~2021/12	64	10	5.88	3.40*	-0.18	-0.59	0.25	-0.02	0.03	0.11	9.10	5.36	1.42	-3.86	61
913	王颖	中信保诚	2017/02~2021/12	59	6	8.38	3.61*	-0.23	-0.57	0.25	-0.02	-0.07	0.00	11.11	5.90	1.63	-8.81	48
914	王睿	中信保诚	2015/04~2021/12	81	7	11.58	2.32*	0.12	0.33	0.84	0.15	0.05	0.44	17.13	25.00	0.62	-34.06	80
915	吴昊	中信保诚	2015/11~2021/12	74	8	9.64	3.38*	-0.27	-1.13	0.82	-0.06	0.05	0.21	13.84	18.25	0.68	-25.08	89
916	杨立春	中信保诚	2015/06~2021/12	79	7	10.76	1.77*	0.33	0.69	0.05	-0.49	-0.19	-0.62	12.36	15.70	0.69	-5.29	25
917	张弘	中信保诚	2013/07~2021/12	41	3	12.26	1.02	-0.63	-0.30	0.73	0.01	-0.15	0.21	33.42	20.58	1.56	-11.65	33
918	间志刚	中信建投	2010/02~2021/12	143	4	-1.79	-0.49	0.22	0.75	0.73	0.10	-0.19	0.20	8.70	20.81	0.31	-42.38	73
919	周户	中信建投	2017/01~2021/12	60	2	-0.77	-0.17	-0.90	-1.13	0.67	-0.02	-0.08	0.07	3.46	13.40	0.15	-26.96	61
920	周紫光	中信建投	2017/05~2021/12	56	3	14.79	1.11	-0.53	-0.23	0.95	0.17	-0.08	0.47	26.42	29.03	0.86	-35.23	33
921	栾江伟	中信建投	2015/07~2021/12	71	8	10.29	1.76*	-0.60	-1.38	0.81	0.15	-0.47	0.16	20.27	23.61	0.81	-31.04	75
922	白冰洋	中银国际证券	2016/04~2021/12	50	5	-2.31	-0.24	-0.04	-0.02	0.65	0.26	0.95	0.67	5.39	18.77	0.22	-25.20	35
923	林博程	中银国际证券	2018/03~2021/12	42	4	19.17	2.11*	-1.93	-1.50	1.16	-0.02	0.16	0.39	24.40	24.20	0.97	-22.21	74
924	蒲延杰	中银国际证券	2017/07~2021/12	45	4	7.45	0.77	2.70	0.85	0.73	-0.25	-0.56	0.23	14.53	16.17	0.85	-15.70	40
925	张少华	中银国际证券	2011/06~2021/12	59	6	3.26	0.48	-0.47	-0.47	1.03	0.10	-0.36	0.15	3.11	21.56	0.05	-34.16	74
926	张燕	中银国际证券	2015/05~2021/12	67	9	22.81	3.53*	-0.38	-0.83	0.67	-0.19	0.05	-0.29	19.30	19.74	0.92	-17.27	61
927	李建	中银	2012/09~2021/12	112	5	5.61	3.25*	0.17	1.34	0.11	-0.05	-0.12	0.02	9.30	5.34	1.38	-2.68	27

续表

编号	基金经理	当前任职公司	任职区间	任职时间(月)	管理基金数量(只)	选股能力 年化α(%)	t(α)	择时能力 γ	t(γ)	β_{mkt}	β_{smb}	β_{hml}	β_{mom}	年化收益率(%)	年化波动率(%)	年化夏普比率	最大回撤率(%)	调整后R^2(%)
928	刘腾	中银	2017/09~2021/12	52	3	12.47	2.24*	-1.87	-2.09	0.64	-0.07	0.23	0.28	12.37	13.80	0.79	-21.07	56
929	苗婷	中银	2016/08~2021/12	65	7	6.46	5.45*	-0.43	-1.99	0.18	-0.04	-0.01	0.04	8.08	3.55	1.86	-1.81	58
930	宋殿宇	中银	2018/02~2021/12	47	4	6.94	3.10*	-0.56	-1.65	0.25	-0.07	0.01	0.01	7.82	5.30	1.19	-6.75	59
931	涂海强	中银	2016/01~2021/12	72	6	6.40	3.18*	-0.71	-2.06	0.20	-0.06	-0.11	-0.01	7.64	5.14	1.19	-3.13	34
932	王帅	中银	2015/07~2021/12	78	6	6.62	1.47	-0.29	-0.80	0.90	-0.20	-0.29	-0.07	10.55	21.89	0.41	-32.34	79
933	王伟	中银	2015/02~2021/12	83	7	12.77	1.82*	-0.28	-0.60	0.84	-0.04	-0.36	0.34	19.55	27.65	0.65	-56.64	67
934	王睿	中银	2018/11~2021/12	38	3	17.60	3.02*	-0.76	-0.76	0.82	-0.17	0.08	0.32	30.32	16.88	1.71	-6.62	79
935	吴印	中银	2010/07~2021/12	129	13	1.54	0.36	-0.23	-0.71	0.70	-0.01	-0.17	0.23	7.20	20.62	0.25	-49.29	68
936	严菲	中银	2007/03~2021/12	172	7	3.50	1.03	0.15	0.75	0.71	-0.10	-0.22	0.30	14.61	21.92	0.56	-56.93	76
937	杨成	中银	2015/09~2021/12	76	4	4.77	1.99*	0.42	2.21*	0.16	-0.04	0.03	0.13	9.14	6.37	1.20	-3.90	33
938	赵志华	中银	2015/07~2021/12	78	5	3.98	1.33	0.02	0.07	0.84	0.03	-0.12	0.12	10.17	20.02	0.43	-32.23	89
939	曹思	中邮创业	2014/05~2021/12	92	3	4.94	0.74	0.19	0.41	0.82	0.33	-0.57	0.36	22.58	29.58	0.71	-45.47	71
940	陈梁	中邮创业	2014/07~2021/12	90	8	1.86	0.29	1.19	2.72*	0.67	0.14	-0.13	0.41	20.07	24.56	0.75	-36.23	63
941	国晓雯	中邮创业	2017/01~2021/12	60	9	10.47	1.88*	-0.61	-0.63	0.94	0.02	-0.18	0.11	18.02	18.50	0.89	-32.14	69
942	任慧峰	中邮创业	2018/08~2021/12	41	2	13.16	3.31*	-1.03	-1.68	0.54	-0.16	-0.11	0.00	18.18	10.73	1.56	-6.21	72
943	王曼	中邮创业	2016/01~2021/12	72	4	6.73	1.03	0.40	0.36	0.61	0.05	-0.64	0.11	17.55	18.86	0.85	-15.98	48
944	吴尚	中邮创业	2018/03~2021/12	46	2	15.81	1.86*	-0.86	-0.67	0.89	-0.18	-0.48	-0.26	21.60	20.58	0.98	-20.25	61
945	许忠海	中邮创业	2015/04~2021/12	81	6	-0.53	-0.06	0.02	0.02	1.08	0.06	-0.75	-0.04	7.56	34.36	0.18	-70.98	64
946	张腾	中邮创业	2015/03~2021/12	82	2	1.53	0.18	0.47	0.83	0.92	0.15	-0.18	0.25	12.89	30.71	0.37	-56.55	63
947	周楠	中邮创业	2015/05~2021/12	80	4	1.99	0.31	-0.16	-0.31	0.98	-0.14	-0.94	-0.51	6.59	27.28	0.19	-52.15	73

附录九 离职股票型基金经理选股与择时能力（按离职前任职公司排序）：1998~2021 年

本表展示的是基于 Carhart 四因子模型改进得到的 Treynor-Mazuy 四因子模型对任职三年以上的离职股票型基金经理管理的所有基金产品的收益进行回归拟合所得结果，所用模型为：

$$R_{i,t} - R_{f,t} = \alpha_i + \beta_{i,mkt} \times (R_{mkt,t} - R_{f,t}) + \gamma_i \times (R_{mkt,t} - R_{f,t})^2 + \beta_{i,smb} \times SMB_t + \beta_{i,hml} \times HML_t + \beta_{i,mom} \times MOM_t + \varepsilon_{i,t}$$

其中，i 指的是第 i 位基金经理，$R_{i,t}$ 为第 i 位基金经理 t 月的收益率，$R_{f,t}$ 为 t 月无风险收益率。SMB_t 为规模因子，代表小盘股与大盘股之间的溢价，是第 t 月小公司与大公司的收益率之差；HML_t 为价值因子，代表过去价值股成长股之间的溢价，是第 t 月价值股（高账面市值比公司）与成长股（低账面市值比公司）收益率之差；MOM_t 为动量因子，代表过去一年收益率成长股股票与收益率最低的股票与收益率之间的溢价，是过去去一年（t-1 个月到 t-11 个月）收益率最高的（前 30%）股票与收益率最低的（后 30%）股票第 t 月收益率之差。基金经理 t 月的所有产品收益是以每只基金 t-1 期规模为加权计算出的加权平均收益。如果第 t 月基金经理未管理产品，则本月基金经理所管理的产品收益默认为零，本月指数的收益默认为零，回归中我们将忽略这些月份的数据。我们用 A 股所有上市公司的数据自行计算规模因子、价值因子和动量因子。α_i 代表基金经理的选股能力，代表基金经理的选股能力给投资者带来的超额收益，γ_i 代表基金经理的择时能力。本表中也给出每位基金经理管理基金的数据展示每位基金经理对于万得全 A 指数、规模因子、价值因子动量因子的风险暴露（β_{mkt}、β_{smb}、β_{hml}、β_{mom}）。本表还展示年化收益率、年化波动率、夏普比率、最大回撤，风险指标包括年化波动率、最大回撤率。表中 * 代表选股能力或择时能力在 5% 的显著水平上显著。表中 "离职前任职公司" 指的是截至 2021 年 12 月 31 日时已离职基金经理离职前任职的公司。

编号	基金经理	离职前任职公司	任职区间	任职时间（月）	管理基金数量（只）	选股能力 年化 α(%)	选股能力 t(α)	择时能力 γ	择时能力 t(γ)	β_{mkt}	β_{smb}	β_{hml}	β_{mom}	年化收益率（%）	年化波动率（%）	年化夏普比率	最大回撤率（%）	调整后 R^2（%）
1	蓝雁书	安信	2013/12~2019/05	67	6	2.37	0.75	-0.18	-0.94	0.25	-0.04	-0.11	0.02	4.82	9.22	0.32	-21.70	54
2	杨凯珲	安信	2014/09~2020/03	58	3	7.17	1.58	1.17	2.77*	0.21	0.20	0.44	0.07	17.01	12.98	1.20	-7.00	64
3	陈茂仁	宝盈	2003/01~2010/07	78	2	6.04	1.18	-0.35	-1.23	0.65	-0.07	0.18	0.21	2.84	23.18	0.02	-54.54	83
4	段鹏程	宝盈	2007/06~2018/10	44	6	1.29	0.23	-0.32	-0.93	0.82	-0.11	-0.22	-0.11	1.43	23.91	-0.02	-32.23	87

续表

编号	基金经理	离职前任职公司	任职区间	任职时间(月)	管理基金数量(只)	选股能力		择时能力		β_{mkt}	β_{smb}	β_{hml}	β_{mum}	年化收益率(%)	年化波动率(%)	年化夏普比率	最大回撤率(%)	调整后R^2(%)
						年化α(%)	$t(\alpha)$	γ	$t(\gamma)$									
5	李健伟	宝盈	2017/01~2021/11	60	5	10.21	1.19	0.13	0.09	1.08	0.06	-0.34	-0.05	20.52	24.35	0.78	-27.28	59
6	牛春晖	宝盈	2004/10~2008/02	39	2	1.62	0.13	0.74	0.83	0.56	-0.20	-0.10	0.23	26.97	23.76	1.05	-14.21	64
7	杨凯	宝盈	2013/02~2016/07	43	4	5.01	0.80	-0.01	-0.05	0.92	0.03	-0.79	0.51	17.95	32.89	0.47	-43.35	93
8	余述胜	宝盈	2009/07~2014/07	56	1	-8.60	-1.77	0.65	1.45	0.86	0.06	0.21	0.24	-3.72	21.62	-0.31	-38.92	88
9	张小仁	宝盈	2014/01~2017/02	39	4	-5.37	-0.51	-0.08	-0.18	0.95	0.08	-0.39	-0.05	20.98	34.16	0.55	-46.44	87
10	高峰	北信瑞丰	2010/02~2017/11	89	7	2.04	0.50	-0.80	-2.91	0.84	0.12	-0.39	-0.23	2.96	24.73	0.02	-35.41	87
11	王忠波	北信瑞丰	2008/04~2021/05	120	10	6.98	1.37	0.23	0.84	0.80	0.10	-0.14	0.33	20.18	27.36	0.67	-39.44	80
12	于军华	北信瑞丰	2014/12~2020/05	67	5	6.27	1.39	-0.65	-2.30	0.70	0.04	-0.45	0.05	8.81	21.90	0.33	-33.17	84
13	陈丰	博时	2003/08~2008/11	66	2	11.49	2.63*	0.31	1.60	0.75	-0.36	-0.27	0.12	24.30	28.39	0.76	-58.67	92
14	陈亮	博时	2007/01~2010/03	40	2	15.09	1.20	0.31	0.84	0.66	-0.54	-0.37	-0.22	25.04	31.44	0.70	-48.11	83
15	邓晓峰	博时	2007/03~2014/11	94	1	9.89	2.37*	0.14	0.71	0.73	-0.28	-0.19	-0.15	14.47	25.23	0.45	-52.66	87
16	高阳	博时	2002/10~2008/01	65	3	21.32	3.42*	0.18	0.41	0.61	-0.43	-0.08	0.01	40.26	22.33	1.72	-17.70	75
17	韩茂华	博时	2013/01~2021/01	97	6	1.64	0.36	-0.54	-1.72	0.70	0.01	-0.31	-0.04	8.93	20.75	0.34	-35.77	72
18	黄建斌	博时	2003/12~2009/11	60	2	10.34	1.94*	0.42	2.10*	0.50	-0.19	-0.08	0.11	27.52	21.67	1.16	-33.94	86
19	李培刚	博时	2008/07~2012/12	55	1	-10.26	-2.27	0.24	0.95	0.81	0.08	-0.18	0.08	-1.30	25.32	-0.16	-45.68	92
20	李权胜	博时	2012/08~2020/07	97	3	8.29	2.24*	-0.45	-1.78	0.78	-0.02	-0.01	0.01	17.36	22.01	0.70	-33.35	84
21	刘建伟	博时	2010/12~2015/08	50	4	-18.51	-2.70	2.94	3.85*	0.54	0.06	0.60	0.18	-5.82	15.89	-0.57	-34.98	63
22	刘思甸	博时	2016/04~2020/10	56	1	6.54	1.81*	-0.89	-1.47	0.72	0.00	-0.02	0.14	10.24	13.26	0.66	-21.97	77
23	刘小山	博时	1999/10~2002/12	55	3	20.55	0.74	-1.12	-0.32	0.62	-0.17	-1.57	-0.23	10.27	30.82	0.27	-26.76	22

续表

编号	基金经理	离职前任职公司	任职区间	任职时间(月)	管理基金数量(只)	选股能力		择时能力		β_{mkt}	β_{smb}	β_{hml}	β_{mom}	年化收益率(%)	年化波动率(%)	年化夏普比率	最大回撤率(%)	调整后R^2(%)
						年化α(%)	$t(\alpha)$	γ	$t(\gamma)$									
24	聂挺进	博时	2010/03~2014/11	58	3	-0.09	-0.02	0.19	0.31	0.66	-0.01	0.07	0.12	5.45	15.32	0.16	-20.77	79
25	皮敏	博时	2009/12~2015/06	68	2	0.87	0.17	-0.65	-1.23	0.49	-0.12	-0.30	0.02	2.68	14.07	-0.02	-35.83	56
26	苏永超	博时	2013/10~2018/03	55	2	0.55	0.10	0.10	0.31	0.90	0.13	-0.95	0.53	10.99	29.84	0.30	-51.51	91
27	孙占军	博时	2008/02~2014/01	73	4	-8.24	-1.74	0.59	2.23*	0.70	0.17	0.07	0.04	0.18	22.53	-0.12	-43.36	86
28	王俊	博时	2015/01~2020/12	73	12	10.22	3.24*	-0.17	-0.86	0.75	-0.20	-0.01	-0.04	15.09	20.13	0.67	-28.26	90
29	王燕	博时	2011/02~2016/07	67	3	-1.56	-0.41	-0.44	-1.93	0.74	0.05	-0.50	0.04	4.17	22.71	0.06	-38.29	90
30	王曦	博时	2015/09~2021/11	76	14	5.87	2.37*	0.38	1.98*	0.20	-0.13	-0.07	0.03	10.05	6.91	1.24	-5.85	41
31	温宇峰	博时	2010/10~2014/06	46	3	3.22	0.75	-0.07	-0.12	0.82	-0.29	-0.50	0.00	-4.26	15.36	-0.48	-21.18	85
32	吴丰树	博时	2008/09~2021/08	132	10	-1.19	-0.43	0.19	1.15	0.75	-0.03	0.06	-0.13	11.58	22.08	0.43	-33.56	89
33	夏春	博时	2008/12~2012/07	44	2	3.56	0.89	-0.34	-1.12	0.62	-0.19	-0.22	-0.04	8.87	18.14	0.34	-18.83	91
34	肖华	博时	2000/08~2006/11	73	3	20.30	2.72*	-1.16	-1.34	0.63	-0.56	-0.35	-0.11	14.61	19.12	0.66	-27.29	50
35	杨鹏	博时	2010/08~2021/04	115	7	5.55	1.18	-0.52	-1.46	0.74	0.05	-0.04	0.26	12.39	22.33	0.46	-40.05	69
36	杨锐	博时	2006/05~2012/07	76	4	-0.13	-0.03	0.12	0.66	0.62	-0.14	-0.20	0.04	10.79	23.27	0.34	-52.88	89
37	尹哲	博时	2014/10~2019/05	41	4	1.02	0.09	0.20	0.22	1.07	0.08	-0.21	0.28	10.09	34.58	0.25	-60.09	80
38	余洋	博时	2007/02~2011/04	52	2	4.48	0.63	0.03	0.11	0.72	-0.18	-0.25	0.17	11.63	29.67	0.30	-54.78	90
39	招扬	博时	2014/12~2018/02	40	4	7.57	1.02	-0.83	-2.07	0.99	-0.19	-0.62	-0.32	9.46	31.48	0.25	-45.63	88
40	周枫	博时	2001/04~2005/01	47	2	3.14	0.68	0.57	0.84	0.53	-0.09	0.48	0.01	1.48	12.97	-0.04	-17.48	80
41	周力	博时	2005/02~2011/06	78	2	13.94	2.44*	-0.19	-0.79	0.65	-0.25	-0.10	-0.02	25.35	26.22	0.86	-52.33	83
42	周心鹏	博时	2010/10~2021/10	129	7	5.84	1.42	0.30	0.95	0.61	-0.06	-0.31	-0.19	13.80	18.46	0.63	-33.51	61

续表

编号	基金经理	离职前任职公司	任职区间	任职时间（月）	管理基金数量（只）	选股能力 年化α(%)	选股能力 t(α)	择时能力 γ	择时能力 t(γ)	β_{mkt}	β_{smb}	β_{hml}	β_{mom}	年化收益率(%)	年化波动率(%)	年化夏普比率	最大回撤率(%)	调整后R^2(%)
43	邹志新	博时	2002/01~2010/10	107	4	16.90	4.15*	-0.72	-3.54	0.65	-0.21	-0.45	0.17	17.47	23.32	0.64	-56.05	83
44	谈洁颖	财通	2012/07~2021/04	99	8	3.13	0.72	0.36	1.23	0.76	0.04	-0.24	0.20	17.59	22.44	0.70	-32.53	79
45	姚思劼	财通	2016/03~2019/06	41	7	-5.26	-1.96	0.23	0.51	0.75	0.03	-0.09	0.03	-3.67	13.41	-0.39	-29.55	91
46	陈玉辉	创金合信	2012/11~2019/08	80	5	6.72	1.89*	-0.12	-0.49	0.61	-0.10	0.66	-0.11	16.75	18.27	0.82	-20.36	82
47	程志田	创金合信	2016/01~2019/06	43	3	-0.41	-0.12	-0.06	-0.12	0.81	0.17	0.12	-0.03	3.27	16.69	0.11	-30.22	90
48	曹雄飞	大成	2006/01~2014/05	66	5	9.16	1.30	0.23	0.84	0.89	-0.33	-0.24	0.36	16.13	34.81	0.40	-61.35	91
49	冯文光	大成	2011/03~2016/10	63	4	-9.66	-1.84	0.75	2.07*	0.69	0.31	0.94	0.13	4.74	22.63	0.09	-46.38	84
50	何光明	大成	2004/12~2013/02	77	2	-0.41	-0.11	0.15	0.68	0.78	-0.03	-0.17	0.32	-1.33	23.53	-0.18	-51.58	91
51	黎新平	大成	2016/09~2020/09	49	1	3.39	0.62	-0.22	-0.26	0.90	-0.10	0.03	0.21	9.76	18.08	0.46	-31.14	77
52	李本刚	大成	2012/09~2019/12	89	9	5.27	1.02	0.13	0.36	0.83	0.14	0.08	0.40	18.12	26.39	0.61	-40.50	80
53	刘安田	大成	2010/04~2015/03	61	4	-6.53	-1.55	0.57	1.17	0.92	0.04	-0.67	0.13	10.45	20.50	0.36	-37.66	88
54	刘泽兵	大成	2007/09~2015/02	86	2	-3.01	-0.54	-0.11	-0.34	0.65	0.13	-0.48	0.10	2.63	22.66	-0.01	-55.72	77
55	施永辉	大成	2006/01~2013/10	95	1	-0.35	-0.08	0.24	1.19	0.88	-0.20	-0.68	0.11	16.88	30.29	0.46	-63.29	90
56	石国武	大成	2013/04~2017/08	54	5	6.09	1.96*	-0.26	-1.49	0.64	-0.01	-0.05	-0.14	19.20	19.93	0.85	-23.44	94
57	汤义峰	大成	2010/03~2015/03	58	3	1.69	0.46	0.09	0.22	0.80	-0.07	-0.32	-0.02	15.37	18.48	0.69	-19.23	90
58	王文祥	大成	2011/10~2015/12	44	3	2.30	0.23	0.60	0.88	0.89	0.07	-0.71	0.38	22.26	29.71	0.67	-43.15	82
59	徐彬	大成	2002/01~2006/05	53	3	9.86	1.82*	-0.46	-0.73	0.63	-0.08	0.07	0.35	13.36	16.20	0.70	-14.80	73
60	杨建华	大成	2005/02~2012/06	90	4	8.00	1.50	-0.03	-0.14	0.80	-0.07	-0.43	0.44	21.41	29.10	0.64	-61.47	86
61	杨建勋	大成	2004/08~2015/07	125	7	3.69	0.89	-0.13	-0.63	0.77	-0.17	-0.18	0.06	11.28	26.21	0.33	-54.67	84

附录九 离职股票型基金经理选股与择时能力（按离职前任职公司排序）：1998~2021 年

续表

编号	基金经理	离职前任职公司	任职区间	任职时间（月）	管理基金数量（只）	选股能力 年化α(%)	t(α)	择时能力 γ	t(γ)	β_{mkt}	β_{smb}	β_{hml}	β_{mom}	年化收益率(%)	年化波动率(%)	年化夏普比率	最大回撤率(%)	调整后R^2(%)
62	张钟玉	大成	2015/03~2021/08	80	1	5.86	2.39*	0.11	0.67	0.79	-0.02	0.05	0.08	11.73	20.46	0.50	-33.53	93
63	周德昕	大成	2009/12~2017/11	61	3	-2.96	-0.65	0.43	1.18	0.85	0.22	0.01	0.15	-6.23	24.32	-0.35	-56.36	88
64	周建春	大成	2002/01~2012/12	77	3	3.60	0.81	-0.46	-1.12	0.82	0.13	-0.12	0.23	11.24	20.86	0.43	-36.46	83
65	周志超	大成	2014/03~2019/12	64	11	-3.41	-0.41	0.00	-0.01	0.87	0.43	-0.12	0.40	15.04	29.99	0.46	-45.77	75
66	朱哲	大成	2016/08~2019/08	38	2	0.04	0.02	0.17	0.55	-0.01	0.04	-0.08	0.11	2.09	2.89	0.21	-3.06	10
67	王本昌	德邦	2012/03~2021/10	95	5	0.80	0.26	0.24	0.58	0.83	-0.03	-0.15	0.11	15.11	17.50	0.75	-29.16	84
68	呼振翼	东方	2011/12~2015/07	45	5	-8.06	-1.03	0.43	0.67	1.00	0.35	-0.96	0.20	22.36	30.39	0.64	-33.34	86
69	庞飒	东方	2005/08~2013/02	86	3	12.49	2.20*	0.05	0.19	0.76	-0.30	-0.44	0.22	26.32	28.54	0.83	-54.37	84
70	徐昀君	东方	2013/12~2017/04	42	3	5.47	2.83*	0.05	0.55	0.05	0.01	-0.05	0.03	8.61	3.23	2.01	-0.48	33
71	于鑫	东方	2007/07~2014/12	91	5	3.13	0.88	-0.53	-2.51	0.66	-0.03	0.24	0.03	2.47	22.65	-0.02	-62.06	89
72	张岗	东方	2006/03~2015/04	70	4	-1.03	-0.26	-0.34	-0.86	0.81	-0.08	-0.43	0.23	22.10	19.33	1.01	-29.98	86
73	周薇	东方	2015/04~2020/04	62	5	3.26	1.90*	-0.07	-0.62	0.06	-0.01	0.06	-0.09	4.09	3.66	0.70	-7.54	19
74	朱晓栋	东方	2013/01~2019/02	75	11	-0.45	-0.14	-0.11	-0.54	0.37	0.07	-0.12	-0.13	6.03	12.52	0.32	-25.86	73
75	胡德军	东海	2015/10~2021/08	72	3	1.38	0.24	-1.34	-2.82	0.64	-0.03	-0.35	0.21	2.49	20.33	0.05	-42.94	64
76	程涛	东吴	2010/04~2019/04	80	9	-13.73	-2.12	1.80	2.04*	0.76	0.36	-0.49	0.34	4.45	23.10	0.09	-46.32	69
77	戴斌	东吴	2014/12~2020/03	77	6	-2.34	-0.32	1.16	2.53*	0.78	0.05	-0.33	0.20	12.13	26.84	0.39	-54.62	72
78	付峤	东吴	2013/08~2019/12	63	3	-5.79	-0.90	0.57	1.53	0.46	-0.05	1.14	0.35	5.35	20.55	0.17	-48.95	69
79	彭敢	东吴	2010/11~2021/02	120	9	1.22	0.29	0.12	0.38	1.02	0.22	-0.43	0.28	14.76	28.79	0.44	-57.43	85
80	秦斌	东吴	2016/07~2020/06	49	4	-2.27	-0.68	0.55	0.99	0.70	0.10	-0.22	0.25	4.69	13.26	0.24	-25.58	84

· 391 ·

续表

编号	基金经理	离职前任职公司	任职区间	任职时间（月）	管理基金数量（只）	选股能力 年化 α(%)	选股能力 t(α)	择时能力 γ	择时能力 t(γ)	β_{mkt}	β_{smb}	β_{hml}	β_{mom}	年化收益率(%)	年化波动率(%)	年化夏普比率	最大回撤率(%)	调整后 R^2(%)
81	任壮	东吴	2009/01~2013/12	61	3	-14.13	-1.62	-0.19	-0.28	0.98	0.05	-0.22	0.16	-2.71	28.44	-0.19	-57.13	75
82	王炯	东吴	2006/12~2011/04	54	2	-4.36	-0.46	0.75	2.30*	0.65	0.12	0.04	0.82	17.90	31.45	0.48	-53.01	83
83	王立立	东吴	2013/12~2020/07	81	6	-2.14	-0.32	0.16	0.36	0.86	0.19	-1.04	0.29	15.55	29.72	0.46	-49.42	76
84	吴广利	东吴	2009/05~2014/11	43	3	-2.22	-0.37	-0.43	-1.01	0.73	-0.22	0.08	0.49	1.78	19.88	-0.04	-31.95	88
85	张能进	东吴	2016/05~2014/11	45	2	5.70	0.96	-0.55	-0.54	0.77	-0.21	-0.22	0.13	9.22	14.93	0.52	-23.77	60
86	程远	东兴	2015/12~2019/08	46	5	-6.81	-1.46	-0.83	-2.24	0.54	-0.23	-0.99	-0.32	-10.39	16.38	-0.73	-37.63	77
87	沈毅	方正富邦	2014/01~2018/11	60	2	3.99	0.59	0.33	0.78	0.98	-0.05	-0.44	0.36	12.99	30.00	0.37	-41.37	83
88	王健	方正富邦	2015/06~2018/07	39	1	6.26	0.98	-0.85	-1.91	0.73	-0.36	0.18	-0.46	-2.72	20.30	-0.21	-28.94	78
89	黄强	富安达	2012/04~2015/07	41	1	-10.13	-0.81	1.30	1.34	1.21	0.03	-0.88	0.70	25.13	37.48	0.59	-41.46	80
90	毛矛	富安达	2015/05~2020/07	64	5	3.83	0.55	0.24	0.48	0.70	-0.20	-0.08	0.16	4.76	21.91	0.15	-47.17	62
91	蔡耀华	富国	2016/12~2021/07	57	5	5.54	1.75*	-2.00	-2.52	0.47	-0.02	-0.02	-0.01	3.72	8.47	0.28	-15.63	63
92	陈戈	富国	2005/04~2014/03	109	1	10.63	2.35*	-0.05	-0.21	0.72	-0.25	-0.34	0.25	19.62	25.39	0.66	-49.61	83
93	戴益强	富国	2012/10~2018/01	65	5	-8.30	-1.11	1.18	2.60*	0.87	0.08	-0.52	0.79	13.39	30.39	0.37	-51.29	79
94	贺轶	富国	2006/08~2016/01	87	3	3.99	1.15	-0.14	-0.78	0.81	-0.04	-0.56	0.19	21.23	24.37	0.77	-38.83	91
95	金涛	富国	1999/05~2002/10	42	1	20.28	0.91	-0.63	-0.46	0.57	-0.47	-1.63	-0.49	12.48	33.20	0.31	-27.02	39
96	李文忠	富国	2000/07~2008/10	82	3	24.33	1.61	-0.27	-0.40	0.65	-0.27	-0.81	-0.19	20.56	35.82	0.51	-50.65	37
97	李晓铭	富国	2009/10~2019/07	119	8	3.16	1.19	-0.08	-0.40	0.84	0.10	-0.41	0.14	10.57	22.46	0.37	-49.47	90
98	尚鹏岳	富国	2008/01~2015/05	86	4	-3.63	-0.63	0.63	2.04*	0.77	0.15	-0.11	0.15	14.27	25.88	0.44	-49.00	80
99	汪鸣	富国	2014/01~2018/03	52	3	3.16	0.55	0.07	0.22	0.88	0.32	-0.49	0.19	21.02	31.32	0.61	-35.68	91

续表

编号	基金经理	离职前任职公司	任职区间	任职时间(月)	管理基金数量(只)	选股能力 年化α(%)	选股能力 t(α)	择时能力 γ	择时能力 t(γ)	β_{mkt}	β_{smb}	β_{hml}	β_{mom}	年化收益率(%)	年化波动率(%)	年化夏普比率	最大回撤率(%)	调整后 R^2 (%)
100	魏伟	富国	2011/12~2021/01	108	5	11.99	1.64*	-0.65	-1.25	0.70	0.31	-0.03	0.47	20.99	27.98	0.68	-41.59	57
101	徐大成	富国	2002/11~2007/05	57	3	14.77	3.40*	-0.26	-0.67	0.68	-0.38	0.08	-0.03	35.59	20.09	1.70	-15.03	86
102	许达	富国	2005/03~2010/12	71	2	10.85	1.55	-0.10	-0.35	0.55	-0.22	-0.41	0.02	21.20	23.14	0.81	-49.00	73
103	于江勇	富国	2008/05~2018/03	120	1	3.50	1.32	0.14	0.92	0.70	0.11	-0.39	0.20	13.23	21.93	0.49	-33.84	90
104	钟智伦	富国	2015/05~2019/02	47	7	2.87	2.08*	-0.09	-1.02	0.04	0.01	0.02	0.00	3.31	2.68	0.66	-3.56	27
105	曹冠业	工银瑞信	2007/11~2014/05	80	4	-1.00	-0.19	0.10	0.32	0.78	0.21	0.06	0.28	3.40	25.44	0.02	-47.50	85
106	陈守红	工银瑞信	2005/03~2011/03	66	3	-2.32	-0.32	0.65	2.06*	0.68	-0.13	0.20	0.23	36.24	27.21	1.26	-23.08	80
107	高青阳	工银瑞信	2011/04~2015/01	44	3	2.73	0.37	-2.52	-1.91	0.75	0.37	-0.43	0.01	4.03	17.49	0.06	-22.64	72
108	郝康	工银瑞信	2016/12~2020/03	41	3	16.78	3.43*	-3.49	-4.58	0.77	-0.15	0.60	-0.03	5.34	13.87	0.28	-22.41	74
109	何江旭	工银瑞信	2002/11~2014/06	138	7	8.33	2.89*	-0.09	-0.54	0.83	-0.07	-0.16	0.25	18.06	25.87	0.60	-61.22	91
110	胡文彪	工银瑞信	2010/02~2018/03	99	8	-4.09	-1.28	0.04	0.19	0.90	0.12	-0.36	0.22	6.09	24.75	0.15	-41.19	91
111	江晖	工银瑞信	2002/01~2007/04	52	3	16.60	2.98*	0.13	0.25	0.70	-0.33	-0.60	0.37	39.52	20.39	1.92	-9.53	81
112	刘珂	工银瑞信	2014/11~2018/06	45	4	-6.58	-0.70	1.01	1.91*	1.04	0.20	-0.56	0.69	6.11	38.57	0.11	-53.82	86
113	刘天任	工银瑞信	2013/11~2017/07	46	4	-5.78	-0.67	0.41	0.89	1.09	0.15	-0.69	0.59	12.24	38.97	0.26	-61.21	89
114	曲丽	工银瑞信	2007/11~2012/12	63	1	-5.37	-1.34	0.04	0.20	0.70	0.04	-0.17	0.04	-4.58	23.69	-0.32	-52.95	92
115	王烁杰	工银瑞信	2014/04~2017/04	38	3	-4.42	-0.40	0.52	1.01	1.17	0.08	-0.75	0.55	20.75	43.38	0.43	-59.52	91
116	王勇	工银瑞信	2011/11~2014/12	39	2	-9.15	-1.76	0.70	1.14	0.63	0.16	0.31	0.11	9.36	15.58	0.40	-12.40	85
117	魏欣	工银瑞信	2015/05~2021/06	75	2	7.88	2.03*	0.61	2.04*	0.26	-0.08	-0.12	0.18	12.76	10.72	1.05	-11.43	40
118	温震宇	工银瑞信	2005/02~2009/08	50	3	16.37	2.03*	-0.36	-1.23	0.74	-0.19	-0.27	0.49	24.60	31.76	0.70	-51.97	87

续表

编号	基金经理	离职前任职公司	任职区间	任职时间(月)	管理基金数量(只)	选股能力 年化α(%)	t(α)	择时能力 γ	t(γ)	β_mkt	β_smb	β_hml	β_mom	年化收益率(%)	年化波动率(%)	年化夏普比率	最大回撤率(%)	调整后R²(%)
119	吴刚	工银瑞信	2002/09~2008/01	59	5	10.90	2.17*	0.09	0.26	0.57	-0.38	0.16	0.08	27.27	20.01	1.29	-13.10	84
120	修世宇	工银瑞信	2014/10~2018/12	51	2	0.07	0.01	0.02	0.03	1.11	0.28	-0.52	0.49	1.55	39.51	0.00	-64.16	88
121	杨军	工银瑞信	2003/10~2013/12	109	4	7.20	1.50	-0.15	-0.66	0.74	-0.21	-0.68	-0.07	14.73	25.87	0.47	-57.42	83
122	张翎	工银瑞信	2005/05~2010/03	57	4	18.20	2.62*	-0.31	-1.25	0.65	-0.15	-0.13	0.17	32.45	27.73	1.09	-49.25	87
123	常昊	光大保德信	2002/11~2007/05	53	3	10.83	2.33*	-0.32	-0.78	0.75	-0.32	-0.03	0.12	34.69	21.39	1.55	-23.88	87
124	戴奇雷	光大保德信	2008/05~2021/06	123	7	-3.44	-0.96	0.11	0.53	0.77	0.08	-0.24	0.09	9.49	24.38	0.31	-45.18	86
125	董伟炜	光大保德信	2015/05~2020/10	67	4	14.32	3.69*	-0.01	-0.02	0.95	0.01	0.12	0.41	12.17	26.13	0.41	-41.61	91
126	高玄华	光大保德信	2007/08~2013/06	71	2	-1.02	-0.30	0.12	0.65	0.86	-0.03	-0.09	0.09	-4.56	27.95	-0.27	-60.41	95
127	黄素丽	光大保德信	2010/04~2013/04	38	1	-5.60	-1.18	1.10	1.55	0.90	-0.03	0.17	0.07	-4.79	20.27	-0.39	-34.86	93
128	金昉毅	光大保德信	2015/05~2021/10	66	13	9.43	2.50*	0.21	0.72	0.81	0.09	-0.17	0.02	14.26	20.69	0.63	-24.22	87
129	李阳	光大保德信	2010/07~2014/06	49	2	-19.86	-2.17	1.65	1.28	1.02	0.45	0.12	0.48	-4.79	24.36	-0.33	-43.86	72
130	钱钧	光大保德信	2007/09~2013/12	77	3	1.72	0.71	0.21	1.58	0.93	-0.01	0.06	0.04	0.56	29.36	-0.08	-62.17	98
131	盛松	光大保德信	2017/01~2020/01	38	1	1.29	0.28	-0.92	-1.26	0.87	0.15	0.18	0.31	-0.49	15.46	-0.13	-33.60	83
132	田大伟	光大保德信	2014/02~2018/02	50	2	-2.11	-0.56	-0.01	-0.03	0.84	0.10	-0.18	0.03	14.85	26.59	0.49	-33.01	95
133	王维诚	光大保德信	2016/04~2019/11	45	4	5.03	0.67	-1.37	-1.07	0.79	0.10	0.52	0.31	2.71	16.81	0.07	-37.02	49
134	许春茂	光大保德信	2006/06~2010/03	47	2	9.61	1.48	-0.18	-0.87	0.88	-0.11	-0.22	-0.08	35.40	37.71	0.86	-63.83	96
135	于进杰	光大保德信	2009/10~2016/03	78	5	5.59	1.50	0.22	0.96	0.80	-0.16	-0.30	0.09	12.81	23.12	0.44	-30.76	89
136	袁宏隆	光大保德信	2007/06~2011/03	47	2	7.22	1.15	-0.15	-0.60	0.96	-0.29	-0.31	-0.06	6.70	38.96	0.10	-68.93	96
137	周桂炜	光大保德信	2005/08~2014/07	102	4	9.53	2.19*	0.13	0.66	0.80	-0.25	-0.20	0.19	22.02	28.01	0.70	-51.30	89

续表

编号	基金经理	离职前任职公司	任职区间	任职时间(月)	管理基金数量(只)	选股能力		择时能力		β_{mkt}	β_{smb}	β_{hml}	β_{mom}	年化收益率(%)	年化波动率(%)	年化夏普比率	最大回撤率(%)	调整后 R^2 (%)
						年化α(%)	$t(\alpha)$	γ	$t(\gamma)$									
138	陈仕德	广发	2005/02~2015/05	125	2	2.55	0.56	-0.07	-0.32	0.92	0.05	0.00	0.25	25.63	31.53	0.72	-66.12	87
139	冯永欢	广发	2007/03~2014/11	94	4	1.97	0.43	0.22	1.01	0.77	-0.06	-0.43	0.28	11.22	25.88	0.32	-60.06	86
140	何震	广发	2004/07~2008/01	44	2	18.24	2.54*	0.65	1.46	0.69	-0.35	-0.19	0.40	57.56	27.61	1.99	-15.40	86
141	江湧	广发	2005/02~2009/08	56	2	19.78	2.49*	-0.26	-0.90	0.67	-0.18	-0.20	0.27	29.71	29.37	0.93	-54.11	84
142	刘晓龙	广发	2010/11~2017/02	77	3	-0.31	-0.07	0.69	2.49*	0.94	0.02	0.03	0.16	15.09	27.51	0.45	-36.58	90
143	王小松	广发	2014/12~2019/05	55	6	5.41	1.03	-0.34	-1.12	0.81	0.02	-0.68	0.16	6.85	26.43	0.20	-44.64	88
144	谢军	广发	2016/02~2021/03	63	11	5.90	6.93*	-0.48	-3.51	0.10	-0.01	-0.03	0.06	7.11	2.38	2.36	-0.93	53
145	许雪梅	广发	2008/02~2013/01	61	3	-13.62	-2.41	0.82	2.74*	0.88	0.06	-0.03	0.14	-6.73	28.43	-0.34	-50.86	89
146	易阳方	广发	2003/12~2020/01	195	10	2.89	0.85	0.40	2.11*	0.82	-0.04	-0.42	0.34	16.85	26.52	0.54	-60.91	82
147	余昊	广发	2016/06~2021/04	60	4	11.31	2.22*	-2.83	-3.18	0.83	-0.19	0.10	0.30	11.84	16.27	0.64	-26.07	66
148	朱纪刚	广发	2009/09~2015/01	66	4	-6.62	-0.88	0.88	0.88	0.77	0.27	-0.52	0.40	11.68	20.82	0.42	-33.45	65
149	祝俭	广发	2010/12~2015/01	51	2	-5.57	-0.99	-0.47	-0.60	0.53	0.09	-0.37	0.17	-0.83	12.98	-0.30	-23.69	58
150	程广飞	国都证券	2015/12~2019/06	44	4	-2.20	-0.67	0.68	2.62*	0.27	-0.05	-0.05	-0.12	2.17	8.24	0.08	-19.66	57
151	游典宗	国都证券	2015/12~2020/03	53	2	-1.48	-0.33	1.10	3.03*	0.42	-0.09	-0.12	-0.09	3.88	12.25	0.19	-29.85	57
152	张崴	国都证券	2017/09~2021/02	43	3	1.57	0.18	-0.38	-0.31	0.75	0.00	-0.39	-0.03	9.06	18.58	0.41	-38.36	58
153	邓钟锋	国海富兰克林	2016/06~2019/09	41	7	7.06	4.24*	-0.74	-2.70	0.20	0.03	-0.06	0.12	6.59	3.85	1.32	-3.23	58
154	张晓东	国海富兰克林	2006/06~2014/11	103	2	2.57	0.62	0.44	2.26*	0.71	-0.08	-0.14	0.24	18.88	24.56	0.65	-47.49	86
155	李安心	国金	2009/10~2018/08	61	3	-4.73	-1.16	1.48	1.77*	0.74	0.16	0.08	0.30	-3.01	14.22	-0.38	-36.61	79
156	杨雨龙	国金	2015/06~2020/05	49	6	-4.55	-1.42	-0.13	-0.60	0.77	0.26	-0.12	-0.17	-1.87	23.91	-0.14	-28.24	95

续表

编号	基金经理	离职前任职公司	任职区间	任职时间（月）	管理基金数量（只）	选股能力		择时能力		β_{mkt}	β_{smb}	β_{hml}	β_{mom}	年化收益率（%）	年化波动率（%）	年化夏普比率	最大回撤率（%）	调整后 R^2（%）
						年化 α(%)	$t(\alpha)$	γ	$t(\gamma)$									
157	王婷婷	国开泰富	2018/05~2021/05	38	1	2.66	1.82*	0.02	0.11	0.09	0.01	0.00	0.01	5.21	2.62	1.41	-0.94	44
158	陈苏桥	国联安	2003/09~2011/03	66	3	7.07	1.31	-0.34	-1.14	0.72	-0.17	-0.20	0.03	-3.02	26.13	-0.22	-61.71	89
159	冯天戈	国联安	2004/03~2010/04	65	5	5.69	0.97	0.45	1.82*	0.62	-0.36	-0.15	0.27	20.41	24.68	0.74	-31.99	83
160	李洪波	国联安	2005/12~2009/09	47	2	5.59	0.57	0.04	0.14	0.88	-0.17	-0.16	0.28	38.03	39.88	0.88	-61.31	91
161	吕中凡	国联安	2015/05~2019/12	57	3	-0.12	-0.04	0.01	0.05	0.13	-0.04	-0.01	-0.19	1.78	6.17	0.04	-19.95	29
162	韦明亮	国联安	2010/12~2015/03	53	3	6.80	1.12	-1.15	-1.66	0.74	-0.21	0.08	0.09	9.98	18.44	0.37	-22.68	72
163	张汉毅	国联安	2016/12~2021/07	57	3	16.74	3.46*	-1.76	-2.14	0.96	0.01	-0.22	0.24	21.86	17.94	1.14	-26.35	77
164	郑青	国联安	2015/12~2020/04	54	1	-8.58	-1.29	0.45	0.85	1.10	-0.12	-0.41	0.02	-6.47	26.28	-0.30	-44.32	79
165	陈列敏	国泰	2004/03~2007/04	38	1	0.79	0.11	-0.57	-0.96	0.77	0.12	-0.31	0.61	24.98	22.57	1.01	-26.13	82
166	范迪钊	国泰	2009/12~2014/12	62	2	-3.74	-0.73	0.87	1.28	0.81	0.14	0.38	0.38	8.87	19.32	0.31	-21.71	83
167	黄刚	国泰	2002/05~2008/04	47	3	12.65	1.97*	-0.19	-0.41	0.71	-0.33	-0.17	0.10	10.02	22.02	0.35	-28.28	86
168	黄淼	国泰	2005/01~2016/06	139	8	4.76	1.03	0.19	0.89	0.60	-0.22	-0.31	-0.06	16.76	22.86	0.62	-57.12	72
169	王航	国泰	2008/05~2016/05	98	7	5.75	1.36	-0.17	-0.80	0.69	-0.03	-0.23	0.21	9.86	23.98	0.30	-42.74	86
170	吴晨	国泰	2016/01~2019/05	41	4	1.44	1.36	-0.41	-2.64	0.08	-0.03	-0.03	-0.02	1.82	1.94	0.16	-2.30	32
171	徐学标	国泰	2002/05~2007/02	46	2	1.01	0.15	-0.18	-0.28	0.76	0.27	-0.13	0.71	17.85	19.67	0.82	-28.57	81
172	徐智麟	国泰	1998/03~2001/05	40	1	31.80	0.90	-0.01	0.00	0.36	-0.24	-1.13	-0.23	33.25	41.18	0.73	-29.01	18
173	余荣权	国泰	2003/07~2011/02	59	4	5.65	0.91	-0.14	-0.51	0.83	-0.08	-0.51	0.13	21.40	29.19	0.68	-53.88	91
174	张菲	国泰	2005/12~2015/04	99	5	-1.82	-0.40	0.39	1.62	0.79	0.16	-0.26	0.28	23.86	24.67	0.86	-41.17	85
175	周伟锋	国泰	2013/06~2020/07	87	10	10.44	1.96*	-0.09	-0.26	0.87	0.10	-0.13	0.16	25.44	26.28	0.90	-37.00	79

续表

编号	基金经理	离职前任职公司	任职区间	任职时间（月）	管理基金数量（只）	选股能力 年化α(%)	选股能力 t(α)	择时能力 γ	择时能力 t(γ)	β_mkt	β_smb	β_hml	β_mom	年化收益率(%)	年化波动率(%)	年化夏普比率	最大回撤率(%)	调整后R²(%)
176	陈小玲	国投瑞银	2014/01～2017/12	49	3	9.26	1.53	-0.14	-0.43	0.51	0.05	-0.28	0.16	17.15	18.78	0.81	-21.19	74
177	狄晓娇	国投瑞银	2016/06～2019/10	42	7	1.35	0.45	0.66	1.32	0.45	0.02	-0.03	0.02	4.25	9.11	0.30	-11.09	74
178	康晓云	国投瑞银	2006/04～2011/01	59	2	9.10	1.24	-0.12	-0.46	0.79	-0.22	-0.35	0.28	24.85	33.23	0.66	-59.23	90
179	马少章	国投瑞银	2009/04～2014/11	69	4	-1.72	-0.42	0.67	1.87*	0.65	0.08	-0.19	0.10	12.03	16.45	0.56	-19.29	82
180	徐栋	国投瑞银	2016/11～2020/10	49	2	17.98	2.15*	-0.84	-0.66	1.09	-0.16	-0.10	0.01	21.13	22.64	0.87	-30.61	67
181	徐炜哲	国投瑞银	2008/11～2014/11	63	3	1.13	0.19	-0.52	-1.06	0.89	0.01	-0.41	0.05	17.35	23.89	0.62	-30.93	83
182	杨冬冬	国投瑞银	2015/02～2020/10	69	6	-0.38	-0.07	0.29	0.91	0.66	0.12	-0.78	0.38	11.85	23.39	0.44	-46.64	81
183	于雷	国投瑞银	2013/03～2020/06	85	2	5.63	0.88	-0.54	-1.21	0.85	-0.28	-0.72	-0.09	14.18	23.54	0.53	-42.30	63
184	张佳荣	国投瑞银	2015/12～2020/12	62	6	8.55	1.59	0.04	0.09	0.77	0.41	-0.80	0.17	15.74	22.82	0.62	-28.25	79
185	陈洪	海富通	2003/08～2014/05	131	2	7.55	2.73*	-0.10	-0.69	0.69	-0.10	-0.21	0.17	15.32	21.97	0.58	-54.29	89
186	陈绍胜	海富通	2004/03～2012/03	98	5	2.16	0.60	0.07	0.43	0.72	-0.03	-0.27	0.30	11.85	24.82	0.37	-58.17	90
187	程紫	海富通	2010/04～2013/11	44	3	-9.34	-1.06	2.06	1.87*	0.84	0.17	-0.05	0.16	4.82	22.29	0.08	-38.74	72
188	丁俊	海富通	2007/08～2016/07	86	2	-0.41	-0.10	0.14	0.77	0.66	0.06	-0.03	0.26	3.91	24.95	0.05	-53.01	91
189	蒋征	海富通	2003/01～2013/12	127	6	5.81	2.09*	-0.25	-1.65	0.72	-0.05	-0.14	0.28	13.01	22.91	0.46	-62.94	90
190	康赛波	海富通	2003/04～2011/03	82	8	14.83	3.00*	-0.69	-3.08	0.74	-0.08	-0.33	0.16	11.86	26.87	0.36	-62.40	88
191	牟永宁	海富通	2009/01～2013/09	58	3	-2.63	-0.64	0.03	0.08	0.75	0.09	0.06	0.28	9.49	20.21	0.34	-32.70	90
192	邵佳民	海富通	2006/05～2017/01	130	4	-3.12	-0.97	0.06	0.44	0.72	-0.02	-0.21	0.07	10.74	24.97	0.32	-59.43	89
193	王智慧	海富通	2012/01～2021/06	111	1	2.26	0.61	0.01	0.03	0.83	0.13	-0.15	0.23	16.40	21.38	0.68	-38.37	81
194	张炳炜	海富通	2015/06～2018/07	39	6	-1.85	-0.43	0.17	0.56	0.69	-0.13	0.06	0.24	-7.66	18.97	-0.48	-32.22	89

续表

编号	基金经理	离职前任职公司	任职区间	任职时间（月）	管理基金数量（只）	选股能力		择时能力		β_{mkt}	β_{smb}	β_{hml}	β_{mom}	年化收益率（%）	年化波动率（%）	年化夏普比率	最大回撤率（%）	调整后 R^2（%）
						年化 α(%)	$t(\alpha)$	γ	$t(\gamma)$									
195	陈嘉平	合煦智远	2011/12~2019/08	54	5	11.32	1.69*	-0.32	-0.45	0.67	0.01	-0.49	0.25	24.47	16.76	1.33	-11.53	59
196	张鸿羽	弘毅远方	2012/04~2020/08	52	2	11.65	1.26	-1.06	-1.09	0.71	-0.23	-0.24	0.39	21.88	18.64	1.07	-19.13	56
197	季雷	红塔红土	2007/03~2015/04	65	4	-9.68	-1.24	-0.32	-0.99	0.75	-0.12	0.09	0.40	0.06	30.24	-0.10	-60.82	85
198	罗薇	红塔红土	2016/05~2019/08	41	4	3.21	0.82	-0.78	-1.20	0.61	-0.24	-0.21	-0.13	4.05	11.10	0.23	-14.91	71
199	侯世霞	红土创新	2015/09~2020/12	65	2	9.55	1.39	-0.88	-1.73	0.72	-0.40	0.07	-0.17	9.62	20.91	0.39	-33.17	57
200	蔡丞丰	泓德	2017/07~2021/01	44	4	18.88	3.44*	-1.39	-1.78	0.80	-0.06	-0.43	0.04	25.41	16.31	1.47	-16.93	77
201	李倩	泓德	2016/02~2021/03	63	3	14.59	4.00*	-1.31	-2.22	0.71	0.00	-0.39	0.10	19.43	14.13	1.27	-16.41	76
202	陈俏宇	华安	2007/03~2015/05	100	6	-3.81	-0.85	0.48	2.24*	0.64	0.14	-0.36	0.13	16.55	23.14	0.59	-45.45	82
203	陈逊	华安	2012/05~2015/05	38	6	-0.46	-0.08	0.33	0.68	0.87	0.02	-0.09	0.01	34.58	23.61	1.34	-15.79	91
204	李勋	华安	1999/06~2003/08	52	2	19.94	1.30	-0.93	-0.47	0.56	-0.11	-0.72	0.16	10.56	23.02	0.37	-20.52	27
205	廖发达	华安	2015/08~2019/03	45	4	3.05	0.77	-0.26	-0.97	0.62	-0.04	-0.07	0.00	4.93	17.10	0.20	-26.51	85
206	刘伟亭	华安	2011/07~2018/05	81	5	1.43	0.31	0.10	0.31	1.00	-0.12	-0.37	-0.13	16.32	25.73	0.55	-28.79	85
207	刘新勇	华安	2003/09~2009/02	67	2	11.03	1.95*	0.25	1.00	0.62	-0.25	-0.13	0.12	24.26	24.73	0.87	-50.40	82
208	尚志民	华安	1999/06~2015/01	189	6	11.32	2.86*	-0.02	-0.09	0.69	-0.10	-0.37	0.20	17.49	22.84	0.66	-51.63	68
209	汪光成	华安	2008/02~2013/09	69	5	-3.04	-0.92	0.06	0.29	0.72	0.09	-0.03	0.24	-3.52	22.39	-0.29	-49.76	94
210	王国卫	华安	1998/06~2005/04	84	2	20.98	1.34	0.53	0.51	0.60	-0.14	-0.86	0.05	20.23	36.29	0.49	-29.17	29
211	王嘉	华安	2015/07~2018/10	41	4	10.01	1.80*	-1.18	-2.95	0.52	0.40	-0.09	0.43	-2.21	22.01	-0.17	-30.84	85
212	谢振东	华安	2015/03~2019/10	57	6	10.76	3.74*	-0.44	-2.43	0.75	0.10	-0.20	0.18	8.86	23.33	0.31	-39.73	95
213	袁蓓	华安	2004/08~2008/03	45	1	21.00	3.36*	0.18	0.53	0.55	-0.42	0.12	0.14	45.61	23.42	1.83	-13.70	86

续表

编号	基金经理	离职前任职公司	任职区间	任职时间（月）	管理基金数量（只）	选股能力 年化α(%)	t(α)	择时能力 γ	t(γ)	β_{mkt}	β_{smb}	β_{hml}	β_{mom}	年化收益率(%)	年化波动率(%)	年化夏普比率	最大回撤率(%)	调整后 R^2 (%)
214	张赢	华安	2009/12~2013/02	40	1	-5.80	-1.26	0.53	0.82	0.72	0.39	0.47	0.25	-1.49	17.03	-0.26	-31.84	90
215	代云锋	华宝	2017/10~2021/11	51	3	16.72	1.47	1.15	0.64	1.15	-0.12	-0.55	-0.06	31.13	28.69	1.03	-29.69	60
216	范红兵	华宝	2009/02~2016/08	92	4	-3.88	-1.12	0.09	0.46	0.83	0.01	-0.24	0.27	10.38	25.56	0.30	-39.49	91
217	郭鹏飞	华宝	2010/06~2015/03	59	2	-4.39	-0.62	1.28	1.55	0.80	0.39	-0.03	0.25	22.65	23.06	0.85	-29.84	73
218	蒋宁	华宝	2010/07~2013/07	38	1	-3.08	-0.47	1.57	1.94*	0.75	0.24	0.06	0.07	5.94	18.72	0.15	-25.35	81
219	楼鸿强	华宝	2014/10~2020/01	65	2	7.15	0.91	0.86	1.75*	1.09	0.19	-0.65	0.54	22.11	36.40	0.56	-52.99	82
220	牟旭东	华宝	2007/10~2013/01	65	2	-10.66	-1.95	0.56	1.94*	0.77	0.20	0.01	0.17	-4.21	25.99	-0.28	-46.81	88
221	区伟良	华宝	2015/04~2018/06	40	3	2.43	0.32	1.05	2.09*	0.96	0.08	-0.59	0.43	2.84	30.89	0.04	-42.25	86
222	任志强	华宝	2007/09~2013/01	66	1	-0.32	-0.09	-0.06	-0.30	0.80	-0.02	-0.24	0.08	-3.86	26.88	-0.26	-59.67	95
223	邵喆阳	华宝	2010/06~2015/01	57	3	-3.44	-0.42	0.94	0.83	0.77	0.11	-0.09	0.64	14.32	20.77	0.54	-25.52	61
224	曾豪	华宝	2017/12~2021/11	49	3	11.73	2.30*	0.26	0.34	0.82	0.09	-0.09	0.34	23.38	17.67	1.24	-19.71	80
225	詹杰	华宝	2018/08~2021/10	40	2	23.61	2.66*	-0.98	-0.73	1.08	-0.25	-0.20	0.06	36.91	23.01	1.54	-11.72	72
226	独孤南薰	华宸未来	2016/04~2020/12	43	2	0.00	0.00	2.25	1.19	0.83	-0.01	-0.08	0.20	11.18	17.16	0.58	-17.53	64
227	陈德义	华富	2009/09~2012/12	41	2	-9.03	-1.57	-0.29	-0.36	0.89	0.26	0.36	0.57	-5.23	20.88	-0.39	-44.85	90
228	孔庆卿	华富	2013/08~2017/08	50	2	3.79	0.44	0.49	1.05	0.18	0.02	-0.14	0.09	12.41	14.43	0.71	-14.39	17
229	刘文正	华富	2013/06~2017/02	46	3	-5.00	-0.74	0.64	1.90*	0.91	0.12	-0.41	0.58	18.21	32.27	0.49	-45.23	92
230	王翔	华富	2014/11~2017/12	39	5	-4.01	-0.54	0.93	2.40*	1.01	0.11	-0.50	0.52	14.32	36.75	0.34	-43.00	92
231	翁海波	华富	2015/12~2018/12	38	5	-5.31	-1.19	-0.30	-0.80	0.56	0.25	-0.26	0.39	-14.19	16.69	-0.96	-37.70	84
232	张亮	华富	2015/02~2021/02	74	2	-5.13	-0.75	0.86	1.99*	0.69	0.11	-0.04	0.41	9.04	25.19	0.30	-52.12	68

续表

编号	基金经理	离职前任职公司	任职区间	任职时间(月)	管理基金数量(只)	选股能力		择时能力		β_{mkt}	β_{smb}	β_{hml}	β_{mom}	年化收益率(%)	年化波动率(%)	年化夏普比率	最大回撤率(%)	调整后 R^2 (%)
						年化 α (%)	$t(\alpha)$	γ	$t(\gamma)$									
233	范贵龙	华融	2015/04~2021/08	78	3	-2.27	-0.83	0.59	2.97*	0.34	-0.07	0.02	0.08	2.58	9.82	0.11	-18.50	63
234	李仆	华润元大	2018/08~2021/10	40	1	4.69	0.26	0.56	0.20	0.98	-0.07	-0.88	-0.12	26.87	32.96	0.77	-20.52	41
235	袁华涛	华润元大	2015/09~2019/09	50	3	-5.60	-0.98	0.47	1.15	0.50	-0.33	-0.48	-0.38	0.82	14.99	-0.05	-34.67	56
236	蔡建军	华商	2013/12~2017/11	49	4	2.59	0.47	-0.32	-1.05	0.90	0.00	-0.67	0.32	12.30	29.12	0.35	-52.38	91
237	刘宏	华商	2011/05~2017/01	69	4	-2.30	-0.35	0.47	1.15	0.94	0.20	-0.65	0.41	14.78	31.05	0.39	-47.72	83
238	马国江	华商	2015/04~2019/02	48	4	0.57	0.08	0.74	1.61	0.93	0.45	-0.41	0.61	1.14	35.46	-0.01	-49.88	88
239	申艳丽	华商	2010/08~2015/03	57	2	2.48	0.35	-0.13	-0.16	0.86	0.06	0.26	0.54	16.34	21.74	0.61	-34.69	69
240	孙建波	华商	2008/05~2013/01	52	3	-6.10	-0.94	0.28	0.77	0.64	0.51	0.13	0.32	0.26	22.83	-0.12	-37.74	82
241	田明圣	华商	2010/07~2015/10	64	4	1.33	0.24	0.05	0.11	0.92	0.11	-0.70	0.22	17.21	26.24	0.54	-40.86	86
242	赵媛媛	华商	2013/03~2017/11	44	4	-0.29	-0.03	-0.19	-0.26	0.79	0.06	-0.20	0.48	0.97	27.54	-0.04	-38.83	67
243	方伦煜	华泰柏瑞	2012/04~2020/07	101	3	2.91	0.75	0.16	0.60	0.84	-0.20	-0.01	-0.04	12.92	23.03	0.47	-48.65	83
244	黄明仁	华泰柏瑞	2016/11~2019/12	39	1	17.74	2.33*	-0.94	-0.79	0.88	-0.16	-0.07	-0.06	16.38	17.58	0.85	-24.84	63
245	李灿	华泰柏瑞	2015/06~2018/12	44	3	6.74	1.34	-0.57	-1.58	0.87	-0.21	-0.31	0.05	-7.39	24.16	-0.37	-35.47	89
246	梁丰	华泰柏瑞	2004/03~2010/04	73	4	18.34	2.94*	-0.51	-1.70	0.74	-0.20	-0.17	0.21	18.55	28.77	0.56	-59.41	87
247	秦岭松	华泰柏瑞	2007/05~2012/01	58	2	-4.79	-0.72	0.28	0.93	0.69	0.00	-0.24	0.34	-2.14	26.23	-0.20	-49.16	85
248	蔡向阳	华夏	2014/05~2021/10	91	11	6.03	1.29	-0.08	-0.24	0.50	-0.06	-0.22	0.09	13.72	16.66	0.72	-22.30	56
249	陈斌	华夏	2015/02~2021/04	76	3	10.07	1.57	0.09	0.22	0.83	0.11	-0.37	0.19	19.92	27.23	0.67	-38.16	75
250	陈虎	华夏	2014/11~2020/05	67	5	1.58	0.52	-0.15	-0.79	0.82	0.09	-0.18	0.12	8.50	24.19	0.28	-46.35	94
251	程海泳	华夏	2004/09~2013/08	56	3	-5.06	-0.85	1.26	1.70*	0.84	0.18	0.24	0.58	1.71	20.48	-0.05	-41.80	82

续表

编号	基金经理	离职前任职公司	任职区间	任职时间(月)	管理基金数量(只)	选股能力 年化α(%)	选股能力 t(α)	择时能力 γ	择时能力 t(γ)	β_{mkt}	β_{smb}	β_{hml}	β_{mom}	年化收益率(%)	年化波动率(%)	年化夏普比率	最大回撤率(%)	调整后R^2(%)
252	丁楹	华夏	1999/04~2006/10	86	4	11.67	1.04	0.74	0.98	0.46	-0.08	-0.39	0.01	19.93	27.63	0.65	-24.79	32
253	巩怀志	华夏	2005/10~2013/05	93	4	4.11	0.90	0.31	1.50	0.80	0.00	-0.32	0.31	26.57	28.19	0.85	-49.46	89
254	胡建平	华夏	2006/03~2013/12	93	4	9.13	1.97*	0.44	1.84*	0.58	-0.10	0.02	0.39	19.98	20.81	0.83	-33.11	81
255	林峰	华夏	2014/05~2018/11	56	2	-5.58	-1.05	-0.46	-1.43	0.88	0.21	-0.46	-0.11	3.50	29.38	0.06	-55.44	90
256	刘金玉	华夏	2010/03~2016/12	78	4	-0.79	-0.19	0.02	0.08	0.75	0.15	-0.16	0.29	8.03	24.12	0.23	-36.59	88
257	刘文动	华夏	2006/05~2012/02	70	5	4.56	0.65	0.20	0.72	0.78	-0.07	-0.49	0.18	21.61	29.99	0.62	-47.98	84
258	罗泽萍	华夏	2005/04~2014/02	108	4	9.84	2.01*	-0.16	-0.69	0.73	-0.13	-0.24	0.16	19.32	25.55	0.66	-51.90	81
259	任竞辉	华夏	2010/10~2015/09	49	3	6.54	0.91	0.03	0.05	0.81	-0.11	-0.64	0.27	10.70	22.81	0.35	-38.09	80
260	石波	华夏	2001/01~2007/07	80	4	10.23	2.20*	0.53	1.45	0.64	-0.39	-0.14	0.24	25.96	20.76	1.14	-22.57	78
261	孙彬	华夏	2012/01~2019/07	92	3	0.47	0.16	0.09	0.46	0.86	0.09	-0.22	0.25	11.20	23.96	0.38	-47.46	92
262	孙建冬	华夏	2005/06~2010/01	57	2	13.72	2.22*	0.33	1.51	0.76	-0.17	-0.05	0.14	45.55	31.75	1.35	-46.82	92
263	孙萌	华夏	2015/11~2019/02	41	3	-4.64	-1.35	-0.39	-1.51	0.72	-0.06	-0.23	-0.02	-8.71	18.42	-0.57	-41.98	92
264	谭琦	华夏	2007/09~2014/04	81	3	-2.31	-0.75	0.57	3.19*	0.80	0.09	-0.11	0.19	0.84	23.71	-0.09	-48.92	94
265	童汀	华夏	2007/09~2014/05	82	3	-0.06	-0.02	0.35	1.76*	0.73	0.07	-0.18	0.14	2.50	21.82	-0.02	-47.91	91
266	王海雄	华夏	2011/03~2015/01	48	4	1.72	0.28	-0.15	-0.18	0.80	0.10	-0.23	0.31	9.58	17.49	0.37	-23.74	74
267	王亚伟	华夏	1998/04~2012/04	163	4	13.92	1.91*	0.75	2.15*	0.71	0.06	0.10	0.17	30.71	32.07	0.88	-44.71	53
268	王志华	华夏	2001/11~2007/08	55	4	14.83	2.54*	-0.79	-1.90	0.76	-0.27	-0.37	0.24	29.94	21.59	1.31	-17.09	81
269	王怡欢	华夏	2011/02~2020/11	119	5	3.89	1.41	0.16	0.76	0.67	-0.13	-0.05	0.08	10.44	17.70	0.47	-32.22	82
270	魏镇江	华夏	2016/04~2020/05	51	4	1.62	0.68	0.25	0.61	0.43	-0.02	-0.29	0.02	5.51	8.20	0.49	-14.02	77

续表

编号	基金经理	离职前任职公司	任职区间	任职时间(月)	管理基金数量(只)	选股能力 年化α(%)	选股能力 t(α)	择时能力 γ	择时能力 t(γ)	β_{mkt}	β_{smb}	β_{hml}	β_{mom}	年化收益率(%)	年化波动率(%)	年化夏普比率	最大回撤率(%)	调整后 R^2(%)
271	严鸿宴	华夏	2010/02~2014/09	57	2	-8.27	-1.90	0.07	0.12	0.79	0.17	0.13	0.22	0.97	17.80	-0.11	-37.76	87
272	杨明韬	华夏	2012/01~2015/05	42	3	4.51	0.71	0.14	0.23	0.87	0.03	-1.01	0.34	31.59	20.11	1.42	-9.75	81
273	杨泽辉	华夏	2009/01~2012/02	38	1	1.87	0.34	-1.05	-2.74	0.95	-0.02	-0.35	0.18	10.02	26.88	0.27	-31.84	94
274	张剑	华夏	2011/02~2014/04	40	2	-0.35	-0.08	0.52	0.86	0.49	0.11	0.19	0.17	3.42	11.98	0.02	-14.61	76
275	张龙	华夏	2004/09~2010/01	66	2	4.34	0.73	0.25	1.06	0.73	-0.07	-0.08	0.47	26.03	30.03	0.78	-56.52	89
276	张益驰	华夏	2004/09~2009/06	59	5	15.53	2.42*	0.14	0.54	0.71	-0.03	-0.18	0.48	35.38	28.64	1.16	-51.65	87
277	赵航	华夏	2003/04~2021/09	185	6	3.19	1.18	0.06	0.34	0.75	0.10	-0.10	0.16	8.87	21.44	0.32	-50.79	83
278	沈宏伟	汇安	2017/12~2021/07	44	1	-4.95	-0.58	-0.20	-0.16	0.26	-0.06	-0.47	0.05	1.77	14.45	0.02	-23.20	25
279	方超	汇丰晋信	2015/09~2019/08	49	1	-13.14	-1.93	0.01	0.03	1.12	-0.13	-0.71	-0.16	-7.01	29.85	-0.28	-56.14	84
280	郭敏	汇丰晋信	2015/05~2020/05	61	2	9.39	2.87*	0.00	0.02	0.84	-0.18	-0.05	-0.12	5.47	20.68	0.19	-26.14	91
281	廖志峰	汇丰晋信	2010/03~2013/05	40	2	-9.56	-1.88	1.00	1.37	0.72	0.24	0.19	0.28	-1.89	17.40	-0.28	-35.03	89
282	林彤彤	汇丰晋信	1998/06~2013/12	183	7	8.52	1.26	0.35	1.03	0.72	-0.01	-0.36	0.30	17.52	30.88	0.49	-59.49	50
283	邵骥咏	汇丰晋信	2009/05~2012/07	40	3	-6.74	-1.35	0.28	0.69	0.71	0.36	-0.01	0.21	2.45	19.40	-0.02	-29.68	89
284	陈晓翔	汇添富	2009/01~2015/12	85	2	7.04	1.35	-0.09	-0.24	0.84	-0.01	-0.33	0.12	23.19	25.23	0.81	-28.48	83
285	韩贤旺	汇添富	2012/03~2018/12	83	2	-3.31	-0.56	0.61	1.52	1.08	0.08	-0.99	0.46	7.48	31.51	0.17	-59.88	83
286	欧阳沁春	汇添富	2007/06~2018/12	140	3	-6.92	-1.22	0.67	2.10*	0.96	0.20	-0.67	0.43	5.90	33.67	0.10	-72.38	78
287	齐东超	汇添富	2009/07~2014/03	58	2	3.71	0.84	-0.94	-2.27	0.77	0.12	-0.40	0.27	3.23	19.54	0.02	-25.17	87
288	苏竞	汇添富	2007/10~2013/10	74	3	-6.52	-1.23	0.33	1.15	0.74	0.12	-0.30	0.36	-2.68	24.64	-0.23	-54.62	85
289	叶从飞	汇添富	2012/03~2018/12	83	3	-4.10	-0.94	0.41	1.37	0.95	0.16	-0.62	0.33	6.81	27.72	0.17	-57.10	88

续表

编号	基金经理	离职前任职公司	任职区间	任职时间（月）	管理基金数量（只）	选股能力		择时能力		β_{mkt}	β_{smb}	β_{hml}	β_{mom}	年化收益率（%）	年化波动率（%）	年化夏普比率	最大回撤率（%）	调整后 R^2（%）
						年化 α(%)	$t(\alpha)$	γ	$t(\gamma)$									
290	张晖	汇添富	2002/11~2007/11	48	3	16.06	2.27*	0.36	0.81	0.61	-0.68	-0.12	-0.02	40.60	23.49	1.71	-13.92	82
291	周睿	汇添富	2012/03~2019/03	86	1	6.27	1.22	-0.15	-0.45	0.83	0.24	-0.87	0.38	15.47	27.11	0.49	-48.64	82
292	佘中强	汇添富	2013/07~2019/07	68	4	0.09	0.02	0.67	1.40	0.89	0.05	-0.47	0.46	15.88	24.94	0.57	-38.80	85
293	路海涛	嘉合	2018/03~2021/04	39	4	27.14	2.90*	-2.19	-1.67	0.50	-0.17	0.09	0.23	24.52	15.87	1.45	-11.21	36
294	陈勤	嘉实	2006/10~2015/05	102	4	6.33	1.67*	-0.18	-0.98	0.75	-0.05	-0.33	0.14	22.52	24.54	0.82	-48.42	89
295	党开宇	嘉实	2005/01~2010/05	63	6	12.30	1.77*	0.41	1.55	0.52	-0.13	-0.20	0.27	29.82	22.19	1.27	-21.94	77
296	霍琳琳	嘉实	2014/02~2017/10	46	5	4.53	1.10	0.28	1.29	0.70	-0.07	-0.44	0.23	17.81	21.97	0.72	-31.71	92
297	丁杰人	嘉实	2011/10~2017/11	72	3	5.42	0.83	0.61	1.45	0.99	-0.02	-0.80	0.64	19.45	29.98	0.58	-49.73	82
298	顾义河	嘉实	2009/06~2014/10	66	2	-5.63	-1.23	0.43	1.06	0.72	0.13	-0.28	0.34	7.03	18.17	0.23	-32.34	82
299	郭东谋	嘉实	2014/04~2018/06	52	6	3.51	1.16	0.12	0.65	0.45	-0.04	-0.07	0.08	12.02	14.03	0.72	-22.85	87
300	焦云	嘉实	2009/12~2017/10	83	4	0.16	0.04	-0.16	-0.53	0.81	0.19	-0.51	0.26	3.56	24.85	0.05	-38.26	86
301	刘天君	嘉实	2006/08~2013/05	83	4	17.98	3.12*	-0.35	-1.37	0.69	-0.12	-0.40	0.33	23.61	26.01	0.79	-50.20	81
302	刘欣	嘉实	2003/07~2006/09	40	3	19.59	3.39*	-0.74	-1.16	0.60	-0.16	-0.26	0.16	21.62	14.95	1.34	-10.10	75
303	齐海滔	嘉实	2009/03~2020/06	119	4	-0.58	-0.12	0.48	1.47	0.80	0.19	-0.49	0.33	17.81	24.94	0.64	-41.89	77
304	曲扬	嘉实	2016/04~2020/11	58	12	5.45	4.80*	-0.38	-1.99	0.13	-0.05	-0.01	0.01	6.79	2.82	1.88	-1.41	48
305	邵健	嘉实	2004/04~2015/06	136	3	7.22	1.68*	-0.11	-0.47	0.74	0.06	-0.47	0.43	21.50	25.31	0.74	-56.20	79
306	邵秋涛	嘉实	2010/11~2020/05	116	4	-1.85	-0.47	0.80	2.71*	0.89	0.07	-0.46	0.25	10.48	24.35	0.34	-37.34	82
307	孙林	嘉实	2003/01~2007/03	52	2	17.01	2.75*	0.05	0.08	0.67	-0.37	-0.38	0.14	31.40	19.71	1.48	-15.44	77
308	陶羽	嘉实	2009/03~2017/06	101	2	-8.18	-2.39	0.37	1.64*	0.99	0.17	-0.18	0.19	10.24	29.08	0.27	-42.79	92

续表

编号	基金经理	离职前任职公司	任职区间	任职时间（月）	管理基金数量（只）	选股能力 年化α(%)	选股能力 t(α)	择时能力 γ	择时能力 t(γ)	β_{mkt}	β_{smb}	β_{hml}	β_{mom}	年化收益率(%)	年化波动率(%)	年化夏普比率	最大回撤率(%)	调整后 R^2(%)
309	吴云峰	嘉实	2014/11~2020/05	68	4	3.02	0.54	0.08	0.24	0.80	0.00	-0.29	0.26	10.37	24.95	0.35	-43.08	80
310	忻怡	嘉实	2006/12~2010/09	47	2	15.28	1.80*	-0.02	-0.09	0.67	-0.26	-0.22	0.08	20.53	29.49	0.61	-56.55	89
311	徐轶	嘉实	2000/06~2006/11	79	3	17.94	2.09*	-0.92	-0.88	0.66	-0.55	-0.75	0.04	14.22	20.51	0.61	-20.95	40
312	颜媛	嘉实	2015/03~2021/07	71	4	13.66	1.97*	-0.21	-0.49	0.73	0.10	-0.42	0.16	20.50	25.20	0.76	-36.56	71
313	詹凌蔚	嘉实	2002/09~2014/03	106	4	10.33	3.07*	-0.13	-0.67	0.71	-0.08	0.22	0.06	16.40	23.23	0.61	-54.86	90
314	张弢	嘉实	2009/01~2015/03	76	5	6.03	1.26	0.27	0.71	0.70	0.06	-0.16	0.17	24.44	19.05	1.15	-22.23	77
315	张琦	嘉实	2013/05~2019/08	54	3	6.91	0.97	-0.22	-0.62	0.65	-0.05	-0.01	0.01	16.00	23.40	0.60	-35.89	78
316	赵勇	嘉实	2009/08~2014/06	60	2	-8.55	-2.09	0.16	0.30	0.61	0.09	-0.24	0.20	-0.86	13.73	-0.28	-30.31	80
317	陈鹏	建信	2004/12~2009/08	52	3	14.90	2.11*	-0.34	-1.33	0.80	-0.17	-0.06	0.25	19.17	34.31	0.49	-59.51	91
318	顾中汉	建信	2011/10~2017/02	66	4	-6.64	-1.38	-0.04	-0.13	0.71	0.31	-0.21	0.14	10.20	25.20	0.30	-36.24	88
319	李华	建信	2001/09~2007/09	48	2	9.82	1.68*	1.25	3.05*	0.49	-0.40	-0.06	0.02	39.90	20.87	1.85	-12.91	85
320	李涛	建信	2005/06~2012/04	81	5	2.19	0.55	-0.22	-1.11	0.76	-0.08	-0.33	0.22	20.22	25.01	0.72	-38.52	91
321	马志强	建信	2008/12~2015/04	74	3	-0.98	-0.11	-0.61	-0.92	1.01	0.06	0.29	0.43	23.31	31.04	0.67	-38.54	72
322	田擎	建信	2004/02~2010/03	52	3	8.09	1.67*	-0.23	-0.95	0.76	-0.12	-0.19	0.27	-8.38	28.01	-0.40	-67.34	94
323	万言勇	建信	2008/10~2015/08	80	6	2.26	0.49	-0.07	-0.22	0.66	-0.09	-0.05	-0.12	14.68	20.62	0.58	-29.37	82
324	汪沛	建信	2007/03~2011/04	51	1	7.77	1.24	-0.27	-1.25	0.82	-0.16	-0.15	-0.08	12.98	33.97	0.30	-59.26	94
325	王新艳	建信	2002/11~2013/11	117	6	10.86	3.10*	-0.03	-0.15	0.76	-0.19	-0.35	0.29	17.40	23.79	0.63	-57.63	86
326	吴尚伟	建信	2014/11~2021/09	84	6	14.38	2.86*	-0.62	-1.85	0.82	-0.07	-0.12	-0.05	19.94	23.57	0.78	-39.79	77
327	徐杰	建信	2008/03~2011/06	41	1	-5.43	-0.88	0.01	0.05	0.76	0.15	0.02	0.22	0.58	27.66	-0.08	-49.11	93

续表

编号	基金经理	离职前任职公司	任职区间	任职时间(月)	管理基金数量(只)	选股能力 年化α(%)	选股能力 t(α)	择时能力 γ	择时能力 t(γ)	β_{mkt}	β_{smb}	β_{hml}	β_{mom}	年化收益率(%)	年化波动率(%)	年化夏普比率	最大回撤率(%)	调整后 R^2(%)
328	许杰	建信	2010/02~2020/06	121	7	3.71	1.13	-0.29	-1.19	0.78	-0.12	-0.27	0.11	8.05	20.35	0.29	-36.07	82
329	钟敬棣	建信	2013/09~2018/04	57	1	5.14*	2.51*	0.06	0.48	0.12	0.02	0.08	-0.03	10.25	5.29	1.56	-4.03	51
330	朱虹	建信	2015/10~2021/04	56	3	-6.26	-1.90	0.88	3.31*	0.26	0.02	0.04	0.28	1.09	8.39	-0.05	-13.80	50
331	朱建华	建信	2016/03~2019/07	42	2	-0.12	-0.10	-0.27	-1.34	0.15	-0.03	-0.04	-0.04	0.66	2.95	-0.28	-4.72	60
332	崔海峰	交银施罗德	2003/01~2010/05	86	7	16.57	3.39*	-0.20	-0.84	0.72	-0.34	-0.41	0.22	27.70	25.78	1.01	-38.94	85
333	盖婷婷	交银施罗德	2015/07~2018/08	39	3	19.16	3.47*	-0.96	-2.47	0.50	-0.09	-0.45	-0.25	13.26	16.99	0.69	-21.16	76
334	管华雨	交银施罗德	2007/05~2015/04	93	7	1.38	0.33	0.33	1.54	0.74	0.08	-0.36	0.32	13.76	24.24	0.45	-51.26	88
335	李立	交银施罗德	2007/04~2012/04	62	2	1.90	0.27	0.12	0.36	0.76	-0.17	-0.37	0.10	3.82	28.80	0.03	-55.25	84
336	李娜	交银施罗德	2015/08~2020/11	65	14	4.69	4.26*	0.09	1.08	0.07	-0.03	-0.09	0.06	7.47	2.89	2.07	-0.66	42
337	李旭利	交银施罗德	2000/03~2009/05	104	4	12.77	1.81*	0.07	0.18	0.67	-0.23	-0.26	0.32	10.66	25.52	0.33	-55.77	57
338	龙向东	交银施罗德	2012/08~2015/08	38	1	1.08	0.17	0.02	0.05	0.96	-0.24	0.04	0.01	21.88	29.53	0.64	-36.99	93
339	唐倩	交银施罗德	2011/04~2018/06	84	2	9.34	1.49	0.47	1.08	0.88	-0.07	-0.62	0.55	15.88	26.38	0.52	-48.99	73
340	张媚钗	交银施罗德	2010/06~2014/09	53	1	-9.63	-2.18	0.61	1.05	0.73	0.02	-0.11	0.26	2.21	15.83	-0.05	-27.76	83
341	郑拓	交银施罗德	2005/04~2009/07	50	5	20.59	2.54*	-0.21	-0.62	0.69	-0.31	-0.29	0.02	35.41	29.33	1.14	-51.61	87
342	方磊	金鹰	2014/09~2017/09	38	2	4.12	0.46	-0.06	-0.15	1.05	-0.06	-0.88	0.23	16.34	36.47	0.40	-48.34	90
343	李海	金鹰	2013/01~2020/10	60	3	-3.63	-0.34	0.68	1.17	0.95	-0.12	-0.45	0.41	20.04	33.33	0.55	-47.12	72
344	林华显	金鹰	2011/03~2015/02	49	1	-5.74	-1.23	-0.29	-0.46	0.74	0.02	-0.41	0.11	1.04	15.12	-0.14	-32.48	80
345	彭培祥	金鹰	2009/07~2013/03	46	2	-16.45	-2.75	0.43	0.79	1.01	0.44	-0.07	0.27	-8.93	25.81	-0.46	-50.50	89
346	吴德喧	金鹰	2016/12~2020/12	49	2	-15.58	-1.66	2.14	1.43	0.58	-0.10	0.46	0.36	-3.60	20.27	-0.25	-40.02	43

续表

编号	基金经理	离职前任职公司	任职区间	任职时间(月)	管理基金数量(只)	选股能力 年化 α(%)	选股能力 t(α)	择时能力 γ	择时能力 t(γ)	β_{mkt}	β_{smb}	β_{hml}	β_{mom}	年化收益率(%)	年化波动率(%)	年化夏普比率	最大回撤率(%)	调整后 R^2(%)
347	杨绍基	金鹰	2008/12~2015/01	74	4	-6.03	-1.46	-0.01	-0.04	0.78	0.24	-0.11	0.27	12.86	20.37	0.49	-39.07	85
348	于利强	金鹰	2015/01~2019/12	61	7	2.52	0.54	0.09	0.32	0.56	0.18	0.16	0.14	9.23	20.38	0.37	-38.76	81
349	沈鸿鹏	金鹰	2010/12~2017/10	84	2	-19.42	-2.84	0.75	1.61	1.20	0.34	-0.89	0.16	1.52	37.15	-0.03	-63.06	84
350	侯斌	金元顺安	2010/12~2018/08	93	5	-3.07	-0.93	-0.16	-0.67	0.68	-0.04	-0.07	0.14	0.40	18.83	-0.11	-39.67	83
351	黄奕	金元顺安	2009/05~2013/03	48	3	-13.37	-1.83	0.66	1.10	0.49	0.35	0.01	0.16	0.39	16.28	-0.15	-28.02	59
352	潘江	金元顺安	2009/03~2014/02	57	3	-3.83	-0.77	-0.49	-1.25	0.76	0.13	-0.30	0.10	6.72	19.41	0.21	-19.58	86
353	陈晖	景顺长城	2006/12~2013/11	85	2	3.12	0.88	-0.14	-0.91	0.83	-0.16	-0.45	0.13	8.74	28.32	0.20	-62.09	94
354	邓春鸣	景顺长城	2007/09~2014/09	86	4	-1.94	-0.34	-0.08	-0.25	0.75	-0.08	-0.02	0.19	-4.05	25.02	-0.28	-56.97	80
355	贾殿村	景顺长城	2012/11~2016/04	43	3	-2.75	-0.29	-0.26	-0.60	1.02	-0.02	-0.94	0.22	14.88	36.27	0.34	-54.08	89
356	李幸文	景顺长城	2003/08~2007/08	48	4	24.24	3.43*	-0.10	-0.20	0.76	-0.55	-0.39	-0.07	52.81	25.42	2.03	-16.26	83
357	李志嘉	景顺长城	2006/06~2010/04	48	2	24.06	2.93*	-0.51	-1.92	0.75	-0.40	-0.12	0.34	25.45	34.98	0.64	-55.79	92
358	刘晓明	景顺长城	2014/11~2020/04	67	4	15.12	2.28*	-1.14	-2.72	0.51	-0.03	-0.28	0.05	11.75	19.93	0.51	-32.13	57
359	唐咸德	景顺长城	2008/09~2014/09	68	2	-0.61	-0.14	0.10	0.37	0.81	0.16	-0.03	0.24	13.99	23.11	0.49	-34.15	90
360	万梦	景顺长城	2015/07~2021/07	74	8	4.59	4.53*	0.07	0.95	0.07	-0.02	0.00	0.05	6.69	2.77	1.87	-1.11	39
361	王鹏辉	景顺长城	2007/09~2014/12	89	5	4.02	0.62	0.15	0.38	0.86	0.05	-0.24	0.40	7.84	28.32	0.17	-61.44	78
362	杨兵兵	景顺长城	2003/10~2007/08	48	2	15.09	2.51*	0.21	0.51	0.63	-0.37	-0.40	0.16	44.64	21.42	1.98	-9.57	81
363	张继荣	景顺长城	2004/07~2015/06	104	7	-5.36	-1.13	0.56	1.84*	0.70	-0.02	-0.14	0.27	2.60	21.59	-0.01	-54.35	76
364	黄敬东	九泰	2006/09~2015/11	45	5	24.38	2.33*	-0.13	-0.33	0.71	-0.16	-0.25	0.43	27.41	32.22	0.80	-54.13	86
365	王玥昕	九泰	2015/08~2018/11	41	6	2.57	0.53	-1.15	-3.31	0.49	-0.04	0.12	-0.06	-4.17	16.11	-0.35	-22.85	78

续表

编号	基金经理	离职前任职公司	任职区间	任职时间（月）	管理基金数量（只）	选股能力		择时能力		β_{mkt}	β_{smb}	β_{hml}	β_{mom}	年化收益率（%）	年化波动率（%）	年化夏普比率	最大回撤率（%）	调整后 R^2（%）
						年化 α（%）	$t(\alpha)$	γ	$t(\gamma)$									
366	吴祖尧	九泰	2015/12～2021/10	52	7	-3.90	-0.84	-0.49	-1.35	0.64	-0.16	-0.05	-0.02	-0.91	15.71	-0.15	-34.61	75
367	蔡铎亮	民生加银	2011/04～2016/06	64	5	-2.26	-0.39	0.49	1.41	0.94	0.16	-0.27	0.32	15.22	31.02	0.40	-40.57	89
368	高松	民生加银	2015/01～2021/11	80	6	6.58	1.20	-0.42	-1.20	0.85	0.34	0.08	0.59	16.55	29.52	0.51	-52.97	85
369	黄钦来	民生加银	2003/11～2010/10	50	4	12.30	1.81*	-0.55	-0.98	0.61	-0.08	0.00	0.14	13.34	18.72	0.61	-16.68	76
370	黄一明	民生加银	2013/08～2020/05	66	6	-13.45	-1.83	0.73	1.66*	0.76	0.23	0.14	0.29	10.06	27.52	0.30	-37.19	75
371	江国华	民生加银	2011/12～2015/02	40	2	-19.08	-2.96	1.33	1.64	0.98	0.12	0.18	0.42	9.69	21.12	0.31	-16.79	85
372	刘旭明	民生加银	2014/09～2019/02	52	6	1.91	0.45	-0.19	-0.85	0.69	-0.24	-0.32	-0.13	11.01	21.16	0.45	-30.47	90
373	宋磊	民生加银	2009/12～2018/02	75	8	3.38	0.79	0.24	0.84	0.68	0.24	0.18	0.13	10.14	22.57	0.36	-25.09	85
374	吴剑飞	民生加银	2005/04～2018/10	136	4	3.24	0.88	0.06	0.34	0.79	-0.05	-0.48	0.08	18.40	26.91	0.60	-57.49	87
375	吴鹏飞	民生加银	2013/12～2021/08	67	7	1.87	0.36	0.86	2.65*	0.36	0.09	0.07	0.03	14.80	14.83	0.90	-14.50	55
376	何滨	摩根士丹利华鑫	2008/04～2013/07	65	2	1.54	0.30	0.28	0.99	0.64	0.06	-0.06	0.15	6.11	21.05	0.15	-32.76	83
377	钱斌	摩根士丹利华鑫	2010/07～2014/08	47	4	-15.12	-1.79	3.20	2.39*	0.66	0.31	0.39	0.35	6.56	17.83	0.20	-22.36	61
378	盛军锋	摩根士丹利华鑫	2009/07～2014/02	49	4	-1.90	-0.25	0.81	1.36	0.79	-0.12	0.14	0.33	6.11	21.05	0.16	-28.79	79
379	司魏	摩根士丹利华鑫	2015/01～2018/11	48	3	-19.90	-1.86	1.42	2.29*	0.79	0.07	0.05	0.42	-6.81	31.38	-0.27	-70.16	69
380	项志群	摩根士丹利华鑫	2005/03～2010/08	49	3	17.05	1.41	0.08	0.11	0.66	-0.28	-0.53	0.25	44.38	27.32	1.57	-17.88	61

续表

编号	基金经理	离职前任职公司	任职区间	任职时间（月）	管理基金数量（只）	选股能力 年化α(%)	t(α)	择时能力 γ	t(γ)	β_{mkt}	β_{smb}	β_{hml}	β_{mom}	年化收益率(%)	年化波动率(%)	年化夏普比率	最大回撤率(%)	调整后 R^2(%)
381	蔡望鹏	南方	2015/01~2020/01	62	2	2.89	0.62	0.00	−0.02	0.80	0.02	−0.19	0.08	9.01	24.67	0.30	−36.55	87
382	陈键	南方	2005/04~2015/12	130	6	7.86	2.23*	0.25	1.43	0.70	−0.35	−0.08	−0.03	21.36	25.28	0.74	−48.20	88
383	杜冬松	南方	2012/03~2016/02	49	5	−5.43	−0.55	0.30	0.58	0.83	0.01	−0.84	−0.04	10.38	28.82	0.27	−29.42	73
384	蒋峰	南方	2003/11~2012/11	91	3	8.80	1.58	−1.28	−2.04	0.90	−0.10	0.07	0.32	11.89	21.74	0.44	−34.18	80
385	蒋朋宸	南方	2008/04~2015/05	87	4	−6.20	−1.64	0.28	1.38	0.77	0.08	0.28	0.00	9.94	25.38	0.28	−45.88	91
386	李源海	南方	2008/07~2015/01	76	4	−9.00	−2.07	1.72	5.87*	0.53	0.10	0.10	0.14	12.62	16.40	0.60	−29.00	75
387	马北匯	南方	2008/04~2014/03	73	2	−7.04	−2.03	−0.02	−0.08	0.66	0.00	−0.11	0.17	−5.75	20.19	−0.43	−43.82	91
388	彭觇	南方	2010/06~2015/06	55	4	−7.38	−1.07	0.20	0.24	1.05	0.08	−0.31	0.51	17.87	26.72	0.57	−29.70	85
389	苏彦祝	南方	2006/11~2010/01	40	1	20.01	1.49	−0.08	−0.21	0.80	−0.29	−0.27	0.27	33.07	39.35	0.76	−58.78	88
390	谈建强	南方	2006/12~2015/06	104	4	3.56	0.83	0.14	0.69	0.79	−0.07	−0.41	0.23	19.11	27.07	0.60	−60.76	88
391	汪澂	南方	2002/05~2013/10	139	4	3.60	0.76	0.20	0.76	0.77	−0.20	0.03	0.08	12.85	27.10	0.38	−57.44	77
392	王宏远	南方	1999/08~2008/03	64	4	22.51	1.00	0.35	0.27	0.76	0.00	−1.03	−0.36	42.51	44.59	0.93	−34.24	25
393	肖勇	南方	2015/07~2020/11	43	6	22.68	3.09*	0.33	0.81	1.26	0.20	−0.12	0.35	41.52	38.87	1.06	−36.00	94
394	张旭	南方	2012/03~2019/02	85	5	−8.93	−1.64	0.33	0.93	0.99	0.30	−0.31	0.31	7.08	31.53	0.16	−52.99	85
395	张原	南方	2010/02~2021/08	139	8	1.56	0.50	0.22	0.90	0.87	0.06	−0.32	0.28	12.97	22.87	0.47	−40.97	84
396	徐超	南华	2015/11~2021/11	68	5	9.08	1.26	−0.18	−0.32	0.87	−0.13	−0.31	0.30	14.78	24.61	0.55	−28.94	65
397	顾旭俊	农银汇理	2016/03~2019/07	42	3	−0.50	−0.11	−0.56	−0.74	0.69	0.01	−0.03	0.20	−0.46	12.68	−0.15	−27.09	70
398	郭世凯	农银汇理	2014/01~2019/12	73	4	−2.65	−0.54	0.18	0.57	0.89	0.10	−0.52	0.40	8.48	27.33	0.24	−51.84	86
399	李洪雨	农银汇理	2008/09~2014/09	70	3	−4.68	−0.93	0.24	0.83	0.74	−0.07	−0.03	0.31	3.36	20.94	0.02	−38.12	83

续表

编号	基金经理	离职前任职公司	任职区间	任职时间（月）	管理基金数量（只）	选股能力 年化α(%)	t(α)	择时能力 γ	t(γ)	β_{mkt}	β_{smb}	β_{hml}	β_{mom}	年化收益率(%)	年化波动率(%)	年化夏普比率	最大回撤率(%)	调整后R^2(%)
400	栾杰	农银汇理	2003/07~2011/03	84	5	14.48	2.76*	0.32	1.20	0.60	-0.17	-0.42	0.36	35.24	21.52	1.55	-22.57	75
401	李嘉	诺安	2014/06~2018/05	49	3	-6.75	-0.98	0.27	0.69	0.98	-0.03	-0.35	0.32	9.67	31.39	0.25	-52.19	88
402	林健标	诺安	2008/01~2011/04	41	3	4.04	0.69	0.03	0.14	0.64	-0.13	-0.02	0.19	0.66	24.24	-0.09	-41.51	93
403	刘红辉	诺安	2008/05~2018/12	125	3	-3.62	-1.07	0.63	3.23*	0.67	0.05	-0.21	0.03	6.64	21.07	0.20	-46.10	82
404	刘魁	诺安	2012/05~2015/10	39	6	6.62	0.98	-0.17	-0.37	0.77	-0.05	-0.04	0.03	24.07	25.13	0.88	-31.44	90
405	盛震山	诺安	2015/09~2018/12	41	6	18.40	3.80*	-0.90	-2.59	0.72	-0.20	-0.27	0.10	11.65	19.83	0.51	-26.10	85
406	史高飞	诺安	2015/01~2020/12	72	4	-6.14	-0.86	-0.15	-0.34	0.99	0.32	-0.21	0.15	6.96	33.51	0.16	-66.79	81
407	王鹏	诺安	2007/07~2011/02	42	2	1.85	0.17	-0.10	-0.20	0.53	0.01	-0.04	-0.17	2.33	23.54	-0.03	-48.26	72
408	王永宏	诺安	2009/03~2013/03	40	2	-7.65	-1.50	-0.29	-0.75	1.00	0.28	0.01	0.18	2.15	27.54	-0.02	-41.21	95
409	夏俊杰	诺安	2010/03~2017/02	85	3	1.98	0.61	0.25	1.14	0.67	0.00	-0.04	0.17	11.06	19.62	0.43	-33.62	87
410	谢志华	诺安	2013/05~2021/10	103	9	3.54	1.63	0.32	2.02*	0.17	0.03	-0.07	0.09	9.50	7.17	1.07	-4.42	41
411	邹翔	诺安	2000/09~2015/01	84	3	-1.40	-0.39	0.03	0.10	0.84	0.13	-0.22	0.18	4.03	21.39	0.05	-52.98	89
412	胡志伟	诺德	2009/09~2021/09	81	5	-4.20	-1.36	-0.06	-0.15	0.82	0.07	-0.08	-0.07	4.88	17.23	0.13	-31.97	89
413	王赟	诺德	2015/08~2020/02	56	1	5.54	0.95	-0.26	-0.61	0.89	0.17	-0.47	0.64	9.32	25.01	0.31	-37.90	81
414	向朝勇	诺德	2005/02~2012/05	78	5	-3.64	-0.64	0.17	0.58	0.80	0.04	-0.43	0.39	3.07	27.97	0.01	-65.97	86
415	应颖	诺德	2018/01~2021/07	44	2	3.02	0.34	-0.43	-0.34	0.93	0.05	-0.36	0.09	12.58	21.90	0.51	-28.36	67
416	周勇	诺德	2012/06~2015/06	38	2	-1.78	-0.20	-0.05	-0.07	1.02	0.24	-0.86	0.26	34.32	27.73	1.13	-15.36	83
417	程世杰	鹏华	2005/05~2015/06	123	5	11.49	3.21*	-0.34	-1.76	0.74	-0.31	-0.13	-0.09	21.13	25.41	0.73	-56.96	88
418	胡东健	鹏华	2015/06~2019/06	50	4	2.41	0.48	0.31	0.90	0.75	0.12	-0.21	0.31	-0.44	23.01	-0.09	-31.49	86

续表

编号	基金经理	离职前任职公司	任职区间	任职时间(月)	管理基金数量(只)	选股能力 年化α(%)	选股能力 t(α)	择时能力 γ	择时能力 t(γ)	β_{mkt}	β_{smb}	β_{hml}	β_{mom}	年化收益率(%)	年化波动率(%)	年化夏普比率	最大回撤率(%)	调整后R^2(%)
419	黄中	鹏华	2001/09~2006/10	63	1	12.34	2.65*	-1.24	-2.27	0.65	-0.13	-0.36	0.29	8.10	15.19	0.39	-26.28	73
420	黄鑫	鹏华	2007/08~2015/08	98	4	-5.36	-1.13	0.03	0.12	0.74	0.14	-0.24	0.22	1.51	25.93	-0.06	-55.65	84
421	龚洪涛	鹏华	2005/09~2011/11	71	2	4.07	0.63	0.36	1.15	0.77	0.00	-0.15	0.46	37.46	28.18	1.25	-30.70	85
422	林宇坤	鹏华	2007/08~2010/08	38	2	4.83	0.57	0.14	0.41	0.80	-0.08	-0.17	0.15	-4.44	32.01	-0.24	-58.12	93
423	罗捷	鹏华	2018/03~2021/07	42	2	8.31	1.71*	-1.50	-2.16	0.85	0.07	-0.01	0.20	12.87	16.58	0.69	-23.60	83
424	谢可	鹏华	2009/10~2014/06	58	1	-8.08	-1.49	0.18	0.25	0.76	0.06	-0.01	0.09	-4.84	17.50	-0.44	-32.62	78
425	谢书英	鹏华	2014/04~2021/11	93	7	7.36	1.78*	-0.57	-1.98	0.64	-0.09	-0.38	-0.02	14.54	18.68	0.69	-28.45	72
426	张卓	鹏华	2007/08~2017/06	120	4	0.58	0.21	-0.15	-0.96	0.74	0.10	-0.01	0.16	4.50	24.64	0.07	-59.57	92
427	郑川江	鹏华	2015/06~2019/06	50	6	0.17	0.04	-0.37	-1.34	0.68	0.10	-0.21	0.06	-5.14	20.94	-0.32	-31.83	89
428	刘俊廷	平安	2015/07~2020/08	63	10	-1.29	-0.19	-0.98	-2.00	0.76	0.09	-0.38	0.31	0.49	24.98	-0.04	-50.89	71
429	乔海英	平安	2015/08~2021/05	71	3	12.02	1.65*	-0.43	-0.77	0.85	0.23	-0.60	0.29	21.41	26.79	0.74	-39.38	67
430	孙健	平安	2012/09~2018/02	67	9	2.12	0.48	-0.41	-1.49	0.39	0.12	-0.15	0.20	7.26	15.38	0.33	-25.15	70
431	汪澳	平安	2016/09~2020/07	48	3	-4.25	-0.98	1.65	2.44*	0.45	0.10	-0.18	0.26	7.92	12.70	0.51	-19.74	71
432	颜正华	平安	2007/07~2013/04	42	4	-3.44	-0.65	0.49	1.79*	0.50	0.04	-0.11	0.06	-3.66	17.20	-0.42	-38.40	84
433	蒋建伟	浦银安盛	2010/07~2020/06	121	4	-0.75	-0.16	-0.22	-0.63	1.10	0.30	-0.45	0.25	12.28	31.27	0.32	-68.05	84
434	丁骏	前海开源	2006/12~2020/04	140	7	-0.53	-0.19	0.23	1.68*	0.67	-0.09	-0.04	0.25	8.61	22.91	0.28	-56.84	88
435	史程	前海开源	2016/04~2021/03	61	12	12.08	1.91*	1.12	1.00	0.70	-0.20	0.06	0.10	21.29	17.42	1.14	-16.28	53
436	唐文杰	前海开源	2009/07~2014/12	44	2	-18.59	-2.67	-0.15	-0.24	0.86	0.28	0.05	0.22	-6.99	22.04	-0.45	-32.44	84
437	徐立平	前海开源	2014/09~2018/02	43	3	-14.17	-1.68	1.99	4.33*	0.44	-0.01	0.62	0.27	13.28	21.87	0.53	-25.80	67

续表

编号	基金经理	离职前任职公司	任职区间	任职时间(月)	管理基金数量(只)	选股能力		择时能力		β_{mkt}	β_{smb}	β_{hml}	β_{mom}	年化收益率(%)	年化波动率(%)	年化夏普比率	最大回撤率(%)	调整后R^2(%)
						年化α(%)	$t(\alpha)$	γ	$t(\gamma)$									
438	赵雪芹	前海开源	2016/01~2020/06	55	5	6.72	2.03*	-1.63	-3.15	0.58	-0.21	-0.40	-0.14	7.17	10.52	0.54	-19.10	70
439	陈鹤明	融通	2006/11~2011/02	53	3	3.74	0.49	0.07	0.28	0.77	-0.14	-0.29	0.45	18.70	33.35	0.47	-60.47	91
440	付伟琦	融通	2015/06~2020/01	57	5	15.63	2.78*	-0.87	-2.09	0.72	-0.07	-0.29	-0.27	11.20	21.57	0.45	-24.65	76
441	管文浩	融通	2004/06~2013/01	89	4	1.63	0.30	-0.01	-0.04	0.83	0.02	-0.19	0.40	11.01	28.97	0.29	-74.30	85
442	郭恒	融通	2011/03~2014/08	43	1	-8.29	-1.07	1.15	1.13	0.90	0.19	0.18	0.42	2.05	21.07	-0.05	-33.14	77
443	郝继伦	融通	2001/09~2010/01	71	2	13.99	2.28*	-0.23	-0.89	0.65	-0.18	-0.16	0.08	13.73	25.61	0.44	-55.72	82
444	刘模林	融通	2004/03~2011/03	86	3	7.56	1.66*	0.17	0.85	0.71	-0.19	-0.23	0.35	20.96	26.65	0.69	-53.38	88
445	鲁万峰	融通	2007/09~2011/12	53	2	-12.31	-1.80	0.13	0.41	0.83	0.00	-0.40	0.37	-18.41	30.44	-0.70	-65.08	90
446	汪忠远	融通	2010/04~2014/10	56	2	-10.63	-2.30	0.43	0.70	0.65	0.10	-0.17	0.31	-0.53	14.91	-0.24	-29.92	79
447	吴巍	融通	2011/04~2014/10	44	3	-7.94	-1.57	0.20	0.31	0.63	0.12	-0.05	0.22	0.23	14.43	-0.20	-19.84	79
448	姚昆	融通	2012/07~2015/07	38	1	-4.25	-0.81	1.10	2.83*	0.72	-0.20	-0.12	0.29	21.42	21.65	0.86	-17.21	91
449	易万军	融通	2003/09~2007/02	43	1	15.85	2.92*	-1.32	-2.56	0.69	-0.26	-0.30	0.22	25.83	18.13	1.30	-23.45	84
450	周珺	融通	2012/01~2015/03	40	3	-0.42	-0.06	1.15	1.59	0.62	-0.23	0.46	0.25	20.61	19.11	0.92	-16.71	76
451	蔡文	山西证券	2016/12~2020/03	41	2	2.23	0.47	-0.76	-1.03	0.44	0.03	0.05	0.13	0.95	9.62	-0.06	-17.26	49
452	林鹏	上海东方证券	2014/09~2020/04	69	8	17.74	3.39*	-0.07	-0.20	0.60	-0.12	-0.24	0.04	23.54	18.99	1.15	-23.71	69
453	朱倍	上海海通证券	2011/04~2021/10	88	2	-8.45	-1.64	0.05	0.13	1.00	0.19	-0.26	0.20	4.79	29.51	0.08	-51.40	85
454	董红波	上投摩根	2007/02~2015/01	91	4	-2.42	-0.45	0.23	0.72	0.92	-0.03	-0.21	0.21	16.92	28.64	0.49	-34.61	84
455	冯刚	上投摩根	2006/06~2014/11	87	4	9.43	2.43*	0.02	0.14	0.89	-0.01	-0.41	0.32	26.79	30.27	0.80	-60.81	94
456	黄栋	上投摩根	2015/06~2019/11	55	3	4.24	1.11	0.06	0.21	0.78	0.16	-0.24	0.12	1.71	22.47	0.01	-32.63	90

续表

编号	基金经理	离职前任职公司	任职区间	任职时间(月)	管理基金数量(只)	选股能力		择时能力		β_{mkt}	β_{smb}	β_{hml}	β_{mom}	年化收益率(%)	年化波动率(%)	年化夏普比率	最大回撤率(%)	调整后 R^2(%)
						年化 α(%)	$t(\alpha)$	γ	$t(\gamma)$									
457	吕俊	上投摩根	2002/05~2007/07	60	4	14.34	2.53*	0.66	1.45	0.77	-0.12	-0.27	0.43	44.96	24.75	1.76	-10.99	84
458	罗建辉	上投摩根	2009/10~2015/01	64	4	-7.68	-1.40	0.55	0.75	0.67	0.14	-0.28	0.24	4.43	16.14	0.09	-26.83	69
459	孟亮	上投摩根	2012/03~2019/02	80	8	4.54	0.75	-0.13	-0.28	0.91	-0.12	-0.58	0.35	12.50	23.79	0.44	-43.21	70
460	帅壳	上投摩根	2014/12~2019/03	53	3	0.17	0.02	0.43	1.01	0.98	0.16	-0.81	0.27	11.84	34.42	0.30	-53.40	86
461	孙延群	上投摩根	2004/06~2009/06	58	3	25.79	3.85*	-0.27	-1.02	0.75	-0.14	-0.35	0.30	39.81	30.33	1.24	-55.19	88
462	王孝德	上投摩根	2007/04~2014/11	89	3	-0.82	-0.15	0.09	0.29	0.74	0.11	-0.46	0.12	13.74	23.75	0.46	-34.07	79
463	王振州	上投摩根	2007/11~2011/11	50	4	-2.56	-0.41	0.23	0.82	0.81	-0.03	0.00	0.06	-3.17	29.02	-0.21	-57.70	92
464	吴鹏	上投摩根	2006/09~2012/08	68	5	-12.19	-2.74	0.45	2.08*	0.77	0.05	-0.06	0.25	0.22	26.06	-0.11	-55.86	93
465	许俊哲	上投摩根	2015/04~2018/05	39	1	-3.49	-0.63	0.20	0.56	1.04	-0.08	-0.54	0.26	-8.86	30.81	-0.34	-49.39	93
466	杨安乐	上投摩根	2007/08~2013/05	71	1	2.11	0.40	-0.27	-0.92	0.87	-0.09	0.21	-0.15	-4.03	30.71	-0.23	-63.47	90
467	张飞	上投摩根	2015/01~2018/01	38	2	2.92	0.29	0.22	0.43	0.95	0.09	-0.54	0.40	13.48	36.06	0.33	-48.13	86
468	张富盛	上投摩根	2018/03~2021/10	44	2	21.96	1.98*	-2.82	-1.72	1.14	0.19	-0.44	0.37	29.74	26.63	1.06	-37.52	63
469	张淑婉	上投摩根	2018/06~2021/06	38	1	12.68	1.92*	-3.07	-3.17	0.89	-0.15	0.18	0.17	13.50	16.98	0.71	-11.81	73
470	赵艰申	上投摩根	2013/08~2017/07	46	3	3.39	0.43	-0.18	-0.43	0.98	0.21	-0.07	0.45	29.20	31.15	0.89	-40.13	87
471	芮昆	上投摩根	2006/04~2009/09	43	2	13.58	1.48	-0.08	-0.28	0.56	-0.12	-0.07	0.26	29.08	27.14	0.96	-42.57	86
472	常永涛	申万菱信	2005/11~2009/08	47	2	3.38	0.53	0.00	-0.02	0.82	-0.11	-0.19	0.25	33.76	36.20	0.85	-61.53	95
473	刘忠勋	申万菱信	2011/08~2015/04	46	1	-3.48	-0.68	-0.02	-0.04	1.00	0.44	-0.44	-0.01	23.74	25.96	0.80	-29.11	91
474	欧庆铃	申万菱信	2005/10~2015/08	106	6	-0.65	-0.13	0.41	1.58	0.68	-0.09	0.27	0.12	11.18	24.45	0.35	-42.35	82
475	谭涛	申万菱信	2011/06~2015/06	50	1	-7.20	-1.10	0.57	0.90	0.84	0.17	-0.22	0.20	18.51	24.17	0.64	-22.69	82

续表

编号	基金经理	离职前任职公司	任职区间	任职时间（月）	管理基金数量（只）	选股能力		择时能力		β_{mkt}	β_{smb}	β_{hml}	β_{mom}	年化收益率（%）	年化波动率（%）	年化夏普比率	最大回撤率（%）	调整后 R^2（%）
						年化 α（%）	$t(\alpha)$	γ	$t(\gamma)$									
476	魏立	申万菱信	2009/06~2012/07	39	2	-10.50	-1.84	0.14	0.29	0.94	0.38	0.11	0.46	-4.70	25.56	-0.29	-37.51	92
477	徐爽	申万菱信	2008/01~2015/05	90	3	-7.65	-1.82	0.49	2.15*	0.76	0.25	-0.26	0.29	12.74	24.85	0.39	-47.12	88
478	张鹏	申万菱信	2008/12~2014/01	63	2	-7.69	-1.21	0.32	0.64	0.97	0.12	0.20	0.45	10.21	26.80	0.28	-44.45	85
479	赵梓峰	太平	2007/03~2016/02	65	2	-8.01	-0.86	0.44	1.47	0.73	-0.05	-0.33	0.34	3.31	33.51	0.02	-58.75	83
480	陈桥宁	泰达宏利	2011/03~2014/10	45	3	-4.29	-0.76	0.35	0.48	0.87	-0.15	-0.11	0.20	-1.40	18.14	-0.25	-30.65	83
481	邓艺颖	泰达宏利	2011/06~2018/12	92	6	0.09	0.01	0.25	0.60	0.86	0.16	-0.36	0.58	6.49	27.59	0.15	-55.12	76
482	傅浩	泰达宏利	2017/03~2021/08	55	5	4.56	1.59	0.58	1.23	0.36	0.02	0.17	0.11	9.82	8.38	0.99	-10.66	65
483	李泽刚	泰达宏利	2005/09~2009/05	46	3	9.66	1.24	-0.30	-1.12	0.72	-0.18	-0.16	0.19	28.88	31.17	0.83	-62.25	90
484	梁辉	泰达宏利	2005/04~2015/03	121	10	8.31	1.99*	-0.21	-1.01	0.71	-0.08	-0.28	0.27	21.50	23.88	0.78	-52.19	81
485	刘青山	泰达宏利	2003/04~2013/01	119	2	12.09	2.76*	0.00	-0.02	0.81	-0.19	-0.27	0.40	21.24	27.76	0.67	-57.54	84
486	庞宝臣	泰达宏利	2016/08~2019/12	42	7	4.00	0.96	-0.15	-0.22	0.65	0.02	0.29	0.13	4.88	12.27	0.28	-23.93	74
487	魏延军	泰达宏利	2004/06~2008/07	40	3	1.26	0.19	0.26	0.85	0.67	-0.45	-0.04	0.08	6.90	25.68	0.16	-43.78	88
488	吴俊峰	泰达宏利	2009/03~2014/08	67	3	-2.89	-0.47	0.26	0.48	0.87	0.02	-0.42	0.36	8.27	22.21	0.24	-26.64	77
489	周琦凯	泰达宏利	2015/05~2021/02	70	2	-1.21	-0.19	-0.58	-1.20	1.06	-0.21	-0.64	-0.42	-0.92	28.77	-0.08	-58.93	79
490	彭一博	泰康	2014/05~2017/11	40	5	12.49	1.64*	1.21	3.06*	0.36	0.13	-0.10	0.26	34.47	16.40	2.04	-2.76	61
491	崔海鸿	泰信	2005/10~2009/12	47	3	-11.51	-0.82	1.11	1.91*	0.73	0.06	0.34	0.58	23.68	30.86	0.71	-38.37	72
492	戴宇虹	泰信	2012/03~2016/11	58	3	-4.15	-0.60	0.42	1.12	0.99	-0.03	-0.42	0.39	14.67	31.55	0.39	-50.77	87
493	刘杰	泰信	2015/03~2021/09	80	2	0.72	0.13	-0.10	-0.26	0.88	0.29	-0.13	0.27	9.10	28.27	0.27	-62.16	80
494	刘强	泰信	2007/02~2012/11	71	1	-17.48	-2.91	0.84	3.28*	0.92	0.25	-0.30	0.34	2.35	34.57	-0.02	-64.42	90

续表

编号	基金经理	离职前任职公司	任职区间	任职时间(月)	管理基金数量(只)	选股能力 年化α(%)	选股能力 t(α)	择时能力 γ	择时能力 t(γ)	β_{mkt}	β_{smb}	β_{hml}	β_{mom}	年化收益率(%)	年化波动率(%)	年化夏普比率	最大回撤率(%)	调整后R^2(%)
495	刘毅	泰信	2010/12~2014/05	43	2	-12.10	-1.83	1.68	1.90*	0.75	0.31	0.23	0.23	-1.37	18.70	-0.24	-25.73	78
496	柳菁	泰信	2009/04~2015/08	78	2	-1.10	-0.24	-0.06	-0.17	0.95	0.18	-0.08	0.33	14.74	28.33	0.42	-40.43	90
497	钱鑫	泰信	2014/05~2021/08	88	3	6.49	1.13	-0.42	-1.07	0.86	0.20	-0.33	0.27	19.36	27.50	0.64	-58.17	77
498	袁园	泰信	2012/03~2017/07	66	1	-3.21	-0.52	0.23	0.62	0.90	0.08	-0.60	0.60	10.04	29.17	0.26	-55.30	84
499	张彦	泰信	2017/11~2021/07	46	1	1.65	0.21	-1.50	-1.29	0.88	0.22	-0.40	0.22	9.53	20.36	0.39	-36.71	68
500	姜文涛	天弘	2005/04~2016/10	82	6	3.83	0.77	0.42	1.76*	0.72	-0.30	-0.48	0.38	27.15	24.23	1.06	-23.65	84
501	王林	天弘	2015/12~2018/12	38	4	-3.05	-1.06	0.28	1.15	0.14	-0.07	-0.22	-0.09	-1.57	5.18	-0.59	-14.65	29
502	肖志刚	天弘	2013/09~2019/07	72	6	-1.40	-0.32	0.09	0.31	0.82	0.06	-0.44	0.24	7.71	24.59	0.24	-49.30	86
503	刘红兵	天治	2004/06~2008/06	49	2	-1.19	-0.22	0.41	1.63	0.58	-0.15	0.06	0.25	22.58	23.65	0.84	-33.54	88
504	吴涛	天治	2008/04~2011/08	42	2	-3.72	-0.56	-0.12	-0.42	0.72	0.07	-0.06	0.24	-2.47	26.16	-0.20	-47.33	92
505	谢京	天治	2005/08~2012/05	83	2	3.60	0.67	0.22	0.96	0.60	-0.03	0.17	0.50	18.68	24.45	0.65	-47.41	82
506	曾海	天治	2015/06~2019/02	46	1	-7.00	-1.05	-0.41	-0.92	0.77	0.00	-0.47	0.33	-16.55	25.49	-0.71	-55.05	82
507	高翰昆	万家	2015/05~2018/07	40	14	5.08	2.25*	-0.17	-1.04	0.15	-0.03	0.14	-0.13	3.97	5.28	0.46	-5.20	58
508	侯慧娣	万家	2015/12~2021/04	61	4	0.41	0.22	-0.10	-0.73	0.04	0.01	-0.07	-0.01	1.93	3.63	0.13	-5.87	9
509	刘芳洁	万家	2007/07~2014/10	83	4	-2.26	-0.39	0.09	0.26	0.70	0.14	0.04	0.15	4.11	23.65	0.05	-47.97	79
510	吕宜振	万家	2006/11~2012/12	63	5	-1.35	-0.18	-0.05	-0.13	0.83	0.10	-0.41	0.41	20.59	29.33	0.63	-30.73	84
511	孙远慧	万家	2016/03~2020/10	57	7	3.60	0.71	0.96	1.13	0.86	0.03	0.33	-0.03	9.90	17.63	0.49	-21.43	75
512	朱颖	万家	2011/11~2015/01	40	2	-10.74	-2.08	-0.50	-0.76	0.85	-0.01	-0.44	0.23	0.77	16.72	-0.14	-21.05	84
513	傅明笑	西部利得	2008/08~2014/11	70	3	-12.05	-2.62	0.42	1.44	0.61	0.19	0.07	0.20	1.88	17.71	-0.05	-36.82	79

续表

编号	基金经理	离职前任职公司	任职区间	任职时间(月)	管理基金数量(只)	选股能力 年化α(%)	t(α)	择时能力 γ	t(γ)	β_{mkt}	β_{smb}	β_{hml}	β_{mom}	年化收益率(%)	年化波动率(%)	年化夏普比率	最大回撤率(%)	调整后R^2(%)
514	韩丽楠	西部利得	2015/08~2021/09	75	7	6.24	1.92*	0.26	1.04	0.21	-0.07	-0.21	0.19	11.16	9.08	1.06	-6.45	40
515	刘崟	西部利得	2016/01~2021/06	67	10	5.16	1.55	0.22	0.41	0.54	-0.08	0.04	0.05	11.86	11.51	0.90	-15.37	67
516	张维义	西部利得	2015/06~2018/09	41	5	1.50	0.62	-0.07	-0.39	0.08	-0.02	-0.14	0.02	1.67	4.29	0.04	-5.31	29
517	王颢	先锋	2017/06~2020/06	38	4	-5.00	-1.05	1.38	2.02*	0.68	0.19	-0.15	0.07	3.56	15.36	0.13	-26.71	84
518	杨帅	先锋	2018/04~2021/08	42	3	0.34	0.06	-1.77	-2.12	0.91	0.00	-0.41	-0.18	5.83	18.09	0.24	-24.94	80
519	付伟	新华	2015/08~2021/08	74	8	14.53	2.85*	-1.13	-2.87	0.87	-0.04	-0.53	-0.29	18.65	23.03	0.74	-32.60	78
520	蒋畅	新华	2001/02~2006/06	47	2	-9.12	-1.56	2.04	3.28*	0.49	0.01	0.61	0.41	8.98	17.10	0.41	-22.56	78
521	王卫东	新华	2008/07~2013/12	67	3	-5.04	-0.75	1.89	4.80*	0.76	0.11	0.29	0.18	17.38	24.54	0.59	-28.46	78
522	姚秋	新华	2015/01~2021/11	84	3	6.30	2.10*	-0.10	-0.49	0.26	-0.08	-0.09	-0.13	8.82	8.92	0.81	-17.37	43
523	陈令朝	鑫元	2018/01~2021/10	47	3	6.60	1.00	-0.64	-0.64	0.46	-0.13	-0.02	0.11	8.82	12.99	0.56	-11.42	41
524	王美芹	鑫元	2017/12~2021/02	40	1	14.75	1.95*	-1.61	-1.56	0.61	0.00	0.17	0.29	14.99	14.76	0.91	-11.04	54
525	杜蜀鹏	信达澳银	2012/04~2015/12	46	4	3.16	0.36	-0.58	-0.91	1.07	-0.18	-0.19	0.18	17.83	31.75	0.47	-49.07	85
526	冯士祯	信达澳银	2015/05~2019/04	49	6	7.98	1.88*	-1.28	-4.43	0.88	-0.20	-0.46	-0.13	-6.24	26.15	-0.30	-47.39	93
527	孔学峰	信达澳银	2016/10~2020/09	48	1	15.20	3.34*	-1.20	-1.71	0.86	-0.13	-0.26	-0.05	17.29	16.21	0.97	-21.87	81
528	李朝伟	信达澳银	2016/01~2020/01	50	4	3.36	0.65	0.19	0.23	0.79	-0.01	-0.32	0.12	9.64	16.48	0.49	-24.22	72
529	王辉良	信达澳银	2016/01~2021/11	67	3	1.70	0.33	0.76	0.88	0.95	0.15	-0.07	0.02	12.19	19.51	0.56	-41.86	75
530	王成强	信达澳银	2008/07~2015/07	86	3	-4.61	-0.73	1.07	2.95*	0.69	-0.02	0.02	0.21	15.42	24.12	0.52	-32.75	72
531	曾昭雄	信达澳银	2003/04~2008/12	55	7	18.92	2.62*	-0.30	-1.01	0.78	-0.09	-0.35	0.26	5.70	29.58	0.11	-62.78	87
532	吴卫东	兴业	2015/01~2020/10	70	3	-0.04	-0.01	-0.04	-0.19	0.70	0.00	-0.10	-0.07	7.17	20.36	0.27	-37.41	87

续表

编号	基金经理	离职前任职公司	任职区间	任职时间(月)	管理基金数量(只)	选股能力 年化α(%)	选股能力 t(α)	择时能力 γ	择时能力 t(γ)	β_{mkt}	β_{smb}	β_{hml}	β_{mom}	年化收益率(%)	年化波动率(%)	年化夏普比率	最大回撤率(%)	调整后 R^2 (%)
533	王磊	兴银	2017/07~2020/12	43	3	8.94	2.15*	-0.08	-0.13	0.60	0.05	0.09	0.23	14.47	12.81	1.01	-15.74	79
534	陈锦泉	兴证全球	2011/05~2015/01	46	1	4.39	0.70	1.18	1.41	0.73	0.03	0.46	0.29	20.11	18.40	0.92	-20.63	77
535	陈扬帆	兴证全球	2009/03~2014/12	71	2	-6.35	-0.78	0.66	0.88	0.68	0.40	0.76	0.75	13.26	24.38	0.43	-28.84	63
536	董承非	兴证全球	2007/02~2021/09	177	5	6.07	2.60*	0.35	2.76*	0.69	-0.09	-0.16	0.07	16.58	21.17	0.67	-49.68	87
537	季佩乐	兴证全球	2014/11~2021/06	81	2	7.47	1.65*	0.69	2.34*	0.74	-0.06	-0.34	0.05	22.28	21.72	0.95	-31.05	79
538	王晓明	兴证全球	2005/11~2013/09	96	2	5.07	1.42	0.58	3.54*	0.73	-0.14	-0.20	0.09	26.52	25.72	0.92	-43.85	91
539	吴圣涛	兴证全球	2008/03~2018/06	116	6	4.94	1.36	-0.29	-1.43	0.78	0.00	-0.36	0.07	7.06	24.88	0.19	-52.56	87
540	杨大力	兴证全球	2008/12~2014/11	44	2	4.36	0.61	-0.54	-1.35	0.60	-0.08	-0.01	0.41	18.72	17.70	0.93	-17.20	82
541	张惠萍	兴证全球	2008/01~2013/01	62	3	-2.48	-0.44	0.46	1.51	0.67	-0.01	-0.20	0.12	1.60	22.49	-0.06	-39.00	83
542	蔡海洪	易方达	2011/09~2015/06	47	3	-0.34	-0.08	0.56	1.37	0.49	-0.05	0.10	0.03	17.75	14.96	0.99	-10.75	82
543	陈志民	易方达	2001/06~2011/03	120	4	13.86	3.39*	0.17	0.79	0.72	-0.20	-0.22	0.50	22.22	25.27	0.80	-53.21	84
544	何云峰	易方达	2008/01~2014/11	84	2	-8.92	-2.05	0.26	1.04	0.71	0.16	-0.19	0.26	0.39	21.95	-0.12	-48.41	85
545	侯清濯	易方达	2006/01~2012/08	81	3	4.08	0.69	0.15	0.60	0.66	-0.16	-0.30	0.24	17.44	25.80	0.56	-44.25	81
546	江作良	易方达	2001/06~2007/06	72	2	12.73	3.20*	0.24	0.81	0.48	-0.30	0.13	0.09	23.88	16.36	1.35	-8.89	79
547	李文健	易方达	2011/01~2015/02	51	1	3.29	0.35	-0.85	-0.66	0.56	0.31	-0.29	0.16	11.08	18.51	0.43	-21.06	45
548	梁裕宁	易方达	2016/01~2020/05	54	3	8.22	1.78*	-2.20	-3.05	1.09	-0.07	-0.44	0.17	9.72	18.73	0.44	-34.43	82
549	马骏	易方达	2001/06~2005/12	56	1	5.64	1.08	0.59	0.82	0.57	-0.40	0.27	0.11	4.29	14.54	0.15	-14.11	73
550	潘峰	易方达	2007/04~2014/11	93	1	-3.82	-0.98	0.51	2.37*	0.88	-0.03	-0.27	0.14	6.82	27.30	0.14	-58.45	91
551	冉华	易方达	2004/02~2007/12	48	1	21.55	2.58*	0.23	0.42	0.70	-0.22	-0.30	0.24	50.90	26.05	1.86	-13.60	77

续表

编号	基金经理	离职前任职公司	任职区间	任职时间(月)	管理基金数量(只)	选股能力 年化α(%)	选股能力 t(α)	择时能力 γ	择时能力 t(γ)	β_{mkt}	β_{smb}	β_{hml}	β_{mom}	年化收益率(%)	年化波动率(%)	年化夏普比率	最大回撤率(%)	调整后 R^2(%)
552	宋昆	易方达	2010/09~2018/12	101	5	0.18	0.03	0.43	1.10	1.09	0.07	-0.79	0.51	7.31	30.70	0.16	-65.28	82
553	王超	易方达	2013/05~2021/04	98	7	0.62	0.13	0.66	1.96*	0.59	-0.14	-0.13	0.01	12.04	18.61	0.55	-30.13	60
554	王义克	易方达	2014/12~2018/02	40	1	15.16	1.83*	-0.04	-0.09	0.97	-0.01	-0.72	0.46	21.16	34.75	0.56	-46.55	88
555	吴欣荣	易方达	2004/02~2014/03	123	3	4.77	1.39	0.25	1.43	0.77	-0.13	-0.08	0.31	16.03	25.81	0.51	-53.94	89
556	伍卫	易方达	2006/09~2011/09	61	6	7.09	1.00	0.08	0.27	0.77	-0.19	-0.32	0.42	21.83	30.78	0.63	-46.10	88
557	肖坚	易方达	2002/03~2007/12	71	3	14.99	2.90*	0.55	1.44	0.75	-0.44	-0.12	0.25	41.06	25.74	1.50	-14.99	85
558	肖林	易方达	2016/05~2019/08	41	2	9.18	2.54*	-1.25	-2.09	0.24	-0.05	0.03	-0.09	7.51	6.61	0.91	-7.06	32
559	韩宁	益民	2012/03~2016/06	53	3	-5.14	-0.97	0.17	0.59	0.85	-0.05	-0.46	0.18	10.03	27.02	0.27	-49.09	90
560	侯燕琳	益民	2010/12~2014/08	42	3	-10.17	-1.15	0.94	0.61	0.70	0.27	0.30	0.20	-2.17	17.95	-0.30	-23.71	63
561	蒋俊国	益民	2011/08~2015/05	47	1	-16.83	-3.47	-0.14	-0.30	0.73	0.25	0.19	0.10	8.68	21.61	0.26	-34.80	89
562	李勇钢	益民	2011/09~2014/11	40	1	-15.67	-2.73	1.70	2.39*	0.58	0.24	0.14	0.00	5.15	15.49	0.13	-23.97	80
563	熊伟	益民	2007/10~2011/09	49	1	-1.88	-0.26	-0.30	-0.95	0.75	0.09	0.38	0.26	-11.46	29.31	-0.49	-55.19	90
564	成胜	银河	2010/09~2015/05	58	3	9.15	1.06	-0.15	-0.16	1.02	0.42	-0.58	0.55	37.11	30.53	1.12	-27.49	77
565	李昇	银河	2002/09~2009/07	85	4	11.90	2.78*	0.06	0.31	0.65	-0.37	0.04	-0.11	24.58	24.28	0.92	-48.34	87
566	刘凤华	银河	2007/01~2013/01	74	2	2.11	0.41	0.25	1.16	0.66	0.09	-0.10	0.44	12.61	25.35	0.38	-51.42	86
567	楼华锋	银河	2016/12~2021/05	55	10	8.98	1.56	-0.66	-0.68	0.94	-0.12	0.17	0.10	14.85	18.36	0.73	-18.99	70
568	余科苗	银河	2017/12~2021/04	42	4	12.78	5.07*	-0.64	-1.75	0.43	0.19	0.05	0.33	16.54	9.09	1.66	-7.53	84
569	葛鹤军	银华	2014/10~2018/06	46	4	3.60	1.67*	0.36	2.97*	0.07	0.00	0.08	0.05	8.95	4.56	1.59	-1.49	44
570	郭建兴	银华	2009/12~2016/06	76	2	2.92	0.63	-0.09	-0.30	0.75	0.05	-0.43	0.28	12.87	23.37	0.44	-39.81	85

续表

编号	基金经理	离职前任职公司	任职区间	任职时间(月)	管理基金数量(只)	选股能力 年化α(%)	选股能力 t(α)	择时能力 γ	择时能力 t(γ)	β_mkt	β_smb	β_hml	β_mom	年化收益率(%)	年化波动率(%)	年化夏普比率	最大回撤率(%)	调整后R²(%)
571	金斌	银华	2009/02~2013/06	54	2	4.26	1.26	-0.53	-2.06	0.66	0.05	-0.19	0.15	8.72	17.90	0.33	-17.58	91
572	况群峰	银华	2006/09~2011/08	61	3	15.96	2.38*	0.06	0.24	0.78	-0.26	-0.30	0.47	26.58	32.39	0.73	-58.19	90
573	刘春雨	银华	2012/04~2015/04	38	1	10.46	1.83*	-0.47	-0.90	1.09	-0.28	-1.00	0.48	32.07	21.66	1.34	-16.72	88
574	陆文俊	银华	2006/07~2013/08	83	4	-1.44	-0.36	0.34	1.63	0.86	0.00	-0.15	0.16	26.57	28.34	0.85	-36.56	93
575	王华	银华	2006/11~2017/07	130	5	6.63	1.84*	0.07	0.39	0.79	0.03	-0.43	0.37	18.70	27.77	0.58	-59.00	89
576	王翔	银华	2017/03~2021/05	52	3	10.94	1.42	0.57	0.45	0.77	0.41	-0.27	0.33	20.83	20.59	0.94	-25.35	61
577	王鑫钢	银华	2013/02~2019/11	83	5	-3.46	-0.81	0.01	0.04	0.78	0.03	-0.20	0.08	5.86	22.85	0.17	-52.17	83
578	许翔	银华	2003/05~2009/06	66	3	10.05	1.41	0.20	0.68	0.59	-0.29	-0.38	0.29	22.72	25.21	0.82	-49.68	76
579	周可彦	银华	2008/02~2018/11	96	7	8.57	1.60	-0.65	-2.13	0.64	0.04	-0.12	0.03	2.02	24.03	-0.01	-58.44	74
580	邹积建	银华	2008/07~2016/06	71	2	-0.81	-0.15	0.16	0.66	0.87	0.08	-0.10	-0.01	21.97	31.19	0.63	-36.15	91
581	李明阳	圆信永丰	2017/12~2021/10	48	4	11.80	1.77*	-1.48	-1.45	0.95	-0.06	-0.41	0.19	18.44	20.30	0.83	-25.65	74
582	顾晓飞	长安	2014/08~2020/06	63	7	0.63	0.10	0.06	0.15	0.58	-0.40	0.56	-0.55	7.64	22.92	0.27	-39.68	75
583	王海军	长安	2012/06~2021/08	90	5	1.43	0.22	-0.19	-0.45	0.86	-0.24	-0.49	-0.11	6.43	25.81	0.17	-56.03	68
584	荣绍菲	长安	2015/05~2018/11	44	2	-0.40	-0.07	-0.26	-0.60	0.53	-0.23	-0.32	-0.35	-5.80	15.86	-0.46	-26.71	64
585	韩浩	长城	2002/07~2006/02	44	2	8.76	1.40	-0.46	-0.43	0.57	-0.31	-0.14	0.21	6.02	13.48	0.29	-15.52	68
586	蒋劲刚	长城	2010/01~2019/05	114	9	-0.70	-0.23	-0.20	-0.91	0.52	0.06	-0.09	0.12	3.40	15.60	0.07	-30.13	73
587	刘颖芳	长城	2010/01~2015/02	63	2	-7.41	-1.48	-0.07	-0.10	0.52	0.10	-0.44	0.03	0.69	12.94	-0.18	-24.27	60
588	秦玲萍	长城	2006/03~2009/04	40	1	20.46	1.65*	-0.06	-0.16	0.69	-0.30	-0.27	0.22	39.70	33.85	1.08	-52.95	85
589	史彦刚	长城	2013/04~2016/11	45	8	11.60	1.97*	-0.03	-0.11	0.11	0.00	-0.01	0.16	14.01	9.04	1.29	-4.43	24

续表

编号	基金经理	离职前任职公司	任职区间	任职时间(月)	管理基金数量(只)	选股能力 年化α(%)	t(α)	择时能力 γ	t(γ)	β_{mkt}	β_{smb}	β_{hml}	β_{mom}	年化收益率(%)	年化波动率(%)	年化夏普比率	最大回撤率(%)	调整后R^2(%)
590	吴文庆	长城	2013/12~2017/02	40	8	7.64	1.36	-0.13	-0.50	0.43	0.01	-0.71	0.10	13.90	16.27	0.72	-16.81	81
591	徐九龙	长城	2008/02~2016/02	98	5	-3.01	-0.65	0.21	0.93	0.51	0.12	-0.43	0.08	6.39	19.70	0.18	-46.83	74
592	杨毅平	长城	2002/03~2013/05	123	5	11.14	2.78*	-0.45	-2.37	0.81	-0.41	-0.32	-0.22	14.79	29.21	0.41	-60.78	91
593	郑郁强	长城	2015/07~2018/07	38	3	9.54	1.07	-0.30	-0.48	1.00	0.08	-1.11	0.15	7.69	31.56	0.20	-31.12	83
594	邓永明	长盛	2006/05~2014/09	101	6	3.03	0.66	0.24	1.03	0.73	-0.08	-0.36	0.13	21.04	23.89	0.77	-36.01	83
595	付海宁	长盛	2017/07~2021/07	43	8	5.73	0.92	-1.09	-1.09	0.72	-0.11	0.06	0.05	3.41	14.06	0.14	-25.37	58
596	侯继雄	长盛	2007/10~2014/03	79	2	-0.12	-0.03	0.13	0.62	0.70	0.01	-0.07	0.15	-0.47	22.47	-0.16	-55.19	90
597	乔林建	长盛	2013/01~2017/10	56	7	3.30	0.91	-0.07	-0.35	0.76	0.07	-0.41	0.14	22.92	20.35	1.04	-25.26	91
598	乔培涛	长盛	2016/08~2021/07	61	11	5.59	1.09	-0.26	-0.30	0.84	0.06	-0.01	0.36	13.15	17.21	0.68	-24.22	70
599	宋炳山	长盛	2001/04~2008/06	62	5	4.04	0.81	-0.28	-0.63	0.63	-0.29	-0.06	0.26	-10.57	18.55	-0.74	-45.67	82
600	田间	长盛	2013/07~2018/02	57	5	-6.11	-1.18	-0.71	-2.28	0.71	0.00	0.21	0.17	2.45	23.13	0.02	-50.15	85
601	吴博文	长盛	2014/06~2019/05	57	5	-4.41	-0.66	-0.47	-0.72	0.76	0.24	0.38	0.29	9.35	23.83	0.33	-45.72	77
602	肖强	长盛	2002/11~2010/02	78	5	7.92	1.66*	0.15	0.69	0.69	-0.16	-0.03	0.26	16.58	26.02	0.55	-56.89	88
603	许良胜	长盛	2002/04~2008/08	50	2	1.23	0.20	-0.37	-0.71	0.69	-0.47	0.19	0.00	-18.92	22.22	-0.98	-58.16	86
604	许彤	长盛	2004/10~2009/04	56	1	12.68	1.78*	-0.02	-0.08	0.68	-0.15	-0.20	0.28	28.73	28.21	0.92	-55.66	85
605	赵宏宇	长盛	2013/05~2019/07	76	6	-3.02	-0.50	0.31	0.79	0.56	0.10	-0.29	-0.05	7.78	20.37	0.29	-41.30	60
606	闵昱	长盛	2002/06~2006/04	47	5	7.63	1.18	0.22	0.21	0.68	-0.36	-0.50	0.24	7.92	15.32	0.40	-18.94	74
607	付勇	长信	2006/01~2012/10	80	3	8.03	1.79*	-0.15	-0.80	0.86	-0.02	0.04	-0.03	28.07	31.96	0.80	-63.46	93
608	胡志宝	长信	2006/12~2015/02	100	4	-2.78	-0.74	-0.01	-0.08	0.83	-0.01	-0.23	0.20	10.45	27.51	0.27	-61.19	91

续表

编号	基金经理	离职前任职公司	任职区间	任职时间（月）	管理基金数量（只）	选股能力 年化 α(%)	选股能力 t(α)	择时能力 γ	择时能力 t(γ)	β_mkt	β_smb	β_hml	β_mom	年化收益率（%）	年化波动率（%）	年化夏普比率	最大回撤率（%）	调整后 R²（%）
609	李小羽	长信	2016/01~2019/01	37	2	-1.49	-0.24	-2.41	-2.19	0.41	-0.12	-0.19	-0.09	-6.50	10.81	-0.74	-25.09	31
610	宋小龙	长信	2006/12~2016/06	112	6	4.70	0.89	-0.48	-2.19	0.79	-0.06	-0.31	-0.36	13.56	30.45	0.36	-53.52	85
611	曾芒	长信	2006/11~2010/07	46	2	9.05	1.27	-0.06	-0.25	0.79	-0.28	-0.14	0.11	21.60	35.45	0.53	-60.99	95
612	何文镨	招商	2014/04~2019/05	63	7	0.36	0.14	-0.10	-0.64	0.17	0.02	-0.21	-0.08	4.10	7.28	0.32	-11.49	55
613	贺庆	招商	2003/04~2006/12	46	2	5.27	0.95	1.22	2.01*	0.65	-0.31	-0.45	0.21	23.95	19.46	1.12	-16.96	83
614	胡军华	招商	2005/08~2008/12	41	2	11.68	1.88*	0.07	0.33	0.64	-0.19	-0.16	0.25	29.17	28.41	0.92	-49.17	93
615	李亚	招商	2014/12~2021/01	75	5	9.57	1.40	0.12	0.27	0.50	-0.23	-0.44	-0.20	16.51	18.58	0.80	-31.15	42
616	吕一凡	招商	2003/12~2014/12	72	7	7.57	1.61	0.53	1.79*	0.70	-0.26	-0.38	0.34	31.20	23.97	1.23	-24.68	86
617	潘明曦	招商	2015/10~2021/08	72	4	6.17	1.46	0.02	0.05	0.74	0.03	-0.22	0.18	13.19	18.34	0.64	-26.91	77
618	孙振峰	招商	2009/07~2017/05	88	7	-3.83	-0.92	0.42	1.19	0.74	0.04	-0.18	0.24	10.94	20.20	0.44	-27.23	82
619	唐祝益	招商	2009/12~2014/12	57	4	-0.48	-0.09	0.05	0.07	0.84	0.05	-0.23	0.29	7.00	18.86	0.22	-33.64	81
620	涂冰云	招商	2008/03~2011/11	46	2	-2.38	-0.37	0.15	0.48	0.74	-0.04	-0.02	0.46	-4.13	25.58	-0.27	-38.50	90
621	吴亮谷	招商	2013/05~2021/02	63	6	1.76	0.55	-1.45	-2.28	0.26	0.00	-0.11	0.01	0.50	7.47	-0.16	-15.89	42
622	姚爽	招商	2016/12~2021/06	50	2	7.70	3.03*	0.68	1.08	0.33	-0.07	0.03	0.09	12.27	6.71	1.64	-5.84	64
623	游海	招商	2007/01~2010/06	43	3	17.93	2.14*	-0.19	-0.74	0.62	-0.24	-0.11	0.11	16.49	28.40	0.47	-44.55	89
624	袁野	招商	2007/03~2015/04	96	5	2.20	0.77	0.17	1.32	0.61	-0.11	-0.21	0.13	14.06	20.34	0.55	-45.57	91
625	张冰	招商	2004/06~2011/06	86	3	8.91	2.02*	-0.24	-1.19	0.77	-0.16	-0.27	0.42	20.30	28.36	0.62	-57.97	90
626	张慎平	招商	2008/01~2014/05	74	6	-6.13	-1.67	0.19	0.95	0.77	-0.09	-0.11	0.13	-6.80	23.88	-0.41	-51.52	93
627	赵龙	招商	2006/08~2013/12	62	4	6.51	1.04	-0.20	-0.79	0.80	-0.22	-0.32	0.09	16.90	30.67	0.46	-58.89	89
628	钟赟	招商	2017/02~2021/08	56	4	27.19	3.00*	-1.78	-1.17	0.76	0.37	-0.27	0.71	35.15	21.96	1.53	-14.05	48

续表

编号	基金经理	离职前任职公司	任职区间	任职时间(月)	管理基金数量(只)	选股能力 年化α(%)	选股能力 t(α)	择时能力 γ	择时能力 t(γ)	β_{mkt}	β_{smb}	β_{hml}	β_{mom}	年化收益率(%)	年化波动率(%)	年化夏普比率	最大回撤率(%)	调整后 R^2(%)
629	倪文昊	招商证券	2013/05~2021/09	45	3	-16.09	-2.64	0.56	1.28	0.78	-0.04	0.17	0.02	10.11	23.83	0.34	-35.30	87
630	唐光英	浙江浙商证券	2015/08~2018/12	42	1	-3.77	-0.68	-1.07	-2.69	0.57	-0.07	-0.45	0.05	-10.73	18.32	-0.67	-40.22	77
631	赵语涛	浙江浙商证券	2016/03~2019/03	39	3	-2.05	-0.51	0.17	0.25	0.39	0.26	-0.07	0.24	-1.41	9.61	-0.30	-17.41	63
632	陈志龙	浙商	2007/08~2014/09	66	3	9.44	2.00*	-0.24	-1.04	0.70	0.00	0.12	0.28	7.91	24.40	0.21	-49.15	91
633	姜培正	浙商	2011/05~2015/05	50	1	-7.36	-1.52	0.77	1.59	0.64	-0.16	0.13	0.07	12.15	18.80	0.48	-23.67	84
634	唐桦	浙商	2013/11~2019/01	60	2	-5.45	-1.40	0.04	0.13	0.66	-0.03	0.06	-0.19	-0.62	17.23	-0.15	-31.49	82
635	陈明星	浙商	2012/03~2015/05	40	1	-3.68	-1.04	-0.72	-2.19	0.98	0.12	-0.11	0.04	29.76	23.59	1.14	-23.35	96
636	李延刚	中海	2008/01~2012/01	50	3	-0.86	-0.14	-0.16	-0.54	0.71	0.08	0.19	0.34	-8.32	25.77	-0.44	-50.10	89
637	刘俊	中海	2014/05~2021/07	87	6	8.07	1.70*	0.14	0.43	0.17	-0.05	-0.35	0.08	13.19	12.10	0.95	-12.18	19
638	骆泽斌	中海	2011/11~2015/03	42	3	0.57	0.06	0.94	0.98	0.74	0.15	0.28	0.41	26.98	21.71	1.10	-13.66	66
639	彭海平	中海	2016/04~2021/08	66	3	1.82	0.29	1.87	1.67*	0.88	0.09	-0.13	-0.04	14.18	20.16	0.63	-28.89	64
640	王雄辉	中海	2001/06~2008/03	67	3	13.19	2.43*	-0.58	-1.44	0.72	-0.08	-0.19	0.36	11.49	22.60	0.42	-37.40	85
641	夏春晖	中海	2010/12~2018/05	81	3	-8.93	-1.28	0.66	1.22	1.03	0.05	-0.22	0.50	-7.93	29.71	-0.36	-56.84	75
642	周其源	中海	2013/10~2016/11	39	1	-0.67	-0.08	-0.52	-1.35	0.71	0.12	-0.73	-0.30	19.79	26.11	0.67	-27.18	84
643	管菲	中海	2011/02~2014/10	46	2	-12.56	-2.24	1.27	1.73*	0.82	0.15	0.02	0.28	-0.20	18.30	-0.18	-27.05	83
644	杜晓安	中航	2017/12~2021/02	40	2	10.15	2.09*	-1.03	-1.56	0.48	-0.23	-0.01	-0.01	11.02	10.67	0.89	-9.61	64
645	郭党钰	中金	2015/06~2019/10	54	8	7.88	2.00*	-0.89	-3.14	0.73	-0.13	-0.35	-0.15	1.15	20.56	-0.02	-30.36	88
646	魏孛	中金	2017/03~2021/10	57	7	5.78	1.71*	-0.69	-1.20	0.69	-0.02	-0.04	0.09	10.06	12.68	0.67	-19.77	78
647	乐瑞祺	中科沃土	2011/11~2019/12	45	5	-2.17	-0.35	1.07	1.30	0.79	0.03	-0.36	0.09	6.91	16.09	0.28	-20.22	75
648	李昱	中科沃土	2011/01~2019/04	89	5	-4.56	-0.89	0.43	0.88	0.78	0.24	0.02	0.44	5.97	23.77	0.15	-55.47	78

续表

编号	基金经理	离职前任职公司	任职区间	任职时间(月)	管理基金数量(只)	选股能力 年化α(%)	选股能力 t(α)	择时能力 γ	择时能力 t(γ)	β_{mkt}	β_{smb}	β_{hml}	β_{mom}	年化收益率(%)	年化波动率(%)	年化夏普比率	最大回撤率(%)	调整后R^2(%)
649	曹剑飞	中欧	2008/08~2016/03	90	6	3.04	0.46	0.56	1.70*	0.76	0.01	-0.22	0.43	17.89	27.69	0.56	-43.51	76
650	苟开红	中欧	2009/10~2015/05	68	4	-0.38	-0.09	0.17	0.36	0.81	0.19	-0.40	0.17	20.48	20.68	0.85	-18.01	85
651	李欣	中欧	2016/01~2019/07	44	3	12.46	2.76*	-0.49	-0.72	0.87	-0.06	-0.27	0.05	15.44	16.83	0.83	-24.92	82
652	刘明月	中欧	2009/06~2016/11	87	6	-4.94	-0.60	0.37	0.67	1.02	0.18	-0.95	0.66	4.34	33.54	0.05	-56.16	76
653	卢博森	中欧	2016/12~2020/07	44	3	7.66	1.51	-1.81	-2.36	0.99	-0.23	-0.12	-0.11	9.57	17.71	0.46	-23.08	82
654	王海	中欧	2010/09~2013/12	41	2	-14.48	-1.29	1.14	0.83	0.80	-0.09	0.18	0.25	-9.87	21.48	-0.62	-34.01	64
655	庄波	中欧	2015/03~2019/08	55	2	8.77	1.58	-0.61	-1.80	0.55	-0.18	-0.10	-0.36	5.63	17.24	0.24	-29.37	67
656	姜涛	中融	2015/06~2020/04	60	10	0.11	0.03	0.27	0.93	0.26	-0.11	-0.18	-0.14	3.13	9.38	0.17	-22.31	36
657	解静	中融	2014/12~2020/04	66	5	-4.43	-0.80	0.40	1.15	0.54	0.11	-0.15	0.43	3.21	20.02	0.08	-45.75	71
658	秦娟	中融	2011/12~2017/07	60	3	0.91	0.33	0.14	0.66	0.11	0.03	0.18	0.11	6.08	5.58	0.66	-4.55	27
659	易海波	中融	2017/01~2020/02	39	4	9.46	2.41*	-0.99	-1.58	0.89	0.12	0.36	0.17	6.53	15.27	0.33	-22.46	87
660	黄小坚	中信保诚	2004/12~2014/02	87	4	2.03	0.35	0.23	0.49	0.83	-0.08	-0.38	0.48	25.91	24.32	0.99	-39.42	75
661	刘浩	中信保诚	2008/06~2012/08	52	2	-4.75	-0.84	0.28	0.91	0.78	0.17	-0.02	0.23	3.99	24.74	0.05	-31.86	89
662	谭鹏万	中信保诚	2011/09~2015/05	45	3	-1.84	-0.24	2.11	2.81*	0.69	-0.41	0.49	0.07	28.79	26.59	0.97	-13.31	82
663	杨建标	中信保诚	2011/03~2015/04	51	3	5.80	0.80	-0.77	-1.05	0.88	0.06	-0.24	0.16	18.50	21.99	0.70	-29.64	73
664	殷孝东	中信保诚	2016/12~2020/04	42	3	1.68	0.32	-0.99	-1.22	0.59	0.15	0.13	0.18	-0.22	12.10	-0.14	-25.28	61
665	岳爱民	中信保诚	2006/04~2009/06	40	2	12.29	1.29	-0.20	-0.70	0.61	-0.11	-0.23	0.07	31.43	28.31	1.00	-49.93	87
666	张光成	中信保诚	2009/03~2019/10	126	6	-2.77	-0.79	0.27	1.10	0.80	0.23	-0.05	0.25	11.72	23.98	0.40	-43.69	85
667	郑伟	中信保诚	2013/08~2021/08	98	5	8.89	1.46	-0.16	-0.37	1.05	0.12	-0.45	0.11	24.77	30.64	0.75	-52.83	76
668	王琦	中信建投	2015/02~2019/03	51	3	5.34	1.33	-0.13	-0.58	0.48	-0.02	-0.24	0.19	6.07	16.57	0.27	-24.09	83

续表

编号	基金经理	离职前任职公司	任职区间	任职时间(月)	管理基金数量(只)	选股能力 年化α(%)	t(α)	择时能力 γ	t(γ)	β_mkt	β_smb	β_hml	β_mom	年化收益率(%)	年化波动率(%)	年化夏普比率	最大回撤率(%)	调整后R²(%)
669	罗众球	中银国际证券	2016/09~2019/09	38	5	0.82	0.72	-0.29	-1.62	0.11	0.02	-0.09	0.05	1.37	2.50	-0.05	-2.98	59
670	甘霖	中银	2007/08~2015/07	97	5	3.30	0.85	0.00	-0.01	0.66	0.01	-0.04	0.20	8.44	22.26	0.25	-48.86	86
671	辜岚	中银	2013/09~2020/02	79	4	1.12	0.19	-0.29	-0.72	0.85	-0.10	0.19	0.25	7.74	25.60	0.23	-48.69	75
672	李志磊	中银	2008/04~2011/09	43	2	1.54	0.25	0.41	1.55	0.61	0.01	0.00	0.13	6.57	21.59	0.18	-26.46	90
673	刘潇	中银	2018/06~2021/10	42	3	18.14	1.55	0.81	0.45	0.71	0.00	-0.22	0.16	33.19	22.37	1.42	-16.00	44
674	欧阳力君	中银	2018/03~2021/05	40	3	4.91	0.60	-1.33	-1.15	0.92	0.11	0.10	0.12	9.75	19.90	0.41	-23.26	68
675	钱亚风云	中银	2015/07~2021/11	78	7	6.60	1.02	0.84	1.67*	0.57	0.09	-0.18	0.54	16.97	20.42	0.76	-29.93	52
676	史彬	中银	2012/07~2018/05	72	3	-9.51	-1.27	0.29	0.61	1.04	0.18	-0.57	0.47	8.19	33.54	0.18	-63.26	80
677	孙庆瑞	中银	2006/10~2013/07	83	4	3.83	0.94	0.09	0.48	0.65	0.07	-0.14	0.18	17.00	24.21	0.58	-45.08	89
678	吴域	中银	2007/08~2010/09	39	1	20.14	2.83*	-0.11	-0.38	0.68	-0.08	-0.09	0.35	9.72	28.00	0.24	-46.62	93
679	俞岱曦	中银	2008/04~2011/08	42	2	4.91	1.00	-0.30	-1.38	0.76	-0.01	0.02	0.26	1.07	27.67	-0.06	-44.53	96
680	张友余	中银	2010/08~2015/03	57	3	-3.13	-0.72	0.15	0.30	0.74	0.06	0.10	0.18	10.55	17.55	0.43	-33.65	83
681	邓立新	中邮创业	2011/05~2017/08	77	5	-10.11	-2.51	0.30	1.12	1.04	0.15	-0.57	0.20	5.23	30.12	0.09	-50.83	92
682	纪云飞	中邮创业	2017/01~2020/09	46	2	1.19	0.24	-0.35	-0.47	0.85	-0.06	-0.18	0.16	7.81	17.15	0.37	-27.44	81
683	任泽松	中邮创业	2012/12~2018/05	67	5	4.37	0.44	1.05	1.64*	0.98	0.37	-1.17	0.50	28.30	37.10	0.70	-49.19	72
684	盛军	中邮创业	2008/01~2011/02	39	1	-0.99	-0.16	0.20	0.76	0.97	-0.20	-0.07	0.21	-3.92	36.84	-0.18	-59.64	97
685	许进财	中邮创业	2012/12~2018/09	71	4	0.89	0.17	0.36	1.08	0.98	0.13	-0.59	0.32	14.56	29.32	0.42	-48.96	87
686	杨欢	中邮创业	2015/06~2021/02	70	11	4.82	0.91	-0.28	-0.70	0.98	-0.01	-0.25	-0.17	6.96	26.11	0.21	-42.39	83
687	张萌	中邮创业	2015/05~2019/03	48	1	2.26	1.72*	0.05	0.55	0.03	-0.01	0.01	-0.04	4.28	2.33	1.18	-1.44	11

参 考 文 献

[1] 方先明、孙瑾瑜、权威:《明星基金具有投资价值吗?——来自超额收益存在性和持续性检验的经验证据》,载于《东南大学学报(哲学社会科学版)》2017年第19期。

[2] 李鑫、姚爽:《中国开放式基金选时和选股能力的实证分析》,载于《技术经济与管理研究》2011年第10期。

[3] 李悦、黄温柔:《中国股票型基金业绩持续性实证研究》,载于《经济理论与经济管理》2011年第12期。

[4] 罗荣华、兰伟、杨云红:《基金的主动性管理提升了业绩吗?》,载于《金融研究》2011年第1期。

[5] 王向阳、袁定:《开放式基金业绩持续性的实证研究》,载于《统计与决策》2006年第1期。

[6] 肖奎喜、杨义群:《我国开放式基金业绩持续性的实证检验》,载于《财贸研究》2005年第2期。

[7] Bollen N, Busse J. On the Timing Ability of Mutual Fund Managers [J]. Journal of Finance, 2001 (56): 1075-1094.

[8] Brown S, Goetzmann W. Performance Persistence [J]. Journal of Finance, 1995 (50): 679-698.

[9] Cao C, Simin T, Wang Y. Do Mutual Fund Managers Time Market Liquidity? [J]. Journal of Financial Markets, 2003 (16): 279-307.

[10] Cao C, Chen Y, Liang B, Lo A. Can Hedge Funds Time Market Liquidity? [J]. Journal of Financial Economics, 2013 (109): 493-516.

[11] Carhart M. On Persistence in Mutual Fund Performance [J]. Journal of Finance, 1997 (52): 57-82.

[12] Fama E F, French K. The Cross-section of Expected Stock Returns [J]. Journal of Finance, 1992 (47): 427-465.

[13] Fama E, French K. Common Risk Factors in the Returns on Stocks and Bonds [J]. Journal of Financial Economics, 1993 (33): 3-56.

［14］ Fama E, French K. Luck versus Skill in the Cross Section of Mutual Fund Returns ［J］. Journal of Finance, 2010 (65): 1915-1947.

［15］ Henriksson R. Market Timing and Mutual Fund Performance: An Empirical Investigation ［J］. Journal of Business, 1984 (57): 73-96.

［16］ Jensen M. The Performance of Mutual Funds in the Period 1945-1964 ［J］. Journal of Finance, 1968 (23): 389-416.

［17］ Kosowski R, Timmermann A, White H, Wermers R. Can Mutual Fund "Stars" Really Pick Stocks? New Evidence from a Bootstrap Analysis ［J］. Journal of Finance, 2006 (61): 2551-2595.

［18］ Malkiel B. Returns from Investing in Equity Mutual Funds 1971 to 1991 ［J］. Journal of Finance, 1995 (50): 549-572.

［19］ Treynor J, Mazuy K. Can Mutual Funds Outguess the Market? ［J］. Harvard Business Review, 1966 (44): 131-136.

后　记

　　本书是清华大学五道口金融学院民生财富管理研究中心经过多年积累的研究成果，是我中心 2016~2021 年历年出版的《中国公募基金研究报告》和《中国私募基金研究报告》的后续报告。2022 年，我们进一步完善了研究方法、样本和结果，出版《2022 年中国公募基金研究报告》和《2022 年中国私募基金研究报告》，以飨读者。

　　本书凝聚着所有参与研究和撰写的工作人员的心血和智慧。在整个书稿的撰写及审阅过程中，清华大学五道口金融学院的领导们给予了大力支持，报告由曹泉伟教授和陈卓教授共同主持指导，由研究人员门垚、王平凡、石界、李想、姜白杨、詹欣琪和滕立雅共同撰写完成。

　　我们衷心感谢清华大学五道口金融学院、香港中文大学（深圳）高等金融研究院和香港中文大学（深圳）经管学院的大力支持，感谢来自学术界、业界、监管机构的各方人士在书稿写作过程中提供的帮助。在此特别鸣谢中国民生银行对民生财富管理研究中心的慷慨捐赠，正是因为中国民生银行的大力支持，民生财富管理研究中心才能专注于运用现代经济金融理论，结合前沿量化研究方法，分析研究金融市场的产品与投资策略，搭建学术研究与金融业界交流的平台。此外，我们感谢富国基金管理有限公司和汇添富基金管理股份有限公司的领导在我们实地调研时提供的大力支持，感谢于江勇、王立新、史炎、朱民、李剑桥、张晓燕、张博辉、杨文斌、余剑锋、钟蓉萨、赵康、俞文宏、舒涛和廖理等为本书提供了许多有价值的建议。最后，我们由衷感谢来自各方的支持与帮助，在此一并致谢！

作者

2022 年 1 月

图书在版编目（CIP）数据

2022 年中国公募基金研究报告 / 曹泉伟等著 . —北京：
经济科学出版社，2022.4
ISBN 978-7-5218-3490-1

I. ①2… Ⅱ. ①曹… Ⅲ. ①投资基金-研究报告-
中国-2022 Ⅳ. ①F832.51

中国版本图书馆 CIP 数据核字（2022）第 044721 号

责任编辑：初少磊
责任校对：蒋子明 孙 晨
责任印制：范 艳

2022 年中国公募基金研究报告
曹泉伟 陈卓 等/著
经济科学出版社出版、发行 新华书店经销
社址：北京市海淀区阜成路甲 28 号 邮编：100142
总编部电话：010-88191217 发行部电话：010-88191522
网址：www.esp.com.cn
电子邮箱：esp@esp.com.cn
天猫网店：经济科学出版社旗舰店
网址：http://jjkxcbs.tmall.com
北京季蜂印刷有限公司印装
787×1092 16 开 27.25 印张 550000 字
2022 年 5 月第 1 版 2022 年 5 月第 1 次印刷
ISBN 978-7-5218-3490-1 定价：96.00 元
（图书出现印装问题，本社负责调换。电话：010-88191510）
（版权所有 侵权必究 打击盗版 举报热线：010-88191661
QQ：2242791300 营销中心电话：010-88191537
电子邮箱：dbts@esp.com.cn）